이 책에 대한 찬사

구글의 SRE(Site Reliability Engineering)는 원칙과 실습, 그리고 아키텍처 패턴은 물론 개발팀이 세계 최고 수준의 신뢰도와 지속적 배포 도구를 말도 안 되는 스케일에 적용할 수 있는 문화를 서술함으로써 IT 분야의 수많은 서비스에 지대한 영향을 미쳤다. 이 책은 독자 개개인뿐만 아니라 독자가 소속된 조직 전체가 반드시 읽고 자신의 것으로 소화해낼 가치가 충분한 책이다.

— **제즈 험블(Jez Humble)**, 《신뢰할 수 있는 소프트웨어 출시(Continuous Delivery)》의 공동 저자

나는 구글이 처음으로 시스템 관리자 콘퍼런스(Systems Administration Conferences)에서 진행했던 발표를 기억한다. 마치 질라 몬스터(Gila monster, [역주] 미국의 도마뱀으로 독을 가지고 있다) 전문가가 나와서 진행하는 파충류 쇼의 대담을 듣는 기분이었다. 내가 늘 접하던 세계와는 완전히 다른 세계의 이야기를 듣는 것은 너무나도 흥미진진했지만, 결국 청중들은 자신의 애완 도마뱀으로 다시 눈길을 돌리고 말았다.

이제 우리는 구글의 그것과 비교하면 훨씬 작은 규모의 서비스라 하더라도, 그간 구글이 축적해온 노하우 없이는 제대로 운영할 수 없는 세상에 살고 있다. 덕분에 수년 동안 조용히 발전해오던 SRE의 사례들이 이제야 갑자기 폭발적인 관심의 대상이 되었다. 스케일과 신뢰도, 그리고 운영에 관련된 도전에 직면한 사람이라면 이 책을 반드시 읽어야 할 것이다.

— **데이비드 N. 블랭크-애들맨(David N. Blank-Edelman)**, USENIX 이사회 이사이자 SREcon의 공동 개최자

구글이라는 마법의 성을 떠난 후로 나는 줄곧 이 책이 출간되기만을 기다렸다. 이 책은 내 직장 동료들에게도 전파한 일종의 복음과도 같은 책이다.

— **본 라벤슈타인(Björn Rabenstein)**, SoundCloud의 엔지니어링팀 리더, 2013년까지 구글 SRE에서 근무했던 천상 개발자

사이트 신뢰도 엔지니어링이라는 개념을 연구해온 회사가 직접 저술한, 농익은 내용이 돋보이는 책이다. 기술적인 세부사항뿐만 아니라 프로세스와 목표, 원칙, 그리고 시간이 흐르면서 축적된 경험까지 모두 서술하고 있다. 진정한 의미의 SRE를 알고 싶다면 이 책이 그 답이다.

— **루스 올베리(Russ Allbery)**, SRE 및 보안 엔지니어

구글의 개발자들은 거대한 스케일과 높은 신뢰도를 모두 이룩한 구글의 서비스들을 개발해오면서 자신들이 시행했던 프로세스나 겪은 실수들을 이 책을 통해 모두 공유하고 있다. 확장 가능한 통합 서비스를 만들고자 하는 사람이라면 누구나 이 책을 읽어볼 것을 강력히 권하는 바다. 이 책은 유지보수가 쉬운 서비스를 구현하기 위한 최고의 가이드다.

— **릭 패로우(Rik Farrow)**, USENIX

지메일 같은 대용량 서비스를 개발하는 일은 결코 쉬운 일이 아니다. 하지만 이런 서비스들을 신뢰성 있게 운영하는 것은 그보다 더 어려운 일이다. 특히, 이 서비스들이 거의 매일 수정되고 업그레이드되는 상황이라면 더더욱 그렇다. 이 책은 구글이 이 어려운 일을 어떻게 해냈는지를 보여주는 일종의 '레시피'다. 그러나 이 책으로 인해 그들이 저질렀던 실수들을 내가 반복하지 않게 된다면, 책값이 결코 비싼 수업료가 아니라는 것을 알게 될 것이다.

— **우르스 회즐(Urs Hölzle)**, 구글의 테크니컬 인프라스트럭처 SVP

사이트 신뢰성 엔지니어링

Site Reliability Engineering

Site Reliability Engineering: How Google Runs Production Systems

by Betsy Beyer, Chris Jones, Jennifer Petoff, Niall Richard Murphy

ⓒ 2018 J-Pub Co.
Authorized Korean translation of English edition of Site Reliability Engineering
ISBN 9781491929124 ⓒ 2016 Google, Inc.
This translation is published and sold by permission of O'Reilly Media, Inc.,
which owns or controls all rights to publish and sell the same.

사이트 신뢰성 엔지니어링

1쇄 발행 2018년 1월 18일
5쇄 발행 2022년 9월 30일

지은이 벳시 베이어, 크리스 존스, 제니퍼 펫오프, 니얼 리처드 머피
옮긴이 장현희
펴낸이 장성두
펴낸곳 주식회사 제이펍

출판신고 2009년 11월 10일 제406-2009-000087호
주소 경기도 파주시 회동길 159 3층 / **전화** 070-8201-9010 / **팩스** 02-6280-0405
홈페이지 www.jpub.kr / **원고투고** submit@jpub.kr / **독자문의** help@jpub.kr / **교재문의** textbook@jpub.kr

소통기획부 김정준, 이상복, 송영화, 권유라, 송찬수, 박재인, 배인혜
소통지원부 민지환, 이승환, 김정미, 서세원 / **디자인부** 이민숙, 최병찬

교정·교열 백주옥 / **내지디자인** 황혜나 / **표지디자인** 미디어픽스
용지 신승지류유통 / **인쇄** 해외정판사 / **제본** 일진제책사

ISBN 979-11-88621-08-8 (93000)
값 36,000원

제이펍은 독자 여러분의 아이디어와 원고 투고를 기다리고 있습니다. 책으로 펴내고자 하는 아이디어나 원고가 있는
분께서는 책의 간단한 개요와 차례, 구성과 저(역)자 약력 등을 메일(submit@jpub.kr)로 보내 주세요.

사이트 신뢰성 엔지니어링
Site Reliability Engineering

벳시 베이어, 크리스 존스, 제니퍼 펫오프, 니얼 리처드 머피 지음 | 장현희 옮김

차례

PART I.   소 개

CHAPTER 01   소 개   3

CHAPTER 02   SRE 관점에서 바라본 구글의 프로덕션 환경   15

PART II.   원리와 원칙들

CHAPTER 03   위험 요소 수용하기   30

추천사

구글의 신화는 스케일 업(scale up)에 대한 이야기나 다름없다. 컴퓨터 업계에서 가장 성공적인 스토리이자 IT 중심의 비즈니스를 한 단계 더 끌어올린 행보였다. 구글은 비즈니스와 IT의 융합에 대한 실천적 사례를 정의한 최초의 기업 중 하나이며, IT 커뮤니티에 데브옵스(DevOps)의 개념을 더욱 널리 알리는 데 기여한 기업이기도 하다. 이 책은 이러한 것들을 전방위적으로 현실화한 바로 그 사람들이 직접 쓴 책이다.

구글은 전통적인 시스템 관리자(System Administrator)의 역할이 변화해 가는 시기에 성장한 기업이다. 시스템 관리자에 대한 의문을 품고 '언제까지나 전통을 고수할 여유는 없다. 새로운 것을 생각해야 하며, 모든 사람이 이 새로운 개념을 이해할 때까지 기다릴 시간 또한 없다'는 듯이 변화를 주도해 나갔다. 나는 《Analytical Network and System Administration》의 머리말에서 시스템 관리는 사람과 컴퓨터 사이의 엔지니어링의 한 형태라고 주장했다. 이에 대해 일부 독자들은 '아직 엔지니어링이라고 말할 수 있는 수준에 도달하지 못했다'며 강하게 반발했다. 하지만 적어도 그 시점에 나는 시스템 관리라는 분야의 입지가 점차 좁아지고, 마법사 같은 것에 점점 익숙해져서 더 이상의 발전 가능성을 찾을 수 없는 분야처럼 느꼈다. 그러다가 구글이 실리콘밸리에 한 획을 긋게 되었다. SRE, 즉 사이트 신뢰성 엔지니어(Site Reliability Engineer)라는 역할을 창출해 낸 것이다. 나의 친구 중 몇몇이 1세대 신뢰성 엔지니어였다. 그들은 소프트웨어와 자동화를 통해 업무의 형태를 갖춰나갔다. 기본적으로 그들은 비밀주의가 지나치게 강해서 구글 내부에서 발생하는 일과 외부에서 발생하는 일이 사뭇 달랐다. 구글은 독특한 경험을 쌓아왔다. 시간이 지나면서 정보와 방식이 각기 다른 방향으로 흘러갔다. 이 책은 SRE에 대한 개념을 어둠 속에서 끄집어내기 위한 의지를 보여주는 책이다.

이 책을 통해 구글이 전설적인 인프라스트럭처를 갖출 수 있었던 방법은 물론 SRE에 대한 연구와 학습, 그리고 그로 인해 도구와 기술에 대한 태도가 어떻게 변화해 왔는지를 알 수 있다.

또한, 열린 정신으로 쉽지 않은 도전을 정면으로 마주할 수 있다. IT 문화는 기본적으로 배타적인 성향이 있어서 탄탄한 입지와 전문성을 가진 자가 오히려 산업 전체를 후퇴하게 만들기도 한다. 구글이 이러한 관성을 잘 극복했는지 여부 또한 이 책을 통해 파악할 수 있을 것이다.

이 책은 한 회사가 하나의 비전을 가지고 쓴 에세이의 모음이다. 중요한 사실은 한 회사의 목표에 발맞춘 노력들은 그 목표를 더욱 특별하게 만든다는 점이다. 그들이 다뤘던 공통의 주제와 공통의 특성(소프트웨어 시스템)이 각 장에서 반복적으로 언급될 것이다. 그리고 이를 통해 각자 서로 다른 관점을 가지고 있는 상황에서 어떻게 선택했는지, 그리고 얽히고설킨 이해관계를 해결하기 위해 어떻게 협업했는지를 알 수 있게 될 것이다. 이 책의 내용은 강제적인 이론이 아니다. 이 책의 저자들은 모두 각자의 자부심을 걸고 각기 다른 성향과 각자가 축적한 기술에 대한 독자적인 시각을 바탕으로 이 책을 집필했다. 이 바닥에서는 쉽게 찾아볼 수 없는 지적인(intellectual) 정직함을 바탕으로 용기 있게 써 내려간 글들이다. 저자들 중 일부는 '절대 그렇게 해선 안 되고, 반드시 이렇게 해야 한다'라는 어조를 띠기도 하며, 또 다른 저자는 보다 철학적이고 실험적이며, IT 문화의 다양한 개성을 유감없이 발휘하여 이 두 가지를 자신의 이야기에 잘 녹여내기도 한다. 그들과 함께하지는 않았기에, 그리고 수많은 도전 과제들에 대해 샅샅이 알고 있지는 않기 때문에 그들의 업적을 지켜보는 입장에서 우리는 저자들에 대한 존중의 마음으로 이 책을 읽어야 한다. '왜 X를 하지 않았을까?', '왜 Y처럼 했을까?', '앞으로 몇 년 후에 현재의 모습이 어떻게 비칠까?'라는 질문들은 그저 과거의 지식과 정보에 기인한 것이다. 바로 우리의 지식과 경험에 기반해서 예측한 것들과 우리의 생각을 비교하면서 생겨나는 질문들이라는 것이다.

이 책에서 가장 인상 깊은 점은 이미 실존하는 내용이라는 점이다. 오늘날 우리는 '실제로 동작하는 코드가 가장 중요한' 문화를 경험하고 있다. 구글이라는 회사는 기본 원칙들이 가지는 문제점들에 대해 고민해 왔으며, 최고 수준의 박사급 인력을 채용하고 있다. 도구는 각종 소프트웨어와 인력, 그리고 데이터와 함께 진행되는 전체 과정에서 유일한 컴포넌트였다. 이 책은 광범위한 문제를 해결할 방법을 알려주지는 않는다. 하지만 바로 그것이 이 책의 핵심 가치다. 이 책에서 설명하는 내용은 결과적으로 만들어지는 코드나 디자인에 비해 훨씬 가치 있는 것들이다. 왜냐하면 구현된 결과물의 수명은 길지 않은 반면, 증명된 내용을 문서화한 것의 가치는 상상을 초월하기 때문이다. 게다가 이러한 통찰을 경험해볼 기회 또한 극히 드물다.

이 책은 한 회사가 이 어려운 일을 어떻게 해낼 수 있었는지를 소개하는 책이다. 사실, 스케일링이라는 것이 교과서의 컴퓨터 아키텍처 도식을 단순히 확대하는 것보다 훨씬 어렵다는 이야기는 수도 없이 들어왔다. 중요한 것은 단순히 기계적인 확장이 아니라 비지니스 프로세스를 스케일링하는 것이다. 이 한 가지에 대한 내용만으로도 전자 종이(electronic paper)만큼이나 큰 가치가 있는 셈이다.

IT 세계에서는 자기 비판적인 리뷰를 잘 받아들이지 않는다. 그렇기 때문에 이미 있는 것을 다시 발명하거나 했던 일을 반복하는 경우가 많다. 지난 수년 동안 USENIX LISA는 IT 인프라스트럭처에 대해 논의하는 유일한 콘퍼런스 커뮤니티였으며, 운영체제와 관련된 콘퍼런스도 겨우 몇 개 정도가 유지되고 있었다. 이제는 그때와 많이 달라졌지만, 여전히 이 책은 구글의 역사적인 시대를 되짚어보는 드문 책이다. 이 책의 내용은 그대로 가져다 쓰라는 의미로 서술된 것이 아니라, 우리 모두가 다음 단계로 성장하기 위한 영감을 주기 위한 것이다. 독보적인 지적 정직성으로 가득 찬 이 페이지들은 리더십과 겸손함을 동시에 겸비하고 있다. 또한, 희망과 두려움, 성공과 실패가 어우러진 이야기들로 가득 차 있다. 모든 것을 솔직하게 고백한 저자와 편집자들 덕분에 우리는 실제 경험을 체험해볼 수 있을 뿐만 아니라 기술의 태동기를 거치면서 얻게 된 여러 교훈 또한 함께 배울 수 있다.

마크 버게스(Mark Burgess)

《In Search of Certainty(확실성에 대한 연구)》의 저자

옮긴이 머리말

웹 애플리케이션에 대한 의존도가 계속해서 높아지고 모든 작업이 네트워크 환경에서 이루어지는 요즘에 이르러서는 애플리케이션의 가용성, 신뢰성 및 확장성은 안정적인 서비스 운영을 위한 필수적인 요소로 인식되고 있다. 구글이라는 세계 굴지의 IT 기업은 과연 어떤 방법으로 그렇게 높은 품질의 안정성과 가용성을 보장할 수 있을까? 이 책은 바로 이 질문에 대한 해답을 제공하고 있다.

사이트 신뢰성 엔지니어링은 기존의 데브옵스(DevOps)로부터 한 단계 더 발전한 모델이다. 기존의 데브옵스는 애플리케이션을 위한 네트워크나 저장소 같은 인프라스트럭처의 구성, 모니터링 및 알림 시스템의 구축, 빌드 및 배포 자동화 등 소프트웨어 개발 주기(Software Development Lifecycle, SDLC)와 관련된 여러 작업들의 수행 및 자동화 스크립트 개발에 집중한다. 반면, 사이트 신뢰성 엔지니어는 여기에서 한 걸음 더 나아가 애플리케이션이 이러한 인프라스트럭처들을 활용할 수 있는 라이브러리나 프레임워크까지 직접 개발하기도 하고, 제품이나 서비스에 문제가 발생하면 이를 함께 해결하기도 한다.

이 책에서는 이러한 사이트 신뢰성 엔지니어링 조직이 필요한 이유, 해당 조직이 갖추어야 할 역량과 조직을 이끄는 방법, 이 조직에서 수행하고 해결해야 할 과제들과 그에 대한 권장 사례들에 대해 지난 십여 년간 구글이라는 조직이 연구하고 적용하며 겪어온 경험과 시행착오들을 모두 풀어놓고 있다.

세계 굴지의 IT 기업인 구글에서의 경험을 기초로 한 만큼 이 책의 기술적 수준은 상당히 높은 편이다. 하지만 걱정할 필요는 없다. 기술적으로 아주 깊숙이 파고들지는 않기 때문에 비교적 손쉽게 읽어 내려갈 수 있기 때문이다. 물론, 현실적인 예제가 거의 없어서 막상 독자들의 조직에 똑같은 내용을 적용하기에는 다소 난감한 부분이 없지는 않다. 하지만 이 책은 기술적인 해결책은 물론 정책적, 전략적, 인문학적으로 도입해야 할 내용을 훨씬 더 많이 담고 있다. 그래서 현직 개발자가 사이트 신뢰성 엔지니어가 되기 위한 기술적인 토대를 갖추기 위한 책이 아니라, 사이트 신뢰성 엔지니어링 조직의 문화와 이념, 그리고 철학을 이해하고자 하는 개발자와 기술 조직의 리더들에게 더욱 유익한 책이다.

지금까지 18년 이상의 개발 경험을 쌓아 온 역자에게도 이 책의 내용은 포괄적이고, 진취적이며, 미래지향적인 내용으로 가득한 책이었다. 모쪼록 독자 여러분들도 이 책을 통해 개발자로서 또는 기술 조직의 리더로서 더 신뢰할 수 있고 더 확장 가능한 서비스나 제품을 구현하기 위한 이념적 토대를 구축할 수 있기를 바란다.

마지막으로, 많은 분량과 내용의 어려움으로 인해 늦어진 번역 일정에도 깊은 신뢰로 기다려주신 제이펍 출판사의 장성두 대표님 이하 임직원 여러분께 감사의 인사를 드린다. 그리고 항상 그렇듯이 주말 내내 번역 작업에만 몰두하는 남편과 아빠를 넓은 마음으로 이해해주고, 사랑해주고, 응원해주는 아내와 아이들에게 이 책을 바친다.

2017년 남반구의 폭염 속에서

장현희

머리말

소프트웨어 엔지니어링과 아이를 출산하는 것에는 공통점이 있다. 아이를 낳을 때는 많은 고통과 어려움이 따르지만, 막상 아이를 낳고 난 후에는 더 많은 노력이 필요다. 소프트웨어 엔지니어링도 마찬가지로 제품을 출시한 이후보다는 출시하기 전에 더 많은 노력이 필요한 것처럼 보이지만, 사실 시스템의 총비용 중 어림잡아 40%~90%가 제품을 출시한 이후에 발생한다.[1] 현재 소프트웨어 업계에서는 프로덕션 환경에 배포가 완료되어 실제로 동작하는 소프트웨어를 '안정화된' 것으로 생각하고 소프트웨어 엔지니어들이 이에 대해 비교적 신경을 덜 쓰는 형태가 정착되어 있는데, 이는 완전히 잘못된 것이다. 이 관점에 따라 소프트웨어 엔지니어링이라는 것이 주로 소프트웨어 시스템을 디자인하고 개발하는 데 초점을 맞춘 것이라면, 소프트웨어 객체를 처음부터 배포와 운영, 개선, 그리고 폐기에 이르기까지 전체 생명주기를 다루는 방법 또한 존재해야 한다. 이 방법은 다양한 범위의 기술을 사용하지만(그리고 반드시 활용해야 하지만), 여타의 엔지니어들과는 별개의 관점에서 접근해야 한다. 이러한 방법에 대한 구글의 답변이 바로 사이트 신뢰성 엔지니어링(Site Reliability Engineering)이다.

자, 그렇다면 과연 사이트 신뢰성 엔지니어링을 어떻게 정의할 수 있을까? 사실, 구글의 모든 사이트 신뢰성 엔지니어가 정확히 어떤 일을 하도록 요구받는지, 그리고 정기적으로 수행하는 업무는 어떤 것인지를 한마디로 표현할 수 있는 명확한 이름이 아니라는 점은 인정한다.

사이트 신뢰성 엔지니어라는 이름을 단어 하나씩 쪼개어 생각해보자. 가장 먼저, 그리고 가장 중요한 사항은 SRE들은 엔지니어라는 점이다. 우리는 컴퓨터공학의 다양한 기법을 활용해서 분산 환경에서 동작하는 대형 컴퓨팅 시스템을 디자인하고 개발한다. 때로는 제품 개발에 필

---

[1] 추산의 오차가 크다는 점에서 소프트웨어 엔지니어링이 어떤 것임을 짐작할 수 있을 것이다. 보다 자세한 내용은 [Gla02]를 참고하기 바란다.

요한 컴퓨터 시스템을 위한 소프트웨어를 작성하기도 하고, 어떤 때는 이런 시스템들이 요구하는 추가 기능들, 예를 들면 백업이나 로드 밸런싱 같은 기능들을 구현하기도 한다. 사실, 이런 기능들은 여러 시스템에 재사용이 가능한 것이 이상적이다. 또, 한편으로는 현존하는 해결책을 이용하여 새로운 문제를 해결하려 고민하기도 한다.

다음으로, 우리는 시스템의 신뢰성(reliability)에 집중한다. SRE라는 단어를 처음 사용한 구글의 24/7 운영 부서 VP인 벤 트레이노 슬로스(Ben Treynor Sloss)는 신뢰성을 모든 제품이 가장 기본적으로 갖추어야 할 기능으로 정의한다. 아무도 이용할 수 없는 시스템이라면 존재 이유가 없기 때문이다. 이처럼 신뢰성[2]이라는 것은 매우 중요한 것이기 때문에 SRE는 더욱 확장 가능하고, 안정적이며, 효율적으로 만들기 위한 시스템 디자인 및 운영에 초점을 맞춘다. 그러나 우리의 노력을 단 한 가지 다른 방향으로 투입하는 경우가 있는데, 그것은 시스템이 '충분히 안정적인' 경우 새로운 기능을 추가하거나 새로운 제품을 개발하는 데 집중하기도 한다.[3]

마지막으로, SRE는 우리의 분산 컴퓨팅 환경상에서 구현된 서비스의 운영에 집중한다. 이런 서비스 중에는 전 세계를 대상으로 하는 스토리지 시스템이나 수백만 사용자가 매일 사용하는 이메일 시스템, 혹은 구글의 출발점이었던 웹 검색 등도 포함된다. 원래 SRE에서 '사이트'란 *google.com* 웹사이트가 정상적으로 동작하게 하는 역할이라는 의미에서 사용한 것이다. 지금은 더 많은 서비스를 운영하고 있지만, 이들 중 상당수는 웹사이트가 아니라 빅테이블(bigtable) 같은 내부 인프라스트럭처부터 구글 클라우드 플랫폼(Google Cloud Platform, GCP)처럼 외부 개발자들에게 제공되는 제품들이다.

SRE를 광범위하게 표현하고 있기는 하지만 빠르게 변화하는 웹서비스의 세계에서 발전했으며, 어쩌면 우리가 가진 독특한 인프라스트럭처에 기초한 것이라는 점은 그다지 놀랄 만한 사실이 아니다. 마찬가지로, 소프트웨어를 배포한 후 더욱 특별한 관심을 가져야 하는 소프트웨어의 특성을 생각해보면 신뢰성이란 우리가 최우선으로 고려해야 할 점이라는 것 역시 놀라운 사실은 아니다.[4] 서버 측 소프트웨어를 개선하고 바꾸는 과정이 상대적으로 조심스러운 작

---

2 우리는 신뢰성에 대해 [Oco12]에 따라 '어떤 시스템이 일정한 조건에서 일정한 기간에 장애 없이 필요한 기능을 수행할 수 있는 가능성'으로 정의하고 있다.

3 우리가 주로 다루는 소프트웨어 시스템은 대형 웹사이트 및 그와 유사한 서비스들이다. 원자력 발전소나 비행기, 의료 장비 혹은 다른 안전 중심적인(satety-critical) 시스템에 대해서는 고려하지 않는다. 그러나 33장에서는 우리가 채택한 접근 방법과 다른 산업 분야에서 적용하는 접근 방법을 비교해본다.

4 이 책에서는 업계 표준 용어인 데브옵스(DevOps)를 다른 의미를 가진 단어로 간주한다. 분명히 코드로서의 인프라스트럭처에 무게 중심을 두기는 하지만, 우리에게 있어 가장 중요한 것은 신뢰성이기 때문이다. 게다가, 운영 업무를 줄이는 것에 강하게 집착하기도 한다. 자세한 내용은 제7장에서 다루기로 한다.

업이기도 하거니와 변화 그 자체를 어떻게 관리하느냐에 따라 모든 종류의 실패가 발생할 수 있기 때문에 웹서비스라는 분야는 SRE라는 역할이 출현하기에 적합한 플랫폼이다.

구글에서 시작했다는 사실, 나아가서는 웹 커뮤니티에서 시작했다는 사실과는 별개로 우리는 이 방법이 다른 조직 및 커뮤니티에도 적용 가능한 좋은 본보기라고 생각한다. 이 책은 지금까지 우리가 경험한 내용을 설명함으로써 다른 조직에서도 우리의 경험을 활용할 수 있게 하고, 또 그로 인해 SRE의 역할과 의미를 더욱 잘 정의하고자 하기 위해 집필된 책이다. 그 목적을 달성하기 위해 이 책은 범용적으로 활용할 수 있는 기법들과 조금 더 구체적인 사례들, 그리고 구글에 특화된 정보를 바탕으로 하는 특정 주제들에 대해 논의할 수 있는 부분들을 별개로 분리하여 정리하였다. 이러한 구성을 토대로 독자들이 각자 처한 환경을 위한 어떤 결론을 끌어내야 한다는 부담감에서 벗어나 이 책의 내용을 마음껏 즐길 수 있으리라 믿는다.

또한, 우리가 말하고자 하는 내용에 대한 문맥으로 수립하고 보다 직접 활용할 수 있는 기준이 되는 자료들 — 구글의 프로덕션 환경 및 내부 소프트웨어와 공개적으로 활용 가능한 소프트웨어 간의 매핑 정보 — 역시 제공한다.

당연한 말이겠지만, 궁극적으로는 신뢰성을 우선으로 하는 소프트웨어와 시스템 엔지니어링은 본질적으로 옳은 것이다. 반면, 규모가 작은 조직에서는 이 책에서 설명하는 경험들을 최선의 것으로 여겨야 하는 이유에 대해 의문을 품을 수도 있음을 인지하고 있다. 보안과 마찬가지로 신뢰성 역시 일찍 고려할수록 좋다. 이는 작은 규모의 조직이라 하더라도 다양한 고민거리들이 존재하며, 그들이 구현하려는 소프트웨어 역시 구글이 만들어가는 그것과는 많이 다를 수 있음을 암시한다. 그럼에도 비교적 가볍게라도 신뢰성에 대해 가능한 이른 시점부터 지원하는 것이 적절하다. 향후에 신뢰성을 고려하지 않은 경우보다 더 적은 비용으로 구조의 확장이 가능하기 때문이다. 4부에서는 우리 입장에서는 잘 적용할 수 있었던 훈련과 의사소통, 그리고 회의 등에 대한 여러 사례를 살펴볼 수 있다. 이들 중 상당수는 여러분의 조직에도 곧바로 적용할 수 있다.

그러나 스타트업과 다국적 기업 사이의 규모의 간극을 생각해보면 여러분의 조직에는 모르는 사이에 이미 SRE의 역할을 수행하는 누군가가 있을 수 있다. 여러분의 조직을 위해 신뢰성을 향상시킬 수 있는 또 다른 방법은 정식으로 SRE 업무가 필요하다는 것을 인지하거나, 아니면 이런 일을 하는 사람들을 찾아 육성하고 그에 따라 적절한 보상을 지급하는 것이다. 이런 사람들은 세상을 바리보는 여러 시각의 교차점에 서 있다. 뉴턴(Newton)처럼 세계 최초의 물리학자는 아니지만 최후의 연금술사라고 불리는 그런 사람들이다.

그리고 역사적 관점에서 되돌아보자. 누가 최초의 SRE였을까?

우리는 MIT에서 진행했던 아폴로 프로그램에 참여했던 마가렛 헤밀턴(Margaret Hamilton)이 최초의 SRE로서 적합한 자질을 갖추었다고 생각한다.[5] 그녀는 '문화의 일부는 모든 사람과 모든 것으로부터 적어도 기대했던 것들을 포함한 무언가를 배우는 것이었다'라는 말을 남겼다.

그녀에 대한 일화가 있다. 어느 날 그녀의 어린 딸 로렌(Lauren)이 함께 일하러 온 적이 있었다. 당시 팀의 몇몇 구성원이 하이브리드 시뮬레이션 컴퓨터를 이용해 가상 임무를 수행하고 있었다. 어린아이들이 으레 그렇듯이, 로렌은 여기저기 돌아다니다가 DSKY[6]의 키들을 잘못 건드려서 충돌 시의 '임무'를 발생시켰다. 그러면 실제 임무를 수행하는 과정에서 실제 미드코스[7]에서 실제 우주비행사가 부주의로 발사 준비 프로그램 P01이 실행됐다는 경고가 팀에 전달된다. (P01 임무를 부주의로 실행했다는 것은 엄청난 문제다. 왜냐하면 모든 항해 데이터가 삭제되며, 컴퓨터는 항해 데이터가 없기 때문에 우주선의 조종을 중단하게 되기 때문이다).

SRE로서의 자질을 갖고 있었던 마가렛은 탑재된 비행 소프트웨어에 우주 비행사가 실수로 비행 중에 P01 프로그램을 선택하는 특정한 에러를 체크하는 코드를 추가하기 위해 프로그램 변경을 요청했다. 그러나 NASA의 높으신 양반들이 보기에 이는 불필요한 변경이었다. 당연히 일어나서는 안 되는 일이기 때문이다. 그래서 에러를 검사하는 코드를 추가하는 대신, 마가렛은 임무 명세 문서를 수정해서 '비행 중 P01을 실행하지 말 것'이라는 문구를 추가했다. (이 문구는 당시 프로젝트에 참여했던 많은 사람을 놀라게 했는데, 그들은 항상 우주비행사들이 고도의 훈련을 받기 때문에 절대 실수할 일이 없을 거라는 말만 들어왔기 때문이었다.)

어쨌든 마가렛이 제안했던 보호장치는 명세를 수정한 후 며칠 뒤에 수행된 아폴로 8 임무 때까지는 불필요한 것처럼 여겨졌다. 우주비행사 짐 로벨(Jim Lovell), 윌리엄 앤더스(Willam Anders) 그리고 프랭크 보먼(Frank Borman)이 비행을 시작한 지 4일째 되는 날, 미드코스 임무를 수행하던 도중 짐 로벨이 실수로 P01 프로그램을 실행하고 말았다. 마침 그날은 크리스마스였는데, 프로젝트에 참여했던 모든 사람이 이 사건으로 난리가 났었다. 사실, 이 문제는 대안이 없기 때문에 매우 심각한 문제였다. 항해 데이터가 없다는 것은 우주비행사가 집에 돌아갈 방법이 없다는 것을 의미했다. 정말 고맙게도 수정된 문서가 이 문제를 명확하게 지적하고,

---

5 여기서 소개하는 일화뿐만 아니라 그녀는 '소프트웨어 엔지니어링'이라는 단어의 보급에 지대한 영향을 끼친 주장을 하기도 했다.

6 [역주] DiSplay and KeYboard의 약자로, 아폴로 가이드 컴퓨터가 사용하던 디스플레이 및 키보드 장치를 말한다.

7 [역주] 미사일의 로켓 분사가 끝나고 대기권으로 재돌입하기까지의 비행 기간

촉박한 상황에서 필요한 데이터를 업로드하고 임무를 복구하는 방법을 명시하고 있었다는 점은 너무나도 값진 것이었다.

마가렛이 말했듯이, '시스템이 어떻게 동작하는지를 완벽하게 이해한다고 해서 사람의 실수를 예방할 수는 없다.' 그리고 프로그램 P01의 사전 실행 오류를 탐지하고 소프트웨어를 복구하는 데 필요한 변경 사항들은 얼마 되지 않아 승인을 받게 된다.

비록 아폴로 8 사건은 수십 년 전에 일어났던 일이지만, 지금까지의 일화는 현재 엔지니어들의 일상에도 직접 관련이 있으며, 앞으로는 더 많은 것들과 직접적인 관련을 맺게 될 것이다. 따라서 앞으로 여러분이 관리해야 할 시스템을 위해, 여러분이 몸담고 일하는 조직을 위해, 또는 여러분이 관리하는 조직을 위해 SRE를 반드시 명심하기 바란다. 준비와 문서에 대한 철저함과 헌신, 믿음, 그리고 무언가 잘못될 수 있음을 인지하고 이를 방지하기 위한 강한 열망을 가져야 한다. 이 새로운 직종과의 조우를 환영한다.

저자 일동

이 책에 대하여

이 책을 읽는 방법

이 책은 구글의 사이트 신뢰성 엔지니어링 조직에서 일하거나 일했던 적이 있는 사람들이 쓴 일련의 에세이다. 그래서 한두 명의 저자가 쓴 일반적인 책들과는 다르게 콘퍼런스가 진행되는 듯한 느낌을 준다. 각 장은 연결된 전체 내용 중 일부를 읽는 것 같은 느낌이 들도록 집필되었지만, 특별히 관심이 있는 주제를 선별적으로 읽어보는 것도 좋은 선택이 될 것이다(만일 참고가 될 만한 다른 문서들이 있다면 참조가 표시되어 있으므로 어렵지 않게 따라갈 수 있을 것이다).

이 책은 특별한 순서와 관계없이 읽어도 무방하지만 그래도 2장이나 3장에서 시작할 것을 권한다. 이 두 개의 장에서는 구글의 제품 환경과 위험에 대한 SRE의 접근법 등을 각각 소개한다(위험은 여러 면에서 우리가 가진 전문성의 핵심이 되는 요소다). 당연하겠지만, 이 책을 정독하는 것 역시 도움이 된다. 이 책을 구성하는 장들은 각각 원칙(2부), 실습(3부) 그리고 관리(4부) 등의 주제별로 분류가 되어 있다. 또한, 각 장마다 간략한 소개와 하이라이트가 제공되며, 구글의 SRE들이 작성한 다른 게시글들에 대한 참조 또한 제공된다. 또한, 이 책을 위한 웹사이트 https://g.co/SREBook 또한 셀 수 없이 많은 유용한 리소스들을 제공한다.

이 책을 작업하면서 우리 편집자들이 행복했던 만큼 이 책이 여러분에게도 유용하고 흥미로운 책이 되기를 바란다.

아이콘 설명

이 아이콘은 팁이나 제안사항을 표현한다.

이 아이콘은 일반적인 전달사항을 표현한다.

이 아이콘은 경고나 주의사항을 표현한다.

코드 예제 활용법

이 책을 읽는 데 필요한 부수적인 것들은 온라인(*https://g.co/SREBook*)을 통해 제공한다.

이 책은 여러분이 업무를 완료할 수 있도록 돕기 위해 쓰인 책이다. 통상적으로 예제 코드가 함께 제공된다면 아마 독자들은 자신들의 프로그램과 문서에 그 예제 코드를 사용하려 할 것이다. 코드의 중요한 부분을 그대로 복제하는 게 아니라면 굳이 우리에게 연락할 필요는 없다. 예를 들어, 이 책의 예제 코드 중 일부를 발췌해서 그대로 프로그램을 작성하는 경우에는 우리의 허가를 받을 필요가 없다. O'Reilly 책의 예제 CD-ROM을 판매하거나 배포하는 행위에는 우리의 허가가 필요하다. 온라인 포럼에서 이 책의 내용을 인용하고 예제 코드를 발췌해서 답변을 작성하는 행위에는 우리의 허가가 필요하지 않다. 반면, 이 책의 예제 코드의 상당부분을 여러분의 제품의 문서에 포함하고자 한다면 우리의 허가가 필요하다.

이 책의 내용을 인용할 때 이 책의 정보를 언급해준다면 고맙겠지만 반드시 그럴 필요는 없다. 그 정보란 건 대부분 제목, 저자, 출판사 및 ISBN 등을 의미한다. 예를 들면, 《사이트 신뢰성 엔지니어링》(벳시 베이어, 크리스 존스, 제니퍼 펫오프, 니얼 리처드 머피 지음, 제이펍, ISBN 979-11-88621-08-8) 같은 정보다.

만일 예제 코드를 사용하는 범위가 앞서 언급한 범위를 벗어난다고 생각되면 언제든지 마음 편하게 *jeipub@gmail.com*으로 연락하기 바란다.

감사의 말

이 책은 저자들과 기술문서 필진들의 끊임없는 노력 덕분에 출간된 책이다. 특히, 값진 피드백을 아끼지 않은 리뷰어 Alex Matey, Dermot Duffy, JC van Winkel, John T. Reese, Michael O'Reilly, Steve Carstensen, 그리고 Todd Underwood에게 감사를 전한다. Ben Lutch와 Ben Treynor Sloss는 구글 내에서 이 책의 스폰서 역할을 해주었다. 이 프로젝트와 그리고 대용량 서비스를 운영하면서 우리가 경험한 것들에 대한 공유에 대한 그들의 믿음 덕분에 이 책의 출간이 가능했다.

또한, ⟨:login:⟩의 편집자인 Rik Farrow에게 감사한다. 우리와 파트너십을 맺고 USENIX를 통해 많은 수의 사전 판매를 이끌어 주었다. 저자들이 각 장에 관련된 분들에게 감사의 인사를 전하고는 있지만, 그와 별개로 사려 깊은 의견과 토론, 그리고 리뷰를 통해 모든 장의 내용에 기여해준 것에 대해 다시 한번 감사의 인사를 전하고 싶다.

제3장   Abe Rahey, Ben Treynor Sloss, Brian Stoler, Dave O'Connor, David Besbris, Jill Alvidrez, Mike Curtis, Nancy Chang, Tammy Capistrant, Tom Limoncelli

제5장   Cody Smith, George Sadlier, Laurence Berland, Marc Alvidrez, Patrick Stahlberg, Peter Duff, Pim van Pelt, Ryan Anderson, Sabrina Farmer, Seth Hettich

제6장   Mike Curtis, Jamie Wilkinson, Seth Hettich

제8장   David Schnur, JT Goldstone, Marc Alvidrez, Marcus Lara-Reinhold, Noah Maxwell, Peter Dinges, Sumitran Raghunathan, Yutong Cho

제9장   Ryan Anderson

제10장   Jules Anderson, Max Luebbe, Mikel Mcdaniel, Raul Vera, Seth Hettich

제11장   Andrew Stribblehill, Richard Woodbury

제12장   Charles Stephen Gunn, John Hedditch, Peter Nuttall, Rob Ewaschuk, Sam Greenfield

제13장   Jelena Oertel, Kripa Krishnan, Sergio Salvi, Tim Craig

제32장 Seth Hettich

제33장 Adrian Hilton, Brad Kratochvil, Charles Ballowe, Dan Sheridan, Eddie Kennedy, Erik Gross, Gus Hartmann, Jackson Stone, Jeff Stevenson, John Li, Kevin Greer, Matt Toia, Michael Haynie, Mike Doherty, Peter Dahl, Ron Heiby

또한, 중요한 자료를 제공해주거나, 훌륭한 리뷰를 해주거나, 인터뷰에 응해주고 귀한 경험이나 자료를 제공하거나, 기타 이 책을 위해 여러 노력을 아끼지 않은 Abe Hassan, Adam Rogoyski, Alex Hidalgo, Amaya Booker, Andrew Fikes, Andrew Hurst, Ariel Goh, Ashleigh Rentz, Ayman Hourieh, Barclay Osborn, Ben Appleton, Ben Love, Ben Winslow, Bernhard Beck, Bill Duane, Bill Patry, Blair Zajac, Bob Gruber, Brian Gustafson, Bruce Murphy, Buck Clay, Cedric Cellier, Chiho Saito, Chris Carlon, Christopher Hahn, Chris Kennelly, Chris Taylor, Ciara Kamahele-Sanfratello, Colin Phipps, Colm Buckley, Craig Paterson, Daniel Eisenbud, Daniel V. Klein, Daniel Spoonhower, Dan Watson, Dave Phillips, David Hixson, Dina Betser, Doron Meyer, Dmitry Fedoruk, Eric Grosse, Eric Schrock, Filip Zyzniewski, Francis Tang, Gary Arneson, Georgina Wilcox, Gretta Bartels, Gustavo Franco, Harald Wagener, Healfdene Goguen, Hugo Santos, Hyrum Wright, Ian Gulliver, Jakub Turski, James Chivers, James O'Kane, James Youngman, Jan Monsch, Jason Parker-Burlingham, Jason Petsod, Jeffry McNeil, Jeff Dean, Jeff Peck, Jennifer Mace, Jerry Cen, Jess Frame, John Brady, John Gunderman, John Kochmar, John Tobin, Jordyn Buchanan, Joseph Bironas, Julio Merino, Julius Plenz, Kate Ward, Kathy Polizzi, Katrina Sostek, Kenn Hamm, Kirk Russell, Kripa Krishnan, Larry Greenfield, Lea Oliveira, Luca Cittadini, Lucas Pereira, Magnus Ringman, Mahesh Palekar, Marco Paganini, Mario Bonilla, Mathew Mills, Mathew Monroe, Matt D. Brown, Matt Proud, Max Saltonstall, Michal Jaszczyk, Mihai Bivol, Misha Brukman, Olivier Oansaldi, Patrick Bernier, Pierre Palatin, Rob Shanley, Robert van Gent, Rory Ward, Rui Zhang-Shen, Salim Virji, Sanjay Ghemawat, Sarah Coty, Sean Dorward, Sean Quinlan, Sean Sechrest, Shari Trumbo-McHenry, Shawn Morrissey, Shun-Tak Leung, Stan Jedrus, Stefano Lattarini, Steven Schirripa, Tanya Reilly, Terry Bolt, Tim Chaplin, Toby Weingartner, Tom Black, Udi Meiri, Victor Terron, Vlad Grama, Wes Hertlein, 그리고 Zoltan Egyed에게 감사한다.

외부 리뷰어로서 진중하며 깊이 있는 피드백을 전달해준 Andrew Fong, Björn Rabenstein, Charles Border, David Blank-Edelman, Frossie Economou, James Meickle, Josh Ryder, Mark

Burgess, 그리고 Russ Allbery에게 감사한다.

이어서 원래 이 책의 팀원이자 공동 기획자였던, 이 프로젝트가 완료되기 전에 구글을 퇴사했지만 퇴사 직전까지 프로젝트에 깊이 관여했던 Cian Synnott, 그리고 머리말에서 자신의 일화를 언급할 수 있도록 허락해준 Margaret Hamilton에게 감사한다. 마지막으로, 여러 기술 관련 필자들을 지원해주고 그들의 요구사항을 아낌없이 수렴해준 Shylaja Nukala에게 감사한다.

이어서 이 책의 편집자들이 개별적으로 감사의 인사를 전한다.

벳시 베이어(Betsy Beyer)

셀 수 없이 많은 전화 통화와 팝콘을 제공해준 나만의 영웅, 우리 할머니. 그리고 늦은 밤 스웨트 바지를 챙겨줬던 Riba에게 고마움을 전한다. 물론, 함께 일할 수 있어서 즐겁고 고마웠던 모든 SRE 올스타들에게도 감사한다.

크리스 존스(Chris Jones)

공해상에서 지낼 뻔했던 내 인생을 구제해준 Michelle과 전혀 기대하지 않은 곳에서 사고를 찾아내는 그녀의 신기한 능력에 감사한다. 그리고 지난 수년 동안 내게 엔지니어링에 대해 가르쳐 준 모든 이에게 감사한다.

제니퍼 펫오프(Jennifer Petoff)

이 책을 쓰는 지난 2년 동안 물심양면으로 지원해준 남편 Scott에게 감사한다.

니얼 머피(Niall Murphy)

못난 아빠와 남편을 인내와 사랑으로 감싸준 Léan, Oisín, 그리고 Fiachra에게 감사한다. 그리고 이 기회를 제안해준 Dermot에게 감사한다.

베타리더 후기

🦇 강전희(CJ E&M)

SRE이라는 다소 생소한 개념이지만, PM으로서도 안정적인 서비스 운영을 위해서는 필요한 부분이라고 생각하며 많은 것을 생각할 수 있는 계기가 되었습니다. 글로벌 기업의 운영 환경이 궁금하신 분들에게 생각할 거리를 많이 던져주는 좋은 책인 것 같습니다. 분량이 방대하여 짧은 시간에 꼼꼼하게 보지 못한 점이 아쉽네요.

🦇 공민서(엔트로피랩)

제목만 보고 웹사이트에 대한 신뢰성을 높이기 위한 이론을 다룬다고 생각했습니다. 하지만 앞부분만 보고 난 후의 느낌은 단지 "아, 오해였군!"이었습니다만, 읽어갈수록 제가 평소 고민해 왔던 "개발 단계와 운영/유지보수 단계를 잘 조율할 방법이 뭘까?", "구글의 시스템 내부와 규율은 뭘까?"라는 궁금증을 해결해줄 수 있는 책이었습니다. 사실, 이 책의 내용을 온전히 이해하기에는 제 내공과 실력이 부족했지만, 언젠가는 꼭 이해하고 싶을 만큼 좋은 책입니다!

🦇 김준호(티맥스 클라우드)

이제는 대세가 된 데브옵스 혹은 인프라 엔지니어라면 읽어볼 만한 책입니다. 초대형 데이터 센터와 인프라를 운영하는 구글에서 어떻게 수천만 명이 사용하는 서비스의 신뢰성을 99.9% 이상으로 유지하고 있는지를 인프라의 각 파트별로 이론부터 사례까지 기술하고 있습니다. 요즘 나오는 IT 관련 서적은 기능 구현이나 애자일 같은 빠른 구현에 치중해 있었는데, 품질이나 인프라에 관련된 서적이 출간되어서 개인적으로 기뻤습니다. 아쉬운 점을 들자면, 영어 단어를 그대로 음차한 표기들은 영어를 병기해주었더라면 더 좋았을 것 같습니다.

박수혁(엔씨소프트)

구글의 클라우드 플랫폼의 다양한 실제 경험을 통해 얻은 교훈을 정리한 책이며, 실제 업무를 수행하는 데에도 도움이 될 만한 내용이 많아 밑줄을 그어가며 읽었습니다. 의도한 테스트 혹은 장애 등을 통해 많은 것을 얻어내는 구글의 모습을 보면서 다양한 것들을 생각할 수 있었습니다. 내용이 방대하여 순차적으로 읽고 학습하기보다는 관심 있는 장을 그때그때 발췌해서 읽어도 좋을 것 같습니다. 구글이 왜 세계 최고의 IT 회사로 존재하는지 그 이유를 알게 된 책이며, 출판되면 반드시 다시 한번 읽고 정리해보고 싶다는 생각이 들었습니다. 실무에도 많은 도움이 될 만한 좋은 책인 것 같습니다.

이지현

한마디로, 구글에서 이뤄졌던 구체적인 사례가 풍부하여 SRE에 대한 개념을 이해하기 좋은 책!

제이펍은 책에 대한 애정과 기술에 대한 열정이 뜨거운 베타리더의 도움으로
출간되는 모든 IT 전문서에 사전 검증을 시행하고 있습니다.

I

소 개

제1부에서는 사이트 신뢰성 엔지니어링(Site Reliability Engineering)이란 무엇이며, 현재 IT 분야의 사례들과 어떻게 다른지에 대해 개략적으로 살펴보고자 한다.

제1장에서는 구글의 기술 운영 감독 부사장이자 '사이트 신뢰성 엔지니어링'이라는 용어를 만들어낸 벤 트레이노 슬로스(Ben Treynor Sloss)가 SRE의 의미와 업무 방식, 그리고 IT 분야에서 채택하고 있는 기존 방식들과의 차이점에 대한 자신의 생각을 소개한다.

제2장에서는 구글의 프로덕션 환경을 소개하며, 이를 통해 이 책의 나머지 내용을 읽는 데 필요한 용어와 시스템에 대한 이해를 도모한다.

소개

벤자민 트레이노 슬로스(Benjamin Treynor Sloss)[1] 지음
벳시 베이어(Betsy Beyer) 편집

희망은 전략이 아니다.
— 보수적인 SRE가 남긴 말

시스템이 스스로 작동하지 않는다는 것은 이미 널리 알려진 사실이다. 그렇다면 시스템, 특히 대용량 작업을 수행하는 복잡한 컴퓨팅 시스템은 어떻게 운영되어야 할까?

서비스 관리를 위해 시스템 관리자를 활용하는 방법

지금까지 기업들은 복잡한 컴퓨팅 시스템을 운영하기 위해 시스템 관리자들(systems administrators)을 채용해왔다.

---

1 구글 엔지니어링 부사장, 구글 SRE 조직의 설립자.

이 시스템 관리자 혹은 sysadmin이라고 불리는 사람들은 이미 존재하는 소프트웨어 컴포넌트들을 모아 이들이 함께 동작하도록 배포함으로써 서비스를 구축해 나간다. 그런 후에는 서비스를 운영하면서 발생하는 이벤트와 업데이트에 대응하는 것이 그들의 업무다. 시스템의 복잡도와 트래픽이 증가할수록 그에 대한 이벤트와 업데이트 역시 증가하게 되고, 이렇게 늘어나는 업무를 감당하기 위해 시스템 관리팀의 규모 역시 커지게 된다. 사실 시스템 관리자의 역할은 제품 개발자에게 요구되는 스킬과는 완전히 다른 스킬을 요구하므로 개발자와 시스템 관리자는 '개발(development 또는 dev)'팀과 '운영(operations 또는 ops)'팀으로 나뉘게 된다.

시스템을 관리하는 시스템 관리자를 두면 몇 가지 장점을 얻을 수 있다. 우선 서비스를 운영하고 지탱하는 방법을 직접 결정하는 회사라면 시스템 관리자를 고용함으로써 상대적으로 쉽게 서비스를 운영할 수 있다. 시스템 관리자의 역할을 배우고 실험해볼 수 있는 수많은 예시가 존재하기 때문이다. 게다가 시스템 관리자 역할을 충분히 소화할 수 있는 전문 인력들도 이미 풍부하다. 이런 시스템들을 운영하는 데 도움이 되는 다양한 도구와 소프트웨어 컴포넌트(이미 만들어진 것도 있고 다른 것들도 많다)는 물론 시스템 통합을 업으로 삼는 회사들도 많아서 설령 시스템 관리팀이 조금 미숙하더라도 충분히 도움을 받아 시스템을 운영할 수 있다.

하지만 시스템 관리팀을 개발팀과 별개로 나누어 운영하는 것에는 단점도 분명히 존재한다. 이런 단점들은 크게 직접 비용(direct costs)과 간접 비용(indirect costs)으로 나누어 구분할 수 있다.

직접 비용은 상당히 많이 들 뿐만 아니라 명확하다. 변경이력(change) 관리와 이벤트 처리를 모두 수작업에 의존하는 팀을 통해 서비스를 운영하게 되면 서비스와 트래픽이 증가함에 따라 업무량 역시 증가하므로 팀의 규모가 커져 결국 큰 비용을 지출하게 된다.

개발팀과 운영팀을 나누는 데 필요한 간접 비용은 소소하지만, 종종 직접 비용보다 큰 비용이 발생하기도 한다. 이런 비용이 발생하는 이유는 두 팀의 배경 지식과 스킬, 동기 유발 조건 등이 각각 다르기 때문이다. 이 둘은 어떤 상황을 묘사할 때 서로 다른 용어들을 사용한다. 위험 요소나 기술적인 해법에 대해서도 서로 다른 방향으로 예측하고, 제품의 안정성에 대한 목표 수준 역시 서로 다르게 예상한다. 이 두 그룹을 나누면 동기는 물론, 의사소통, 목적, 그리고 궁극적으로는 상호간의 신뢰와 존중에 대한 차이가 발생하게 된다. 그 결과는 병리학만큼이나 어렵고 복잡하다.

운영팀과 그에 맞대응하는 제품 개발팀 간에는 충돌이 종종 발생하며, 대부분 소프트웨어를 얼마나 빨리 프로덕션 환경에 릴리즈할 것인가로 인해 충돌이 발생한다. 기본적으로 개발팀은 새로운 기능들을 구현하고 사용자들이 이 기능들을 사용하는 것을 보고 싶어한다. 반면, 운영

팀은 서비스를 좀 더 안정적으로 운영하기를 선호한다. 대부분의 문제는 어떤 변화(새로운 설정, 새로운 기능 또한 새로운 유형의 사용자 트래픽 등)에 의해 발생하므로 이 두 팀의 목표는 본질적으로 팽팽한 긴장 관계에 있다.

이 두 그룹은 모두 각자의 관심거리를 단어 하나로 정리할 수 없다는 사실을 이해하고 있다 ("우리는 아무런 방해 없이 언제든 원하는 것을 출시하고 싶다"와 "우리는 한 번 시스템이 동작하기 시작하면 그 어떤 것도 바꾸고 싶지 않다"의 대립이랄까). 또한 각자가 사용하는 용어와 위험에 대한 예측이 서로 다르므로 종종 자신들의 이해를 기반으로 자신들에게 유리한 고지를 점령하려고 한다. 운영팀은 새로운 문을 개방하거나 변경함으로써 발생할 수 있는 모든 위험에 대해 지킴이 역할을 수행하려고 한다. 예를 들어 새로 출시할 기능에 대한 리뷰에 지금까지 장애를 유발했던 모든 문제점을 나열하기도 한다. 당연히 어마어마한 분량의 리뷰가 될 것이며, 각 항목들의 가치도 제각각일 것이다. 개발팀은 이런 요구에 답하는 방법을 재빠르게 익힌다. 그래서 '출시'라는 단어는 사용을 자제하고, '플래그(flag) 변경'이나 '정기 업데이트' 또는 '선별적 수정' 등의 단어를 더 많이 사용한다. 그리고 더 적은 수의 기능들이 출시 리뷰를 받을 수 있도록 제품 기능을 잘게 나누는 등의 수법을 활용한다.

서비스 관리에 대한 구글의 해법: 사이트 신뢰성 엔지니어링

소프트웨어 서비스를 공급하는 데 있어 충돌(conflict)이 필연적인 요소는 아니다. 구글은 시스템 운영에 대해 약간은 다른 접근법을 취하고 있다. 구글의 SRE팀은 제품을 운영하고, 때로는 시스템 관리자가 수동으로 처리하던 일을 대신할 시스템을 개발하기 위해 소프트웨어 엔지니어를 채용한다.

그렇다면 구글에서 정의하는 사이트 신뢰성 엔지니어링(Site Reliability Engineering, SRE)이란 정확히 어떤 개념일까? 간단하게 설명하면, SRE란 운영팀을 위한 소프트웨어 엔지니어를 말한다. 필자는 2003년 구글에 입사해서 7명의 엔지니어로 구성된 '프로덕션팀(Production Team)'을 맡기 전까지는 소프트웨어 엔지니어링만 경험했었다. 그래서 나 자신이 SRE(Site Reliability Engineer)로서 일하게 되었을 때 하고 싶었던 것들을 할 수 있도록 팀을 구성하고 관리했다. 이 팀은 오늘날 구글의 SRE팀으로 발전하게 되었는데, 사실 처음에는 평생을 소프트웨어 엔지니어로 살아왔던 사람들로만 구성된 팀이었다.

서비스 관리에 대한 해법으로서 구글이 가장 중요하게 여겼던 점은 각 SRE팀을 어떻게 구성하느냐는 것이었다. SRE는 크게 두 부류로 구분할 수 있다.

SRE 중 50%~60%는 구글의 소프트웨어 엔지니어다. 조금 더 정확히 말하면, 소프트웨어 엔지니어 채용 절차를 거쳐 채용된 사람들이다. 나머지 40%~50%는 구글의 소프트웨어 엔지니어링 자격 요건에 아주 근접한 사람들(예를 들면 요구되는 기술 항목의 85%~99%를 만족하는 인력들)과 대부분의 소프트웨어 엔지니어들에게는 생소하지만 SRE팀에는 유용한 기술에 능통한 사람들이다. 지금까지 이 두 그룹에 공통으로 필요한 인력은 유닉스 시스템 전문가와 네트워킹 OSI 레이어 1~레이어 3까지에 능통한 사람들이었다.

그 외에는 소프트웨어 시스템 개발을 통해 복잡한 문제를 해결할 수 있다는 신념과 재능을 SRE가 갖추어야 할 덕목으로 꼽을 수 있었다. SRE팀 내부에서는 이 두 그룹에 대한 업무 능력의 발달 과정을 면밀하게 추적했는데, 현재까지 이 두 부류의 엔지니어들의 성과에 대해서는 별다른 차이점을 발견하지 못했다. 사실, SRE팀의 배경적 차이점은 오히려 여러 기술이 집약된, 독창적이면서도 높은 품질의 시스템을 탄생시키곤 했다.

SRE 채용에 대한 구글의 접근법의 결과로 구글은 크게 두 부류의 사람들로 구성된 팀을 완성하게 되었다. 첫 번째 부류는 어떤 작업을 직접 손으로 수행하는 것을 금세 싫증 내는 부류며, 두 번째 부류는 비록 그 해결책이 복잡한 경우라 하더라도 이전까지 사람이 손으로 하던 작업을 대신할 수 있는 소프트웨어를 작성하는 데 필요한 기술을 갖춘 부류다. 게다가 SRE팀은 나머지 개발 조직에 여러 가지 배경 지식을 공유하기도 한다. 그래서 SRE팀은 기본적으로 기존의 운영팀이 수행하던 업무를 수행한다. 다만 소프트웨어에 전문성을 지닌 엔지니어들과 이들이 선천적으로 가지고 있는, 인간의 노동력을 대체할 자동화된 소프트웨어를 설계하고 구현하려는 성향과 능력을 활용한다는 차이점이 있다.

기본적으로 SRE팀은 엔지니어링에 초점을 맞춘다는 점이 가장 중요하다. 끊임없이 엔지니어링을 추구하지 않으면 업무 부담이 증가하여 그 부담을 나누기 위해 더 많은 인력이 필요하게 되고 결국에는 서비스의 크기에 따라 전통적인 운영 업무를 담당하는 인력이 기하급수적으로 늘어나게 된다. 서비스가 지원되는 제품이 성공하게 되면 운영 업무에 대한 부담은 트래픽과 함께 증가하게 되고, 그러면 같은 양의 업무를 처리하기 위해 더 많은 사람을 계속해서 채용할 수밖에 없다.

이러한 숙명에서 벗어나려면 서비스를 관리하는 팀은 코드를 작성해야 한다. 그렇지 못하면 늘어나는 일감에 파묻히게 될 뿐이다. 그래서 구글은 SRE팀에 티켓, 전화 응대, 수작업 등, 소위 '운영' 업무에 최대 50%의 시간만 투입하도록 정해두고 있다. 이는 SRE팀이 서비스를 안정적으로 운영 가능한 상태로 유지하기 위한 충분한 시간을 벌어주기 위함이다. 이 시간은 최대상한값이다. 시간이 흐르면서 SRE팀의 운영 부담은 최소한의 수준으로 줄어들고 대부분은 개발 작업에 투입되는데, 그 이유는 기본적으로 서비스가 문제없이 동작하며 스스로 복구가 가능한 수준이 되기 때문이다. 사실 우리가 원하는 것은 시스템이 자동화되는(automated) 것이 아니라 자동적(automatic)이 되는 것이다. 실제로는 시스템의 규모 변화와 새로운 기능의 등장으로 인해 SRE는 긴장을 늦출 수가 없다.

구글의 첫 번째 규칙은 SRE팀은 반드시 남은 50%의 시간을 오롯이 개발을 위해 활용해야 한다는 것이다. 그렇다면 우리는 어떻게 이런 기준을 적용할 수 있었을까? 처음에는 SRE가 어떻게 시간을 활용하는지를 측정해야 했다. 그리고 그 결과를 통해 팀이 개발 작업에 투입하는 시간이 50%에 미치지 못하는 현상이 지속된다는 점을 알게 되었다. 이는 종종 운영에 대한 부담이 개발팀에 일부 전가된다거나 혹은 추가적인 운영 책임이 없음에도 새로운 팀원이 팀에 배정되는 현상이 발생하고 있음을 암시하고 있었다. 이처럼 운영과 개발 업무 사이의 균형을 의도적으로 조율함으로써 SRE가 서비스의 운영을 통해 계속해서 새로운 사실을 경험하면서도 다른 한편으로는 창의적이고 자발적으로 엔지니어링에 참여할 수 있는 여력을 확보할 수 있게 되었다.

우리는 곧 대용량 시스템을 기반으로 한 구글의 SRE 접근법에 많은 장점이 있음을 깨달았다. SRE들은 모두 구글의 시스템들을 운영하기 위해 자신들의 필요에 따라 직접 코드를 수정하므로 SRE팀은 빠르게 혁신하고 변화를 폭넓게 수용하는 특징을 보인다. 이런 팀은 상대적으로 많은 수의 인력이 필요한 운영 중심의 팀에 비해 상대적으로 저렴한 비용으로 같은 서비스를 지원할 수 있다. 대신 시스템의 규모를 시스템의 크기에 맞춰 향상시키고 운영하고 유지하기 위해서는 어느 정도의 SRE들이 필요하다. 결과적으로 SRE팀을 도입함으로써 개발과 운영의 분리로 인한 부작용을 피할 수 있을 뿐만 아니라 이러한 구조가 우리 제품 개발팀의 성장에도 도움이 되었다. 제품 개발팀과 SRE팀 간에 손쉬운 업무 전환을 허용함으로써 전체 구성원들이 두 분야를 모두 학습할 수 있게 되었고, 결과적으로 개발자들의 성장으로 이어졌다. 이런 경험이 없었다면 우리 개발자들은 수많은 코어를 가진 분산 시스템을 구현하는 방법을 배우는 데 어려움을 겪었을 것이다.

이러한 장점과 더불어 SRE 모델은 독특한 도전과제가 즐비하다는 특징도 있다. 구글이 지속적으로 당면한 도전과제 중 하나는 SRE의 채용이다. SRE 후보자가 제품 개발자 채용 과정을 통해 다른 엔지니어들과 경쟁해야 한다는 점과 더불어 SRE에 대한 채용 기준이 코딩 및 시스템 엔지니어링 기술 전반에 걸쳐 너무 높게 형성되어 있었다. 하지만 그에 상응하는 인력 수가 많지 않다는 것이 문제였다. 우리가 경험하는 것들은 상대적으로 새롭고 차별화되는 것들이므로 SRE팀을 구성하고 관리하는 방법에 대한 정보를 업계에서 찾아보기가 쉽지 않다 (그렇기 때문에 이 책이 그러한 방향을 잡아주는 역할을 해주기를 바라 마지않는다!). 그리고 SRE팀을 일단 구성하고 나면, SRE의 서비스 관리에 대한 접근이 남다르므로 철저한 관리가 필요하다. 예를 들어 SRE들이 에러 해결에 투입할 수 있는 시간을 모두 소모해서 이번 분기 내에는 더 이상 새로운 릴리즈를 배포하지 않겠다고 결정해버릴 수도 있다. SRE들의 시간을 앗아간 에러들이 제품 개발팀에 의해 발생한 것들이 아니라면 제품 개발팀은 이러한 결정에 쉽게 동의할 수 없을 것이다.

데브옵스와 SRE

데브옵스(DevOps)라는 단어는 2008년 후반에 등장해서 이 책을 집필하는 시점(2016년 초)까지도 여전히 사용되고 있다. 데브옵스의 핵심 철학, 즉 시스템의 디자인과 개발의 각 단계에 모두 관여한다는 점, 자동화 및 인적 자원의 노동력에 크게 의지한다는 점, 엔지니어링 기술과 도구를 운영 업무에 활용한다는 점 등은 모두 수많은 SRE의 원리 및 사례들과 일치한다. 혹자는 데브옵스를 SRE의 여러 원리를 좀 더 폭넓은 조직과 관리 구조 및 개인에 적용하기 위해 일반화한 모델로 바라보기도 한다. 어떤 사람은 SRE를 약간 독특하게 확장된 형태의 데브옵스로 분류하기도 한다.

SRE의 신조

업무의 흐름과 우선순위, 그리고 일상적인 운영 업무들은 SRE팀마다 서로 다를 수 있으므로 모든 SRE팀은 자신들이 지원하는 서비스(들)에 대한 기본적인 책임을 나누어 부담하고 같은 주요 신조를 공유한다. SRE팀은 가용성(availability), 응답 시간(latency), 성능(performance), 효율성(efficiency), 변화 관리(change management), 모니터링(monitoring), 위기 대응(emergency response), 그리고 서비스의 수용량 계획(capacity planning)에 대한 책임을 진다. 우리는 SRE팀이 주변 환경과 교류하는 데 필요한 규범과 원리들을 문서화했다. 여기서 말하는 주변 환경은 제품 개발팀뿐만이 아니라 테스트팀, 사용자 등을 모두 포함한다. 이런 규칙들과 실무 사례들을 통해 운영 업무보다는 엔지니어링 업무에 더욱 집중할 수 있게 해주었다.

이후의 절에서는 구글 SRE들의 주요 신조를 하나씩 설명해보겠다.

지속적으로 엔지니어링에 집중한다

앞서 설명했듯이 구글은 SRE가 운영 업무에 투입할 수 있는 시간을 최대 50%로 제한하고 있다. 나머지 시간에는 자신의 코딩 기술을 활용해 프로젝트 업무를 수행해야 한다. 그렇게 하기 위해 우리는 SRE가 수행한 운영 업무의 양을 지속적으로 모니터링하고 초과 운영 업무가 발생하면 이는 제품 개발팀에서 처리하도록 했다. 운영 업무 수행률이 다시 50% 이하로 떨어질 때까지 버그와 티켓을 개발팀 관리자에게 다시 할당하거나, 개발자를 전화 담당 순환 업무에 다시 집어넣기도 했다. 이렇게 함으로써 효율적인 피드백을 얻음과 동시에 개발자가 시스템을 개발할 때, 사람이 관여하는 관리 작업이 필요하지 않도록 시스템을 디자인하고 개발할 수 있게 가이드를 제공할 수도 있었다. 사실 이런 방식은 전체 조직, 즉 SRE와 개발팀 전체가 안전장치가 존재해야 하는 이유를 이해하고 제품에 대한 운영 부담을 최소화함으로써 과중한 업무가 발생하지 않도록 해야 한다는 목적을 달성하려는 충분한 의지가 있어야 비로소 그 효과를 볼 수 있다.

SRE가 운영 업무에 집중할 때는 업무를 교대하기까지 보통 8시간~12시간의 업무 시간 동안 최대 두 건의 업무만을 담당하게 한다. 그러면 엔지니어가 해당 업무를 최대한 정확하고 신속하게 처리한 후, 주변을 정리하고 포스트모텀(postmortem)을 작성하기까지 충분한 시간을 확보할 수 있다. 만일 업무 교대 주기 내에 두 건 이상의 업무가 발생한다면 문제점을 충분히 관찰하지 못하므로 결국 엔지니어가 문제의 해결 과정을 경험하고 배울 기회를 놓치게 된다. 게다가 더 많은 업무를 수행한다고 해서 장애 알림에 대한 피로도가 개선되는 것도 아니다. 반면, SRE가 업무 시간 동안 단 한 건의 업무도 할당받지 못하는 상황이 지속된다면 그들의 시간을 낭비하는 것이다.

모든 심각한 장애에 대해서는 알림 여부를 떠나 반드시 포스트모텀을 작성해야 한다. 알림을 발생시키지 않은 건에 대한 포스트모텀이 더 중요한 이유는 모니터링되지 않고 있는 부분을 알 수 있기 때문이다. 해당 장애에 대한 조사를 통해 발생한 현상에 대한 상세한 내용과 발견된 모든 원인, 그리고 그 문제를 해결하거나 개선하기 위해 취했던 행동, 마지막으로 같은 문제가 다시 발생했을 때의 대응 방안 등을 도출해야 한다. 구글의 포스트모텀 문화는 특정인을 비난하기보다는 실수를 공유함으로써 엔지니어가 자신의 단점을 피하거나 숨기려 하지 않고 스스로 고쳐나갈 수 있도록 유도하는 문화로 이미 정착되어 있다.

서비스의 안정성을 유지하면서 변화를 최대한 수용한다

제품 개발팀과 SRE팀은 각자의 목표를 달성하는 과정에서 발생하는 구조적 충돌을 해소해 나가면서 생산적인 관계를 유지할 수 있다. 여기서 말하는 구조적 충돌(structural conflict)이란 혁신의 속도와 제품의 안정성 사이에서 발생하며, 앞서 설명했듯이 이런 충돌은 간접적으로 발현되기도 한다. SRE팀에서는 이런 충돌을 표면으로 드러내고 이를 해결하기 위해 에러 예산(error budget)이라는 개념을 도입했다.

에러 예산은 기본적으로 모든 것에 대해 **신뢰성 목표를 100%로 설정하는 것은 잘못된 목표 설정**이라는 관찰 결과에서 유래한 것이다(물론 페이스메이커와 자동차의 ABS 브레이크는 신뢰성 100%라는 목표가 유효한 몇 안 되는 예외다). 통상 어떤 소프트웨어 서비스 혹은 시스템이든 간에 신뢰성 100%라는 목표는 올바르지 않다. 그 이유는 누구도 시스템이 100% 가용할 때와 99.999% 가용할 때의 차이점을 설명하지 못하기 때문이다. 사용자와 서비스 간에는 매우 다양한 경로의 시스템들(사용자의 노트북, 가정의 와이파이, ISP, 전력 공급선 등)이 존재한다. 그런데 전반적으로 이런 시스템들의 가용성(availability)은 99.999%에 미치지 못한다. 따라서 99.999%와 100% 사이의 미세한 차이점은 결국 다른 시스템의 불가용성(unavailability)에 의해 사라지게 된다. 결국, 사용자로서는 그 0.001%의 가용성을 추가로 더 확보하기 위해 쏟아부은 노력의 효과를 전혀 누리지 못하는 셈이다.

100%의 신뢰성이라는 목표가 애당초 잘못된 것이라면, 어느 정도의 목표가 시스템을 위한 적절한 수준의 목표치가 될 수 있을까? 사실 이 질문은 기술과는 전혀 관계가 없는, 제품과 관련된 질문이다. 다음 사항들을 한번 생각해보자.

- 사용자들의 제품 사용 행위가 일정할 경우 그들이 만족할 수 있는 제품의 가용성은 어느 정도일까?
- 제품의 가용성에 불만이 있는 사용자에게는 어떤 대안을 제시할 수 있을까?
- 가용성 수준이 달라지면 사용자의 제품 활용 행태는 어떻게 변화할까?

사업부나 제품 담당 부서는 시스템의 목표 가용성을 반드시 설정해야 한다. 일단 목표가 설정되면 에러 예산은 1에서 목표 가용성을 뺀 값이다. 즉, 서비스의 목표 가용성이 99.99%라면 불가용한 상태인 경우는 0.01%에 해당한다. 이렇게 필연적으로 발생할 수밖에 없는 0.01%의 불가용성이 서비스의 에러 예산(error budget)이다. SRE팀은 이 에러 예산을 초과하지 않는 범위 내에서 얼마든지 자유롭게 예산을 활용할 수 있다.

그렇다면 우리는 에러 예산을 어떻게 활용해야 할까? 개발팀은 항상 새로운 기능을 출시하여 새로운 사용자를 확보하려고 한다. 따라서 SRE가 새로운 기능들을 빠르게 출시하기 위해 감수해야 할 모든 위험을 처리하는 데 에러 예산을 투입하는 것이 이상적일 것이다. 바로 이 점이 에러 예산의 전체 개념을 설명하고 있다. SRE의 행위들을 이 프레임워크에 맞추어 개념화하면, 새로운 기능의 단계적 출시와 1%의 사용자를 대상으로 한 실험 기능 출시와 같은 전략을 통해 에러 예산을 효과적으로 활용할 수 있다.

에러 예산을 도입하면 개발팀과 SRE의 동기(incentives)에서 발생하는 구조적 충돌 역시 해소할 수 있다. 에러 예산이 도입되면 SRE들은 더 이상 '무정지 시스템' 같은 목표를 세우지 않는다. 그 대신 SRE팀과 제품 개발팀이 기능의 출시 속도를 극대화하기 위해 에러 예산을 활용하는 것에 집중하게 된다. 이런 변화는 모든 것을 바꿀 수 있다. 시스템이 정지하더라도 더 이상 상황을 장애 상황으로만 여기지 않고 혁신의 과정에서 어쩔 수 없이 발생하는 예측 가능한 상황이 되며, 이런 상황이 발생하면 개발팀과 SRE팀은 정신적 혼란에 빠지지 않고 올바르게 대응할 수 있게 된다.

모니터링

모니터링은 최우선 수단 중 하나로, 서비스의 소유자가 계속해서 시스템의 상태와 가용성을 점검하는 것을 말한다. 다른 것들과 마찬가지로 모니터링 전략 역시 철저한 계획하에 수립되어야 한다. 지금까지 모니터링은 특정한 값이나 상태를 확인하고 이 값이 한계치를 초과하거나 상태의 변화가 감지되면 이메일을 발송하는 형태로 이루어졌다. 그러나 이런 종류의 이메일 알림은 그다지 효과적인 해결책이 아니다. 사람이 이메일을 읽어보고 대응을 해야 할지 말아야 할지를 결정한다는 것 자체가 기본적으로 문제가 있다. 모니터링은 어느 분야를 막론하고 사람이 관여해서는 안 된다. 장애에 관한 판단은 소프트웨어가 대신하고 반드시 어떤 대응이 필요한 경우에만 사람에게 알림이 도착해야 한다.

모니터링 결과는 다음의 세 가지로 구분할 수 있다.

알림(alerts)

어떤 문제가 발생했거나 발생하려고 할 때 상황을 개선하기 위해 사람이 즉각적으로 어떤 대응을 취해야 한다는 것을 알린다.

티켓(tickets)

　　사람의 대응이 필요하지만 즉각적인 대응이 필요하지는 않은 상황을 의미한다. 시스템이 자동으로 문제를 해결할 수는 없지만, 사람이 며칠 내로 대응하면 특별한 문제가 없는 경우다.

로깅(logging)

　　누군가 이 정보를 반드시 확인해야 할 필요는 없지만 향후 분석이나 조사를 위해 기록되는 내용이다. 누군가 긴급한 연락을 받기 전까지는 굳이 이 로그를 읽어볼 필요는 없을 것이다.

긴급 대응

신뢰성이란 어떤 기능에 문제가 발생하기 전에 정상적으로 동작했던 평균 시간(Mean Time To Failure, MTTF)과 평균 수리 시간(Mean Time To Repair, MTTR)을 의미한다[Sch15]. 이 중 긴급 대응(emergency response)의 효율성을 가장 잘 표현하는 수치는 대응팀이 시스템을 정상적인 상태로 복구할 때까지 소요된 시간인 MTTR이다.

사람이 개입하면 시간이 지연된다. 비록 실질적인 장애가 더 많이 발생하는 한이 있더라도, 사람의 개입을 필요로 하지 않는 시스템은 사람의 개입이 필요한 시스템보다 더 높은 가용성을 제공할 수 있다. 사람의 개입이 절대적으로 필요한 경우, 우리는 사람이 대응책을 생각하고 행동 지침 문서에 해당 내용을 기록하는 과정에서 시스템이 직접 처리하는 경우 대비 MTTR이 세 배 이상 증가하는 것을 확인했다. 능력이 출중한 대응 엔지니어도 일을 잘 해냈지만, 행동 지침을 바탕으로 잘 훈련된 엔지니어가 훨씬 더 일을 잘 해냈다. 행동 지침이 제아무리 잘 정리되어 있다 하더라도 즉각적으로 대처할 수 있는 똑똑한 엔지니어를 대체할 수는 없겠지만, 피해 규모가 큰 상황이나 시간이 촉박한 상황에서는 잘 정리된 포괄적인 행동 지침이 큰 역할을 할 수 있다. 그래서 구글 SRE팀은 장애 대응 지침과 더불어 엔지니어들이 장애 상황에 대응할 수 있도록 추첨[2]을 통해 훈련을 지속하고 있다.

변화 관리

SRE는 대략 70% 정도의 장애 상황이 서비스 중인 시스템의 변화 때문에 발생한다는 점을 발견했다. 이 부분에 관한 모범 사례는 자동화를 통해 다음과 같은 것들을 이루어내는 것이다.

2　468쪽의 "장애 상황을 가정한 역할 수행"을 읽어보기 바란다.

- 제품의 단계적 출시
- 문제를 빠르고 정확하게 도출하기
- 문제 발생 시 안전하게 이전 버전으로 되돌리기

이 세 가지가 갖춰지면 사용자와 운영팀이 문제를 겪게 되는 상황을 효과적으로 최소화할 수 있다. 이 과정에서 사람의 개입을 배제하면 피로도와 숙련도 또는 무시와 반복 작업에 대한 부주의 등의 일반적인 문제들을 해소할 수 있다. 그 결과, 출시 속도와 안정성이 동시에 향상된다.

수요 예측과 수용 계획

수요 예측과 수용 계획은 미래의 수요를 대비하고 필요한 가용성을 제공할 수 있는 충분한 수용력과 여력을 확보하기 위한 것이다. 사실 그다지 특별히 언급할 점은 없지만 놀랍게도 상당수의 서비스와 팀들이 필요한 수용력을 적절한 시점에 확보하기 위한 과정을 준비하지 않고 있다. 수용 계획은 (사용자가 제품을 채택하고 활용하면서 생겨나는) 자연적 성장과 (새로운 기능의 출시, 마케팅 또는 사업부가 주도하는 다른 변화들의 결과로 생겨나는) 인위적 성장을 모두 고려해야 한다.

수용 계획에는 다음과 같은 단계들이 반드시 고려되어야 한다.

- 자연적 수요에 대한 정확한 예측. 필요한 수용력을 확보하기까지의 시간에 대한 예측을 이끌어낼 수 있다.
- 자연적 수요와 인위적 수요를 정확하게 합산하기
- 원천적인 수용력(서버, 디스크 등)을 바탕으로 서비스의 수용력을 측정하기 위한 통상의 시스템 부하 테스트

수용력은 가용성에 중요한 영향을 미치므로 SRE팀은 반드시 수용 계획을 세워야 하며, 프로비저닝 역시 반드시 수행해야 한다.

프로비저닝

프로비저닝(provisioning)은 변화 관리와 수용 계획을 합한 개념이다. 경험상, 수용 계획은 비용이 많이 소모되므로 프로비저닝은 꼭 필요한 시점에 최대한 빠르게 수행되어야 한다. 이러한 훈련은 반드시 올바르게 수행되어야 한다. 그렇지 못하면 필요한 시점에 적절한 수용력을 확보할 수 없게 된다. 수용력이 증가한다는 것은 새로운 인스턴스를 추가하거나 특정 지역에 서비

스를 개설하고, 기존의 시스템(설정 파일, 로드밸런서, 네트워크 등)의 큰 변경사항이 발생한 이후, 이들이 정상적으로 동작하여 올바른 결과를 이끌어내는지를 확인하는 과정을 수행한다는 것을 의미한다. 그래서 한 시간에 몇 번이라도 할 수 있는 부하 분산보다 훨씬 위험한 작업이며, 특별히 주의해서 취급해야 하는 작업이다.

효율성과 성능

자원의 효율적인 활용은 서비스가 비용에 민감한 상황에서는 가장 중요하게 고려해야 할 점이다. SRE는 결국 프로비저닝을 관리하므로 자원의 활용이 반드시 고려되어야 한다. 여기서 자원의 활용이란 주어진 서비스를 배치하고 운영하는 방법이다. 이는 서비스를 위해 세심하게 수립된 프로비저닝 전략에 의해 결정되므로 서비스의 전체 비용에 큰 영향을 미친다.

자원의 사용은 수요(부하), 수용력, 그리고 소프트웨어의 효율성을 위한 것이다. SRE는 수요를 예측하고 수용력을 결정하며, 소프트웨어를 수정할 수 있다. 이 세 가지는 서비스의 효율성을 결정짓는 (전부는 아니지만) 중요한 요소다.

소프트웨어 시스템은 부하가 커질수록 느려진다. 서비스의 속도 저하는 수용력의 저하를 의미한다. 어느 시점이 되면 느려진 시스템은 무한대로 느려져 결국 동작을 멈추게 된다. 그러면 SRE는 수용력을 확보하여 목표한 응답 속도를 확보해야 하므로 지속적으로 서비스의 성능에 관심을 둔다. SRE와 제품 개발자는 서비스를 계속해서 모니터링하고 성능을 개선해서 수용력을 확보하고 효율성을 향상시켜야 한다.[3]

마무리하며

SRE 접근법은 지금까지 대용량의 복잡한 서비스를 관리하기 위한 업계의 모범 사례들과는 확연히 다른 접근법이다. 소프트웨어 엔지니어로서 반복되는 일련의 작업을 수행하기 위해 투자했던 시간과 노력을 바탕으로 시작됐지만 발전을 거듭해 이제는 일련의 원리와 사례, 동기, 그리고 방대한 소프트웨어 엔지니어링 원리 중 한 분야가 되었다. 이 책의 나머지를 통해 SRE의 길을 더 자세히 알아보기로 하자.

---

3 이 두 팀의 협업에 대한 좀 더 자세한 내용은 497쪽의 "의사소통: 운영 환경 회의" 절을 참고하기 바란다.

2

SRE 관점에서 바라본
구글의 프로덕션 환경

JC 반 윈켈(JC van Winkel) 지음
벳시 베이어(Betsy Beyer) 편집

구글의 데이터센터는 평범한 데이터센터나 작은 규모의 서버 팜(farm)과는 큰 차이가 있다. 이런 차이점 덕분에 특별한 문제점과 기회를 모두 얻고 있다. 이 장에서는 구글의 특색 있는 데이터센터가 가지고 있는 도전과제와 기회에 관해 설명하고, 이 책 전반에 걸쳐 사용할 용어에 관해서도 소개하고자 한다.

하드웨어

구글의 대부분의 컴퓨터 자원은 구글이 전원 공급, 냉각 기능, 네트워크 및 컴퓨터 하드웨어 등을 모두 직접 디자인한 데이터센터에 있다[Bar13]. 다른 데이터센터와는 달리 구글의 컴퓨터 하드웨어는 모든 데이터센터에 동일하게 적용되어 있다.[1] 이 책에서는 서버 하드웨어와 서버 소프트웨어 사이에 혼선을 방지하기 위해 다음의 단어들을 사용한다.

---

[1] 거의 모든 하드웨어가 동일하다는 뜻이다. 일부 데이터센터는 다양한 세대의 컴퓨터 하드웨어를 사용하기도 하며, 간혹 데이터센터를 구축한 이후 증설을 하기도 한다. 그러나 대부분의 경우 우리가 운영하는 데이터센터 하드웨어는 같은 종류다.

머신(machine)

하드웨어(혹은 가상머신(Virtual Machine, VM))를 의미한다.

서버(server)

서비스를 구현하는 소프트웨어를 의미한다.

머신은 어떤 서버든지 구동할 수 있으므로 머신이 구동할 서버 프로그램을 특정하진 않는다. 예를 들면 메일 서버를 실행할 수 있도록 결정된 서버는 없다는 뜻이다. 그 대신 클러스터 운영 시스템인 보그(Borg)가 자원의 할당을 책임진다.

서버라는 단어를 이렇게 사용하는 것이 일반적이지 않다는 것은 알고 있다. 서버라는 단어는 통상 '네트워크 연결을 허용하는 바이너리'와 머신이라는 단어의 의미를 합한 의미가 있다. 하지만 구글에서의 컴퓨팅에 관해 이야기할 때는 이 두 단어의 차이점을 이해하는 것이 매우 중요하다. 일단 우리가 표현하는 서버의 의미에 익숙해질수록 구글 내부에서뿐만 아니라 이 책에서도 이렇게 둘을 구분해서 사용하는 이유가 더욱 명확하게 눈에 보이게 될 것이다.

그림 2-1은 구글 데이터센터의 토폴로지(topology)를 도식화한 것이다.

- 수십 대의 머신이 랙(rack)에 장착되어 있다.
- 랙은 **일렬**로 늘어서 있다.
- 하나 또는 여러 랙이 클러스터를 구성한다.

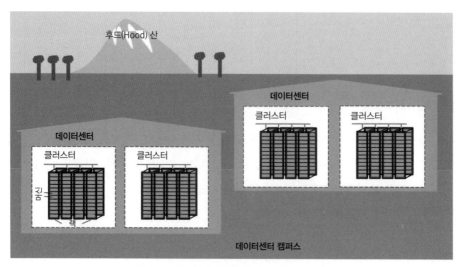

그림 2-1 구글 데이터센터 캠퍼스 토폴로지 예시

- 통상 데이터센터 건물 내에는 여러 개의 클러스터가 갖춰져 있다.
- 근거리의 여러 데이터센터 건물이 모여 **캠퍼스**를 이룬다.

데이터센터 내의 머신들은 서로 통신이 가능해야 하므로 우리는 수만 개의 포트(port)로 이루어진, 엄청나게 빠른 가상 스위치(virtual switch)를 만들었다. 이를 위해 구글이 직접 만든 수백 대의 스위치를 연결하여 **주피터**(Jupiter, [Sin15])라는 이름의 클로스 네트워크 패브릭(Clos network fabric, [Clos53])[2]을 구성했다. 이러한 거대한 구성 덕분에 주피터는 서버 간 통신을 위해 1.3Pbps의 양방향 대역폭을 지원한다.

데이터센터들은 B4[Jai13]라는 전 세계를 연결하는 백본을 통해 연결된다. B4는 소프트웨어에 기반을 둔(공개 표준 통신 프로토콜인 오픈플로(OpenFlow)를 사용한다) 네트워크 아키텍처다. 적절한 수의 사이트에 충분한 대역폭을 제공하며, 탄력적인 대역폭 조정 기능을 통해 평균 대역폭을 극대화한다[Kum15].

하드웨어를 '조율하는' 시스템 소프트웨어

우리가 보유한 하드웨어는 반드시 엄청난 규모의 하드웨어를 조정할 수 있는 소프트웨어에 의해 제어 및 관리되어야 한다. 우리는 하드웨어 결함도 소프트웨어로 관리할 수 있다는 것을 알아냈다. 클러스터에 많은 수의 하드웨어 컴포넌트가 내장된 경우, 하드웨어 상의 문제는 매우 빈번하게 나타난다. 한 해 동안 대략 한 클러스터에서 수천 건의 머신 장애와 수천 건의 하드 디스크 결함이 발생한다. 이 숫자에 우리가 전 세계적으로 운영하는 클러스터의 수를 곱하면 엄청난 양의 하드웨어 결함이 발생하는 셈이다. 그래서 우리는 이런 문제를 추상화하여 사용자는 물론 서비스를 운영하는 팀도 이런 하드웨어 결함으로부터 자유롭게 만들어주고 싶었다. 각 데이터센터 캠퍼스에는 하드웨어와 데이터센터 인프라스트럭처를 관리하는 팀이 배치되어 있다.

---

2 역주 1950년대에 전화 교환을 위해 만들어진 형태의 네트워크로 현대의 데이터센터에서는 높은 성능과 장애 복구를 위한 아키텍처로 사용되고 있다.

머신 관리하기

그림 2-2는 보그(Borg)라는 소프트웨어를 도식화한 것이다. 보그는 아파치 메조스[3](Apache Mesos)와 유사한 분산 클러스터 운영 시스템이다[Ver15]. 보그는 주어진 작업을 클러스터 수준에서 관리한다.

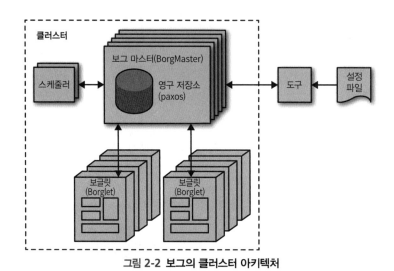

그림 2-2 보그의 클러스터 아키텍처

보그는 사용자의 잡(job)을 실행하는 역할을 담당한다. 여기서 사용자의 잡이란 서버를 계속해서 구동하는 작업일 수도 있고 맵리듀스(MapReduce, [Dea04]) 같은 일괄(batch) 작업을 구동하는 것일 수도 있다. 이런 잡은 하나 혹은 그 이상의 (때에 따라서는 수천 개의) 태스크(task)로 구성되는 경우도 있다. 그 이유는 안정성을 향상시키기 위해서기도 하지만 하나의 프로세스가 모든 클러스터의 트래픽을 감당할 수 없기 때문이기도 하다. 보그는 새로운 잡을 실행할 때 태스크를 수행할 머신을 탐색한 뒤, 해당 머신에게 서버 프로그램을 실행할 것을 요청한다. 그런 후에는 태스크들의 실행을 지속적으로 모니터링한다. 만일 태스크가 제대로 동작하지 않으면 해당 태스크를 강제로 종료시킨 후 다시 시작하는데, 이때 새로 시작되는 태스크는 다른 머신에서 실행될 수도 있다.

태스크들은 여러 머신에 할당되므로 단순히 IP 주소와 포트 번호에 의지해서는 태스크를 제대로 참조할 수 없다. 이 문제를 해결하기 위해 보그는 새로운 잡을 시작할 때 **보그 이름 서비스**

---

3 일부 독자들은 보그의 후속 제품으로 구글이 2014년부터 개발하고 있는 오픈 소스 컨테이너 클러스터 관리 프레임워크인 쿠버네티스(Kubernetes)에 대해 들어본 적이 있을 것이다. 좀 더 자세한 내용은 http://kubernetes.io와 [Bur16]을 참고하기 바란다. 아울러 보그와 아파치 메조스와의 유사점에 대해서는 [Ver15]를 참고하기 바란다.

(Borg Naming Service, BNS)를 통해 고유한 인덱스 번호와 이름을 각 태스크에 할당한다. 다른 프로세스는 IP 주소와 포트 번호 대신 BNS 이름을 통해 보그 태스크에 연결할 수 있으며, 이 BNS 이름은 BNS에 의해 IP 주소와 포트 번호로 해석된다. 예를 들어 BNS 경로는 /bns/<cluster>/<user>/<job name>/<task number>와 같이 표현될 수 있으며, 이 주소는 나중에 <IP address>:<port>와 같은 형태로 해석된다.

보그는 잡을 위한 리소스 할당 역시 담당한다. 모든 잡은 필요한 리소스를 명시해야 한다(예를 들면 3개의 CPU 코어, 2GB 램 등). 보그는 모든 잡들에 명시된 요구 사항 목록을 이용해서 태스크들을 적절한 머신에 할당한다. 이때 태스크가 실패할 경우도 고려한 최적의 머신을 선택하게 된다(예를 들면 보그는 특정 잡의 모든 태스크를 같은 랙의 머신에서 실행하지 않는다. 그렇게 하면 해당 랙의 스위치가 지정된 잡의 단일 실패점(single point of failure)이 되기 때문이다).

만일 어떤 태스크가 요청한 것 이상의 자원을 사용하게 되면 보그는 해당 태스크를 강제로 종료시킨 뒤 다시 시작한다(그 이유는 태스크의 실행을 완전히 중단하는 것보다는 나중에 다시 실패하더라도 일단은 재시작해서 동작하게 하는 것을 더 선호하기 때문이다).

저장소

태스크들은 필요한 데이터를 머신의 로컬 디스크에 저장할 수 있지만, 영구 저장소를 지원하기 위해 다양한 클러스터 저장소 옵션 또한 구현하고 있다(또한, 머신에 사용하던 저장 공간을 클러스터 저장소 모델로 전환하게 될 것이다). 우리는 오픈 소스 기반의 클러스터 파일 시스템인 러스터(Lustre)와 하둡 분산 파일 시스템(Hadoop Distributed File System, HDFS)을 활용하고 있다.

저장소 계층은 사용자에게 클러스터 환경에서 쉽고 안정적으로 활용할 수 있는 저장소를 제공하는 것이 목적이다. 그림 2-3과 같이 저장소는 여러 계층으로 구성된다.

1. 가장 낮은 계층은 D 계층(요즘은 광학 디스크와 플래시 저장소를 함께 사용하기는 하지만 어쨌든 디스크(disk)에서 따온 것이다)이라고 부른다. D 계층은 클러스터 내의 거의 모든 머신이 실행하는 파일 서버다. 그러나 사용자로서는 자신들의 데이터가 어느 머신에 저장되어 있는지 일일이 기억하지는 못할 것이다. 이 문제를 해결하기 위해 그 다음 계층이 필요하게 된다.

2. D 계층 위에는 **콜로서스**(Colossus)라고 부르는 계층이 존재하는데, 이 계층은 클러스터를 바탕으로 전통적인 파일 시스템처럼 동작하며 복제와 암호화까지 지원한다. 콜로서스는 구글 파일 시스템(Google File System, GFS)의 후속 제품이다[Ghe03].

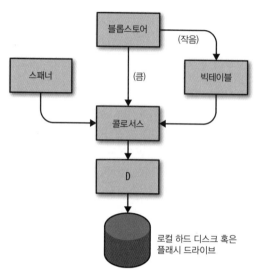

그림 2-3 구글 저장소 스택의 일부

3. 콜로서스를 바탕으로 데이터베이스와 유사한 서비스들이 존재한다.

   a. 빅테이블(Bigtable, [Cha06])은 페타바이트 크기의 데이터베이스를 처리할 수 있는 NoSQL 데이터베이스 시스템이다. 빅테이블은 로우 키(row key), 칼럼 키(column key) 그리고 타임스탬프(timestamp) 등으로 인덱싱할 수 있으며, 데이터가 분산되어 영구적으로 저장되는 다차원 정렬 맵(multidimensional sorted map)이다. 맵에 저장된 값들은 해석되지 않은 바이트의 배열이다. 빅테이블은 결과적 일관성(eventually consistent), 데이터센터 간 복제 등을 지원한다.

   b. 스패너(Spanner, [Cor12])는 실시간 일관성이 있어야 하는 전 세계의 사용자에게 SQL과 유사한 인터페이스를 지원한다.

   c. 블롭스토어(Blobstore) 같은 다른 데이터베이스 시스템들 역시 사용할 수 있다. 이런 옵션들은 각각의 장단점이 분명히 존재한다(제26장 참조).

네트워킹

구글은 다양한 방법으로 네트워크 하드웨어를 관리한다. 앞서 설명했듯이 구글은 오픈플로 (OpenFlow) 기반의 소프트웨어 네트워크를 사용한다. '스마트한' 라우팅 하드웨어 대신 비교적 저렴한 '모자란' 스위칭 컴포넌트와 (이중화된) 중앙 컨트롤러를 조합하여 사용하는데, 이들은 네트워크 상에서 가장 적합한 경로를 사전에 계산해둔다. 그래서 비용이 큰 경로 계산을 라우터에서 실행하는 것이 아니라 간단한 스위칭 하드웨어에서 실행한다.

네트워크 대역폭은 현명하게 할당해야 한다. 태스크가 할당할 수 있는 컴퓨터 자원을 보그가 제한하듯이, 대역폭 할당기(Bandwidth Enforcer, BwE)는 가용 대역폭을 관리해서 평균 가용 대역폭을 극대화한다. 대역폭을 최적화하는 것은 단순히 비용과 관련된 문제만은 아니다. 과거에는 분산 라우팅과 트래픽 엔지니어링을 조합해서 어렵게 해결했던 문제들을 트래픽 엔지니어링을 중앙 집중형으로 구성함으로써 손쉽게 해결할 수 있다[Kum15].

일부 서비스들은 전 세계에 걸쳐 분산된 여러 개의 클러스터에서 동작하는 잡들을 필요로 한다. 우리는 세계에 퍼져있는 서비스 간의 지연응답을 최소화하기 위해 사용자를 가장 가까운 데이터센터로 연결해준다. 우리가 보유한 **글로벌 로드밸런서**(Global Software Load Balancer, GSLB)는 세 가지 수준의 로드밸런싱을 수행한다.

- DNS 요청에 대한 지역적 로드밸런싱(예를 들면 www.google.com). 자세한 내용은 제19장을 참고하기 바란다.
- 사용자 서비스 수준에서의 로드밸런싱(예를 들면 유튜브나 구글 지도 등)
- 원격 프로시저 호출(Remote Procedure Call, RPC) 수준에서의 로드밸런싱. 자세한 내용은 제20장을 참고하기 바란다.

서비스 소유자들은 서비스마다 상징적인 이름과 서버의 BNS 주소, 그리고 지역별로 가능한 수용 범위(주로 초당 쿼리 수로 측정한다)를 명시한다. 그러면 GSLB는 트래픽을 BNS 주소로 우회(redirect)시킨다.

기타 시스템 소프트웨어

지금까지 설명한 컴포넌트들 외에도 데이터센터에는 다른 중요한 컴포넌트들이 존재한다.

잠금 서비스

처비(Chubby, [Bur06]) 잠금 서비스는 잠금을 관리하는 파일시스템과 유사한 API를 제공한다. 처비는 이런 잠금들을 여러 지역의 데이터센터에 걸쳐 관리한다. 이때 비동기 합의(asynchronous consensus)[4]를 위해 Paxos(팍소스) 프로토콜을 사용한다.

---

4 역주 노드 간의 역할 인계 등이 발생할 때 역할을 주는 노드와 받는 노드 사이의 합의를 수행하는 것을 의미한다.

또한, 처비는 마스터 노드를 결정하는 데 중요한 역할을 담당한다. 서비스가 잡을 안정적으로 수행하기 위해 다섯 개의 복제 노드를 생성했더라도 실제 작업을 위해서는 단 하나의 노드만 필요하다면 처비가 해당 작업을 생성된 노드들 중 하나의 노드를 선택해서 해당 작업을 수행한다.

처비에 저장될 데이터는 일관성을 확보해야 하는 데이터가 적합하다. 그런 이유로 BNS는 처비를 이용해 BNS 경로와 IP 주소 및 포트의 매핑 정보를 저장한다.

모니터링과 알림

우리는 모든 서비스가 요청받은 작업을 올바르게 수행하기를 원한다. 그래서 우리는 많은 수의 보그몬(Borgmon) 모니터링 프로그램 인스턴스를 실행한다(제10장 참조). 보그몬은 보통 모니터링하는 서버들로부터 다양한 지표들을 '수집'한다. 이 지표들은 실시간 알림에 사용되며, 향후 분석(예를 들면 그래프 등)을 위해 저장도 된다. 모니터링은 여러 방법으로 활용된다.

- 치명적인 문제점에 대한 알림 설정
- 행동 비교: 소프트웨어 업데이트 이후 서버가 빨라졌는가?
- 수용 계획을 위한 가장 기본적인 지표인 시간의 흐름에 따른 자원 소비 행위의 개선 여부 확인하기

소프트웨어 인프라스트럭처

구글의 소프트웨어 아키텍처는 하드웨어 인프라스트럭처를 최대한 효과적으로 활용할 수 있도록 디자인되었다. 우리의 코드는 멀티스레드를 엄청나게 많이 활용하므로 하나의 태스크가 여러 개의 CPU 코어를 쉽게 활용한다. 대시보드, 모니터링, 그리고 디버깅을 조금 더 수월하게 하도록 돕기 위해 모든 서버는 실행 중인 태스크에 대한 진단 정보와 통계를 수집하는 HTTP 서버를 제공한다.

구글의 모든 서비스는 스튜비(Stubby)라는 원격 프로시저 호출(RPC) 인프라스트럭처를 이용해 통신한다. 또한, 스튜비의 오픈 소스 버전인 gRPC도 사용할 수 있다.[5] RPC 호출은 종종 로컬 프로그램이 수행해야 하는 서브루틴을 호출할 때도 생성된다. 이렇게 하면 나중에 시스템을

---

5   자세한 내용은 http://grpc.io를 참고하기 바란다.

더 모듈화해야 하거나 서버의 기반 코드가 계속 증가해서 해당 서브루틴 호출을 다른 서버로 손쉽게 리팩토링할 수 있다. GSLB는 외부에 노출된 서비스들에 대한 로드밸런싱과 마찬가지 방법으로 RPC들에 대한 로드밸런싱도 수행한다.

서버는 프런트엔드(frontend)로부터 RPC 요청을 받아 백엔드(backend)로 RPC 호출들을 보낸다. 과거에는 프런트엔드는 클라이언트(client)라고 불렀으며, 백엔드는 서버(server)라고 불렀다.

RPC 간의 데이터 전송은 **프로토콜 버퍼**(protocol buffers)[6]를 이용해 이루어진다. 프로토콜 버퍼는 종종 'protobufs'라고 줄여서 부르기도 하는데, 아파치(Apache) 재단의 쓰리프트(Thrift)와 유사한 것이다. 프로토콜 버퍼는 XML을 이용해 구조화된 데이터를 직렬화하는 방식에 비해 더 많은 장점을 제공한다. 사용하기 더 쉽고, 크기가 3~10배 더 작으며, 20~100배 정도 빠르면서도 좀 더 명료하다.

개발 환경

구글에서 개발 속도(development velocity)는 매우 중요한 개념이므로 우리는 인프라스트럭처를 활용할 수 있는 완전한 개발 환경을 구축했다[Mor12b].

독립된 오픈 소스 저장소를 보유하고 있는 일부 그룹(예를 들면 안드로이드(Android)와 크롬(Chrome) 등)을 제외하면 구글의 소프트웨어 엔지니어들은 하나의 공유 저장소를 바탕으로 업무를 수행한다[Pot16]. 우리의 업무 흐름에는 몇 가지 중요한 암묵적인 합의가 존재한다.

- 프로젝트 외부의 컴포넌트에서 문제가 발생하면 엔지니어는 문제를 해결하고, 변경 사항(changelist, CL)을 소유자에게 보내서 리뷰를 요청한 후 변경된 코드를 제출할 수 있다.
- 엔지니어가 소속된 프로젝트의 소스 코드 변경은 반드시 리뷰를 거쳐야 한다. 모든 소프트웨어는 제출되기 전에 리뷰를 받아야 한다.

소프트웨어가 완성되면 데이터센터에 있는 빌드 서버에 빌드 요청이 보내진다. 여러 개의 빌드 서버가 병렬로 실행되므로 빌드는 매우 빠르게 실행된다. 이 인프라스트럭처는 지속적인 테스트(continuous testing)에도 활용된다. 변경 사항이 제출될 때마다 해당 변경에 직·간접적인 영

---

6 프로토콜 버퍼는 언어와 플랫폼에 의존적이지 않으며 구조화된 데이터의 직렬화를 위한 확장 가능한 메커니즘이다. 좀 더 자세한 내용은 https://developers.google.com/protocol-buffers/를 참고하기 바란다.

향을 받는 모든 소프트웨어에 대한 테스트가 수행된다. 만일 프레임워크가 변경 사항으로 인해 시스템 일부가 올바르게 동작하지 않는다고 판단되면 변경 사항을 제출한 소유자에게 알린다. 일부 프로젝트들은 테스트를 통과하면 자동으로 새 버전의 소프트웨어가 프로덕션 환경으로 배포되는 푸시-온-그린(push-on-green) 시스템을 채택하고 있다.

셰익스피어: 예제 서비스

서비스가 구글의 프로덕션 환경에 배포되는 방식을 설명하기 위해 여러 가지 구글의 기술들을 활용하는 예제 서비스를 살펴보도록 하자. 이번에 살펴볼 예제 서비스는 특정 단어가 셰익스피어의 작품 중 어느 것에서 사용되고 있는지를 검색해주는 서비스다.

이 시스템은 크게 두 부분으로 구성된다.

- 셰익스피어의 작품들을 텍스트로 읽어 인덱스를 생성하고 이를 빅테이블에 저장하는 일괄 작업 컴포넌트. 이 작업은 단 한 번 실행되거나 어쩌다가 한 번(지금까지 몰랐던 작품이 발견된다면!) 실행된다.
- 최종 사용자의 요청을 처리할 애플리케이션 프런트엔드. 이 작업은 모든 시간대의 사용자들이 셰익스피어의 책을 검색하길 원할 것이므로 항상 실행된다.

일괄 작업 컴포넌트는 맵리듀스를 이용해 세 가지 과정을 처리한다.

매핑 과정에서는 셰익스피어의 텍스트를 읽고 이를 단어 단위로 쪼갠다. 여러 개의 워커 프로세스를 병렬로 실행하면 이 작업을 빠르게 수행할 수 있다.

셔플(shuffle) 과정에서는 발견된 단어들을 정렬한다.

리듀스 과정에서는 튜플(단어와 단어의 위치)을 생성한다.

각각의 튜플은 빅테이블의 로우(row)에 기록되며, 이때 단어가 키로 사용된다.

요청의 흐름

그림 2-4는 사용자의 요청이 서비스되는 과정을 보여준다. 먼저 사용자가 브라우저를 이용해 shakespear.google.com에 접속한다. 이때 적절한 IP 주소를 얻기 위해 사용자의 장치는 DNS 서버를 통해 주소를 해석한다(1). 이 요청은 GSLB와 통신하는 구글의 DNS 서버를 통해 처리

된다. GSLB는 여러 지역의 프런트엔드 서버 간의 부하를 추적하므로 현재 사용자에게 적당한 서버의 IP 주소를 전달한다.

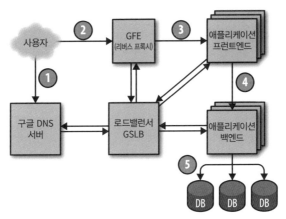

그림 2-4 요청의 흐름

브라우저는 이 IP 주소에서 동작하는 HTTP 서버에 연결한다. 이 서버(GFE, 또는 구글 프런트엔드라고 부른다)는 TCP 연결을 종료하는 리버스 프록시(reverse proxy)다(2). GFE는 어떤 서비스(웹 검색, 지도 혹은 예제의 경우 셰익스피어 서비스)가 필요한지를 탐색한 후 GSLB를 이용하여 사용할 수 있는 셰익스피어 프런트엔드 서버를 찾는다. 그런 다음 서버에게 HTTP 요청을 담은 RPC를 전달한다(3).

셰익스피어 서버는 HTTP 요청을 분석하여 탐색할 단어를 포함하는 프로토콜 버퍼를 구성한다. 셰익스피어 프런트엔드 서버는 이제 셰익스피어 백엔드 서버에 연결해야 한다. 프런트엔드 서버는 GSLB에 연결하여 자신이 연결할 백엔드 서버의 BNS 주소를 얻는다(4). 이 셰익스피어 백엔드 서버는 빅테이블 서버에 연결하여 필요한 데이터를 얻는다(5).

사용자가 탐색한 단어에 관한 결과는 응답 프로토콜 버퍼에 기록된 후 셰익스피어 백엔드 서버에 전달된다. 백엔드 서버는 프로토콜 버퍼를 다시 셰익스피어 프런트엔드 서버에 전달한다. 프런트엔드 서버는 전달된 데이터를 바탕으로 HTML을 구성한 후 사용자에게 전달한다.

이런 일련의 이벤트들은 눈 깜짝할 사이에 실행된다. 아마 몇 백 밀리초면 충분할 것이다. 하지만 여러 서비스들이 연결되어 동작하므로 잠재적인 오류가 발생할 수 있다. 특히 GSLB에 문제가 발생하면 끝장이다. 그러나 구글의 엄격한 테스트 및 배포 정책과 더불어 사전 장애 복구 정책 덕분에 사용자들이 기대하는 안정적인 서비스를 제공할 수 있다. 이 덕분에 사람들이 인터넷 연결에 문제가 없는지 확인하고자 할 때 www.google.com에 접속해보는 것이다.

작업과 데이터의 조직화

우리는 부하 테스트를 통해 백엔드 서버가 100 QPS(Queries Per Second)를 처리할 수 있다는 것을 알게 됐다. 제한된 수의 사용자들을 대상으로 실행한 시범 서비스를 통해서는 최대 3,470 QPS가 발생할 수 있었으므로 최소 35개의 태스크가 필요하다는 것도 알게 되었다. 그러나 다음의 내용을 살펴보면 우리는 최소 37개 혹은 $N+2$개의 태스크가 필요하다는 것을 알게 된다.

- 어느 시점에 한 태스크는 업데이트를 하는 동안에는 사용할 수 없는 상태가 되지만 나머지 36개의 태스크는 여전히 실행 중이다.
- 태스크를 업데이트하는 동안 머신 장애가 발생할 수 있다. 35개의 태스크는 단지 최대 부하를 견디기 위해 최소한으로 필요한 태스크의 수일 뿐이다.[7]

사용자 트래픽을 자세히 분석해본 결과, 최대 사용량이 전 세계에 분산되어 있다는 것을 알게 됐다. 북미에서 1,430 QPS, 남미에서 290 QPS, 그리고 유럽과 아프리카에서 1,400 QPS, 아시아 및 호주에서 350 QPS가 처리되었다. 따라서 모든 백엔드를 한곳에 모아두지 않고 미국과 남미, 유럽, 그리고 아시아에 분산하는 것이 효과적이다. 지역별로 장애를 대응하기 위해 $N+2$개의 태스크를 배포한다면 미국에 17개, 유럽에 16개, 그리고 아시아에 6개를 배치해야 한다. 그러나 남미에는 (5개 대신) 4개를 배치해서 $N+2$가 아닌 $N+1$개의 태스크를 배치한다. 이 경우에는 하드웨어 비용을 절감하기 위해 지연응답이 높아질 수 있다는 위험을 감수하는 것이다. 만일 남미 데이터센터의 수용량이 초과하여 GSLB가 특정 대륙에서 발생한 사용자의 트래픽을 다른 대륙으로 유도한다면 우리는 하드웨어에 투입한 자원의 20%를 절약하게 된다. 트래픽이 높은 지역에서는 여력을 위해 두 개나 세 개의 클러스터에 태스크를 배치할 것이다.

백엔드는 데이터를 보관하고 있는 빅테이블에 연결해야 하므로 저장소 또한 전략적으로 디자인해야 한다. 아시아 지역의 백엔드가 미국의 빅테이블에 연결되면 상당한 지연응답이 발생하므로 빅테이블을 각 지역에 복제해야 한다. 빅테이블 복제는 두 가지 측면에서 유용하다. 첫째로는 빅테이블 서버에 장애가 발생했을 때 대응할 수 있으며, 둘째로는 데이터 액세스에 대한 응답 시간 지연을 해소한다. 빅테이블은 결과적 일관성만 지원하기는 하지만, 콘텐츠를 자주 업데이트할 필요가 없으므로 그다지 큰 문제가 되지는 않는다.

지금까지 많은 용어를 선보였는데, 이 용어들을 모두 기억할 필요는 없지만 앞으로 우리가 언급할 다른 시스템들의 기틀을 이해하려면 기억해두는 것이 도움이 될 것이다.

---

7 우리는 동시에 두 개의 태스크에서 장애가 발생하는 것 정도는 경미한 것이라고 생각한다. 그러나 랙 상단의 스위치나 전원 공급 등의 단일 실패점은 아마도 이런 가정을 무용지물로 만들어버릴 것이다.

원리와 원칙들

제2부에서는 SRE팀의 주요 업무 수행에 필요한 원리와 원칙들 — 패턴과 행동, 그리고 통상적인 SRE 업무에 영향을 주는 고려 사항 등을 설명한다.

이 부에서 첫 번째로 소개하는 제3장 '위험 요소 수용하기'에는 SRE가 어떤 일들을 왜 하는지에 대해 폭넓게 이해하고 싶다면 반드시 읽어야 할 가장 중요한 내용들이 담겨 있다. 제3장은 SRE가 마주하는 위험 요소들에 대해 다룬다. 위험 요소를 평가하고 관리하는 방법과 효율적이면서도 중립적인 서비스 관리 방법을 모색하기 위해 에러 예산을 사용하는 방법 등을 설명한다.

서비스 수준(service level) 목표는 SRE의 또 다른 기초 개념이다. 사실 업계에서는 서비스 수준 협약(Service Level Agreements, SLA)이라는 명분하에 서로 다른 개념들을 뭉뚱그려 넣음으로써 이런 개념들을 명확하게 이해하기 어렵게 만드는 경향이 있다. 제4장 '서비스 수준 목표'에서는 이런 협약들로부터 목표를 풀어내며, SRE가 사용하는 용어를 설명하고, 애플리케이션에 대한 유용한 지표들을 얻기 위한 몇 가지 권장 사항들을 소개한다.

사람의 수고를 덜어주는 일 역시 SRE가 수행하는 가장 중요한 업무 중 하나며, 이 부분이 바로 제5장 '삽질은 이제 그만!'의 주제다. 여기서 말하는 삽질이란 더 이상 아무런 가치를 제공하지 못하면서도 서비스가 성장함에 따라 늘어나기만 하는, 일상적이면서도 반복적인 운영 업무를 말한다. 구글은 물론 어느 회사든지, 프로덕션 환경이 제대로 돌아가는지를 파악하는 가장 기본적인 방법은 모니터링이다. 서비스에 대한 모니터링이 제대로 이루어지지 않으면 어떤 일이 벌어지고 있는지 파악할 수 없으며, 현재 상태를 파악할 수 없다면 당연히 안정적으로 운영할 수가 없다. 제6장 '분산 시스템 모니터링'에서는 모니터링의 정의와 수행 방법에 대한 사례 및 실제 서비스의 구현 방식과는 무관하게 활용할 수 있는 몇 가지 모범 사례들을 소개한다.

제7장 '구글이 이룬 자동화의 혁신'에서는 자동화에 대한 SRE들의 접근법을 설명하고 자동화의 구현 과정에서 얻어낸 성공 사례와 실패 사례들을 소개한다.

대부분의 기업들은 릴리즈 엔지니어링(release engineering)은 나중에 고려해도 괜찮은 것으로 취급한다. 그러나 제8장 '릴리즈 엔지니어링'에서 설명하듯이, 릴리즈 엔지니어링은 변경 사항을 적용하는 것과 마찬가지로 전체 시스템의 신뢰성에 영향을 미칠 뿐만 아니라 출시하는 모든 릴리즈들의 일관성을 확보하기 위한 최선의 방법이다.

효과적인 소프트웨어 엔지니어링의 가장 핵심 원리는 신뢰성을 최우선으로 한 엔지니어링뿐만 아니라 단순함(simplicity)이 생명이다. 이 중 어느 하나를 놓친다면 다시 되찾기란 어마어마하게 어려운 일이 된다. 어쨌든 속담에서도 이르듯이 복잡한 시스템은 잘 동작하는 단순한 시스템들이 모여서 이루어지는 것이다. 제9장 '간결함'에서는 이런 주제에 대해 자세히 다룰 예정이다.

더 읽어볼 만한 자료

제품 개발 속도를 안정적으로 향상시키는 것은 모든 조직의 핵심 원리다. 2014년 10월에 발행된 논문 〈푸시-온-그린을 현실화하기(Making Push On Green a Reality)〉[Kle14]에서는 릴리즈 과정에서 사람의 개입을 배제함으로써 시스템의 안정성을 향상시키는 과정에서 SRE의 수고를 줄일 수 있음을 설명하고 있다.

3

위험 요소 수용하기

마크 알비드레즈(Mark Alvidrez) 지음
카비타 굴리아니(Kavita Guliani) 편집

아마도 독자들은 구글이 100% 신뢰할 수 있으며 장애가 절대로 일어나지 않는 서비스들을 구축했을 것이라 생각할 것이다. 그러나 신뢰성을 향상시키려는 노력은 서비스에(그리고 사용자에게도) 좋은 것이 아니라 오히려 해가 된다는 점을 알게 되었다! 최상의 안정성을 확보하기 위해서는 엄청난 비용이 소모된다. 신뢰성을 극대화하면 새로운 기능을 개발하는 속도나 사용자에게 제품을 출시하는 기간에 오히려 제동을 걸게 되며 비용이 상승하여 팀이 더 많은 수의 기능을 구현하는 데 방해가 될 뿐이다. 게다가 사용자들은 주로 적절하게 높은 수준의 신뢰성과 극대화된 신뢰성의 차이를 알아차리지 못한다. 왜냐하면 사용자의 경험이란 모바일 네트워크나 그들이 사용하는 장비처럼 신뢰성이 낮은 컴포넌트들에 의해 좌우되기 때문이다. 단순하게 말하면, 신뢰성이 99%인 스마트폰을 사용하는 사용자는 서비스의 99.99% 신뢰성과 99.999% 신뢰성이 어떻게 다른지 판단할 수 없다. SRE는 이런 점을 고려하여 업타임(uptime)[1]을 극대화하는 대신, 서비스가 다운될 수 있는 위험 요소와 빠른 혁신과 효과적인 서비스 운영 사이의 균형을 찾음으로써 사용자의 (기능, 서비스, 그리고 성능에 대한) 전체적인 만족도를 향상시키는 것에 집중한다.

---

1 **역주** 서비스가 동작을 시작한 이후 장애 없이 실행 중인 시간

위험 요소 관리하기

신뢰할 수 없는 시스템들은 사용자의 신뢰를 삽시간에 무너뜨릴 수 있으므로 우리는 시스템 장애가 발생할 수 있는 가능성을 최소화하고 싶어한다. 그러나 그동안의 경험으로 미루어 보건대, 우리가 시스템을 구축하는 비용은 신뢰성의 증가에 비례해서 증가하지 않는다. 즉, 신뢰성을 향상시켰더니 비용이 100배 증가하는 경우도 있다. 이러한 비용의 증가는 다음의 두 부분에서 발생한다.

여분의 머신/컴퓨트 자원 비용

통상적인 유지보수나 예측하지 못했던 유지보수가 발생해서 시스템을 중단할 때나 최소한의 데이터 정합성을 보장하기 위한 패리티 코드(parity code) 블록을 저장할 수 있는 공간이 필요할 때 활용할 수 있는 여분의 장비를 위한 비용이 증가한다.

기회 비용

조직이 엔지니어링 자원을 사용자들이 직접 사용하는 기능이 아니라 위험에 대비하기 위한 시스템이나 기능을 구현하기 위해 투입할 때 발생하는 비용을 말한다. 이런 엔지니어들은 더 이상 최종 사용자를 위한 새로운 기능과 제품의 개발 업무를 수행하지 못한다.

SRE 조직에서는 위험을 관리함으로써 서비스의 신뢰성을 관리한다. 우리는 위험을 지속적인 것으로 간주한다. 우리는 구글 시스템의 신뢰성을 확보하는 것과 운영 중인 서비스가 요구하는 적절한 내구성을 정의하는 것을 똑같이 중요하게 여긴다. 그렇게 함으로써 비용/이익 분석을 수행할 수 있다. 예를 들어 검색, 광고, 지메일(Gmail) 또는 구글 포토 등의 서비스에서 (비선형적) 위험이 지속적으로 발생하는 곳을 특정지을 수 있다. 우리의 목표는 서비스에서 발생 가능한 위험 요소 중 기업이 기꺼이 부담할 용의가 있는 위험 요소들을 찾아내는 것이다. 우리는 충분히 신뢰할 수 있는 서비스를 구현하기 위해 노력하지만 필요 이상의 신뢰성을 확보하려고는 하지 않는다. 즉, 가용성 목표치를 99.99%로 설정하면 우리는 이를 초과 달성하려고 노력하기는 하지만, 넘치게 초과하려고는 하지 않는다는 뜻이다. 그러다 보면 오히려 시스템에 새로운 기능을 추가하거나 기술 부채(technical debt)[2] 또는 운영 비용을 줄이기 위한 기회를 잃어버리게 되기 때문이다. 어떤 의미에서 우리는 가용성 목표의 최소치와 최대치를 모두 고려한다. 그러다 보면 명확하면서도 신중하게 위험을 관리할 수 있다.

---

2 **역주** 제품이나 서비스에 장애를 일으키지는 않지만 엔지니어 관점에서 기술적으로 해소하지 않으면 향후에 문제가 될 수 있는 부분들

서비스 위험 측정하기

구글에서는 일종의 표준 절차로서, 최적화하고자 하는 시스템의 상태를 표현하는 지표들을 종종 확인하곤 한다. 목표치를 설정함으로써 현재의 성능을 측정하여 시간의 흐름에 따른 성능의 향상이나 하락을 추적할 수 있다. 서비스 위험 요소의 경우, 하나의 지표를 들여다본다고 해서 잠재적인 요인들을 한꺼번에 해소할 수 있는 방법을 단번에 알아채기는 어렵다. 서비스 장애는 사용자들의 불만족, 피해 또는 신뢰성 하락, 직·간접적인 수익 감소, 브랜드 가치나 평판에 대한 타격, 원치 않던 언론 보도 등 여러 가지 잠재적 영향들을 포함하고 있다. 분명한 것은, 이들 중 일부 요소들은 측정하기 어렵다는 점이다. 이러한 문제들을 전체 시스템에 걸쳐 조금이라도 더 일관적으로 잘 다루기 위해, 우리는 의도되지 않은(unplanned) 다운타임(downtime)[3]에 초점을 맞춘다.

대부분의 경우, 위험의 수용도를 표현하는 가장 직관적인 방법은 의도되지 않은 다운타임을 어느 정도나 수용할 수 있는지를 알아보는 것이다. 의도되지 않은 다운타임은 기대하는 서비스 가용성(service availability) 수준에 의해 결정된다. 기대하는 가용성 수준은 대부분의 경우 99.9%, 99.99% 또는 99.999% 등 숫자 '9'로 표현된다. 9가 더 많이 덧붙을수록 100% 가용성에 가까워진다. 현재 동작 중인 시스템이라면 이 지표는 시스템의 업타임 비율로 계산하는 것이 관례다([식 3-1] 참조).

[식 3-1] 시간을 기준으로 한 가용성

$$가용성 = \frac{업타임}{(업타임 + 다운타임)}$$

이 공식을 일 년에 걸쳐 적용해보면 목표 가용성 수치를 달성하기 위해 허용할 수 있는 다운타임이 몇 분인지를 계산할 수 있다. 예를 들어 가용성 목표치가 99.99%인 시스템의 경우, 허용 가능한 연간 다운타임은 52.56분이다. 자세한 내용은 부록 A의 표를 참고하기 바란다.

그러나 구글에서는 시간 기준의 가용성 지표는 그다지 의미가 없다. 그 이유는 우리는 전 세계에 분산된 서비스를 운영하기 때문이다. 구글이 채택하고 있는 장애 분리(fault isolation) 방식 덕분에 우리는 특정 서비스의 트래픽 중 일부를 주어진 시간 동안 세계의 어느 한 지역에 제공하고 있는 셈이다(다시 말하면, 우리는 전체 시간 중 최소 일부는 '정상 동작 중인' 상태다). 그래서

---

3 역주 서비스가 장애 등으로 인해 실행이 중단된 시간

우리는 업타임과 관련된 지표들 대신 **요청 성공률**(request success rate)에 기초한 가용성을 정의한다. [식 3-2]는 특정한 운영 시간 대비 성공률에 기반한 지표들을 계산하는 수식이다.

[식 3-2] 종합 가용성

$$가용성 = \frac{성공한\ 요청\ 수}{전체\ 요청\ 수}$$

예를 들어 하루에 250만 개의 요청을 처리하는 시스템의 경우 하루에 발생하는 에러가 250개 이내라면 일일 가용성 목표치 **99.99%**를 달성할 수 있다.

통상적인 애플리케이션의 경우 모든 요청을 동일하게 취급할 수는 없다. 즉, 사용자의 가입 요청이 실패하는 것을 백그라운드에서 새로 도착한 메일을 읽기 위한 요청이 실패하는 것과 똑같이 취급할 수는 없다. 그러나 대부분의 경우 전체 요청 대비 성공한 요청의 비율로 계산하는 가용성은 최종 사용자 관점에서 볼 때, 의도되지 않은 다운타임에 대한 나름대로 적절한 추산이라고 볼 수 있다.

요청의 성공률로 의도되지 않은 다운타임을 정량화하는 것은 최종 사용자에게 직접 서비스를 제공하지 않는 시스템들을 위한 가용성 지표로서도 의미가 있다. 이런 시스템들의 대부분(예를 들면 일괄 작업, 파이프라인, 저장소 및 트랜잭션 시스템 등)은 성공한 작업과 실패한 작업이 대체로 잘 정의되어 있는 편이다. 사실 이 장에서 논의되고 있는 시스템들은 주로 소비자와 인프라스트럭처에 서비스를 제공하는 시스템들이지만 유지보수용(unserving) 시스템들에도 동일한 원리들을 최소한의 수정만으로도 똑같이 적용할 수 있다.

예를 들어, 향후 분석을 위해 사용자 데이터베이스 중 하나의 콘텐츠를 수집하고 변형해서 데이터 웨어하우스(data warehouse)에 집어넣는 일괄 프로세스는 일정한 간격으로 실행하도록 설정되어 있을 것이다. 이런 경우 요청의 성공률을 성공적으로 추가된 레코드와 그렇지 못한 레코드를 바탕으로 계산하면, 비록 지속적으로 운영되지 않는 일괄 작업 시스템이라 하더라도 유용한 가용성 지표를 계산해낼 수 있다.

가장 자주 사용되는 방법은 서비스마다 분기별 가용성 목표를 설정하고 주 단위 혹은 일 단위로 목표치에 대한 성능을 측정하는 방법이다. 이런 전략을 통해 우리는 서비스를 들여다보고 추적해서 불가피하게 발생하는 장애 상황을 수정함으로써 서비스가 높은 수준의 가용성 목표를 달성할 수 있도록 관리하고 있다. 좀 더 자세한 내용은 제4장을 참고하기 바란다.

서비스의 위험 수용도

서비스의 위험을 수용한다는 것은 어떻게 정의할 수 있을까? 통상적인 환경이든 안정성이 중요한 시스템이든 서비스에서 발생할 수 있는 위험 수용도(risk tolerance)는 주로 제품이나 서비스의 기본 정의에 직접 포함되어 있다. 구글의 경우 서비스의 위험 수용도에 대한 정의가 덜 명쾌한 편이다.

서비스의 위험 수용도를 정의하기 위해서 SRE는 반드시 제품 소유자와 협의를 통해 기업의 목표를 우리가 처리할 수 있는 명확한 목표로 설정해야 한다. 이런 경우, 우리가 고려하는 기업의 목표는 서비스가 제공하는 성능과 신뢰성에 직접적인 영향을 미친다. 현실적으로 이런 전환 작업은 말보다는 실행이 어려운 법이다. 소비자를 대상으로 하는 서비스는 대부분 제품 소유자가 분명하지만 인프라스트럭처 서비스(예를 들면 저장소 시스템이나 범용 HTTP 캐시 서비스)는 제품 소유자와 유사한 구조를 갖추지 못하는 경우가 대부분이다. 지금부터 소비자를 대상으로 하는 서비스와 인프라스트럭처 서비스를 각각 구분해서 살펴보도록 하자.

소비자 대상 서비스의 위험 수용도 정의하기

우리가 고객에게 제공하고 있는 서비스에는 애플리케이션의 사업적 소유자 역할을 하는 제품팀(product team)이 있다. 예를 들어 검색, 구글 지도, 그리고 구글 문서 서비스들에는 모두 제품 관리자(product manager)가 배정되어 있다. 이 제품 관리자들은 제품과 관련된 사용자와 사업적 요소들을 이해하고 제품이 시장에서 성공할 수 있는 모양새를 만들어 나간다. 제품팀은 서비스에 요구되는 신뢰성 수준에 대해 논의하기엔 안성맞춤인 팀이다. 전담 제품팀이 없는 경우에는 해당 시스템을 구축하는 엔지니어가 알게 모르게 그 역할을 대신하게 된다.

서비스의 위험 수용도를 결정하기 위해서는 다음과 같은 여러 요소들을 고려해야 한다.

- 어느 정도 수준의 위험 수용도가 요구되는가?
- 장애의 종류에 따라 서비스에 미치는 영향이 달라지는가?
- 지속적으로 발생하는 위험 중 어느 지점에 서비스 비용을 투입할 것인가?
- 중요하게 고려해야 할 다른 서비스 지표로는 어떤 것들이 있는가?

목표 가용성 수준

구글 서비스의 목표 가용성 수준(target level of availability)은 해당 서비스가 제공하는 기능과 시장에서의 위치에 의해 결정된다. 이때 아래와 같은 사항들을 고려한다.

- 사용자는 어느 정도 수준의 서비스를 기대하는가?
- 이 서비스가 수익과 직접적으로 연관이 있는가(구글의 수익 혹은 고객의 수익?)
- 유료 서비스인가 아니면 무료 서비스인가?
- 시장에 경쟁자가 있다면 그 경쟁자는 어느 정도 수준의 가용성을 제공하는가?
- 이 서비스는 개인 사용자를 위한 서비스인가 기업 사용자를 위한 서비스인가?

기업용 구글 앱스(Google apps for work)의 경우를 한번 생각해보자. 이 서비스의 주요 사용자층은 다양한 규모의 기업 사용자다. 이 기업들은 임직원의 업무 수행을 위해 기업용 구글 앱스(예를 들면 지메일, 캘린더, 드라이브(Google Drive), 구글 문서(Google Docs) 등)의 서비스를 제공한다. 반면, 기업용 구글 앱스 서비스에 장애가 발생하면 이 장애는 구글의 장애일 뿐만 아니라 이 서비스를 사용하는 모든 기업의 장애다. 일반적으로 기업용 구글 앱스 서비스라면 대외적으로는 분기별 가용성 수준을 99.9%로 설정하겠지만 내부적으로는 그보다 더 높은 수준의 가용성 목표를 설정하고 계약서에는 대외적 목표치를 달성하지 못한 경우에 그에 대한 보상을 약속할 것이다.

그러나 유튜브(YouTube)는 이와 반대되는 정책을 도입하고 있다. 구글은 유튜브를 인수하는 시점에서 웹사이트를 위한 적절한 가용성 수준을 결정해야 했다. 2006년 유튜브는 개인 고객 중심의 서비스였으며, 사업의 진행 단계는 당시의 구글과는 다른 시기에 있었다. 유튜브는 이미 훌륭한 제품이었지만 여전히 빠르게 변화하며 성장하고 있었다. 즉, 신속한 기능 개발이 더 중요한 시기였으므로 구글의 기업용 제품에 비해 상대적으로 낮은 가용성 목표를 설정했다.

장애의 종류

어떤 서비스에서 어떤 형태의 상애가 발생할 것인지를 예측하는 것 역시 중요한 부분이다. 우리의 사업은 서비스의 다운타임에 얼마나 능동적으로 대처할 수 있는가? 낮은 비율로 장애가 지속적으로 발생하는 것과 가끔이지만 전체 사이트가 멈추는 것 중 어느 쪽이 서비스에 더 유리한가? 이 두 가지 형태의 장애는 모두 엄청난 수의 에러를 발생시킨다는 점에서는 다를 바 없겠지만, 사업에 미치는 영향은 크게 다를 것이다.

이해를 돕기 위해 개인정보를 다루는 시스템에서 자연적으로 발생하게 되는 전체 혹은 부분 장애의 차이점을 살펴보도록 하자. 여러분이 연락처 관리 애플리케이션을 운영하는 데 일시적으로 프로필 사진이 제대로 렌더링되지 않는 문제를 유발하는 장애와 사용자의 개인 연락처가 다른 사용자에게 보이는 장애가 발생한다고 생각해보라. 첫 번째 장애의 경우는 분명히 사용자 경험 측면의 문제며, SRE가 신속하게 해결할 수 있는 문제다. 반면, 두 번째 장애는 개인정보가 노출되는 것이므로 사용자의 신뢰성에 치명적인 영향을 줄 수 있다. 따라서 이와 같은 장애가 발생했을 때는 디버깅을 통해 잠재적인 문제 해결을 완료하기 전까지는 서비스를 통째로 중단시키는 것이 더 적절한 선택이 될 수 있다.

구글이 제공하는 다른 서비스들 중에는 간혹 유지보수를 정기적으로 수행하며, 그 시간 동안 서비스를 중단시키는 경우가 있다. 수년 전까지만 해도 구글 애드(Google Ads)의 프런트엔드(Frontend) 역시 이런 서비스 중 하나였다. 이 서비스는 광고주들과 웹사이트 퍼블리셔(publisher)들이 자신들의 광고 캠페인을 생성하고, 설정하고, 운영하기 위해 사용하는 서비스였다. 이런 작업들은 대부분 업무 시간에 이루어지므로 우리는 이 서비스의 경우는 유지보수 시간을 정해 정기적으로 예정된 일정에 따라 서비스를 중단해도 괜찮을 것이라고 결정했다. 그리고 이렇게 미리 계획된 서비스 다운은 의도되지 않은 다운타임이 아니라 의도된 다운타임으로 간주했다.

비용

비용 역시 서비스의 적절한 목표 가용성 수준을 결정하기 위해 고려해야 할 핵심 요소 중 하나가 될 수 있다. 마찬가지로 구글 애드가 좋은 예가 될 수 있는데, 그 이유는 구글 애드의 경우, 요청의 성공과 실패 여부가 수익에 곧바로 연결되는 서비스이기 때문이다. 각 서비스의 목표 가용성 수준을 결정하기 위해서는 다음과 같은 사항들을 점검해봐야 한다.

- 이런 서비스들을 구축하고 운영하는 데 있어 상향 조정된 목표 가용성 수준이 수익에 어떤 긍정적 영향을 미치는가?
- 발생 가능한 추가 수익이 목표한 가용성 수준에 도달하기 위한 비용을 상쇄할 수 있는가?

이와 같은 트레이드 오프(trade-off)를 정확하게 산정하기 위해, 다음과 같은 비용/이익이라는 공식을 도입해보자. 이때 서비스에 전달되는 각 요청의 가치는 동일한 것으로 간주한다.

가용성 수준의 상향 조정 목표치: 99.9% → 99.99%

향상되는 가용성: 0.09%

서비스 수익: 1,000,000,000원

향상된 가용성 수준의 가치: 1,000,000,000원 * 0.0009 = 900,000원

이 경우 가용성 수준을 0.09% 향상시키는 비용이 90만 원 이하라면 투자할 만한 가치가 있다고 할 수 있다. 그러나 비용이 90만 원 이상 투입되어야 한다면 비용이 예상 수익을 초과하게 된다.

사실 신뢰성과 수익 사이의 단순한 방정식을 도출할 수 없다면 이런 목표치를 설정하기가 어렵다. 이런 경우 유용한 전략 중 하나는 인터넷 서비스를 제공하는 ISP들의 백그라운드 에러율을 고려하는 것이다. 만일 최종 사용자의 관점에서 에러의 발생 빈도를 측정할 수 있고 서비스의 에러율을 백그라운드 에러율보다 낮게 유지할 수 있다면 서비스에서 발생하는 에러는 사용자의 인터넷 연결 상태에 의해 발생하는 에러에 의해 묻힐 수 있다. 물론 ISP와 프로토콜(예를 들면 TCP와 UDP, 혹은 IPv4와 IPv6)에 따라 그 차이가 적지는 않으나, 우리는 ISP의 평균 백그라운드 에러율을 0.01%에서 1% 사이 정도로 보고 있다.

기타 서비스 지표

서비스의 가용성과 위험 수용도 지표 사이의 관계를 살펴보면 많은 것을 알 수 있다. 또한 각 지표의 중요도를 이해한다면 주요 위험 요소들을 어느 정도나 수용할 수 있을지를 결정하는 데 도움이 된다.

구글 애드 시스템의 서비스 응답 속도는 명확한 예시를 제공해준다. 구글이 처음 웹 검색을 출시했을 때, 가장 큰 차별화 요소는 속도였다. 검색 결과 옆에 광고를 표시하는 애드워즈(AdWords) 서비스의 핵심 시스템 요구사항은 광고가 검색의 속도에 영향을 미쳐서는 안 된다는 점이었다. 이런 요구사항은 애드워즈 시스템의 엔지니어링 목표를 주도했으며, 절대 양보해서는 안 되는 핵심 가치였다.

컨텍스트 기반 광고를 제공하는 구글의 광고 시스템인 애드센스(AdSense)는 퍼블리셔들의 사이트에 삽입된 자바스크립트 코드로부터 발생된 요청에 응답하는 시스템이다. 이 시스템은 응답 속도 면에서 상당히 다른 목표를 설정하고 있다. 애드센스의 목표 응답 속도는 컨텍스트 기반 광고를 제3자의 페이지에 삽입할 때 전체 렌더링 속도를 떨어뜨리지 않는 것이었다. 그리고 목표로 설정된 응답 속도는 퍼블리셔의 페이지를 렌더링하는 속도에 따라 달라졌다. 그래서 보통 애드센스 광고는 애드워즈 광고보다 수백 밀리초 정도 느렸다.

요구사항이 비교적 늦은 응답 속도를 감수할 수 있었으므로 우리는 프로비저닝(provisioning) 과정(예를 들면 서비스를 위한 리소스의 수량이나 위치를 결정하는 등)에서 여러 가지 반대급부적 상

황을 더욱 효과적으로 수용할 수 있었다. 물론 덕분에 상당한 비용을 절감할 수 있었다. 다시 말하면, 애드센스가 상대적으로 응답 성능에 덜 민감해서 극단적인 성능을 요구하지는 않았으므로 지리적으로 밀집된 지역에 서버 자원을 통합해서 관리할 수 있었으며 그로 인해 운영 부담을 줄일 수 있었다.

인프라스트럭처 서비스의 위험 수용도 정의하기

인프라스트럭처 컴포넌트를 구축하고 운영할 때 필요한 것들은 소비자를 대상으로 하는 제품이 필요로 하는 것들과는 상당히 다르다. 두 서비스의 정의의 차이에서 발생하는 기본적인 차이점은, 인프라스트럭처 컴포넌트는 다양한 요구사항을 여러 클라이언트로부터 전달받는다는 점이다.

목표 가용성 수준

구조화된 데이터를 위한 대용량 분산 저장소 시스템인 빅테이블(Bigtable)[Cha06]을 고려해보자. 이런 서비스들은 응답 속도가 빨라야 하며 높은 신뢰성을 제공할 수 있어야 한다. 그런데 어떤 팀들은 빅테이블을 오프라인 분석(예를 들면 맵리듀스(MapReduce) 등)을 정기적으로 수행하기 위한 데이터 저장소로 사용하기도 한다. 이런 팀들은 신뢰성보다는 처리량을 더 중요하게 생각하는 경향이 있다. 당연히 위험 수용도 역시 서비스의 활용 방식에 따라 다르게 정의되기 마련이다.

앞서 설명한 두 가지 활용 방식을 모두 만족할 수 있는 방법 중 하나는 모든 인프라스트럭처 서비스를 엄청나게 높은 신뢰성을 제공할 수 있도록 개발하는 것이다. 하지만 인프라스트럭처 서비스들의 경우 엄청난 양의 자원을 결합하여 활용한다는 사실을 감안한다면 이 방법은 실제로 구현하기에는 비용이 너무 많이 들 것이다. 빅테이블을 사용하는 각기 다른 종류의 사용자가 가지는 서로 다른 요구사항을 이해하려면, 각 사용자에게 어떤 상태의 요청 큐가 적합한지를 살펴보면 된다.

장애의 종류

빠른 응답 속도를 원하는 사용자는 빅테이블의 요청 큐가 (거의 항상) 비어 있어서 새로운 요청이 들어올 때마다 시스템이 곧바로 처리할 수 있게 되기를 원한다(사실 비효율적인 큐의 사용은 오히려 지연응답을 초래한다). 반면, 오프라인 분석을 필요로 하는 사용자는 시스템의 처리량을 더욱 중시하므로 요청 큐에 아무것도 없는 상황은 원하지 않는다. 처리량을 극대화하려면 새로운 요청이 큐에 도착할 때까지 시스템이 대기하는 상황은 발생하지 않아야 하기 때문이다.

보다시피, 성공과 실패는 이 사용자들에게는 정반대의 의미를 갖는다. 빠른 응답을 원하는 사용자에게는 성공적인 것이, 오프라인 분석을 원하는 사용자 입장에서는 실패를 의미한다.

비용

비용 효율을 고려하면서 상호 경쟁적인 제약을 만족하기 위한 방법 중 하나는 인프라스트럭처를 분할해서 여러 서비스에 제공하는 것이다. 빅테이블 예제의 경우 두 가지 종류, 즉 응답 속도를 중시하는 클러스터와 처리량을 중시하는 클러스터를 구축할 수 있다. 응답 속도를 중시하는 클러스터는 빠른 속도와 높은 신뢰성을 요구하는 서비스를 위한 것이다. 큐의 길이를 짧게 유지하고 까다로운 클라이언트 격리 요구사항을 만족하기 위해 빅테이블 시스템은 충분한 양의 유휴 용량을 확보하여 경쟁 상태를 배제하고 더 많은 시스템을 다중화하여 구성할 수 있다. 반면, 처리량을 중시하는 클러스터는 다중화된 시스템의 수는 적지만 굉장히 바쁘게 실행되며 응답 속도보다는 처리량에 중점을 둔다. 실제로 우리는 응답 성능 위주의 클러스터 대비약 10~50% 정도의 비용으로 처리량 위주의 클러스터를 구성할 수 있다. 빅테이블의 엄청난 규모를 생각하면 이와 같은 비용 절감은 상당히 중요한 부분이라 할 수 있다.

인프라스트럭처와 관련된 주요 전략은 고객이 시스템을 구축할 때 위험과 비용의 반대급부를 정확히 설정할 수 있도록 서비스 수준을 명확하게 서술하는 것이다. 서비스 수준이 정확하게 기술되면 인프라스트럭처 제공자는 각 고객에게 수준별로 서비스를 제공하기 위해 필요한 비용의 차이를 구체적으로 확인할 수 있다. 이처럼 산정된 비용을 공개하면 고객은 자신들의 필요에 부합하면서도 가장 저렴한 요금의 서비스를 선택할 수 있게 된다. 예를 들어 구글 플러스(Google+)는 고객의 사생활 보호를 위해 민감한 데이터를 고가용성(high-availability)을 지원하는 영구 데이터저장소(예를 들면 전 세계에 복제되는 SQL과 유사한 시스템인 스패너(Spanner))[Cor12]에 저장하고 그 외의 데이터(상대적으로 덜 중요하지만 사용자 경험을 향상시킬 수 있는 데이터)는 신뢰성이 비교적 낮고 결과적 일관성을 제공하지만 가격이 비교적 저렴한 데이터저장소(예를 들면 빅테이블처럼 복제에 최대한 신경을 쓴 NoSQL 저장소)에 저장한다.

구글은 동일한 하드웨어와 소프트웨어를 사용해서 여러 규모의 서비스를 운영할 수 있음을 다시 한번 상기하자. 우리는 자원의 수량이나 다중화의 정도, 지리적 프로비저닝 제약, 그리고 인프라스트럭처 소프트웨어의 설정 등 서비스의 다양한 특성을 조정함으로써 서비스의 보장 수준을 다양하게 제공할 수 있다.

예시: 프런트엔드 인프라스트럭처

이런 위험 수용 평가 원리가 단순히 저장소 인프라스트럭처만을 위한 것이 아니라는 점을 보여주기 위해 구글의 프런트엔드 인프라스트럭처에 대해 언급하고자 한다. 프런트엔드 인프라스트럭처는 리버스 프록시(reverse proxy)와 우리가 보유한 네트워크 시스템의 종단에 가까운 곳에서 실행되는 로드밸런스 시스템으로 구성되어 있다. 이 시스템들은 다른 시스템들 사이에서 최종 사용자가 연결할 수 있는 하나의 종단점처럼 동작한다(즉, 사용자 브라우저와의 TCP 연결을 종료하는 역할을 담당한다). 이 시스템들의 역할은 매우 중요하므로 우리는 이 시스템들이 최고 수준의 고가용성을 지원하도록 설계했다. 간혹 백엔드에 위치한 시스템들의 신뢰성은 사용자를 대상으로 하는 서비스들에 의해 가려져 드러나지 않는 경우가 대부분이지만, 지금 언급한 인프라스트럭처 시스템들은 안타깝게도 이런 행운을 누리지 못한다. 그래서 사용자의 요청이 애플리케이션 서비스 프런트엔드 서버에 도달하지 못하면 그대로 사라져버리게 된다.

지금까지 사용자 대상 서비스와 인프라스트럭처 서비스의 위험 수용도를 정의하는 방법들에 대해 살펴보았다. 이제는 에러 예산을 이용해 신뢰성을 확보하지 못한 상황에서 에러의 허용 수준을 관리하는 방법에 대해 알아보도록 하자.

에러 예산 활용해보기[4]

마크 로스(Mark Roth) 지음

카멜라 퀴니토(Carmela Quinito) 편집

이 책의 다른 장들은 제품 개발팀과 SRE팀 사이의 서로 다른 업무적 특성으로 인해 발생할 수 있는 의견의 대립에 대해 언급하고 있다. 제품 개발 실적에서는 제품의 개발 속도가 차지하는 비중이 크기 때문에 새로운 코드를 가능한 한 빨리 배포하는 것이 중요하다. 반면, SRE의 실적은 (그다지 놀랍지도 않겠지만) 서비스의 신뢰성이 차지하는 비중이 크다. 그래서 많은 양의 변경 사항을 배제하려는 경향이 있다. 두 팀 간의 정보의 불균형은 이와 같은 대립을 더욱 두드러지게 만든다. 제품 개발자들은 코드를 작성하고 릴리즈하는 데 드는 시간과 노력에 대한 정보에 밝은 반면, SRE는 서비스의 신뢰성(그리고 프로덕션 환경의 일반적인 상태)에 대한 정보에 밝다.

---

4 이 절의 토대가 된 기사는 ;*login:* (2015년 8월 제40호, 4권)에서 찾아볼 수 있다.

이와 같은 차이점은 종종 실제 엔지니어링에 투입되어야 하는 노력의 정도를 측정할 때의 의견 충돌로 이어지기도 한다. 주로 발생하는 의견 대립은 다음과 같다.

소프트웨어 결함 허용

예상치 못한 이벤트가 발생했을 때 소프트웨어의 유연성을 어느 정도나 확보해야 할까? 결함을 너무 허용하지 않으면 융통성이 없고 사용성이 떨어지는 제품이 될 것이고, (너무나 안정적으로 동작하지만) 결함을 너무 많이 허용하면 오히려 아무도 사용하려 하지 않는 제품이 될 것이다.

테스트

마찬가지로 충분히 테스트하지 않으면 생각지도 못한 결함, 개인정보 유출, 그 외 여러 언론에 언급될 만한 사건들을 마주하게 될 것이다. 반면, 테스트를 너무 많이 하면 오히려 시장에 나설 기회를 잃을 수도 있다.

출시 빈도

새로운 코드를 출시하는 것은 언제나 위험을 감수하는 일이다. 그렇다면 이 위험 부담을 줄이는 것과 다른 작업을 수행하는 것의 균형을 어떻게 맞출 수 있을까?

카나리 테스트 빈도와 규모

보통 카나리 테스트(canarying)라고 부르는 기법은 새로운 코드를 릴리즈하기 전에 일부 구간에만 시범적으로 도입하여 테스트하는 방법으로, 이미 모범 사례로 널리 알려진 방법이다. 그렇다면 카나리 테스트는 얼마나 오래 해야 하며, 카나리 테스트의 규모는 어느 정도나 되어야 할까?

보통 이미 활동 중인 팀들은 자신들의 위험과 노력 간의 경계에서 나름대로 균형을 맞춰왔을 것이다. 안타깝게도 이러한 균형이 사실은 엔지니어들의 협상 능력이 발동한 것이 아니라 실제로 최적화된 균형인지를 증명하기란 어려운 일이다. 게다가 그렇게 이루어진 결정이 정치, 협박 혹은 헛된 희망(사실 구글 SRE의 비공식 구호는 "희망은 전략이 아니다"이다)으로 인해 이루어진 것이 아니라는 것을 증명하는 것 또한 쉽지 않은 일이다. 그래서 우리의 목표는 양쪽이 모두 동의할 수 있는 목표 지표를 설정해서 이를 협상의 토대로 사용하는 것이다. 의사 결정은 데이터에 기반한 것일수록 더 나은 결정이 될 수 있다.

에러 예산 산정하기

목표 데이터를 도출하기 위해서는 두 팀이 함께 서비스의 서비스 수준 목표 혹은 SLO(Service

Level Objectives, 서비스 수준 목표; 제4장 참조)에 따라 분기별 에러 예산을 산정해야 한다. 에러 예산을 산정하면 한 분기 내에 서비스가 불안정한 상태로 존재할 수 있는 시간이 얼마나 되는지에 대한 명확한 목표 지표를 설정할 수 있다. 이 지표를 활용하면 SRE팀과 제품 개발팀이 얼마만큼의 위험을 감수할 것인지를 결정할 때 협상 과정에서 발현될 수 있는 정치적 요소들을 제거할 수 있다.

그 다음에 할 일들은 다음과 같다.

- 제품 관리자들이 서비스의 분기별 예상 업타임을 의미하는 SLO를 산정한다.
- 실제 업타임은 제3자, 즉 우리가 보유한 모니터링 시스템으로 측정한다.
- 이 두 숫자 사이의 차이점이 분기별로 얼마만큼의 '불안정성'을 허용할 것인지를 의미하는 '예산'이 된다.
- 업타임이 SLO를 초과한다면(다시 말해, 에러 예산이 아직 남아있다면) 새로운 릴리즈를 출시할 수 있다.

예를 들어 서비스의 SLO가 분기별로 모든 쿼리를 99.999% 성공적으로 실행하는 것으로 설정되어 있다고 생각해보자. 이는 서비스의 에러 예산이 분기당 실패율 0.001%로 산정되어 있다는 뜻이다. 만일 어느 한 분기에 쿼리의 실행이 0.0002% 실패했다면 이 실패를 유발한 문제점을 해결하기 위해 서비스의 분기별 에러 예산의 20%를 사용하는 셈이다.

장점

에러 예산을 도입할 때의 가장 큰 장점은 제품 개발팀과 SRE팀이 혁신과 신뢰성 사이의 올바른 균형을 찾는 데 필요한 기준을 제공한다는 점이다.

사실 많은 제품들이 출시 속도를 관리하기 위해 이런 컨트롤 루프(control loop)를 많이 사용한다. 즉, 시스템이 SLO 기준에 부합한다면 계속해서 새로운 기능을 릴리즈하는 것이다. 만일 에러 예산을 모두 써버릴 정도로 SLO를 위배하는 일이 빈번하다면 새로운 릴리즈는 일시적으로 중단하고 시스템의 탄력성과 성능을 향상시키기 위한 개발과 테스트에 자원을 투입해야 한다. 하지만 지금처럼 단순히 릴리즈 여부를 결정하는 방식이 아니라 조금 더 세밀하면서도 효과적인 방법이 있다.[5] 예를 들면 SLO 위배에 따라 에러 예산이 고갈되어가면 릴리즈나 롤백

---

5 '뱅/뱅 컨트롤(bang/bang control)'이라고 알려져 있다. 자세한 내용은 위키피디아(https://en.wikipedia.org/wiki/Bang-bang_control)의 문서를 참고하기 바란다.

(rollback) 주기를 늦추는 방법도 있다.

예를 들어 제품 개발팀이 테스트에 투입하는 수고를 조금 덜고 싶다거나 배포를 조금 더 빨리 진행하고 싶은데 SRE가 반대한다면, 에러 예산이 의사 결정에 보탬을 줄 수 있다. 예산이 넉넉하다면 제품 개발팀은 조금 더 많은 위험을 감수할 수 있다. 반면, 예산이 바닥났다면 제품 개발팀 스스로가 예산을 초과하는 위험을 감수하는 바람에 점심도 못 먹고 일하게 되는 상황은 피하고 싶을 것이므로 더 많은 테스트를 수행하거나 혹은 배포 속도를 조금 늦추게 될 것이다. 즉, 제품 개발팀은 예산이 어느 정도인지, 그리고 자신들이 관리해야 하는 위험이 어느 정도인지를 알고 있으므로 스스로 조정을 하게 될 것이다(물론 전체적인 결과는 SLO의 준수 여부에 따라 실제로 배포를 중단할 수 있는 권한을 가지고 있는 SRE팀에 달려있기는 하다).

만일 네트워크나 데이터센터에 장애가 발생해서 측정된 SLO 지표가 떨어졌다면 어떻게 될까? 이런 사건도 에러 예산을 잡아먹게 되고, 결국 한 분기 내에 배포해야 할 새로운 기능들이 줄어들 수 있다. 서비스의 업타임에 대한 책임은 팀원 모두가 공유해야 하므로 배포 횟수가 감소하는 일은 팀 전체가 감수해야 한다.

에러 예산은 신뢰성에 대한 목표치가 필요 이상으로 높게 설정된 경우 소비하게 되는 비용, 특히 경직성(inflexibility)과 느린 혁신을 드러나게 하는 데 일조한다. 팀이 새로운 기능을 출시하는 데 어려움을 겪고 있다면 아마도 혁신을 위해 SLO를 희생하는 (그래서 에러 예산을 늘리려는) 결정을 할지도 모른다.

핵심 인사이트

- 서비스의 신뢰성을 관리하는 것은 바로 위험을 관리하는 것이며, 위험을 관리하기 위해서는 많은 비용이 필요할 수도 있다.

- 100%는 절대로 올바른 신뢰성 목표치가 될 수 없다: 달성하기가 불가능할 뿐 아니라 서비스의 사용자가 원하거나 혹은 알아챌 수 있는 수준 이상의 목표치일 뿐이다. 서비스의 신뢰성 목표치는 비즈니스가 감수할 수 있는 위험의 수준과 일치해야 한다.

- 에러 예산은 SRE와 제품 개발팀 사이의 공동 소유권을 강조하며 각자의 역할을 명료하게 한다. 에러 예산은 새로운 기능의 릴리즈 비율을 결정하고, 장애와 관련된 의사 결정자들과의 불필요한 논쟁을 효과적으로 줄이며, 여러 팀이 서로에게 악감정을 갖지 않고도 제품에 대한 공통의 결론을 내리는 데 도움이 된다.

4

서비스 수준 목표

크리스 존스(Chris Jones), 존 윌크스(John Wilkes),
니얼 머피(Niall Murphy), 코디 스미스(Cody Smith) 지음
벳시 베이어(Betsy Bayer) 편집

서비스를 운영하는 데 있어 가장 중요한 지표들과 이 지표들을 측정하고 평가하는 방법에 대한 올바른 이해 없이는 서비스를 올바르게, 알아서 잘 돌아가도록 관리한다는 것은 불가능하다. 그래서 이번에는 내부 API가 됐든 아니면 공개된 제품이 됐든, 사용자에게 필요한 서비스의 적정 수준을 정의하고 제공하는 방법에 대해 이야기하고자 한다.

이 내용은 우리 저자들의 직감과 경험, 그리고 사용자가 서비스 수준 척도(Service Level Indicator, SLI), 서비스 수준 목표(Service Level Objectives, SLO), 서비스 수준 협약(Service Level Agreements, SLA) 등을 어떻게 정의하고 있는지에 대한 이해를 바탕으로 하고 있다. 이 세 가지를 살펴보면 주요 지표들의 기본 속성과 각 지표들의 적정 값, 그리고 기대했던 수준의 서비스를 제공하지 못했을 때의 대처 방안 등을 알 수 있다. 결국 어딘가에 문제가 발생했을 때 올바른 지표를 참고하여 적절한 행동을 취할 수 있으며, SRE팀은 이런 지표들을 확인함으로써 서비스가 문제 없이 동작 중이라는 확신을 가질 수 있다.

이 장에서는 우리가 지표의 모델링과 선택, 그리고 분석 과정에서 발생하는 문제들을 해결하

는 데 사용했던 프레임워크를 소개한다. 이런 류의 설명은 예제가 없으면 너무 추상적으로 들릴 수 있다. 그래서 우리가 이야기하고자 하는 핵심을 잘 전달하기 위해 24쪽의 "셰익스피어: 예제 서비스"에서 설명했던 셰익스피어 서비스를 예제로 삼아 이야기를 진행하고자 한다.

서비스 수준 관련 용어

많은 독자가 이미 SLA의 개념에 대해 알고 있을 테지만 상대적으로 SLI와 SLO 역시 주의 깊게 정의해야 한다. 그 이유는 보통 SLA가 문맥에 따라 의미가 변하거나 여러 가지 의미를 갖는 경우가 있기 때문이다. 그래서 우리는 이런 의미들을 좀 더 명료하게 구분하는 것을 선호한다.

척도

SLI는 서비스 수준 척도(Service Level Indicator)를 의미하며, 서비스 수준을 판단할 수 있는 몇 가지를 정량적으로 측정한 값이다.

대부분의 서비스들은 핵심 SLI로서 요청에 대한 응답 속도(요청에 대한 응답이 리턴되기까지의 시간)를 꼽는다. 그 외에도 시스템이 수신한 전체 요청 수 대비 에러율, 그리고 초당 처리할 수 있는 요청 수를 의미하는 시스템 처리량(system throughput) 등이 있다. 측정된 값들은 합산되기도 한다. 즉, 일정 기간 동안 측정한 값들을 모아 비율이나 평균 혹은 백분율(percentile) 등을 계산한다.

알고자 하는 서비스 수준의 SLI를 직접 측정하는 것이 이상적이기는 하지만 경우에 따라서는 필요한 값을 얻어내거나 해석하기가 어려워 그에 준하는 대체 값을 사용하는 경우도 있다. 예를 들어 클라이언트 측의 응답 속도를 측정하는 것이 사용자와 관련해서 조금 더 의미가 있겠지만 우리 입장에서는 서버의 응답 속도만을 측정할 수 있다.

SRE가 중요하게 생각하는 SLI 중 하나는 가용성, 즉 서비스가 사용 가능한 상태로 존재하는 시간의 비율이다. 이 값은 주로 올바른 형태의 요청이 성공적으로 처리된 비율을 의미하며 수율(yield, 생산된 전체 제품 중 불량이 없는 제품의 비율을 말하며, 여기서는 서버가 받은 요청 대비 성공적으로 응답한 비율을 의미한다)이라고도 한다(이와 유사하게, 데이터 저장소 시스템에서는 오랜 시간에 걸쳐 데이터를 보관하는 기준인 내구성(durability) 역시 중요한 지표다). 비록 100% 가용성은 실현이 불가능하지만, 100%에 가까운 가용성은 얼마든지 달성할 수 있으며, 업계에서는 통상 고가용성을 여러 개의 '9'를 사용해서 백분율로 표현한다. 예를 들어 99%의 가용성과 99.999%

의 가용성은 각각 '9 두 개'와 '9 다섯 개' 가용성으로 표현한다. 그리고 현재 구글 컴퓨트 엔진 (Google Compute Engine, GCE)은 '9 세 개 반', 즉 99.95%의 가용성을 목표로 하고 있다.

목표

SLO는 서비스 수준 목표(Service Level Objectives)를 의미하며, SLI에 의해 측정된 서비스 수준의 목표 값 혹은 일정 범위의 값을 의미한다. 그래서 SLO는 SLI ≤ 목표치 또는 최솟값 ≤ SLI ≤ 최댓값으로 표현할 수 있다. 예를 들어 우리가 셰익스피어의 검색 결과를 '빠르게' 리턴하기로 결정했다면, 평균 검색 요청의 응답 시간에 대한 SLO는 100밀리초 이하로 설정할 수 있다. 적절한 SLO를 설정하는 것은 생각보다 복잡하다. 무엇보다 필요한 값을 항상 얻어낼 수가 없다. 예를 들어 외부에서 서비스로 유입되는 HTTP 요청의 경우, 기본적으로 초당 쿼리 수(Queries Per Second, QPS)라는 지표는 사용자가 서비스를 얼마나 사용하느냐에 따라 결정되므로 이 지표에 대한 SLO를 설정하는 것은 말이 되지 않는다.

반면, 요청당 평균 응답 시간을 100밀리초 이내로 달성하겠다는 목표는 설정할 수 있다. 또한 이런 목표를 설정하면 프런트엔드를 작성할 때 다양한 기법을 사용해 응답 시간을 단축하려 하거나 또는 응답 시간을 향상시킬 수 있는 장비를 구입하려 하게 될 것이다(물론 100밀리초 대신 임의의 값을 사용할 수도 있지만 보통 빠른 응답 속도로 설정하기에는 적절한 값이다. 당연히 느린 것보다는 빠른 것이 좋을뿐더러 응답 시간이 어느 특정 값을 초과하게 되면 사용자들은 뒤도 돌아보지 않고 떠날 것이다. 좀 더 자세한 내용은 '속도에 영향을 미치는 것들'[Bru09]을 참고하기 바란다).

다시 말하지만, 이 두 SLI들(QPS와 응답 속도)이 뒷단에서는 서로 연관이 있을 수 있어서 처음보다는 그 차이가 더 작아질 수 있다. 즉, QPS가 높아지면 응답 속도 역시 느려지므로 일반적으로 부하가 한계치를 넘어서면 성능이 갑자기 뚝 떨어지는 현상이 발생하곤 한다.

SLO를 설정하고 고객에게 이를 공개하는 것은 서비스의 동작에 대한 예측을 가능하게 한다. 이런 전략을 통해 서비스 소유자들의 서비스가 느려지고 있다는 등의 근거 없는 불평을 줄일 수 있다. 명확한 SLO가 설정되어 있지 않다면 서비스를 디자인하고 운영하는 사람들의 생각과는 전혀 다른, 자신들이 희망하는 성능을 기대하곤 한다. 그리고 이렇게 생겨난 다양한 기대치 때문에 사용자가 실제 서비스가 제공할 수 있는 것 이상의 가용성을 기대해서 지나치게 서비스에 의존하는 현상(실제로 처비 서비스에 이런 현상이 발생했었다. 자세한 내용은 "글로벌 처비의 예정된 장애"를 참고하기 바란다)과 잠재 고객들이 서비스를 실제보다 저평가하는 현상 모두를 유발하게 된다.

글로벌 처비의 예정된 장애

마크 알비드레즈 지음

처비(Chubby)[Bur06]는 느슨하게 연결된 분산 시스템을 위한 구글의 잠금 서비스다. 우리는 전 세계의 각 지역에 처비 인스턴스의 복제 노드를 분산해두었다. 시간이 흘러 우리는 처비의 글로벌 인스턴스가 지속적으로 서비스 장애를 일으켰으며, 그중 상당 부분이 최종 사용자에게 노출되었음을 발견했다. 실제로 글로벌 처비의 장애는 서비스 소유자들이 처비는 절대 다운되지 않을 것이라 생각하고 그에 대한 의존성을 추가하기 시작하면서 간헐적으로 발생한 것으로 밝혀졌다. 게다가 처비의 높은 신뢰성은 보안에 대한 잘못된 판단에도 일조했는데, 그 이유는 처비가 다운되면 서비스가 제대로 기능하지 않았지만 그런 일이 매우 드물게 발생했기 때문이다.

이에 대한 해결 방법 또한 흥미롭다. SRE는 글로벌 처비가 설정된 서비스 수준 목표를 달성하기는 했지만 대단하게 초과 달성되지는 못했다는 점을 확인했다. 그래서 매 분기별로 실제 장애 때문에 가용성이 목표치보다 떨어진 적이 없었으면 관리를 위한 서비스 중단을 시스템의 다운타임에 포함시켰다. 이런 방식으로 처비의 인스턴스가 추가되자마자 필요 이상으로 의존하게 되는 현상을 제거할 수 있었다. 그렇게 함으로써 서비스 소유자들은 분산 시스템의 실체를 좀 더 빨리 인식하고 고려할 수 있게 되었다.

협약

마지막으로 SLA는 서비스 수준 협약(Service Level Agreements)의 약자로, SLO를 만족했을 경우(혹은 그렇지 못한 경우)의 댓가에 대한 사용자와의 명시적 혹은 암묵적인 계약을 의미한다. 그 댓가란 대부분 경제적인 것(환불이나 벌금 등)으로 대변되지만, 다른 형태로 나타나기도 한다. SLO와 SLA의 차이점을 쉽게 파악하려면 'SLO를 달성하지 못하면 어떻게 될 것인가?'를 생각해보면 된다. 이 질문에 대한 명확한 결론이 없는 경우라면 십중팔구 SLO라고 생각해도 무방하다.[1]

SRE는 SLA의 체결에는 관여하지 않는다. 왜냐하면 SLA는 사업부 및 제품에 대한 의사 결정과 관련이 있기 때문이다. 그러나 SLO를 달성하지 못하는 경우를 피하기 위해서는 SRE의 도움이 필요하다. 또한 SLI를 정의할 때도 도움을 줄 수 있다. 협약에서 언급하는 SLO는 반드시 객관적인 방법으로 측정되어야 하며, 그렇지 않다면 누구도 그 협약에 동의하지 않을 것이기 때문이다.

---

1   사람들이 'SLA'라고 표현하는 것이 실제로는 SLO인 경우가 대부분이다. 예를 들어, 누군가 'SLA 위반'이라고 말한다면 십중팔구 SLO를 달성하지 못한 것에 대해 말하는 경우가 태반이다. 실질적인 SLA 위반은 계약 위반이므로 법정으로 가야 한다.

구글 검색은 중요한 서비스임에도 불구하고 SLA가 존재하지 않는 서비스의 좋은 예다. 우리는 누구든지 검색을 자유롭고 효율적으로 사용하기를 원하지만 전 세계의 모든 사용자와 계약을 맺기를 원하지는 않는다. 그렇다 하더라도 당연히 검색 기능이 제대로 동작하지 않으면 그 댓가를 치러야 한다 — 서비스가 동작하지 않음으로써 평판도 좋지 않은 영향을 받을 것이며 광고 수입도 줄어들 것이다. 반면, 기업용 구글 앱스 등 구글의 다른 서비스들은 사용자들과 명확한 SLA를 체결하고 있다. 하지만 SLA 체결 여부와는 무관하게 서비스마다 SLI와 SLO를 설정하고 이를 토대로 서비스를 관리해야 한다.

지금까지 지루한 이론적인 이야기만 늘어놓았으니 이제 실습으로 넘어가보자.

지표 설정

지금까지 서비스를 측정하기 위해 적절한 지표를 선택하는 것이 왜 중요한지에 대해 알아보았다. 그렇다면 서비스나 시스템에 있어 중요한 지표가 무엇인지를 어떻게 판단할 수 있을까?

정말 중요한 것은 무엇인가?

사실 모니터링 시스템을 통해 추적할 수 있는 모든 지표를 SLI로 취급할 필요는 없다. 사용자가 무엇을 원하는지를 이해한다면 적절한 척도들을 현명하게 선택할 수 있다. 너무 많은 지표를 선택한다면 정작 중요한 것에 집중하기가 어렵고, 너무 적은 수의 척도를 선택한다면 오히려 중요한 부분을 놓칠 수 있다. 우리는 주로 시스템의 상태를 평가하기에 부족함이 없는 적절한 수의 척도들을 선택한다.

적절한 SLI의 선정과 관련해 시스템들을 다음 몇 가지로 분류할 수 있다.

- 셰익스피어 검색 프런트엔드처럼 **사용자가 직접 대면하는 시스템들은 주로 가용성, 응답 시간, 그리고 처리량**이 중요하다. 다시 말하면, 요청에 올바르게 응답할 수 있는지, 응답 시간은 얼마나 오래 걸리는지, 얼마나 많은 요청을 처리할 수 있는지가 중요하다는 뜻이다.
- 저장소 시스템은 주로 응답 시간, 가용성, 그리고 내구성을 중요시한다. 다시 말하면, 데이터를 읽고 쓰는 데 어느 정도의 시간이 걸리는지, 필요할 때 데이터에 액세스할 수 있는지, 데이터는 안전하게 저장되어 있는지 등이 중요하다. 제26장에서 이런 이슈들에

대한 좀 더 자세한 내용을 확인할 수 있다.

- 데이터 처리 파이프라인 같은 빅데이터 시스템은 **처리량과 종단 간 응답 시간**이 중요하다. 즉, 얼마나 많은 데이터를 처리할 수 있는지, 데이터가 유입된 이후로 작업을 완료하기까지의 시간은 얼마나 걸리는지(일부 파이프라인은 개별 처리 단계별로 목표 응답 시간을 설정하기도 한다) 등이 중요하다.

- 모든 시스템은 **정확성**(correctness) 역시 중요하게 생각해야 한다. 올바른 응답이 리턴되었는지, 올바른 데이터를 조회했는지, 분석은 정확히 이루어졌는지 등을 고려해야 한다. 정확성은 시스템의 상태를 추적하기 위한 척도로서 매우 중요하지만 인프라스트럭처보다는 시스템의 데이터에 대한 것이므로 이를 달성하기 위해 SRE가 관여하지는 않는 경우가 대부분이다.

척도 수집하기

많은 척도들은 기본적으로 보그몬(Borgmon, 제10장 참조)이나 프로메테우스(Prometheus), 또는 전체 요청 대비 HTTP 500 오류가 발생한 비율 등을 파악하기 위해 일정 기간에 대해 실행하는 로그 분석 등의 방법을 통해 주로 서버 측에서 수집된다. 그러나 일부 시스템들은 클라이언트 측의 수집이 이루어져야 하기도 한다. 왜냐하면 클라이언트 측에서 행위를 측정하지 않으면 서버 상의 지표에는 나타나지 않지만 사용자에게는 보여지는 문제들을 놓칠 수 있기 때문이다. 예를 들어 셰익스피어 검색 백엔드의 응답 속도만으로는 페이지의 자바스크립트 때문에 발생하는 지연응답을 판단할 수 없다. 이런 경우 페이지가 로드되기까지 걸리는 시간을 브라우저에서 측정하면 사용자의 실제 경험을 판단할 수 있다.

합산하기

단순함과 유용함을 위해 측정된 원본 데이터를 합산하는 경우도 있다. 다만 이 경우 상당한 주의를 기울여야 한다.

초당 요청 수 같은 일부 지표들은 보기에는 직관적이지만, 측정 방식에 따라 직관적으로 보이는 지표들도 일정 시간을 놓고 보면 은연중에 합산되어 있다. 측정 자체가 일초에 한 번 수행되는가 아니면 일분에 걸쳐 발생한 요청들의 평균 값인가? 후자의 경우라면 단 몇 초 동안에 폭발적으로 증가한 요청 비율을 제대로 분석해낼 수 없다. 어떤 시스템은 짝수 초마다 200개의 요청을 처리하는 반면, 나머지는 0개의 요청을 처리했다고 가정해보자. 이때 그 시스템은 평균적으로 초당 100개의 요청을 처리한 셈이지만 순간적인 부하는 평균 값의 두 배에 달할 수 있다. 마찬가지로 평균 응답 속도에 별 문제가 없어 보일지 몰라도 중요한 세부 내용이 모호하다. 대부분의 요청들이 빠르게 처리되었을 수는 있지만, 한 번 느리게 처리된 요청 이후에 처리된 요청들은 그보다 더 느려지게 된다.

대부분의 지표들의 경우 평균보다는 **분포(distribution)**가 중요하다. 예를 들어 응답 시간 SLI의 경우, 일부 요청은 빠르게 처리되었을 수 있지만 나머지는 균일하게 더 느리게 — 어쩌면 그보다 더 느리게 처리되었을 수도 있다. 단순히 평균만을 집계하면 이렇게 느리게 처리된 요청 뒤에 유입된 요청들의 처리 속도는 알 수 없다. 그림 4-1을 살펴보자. 대부분의 요청들이 50밀리초 안에 처리되었지만 5%의 요청들은 20배나 느리게 처리된 것을 볼 수 있다. 평균 응답 시간을 기준으로 모니터링과 알림을 설정하면 하루 동안 아무런 변화가 없는 것처럼 보이겠지만, 그림에서 보듯이 뒤따르는 요청들에 대한 처리 속도에는 심각한 변화가 있었다는 사실을 볼 수 있다(가장 위쪽 줄).

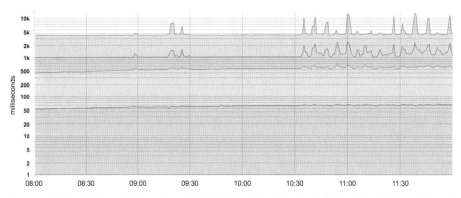

그림 4-1 50번째, 85번째, 95번째 그리고 99번째 백분위 수에 대한 시스템 응답 시간 비율을 표시한 그래프. Y축은 대수 시간 비율(logarithmic scale)이다.

척도에 백분위 수(percentile)를 사용하면 분포와 더불어 독특한 특징을 알아볼 수 있다. 즉, 99번째나 99.9번째 백분위 수 같은 높은 수들은 최악의 경우의 상황을 보여주는 반면, 50번째 백분위 수(중간값(median)이라고도 한다)는 일반적인 경우의 상황을 보여준다. 이 값이 높을수록 응답 시간의 변동이 크며, 이런 경우가 많아질수록 꼬리를 무는 요청들에 의해 높아진 부하 때문에 사용자의 경험은 갈수록 악화된다. 사용자에 대한 연구에 의하면 사람들은 응답 시간의 변동이 큰 경우보다는 살짝 느리게 동작하는 시스템을 더 선호하므로 99.9번째 백분위 수의 값이 양호하다면 일반적인 사용자 경험 역시 훨씬 나아질 것이라는 점을 근거로 일부 SRE는 높은 백분위 수 값들에 더 주목하기도 한다.

척도의 표준화

우리는 각각의 척도들의 최우선 원칙이 무엇인지를 매번 고민할 필요가 없도록 SLI들에 대한 일반적인 정의를 표준화하기를 권장한다. 표준화된 정의 템플릿을 따르는 모든 수치들은 개별 SLI의 명세에서 생략해도 무방하다. 예를 들어보자.

- 집계 간격: '평균 1분'
- 집계 범위: '하나의 클러스터에서 수행되는 모든 태스크들'
- 측정 빈도: '매 10초'
- 집계에 포함할 요청들: '블랙박스 모니터링 잡이 수집한 HTTP GET 요청들'
- 데이터의 수집 방식: '모니터링 시스템에 의해 서버에서 수집'
- 데이터 액세스 응답 시간: '데이터의 마지막 바이트가 전송된 시간'

이처럼 모든 범용 지표에 대해 재사용 가능한 SLI 템플릿을 설정해두면 많은 노력을 절감할 수 있다. 또한 모든 사람들이 특정 SLI가 의미하는 바를 좀 더 쉽게 이해할 수 있다.

목표 설정에 대한 실습

중요한 것은 어떤 값을 측정할 수 있는지가 아니라 사용자가 중요하게 생각하는 것이 무엇인지에 대해 생각해보는(아니면 찾아내는!) 것이다. 사용자가 중요하게 생각하는 것은 대부분 측정하기 어렵거나 심지어 불가능한 것이므로 결국은 어떤 방법으로든 사용자의 수요를 예측해내게 된다. 그러나 단순히 어떤 값을 측정할 수 있는지만을 생각한다면 그다지 유용하지 않은 SLO들을 설정하게 될 것이다. 그래서 우리는 척도를 먼저 선택하고 목표를 설정하는 것보다는 목표를 먼저 설정한 후 적절한 척도를 찾는 것이 더 낫다는 것을 알아내었다.

목표 설정하기

명확성을 극대화하기 위해 SLO는 측정 방식과 유효한 기준이 반드시 명시되어야 한다. 아래의 문장들을 살펴보자(두 번째 항목은 첫 번째 항목과 동일하지만 중복을 제거하기 위해 이전 절에서 설명한 SLI의 공통 속성을 사용해 정의한 항목이다).

- Get RPC 호출의 99%(1분 간의 평균)는 100밀리초 이내에 수행되어야 한다(모든 백엔드 서버에서 측정된 평균 시간이어야 한다).
- Get RPC 호출의 99%는 100밀리초 이내에 수행되어야 한다.

만일 성능 그래프가 중요하다면 다음과 같이 여러 개의 SLO 목표를 설정할 수 있다.

- Get RPC 호출의 90%는 1밀리초 이내에 수행되어야 한다.
- Get RPC 호출의 99%는 10밀리초 이내에 수행되어야 한다.
- Get RPC 호출의 99.9%는 100밀리초 이내에 수행되어야 한다.

만일 사용자의 작업 부하가 처리량을 중시하는 대량 처리 파이프라인과 응답 시간을 중시하는 대화형 클라이언트로 분산된다면 각 부하의 종류에 따라 개별적인 목표를 설정하는 것이 좋다.

- 처리량이 중요한 클라이언트로부터 발생한 Set RPC 호출의 95%는 1초 이내에 수행되어야 한다.
- 응답 시간이 중요한 클라이언트로부터 발생한 페이로드(payload) 크기 1kb 미만의 Set RPC 호출은 10초 이내에 수행되어야 한다.

SLO를 100% 만족하는 것은 현실성이 없는 것은 물론이거니와 기대할 수도 없는 상황이다. 이를 충족하려 하면 혁신과 배포의 속도가 저하되며 높은 비용을 소비하거나 지나치게 보수적인 솔루션이 된다. 그래서 에러 예산(SLO를 만족하지 못하는 비율)을 산정하고 이를 일단위 혹은 주단위로 추적하는 것이 훨씬 나은 방안이다. 물론 조직 내의 상위 관리자들에게는 월단위 혹은 분기단위로 평가를 보고하는 편이 낫다(에러 예산은 역시 다른 SLO들을 만족하기 위한 또 다른 SLO일 뿐이다).

어떤 SLO를 달성하지 못한 비율은 사용자가 인지한 서비스의 상태에 대한 유용한 척도가 된다. SLO들을 일단위 혹은 주단위로 추적해서 트렌드를 파악하고 잠재적인 문제가 실제로 발생하기 전에 미리 그 조짐을 파악하는 것은 매우 유용하다. 마찬가지로 상위 관리자들에게는 이에 대한 월단위 혹은 분기 단위 평가를 보고하는 것이 좋다.

SLO 위반율을 에러 예산과 비교해서(40쪽의 "에러 예산 활용해보기" 참고) 그 차이를 프로세스에 대입해보면 언제 새로운 릴리즈를 출시할 수 있는지를 판단할 수도 있다.

목표치 선택하기

목표치(즉, SLO)를 선택하는 것은 순수한 기술적 활동이라고 보기는 어렵다. 그 이유는 SLI와 SLO를 (어쩌면 SLA도 포함해서) 어떻게 설정하는지가 제품과 사업에 영향을 미치기 때문이다. 마찬가지로 참여 인력, 시장에 출시할 시기, 하드웨어 가용성, 그리고 재정 상태 등의 제약을 바탕으로 제품의 특성 간에 반대급부를 고려해야 할 수도 있다. SRE는 이런 논의에 반드시 참여해야 하며, 발생 가능한 위험과 여러 선택 사항들의 실행가능성(viability)에 대해 조언을 할 수 있어야 한다. 우리는 이런 논의들을 더욱 생산적으로 실행하는 데 도움이 되는 몇 가지 권고안을 도출할 수 있었다.

현재의 성능을 기준으로 목표치를 설정하지 말 것

시스템의 장점과 한계를 이해하는 것이 기본이므로 이것을 고려하지 않고 목표치를 설정하면 목표치를 달성하기 위해 시스템에 엄청난 노력을 투입하게 되고 결국 방대한 재설계 없이는 시스템의 향상이 불가능하게 된다.

최대한 단순하게 생각할 것

SLI를 복잡하게 집계하면 시스템의 성능 변화를 명확하게 반영하지 못하고 그 원인을 파악하기 어렵게 된다.

자기 만족에 얽매이지 말 것

응답 시간의 저하 없이 시스템의 부하를 '무한정' 확장하는 것은 상당히 매력적인데다가 '언제든지' 가능하기는 하지만 사실 이런 요구는 현실성이 없다. 이런 이상을 실현 가능한 시스템은 디자인하고 구축하는 데 긴 시간을 필요로 할 뿐 아니라 운영 비용도 엄청나다. 게다가 십중팔구 사용자가 만족할 수 있는 수준을 필요 이상으로 초과할 것이다.

가능한 적은 수의 SLO를 설정할 것

시스템의 특성을 잘 확인할 수 있는 최소한의 SLO를 선택하는 것이 중요하다. 그리고 선택한 SLO를 옹호할 수 있어야 한다. 만일 특정 SLO를 인용했음에도 불구하고 우선순위에 대한 논의에서 밀린다면 그 SLO는 굳이 설정할 필요가 없는 것이다.[2] 그러나 제품의 모든 특성이 SLO로 선정하기에 적합한 것은 아니다. SLO를 이용해서 '사용자의 만족'을 정의하는 것은 상당히 어렵다.

처음부터 완벽하게 하려고 하지 말 것

SLO의 정의와 목표는 시간이 지남에 따라 시스템의 동작을 살피면서 언제든지 다시 정의할 수 있다. 처음부터 지나치게 높은 목표를 설정해서 나중에 가서야 달성이 불가능한 것을 발견하고 그 목표를 완화하는 것보다는 우선은 조금 느슨한 목표를 설정한 후 조금씩 강화하는 것이 낫다.

SLO는 사용자가 어떤 점을 중요하게 생각하고 있는지를 반영하므로 SRE와 제품 개발자들의 작업 우선순위를 결정하는 중요한 토대로 사용할 수 있다 — 그리고 반드시 사용되어야 한다. 잘 설정된 SLO는 유용하며, 개발팀에게 어떤 기능을 정당하게 요구할 수 있는 토대가 된다. 하지만 SLO를 제대로 설정하지 못하면 지나치게 높은 SLO를 달성하기 위해 팀이 엄청난 노력을 투자하게 될 수도 있고, 너무 낮은 수준의 SLO 때문에 형편없는 제품이 만들어질 수도 있어서 결국 모두의 노력을 허사로 만들기도 한다. SLO는 엄청난 지렛대다. 현명하게 활용해야 한다.

측정하기

SLI와 SLO는 시스템을 관리하는 데 사용되는 제어 루프(control loop)의 핵심 요소다.

---

2 SLO에 대한 논의에서도 계속 밀린다면 그 SLO는 SRE팀이 제품에 대해 설정할 가치가 없는 것일 수도 있다.

1. 시스템의 SLI들을 모니터하고 측정하기

2. SLI를 SLO와 비교해서 별도의 대응이 필요한지 판단하기

3. 대응이 필요한 경우 목표치를 달성하기 위해 어떻게 대응할지 파악하기

4. 대응하기

예를 들어 두 번째 단계에서 요청의 응답에 대한 지연 시간이 증가하고 있어서 아무런 대응을 하지 않을 경우 몇 시간 내에 SLO를 달성하지 못하게 될 것이라고 보여지면 세 번째 단계에서는 서버가 CPU 집약적인 작업을 하고 있어서 부하를 분산시키기 위해 CPU를 더 추가해야 한다는 결정을 내리기 위한 테스트가 포함되어야 한다. SLO를 설정하지 않았다면 대응을 해야 할지 말아야 할지 (한다면 언제 해야 할지) 판단할 수 없을 것이다.

SLO는 기대치를 설정하는 것

SLO를 공개한다는 것은 시스템의 동작에 대한 기대치를 설정하는 것이다. 사용자(잠재적 사용자를 포함해서)는 특정 서비스가 자신들에게 적합한 것인지를 판단하기 위해 서비스에 어떤 것을 기대할 수 있는지를 알고 싶어한다. 예를 들어 사진 공유 웹사이트를 개발하기를 원하는 팀은 비용이 저렴하면서도 내구성이 좋지만 상대적으로 낮은 가용성을 제공하는 서비스를 사용하려 하지는 않겠지만 이런 서비스는 오히려 기록 보관 및 관리 시스템에는 적합할 수 있다.

사용자의 현실적인 기대치를 설정하려면 아래 두 가지 중 하나 혹은 모두를 고려해야 한다.

안전 제한선을 지킬 것

사용자에게 광고한 SLO보다는 내부적으로 더 보수적으로 설정된 SLO를 지키면 만성적으로 발생하는 문제들이 외부로 노출되기 전에 적절하게 대응할 수 있는 여력을 가질 수 있다. SLO에 여력을 남겨두면 사용자에게 영향을 미치지 않으면서 성능을 조금 상쇄하더라도 비용이나 유지보수의 용이성을 확보할 수 있는 재구현(reimplementation)의 기회를 가질 수 있다.

지나친 목표를 설정하지 말 것

사용자 층의 확보는 서비스 제공자가 제공하겠다고 공약한 것이 아니라 실제 사용자들이 경험한 것에 의해 이루어진다. 특히 인프라스트럭처 서비스는 더욱 그런 경향이 강하다. 만일 독자가 제공하는 서비스의 실제 성능이 공개된 SLO를 훨씬 웃돈다면 더 많은 서비스의 현재 성능에 계속 의존하게 될 것이다. 이런 경우 의도적으로 시스템이 다운되게 하거나(구글의 처비 서비스는 가용성에 대한 의존도가 지나치게 증가하는 것을 방지하기 위해 의도적으로

서비스를 중단하고 있다.)³, 요청 수를 제한하거나 또는 부하가 낮은 상황에서도 아주 빠르게 동작하지 않도록 시스템을 디자인해서 전체적으로 서비스에 대한 의존도가 높아지는 것을 방지할 수 있다.

시스템이 기대치를 얼마나 충족하는지를 이해하는 것은 시스템을 더 빠르고, 더 가용성이 뛰어나며, 더 탄력적으로 만들기 위한 투자를 할 것인지를 판단하는 데 도움이 된다. 아니면 시스템이 잘 동작하고 있는 경우, 참여 인력의 시간을 기술 부채를 해결하거나 새로운 기능을 추가하거나 혹은 다른 제품을 개발하는 등 우선순위가 더 높은 작업에 투입할 수도 있다.

협약에 대한 실습

SLA를 수립하려면 사업부와 법무팀이 위반하는 경우 적절한 보상과 댓가를 수립해야 한다. SRE의 역할은 SLA에 명시된 SLO를 달성하는 데 있어서의 어려움과 가능성을 이해하도록 돕는 것이다. SLO 수립에 대한 조언의 대부분은 SLA에도 그대로 통용된다. 사용자에게 공개하는 내용은 조금 보수적으로 설정하는 편이 좋다. 왜냐하면 사용자 층이 두터워질수록 SLA를 변경하거나 삭제하기가 더 어려워지기 때문이다.

---

3 장애 주입(failure injection)[Ben12]은 목적이 조금 다르기는 하지만 마찬가지로 기대치를 설정하는 데 도움이 될 수 있다.

5

삽질은 이제 그만!

비벡 라우(Vivek Rau) 지음
벳시 베이어(Betsy Bayer) 편집

> 평범하게 운영 중인 당신의 시스템에 운영자가 손을 대야 한다면 그 시스템에 버그가 있다는 뜻이다.
> 평범함의 의미는 자신의 시스템이 성장하면서 얼마든지 달라질 수 있다.
>
> — 칼라 가이저(Carla Geisser), 구글 SRE

SRE 조직은 단순한 운영 업무보다는 장기간의 엔지니어링 프로젝트를 수행하는 것을 더 선호한다. 여기서 운영 업무라는 단어의 의미는 사람에 따라 다르게 해석될 수 있으므로 이 장에서는 이를 삽질(toil)[1]이라고 표현하기로 하겠다.

---

1 역주 매우 힘들고 고된 일을 의미하며, 이 책에서는 개발자들 사이에서 널리 통용되며 익숙한 표현인 '삽질'로 번역하고자 한다.

삽질의 정의

우리가 말하는 삽질이란 단순히 '하고 싶지 않은 일'을 의미하지만은 않는다. 그렇다고 관리를 위한 허드렛일이나 지저분한(grungy) 일을 의미하는 것도 아니다. 만족과 즐거움을 느낄 수 있는 업무에 대한 선호는 사람마다 모두 다르다. 누군가는 손수 직접 하는 반복적인 작업을 좋아할 수도 있다. 물론 반드시 수행해야 하며 삽질로 분류해서는 안 되는 업무들도 있다. 이런 업무들이 바로 부하(overhead)를 일으킨다. 업무의 부하는 프로덕션 서비스를 운영하는 것과 직접적으로 엮이지는 않지만 팀 회의나, 둘러앉아 목표를 결정하는 일[2], 업무 보고[3], 그리고 구인을 위한 서류 작업 같은 업무들을 포함한다. 지저분한 일은 간혹 장기적으로는 가치가 있을 수도 있다. 그런 경우에는 삽질로 분류해서는 안 된다. 시스템에서 경고와 관련된 전체 설정을 정리한다거나 어지럽게 작성된 코드를 정리하는 것은 지저분한 일이 될 수는 있지만 그렇다고 삽질은 아니다.

그렇다면 대체 삽질을 어떻게 정의할 수 있을까? 이 책에서 말하는 삽질이란 프로덕션 서비스를 운영하는 것과 직접적으로 연관이 있지만 수작업을 동반하고, 반복적이며, 자동화가 가능하고, 사후 대처가 필요하며(tactical), 지속적인 가치가 결여되어 있으면서도 서비스의 성장에 따라 지속적으로 늘어나는 업무들을 말한다. 삽질로 분류할 수 있는 모든 작업들이 이런 특성을 갖는 것은 아니지만, 지금부터 나열하는 내용들에 해당되는 경우가 하나 혹은 그 이상이라면 그런 작업들은 삽질이라고 생각해도 무방하다.

수작업을 필요로 한다

예를 들면 자동화된 작업을 실행하기 위해 수작업으로 스크립트를 실행하는 경우를 말한다. 물론 스크립트에 기술된 모든 단계들을 손으로 직접 처리하는 것보다는 스크립트를 실행하는 편이 훨씬 빠르겠지만 (스크립트의 실행 시간이 아니라) 사람이 스크립트를 실행하기 위해 소비하는 시간은 분명히 삽질에 소비된 시간이다.

반복적이다

만일 생전 처음 하는, 혹은 이제 겨우 두 번째 해보는 작업이라면 삽질이라고 보기는 어렵다. 삽질은 계속해서 반복되는 작업이다. 새로운 문제를 해결 중이거나 새로운 솔루션을 개발하는 작업은 삽질이라고 보지 않는다.

---

2 우리는 인텔의 앤디 그로브(Andy Grove)가 고안한 목표와 핵심 결과(Objectives and Key Results) 시스템을 사용한다. 자세한 내용은 [Kla12]를 참고하기 바란다.

3 구글러들은 한 주 동안 자신이 실행했던 업무를 자유로운 형식으로 짧게 요약하여 기록한다. 이를 '스니펫(snippets)'이라고도 한다.

자동화가 가능하다

만일 머신을 이용해 사람이 하는 것과 동일한 작업을 수행할 수 있다거나 디자인을 변경해서 해당 작업이 더 이상 필요하지 않게 될 수 있다면 그 작업은 삽질로 분류될 수 있다. 하지만 그 작업이 기본적으로 인간의 판단에 의해 실행되어야 한다면 삽질로 분류되지 않을 수도 있다.[4]

사후 대처가 필요하다

삽질은 전략적으로 운영되며, 미리(proactively) 처리할 수 있는 일이 아니라 업무를 방해(interrupt)하며, 사후에(reactive) 처리하게 되는 일들이다. 무선으로 날아오는 알림을 처리하는 것은 삽질이다. 어쩌면 이런 일들을 완전히 없애기란 불가능할지도 모른다. 하지만 최소화하기 위한 노력을 계속해야 한다.

가치가 지속되지 않는다

어떤 작업을 끝냈는데도 서비스가 계속 같은 상태로 남아있다면 그 작업을 삽질로 분류할 수 있다. 반면, 어떤 작업을 완료한 후 서비스가 영구적으로 개선되었다면, 비록 같은 양의 너저분한 작업(예를 들면 오래전에 작성된 코드와 설정들을 파헤쳐서 개선하는 등)이 수반되더라도 그 작업은 삽질이라고 볼 수 없다.

서비스의 성장에 따라 O(n)으로 증가한다

작업에 필요한 업무량이 서비스 크기나 트래픽 양, 혹은 사용자의 수에 따라 선형적으로 증가한다면 이런 작업은 필시 삽질이다. 이상적으로 디자인되어 관리되는 서비스는 그 크기가 10배로 커지더라도 리소스를 추가하기 위한 단발성 업무 외에 추가로 필요한 작업이 없다.

---

4 "사람의 판단을 필요로 하는 작업은 삽질이 아니다"라고 말할 때는 주의를 기울여야 한다. 그 작업이 본질적으로 사람의 판단을 필요로 하며 더 나은 디자인으로 해결할 수 없는지를 주의 깊게 생각해봐야 한다. 예를 들어 현재 개발 중인 (또는 이미 개발한) 서비스가 SRE에게 하루에도 몇 번씩 알림을 보내는데, 이 알림들이 너무 복잡해서 사람이 직접 개입해야 하는 부분이 너무 많을 수 있다. 이런 시스템은 필요 이상으로 복잡하게 구현된 것이므로 때문에 올바르게 디자인되었다고 보기 어렵다. 이런 시스템은 좀 더 간소화되어야 하며, 기본적인 실패 상황을 배제하거나 혹은 자동으로 처리할 수 있도록 개선되어야 한다. 시스템을 다시 디자인하고 개발해서 더 개선된 서비스를 출시하기 전까지는, 사람의 개입을 필요로 하는 알림들은 당연히 삽질이라고 정의할 수 있다.

삽질이 줄어들면 좋은 이유

우리의 SRE 조직은 각 SRE의 전체 작업 시간 중 삽질을 50% 이내로 유지한다는 목표를 공공연하게 가지고 있다. 즉, 각각의 SRE들은 최소 50%의 시간을 엔지니어링 프로젝트 업무에 투입해서 향후에 발생 가능한 삽질을 줄이거나 혹은 서비스에 새로운 기능을 추가해야 한다. 기능의 개발은 주로 안정성이나 성능 혹은 활용도를 개선하고 결과적으로 삽질의 발생 가능성을 줄이는 것에 중점을 둔다.

우리가 이 50%의 목표를 공유하는 이유는 삽질의 가능성이 있는 부분을 제때 점검하지 않으면 나중에 모두가 아무 일도 못하고 삽질에만 매달리게 될 수 있기 때문이다. 삽질을 줄여나가는 것과 서비스를 스케일 업(scale up)하는 것은 사이트 신뢰성 엔지니어링 관점에서는 '엔지니어링'이다. SRE 조직은 엔지니어링 작업을 통해 서비스의 크기를 부선형적(sublinearly)으로 확장하고 순수한 개발팀(Dev team)이나 순수한 운영팀(Ops team)보다 더 효율적으로 서비스를 관리한다.

게다가 새로운 SRE를 고용할 때, SRE는 일반적인 운영 조직이 아니며, 앞서 설명한 50% 규칙을 보장해줄 것임을 고지한다. 그래서 이를 보장하기 위한 방편으로, SRE 조직이나 소속 팀이 운영팀의 업무를 겸하는 것을 허용하지 않는다.

삽질 계산하기

SRE가 삽질에 업무 시간 중 50%까지만을 투입할 수 있다면 그 시간을 어떻게 사용할까?

SRE는 비상 대기 업무 중인 경우 삽질에 투입할 시간에 제한을 가지고 있다. SRE는 주로 한 주 동안 주요 대기자로 업무를 수행하고 그 다음 주에는 보조 대기자 역할을 수행한다(주요 대기 및 보조 대기의 이동에 대한 내용은 제11장을 참고하기 바란다). 6명의 인원이 돌아가며 대기 업무를 수행하는 경우라면 최소한 매 6주 중 2주 간 대기 업무와 기존 업무의 중단을 초래하는 업무를 수행하게 된다. 즉, 잠재적으로 SRE에게 할당된 시간 중 2/6인 33% 가량의 시간을 삽질에 사용하는 것이다. 8명이 돌아가며 대기 업무를 수행한다면 2/8인 25%의 시간을 할애하게 된다.

이 데이터에 따르면, SRE가 가장 많은 시간을 할애하는 삽질은 기존 업무를 방해하는 업무(아주 급하지는 않지만 서비스와 관련된 메시지와 메일)다. 그 다음은 릴리즈 및 배포가 필요한 긴급(on-call) 대응이다. 릴리즈와 배포 프로세스의 상당 부분이 자동화되어 있기는 하지만 개선의 여지는 여전히 남아있다.

구글 SRE의 분기별 설문에 따르면, 삽질에 할애하는 평균 시간은 33% 정도였으므로 전체 목표인 50%에 비하면 상당히 괜찮은 수준이다. 그러나 평균만 봐서는 예외적인 상황을 올바로 판단할 수 없다.

일부 SRE들은 삽질에 할애한 시간이 0%인 반면(순수하게 긴급 대응 없이 개발 프로젝트에만 전념한 경우), 다른 누군가는 80%의 시간을 삽질에 할애했다. 특정 SRE가 삽질에 할애한 시간이 너무 과도하면, 관리자는 삽질 업무에 대한 부담을 팀에 나누어주어 SRE들이 엔지니어링 프로젝트를 만족스럽게 수행할 수 있는 시간을 만들어주어야 한다.

엔지니어링에 해당하는 업무는?

엔지니어링 업무는 새로우면서도 본질적으로 사람의 판단을 필요로 하는 업무다. 전략에 따라 서비스의 지속적인 개선을 이루어낼 뿐 아니라, 창의적이고 혁신적이며, 디자인 주도 접근법으로 문제를 해결한다. 엔지니어링 업무의 수행을 통해 팀이나 SRE 조직은 동일한 인력으로 더 큰 서비스 혹은 더 많은 서비스를 관리할 수 있다.

보통 SRE의 활동은 다음과 같이 분류할 수 있다.

소프트웨어 엔지니어링

코드를 작성하거나 수정하고, 관련된 디자인이나 문서화 작업을 수행한다. 예를 들어 자동화 스크립트를 작성하는 일, 도구나 프레임워크를 개발하는 일, 확장성과 신뢰성을 위해 서비스 기능을 추가하거나 서비스를 더 안정적으로 운영하기 위해 인프라스트럭처 코드를 수정하는 일 등이 해당된다.

시스템 엔지니어링

한 번의 노력으로 지속적인 개선을 이루어내기 위해 프로덕션 시스템의 설정을 조정하거나 문서화를 수행한다. 예를 들면 설정을 모니터링하고 수정하는 일, 로드밸런서나 서버의 설정 변경, OS 매개변수 튜닝 및 로드밸런서 설치 등의 업무가 이에 해당된다. 또한 아키텍처, 디자인 그리고 개발팀의 서비스 출시 등에 대해 조언을 해주는 업무도 포함된다.

삽질

서비스 운영과 직접 관련된, 반복적으로 발생하는 수작업들을 말한다.

부하

서비스 운영과 직접 관련되지 않은 관리 업무를 말한다. 예를 들면 채용, HR 서류 작업, 팀/회사 회의, 버그 큐(queue) 치우기, 업무 보고, 동료 및 자기 자신에 대한 평가 및 훈련 등의 업무가 이에 해당된다.

모든 SRE는 평균적으로 1년 혹은 두세 분기에 걸쳐 최소 50%의 시간을 엔지니어링 업무에 할당해야 한다. 삽질에 해당하는 업무들은 들쭉날쭉하므로 일부 SRE팀에게 있어 꾸준하게 50%의 시간을 엔지니어링에 할애하는 것이 현실적으로 어려워 어떤 분기에는 엔지니어링에 투입한 시간이 평균에 미치지 못할 수도 있다. 하지만 프로젝트에 투입한 평균 시간이 50%를 한참 밑돈다면 그 팀은 자신들의 업무에서 한 걸음 물러나 무엇이 문제인지를 찾아내야 한다.

삽질은 무조건 나쁜 것일까?

삽질이 항상 사람들을 피곤하게 하는 것은 아니다. 특히 삽질의 양이 얼마 되지 않는다면 그렇게 문제가 되지는 않을 것이다. 예측이 가능하고 반복되는 작업들은 큰 무리 없이 처리할 수 있다. 이런 업무들을 처리하면 성취감이 있으며, 빠른 시간 내에 처리할 수 있다. 그다지 위험하지도 않고 스트레스도 적은 편이다. 몇몇 사람들은 이런 업무 특성에 이끌려 삽질에 해당하는 업무들을 즐기는 경우도 있다.

삽질이 항상 나쁜 것은 아니다. 그리고 SRE 업무는 물론 거의 모든 엔지니어링 업무에 있어 어느 정도의 삽질은 피할 수 없다는 것을 분명하게 인식해야 한다. 삽질에 해당하는 업무의 양이 많지 않다면 나쁘지 않다. 그리고 그 부분에 대해 불만이 없다면 삽질은 문제가 되지 않는다. 하지만 그 업무량이 엄청나다면 삽질은 독이 되기 시작한다. 너무 많은 삽질 업무 때문에 고통스럽다면 반드시 이를 공론화해야 한다. 삽질에 해당하는 업무가 너무 많이 늘어나면 문제가 되는 이유는 여러 가지가 있지만 대략 다음과 같이 정리해볼 수 있다.

경력 개발이 침체된다

프로젝트에 너무 적은 시간을 투입하다 보면 개인의 경력 개발이 늦어지거나 서서히 멈추게 된다. 구글은 필연적으로 발생하는 궂은 일에 대해서는 상당히 큰 긍정적 효과를 발휘하는 보상을 해주지만, 그렇다고 경력을 내팽개칠 수는 없다.

의욕이 저하된다

삽질을 참고 용인하는 수준은 사람마다 다르지만 누구든 한계를 느끼게 마련이다. 삽질에 할애하는 시간이 너무 많다면 지치고 지루하고 불만을 갖게 될 것이다.

게다가 엔지니어링보다 삽질에 너무 많은 시간을 할애하면 SRE 조직에 좋지 않은 영향들을 미치게 된다.

혼란이 가중된다

우리는 SRE 조직에서 일하는 인력이나 함께 일하는 다른 조직에 SRE는 엔지니어링 조직이라는 점을 분명히 인식시키기 위해 노력한다. SRE 조직 내의 개인이나 팀이 삽질에 너무 많은 시간을 할애하면 의사소통의 명확성이 저하되며 사람들은 우리의 역할에 대한 의구심을 품게 된다.

성장이 저하된다

삽질이 늘어날수록 팀의 생산성은 저하된다. SRE가 늘 수작업에 치여 있고, 새로운 기능을 출시하자마자 그 뒷감당을 하느라 너무 바쁘다면 제품의 기능을 개발하는 속도가 떨어질 것이다.

좋지 않은 선례를 남기게 된다

만일 삽질을 너무 많이 하려고 하면, 함께 일하는 개발팀은 더 많은 삽질을 떠넘기려 하고, 심지어는 개발팀이 수행해야 할 운영 업무까지도 떠안게 된다. 그럴수록 다른 팀들도 SRE에게 같은 업무를 기대하기 시작할 것이고, 상황은 점점 더 좋지 않은 방향으로 흘러갈 것이다.

인력 유출이 발생한다

개인적으로 본인이 삽질을 싫어하지 않더라도 현재 혹은 미래의 팀 동료들은 그런 업무를 싫어할 수 있다. 만일 본인이 팀에 너무 많은 삽질을 떠안아 온다면, 팀 최고의 엔지니어가 더 보람 있는 일을 찾아 다른 곳으로 떠날 수 있다.

신뢰에 문제가 생긴다

프로젝트 업무를 약속하고 새로 고용했거나 다른 팀에서 옮겨온 이들이 속았다고 느끼면 그들의 사기에 좋지 않은 영향을 미치게 된다.

결론

만일 모두가 매주 조금씩 삽질을 걷어낼 수 있다면 서비스를 지속적으로 깔끔하게 유지할 수 있고, 서비스를 더욱 확장하기 위한 엔지니어링이나 차세대 서비스의 아키텍팅, SRE 업무에 필요한 도구 개발 등에 시간을 투입할 수 있다. 삽질은 줄이고 창의적인 일에 더 집중하자.

6

분산 시스템 모니터링

롭 이바슈크(Rob Ewaschuk) 지음
벳시 베이어(Betsy Bayer) 편집

구글의 SRE팀은 성공적인 모니터링 및 알림 시스템을 구축하기 위한 기본적인 원리와 모범 사례들을 갖추고 있다. 이 장에서는 사람을 반드시 호출해야 하는 이슈들은 어떤 것인지에 대한 가이드라인을 제공하고, 굳이 호출하지 않아도 되는 이슈들을 처리하는 방안에 대해 설명한다.

정의

모니터링과 관련된 모든 논의들에 공통적으로 사용될 수 있을 만큼 통일된 용어들은 아직 존재하지 않는다. 심지어 구글 내에서도 지금부터 소개할 용어들의 의미가 조금씩 다르다. 하지만 가장 널리 사용되는 용어와 그 의미들을 먼저 살펴보도록 하자.

모니터링

쿼리의 수와 종류, 에러의 수와 종류, 처리 시간 및 서버의 활동 시간 등 시스템에 대한 정량적 실시간 데이터를 모으고 처리하고 집계해서 보여주는 것을 말한다.

화이트박스(white-box) 모니터링

로그나 자바 가상 머신(Java Virtual Machine, JVM)의 프로파일링 인터페이스(profiling interface) 같은 인터페이스 혹은 내부의 통계 지표를 제공하는 HTTP 핸들러 등을 이용해서 얻은 시스템의 내부 지표들을 토대로 하는 모니터링을 의미한다.

블랙박스(black-box) 모니터링

사용자가 보게 되는 확인 가능한 동작들을 외부에서 테스트하는 과정을 말한다.

대시보드(dashboard)

서비스의 핵심 지표에 대한 요약된 뷰를 보여주는 (주로 웹 기반의) 애플리케이션을 말한다. 대시보드는 필터나 선택 옵션 등을 제공하기도 하지만, 가장 중요한 지표들을 사용자에게 보여주도록 만들어져 있다. 또한 쌓여있는 티켓의 숫자나 높은 우선순위를 갖는 버그의 목록, 현재 비상 대기 중인 엔지니어와 담당하는 분야 혹은 최근에 배포된 코드 등 팀과 관련된 정보를 보여주기도 한다.

알림(alert)

사람이 읽을 수 있도록 작성된 통지(notification)를 말하며, 주로 버그나 티켓 큐, 메일, 혹은 호출기 등으로 보내진다. 이런 알림들은 각각 티켓, 메일 알림[1] 및 호출 등으로 분류된다.

근본 원인

소프트웨어 시스템의 결함이나 사람의 실수는 일단 고쳐지면 그 일이 다시는 발생하지 않을 것이라는 확신을 심어준다. 이런 사고는 여러 원인에 의해 발생할 수 있다. 예를 들어 프로세스의 자동화가 충분하지 못해서 발생할 수도 있고, 조작된 정보에 의해 소프트웨어가 충돌해서 발생할 수도 있고, 설정을 생성하는 스크립트의 테스트가 제대로 수행되지 않아 발생할 수도 있다. 이런 원인들은 각자가 근본 원인일 수도 있으며, 따라서 모두 수정되어야 한다.

노드와 머신

물리적인 서버, 가상 머신 혹은 컨테이너(container)[2]에서 동작하는 커널의 단일 인스턴스를 의미하며 동의어로 사용된다. 한 머신이 모니터링할 여러 개의 서비스를 운영하고 있을 수도 있다. 이런 서비스들은 크게 두 가지로 구분할 수 있다.

---

1   메일 알림은 잘 읽거나 대응하지 않으므로 '알림 스팸(spam)'으로 인식되기도 한다.

2   **역주** 도커(Docker)와 같은 가상 컨테이너 기술을 바탕으로 운영되는 가상 머신을 말한다

- 서로 관련된 서비스: 예를 들면 캐시 서버와 웹 서버
- 서로 관련이 없지만 하드웨어만 공유하는 서비스: 예를 들면 코드 저장소와 퍼펫 (Puppet)이나 셰프(Chef) 같은 설정 시스템의 마스터 노드

푸시(push)

서비스가 실행하는 소프트웨어나 관련된 설정에 대한 모든 변경사항을 의미한다.

왜 모니터링해야 하는가?

시스템을 모니터링해야 하는 이유는 다음과 같이 다양하다.

장기적인 트렌드 분석

데이터베이스의 크기는 얼마나 되며, 얼마나 빠르게 증가하고 있는가? 실 사용자의 수는 얼마나 빠르게 증가하고 있는가?

시간순 혹은 실험 그룹에 대한 비교

Acme Budket of Byte 2.72와 Ajax DB 3.14 중 어느 것이 쿼리를 더 빨리 실행하는가? 노드를 추가했을 때 멤캐시(memcache)의 활용률(hit rate)은 어느 정도나 좋아지는가? 지난 주 대비 사이트가 느려졌는가?

알림

문제가 생겨서 누군가 당장 수정해야 하거나 혹은 곧 문제가 생길 가능성이 있어서 누군가 가 살펴봐야 하는 경우 통지를 보내야 한다.

대시보드

개발 대시보드는 서비스에 대한 기본적인 궁금증을 해소해주며 보통 어떤 형태의 네 가지 골든 신호를 포함하고 있다(자세한 내용은 70쪽의 "네 가지 결정적인 지표" 절을 참고하기 바란다).

임시적인 회고 분석의 수행(예를 들면 디버깅 등)

갑자기 지연응답이 발생했는데 그 시간에 다른 어떤 일들이 발생했었는가?

시스템 모니터링은 비즈니스 분석 및 좀 더 원활한 보안 취약점 분석을 위한 원천 데이터를 확보하는 데 도움이 된다. 이 책은 SRE가 전문성을 가지고 있는 엔지니어링 분야를 다루고 있으

므로 애플리케이션의 모니터링에 대해서는 다루지 않겠다.

모니터링과 알림을 이용하면 시스템에 언제 문제가 발생했는지 또는 어떤 문제가 발생하려 하는지를 알 수 있다. 시스템이 스스로 문제를 해결할 수 없는 경우에는 사람이 알림을 살펴보고, 실제로 문제가 발생했는지를 살펴보고 증상을 처리한 후, 문제가 발생한 근본적인 원인을 파악해야 한다. 시스템의 아주 일부분에 대해서만 보안 감사를 수행하고 있는 경우가 아니라면 뭔가 이상하다는 이유로 알림을 보내서는 안 된다.

사람을 호출하는 것은 직원들의 시간을 고려하면 매우 비용이 많이 드는 일이다. 그 직원이 일을 하고 있다면 호출로 인해 업무의 흐름이 끊길 것이다. 직원이 집에 있는 상황이라면 호출은 직원들의 개인적인 시간, 심지어 수면까지 방해할 수 있다. 호출이 너무 빈번하면 직원들은 그냥 추측으로 넘어가거나 심한 경우 호출을 무시하게 되고, 경우에 따라서는 잦은 호출에 묻혀버린 '진짜' 호출마저 무시하게 된다. 이렇게 잦은 호출은 신속한 분석과 수정에 방해가 되므로 장애가 더 연장될 수 있다. 효과적인 알림 시스템은 정확한 신호와 낮은 오보 비율을 갖춰야 한다.

모니터링에 대한 적절한 기대치 설정하기

복잡한 시스템을 모니터링하는 것은 의미 있는 엔지니어링 노력이자, 그 자체로도 큰 의미를 갖는다. 구글 SRE팀은 계측, 수집, 표현 및 알림을 적절하게 수행하는 인프라스트럭처를 잘 갖추고 있다. 그럼에도 불구하고 10~12명으로 구성된 팀에서 한 명 혹은 두 명이 서비스에 대한 모니터링 시스템을 구축하고 관리하는 업무를 전담한다. 이 전담 인력의 숫자는 모니터링 인프라스트럭처가 공통화되고 일반화되면서 점차 줄어들고는 있지만 모든 SRE팀은 '모니터링 요원'을 최소 한 명씩 두고 있다(트래픽 그래프 대시보드에 액세스하는 것은 신나고 좋아하는 일일 수도 있지만 SRE팀은 누군가 '문제를 확인하기 위해 화면을 들여다보는' 상황을 배제하려고 노력한다).

구글은 더 나은 도구와 사후 분석을 통해서 간소하고 신속한 모니터링 시스템으로 전환을 진행하고 있다. 우리는 임계값을 학습하고 자동으로 인과관계를 찾아내는 마법 같은 시스템은 선호하지 않는다. 최종 사용자의 요청률에서 예측하지 못한 변화를 탐지하는 규칙이 좋은 예다. 이 규칙은 최대한 간결하게 유지하고 있음에도 불구하고 매우 간단하고 구체적이면서도 심각한 예외를 매우 빠르게 찾아낸다. 용량 산정이나 트래픽 예측 등에 모니터링 데이터를 활용하면 취약성 때문에 발생하는 복잡성을 완화하는 데도 도움이 된다. 낮은 샘플링 비율(시간이나 일 단위)로 장기간(수개월 혹은 수년)에 걸쳐 관찰 실험을 실행하면 비록 일부 샘플이 누락되더라도 장기적인 트렌드를 놓치지 않을 수 있어 취약성을 완화할 수 있다.

구글 SRE는 종속성의 계층 구조가 복잡한 상황에서는 제한된 성공을 이루어왔다. 우리는 "데이터베이스가 느리다는 사실을 알게 되면 데이터베이스가 느리다고 알림을 보내거나 아니면 사이트가 전체적으로 느려질 거라고 알림을 보내라"라는 식의 규칙은 좀처럼 사용하지 않는다. 종속성에 의지하는 규칙들은 대체로 사용자 트래픽을 데이터센터 외부로 내보내는 시스템처럼, 가장 안정적인 시스템에 적용되어 있다. 예를 들어 "데이터센터에서 빠져나가는 트래픽에 대해서는 지연응답에 대해 알림을 보내지 마라"라는 규칙은 일반적인 데이터센터 알림 규칙 중 하나다. 우리의 인프라스트럭처는 꾸준한 비율로 지속적으로 리팩토링되어 왔으므로 구글에서 복잡한 종속관계를 유지하는 팀은 거의 없다.

이 장에서 설명하는 내용들 중 일부는 여전히 달성하기 어려울 수 있다. 특히 항상 변화하는 시스템에서는 어떤 증상이 빠르게 발전해 문제의 근본 원인이 될 수 있는 여지가 존재한다. 그래서 이 장을 통해 모니터링 시스템에 대한 몇 가지 목표와 이를 달성하기 위한 방법들을 설명하기는 하지만 모니터링 시스템에 있어 중요한 것은 (특히 프로덕션 환경에서 문제가 발생해서 사람을 호출하고, 기본적인 점검과 심도 깊은 디버깅을 실행하기까지의 경로를) 최대한 간결하면서도 팀 모두가 이해할 수 있도록 유지하는 것이다.

마찬가지로 잘못된 알림(noise)[3] 비율을 낮게 유지하고 올바른 알림의 비율을 높게 유지하기 위해서는 호출을 담당하는 모니터링 시스템은 반드시 간결하면서도 안정적이어야 한다. 사람이 확인할 알림을 발송하기 위한 규칙들은 이해하기 쉽고 문제를 명확하게 표현할 수 있어야 한다.

증상과 원인

모니터링 시스템은 어떤 장애가 왜 발생했는지에 대한 질문에 답을 제시할 수 있어야 한다.

'어떤 장애가 발생했는가'는 증상을 의미하며, '왜 장애가 발생했는가'는 (대부분 중간 단계의) 원인을 의미한다. 표 6-1은 몇 가지 장애의 증상과 원인의 예시를 보여주고 있다.

---

3 역주 잘못된 알림이나 중요하지 않은 내용에 대한 알림 등

표 6-1 장애의 증상과 원인

증상	원인
HTTP 500이나 404 오류	데이터베이스 서버가 연결 요청을 거부함
응답 속도가 느려짐	비효율적인 로직에 의한 CPU 과부하가 발생함 또는 랙 아래의 이더넷 케이블 파손으로 인한 패킷이 부분적으로 유실됨
남극의 사용자가 고양이가 등장하는 애니메이션 GIF 파일을 수신하지 못함	CDN 서비스가 과학자와 고양잇과 동물을 싫어해서 일부 IP를 블랙리스트에 등록했음
개인정보가 유출됨	새로 배포한 소프트웨어가 ACL을 잘못 설정해서 모든 요청에 응답함

'무엇'과 '왜'는 최대 비율의 정상적 알림과 최소 비율의 오보를 목적으로 하는 모니터링 시스템을 작성할 때 고려해야 하는 가장 중요한 간극 중 하나다.

블랙박스와 화이트박스

우리는 중요도가 낮은 서비스들에 대해서는 화이트박스 모니터링을 수행하지만, 중요한 서비스들에 대해서는 블랙박스 모니터링을 수행한다. 블랙박스와 화이트박스 모니터링을 한마디로 비교하면, 블랙박스 모니터링은 서버 상에 나타나는 증상을 기본으로 하며 현재 문제가 (발생할 것으로 예상되는 것이 아니라) 발생하는 상황을 모니터링하는 것이다. 즉, '시스템이 지금 현재 올바로 동작하지 않고 있는' 상황을 알기 위한 것이다. 반면, 화이트박스 모니터링은 로그나 HTTP 종단점(endpoint)과 같은 시스템의 내부 동작들을 규범에 따라 살펴보는 기법들을 토대로 한다. 그래서 문제가 발생하려는 재시도에 의해 가려진 실패 작업 등을 포착할 수 있다.

다중계층(multilayered) 시스템에서는 한 사람에게서 발생한 증상이 다른 누군가에게 장애의 원인이 되기도 한다. 예를 들어, 데이터베이스의 속도가 느려졌다고 가정해보자. 데이터베이스 읽기 작업이 느려진 현상은 이를 탐지한 데이터베이스 SRE에게는 하나의 증상이다. 그러나 프런트엔드 SRE 입장에서는 웹사이트가 느려진 원인이 다름 아닌 데이터베이스의 읽기 작업이 느려졌기 때문이다. 그래서 화이트박스 모니터링을 통해 어떤 정보를 얻느냐에 따라 증상에 초점을 맞출 수도 있고 원인에 초점을 맞출 수도 있다.

원격으로 디버깅을 수행할 때는 화이트박스 모니터링이 필수적이다. 만일 웹 서버가 데이터베이스에 대한 과도한 요청에 의해 느려졌다면 웹 서버가 얼마나 빨리 데이터베이스가 느려진 것을 알아채는지, 그리고 데이터베이스가 얼마나 빨리 스스로의 병목현상을 파악하게 되는지를 모두 알아야 한다. 그렇지 못하면, 실제로 데이터베이스가 느려진 것인지, 아니면 웹 서버와 데이터베이스 사이의 네트워크 문제인지를 구별할 수 없을 것이다.

문제가 발생했을 때 누군가를 호출하는 부분에 있어서, 블랙박스 모니터링은 이미 문제가 발생했거나 혹은 실제 증상의 원인이 된 경우에만 사람을 호출하는 원칙을 강제할 수 있다는 이점이 있다. 한편, 아직 발생하지 않았지만 곧 발생할 문제에 대해서는 블랙박스 모니터링은 거의 도움이 되지 못한다.

네 가지 결정적인 지표

모니터링에 있어 네 가지 결정적인 지표는 지연응답(latency), 트래픽, 에러, 그리고 서비스 포화 상태(saturation)다. 만일 사용자를 대상으로 하는 시스템에서 단 네 가지 지표만을 측정할 수 있다면, 이 네 가지에 집중해야 한다.

지연응답

요청이 서비스에 의해 처리되기까지의 시간을 말한다. 이때 성공적인 요청의 응답 시간과 실패한 요청의 응답 시간이 중요하다. 예를 들어 데이터베이스 연결에 실패했거나 백엔드의 심각한 오류로 인해 HTTP 500 응답이 리턴되는 경우에는 응답이 매우 빠르게 이루어질 수 있다. 하지만 HTTP 500 에러는 요청 처리에 실패했음을 의미하므로 500 에러들을 전체 지연응답에 포함시켜 버리면 잘못된 결과를 초래하게 된다. 게다가 빠르게 리턴된 에러보다는 느리게 리턴된 에러가 더 중요하다. 그래서 에러 응답을 그냥 무시하는 것보다는 에러의 지연응답을 추적하는 것이 중요하다.

트래픽

시스템에 얼마나 많은 요청이 들어오는지를 측정하는 것으로, 높은 수준의 시스템 관련 지표를 통해 측정할 수 있다. 웹 서비스의 경우는 주로 초당 HTTP 요청의 개수로 측정하며, 요청의 성질(예를 들면 정적 콘텐츠와 동적 콘텐츠 등)로 나누어 분류할 수도 있다. 오디오 스트리밍 시스템을 예로 들면 네트워크 입출력이나 동시 접속 세션 수 등을 측정하는 것이 알맞다. 키-밸류 저장소 시스템이라면 트랜잭션의 개수나 초당 조회 수 등으로 측정하면 좋다.

에러

실패한 요청의 비율을 의미한다. 이때 명시적인 실패(예를 들면 HTTP 500 에러들)과 묵시적인 실패(예를 들면 HTTP 200 성공 응답이지만 잘못된 콘텐츠가 제공된 경우), 혹은 정책과 관련된 실패(예를 들어 "모든 응답을 1초 내에 제공하기로 했다면 1초 이상 소요된 응답은 에러다") 등을 모두 고려해야 한다. 사실 프로토콜의 응답 코드는 모든 종류의 실패를 표현하기에는 충분하지 않으므로 부분적인 실패를 올바르게 추적해야 한다면 부차적인(내부적인) 프로토콜의 사용을 고려해야 한다. 이런 상황들을 모니터링하는 것은 엄청나게 어렵다. 그래서 엔드-투-엔드(end-to-end) 시스템만을 테스트하면 잘못된 콘텐츠가 제공된 경우만을 탐지할 수 있는 반면, 로드밸런서를 통해 모든 HTTP 500 에러를 검출하면 실패한 요청들을 모두 완벽하게 잡아낼 수 있다.

서비스 포화 상태

서비스가 얼마나 '포화' 상태로 동작하는지를 의미한다. 시스템의 일부를 측정하며 가장 병목이 발생하는 리소스를 집중해서 측정해야 한다(즉, 메모리가 중요한 시스템에 대해서는 메모리를 보여주고 입출력에 의존적인 시스템에 대해서는 입출력 지표를 보여주는 것이 좋다). 많은 시스템들이 100% 사용량에 도달하기 전에 체감 성능의 하락이 발생하므로 기본적으로 목표 사용량을 설정해야 한다.

복합 시스템의 경우, 시스템 포화 상태는 높은 수준의 부하 측정을 통해 보완할 수 있다. 즉, 시스템이 두 배의 트래픽을 감당할 수 있는지, 아니면 겨우 10% 더 많은 트래픽을 처리할 수 있는지, 아니면 지금보다 오히려 적은 트래픽을 처리할 수 있는지를 측정하는 것이다. 이를 위해서는 요청의 복잡도에 영향을 주는 매개변수가 없으며(예를 들면, "임시값을 리턴해줘"라든가 "전역적으로 유일한 정수를 리턴해줘"처럼 요청이 단순하며), 설정을 변경할 일도 거의 없고 부하 테스트에서 정적인 값을 도출할 수 있는 아주 간단한 서비스를 대상으로 측정하는 것이 좋다. 그러나 대부분의 서비스는 앞서 문단에서 설명했듯이, CPU 사용량이나 이미 상한선이 분명한 네트워크 대역폭 같은 간접적인 신호들을 사용할 수밖에 없다. 그래서 99번째 백분위수의 응답 시간을 짧은 시간(예를 들면 1분 정도)에 걸쳐 측정하면 이러한 포화 상태를 사전에 미리 알 수 있다.

마지막으로 시스템의 포화 상태는 '데이터베이스 서버의 사용 가능한 디스크 공간이 4시간 안에 바닥날 것'과 같은 긴급한 상황을 미리 예측하는 것과 관련이 깊다.

이 네 가지 결정적인 지표를 모두 측정하고 그중 어느 하나라도 문제가 될 때(혹은 시스템 포화 상태의 경우 문제가 될 수준에 다다랐을 때) 사람을 호출할 수 있다면 모니터링을 통해 이런 문제들을 깔끔하게 해결할 수 있을 것이다.

마지막 요청(혹은 실행과 성능)에 대한 고려

모니터링 시스템을 처음부터 개발하게 된다면, 가능한 한 평범한 수준의 성능을 토대로 시스템을 디자인하려 할 것이다. 즉, 적당한 수준의 지연응답, 적당한 수준의 CPU 사용량, 혹은 적당한 공간의 데이터베이스를 기준으로 삼을 것이다. 이 중 나중에 언급한 두 가지에 의해 발현될 수 있는 위험은 매우 명백하다. CPU와 데이터베이스는 균형 있게 활용되지 못하는 경우가 많기 때문이다. 지연응답의 경우도 마찬가지다. 초당 1,000개의 요청에 대한 평균 지연응답이 100밀리초인 웹 서비스를 운영하지 않고 있다면 요청 중 1% 정도는 5초 정도 지연될 수 있다.[4] 만일 사용자들이 이런 웹 서비스를 사용해서 페이지를 렌더링한다면 99번째 백분위의 요청을 처리하는 백엔드 코드는 프런트엔드의 응답 중 절반 정도를 차지해 버리기 십상이다.

전체 요청에 대한 평균 응답 시간이 느려지는 것과 마지막 요청(tail of requests)이 아주 느려지는 것을 구분하는 간단한 방법은 실제 지연응답이 아니라 전체 요청의 수와 전체 지연응답을 수집하는 것이다(분포도를 확인하기에 적합하다). 즉, 지금까지 서비스된 요청 중에서 0밀리초부터 10밀리초 내에 서비스된 요청의 수, 10밀리초부터 30밀리초 내에 서비스된 요청의 수, 30밀리초부터 100밀리초 내에 서비스된 요청의 수, 100밀리초부터 300밀리초 내에 서비스된 요청의 수 등을 수집하는 것이다. 분포의 경계를 대략적으로 산정해서 분포해보면 (이 예시의 경우에는 대충 세 가지 범위만을 추출해서 분포해보면) 요청이 어떻게 분포되는지를 시각적으로 확인할 수 있다.

적당한 측정 방법 선택하기

시스템의 지표들은 각기 다른 수준으로 세분화하여 측정되어야 한다. 예를 들어 보자.

- CPU 부하를 1분 단위로 관찰한다고 해서 CPU 사용률이 갑자기 치솟아 나중에 유입된 요청들에 대한 지연응답이 발생하는 현상을 파악할 수는 없다.

---

4 1%에 해당하는 요청의 지연응답이 평균의 10배에 달한다면 나머지 요청들은 평균보다 최소 2배 이상 빠르다는 것을 의미한다. 하지만, 이 값들을 제대로 측정하지 않으면 대부분의 요청들이 평균적으로 처리될 것이라는 생각은 그저 헛된 망상에 불과하다.

- 한편, 1년에 9시간 이하의 다운타임(99.9%의 연간 업타임)을 목표로 하는 웹 서비스에 대해, 200(성공) 상태의 리턴 여부를 1분에 한두 번 이상 확인해야 한다면 너무 빈번하게 확인하는 것이다.
- 마찬가지로 99.9%의 가용성을 목표로 하는 서비스에 대해 하드 드라이브에 여유 공간이 있는지를 1~2분마다 한 번씩 확인하는 것 또한 무의미하다.

시스템을 측정할 때 어느 정도로 세분화할 것인지에 대해 주의를 기울여야 한다. CPU 부하를 초단위로 측정하면 유용한 데이터를 얻을 수도 있겠지만, 수집하고 저장하고 분석하는 데 비용이 너무 많이 든다. 만일 모니터링 시스템에 주어진 목표가 높은 수준의 분석을 위한 데이터 수집이지만 극단적으로 낮은 지연응답을 필요로 하지는 않는다면, 서버에서 내부 샘플링을 수행한 후, 여러 서버에 걸쳐 데이터를 수집하고 시계열로 집계하는 외부 시스템을 구성하면 비용을 줄일 수 있다. 이 경우 다음과 같은 작업이 필요하다.

1. 매 초마다 현재 CPU의 사용량을 기록한다.
2. 5% 단위로 버킷(bucket)을 구성하고 매 초당 CPU 사용량을 측정하여 적절한 버킷의 값을 증가시킨다.
3. 분 단위로 이 값들을 집계한다.

이런 전략을 통해 수집과 저장에 큰 비용을 들이지 않고도 CPU의 핫스팟(hotspot)[5]을 관찰할 수 있다.

더욱 단순하게가 아니라 최대한 단순하게

이런 요구사항들을 모두 고려하면 모니터링 시스템은 매우 복잡해진다. 결국 다음과 같이 복잡한 시스템이 만들어질 것이다.

- 모든 지표에 대해 각기 다른 지연응답 기준치 중에서 백분위수가 달라질 때마다 보내야 하는 알림
- 발생 가능한 장애 원인을 탐지하고 보여주기 위한 추가 코드
- 이런 발생 가능한 각각의 장애 원인과 관련된 대시보드

---

5 [역주] 주변과는 다른 특성을 보이는 어느 지점을 일컫는 말. 여기서는 CPU의 사용량이 높아지는 지점을 의미한다.

사실 잠재적인 복잡도의 원인은 무궁무진하다. 모든 소프트웨어 시스템이 그렇겠지만, 모니터링 시스템 역시 복잡도가 증가하여 장애가 쉽게 발생하거나 변경 사항을 수용하기에 너무 복잡해져서 유지보수가 어려워진다.

그래서 모니터링 시스템을 디자인할 때는 최대한 간결함을 추구해야 한다. 특히 어떤 지표를 모니터링할 것인지를 결정할 때는 다음의 가이드라인을 반드시 염두에 두기 바란다.

- 가장 빈번하게 발생하는 사건/사고를 탐지하기 위한 규칙은 최대한 간결하고 예측 가능하며 확실해야 한다.
- 수정 빈도가 높지 않은 (어떤 SRE팀은 분기에 한 번 수정하기도 하는) 데이터의 수집, 집계 그리고 알림에 관련된 설정은 제거하는 것이 좋다.
- 수집은 되지만 대시보드에 노출되지도 않고 알림에 사용되지도 않는 데이터는 역시 제거하는 것이 좋다.

구글에서의 경험에 비추어보면, 지표의 기본적인 수집 및 집계된 데이터를 알림 및 대시보드에서 활용하면 상대적으로 독립된 시스템으로서의 모니터링 시스템을 구성하기에 부족함이 없다(사실 구글의 모니터링 시스템은 여러 개의 바이너리 파일로 나누어져 있지만, 대체로 사람들은 시스템을 구성하는 모든 바이너리 파일들에 대해 학습을 하는 편이다). 모니터링 시스템을 개발하다 보면 시스템의 상세 프로파일링(profiling), 단일 프로세스 디버깅, 예외 혹은 충돌에 대한 상세한 추적, 부하 테스트, 로그 수집 및 분석 혹은 트래픽 검사 등 여러 가지 다른 복잡한 검사 시스템을 결합하고자 하는 충동을 느낄 때가 있다. 이와 같은 검사들의 상당수는 기본적인 모니터링과 공유할 수 있는 부분들이 많기는 하지만 너무 많은 결과들을 섞어버리면 시스템이 너무 복잡해져서 결함이 생기기 쉽다. 소프트웨어 엔지니어링에도 여러 관점이 있는 것처럼, 명확하고 간결하며 느슨하게 결합된 독립된 시스템을 관리하는 것이 훨씬 나은 전략이다(예를 들어 웹 API를 이용하여 특정한 형식의 요약 데이터를 가져오는 기능은 시간이 지나면서 시스템이 확장되더라도 변함없이 사용할 수 있다).

지금까지 살펴본 원리들을 결합하기

이 장에서 논의한 원리들은 구글 SRE팀들이 보증하고 따르는 모니터링 및 알림 시스템의 철학에 잘 결합된다. 이 모니터링 철학은 다소 야심 차게 정의된 느낌이 없진 않지만 새로운 알림을 작성하거나 리뷰하기 위한 적절한 출발점이며, 여러분의 조직 내에서 조직의 크기나 구현 중인 서비스 혹은 시스템의 복잡도에 관계없이 올바른 질문을 던지는 데 도움을 준다.

모니터링과 알림에 대한 규칙을 정의할 때 다음의 질문들을 활용하면, 여러분의 모니터링 시스템이 너무 많은 알림을 보내는 천덕꾸러기 신세로 전락하지 않도록 구현하는 데 도움이 될 것이다.[6]

- 이 규칙은 해당 규칙이 존재하지 않는다면 알아챌 수 없는 긴급하고, 대처가 가능하며 즉각적으로 사용자가 인지할 수 있는 상태를 탐지할 수 있는가?[7]
- 긴급하지 않은 알림이라면 무시할 수 있는 알림인가? 언제, 왜 이 알림을 무시할 수 있으며, 이런 알림을 받지 않으려면 어떻게 해야 할까?
- 이 알림은 분명히 사용자에게 좋지 않은 영향을 미치는 상황에 대한 알림인가? 가용 트래픽이 모두 소모되었거나 테스트 배포처럼 사용자에게 부정적인 영향을 미치지 않는 경우에는 알림이 발생하지는 않았는가?
- 이 알림에 대해 대응이 가능한가? 이 알림은 긴급한 것인가 아니면 내일 아침까지 기다려도 되는 것인가? 대응책은 안전하게 자동화가 가능한가? 알림에 대한 대응은 장기적인 수정이 될 것인가 아니면 단기적인 우회책이 될 것인가?
- 다른 사람들이 이 이슈에 대한 호출을 받아서 적어도 하나 이상의 불필요한 호출이 발생했는가?

위의 질문들은 호출 및 호출기와 관련된 기본적인 철학을 반영하고 있다.

- 매번 호출기가 울릴 때마다 긴급한 상황임을 인지하고 그에 대응할 수 있어야 한다. 이러한 긴급 호출은 빈번한 호출로 인한 피로를 느끼지 않도록 하루에 단 몇 번 정도만 발생해야 한다.
- 모든 호출은 대응이 가능해야 한다.
- 호출에 대한 모든 대응은 이성적이어야 한다. 만일 호출이 자동화된 응답에 대해서만 가치가 있다면 이 호출은 전파되어서는 안 된다.
- 호출은 새로운 문제나 지금까지 보지 못한 사건에 대한 것이어야 한다.

---

6 지나친 알림에 의한 피로도 증가에 대한 또 다른 예시는 "핵심 알림 관리 기술 적용하기(Applying Cardiac Alarm Management Techniques)" [Hol14]를 참고하기 바란다.

7 제로 리던던시(zero-redundancy) (N + 0)상황에서는 서비스의 일부가 '거의 한계에 다다른' 상황을 의미하므로 긴급한 상황으로 간주되어야 한다. 리던던시에 대한 좀 더 자세한 내용은 https://en.wikipedia.org/wiki/N%2B1_redundancy를 참고하기 바란다.

이런 관점은 어떤 차이점을 해소한다. 만일 호출이 앞서 서술한 네 가지 조건을 만족한다면 이 호출이 화이트박스 모니터링에 의해 발생하는지 아니면 블랙박스 모니터링에 의해 발생하는지 여부는 중요하지 않다. 한편, 이러한 관점은 어떤 차이점을 증폭시키기도 한다. 원인보다는 증상을 파악하기 위해 더 많은 노력을 기울이는 것이 낫다. 어쩔 수 없이 원인에 대해 호출을 해야 한다면 매우 한정적이고 아주 급박한 원인에 대해서만 적용해야 한다.

장기적 모니터링

현대의 프로덕션 시스템에서, 모니터링 시스템은 소프트웨어 아키텍처, 부하 특성 그리고 성능 목표를 지속적으로 추적하는 시스템이다. 현재 예외적으로 드물고 자동화가 어려운 알림이 점점 빈번하게 발생한다면 이를 해결하기 위한 스크립트가 필요할 수도 있다. 그러자면 누군가 문제의 근본적인 원인을 찾아 해결해야 한다. 만일 해결이 불가능하다면 알림에 대한 대응이 완전히 자동화되어야 한다.

모니터링 시스템에 대한 의사 결정은 장기적인 목표에 기초해서 판단하는 것이 중요하다. 그러나 오늘 발생한 호출은 사람으로 하여금 내일 시스템을 향상시키고 싶은 욕구를 자극하므로 단기 가용성 목표를 달성할 것인지, 아니면 장기적인 관점에서 시스템의 성능을 향상시킬 것인지를 고민할 때가 있다. 이러한 상황에서 어떤 트레이드 오프가 발생할 수 있는지 알아보기 위해 두 가지 사례를 소개하고자 한다.

빅테이블 SRE: 과도한 알림

구글의 내부 인프라스트럭처는 주로 서비스 수준 목표(Service Level Objective, SLO; 제4장 참조)를 토대로 측정하여 제공된다. 수년 전, 빅테이블(Bigtable) 서비스의 SLO는 종합적으로 잘 동작하는 클라이언트의 평균 성능을 바탕으로 책정되었다. 이때 빅테이블을 비롯한 저장소 스택의 하위 계층에서 발생하는 문제점들 때문에, 평균 성능은 '상당한 양'의 지연 요청에 영향을 받았다. 약 5% 정도의 요청들이 나머지 요청에 비해 심각하게 느려지는 현상이 있었다.

SLO에 근접해지면 이메일 알림이 발송되었고 SLO를 초과하면 호출기 알림이 발송되었다. 이 두 가지 알림이 너무 빈번하게 발생해서 엔지니어링 시간을 너무 많이 소모했다. 팀은 실제로 대응이 필요한 알림을 선별하는 데 너무 많은 시간을 할애했으며, 실제로 사용자가 영향을 받는 경우에 대한 알림이 극히 적어 종종 놓치는 경우도 많았다. 호출의 상당 부분은 인프라스트럭처에 발생하는 문제점들에 대한 것이었는데, 이 문제점들은 이미 잘 알려져 있는 것이거나, 사실 그렇게 급하게 처리하지 않아도 되는 문제들이어서 이미 정해진 대응책이 있거나 혹은 대응이 필요하지 않은 것들이었다.

상황을 개선하기 위해 팀은 세 가지 방안을 도입했다. 빅테이블의 성능을 개선하는 동안 일시적으로 SLO 목표치를 75% 요청 지연으로 하향 조정했다. 또한 너무 많이 발송돼서 대응에 많은 시간을 소모할 수밖에 없었던 이메일 알림도 중단했다.

팀에 숨통이 트이면서, 크고 작은 문제들을 지속적으로 수정하는 대신, 빅테이블과 저장소 스택의 하위 계층에서 발생하는 장기적인 문제들을 실질적으로 수정해나갈 여유를 갖게 되었다. 긴급 대응 엔지니어들 또한 하루 종일 호출기가 울리는 일이 더 이상 없었으므로 실제로 필요한 작업을 수행할 수 있게 되었다. 결국, 일시적으로 알림을 중단함으로써 더 나은 서비스를 향해 더 빨리 나아갈 수 있었던 셈이다.

지메일: 사람이 예측 및 스크립팅할 수 있는 응답

초창기의 지메일은 워크큐(Workqueue)라는 개선된 분산 프로세스 관리 시스템 상에서 동작하는 서비스였다. 그리고 워크큐는 본래 검색 인덱스를 일괄 처리하기 위해 만들어진 시스템으로 실행 시간이 긴 프로세스에 적합한 것이었는데, 곧이어 지메일에도 적용되었지만 스케줄러의 기반 코드에서 수정하기 어려운 불명확한 버그가 발견되었다.

당시 지메일의 모니터링은 개별 태스크(task)가 워크큐에서 '스케줄링이 중지(de-scheduled)'될 때마다 알림을 발송하는 구조였다. 이미 지메일은 수천 개의 태스크가 동작하는 시스템이었고 각각의 태스크는 서비스를 사용하는 일정 비율의 사용자를 의미했으므로 이와 같은 모니터링 설정이 이상적이라고 할 수는 없었다. 우리는 지메일 사용자에게 제대로 된 사용자 경험을 제공하는 것을 매우 중요하게 생각했었지만, 그 정도의 장애 알림은 처치곤란이었다.

이 문제를 해결하기 위해 지메일 SRE팀은 사용자에 대한 영향을 최소화하면서 스케줄러의 동작을 확인하는 도구를 개발했다. 지메일팀은 더 나은 장기적 해결책을 마련하기 전까지, 문제를 탐지하고 태스크를 스케줄러에 재등록하는 등의 전체 과정을 자동화해야 하는지 여부에 대해 여러 번 논의를 했지만, 팀원 중 일부는 문제를 이렇게 우회적으로 처리하면 오히려 제대로 된 해결책을 마련하는 것이 더 늦어질 것이라는 점에 대해 우려하기도 했다.

팀 내에서 이 정도의 의견 대립은 일반적인 수준이었으며, 간혹 팀이 쌓아온 경험에 대해 완벽하게 신뢰하지 못하는 경우에 발생하곤 했다. 즉, 일부 팀원은 일종의 '우회' 방식을 택해 제대로 된 해결책을 마련할 시간을 확보하자는 반면, 다른 일부는 나중에 이 우회 방식을 잊어버리거나 혹은 제대로 된 해결책의 우선순위가 무한정 밀려날 수 있다고 우려했다. 사실 이와 같은 우려가 설득력이 있는 이유는 문제에 대한 근본적인 해결책을 마련하는 것보다는 문제를 해결하기 위해 관리의 어려움을 감수하고 기술 부채에 해당하는 우회책을 갖다 붙이는 것이 더 쉽기 때문이다. 관리자와 기술 리더들은 비록 장애 호출이 줄어들어 나름 평온한 상황에서도 잠재적으로 엄청난 시간을 소요하게 될 장기적 해결책을 지원하고 올바른 우선순위를 책정하는 등, 그 구현에 있어 핵심적인 역할을 담당했다.

장애 호출에 대해 이미 정해진 규칙에 의해 대응하는 것은 위험한 신호다. 팀의 그 누구도 이런 호출에 대해 자동화를 할 의지가 없다는 것은 팀이 스스로 만든 기술 부채를 해소하는 데 자신이 없다는 것을 암시한다. 이는 쉬쉬하지 말고 반드시 바깥으로 끄집어내어 논의해야 할 중요한 문제다.

한 걸음 더 나아가기

앞서 살펴본 빅테이블과 지메일의 예시에서 공통적으로 다룬 주제는 바로 단기와 장기 가용성 사이의 상관 관계다. 순수한 노력의 힘은 너덜너덜한 시스템을 고가용성을 갖춘 시스템으로 바꿔놓기도 하지만, 사실 이런 방법은 단기간에 걸쳐 진행되고 피로가 쌓이기 쉬우며 팀원 중 몇몇 유능한 사람들에게 의존하게 되는 경향이 있다. 정확한 관리를 통해 단기적으로 가용성을 낮추는 것은 어렵기는 하지만 시스템의 장기적 안정성을 확보하기 위한 전략이 될 수도 있다. 중요한 것은 개별 장애 호출을 각기 다른 상황으로 보지 않고, 전체적인 장애 호출의 수준이 좋은 방향으로 나아가고 있는지, 적절하게 활용이 가능한 시스템인지, 팀과 장기적 전망에 보탬이 되는지 여부에 대해 생각해보는 것이다. 분기별 보고서에서 호출 빈도(통상 특정 교대 시간 내에 발생한 장애의 수로 표현한다. 이때 한 가지 장애로 인해 여러 번의 호출이 발생했을 수도 있다)에 대한 통계를 살펴본 결과, 의사 결정자들은 호출에 의한 부담과 팀의 전체적인 상태를 지속적으로 확인하는 것으로 나타났다.

결론

제대로 구성된 모니터링과 알림 파이프라인은 간결하고 명료하다. 이런 시스템은 증상을 탐지하는 것에 집중하며, 문제를 디버깅하기 위한 방안을 제시함으로써 원인 분석을 통해 스스로 학습하고 성장할 수 있는 기회를 제공한다. 증상을 모니터링하면 나중에 모니터링 스택을 확장하기에도 좋다. 다만 데이터베이스와 같은 서브시스템의 포화도와 성능에 대한 모니터링은 해당 서브시스템이 자체적으로 수행하는 것이 좋다. 이메일 알림은 그다지 큰 가치를 제공하지 못하며 소음처럼 간주되기 십상이다. 대부분 이메일 알림으로 전달되던 정보들은, 비교적 덜 심각하지만 현재 발생 중인 문제들을 모두 모니터링하는 대시보드 형태로 제공하는 것이 좋다. 또한 대시보드를 로그와 결합하면 시간순으로 발생한 이벤트들의 연관 관계를 분석할 수도 있다.

성공적인 비상 대기 교대 운영 정책을 마련하고 문제에 대한 증상이나 실제로 발생한 긴급한 문제에 대한 알림을 적절하게 선택할 수 있는 시스템, 그리고 실제로 달성 가능한 목표를 설정하고 모니터링 시스템이 그에 대한 신속한 분석을 지원할 수 있도록 하기 위해서는 많은 시간과 노력이 필요하다.

CHAPTER

7

구글의 발전된 자동화

니얼 머피(Niall Murphy), 존 루니(John Looney), 마이클 캐서렉(Michael Kacirek) 지음
벳시 베이어(Betsy Bayer) 편집

흑인 예술에 견줄 수 있는 것은 자동화와 기계화뿐이다.
— 페데리코 가르시아 롤카(Federico García Lorca, 1898~1936), 스페인의 시인이자 극작가

SRE에게 있어 자동화는 만병통치약이 아니라 주어진 방향으로 힘을 더하는 것과 같다. 물론 해당 방향으로 힘을 더하는 것만으로는 힘이 적용되는 위치의 정확률에 변화를 주기는 어렵다. 즉, 아무런 생각 없이 자동화를 진행하면 문제가 해결되는 만큼 새로운 문제들이 생겨나게 마련이다. 그렇기 때문에 우리는 소프트웨어 기반의 자동화는 대부분의 상황에서 사람이 직접 수행하는 작업보다 우수하다고 생각하기는 하지만, 이 두 가지보다 더 나은 방법은 둘 다 필요치 않은 고수준의 시스템, 즉 **자율**(autonomous) 시스템을 디자인하는 것이다. 다른 한 편으로는, 자동화의 가치는 자동화를 통해 처리할 수 있는 일들과 더불어 자동화를 제대로 활용하는 애플리케이션으로부터 찾을 수 있다. 이 장에서는 자동화의 가치 및 자동화를 대하는 우리의 자세에 대한 변화에 대해 설명하고자 한다.

자동화의 가치

자동화의 진정한 가치는 무엇일까?[1]

일관성

시스템의 스케일(scale) 조정은 자동화를 채택하는 주된 이유이기는 하지만, 그 외에도 많은 이유들이 존재한다. 많은 시스템 엔지니어들이 자신들의 경력의 출발점으로 삼는, 대학교의 컴퓨팅 시스템을 예로 들어보자. 이런 경력 기반을 가진 시스템 관리자들은 대부분 일련의 머신이나 소프트웨어를 실행하는 역할을 담당하며, 그 외에도 여러 가지 다양한 업무들을 수동으로 진행하는 것에 익숙하다. 사용자 계정을 생성하는 작업이 좋은 예가 될 수 있다. 그 외에 백업을 수행한다거나, 서버의 장애 대응 및 업스트림 DNS 서버의 resolve.conf 파일을 변경한다거나, DNS 서버 존 데이터 및 유사한 동작을 변경하는 것과 같은 작은 데이터를 조작하는 등의 업무 등을 예로 들 수 있다. 그러나 궁극적으로는 수동 작업의 수행은 조직 구조는 물론 인력 관리 시스템 양쪽을 모두 만족시킬 수 없다. 기본적으로 한 사람 또는 수백 명의 사람이 수행하는 모든 작업들은 매번 같은 방식으로 수행되는 것들이 아니다. 아무리 노력하더라도 사람이 기계처럼 일관성을 가지기란 불가능에 가깝다. 이처럼 예상치 못한 일정하지 못한 방식은 실수와 간과로 인해 데이터 품질의 문제를 유발하며, 결국 신뢰성의 문제로 발전하게 된다. 정확하게 정의된 업무 범위와 정해진 절차를 수행하는 데 있어 일관성의 가치는 다양한 측면에서 자동화가 최우선적으로 추구하는 가치다.

플랫폼

자동화는 오로지 일관성을 제공하기 위한 방법이 아니다. 올바르게 디자인해서 구현된 자동 시스템은 확장이 가능하고 다른 시스템에도 적용이 가능하거나 심지어 이윤을 창출할 수 있는 플랫폼(platform)을 제공한다.[2] (반면 자동화 없이는 비용 효율성은 물론 확장성도 확보할 수 없다. 즉, 시스템 운영에 대한 세금을 납부하는 것이나 마찬가지다).

1　이미 자동화의 가치에 대해 분명하게 이해하고 있다고 생각하는 독자들은 83쪽의 "구글 SRE의 가치" 절로 넘어가도 무방하다. 그러나 지금부터 소개하고자 하는 내용은 이 장의 나머지 내용을 읽는 동안 반드시 유념해야 할 미묘한 내용들을 포함하고 있음을 고려하기 바란다.

2　자동화를 구축하는 과정에서 얻은 경험은 그 자체로도 가치가 있다. 엔지니어들은 현재 자신들이 자동화하는 프로세스를 좀 더 깊이 있게 이해할 수 있을 뿐 아니라 향후에 자동화를 더 빠르게 진행할 수 있다.

이렇게 구축된 플랫폼은 **실수를 중앙집중화**하는 데도 도움이 된다. 다시 말하면, 앞서 설명한 것처럼 엄청난 인력이 수동으로 동일한 절차를 수행하면 반복적으로 실수가 발생할 수 있는 것에 비해, 자동화된 코드 상에서 수정된 버그는 한 번 수정되면 다시는 발생하지 않는다. 또한 추가 작업을 수행할 수 있도록 사람을 교육하는(혹은 심지어 사람이 수행했어야 한다는 것을 인지하게 되는) 것과 비교하면 플랫폼이 추가 작업을 실행할 수 있도록 확장하는 편이 훨씬 쉽다. 작업의 본질에 따라 차이는 있겠지만, 자동화 시스템은 사람보다 더욱 지속적이고 더 빈번하게 동일한 작업을 수행하거나 혹은 사람이 수행하기에는 다소 불편한 작업들을 수행할 수 있다. 게다가 플랫폼은 스스로의 성능을 지표 형태로 제공하거나 혹은 현재 수행 중인 절차에 대해 이전에는 미처 알지 못했던 내용을 발견할 수 있는 기회를 제공하기도 한다. 그 이유는 이런 상세 내용들을 플랫폼을 통해 더 손쉽게 측정할 수 있기 때문이다.

더 신속한 수리

자동화된 시스템의 또 다른 이점은 시스템의 일반적인 장애를 해결하는 데 사용할 수 있다는 점이다(SRE가 작성한 자동화 시스템이 적절하게 활용되는 빈번한 상황이다). 자동화 시스템이 충분히 정기적으로, 그리고 성공적으로 실행된다면, 통상적인 장애에 있어 평균 고장 후 수리 시간(Mean Time To Repair, MTTR)의 절감을 가져올 수 있다. 따라서 문제의 재발을 방지하거나 (그보다 더 일반적으로는) 수리 후 정리 절차를 수행하는 등 남는 시간을 다른 곳에 활용할 수 있어 결과적으로 개발자의 업무 수행 속도 향상을 가져올 수 있다.

이미 업계에서 널리 받아들여지고 있는 것처럼, 제품의 생명주기에서 문제가 발견되는 시기가 늦어지면 늦어질수록 수리에는 더 많은 비용이 소모된다. 이에 대한 좀 더 자세한 사항은 제17장 "신뢰성을 위한 테스트"를 참고하기 바란다. 통상 실제 프로덕션 환경에서 발생하는 문제들은 더 많은 시간과 비용이 소모된다. 즉, 문제가 발생하자마자 이를 알아내는 자동화된 시스템을 도입하면 특히 대형 시스템의 경우, 시스템의 전체 비용을 절감할 수 있는 좋은 기회를 얻을 수 있다.

더 신속한 조치

SRE의 자동화 시스템이 주로 배포되는 인프라스트럭처 환경에서는 사람이 기계만큼 빠르게 대응하는 것이 대체로 불가능하다. 가장 단적인 예로 장애복구 혹은 트래픽 전환은 특정 애플리케이션을 통해 더 잘 정의할 수 있는 부분으로, 이런 상황에 사람이 필요에 따라 "시스템이 계속 실행하도록 허용합니다" 따위의 버튼을 클릭해야 한다면 전혀 납득될 수 없다(물론 자동화 시스템이 상황을 더욱 좋지 않게 만드는 경우도 없지는 않다. 그러나 바로 이 점이 절차의 범위를 올바르게 정의해야 하는 이유다). 구글은 엄청난 규모의 자동화 시스템을 구축하고 있다. 우리가 제공하는 많은 서비스들은 이런 자동화 시스템 없이는 오래 살아남기가 힘든데, 그 이유는 이 시스템들이 오래 전부터 수동으로 진행되는 운영 업무의 한계를 알고 있기 때문이다.

시간 절감

마지막으로 시간의 절감은 자동화의 필요성에 대한 근거로 가장 자주 인용되는 부분이다. 자동화에 대한 당위성에 대해, 그 무엇보다 사람이 가장 많이 언급되기는 하지만, 사실 대부분의 경우 그 이점을 바로바로 계산하기에는 어려움이 많다. 엔지니어들은 특정한 자동화 시스템이나 코드를 작성하는 것이 필요한 것인지를 판단할 때 어려움을 겪는 경우가 종종 있다. 특히 수동으로 실행되어야 할 작업이 필요하지 않도록 하기 위한 노력 대비 자동화 코드를 작성하는 데 드는 노력을 비교할 때 더욱 그런 어려움을 느낀다.[3] 그러나 일단 어떤 작업을 자동화 하면 누구라도 그 작업을 수행할 수 있다는 장점은 무시하기 힘들다. 그래서 누구든 적절하게 자동화를 활용할 수 있다면 시간의 절감 효과를 누릴 수 있다. 작업을 수행하는 사람과 실질적인 작업을 분리하는 것은 매우 강력한 효과를 발휘한다.

한동안 열심히 구글 데이터센터를 이끌었던 SRE인 조셉 비로나스(Joseph Bironas)는 다음과 같은 말을 남겼다.
"만일 엔지니어링 절차 및 솔루션을 자동화하지 않는다면 사람이 계속해서 시스템을 유지보수해야 할 것이다. 사람이 계속해서 이런 작업을 해야 한다면 우리는 인류의 피와 땀 그리고 눈물을 양분으로 삼는 기계일 뿐이다. 더 적은 규모의 특수 효과와 더 고생하는 시스템 관리자를 데리고 영화 <매트릭스>를 찍는다고 생각해보라"

구글 SRE의 가치

우리가 경험했던 모든 이점과 반대급부는 누구나 경험할 수 있는 것들이며, 구글은 자동화에 대한 강한 성향을 가지고 있다. 구글의 자동화에 대한 선호는 사실 특정한 비즈니스적 도전에 기인한 것이다. 우리가 관리하는 제품과 서비스들은 전 세계를 대상으로 스케일링이 가능해

---

3 http://xkcd.com/1205/에서 XKCD 만화를 한번 읽어보기 바란다.

야 하므로 다른 조직에서 일반적으로 보유하고 있는 것과 같은 머신이나 서비스를 다루지 않는다.[4] 진정한 대규모 서비스의 경우에는 자동화 수행에 대한 절충안에 대해 논의할 때 일관성, 신속성, 그리고 신뢰성에 대한 요소들이 주요 논쟁거리가 된다.

특히 구글의 경우, 자동화에 대한 주요 논쟁 중 하나는, 제2장에서 이미 설명했지만, 복잡하면서도 놀랍도록 동일한 프로덕션 환경이다. 다른 조직들은 매우 중요한 장비임에도 불구하고 손쉽게 사용할 수 있는 API가 없다거나, 소스 코드가 없는 소프트웨어 혹은 프로덕션 환경을 완전하게 제어할 수 없는 다른 어떤 장애물이 존재할 수 있다. 구글은 일반적으로 이런 시나리오를 피하기 위해 노력한다. 우리는 벤더로부터 사용 가능한 API가 제공되지 않으면 이를 직접 개발한다. 심지어 단기적으로 특정 작업을 위해 소프트웨어를 구매하는 것이 더 저렴하다 하더라도, 우리는 직접 솔루션을 작성한다. 그렇게 함으로써 API를 생산할 수 있고, 이는 좀 더 큰 장기적인 이점을 가져오기 때문이다. 우리는 시스템 관리의 자동화를 위한 장애물을 극복하기 위해 많은 시간을 투자하며, 그 자동화 시스템을 적극적으로 개발한다. 구글이 소스 코드를 관리하는 방식[Pot16] 덕분에 SRE가 다루는 거의 모든 시스템이 해당 코드에 접근할 수 있으며, 전체 스택을 제어할 수 있으므로 '프로덕션 환경에서 동작하는 제품을 소유'한다는 우리의 목적을 훨씬 쉽게 달성할 수 있다.

이론적으로 구글은 가능한 경우에 한 해, 자동화된 머신을 이용해 서비스 머신들을 관리하고 있기는 하지만, 현실적으로는 우리의 접근법에 대한 약간의 수정이 필요하다. 모든 시스템의 모든 컴포넌트를 자동화하는 것은 적절하지 않으며, 모두가 특정 시점에 자동화를 구현할 능력이나 의사가 있는 것은 아니다. 몇몇 기본 시스템은 최종 버전이나 자동화를 고려하지 않은 프로토타입에서 시작한 경우도 있다. 이전 문단은 우리 입장에서의 시각을 강경하게 표현한 것이지만, 실제로 구글이라는 조직 내에서 우리가 실제로 수행하고 대체로 성공적이라고 평가된 것이기도 하다. 보통 우리는 가능하다면 우리가 직접 플랫폼을 만들거나 또는 우리 스스로가 시간을 두고 플랫폼을 개발할 수 있는 위치가 될 수 있는 방향으로 선택한다. 우리는 이런 플랫폼 기반의 접근법을 관리 용이성(manageability)과 확장성(scalability) 측면에서 반드시 필요한 것으로 보고 있다.

---

4 좀 더 자세한 내용은 https://www.engineyard.com/blog/pets-vs-cattle을 참고하기 바란다.

자동화의 사례

보통 업계에서는 다양한 범주의 문제를 해결하기 위해 코드를 작성하는 것을 자동화(automation)라고 표현하는데, 실제로 이런 코드를 작성하게 되는 계기나 그 솔루션 자체는 서로 매우 다르다. 이 관점의 자동화는 '메타 소프트웨어', 즉 소프트웨어 상에서 동작하는 소프트웨어의 의미로 더 널리 알려져 있다.

앞서 우리가 암시했듯이 자동화의 사례는 그 수를 헤아릴 수 없을 정도지만 몇 가지 예를 들어보자.

- 사용자 계정 생성
- 서비스를 위한 클러스터 턴업(turnup)이나 턴다운(turndown)
- 소프트웨어 혹은 하드웨어 설치 준비 및 해제
- 새로운 버전의 소프트웨어 출시(rollout)
- 런타임 설정 변경
- 특별한 경우의 런타임 설정 변경: 예를 들면 의존성 개체 변경 등

이 외에도 자동화에 대한 사례는 무궁무진하다.

구글 SRE의 자동화 사례

구글에서는 앞서 나열한 것들 이외에도 많은 사례들이 존재한다.

그러나 구글 SRE 조직의 가장 큰 공통점은 인프라스트럭처로 전달되는 데이터의 품질을 관리하는 것이 아니라 인프라스트럭처를 운영하는 것이었다. 이런 방향성은 완전히 명확하다고는 할 수 없다. 예를 들어, 우리는 배포 이후 데이터셋의 절반 가량이 사라져서 이에 대한 알림이 쏟아지는 상황에 대해서는 민감하게 대처하지만, 임의의 계정들을 선별해서 그 속성을 변경하는 등의 코드를 작성하는 경우는 드물다. 그래서 우리에게 있어 자동화란 시스템의 데이터가 아니라, 서비스를 새로운 클러스터에 배포하는 것처럼 시스템의 생명주기를 관리하는 것에 초점이 맞춰져 있다.

더불어 SRE의 자동화에 대한 노력은 조직 내의 다른 사람들이 투입하는 노력과 크게 다르지 않다. 다만 우리는 다른 도구들을 사용하며(앞으로 설명하겠지만), 다른 부분에 초점을 맞추는 것뿐이다.

특정 작업을 자동화하는 데 널리 사용되는 퍼펫(Puppet), 셰프(Chef), cfengine, 심지어 펄(Perl)과 같은 도구들은 자동화를 위한 컴포넌트의 추상화 수준이 서로 다르다. POSIX 수준의 행동 유사성을 제공하는 펄과 같은 범용 언어들은 이론적으로는 시스템이 접근할 수 있는 API들을 통해 거의 제약 없는 자동화가 가능한 반면,[5] 셰프나 퍼펫은 서비스나 좀 더 높은 수준의 엔티티들에 대한 조작을 통해 한 단계 높은 추상화를 제공한다. 이 둘 사이의 반대급부는 이미 잘 알려져 있다. 고수준의 추상화는 관리하고 추론하기가 더 쉽지만, 한편으로는 시스템적으로, 반복적으로, 그리고 잠재적 불일치로 인한 실패가 발생할 수 있는 '추상화의 누수(leaky abstraction)'를 경험할 수도 있다. 예를 들어, 우리는 종종 클러스터에 새로운 바이너리를 배포하는 것은 원자성이 보장된 작업이라고 가정한다. 그래서 클러스터는 둘 중의 한 가지 상황, 즉 이전 버전의 바이너리를 실행하거나 혹은 최신 버전의 바이너리를 실행하는 상황만 존재할 것이라고 생각한다. 그러나 실제 동작은 이보다 훨씬 복잡하다. 배포 작업이 절반쯤 진행됐을 때 클러스터의 네트워크에 장애가 발생한다거나 머신에 장애가 생길 수도 있고, 클러스터 관리 계층과의 통신 과정에서 장애가 발생해서 시스템의 상태가 불일치하는 상황에 놓이게 되기도 한다. 어떤 상황이 발생했는가에 따라 새로운 바이너리가 제대로 배포되지 않았을 수도 있고 배포는 됐지만 재시작이 되지 않았을 수도 있고, 재시작은 됐지만 바이너리 자체가 유효하지 않은 상황이 될 수도 있다. 극히 일부의 추상화만이 이런 종류의 결과를 성공적으로 모델링할 수 있지만 대부분의 경우에는 시스템이 제대로 동작하지 않아 사람의 개입이 필요하게 된다. 형편없는 자동화 시스템은 심지어 이런 작업조차 수행하지 않기도 한다.

SRE는 자동화를 위한 다양한 철학과 제품을 가지고 있다. 그중 일부는 고수준 엔티티들을 상세히 모델링하지 않고 단순히 바이너리를 배포하기 위한 도구처럼 보이기도 하고, 어떤 것들은 매우 높은 추상화 수준에서 서비스 배포 과정을 기술하기 위한 언어처럼 보이는 것들도 있다. 후자의 도구를 이용해 수행한 작업들은 전자의 방식을 이용한 작업에 비해 재사용성이 높아 공통 플랫폼처럼 사용할 수 있지만 구글 프로덕션 환경의 높은 복잡도로 인해 경우에 따라서는 전자의 방식이 사태를 즉시 추적해서 파악하기에 더 적합한 경우도 있다.

자동화 클래스의 계층 구조

지금까지 설명한 모든 자동화 단계들과 플랫폼이 나름대로의 가치가 있다 하더라도, 이상적인

---

5 물론, 관리해야 하는 모든 시스템이 관리용 API를 제공해야 하는 것은 아니다. CLI 실행 같은 다른 도구를 지원하거나 혹은 자동화된 웹사이트를 사용하도록 유도해도 무방하다.

경우라면 자동화를 위한 별도의 시스템으로 구현할 필요는 없을 것이다. 사실, 어떤 시스템을 구축할 때는 외부의 다른 시스템과 통합하기 위한 로직은 배제하는 편이 더 낫다. 그 이유는 (아무리 외부 시스템과의 통합이 효율적으로 달성되었다 하더라도) 내재화가 더 효율적일 뿐만 아니라 애초에 자동화 시스템 자체가 외부 시스템과의 통합 로직이 필요하지 않도록 고안되었기 때문이다. 그렇게 함으로써 시스템 통합 로직이 필요한 경우들(통상 계정의 추가나 시스템 시동(turnup)과 같은 '최초 작업들')을 애플리케이션 내에서 직접 처리하는 방법을 찾을 수 있다.

조금 더 상세한 예를 들면, 구글에서 시행하는 대부분의 시동 자동화는 문제가 많다. 그 이유는 자동화가 핵심 시스템과는 별개로 유지보수되므로 일종의 불일치, 즉 기반 시스템이 변경되었음에도 불구하고 자동화 시스템은 그에 따라 변경되지 않음으로써 발생하는 문제로 골머리를 앓기 십상이기 때문이다. 그 의도가 무엇이든 간에, 두 시스템(시동 자동화 시스템과 핵심 시스템)의 결합도가 강할수록 우선순위가 애매해지고 그에 따라 제품 개발자가 모든 변경 사항에 대해 필요한 배포 요구사항을 테스트하는 데 거부감을 갖게 되어 결국 더 빈번한 실패를 경험하게 된다. 게다가 자동화는 그 중요성에 비해 어쩌다가 한 번 실행되므로 테스트가 어렵고 피드백을 받는 주기가 늘어져서 문제가 더 빈번하게 발생할 가능성이 크다. 클러스터 장애 대응은 오랫동안 회자되는 어쩌다가 한 번 실행되는 자동화의 예다. 장애 대응은 몇 달에 한 번 정도 실행되거나 혹은 인스턴스 간의 불일치가 발생하기에는 충분할 정도로 드물게 실행된다. 그래서 자동화의 혁신은 다음과 같은 단계를 밟는다.

1. **자동화를 하지 않는 단계**
   마스터 데이터베이스에 대한 장애 대응을 각 지역별로 수동으로 진행한다.

2. **별도로 관리되며 시스템에 특화된 자동화를 수행하는 단계**
   SRE가 홈 디렉터리에서 장애 대응 스크립트를 실행한다.

3. **별도로 관리되는 범용 자동화를 수행하는 단계**
   SRE가 데이터베이스 장애 대응를 모두가 사용하는 '범용 장애 대응' 스크립트에 추가해서 실행한다.

4. **내재화되었지만 시스템에 특화된 자동화를 수행하는 단계**
   데이터베이스에 자체적으로 내장된 장애 대응 스크립트를 실행한다.

5. **자동화가 불필요한 시스템을 도입하는 단계**
   데이터베이스가 문제를 보고하고 사람의 개입 없이 자동으로 장애 대응를 수행한다.

우리는 SRE가 수동 작업을 싫어한다는 점을 잘 알고 있으므로 당연히 그런 작업이 필요하지 않은 시스템을 구축하려고 애쓴다. 하지만 수동 작업을 피할 수 없는 경우도 분명히 존재한다.

예를 들면 특정 시스템과 관련된 설정이 아니라 전체 프로덕션 도메인의 설정 변경을 적용하기 위한 자동화를 생각해보자. 구글처럼 프로덕션 환경이 고도로 집중화된 경우에는 특정 시스템에만 종속되지 않는 변경의 수가 엄청나다. 예를 들면 최상위 처비 서버를 변경한다거나, 좀 더 안정적인 연결을 위해 빅테이블 클라이언트 라이브러리의 플래그를 변경하는 등의 작업은 그 종류를 불문하고 반드시 안전하게 관리되어야 하며 필요한 경우 롤백이 가능해야 한다. 변경의 크고 작음을 떠나서 프로덕션 전체에 영향을 미치는 변경을 수동으로 적용하는 것은 실현이 불가능할 뿐만 아니라, 사실 그 전에 이미 방대한 변경을 눈으로 직접 확인한다는 것 자체가 낭비이기도 하거니와 문제가 생겼다고 해서 단순히 전체 작업을 다시 실행하는 것만으로 원하는 바를 쉽게 달성할 수 있을 리도 만무하다.

그러면 내부의 사례들을 통해 사전에 점검해야 할 부분들을 최대한 명확히 묘사해보도록 하겠다. 첫 번째 사례는 SRE들이 너무 부지런해서 장기적인 관점에서 진행했던 업무를 어떻게 관리했는지에 대한 이야기다. 이름하여 자동화로 스스로를 이롭게 하라!

스스로를 이롭게 하라: 몽땅 자동화하자!

구글의 광고 프로덕트들은 오래 전부터 MySQL을 주 데이터베이스로 사용했는데, 이는 광고에 사용되는 데이터들은 상당히 높은 안정성을 요구했기 때문이고, 결국 SRE팀이 인프라스트럭처의 관리에 대한 책임을 가지게 되었다. 2005년부터 2008년까지 애드 데이터베이스는 우리가 예상했던 범위 내에서 잘 관리되고 있었다. 예를 들어, 전부는 아니지만 표준 복제에 필요한 대부분의 반복 작업을 거의 모두 자동화했다. 그래서 애드 데이터베이스가 제대로 관리되고 있으며, 최적화 및 확장성 측면에서 어느 정도의 성과를 내고 있다고 믿고 있었다. 그러나 일상적인 작업이 점점 더 편리해지면서 팀 구성원들은 그 다음 단계의 시스템 개발에 대해 고민하기 시작했다. 그것은 구글의 클러스터 스케줄링 시스템인 보그에 MySQL을 마이그레이션하는 것이었다.

당시에 우리는 이 마이그레이션을 통해 다음 두 가지 목표를 달성할 수 있기를 기대했다.

- 보그를 통해 자동으로 새로운 작업을 설정하거나 문제가 발생한 작업을 재시작하게 됨으로써 주 장비와 복제 장비에 대한 관리 부하를 완전히 제거하기

- 보그의 컨테이너 관리 기능을 통해 머신의 리소스를 더욱 효율적으로 활용함으로써 동일한 물리적 머신에 여러 개의 MySQL 인스턴스를 바이너리 단위로 패키징할 수 있게 하기

2008년 후반, 우리는 보그에 시험용 MySQL 인스턴스를 성공적으로 배포했다. 하지만 안타깝게도 그로 인해 완전히 새로운 난제를 마주하게 되었다. 보그의 주요 운영 특성 중 하나는 설정된 작업이 자동으로 옮겨다닌다는 점이다. 보그에 설정된 작업들은 일주일에 최소한 한두 번은 이동했다. 이 정도의 빈도는 데이터베이스의 복제 인스턴스에는 큰 영향이 없었지만 마스터 인스턴스에는 있어서는 안 되는 일이었다.

당시 마스터 장애 대응 프로세스는 인스턴스당 30분~90분 정도의 시간을 소요했다. 그 이유는 우선 공용 머신을 사용하고 있었던 데다가 통상적인 머신 장애 대응과 더불어 커널 업그레이드를 위한 재시작까지 고려해야 했으므로 그 경우의 수를 정확하게 예측하지 못하면 매주 쓸데 없는 장애 대응를 하게 될 판이었다. 게다가 운영 중인 샤드(shard)의 개수와 우리가 호스팅하고 있던 시스템의 개수를 조합하면 다음과 같은 문제가 있었다.

- 수동 장애 대응은 상당한 시간을 소요하며, 최대 99% 업타임의 가용성을 확보할 수 있지만 이 수치는 실제 비즈니스가 제품에 요구하는 기대치에 미치지 못한다.
- 에러 예산을 충족하려면 각 장애 대응 시 발생하는 다운타임은 30초 이내여야 한다. 문제는 사람에 의존적인 절차가 30초 이내에 완료되도록 할 수 있는 방법 따윈 없다는 것이다.

그래서 우리에게 남은 유일한 선택은 장애 대응를 자동화하는 것이었다. 사실 장애 대응뿐만 아니라 더 많은 부분들을 자동화할 필요가 있었다.

2009년, 구글 애드 담당 SRE들은 '디사이더(Decider)'[6]라는 이름의 자동 장애 대응 데몬(daemon)을 개발했다. 디사이더는 사전에 계획된 장애는 물론 계획되지 않은 장애의 약 95% 가량을 30초 이내에 처리할 수 있었다. 디사이더의 개발로 인해 보그에 MySQL을 마이그레이션하려는 계획(MoB, MySQL on Borg)이 마침내 현실화되었다. 제대로 된 장애 대응 자동화 계획이 없었기에 인프라스트럭처를 최적화하느라 고생하면서, 장애란 필연적인 것이라고 위안 삼던 시절에 안녕을 고하고, 자동화를 통한 신속한 복구에 최적화된 인프라스트럭처를 구성할 수 있게 된 것이다.

---

6 역주 결정을 내리는 사람을 의미한다

이 자동화를 바탕으로 일주일에 최대 두 번의 재시작을 강제함으로써 세상에서 가장 높은 가용성을 제공하는 MySQL 인프라를 구축하게 되었지만, 한편으로는 그에 따른 비용이 발생하게 되었다. 우선, 모든 애플리케이션에 지금까지보다 더 튼튼한 장애 처리 로직을 추가해야 했다. 지금까지 MySQL을 이용한 개발에서는 개발 스택에 존재하는 컴포넌트 중 MySQL 인스턴스가 가장 신뢰할 수 있는 컴포넌트라는 가정이 깔려있었다. 그런데 이제는 장애 상황이 발생하기 더 쉬운 환경이 되었으므로 JDBC 같은 소프트웨어가 조금 더 관대하게 동작하도록 커스터마이징해야 했다. 다행히 디사이더를 MoB(MySQL on Borg)으로 마이그레이션함으로써 이같은 비용을 상당 부분 상쇄할 수 있었다. 몹으로의 마이그레이션 이후, 통상적인 운영 작업에 소요하던 시간을 95%까지 절감시킬 수 있었다. 장애 대응이 자동화되었으므로 단일 데이터베이스 작업이 실패한다고 해서 호출을 당하는 일은 더 이상 발생하지 않았기 때문이다.

새롭게 도입된 자동화 시스템의 주요 성과는 인프라스트럭처를 개선하기 위해 사용할 수 있는 시간이 훨씬 늘어났다는 점이다. 더욱 반가운 일은 우리가 더 많은 시간을 절약할수록, 최적화와 다른 잡다한 일들을 자동화할 수 있는 시간이 더 늘어나는 연쇄효과(cascading effect)였다. 마침내 우리는 스키마 변경까지 자동화함으로써 구글 애드 데이터베이스의 전체 운영 비용을 95%까지 절감하게 되었다. 우리의 업무를 덜기 위해 성공적으로 업무를 자동화한 경우라고 봐도 무방할 것이다. 하드웨어 측면에서도 어느 정도의 개선이 있었다. 몹으로의 마이그레이션 덕분에 하나의 머신에 여러 개의 MySQL 인스턴스를 띄울 수 있게 되었으므로 하드웨어 자원의 활용성이 개선되어 상당량의 자원을 절약할 수 있었다. 이렇게 절약된 하드웨어 자원은 총 60%에 달했다. 덕분에 하드웨어와 엔지니어링 자원이 넘쳐나는 팀이 되었다.

이 사례는 지금 당장 수동으로 처리되는 절차를 자동화하는 데 그치지 않고 그보다 더 많은 것을 자동화하려는 노력이 어떤 결실을 가져올 수 있는지를 잘 보여준다. 다음 사례는 클러스터 인프라스트럭처 그룹의 일화인데, 자동화를 수행하는 과정에서 마주할 수 있는 아주 어려운 선택의 기로에서 어떤 결정을 내려야 하는지를 이해하는 데 도움이 될 것이다.

신의 한 수: 클러스터 턴업의 자동화

십 년 전, 클러스터 인프라스트럭처 SRE팀은 몇 달에 한 명씩 새로운 팀원을 채용했다. 알고 보니 그 빈도는 우리가 새로운 클러스터를 턴업(turnup)[7]하는 빈도와 거의 일치했다. 새로운 서비스를 위해 새로운 클러스터를 실행하는 과정은 신규 팀원들이 시스템에 대해 좀 더 자세히 이해할 수 있는 기회였기에 자연스럽게 훈련이 되는 유용한 수단이었다.

새로운 클러스터를 준비하기 위한 단계는 다음과 같았다.

1. 데이터센터 건물에 전력과 냉방을 조절한다.
2. 핵심 스위치와 백본(backbone) 연결을 설치하고 조정한다.
3. 서버를 위한 기초 랙(rack)을 설치한다.
4. DNS와 설치관리자 같은 기본 서비스를 설정한 후 잠금 서비스나 저장소, 컴퓨팅 머신 등을 설치한다.
5. 나머지 머신들을 랙에 배포한다.
6. 팀이 서비스를 설치할 수 있도록 사용자를 위한 서비스 자원을 할당한다.

이 중 4단계와 6단계는 엄청나게 복잡한 과정이다. DNS 같은 기본적인 서비스들은 상대적으로 간단하지만 저장소와 컴퓨팅 서브시스템의 설치는 그 당시만해도 엄청난 양의 개발을 필요로 했으므로 일주일 단위로 새로운 플래그, 컴포넌트, 그리고 최적화 기법들이 도입되는 부분이었다.

어떤 시스템은 백 개 이상의 컴포넌트 서브시스템으로 구성되어 있는데다가 이들 사이의 의존 관계도 꽤나 복잡했다. 그래서 어느 한 서브시스템의 설정이 잘못된다거나 혹은 시스템이나 컴포넌트가 이미 배포한 설정과 다르게 설정되어 배포되는 경우에는 사용자들이 장애를 겪게 되기 일쑤였다.

한 번은, 12개의 디스크가 장착된 시스템에서 첫 번째 디스크(로그를 위한 디스크)의 쓰기 지연 현상을 피하기 위해 수 페타바이트(petabyte)의 빅테이블 클러스터를 구성한 적이 있었다. 1년 뒤, 어떤 자동화 시스템이 머신의 첫 번째 디스크가 사용된 적이 없으면 그 머신에는 어떤 저장소도 연결되어 있지 않는 것으로 판단하고는, 머신을 삭제하고 새로 구성해도 좋은 것으로 간주해 버리는 사건이 있었다. 덕분에 모든 빅테이블 데이터가 날아갔다. 다행히 우리는 실시

---

7 역주 새로운 클러스터를 론칭하여 실행하는 것을 의미한다.

간으로 복제된 데이터셋을 가지고 있었기에 복구가 가능했지만 이런 식으로 예상치 못한 대사건이 발생하는 것이 달가울 리가 없었다. 자동화 과정에서 암묵적으로 '안전하다'고 판단할 수 있는 근거를 토대로 작업을 할 때는 더욱 더 조심해야 한다.

초기의 자동화는 클러스터를 더 빨리 사용할 수 있는 상태로 만드는 것이 목표였다. 그래서 통상 SSH를 잘 활용해서 패키지 배포의 번잡성이나 서비스 초기화 문제 등을 해결하고자 하는 시도들이 주를 이루었다. 이런 전략은 어느 정도 먹혀 들었지만 아무런 규칙이나 강제 없이 자율적으로 작성한 스크립트 때문에 기술 부채가 계속해서 누적되는 상황이 되어버렸다.

Prodtest를 이용한 모순의 발견

클러스터의 수가 늘어남에 따라 직접 관리해야 하는 플래그나 설정이 필요한 클러스터들이 생겨났다. 덕분에 발견하기가 어려운 실수를 찾기 위해 팀이 소비하는 시간은 점점 늘어날 수밖에 없었다. 예를 들어 기본 템플릿에 흘러 들어온 로그를 GFS가 더욱 민감하게 처리하도록 설정하면 다른 파일들이 메모리 부족 현상을 겪게 된다. 설정을 대량으로 변경할 때면 거의 예외 없이 이렇게 짜증과 시간 낭비를 유발하는 설정 오류들이 섞여있곤 한다.

우리가 클러스터 설정에 사용했던 셸 스크립트는 업무에 도움은 되지만 상대적으로 취약한 구조를 갖고 있어서 동시에 여러 사람이 설정을 변경하기 위해 스크립트를 실행할 수 있도록 지원하지도 못했고 생성해야 하는 클러스터의 개수를 조정하는 것도 지원하지 못했다. 또한 실제로 서비스를 사용자에게 제공할 준비가 되었는지 여부를 판단하기 위해 필요한 중요한 몇 가지를 제대로 해석하지 못했다. 예를 들면 다음과 같은 것들이다.

- 서비스가 의존하는 요소들이 모두 사용 가능하며 올바르게 설정되었는가?
- 모든 설정과 패키지가 다른 배포들과 일관되게 구성되어 배포되었는가?
- 모든 예외적인 설정에 대해 해당 팀의 확인을 받았는가?

Prodtest(Production Test의 줄임말)는 이런 예기치 못한 상황을 대비한 독창적인 해결책이었다. 우리는 파이썬의 단위 테스트 프레임워크를 확장해서 실제로 운영 중인 서비스에 대한 단위 테스트가 가능하도록 개조했다. 이 단위 테스트는 의존성을 고려해서 여러 개의 테스트를 연결해서 수행할 수 있었고 어느 하나라도 테스트가 실패하면 잽싸게 테스트를 중단했다. 그림 7-1은 우리가 구성했던 테스트의 예시다.

팀의 Prodtest의 이름은 해당 팀이 사용하는 클러스터의 이름을 따라 지어졌으며, 클러스터 내에서 동작하는 해당 팀의 서비스가 제대로 동작하는지 확인하는 데 사용되었다. 그 후에는 단위 테스트의 상태를 그래프로 생성하는 기능이 추가되었다. 이 기능 덕분에 엔지니어는 서비스가 모든 클러스터 상에서 올바르게 설정되었는지, 그리고 그렇지 않은 경우라면 어디가 잘못되었는지를 신속하게 확인할 수 있었다. 단위 테스트 상태 그래프는 테스트에 실패한 단계와 그 테스트의 파이썬 단위 테스트의 상세한 에러 메시지를 강조해주는 기능도 가지고 있었다.

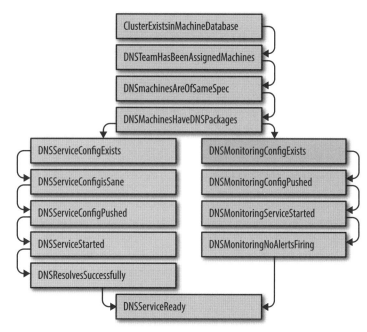

그림 7-1 DNS 서비스를 위한 Prodtest 구성. 하나의 테스트가 실패하면 이후의 테스트들이 중단되는 것을 확인할 수 있다.

행여 다른 팀의 설정 오류로 인해 지연이 발생하게 되는 경우에는 해당 팀의 Protest를 확장하기 위해 발생한 버그에 대한 자세한 내용을 기록해둘 수 있었다. 따라서 향후에 유사한 문제가 발생할 때 이를 더 이른 시점에 감지해낼 수 있었다. 지금까지 설명한 것처럼 클러스터 상에 새로 설치되는 서비스든, 아니면 기존의 서비스에 새로운 설정을 추가하는 경우든 안정적으로 제품의 트래픽을 서비스할 수 있도록 확실하게 지원할 수 있었으므로 SRE들은 Protest에 대해 큰 자부심을 느끼고 있었다.

처음에는 제품 관리자들이 클러스터가 '사용 가능(go live)'해지는 시점을 예상해야 했고, 각 클러스터가 '네트워크에 연결'되어 '실제 트래픽을 서비스'하기까지 6주 이상의 시간이 걸리는 이유를 완전히 이해하고 있어야 했다. 그러던 어느 날, 난데없이 SRE는 의사 결정자들로부터 임무를 하나 받게 되었다. 그 임무란 3개월 이내에 5개의 새로운 클러스터가 같은 날짜에 네트워크에 연결되어야 하니 일주일 안에 모두 구성을 마쳐달라는 것이었다.

멱등성을 이용한 모순의 해결

'일주일 내에 설정을 마쳐야 한다'는 미션은 끔찍한 것이었다. 우리는 10개 이상의 팀이 소유하고 있는 수만 줄의 셸 스크립트를 보유하고 있었다. 아직 준비되지 않은 클러스터가 어느 정도인지는 쉽게 파악할 수 있었지만, 그래서 그 클러스터를 설정하려면, 각 팀이 가진 수백 개의 버그들이 최대한 빨리 수정되어야 한다는 것을 의미했다.

그 시점에서 우리는 '잘못된 설정을 찾기 위한 파이썬 단위 테스트'를 '잘못된 설정을 수정하는 파이썬 코드'로 개선하면 이런 문제들을 해결할 수 있으리라 생각했다.

단위 테스트는 이미 특정 클러스터를 기준으로 실행되어 어떤 클러스터에서 어떤 테스트가 실패하는지를 쉽게 파악할 수 있었으므로 우리는 각각의 테스트와 해당 테스트가 실패하는 원인을 수정하는 코드를 모조리 짝지어 놓았다. 버그 픽스(fix)가 멱등성(idempotent)을 염두에 두고 작성되었다면 필요한 모든 의존성에 부합하며, 쉽고 안전하게 문제를 해결할 것을 기대할 수 있었다. 버그 픽스가 멱등성을 고려해 작성되었다는 것은, 각 팀이 '수정 스크립트'를 매 15분마다 실행하더라도 클러스터의 설정에는 아무런 영향이 없을 것이라는 확신을 가질 수 있다는 것을 의미한다. 만일 DNS팀의 테스트가 머신 데이터베이스팀의 새 클러스터 설정에 의해 블록(block)된다면 클러스터가 데이터베이스에 나타나자마자 DNS팀의 테스트와 버그 픽스가 동작을 시작하게 된다.

그림 7-2의 테스트를 살펴보도록 하자. 그림에 표시한 것과 같이 TestDNSMonitoringConfig Exists 테스트가 실패하면 데이터베이스로부터 설정을 가져와 버전 제어 시스템에서 기본 설정 파일을 검사하는 FixDNSMonitoringCreateConfig 단계를 실행할 수 있다. 그런 다음 TestDNSMonitoringConfigExists 테스트가 성공하게 되면 이어서 TestDNSMonitoring ConfigPushed 테스트가 실행된다. 만일 이 테스트가 실패하면 FixDnsMonitoringPushConfig 단계가 실행된다. 만일 버그 픽스가 여러 번 실패하게 되면 자동화 시스템은 버그 수정이 실패한 것으로 간주하고 실행을 멈춘 후 사용자에게 알림을 보내게 된다.

이처럼 구성된 스크립트 덕분에 적은 수의 엔지니어들만으로 '네트워크가 동작하고 있고 머신이 데이터베이스에 등록되어 있는지'를 확인하는 수준에서 '1%의 웹 검색과 광고 트래픽을 서비스하는' 클러스터를 1~2주 안에 구성할 수 있게 되었다. 당시에는 자동화 기술의 정점을 찍은 것처럼 보였다.

되돌아보면, 이 방법은 심각한 결점이 있었다. 테스트와 수정 사이의 지연(latency) 문제와 더불어 두 번째 테스트는 제대로 동작하다 말다 하는 불안정한 테스트가 되기 일쑤였다. 게다가 모든 버그 픽스들이 본질적으로 멱등성을 확보할 수 없었으므로 불안정한 테스트를 수정하기 위한 픽스 때문에 시스템이 오히려 모순(inconsistent)된 상태에 놓이게 되는 경우도 있었다.

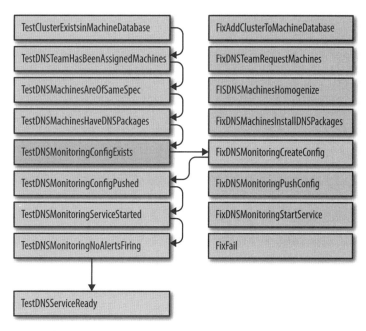

그림 7-2 DNS 서비스를 위한 Protest 구성. 어느 한 테스트가 실패하면 그에 대한 픽스가 실행된다.

특화된 자동화로의 발전

자동화는 세 가지 관점에 따라 다르게 진행된다.

- 적합성, 예를 들면 자동화의 정확성 등
- 지연 시간, 시동 후 얼마나 빠르게 모든 단계가 실행되는가?
- 자동화와 실제 세계의 프로세스 사이의 연관성 혹은 자동화에 의해 처리되는 비율

우리가 보유한 스크립트는 본래 높은 적합성(서비스 소유자가 직접 관리하고 실행하는 스크립트), 높은 지연 시간(서비스 소유자가 자동화 프로세스를 남는 시간에 실행하거나 새로 입사한 엔지니어에게 맡기는 경우), 그리고 높은 연관성(서비스 소유자는 실제 세계의 요구 사항이 변경되는 시점을 알고 그에 맞춰 자동화 스크립트를 수정할 수 있다)을 갖는 프로세스들이었다.

클러스터 턴업의 지연 시간을 줄이기 위해 서비스를 보유한 많은 팀들이 어떤 자동화 스크립트를 실행해야 하는지에 대해 하나의 '턴업 팀'을 대상으로 교육을 진행했다. 턴업 팀은 턴업의 각 단계를 수행하기 위해 티켓을 사용했으므로 어떤 작업이 남았는지, 그리고 특정 작업을 누가 수행 중인지를 쉽게 추적할 수 있었다. 만일 자동화 모듈에 대해 같은 팀에 있는 사람들이 개입해야 하는 경우에는 클러스터 턴업이 조금 더 짧은 시간 내에 이루어질 수 있었다. 마침내 정말 쓸모 있고, 적절한 시간 내에 끝나는 자동화 프로세스를 갖추게 되었다!

하지만 이 단계도 오래 지속되지는 못했다. 실제 세계는 예상보다 훨씬 혼란스러웠다. 소프트웨어, 설정, 데이터는 계속해서 바뀌었고 그 결과 시스템에 영향을 주는 변화가 하루에도 수천 가지가 생겨났다. 자동화의 버그에 영향을 받는 사람들은 더 이상 도메인 전문가가 아니었으므로 자동화의 관련도가 낮아지고(즉, 새로운 단계를 놓치는 경우가 늘어나고), 적합성 또한 낮아졌다(예를 들면, 새로운 플래그 때문에 자동화 스크립트가 실패하는 경우가 생겨났다). 그러나 이런 품질의 저하가 실행 속도에 영향을 주기까지는 상당한 시간이 걸렸다.

단위 테스트 코드와 마찬가지로 자동화 코드는 이를 유지하는 팀이 기반 코드와 자동화 코드를 동기화하는 것을 중요하게 생각하지 않는다면 죽은 것이나 마찬가지다. 세상은 계속해서 변화한다. DNS 팀이 새로운 설정 옵션을 추가한다거나, 저장소팀이 패키지 이름을 바꾼다거나, 네트워킹팀이 새로운 장치를 지원해야 하는 등의 변화는 끊임없이 일어난다.

서비스를 운영할 책임을 가진 팀이 자동화 코드까지 관리해야 하는 부담을 줄이기 위해 우리는 조직에 장려 정책을 만들었다.

- 현재 턴업 스크립트의 속도를 높이는 것이 주요 임무인 팀은 현재 프로덕션 환경에서 서비스를 운영하는 팀의 기술 부채를 해소해야 할 의무가 없다.
- 현재 자동화 스크립트를 실행하지 않는 팀은 손쉽게 자동화할 수 있는 시스템을 구축해야 할 의무가 없다.
- 자동화 스크립트의 품질이 낮더라도 이에 영향을 받지 않는 제품 관리자는 시스템의 간소화나 자동화보다는 새로운 기능에 더 높은 우선순위를 둔다.

사실 가장 쓸모 있는 도구는 보통 실제로 그 도구를 사용하는 사람에 의해 만들어진다. 마찬가지로 제품 개발팀은 자신들의 시스템을 운영하는 프로덕션 환경을 조금이나마 이해하는 편이 훨씬 이롭다.

클러스터 턴업 자동화는 다시 말하지만 높은 지연 시간, 부정확성, 그리고 부적격성의 삼박자를 고루 갖춘, 세상에서 가장 불만족스러운 것이었다. 그러나 별 관련이 없던 보안 상의 요구 사항 덕분에 더욱 발전할 수 있었다. 당시 대부분의 분산 자동화는 SSH에 크게 의존하고 있었다. 보안 측면에서 이 방법은 스크립트를 실행하는 모든 사람이 루트(root) 권한을 가져야 하므로 권장할 수 없는 방법이었다. 더 발전되고 강화된 보안 위협에 대한 인식이 높아지면서 SRE들의 권한은 그들이 작업을 위해 반드시 필요한 것들만을 허용하는 수준으로 낮아졌다. 또한 우리가 애용하던 sshd는 인증 절차를 거쳐 ACL에 의해 관리되며, RPC를 기반으로 한 로컬 관리 데몬(Local Admin Daemon), 일명 관리 서버(Admin Server)로 대체되었다. 이 서버들은 변경 사항을 로컬 환경에 적용할 수 있는 권한을 가지고 있었다. 그 결과, 그 어느 누구도 감사 기록(audit trail) 없이 서버를 설치하거나 수정할 수 없게 되었다. 로컬 관리 데몬과 패키지 저장소에 대한 변경 사항은 코드 리뷰를 반드시 거쳐야 했으며, 누군가가 자신의 권한을 넘어선 작업을 하기가 매우 어려워졌다. 예를 들어 누군가에게 패키지를 설치할 수 있는 권한을 준다고 해서 관련된 로그를 볼 수 있는 권한까지 주어지지는 않았다. 관리 서버는 디버깅과 보안 감사를 위해 RPC 요청과 매개변수, 그리고 모든 RPC의 수행 결과를 기록했다.

서비스 지향 클러스터 턴업

이후, 머신 관련 관리 서버(패키지의 설치 및 재시작을 담당)와 클러스터 수준 관리 서버(서비스의 생성이나 제거를 담당)는 모두 팀의 업무 과정의 일부가 되었다. 그에 따라 SRE의 업무는 홈 디렉터리에서 셸 스크립트를 작성하던 것에서 벗어나, 적절한 수준의 ACL을 토대로 동료와 함께 리뷰한 RPC 서버를 구성하는 업무로 전환되었다.

그 후로 턴업 프로세스는 해당 서비스의 소유권을 가진 팀이 담당하는 것이 낫다는 것을 깨달은 후, 우리는 클러스터 턴업을 서비스 지향 아키텍처(Service-Oriented Architecture, SOA)와 동일한 시각으로 바라보기 시작했다. 즉, 클러스터가 준비되었다는 것을 인지하는 시스템이 보내는 턴업/턴다운 RPC를 처리할 관리 서버를 서비스 소유자가 직접 생성하는 방법이었다. 결국 각 팀이 턴업 자동화에 필요한 API를 제공해야 했지만 실제 동작은 자유롭게 구현할 수 있었다. 클러스터가 '네트워크 준비' 상태에 도달하면 자동화 프로세스가 각 관리 서버에 RPC

요청을 보내 클러스터 턴업을 수행하게 된다.

이로 인해 낮은 지연 시간과 높은 연관성과 정확성을 갖는 프로세스를 갖게 되었다. 더욱 중요한 것은 이 프로세스가 충분히 강력해서 변경률, 팀의 숫자, 서비스의 숫자 등이 매년 두 배씩 증가되었다는 점이다. 앞서 설명했듯이 턴업 자동화의 진화는 다음과 같은 과정을 거쳤다.

1. 작업자가 수동 작업을 실행한다(자동화 없음).
2. 작업자가 시스템에 맞게 작성한 자동화를 실행한다.
3. 외부에서 관리하는 범용 자동화를 실행한다.
4. 내부에서 시스템에 맞게 작성한 자동화를 실행한다.
5. 사람의 개입이 필요하지 않은 자동화된 시스템을 구축한다.

넓은 의미에서 이 진화는 성공적이었지만 보그의 사례는 우리가 자동화에 대한 문제를 다른 방식으로 고민했던 사례를 보여준다.

보그: 창고 크기 컴퓨터의 탄생

최대한 자동화를 시도하려는 우리의 노력과 언제 어디에 자동화가 배포되었는지를 이해하는 다른 방법은 클러스터 관리 시스템[8] 개발의 역사를 살펴보는 것이다. 보그 상에서 동작하는 MySQL을 통해 수동 작업을 자동화된 작업으로 성공적으로 전환했던 사례와 어느 부분에 어떻게 자동화를 구현할 것인지에 대해 충분히 고민하지 않았을 때의 단점을 보여줬던 클러스터 턴업 프로세스의 사례와 마찬가지로, 클러스터 관리 시스템의 개발은 자동화를 어떻게 수행할 것인지에 대한 또 다른 교훈을 보여준다. 앞서 두 사례에서처럼, 클러스터 관리 시스템의 개발 역시 처음에는 간단하게 출발해서 지속적인 진화를 거쳐 정교한 품질의 자동화로 거듭나게 되었다.

구글의 클러스터는 처음에는 다른 조직들의 소규모 네트워크와 마찬가지의 형태, 즉 특정 목적을 가진 머신들로 가득 찬 서버 랙에 잡다한 설정을 적용한 형태로 배포되었다. 엔지니어들은 '마스터'라고 알려진 머신에 로그인해서 관리 작업을 수행했다. 즉, 핵심 바이너리와 설정이 이 마스터 머신들에 보관되어 있었다. 당시에는 지리 위치 제공자(colocation)가 하나뿐이었

---

8 이해를 돕기 위해 간소화된 버전의 내역을 확인해볼 수 있다.

기 때문에 대부분의 명명 규칙은 그 위치를 암묵적으로 가정하고 있었다. 그러나 프로덕션 환경이 계속 성장하고 여러 대의 클러스터를 사용하게 되면서 다른 도메인(클러스터 이름)이 등장하기 시작했다. 그로 인해 각 머신이 어떤 일을 수행하는지, 그리고 어떤 그룹의 머신들이 어떤 명명 규칙을 사용하고 있는지를 기록하는 파일이 필요해졌다. 이 서술 파일을 병렬 SSH와 유사한 기술과 결합하여 (예를 들면) 모든 검색 머신들을 재시작하는 등의 작업이 가능해졌다. 이 시기에는 '검색을 수행하는 머신 1대가 설치되었으므로 크롤(crawl)이 동작할 머신을 설치해도 좋음'과 같은 티켓을 발행하는 것이 일반적이었다.

이때부터 자동화 개발이 본격화되었다. 초기의 자동화는 다음과 같은 운영 작업을 수행하는 간단한 파이썬 스크립트로 구성되었다.

- 서비스 관리: 서비스가 지속적으로 운영되도록 관리함(예를 들면 세그멘테이션 실패 (segfault) 발생 시 시스템을 재시작하는 등).
- 어떤 머신에서 어떤 서비스가 실행 중인지를 추적함.
- 로그 메시지 파싱: 각 머신의 SSH 연결 및 정규 표현식을 탐색.

결국 자동화는 머신의 상태를 추적하는 적절한 데이터베이스의 형태로 변화했으며 더욱 적절한 모니터링 도구와 통합되었다. 이처럼 결합된 형태의 자동화가 가능해지면서 머신의 생명주기 중 더 많은 부분을 자동화로 관리할 수 있게 되었다. 예를 들면 머신이 고장 났을 때 알림을 보내고 서비스로부터 제거한 후 수리를 요청하고, 수리가 완료된 후에는 자동으로 설정을 복구하는 등의 작업이 가능해진 것이다.

하지만 한 걸음 물러나 생각해보면, 이런 자동화는 유용하기는 했지만 시스템의 추상화가 물리적인 머신과 너무나도 강력하게 결합되어 있어 그 한계가 명확했다. 우리는 새로운 접근법이 필요했고 그래서 보그[Ver15]가 탄생했다. 보그는 상대적으로 정적이었던 호스트/포트/작업 할당 방식에서 벗어나 일련의 머신들을 관리되는 리소스들로 취급했다. 그 성공의 (그리고 구상의) 중심에는 클러스터 관리를 API 호출을 위해 중앙의 조정자(coordinator)에게 전달되는 엔티티로 바라보는 생각의 전환이 있었다. 이러한 자유도는 효율성과 유연성, 그리고 신뢰성의 향상을 가져왔다. 이전 모델에서의 머신에 대한 '소유권'과는 달리 보그는 머신에 대한 스케줄링을 허용했다. 즉, 일괄 작업과 사용자와 직접 소통하는 작업을 동일한 머신에서 실행할 수 있게 된 것이다.

이 기능 덕분에 결국 아주 적은 양의 일정한[9] 노력으로 지속적이며 자동화된 운영체제 업그레이드가 가능해졌다. 즉, 프로덕션 환경에 대한 배포 작업의 전체 분량이 늘어나더라도 엔지니어는 종전과 동일한 양의 노력으로 이를 수행할 수 있게 된 것이다. 머신의 상태가 약간 달라지는 정도는 이제 자동으로 수정할 수 있게 되었다. 이 시기부터 SRE에게 서비스의 장애나 생명주기 관리를 위한 업무의 부담이 전혀 없게 되었다. SRE의 지원 없이도 하루에 수천 개의 머신이 태어나고 사라지고 수리 상태로 전환되었다. 벤 트레이노 슬로스(Ben Treynor Sloss)의 말을 빌면, 이것을 소프트웨어의 문제로 인지했으므로 자동화의 초기부터 자동화된 것이 아닌 자율화된 클러스터 관리를 구현하기에 충분한 시간을 확보할 수 있었다. 이 목표를 이룰 수 있었던 계기는 데이터 분산, API, 허브-앤-스포크(Hub-and-spoke)[10] 아키텍처 및 인프라스트럭처 관리를 위한 전통적인 분산 시스템 소프트웨어 개발 등과 관련된 아이디어들의 도입이었다.

이 부분에서 흥미로운 공통점을 찾을 수 있다: 단일 머신을 사용하는 경우와 클러스터 관리 추상화의 개발 사이에 직접적인 매핑이 가능하다는 점이다. 이런 관점에서 볼 때 다른 머신을 재스케줄링(rescheduling)하는 것은 현재 CPU에서 다른 CPU로의 스케줄링 전환과 매우 유사하다. 물론, 이런 컴퓨터 자원들은 네트워크 연결의 반대편에서 생겨나는 것들이지만 그 규모는 어느 정도일까? 이를 고려해보면, 재스케줄링은 누군가가 '자동화'해야 하는 것이 아니라 시스템의 본질적인 기능처럼 보인다. 어찌됐든 사람이 그만큼 빨리 반응할 수는 없다. 마찬가지로 클러스터 턴업의 경우를 생각해보자. 클러스터 턴업은 그저 추가로 용량을 스케줄링하는 것이다. 마치 디스크나 RAM을 단일 컴퓨터에 추가하는 것과 마찬가지라는 뜻이다. 그러나 통상적으로 단일 노드 컴퓨터는 다수의 컴포넌트가 실패하는 경우에는 동작을 지속할 수 없다는 차이점이 있다. 그러나 글로벌 컴퓨터는 가능하다. 다만 일정 규모 이상이 되면 스스로 복구할 수 있어야 한다는 전제가 따른다. 그 이유는 통계상으로 볼 때 매 초마다 많은 수의 장애가 발생하기 때문이다. 이는 시스템을 수동으로 셋업하는 방식에서 자동으로 셋업하는 방식으로 변경해 나갈수록 시스템 스스로 살아남기 위해 자생할 수 있는 능력을 어느 정도 갖춰야 한다는 것을 뜻한다.

---

9 즉, 아주 적은, 변동이 없는 수준의 노력으로.

10 역주 분산 네트워크를 위한 아키텍처 디자인

신뢰성은 근본적인 기능이다

물론 효과적인 장애 대응(troubleshooting)를 위해서는 전체 시스템을 관리하는 사람도 시스템의 자기 분석에 사용되는 내부 동작의 상세 정보에 접근할 수 있어야 한다. 비컴퓨터 분야(예를 들면 항공사[11]나 산업용 애플리케이션)에서의 자동화의 영향에 대한 논의들은 종종 고효율적 자동화[12]의 단점에 대해 지적하곤 한다. 시간이 흐르면서 자동화가 더 많은 부분들을 담당함에 따라 운영자들이 점차 긴장을 늦추게 된다는 것이다. 그러면 여지없이 자동화 프로세스가 실패했을 때 운영자들이 시스템을 성공적으로 운영하지 못하게 된다.

운영자들이 제대로 대응하지 못하는 이유는 실전 경험의 부족과 더불어 그들이 생각하는 시스템의 동작이 실제 시스템의 동작과 일치하지 않기 때문이다.[13] 이런 상황은 시스템의 자율성이 비교적 떨어지는 경우에 더 자주 발생한다. 즉, 자동화가 수동 작업을 대체하고, 수동 작업은 언제나 그랬듯이 항상 수행이 가능할 것이라는 것을 전제하는 상황에서 발생한다는 뜻이다. 안타깝게도, 시간이 지남에 따라 이런 전제는 결국 문제를 야기하게 된다. 수동 작업에 필요한 기능이 더 이상 존재하지 않기 때문에 수동 작업 역시 더 이상 수행할 수 없게 되는 상황에 놓이게 된다.

우리 역시 자동화 때문에 여러 가지 고초를 겪었지만(자세한 내용은 바로 뒤에 나오는 "자동화: 실패를 용인하기"를 참고하기 바란다) 구글의 경험상, 자동화나 자율적 동작을 필요로 하는 시스템은 계속해서 늘어나고 있다. 규모가 커지는 것 역시 마찬가지 경우이긴 하지만, 규모에 관계없이 시스템에 자율성을 추가하는 것에 대해서는 여전히 논란이 있다. 신뢰성이란 근본적인 기능으로, 자율적이면서 탄력적으로 구현되었을 때 그 빛을 발한다.

추천 사항

이 장에서 설명한 여러 예시들을 읽고 자동화든 뭐든 하려면 먼저 구글 정도의 규모가 되어야 한다고 생각할지도 모르겠다. 하지만 그런 생각은 다음 두 가지 이유 때문에 옳다고 볼 수 없다. 첫째, 자동화는 시간을 절약하는 것 이상의 가치를 제공하므로 단순히 자동화에 투입

---

11 https://en.wikipedia.org/wiki/Air_France_Flight_447 등을 참고하기 바란다.

12 [Bai83]과 [Sar97]을 참고하기 바란다.

13 바로 이 점 때문에 정기적인 실전 연습이 필요하다. 468쪽의 "장애 상황을 가정한 역할 놀이" 절을 참고하기 바란다.

하는 시간과 그로 인해 절약되는 시간을 비교하는 것만으로는 판단하지 않았으면 한다. 그러나 가장 큰 영향은 사실 디자인 단계에서 나타난다. 신속하게 제품을 출시하고 또 개선하는 과정을 반복하다 보면 아직은 탄력적인 시스템을 구현하지는 못했을지라도 기능을 더 빠르게 구현할 수 있다. 대형 시스템의 자율적 동작을 적절한 형태로 개선하는 것은 어렵지만 소프트웨어 엔지니어링에서 통상적으로 강조하는 원리들, 예를 들면 서브시스템의 결합도를 낮춘다든가, API를 추가한다거나, 부작용을 최소화하는 것 등은 큰 도움이 된다.

자동화: 실패를 용인하기

구글은 수십 군데의 대형 데이터센터를 자체적으로 운영 중이다. 하지만 다른 서드파티 시설의 머신에 의존하는 부분도 분명히 존재한다. 이런 다른 시설에서 동작하는 머신들은 너무 많이 유입되는 연결을 끊는다거나, 혹은 우리가 최종 사용자의 지연 시간을 단축하기 위해 운영하는 콘텐츠 제공 네트워크(Content Delivery Network, CDN)의 캐시(cache) 용도로 사용하고 있다. 그리고 랙에 보관된 이 머신들은 언제든지 추가로 설치하거나 제거할 수 있다. 이 두 가지 과정은 모두 자동화되어 이루어진다. 머신들을 제거할 때는 제거될 머신의 로컬 디스크에 기록된 데이터를 다른 머신으로 옮기는 작업이 추가로 진행된다. 그런 후 어떤 독립된 시스템에 의해 해당 머신이 성공적으로 제거되었는지를 확인한다. 우리는 이 과정을 '디스크삭제(Diskerase)'라고 부른다.

한 번은 특정 랙의 머신들을 제거하는 자동화를 수행하는 과정에서 디스크삭제 과정이 완료된 후에 어떤 이유로 실패하고 말았다. 그 후 실패 원인을 디버깅하기 위해 머신 제거 과정이 처음부터 다시 시작됐다. 이 시점에서 랙에 설치된 머신들의 디스크삭제 프로세스가 시작되자, 자동화 스크립트는 이 머신들에 대한 디스크삭제가 여전히 필요하다고 판단했다. 안타깝게도 빈 디스크가 어떤 의미 있는 값으로 취급되어 빈 값이 다른 서버로 복구해야 할 '모든 것'으로 인식된 것이다. 이로 인해 자동화 스크립트는 우리가 외부에 운영 중이던 거의 모든 서버에 대해 디스크삭제를 시도한 것이다.

매우 효율적으로 만들어진 디스크삭제 처리는 불과 몇 분만에 우리 CDN의 모든 머신의 디스크를 날려버렸고, 이제는 더 이상 사용자로부터 유입되는 연결들을 차단하지 못하게 (혹은 다른 어떤 필요한 작업을 수행할 수 없게) 되어 버렸다. 물론 우리의 데이터센터를 이용해 사용자에게 계속해서 서비스를 제공할 수는 있었고, 외부에서는 그저 지연 시간이 조금 늘어난 정도의 효과만 관측되었다. 우리가 판단하기로는 적절한 수용 계획(capacity planning) 덕분에 아주 소수의 사용자들만 문제를 인지했을 뿐이었다(어쨌든 수용 계획은 제대로 세운 셈이다!). 그동안 우리는 외부 시설의 머신들을 재설치하느라 이틀을 소비했다. 그런 후 몇 주에 걸쳐 감사와 더불어 안전성 검사(sanity check) 과정을 자동화 스크립트에 추가하고 머신 제거 과정이 멱등성을 가질 수 있도록 개선했다.

8

릴리즈 엔지니어링

디나 맥넛(Dinah McNutt) 지음

벳시 베이어(Betsy Beyer), 팀 하비(Tim Harvey) 편집

릴리즈 엔지니어링은 소프트웨어 엔지니어링보다 상대적으로 새로운 개념이며 빠르게 성장하고 있는 원리로, 소프트웨어를 빌드하고 전달(delivery)하는 과정을 간략하게 기술하는 분야다 [McN14a]. 릴리즈 엔지니어는 소스 코드 관리, 컴파일러, 빌드 설정 언어, 빌드 자동화 도구들, 패키지 관리자 및 설치 도구(installer)에 대해 잘 이해하고 있다. 이들의 스킬셋은 개발, 설정 관리, 테스트 통합, 시스템 관리 및 고객 지원 등 다양한 도메인에 대한 깊은 이해를 포함하고 있다.

신뢰성 있는 서비스를 운영하려면 견고한 릴리즈 프로세스가 필요하다. SRE는 자신들이 사용하는 바이너리와 설정이 재생산 가능하고 자동화된 방법으로 만들어지고 있으므로 모든 릴리즈 과정이 마치 눈의 결정처럼 저마다 각기 다른 것이 아니라 언제든 동일하게 반복 실행될 수 있다는 점을 잘 이해해야 한다. 릴리즈 프로세스에 관련된 모든 변경은 반드시 그 의도를 가지고 이루어져야 한다. SRE는 이 소스 코드부터 배포에 이르는 이 프로세스에 온 신경을 집중한다.

구글에서의 릴리즈 엔지니어링은 특정 직업군이다. 릴리즈 엔지니어는 제품 개발부 소속으로

소프트웨어 엔지니어(Software Engineers, SWE) 및 SRE와 함께 일하며 소프트웨어 릴리즈에 필요한 모든 단계들을 정의한다. 여기에는 소프트웨어를 소스 코드 저장소에 저장하는 방법, 컴파일을 위한 빌드 규칙, 테스트 및 패키징 기법, 그리고 배포 등이 해당된다.

릴리즈 엔지니어의 역할

구글은 데이터를 바탕으로 움직이는 기업으로, 릴리즈 엔지니어링 역시 이를 추구한다. 우리는 코드 변경이 실제 프로덕션 환경에 배포되기까지의 소요 시간(다시 말하면, 릴리즈 속도)이나 빌드 설정 파일[Ada15]에서 사용하는 기능들의 통계 등의 지표를 산출하여 보고하는 도구를 가지고 있다.

릴리즈 엔지니어는 우리가 보유한 도구들을 사용해서 일관되고 반복 가능한 방법을 통해 프로젝트를 릴리즈하기 위한 최선의 방법들을 정의한다. 우리가 정의한 방법들은 릴리즈 프로세스의 전 과정을 아우른다. 예를 들면 컴파일러의 플래그, 빌드 식별 태그의 형식, 빌드 과정에서 필요한 단계 등이다. 우리가 보유한 도구들이 기본적으로 올바르게 동작하도록 유지하고 적절하게 문서화함으로써 팀이 소프트웨어를 릴리즈하는 과정에서 매번 같은 작업을 반복하느라 시간을 허비하는 대신, 기능과 사용자에 집중할 수 있는 기반을 마련할 수 있다.

구글에서는 많은 SRE들이 구글 서비스들을 안전하게 배포하고 지속적으로 운영하기 위해 불철주야 노력하고 있다. 비즈니스 요구 사항을 충족할 수 있는 릴리즈 프로세스를 유지하기 위해 릴리즈 엔지니어와 SRE는 단계별 변경 적용 전략, 서비스 중단 없이 새로운 릴리즈를 배포하는 방법, 문제가 발생한 기능을 롤백하는 방법 등을 함께 개발한다.

릴리즈 엔지니어링의 철학

릴리즈 엔지니어링은 다음의 네 가지 원리를 통해 표현되는 엔지니어링과 서비스 철학을 따른다.

자기 주도 서비스 모델

확장 가능한 환경에서 일하려면 팀은 반드시 자기 주도적(self-sufficient)이어야 한다. 릴리즈 엔지니어링은 제품 개발팀이 직접 릴리즈 프로세스를 담당할 수 있도록 돕기 위한 사례와 도구들을 제공하고 있다. 수천 명의 엔지니어와 제품을 보유하고 있음에도 불구하고 빠른 속도로 릴리즈가 가능한 이유는 개별 팀이 얼마나 자주, 그리고 언제 새로운 버전의 제품을 릴리즈할 것인지를 직접 결정하기 때문이다. 릴리즈 프로세스는 자동화를 통해 엔지니어의 개입을 최소화하고 있으며, 자동 빌드 시스템과 배포 도구를 이용해 많은 프로젝트들이 자동으로 빌드되고 배포된다. 릴리즈는 완전히 자동화되어 있어서 어떤 문제가 발생하지 않는 이상 엔지니어가 개입할 필요가 없다.

빠른 릴리즈 주기

사용자에게 직접 제공되는 소프트웨어(예를 들면 구글 검색의 다양한 컴포넌트들)는 새로운 기능을 최대한 빨리 내보내고 싶어하므로 빈번하게 빌드된다. 우리는 변경 사항을 자주, 그리고 빠르게 릴리즈하는 철학을 따르고 있다. 이렇게 하면 테스트와 문제 해결이 쉬워진다. 일부 팀은 한 시간 단위로 빌드를 수행한 후, 완료된 빌드 결과물 중에 실제로 프로덕션 환경에 배포될 버전을 선택한다. 이 선택은 각 빌드에 구현된 기능들과 그 테스트 결과를 바탕으로 이루어진다. 다른 팀은 '푸시 온 그린(Push on Green)' 릴리즈 모델을 채택하여 매 빌드가 모든 테스트를 통과하면 배포를 한다[Kle14].

밀폐된 빌드

빌드 도구는 일관성과 반복성을 제공해야 한다. 만일 두 사람이 동일한 제품의 동일한 버전을 소스 코드 저장소에서 각각 다른 머신으로 내려받아 빌드를 수행하면 그 결과는 완전히 동일해야 한다.[1] 우리의 빌드는 완전히 밀폐된(hermetic) 구조다. 다시 말해 빌드 머신에 설치된 라이브러리나 다른 소프트웨어에 영향을 받지 않는다는 뜻이다. 그 대신 빌드는 지정된 버전의 빌드 관련 도구들, 즉 컴파일러, 의존 라이브러리 등을 사용한다. 빌드 프로세스는 필요한 도구를 스스로 조달할 수 있어야 하며, 빌드 환경 외부의 서비스에 의존해서는 안 된다.

프로덕션 환경에서 이미 실행 중인 소프트웨어의 버그를 수정하기 위해 기존의 릴리즈를 다시 빌드하는 것은 어려운 과제다. 우리는 이 과제를 원래의 것과 같은 리비전(revision)을 다시 빌드한 후 여기에 새로운 변경 사항을 추가하는 방식으로 해결하였다. 우리는 이 방법을 전략적 선별(tactic cherry picking)이라고 부른다. 우리의 빌드 도구들은 자신이 빌드하는 소스 코드 저

---

[1] 구글은 모놀리식의 통합된 소스 코드 저장소를 사용한다. 자세한 내용은 [Pot16]을 참고하기 바란다.

장소의 리비전에 따라 같은 버전을 가지고 있다. 그래서 지난 달에 사용한 프로젝트 빌드에 선별된 변경 사항을 적용해도 이번 달 버전의 컴파일러를 사용하지 않는다. 그 이유는 최근 버전의 컴파일러가 호환되지 않거나 혹은 의도하지 않은 기능을 수행할 수도 있기 때문이다.

원리와 절차의 강제

프로젝트를 릴리즈할 때는 누가 어떤 작업을 수행할 수 있는지를 결정하기 위해 여러 단계의 보안 및 접근 제어 계층이 존재한다. 여기에는 다음과 같은 작업들이 해당된다.

- 소스 코드 변경 수락 — 이 작업은 기반 코드에 흩어져 있는 설정 파일에 의해 관리된다.
- 릴리즈 과정에서 수행해야 할 행위들을 정의
- 새 릴리즈의 생성
- 기본 통합 제안(소스 코드 저장소에서 특정 리비전 번호를 빌드하기 위한 요청)의 수락 및 이후의 코드 변경 선별
- 새 릴리즈의 배포
- 프로젝트 빌드 설정의 변경

기반 코드에 대한 거의 모든 변경은 코드 리뷰를 받아야 한다. 코드 리뷰는 개발 작업 흐름에 유연하게 통합되어 있다. 자동화된 릴리즈 시스템은 릴리즈에 포함된 모든 변경에 대한 보고서를 생성하며, 이 보고서는 다른 빌드 산출물과 함께 보관된다. 이 보고서를 통해 프로젝트의 새로운 빌드에 어떤 변경 사항이 포함되어 있는지를 SRE가 이해하게 되면 해당 릴리즈에 문제가 발생했을 때 더 쉽게 조치를 취할 수 있다.

지속적 빌드와 배포

구글은 래피드(Rapid)라고 부르는 자동화된 릴리즈 시스템을 개발했다. 래피드는 확장 가능하고 독립적이고 신뢰할 수 있는 릴리즈를 빌드하기 위한 프레임워크를 제공하는 구글의 다양한 기술들을 활용하는 시스템이다. 지금부터 구글의 소프트웨어 생명주기와 함께 래피드와 다른 관련 도구를 이용해 이 생명주기를 관리하는 방법을 설명하고자 한다.

빌드

블레이즈(Blaze)[2]는 구글의 빌드 도구다. 이 도구는 C++, 자바, 파이썬, 고(Go) 및 자바스크립트 등 다양한 언어들의 바이너리를 빌드할 수 있다. 엔지니어는 블레이즈를 이용해서 빌드 대상(JAR 파일 같은 빌드의 출력 형식)과 의존성을 정의한다. 블레이즈는 빌드를 실행할 때 자동으로 의존 대상들을 빌드한다.

바이너리의 빌드 대상과 단위 테스트는 래피드의 프로젝트 설정 파일에 정의된다. 래피드가 빌드 식별자 같은 프로젝트 전용의 플래그를 블레이즈에 전달한다. 모든 바이너리는 빌드 날짜, 리비전 번호, 그리고 빌드 식별자를 표시하는 플래그를 지원한다. 이를 통해 특정 바이너리와 관련된 빌드 과정 기록을 손쉽게 연동할 수 있다.

브랜칭

모든 코드는 소스 코드 트리(메인 라인)의 주 브랜치에 체크인된다. 그러나 대부분의 주요 프로젝트들은 주 브랜치에서 직접 릴리즈를 수행하지 않는다. 그 대신 주 브랜치로부터 특정 리비전에 대한 브랜치를 생성하며, 이 브랜치는 주 브랜치로 절대 병합(merge)하지 않는다. 버그의 수정은 주 브랜치에 먼저 제출한 후, 릴리즈에 포함하기 위해 변경 사항을 선택 적용(cherry-pick)한다. 이 과정을 통해 주 브랜치에 제출된 변경 중 관련이 없는 변경 사항이 의도치 않게 병합되는 현상을 방지할 수 있다. 리비전 브랜치와 변경 사항 선택 적용을 통해 각 릴리즈에 어떤 내용이 포함되는지를 정확하게 파악할 수 있다.

테스트

매번 변경된 코드가 제출될 때마다 코드에 대한 단위 테스트를 실행하는 지속적 테스트 시스템 덕분에 빌드 및 테스트 실패를 신속하게 알아챌 수 있다. 릴리즈 엔지니어링은 프로젝트 릴리즈와 동일한 대상을 지속적 빌드의 테스트 대상으로 설정하는 것을 권장한다. 또한 마지막으로 지속적 테스트 빌드를 성공적으로 마친 리비전 번호를 이용하여 릴리즈를 생성하는 것을 권장한다. 이렇게 하면 릴리즈 시점에서 빌드 이후 변경된 코드가 실패를 일으킬 확률을 낮출 수 있다.

---

2 블레이즈는 바젤(Bazel)에 의해 오픈 소스로 운영된다. 자세한 내용은 바젤 웹 사이트의 자주 묻는 질문 코너를 참고하기 바란다 (https://bazel.build/faq.html).

릴리즈 프로세스 동안 우리는 릴리즈 브랜치에서 단위 테스트를 실행하고 모든 테스트가 성공했는지를 보여주는 감사 기록을 남긴다. 이 과정이 중요한 이유는 릴리즈가 변경 사항을 선별하여 적용한 경우 릴리즈 브랜치가 주 브랜치에 존재하지 않는 버전의 코드를 가질 수 있기 때문이다. 우리는 실제로 릴리즈될 코드가 모든 테스트를 통과했는지를 보장해야 한다.

지속적 테스트 시스템을 보충하기 위해 우리는 패키지된 빌드 결과물을 이용해 시스템 수준의 테스트를 수행하는 독립된 테스트 환경을 사용한다. 이 테스트는 수동으로 실행하거나 혹은 래피드를 이용해 실행할 수 있다.

패키징

소프트웨어는 Midas 패키지 관리자(Midas Package Manager, MPM)[McN14c]를 통해 프로덕션 환경의 머신에 배포된다. MPM은 배포에 포함될 빌드 산출물과 그들의 소유자 및 권한을 기록한 블레이즈 규칙에 따라 패키지들을 관리한다. 패키지는 각각의 이름이 있으며(예를 들면 search/shakespear/frontend), 유일한 해시를 통해 버전이 지정되며, 인증을 위해 서명되어 있다. MPM은 패키지의 특정 버전에 레이블을 지정하는 것을 지원한다. 래피드는 빌드 ID를 이용해 레이블을 지정한다. 이를 통해 패키지의 이름 및 레이블로 특정 패키지를 참조할 수 있다.

레이블은 릴리즈 프로세스 중의 패키지의 배포 위치(예를 들면 dev, canary 혹은 production 등)를 지정하기 위해 MPM 패키지에도 적용할 수 있다. 현재 레이블을 새로운 패키지에 적용하면 해당 레이블은 자동으로 이전 패키지에서 새 패키지로 옮겨온다. 예를 들어 어떤 패키지에 canary 레이블이 지정되어 있는데 누군가 이 패키지의 canary 버전을 설치하면 canary 레이블이 지정된 가장 최신 버전의 패키지를 내려받게 되는 것이다.

그림 8-1을 보면 래피드 시스템의 주요 컴포넌트가 표시되어 있다. 래피드는 blueprint라는 파일들을 통해 설정한다. blueprint는 내부의 설정 언어를 이용해 작성되며, 빌드와 테스트 대상, 배포 규칙, 관리용 정보(프로젝트 소유자) 등을 정의한다. 역할 기반 접근 제어 목록은 래피드 프로젝트의 특정 동작을 수행할 권한을 지정하는 데 사용된다.

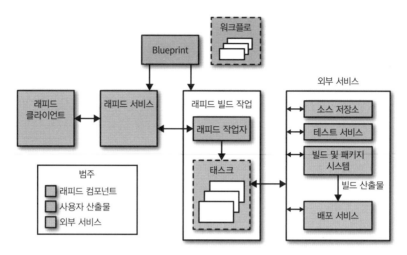

그림 8-1 래피드 시스템의 주요 컴포넌트를 간소화한 그림

모든 래피드 프로젝트는 릴리즈 프로세스 동안 실행될 동작을 정의하는 워크플로우(workflow)를 가지고 있다. 워크플로우 동작은 순차적으로 실행될 수도 있고 병렬적으로 실행될 수도 있다. 또한 워크플로우는 다른 워크플로우를 실행할 수도 있다. 래피드는 보그 작업이 프로덕션 서버에 전달되는 것과 마찬가지로 작업 요청을 태스크에 전달한다. 래피드는 우리의 프로덕션 인프라스트럭처를 활용하므로 수천 개의 릴리즈 요청을 동시에 처리할 수 있다.

통상적인 릴리즈 프로세스는 다음과 같다.

1. 래피드는 (지속적 테스트 시스템에 의해 자동으로 취득된) 통합 리비전 번호를 이용해 릴리즈 브랜치를 생성한다.

2. 래피드는 블레이즈를 이용하여 모든 바이너리를 컴파일한 후 단위 테스트를 실행한다. 간혹 이 과정은 병렬적으로 진행되기도 한다. 컴파일과 테스트는 특정 태스크에 할당된 환경에서 실행된다. 반면 보그의 작업은 래피드 워크플로우가 실행되는 환경에서 실행된다. 이 두 작업의 실행 환경을 분리함으로써 이 둘을 손쉽게 병렬화할 수 있다.

3. 빌드 산출물을 이용해 시스템 테스트 및 선별적 사전 배포(canary deployment)[3]를 진행한다. 통상적인 사전 배포는 시스템 테스트가 완료된 후 프로덕션 환경에서 몇 가지 추가 작업을 수행해야 한다.

---

3 역주 프로덕션 환경에서 새로운 릴리즈를 일부 머신에만 적용하여 테스트 후 문제가 없을 시 전체 머신에 배포하는 과정 및 사전 배포 대상이 되는 머신들을 의미한다.

4. 프로세스의 각 단계들은 모두 로그에 기록된다. 이때 마지막 릴리즈 이후에 변경된 모든 사항들에 대한 보고서가 생성된다.

래피드 덕분에 우리는 릴리즈 브랜치와 선별적 변경 적용을 손쉽게 관리할 수 있다. 개별적인 선별적 변경 적용 요청은 릴리즈에 포함될 수 있도록 수락되거나 혹은 거부될 수 있다.

배포

래피드는 간단한 배포를 직접 수행하기 위한 용도로도 사용된다. 그러면 래피드는 blueprint 파일에 정의된 배포 정의를 바탕으로 보그 작업에 새로 빌드된 MPM 패키지를 사용하도록 수정하고 테스트 실행자를 지정한다.

이보다 복잡한 배포의 경우에는 시시포스(Sisyphus)를 사용한다. 이 시스템은 SRE가 개발한 범용의 롤아웃(rollout) 자동화 프레임워크다. 롤아웃이란 하나 혹은 그 이상의 개별 테스트로 이루어진 논리적인 작업의 단위다. 시시포스는 어떤 배포 프로세스도 지원이 가능하도록 확장한 파이썬 클래스의 집합을 제공한다. 또한 대시보드를 통해 롤아웃이 실행되는 과정을 제어하고 모니터링할 수 있다.

통상적으로 래피드는 장기간 실행되는 시시포스 작업에 롤아웃을 생성한다. 래피드는 자신이 생성한 MPM 패키지의 빌드 레이블을 인식하고 시시포스에 롤아웃을 생성할 때 해당 빌드 레이블을 지정할 수 있다. 시시포스는 이 빌드 레이블을 이용해 어떤 버전의 MPM 패키지가 배포될 것인지를 결정한다.

시시포스 덕분에 롤아웃 프로세스는 필요에 따라 간단한 것이든 복잡한 것이든 모두 실행이 가능하다. 예를 들어 관련된 작업을 즉각 모두 업데이트하거나 혹은 몇 시간에 걸쳐 연속적인 클러스터에 새 바이너리를 배포할 수도 있다.

우리의 목표는 배포 과정을 주어진 서비스의 위험 프로파일에 적합하게 맞추는 것이다. 개발 환경이나 사전 프로덕션 환경에서는 매 시간마다 빌드를 하고 빌드가 테스트를 통과하면 자동으로 릴리즈한다. 사용자를 위한 대형 서비스의 경우에는 하나의 클러스터에 먼저 릴리즈한 후 전체 클러스터에 차례로 릴리즈하기도 한다. 인프라스트럭처의 민감한 부분에 대해서는 서로 다른 지역의 클러스터 인스턴스에 일정 간격으로 나누어 며칠에 걸쳐 나누어 릴리즈하기도 한다.

설정 관리 기법

설정 관리는 릴리즈 엔지니어와 SRE가 특히 가깝게 협업하는 분야 중 하나다. 비록 설정 관리가 보기에는 쉬워 보이는 문제일 수 있지만, 설정 변경은 잠재적으로 불안정하게 될 가능성을 만드는 것이다. 그 결과 시스템과 서비스 설정을 릴리즈하고 관리하는 접근법은 오랜 시간에 걸쳐 충분히 숙성되었다. 현재 우리는 분산 설정 파일의 다양한 형태를 활용하고 있다. 이 형태들은 다음에 나오는 문단에서 설명하겠다. 이 모든 방법들은 공통적으로 주 소스 코드 저장소에 모든 설정을 저장하며 철저한 코드 리뷰를 요구한다.

먼저, 설정을 주 저장소에 관리하는 방법이다. 이는 보그(및 보그의 등장 이전에 사용하던 시스템들) 내의 서비스들의 설정을 관리하기 위해 사용한 첫 번째 방법이었다. 이 방법을 도입했을 때는 개발자와 SRE들이 주 브랜치에서 설정 파일을 수정했다. 그리고 변경 사항은 리뷰를 거쳐 실행 중인 시스템에 적용되었다. 그 결과 바이너리 릴리즈와 설정 변경을 분리할 수 있었다. 개념적으로나 절차적으로 간단하기는 했지만 체크인된 버전의 설정 파일과 실제 동작하는 버전의 설정 파일 간의 불일치가 빈번하게 발생했다. 그 이유는 변경 사항을 적용하기 위해 작업을 수정해야 했기 때문이다.

다음으로는 설정 파일과 바이너리를 동일한 MPM 패키지로 묶는 방법이다. 설정 파일이 몇 개 되지 않거나 혹은 매 릴리즈 주기마다 파일(및 그 하위 파일들)을 변경하는 프로젝트는 설정 파일을 바이너리와 동일한 MPM 패키지에 추가했다. 이 방법은 바이너리와 설정 파일을 강하게 결합하기 때문에 유연성은 떨어지지만, 패키지 한 개만 설치하면 되므로 그만큼 간편하다.

또 다른 방법은 'MPM 설정 패키지'에 설정 파일을 추가하는 방법이다. 이 경우에는 밀폐된 배포 전략을 설정 관리에도 적용할 수 있다. 바이너리 설정은 특정 버전의 바이너리와 강력하게 결합되므로 빌드와 패키징 시스템이 스냅샷과 릴리즈 설정 파일을 바이너리 내에 함께 관리할 수 있다. 그래서 바이너리와 마찬가지로 설정 패키지에도 빌드 ID를 지정했다.

예를 들어 새로운 기능을 구현하는 변경 사항은 해당 기능을 켜거나 끄기 위한 플래그 설정과 함께 릴리즈한다. 이때, 바이너리와 설정을 위한 두 개의 MPM 패키지를 생성하므로 각 패키지의 변경을 독립적으로 유지할 수 있다. 그래서 이 기능이 first_folio 설정과 함께 릴리즈되었는데 나중에 알고 보니 bad_quatro였어야 하는 경우에는 그 변경 사항만을 선별하여 릴리즈 브랜치에 추가하고 설정 패키지를 다시 빌드한 후 배포하면 그만인 것이었다. 이 방법은 새로운 바이너리 빌드를 배포할 필요가 없다는 장점이 있다.

또한 MPM의 레이블 기능을 이용해 어떤 버전의 MPM 패키지들이 함께 설치되어야 하는지도 지정할 수 있다. much_ado라는 레이블은 앞서 문단에서 설명한 MPM 패키지에도 적용해서 두 패키지를 함께 설치할 수 있다. 새 버전의 프로젝트가 빌드되면 much_ado 레이블은 자동으로 새 패키지에 적용된다. 이 태그들은 MPM 패키지의 네임스페이스 내에서 유일하므로 항상 최종 버전의 패키지에만 태그가 사용된다.

마지막으로는 설정을 외부 저장소에서 읽는 방법이다. 일부 프로젝트는 설정 파일이 빈번하게 혹은 동적으로(바이너리가 실행되는 동안) 바뀌어야 한다. 이런 파일들은 처비, 빅테이블 혹은 소스 기반 파일 시스템[Kem11]에 저장될 수 있다.

요약하면, 프로젝트 소유자가 설정 파일을 배포하고 관리하는 여러 가지 옵션들을 고려해서 어떤 방법이 가장 적합한지를 상황에 맞게 선택한다.

결론

이 장에서는 구글이 취하는 릴리즈 엔지니어링 방식과 릴리즈 엔지니어가 일하는 방법, 그리고 SRE와 협업하는 방법 등을 주로 언급했지만 어느 조직에든 적용이 가능하다.

단지 구글러에게만 해당되는 이야기는 아니다

올바른 도구, 적절한 자동화, 그리고 잘 정의된 정책이 있다면 개발자와 SRE는 소프트웨어의 릴리즈에 대해 더 이상 염려할 필요가 없다. 그저 버튼만 누르면 릴리즈가 실행될 수 있기 때문이다.

대부분의 조직들이 규모나 사용하는 도구에 관계 없이 동일한 릴리즈 엔지니어링 문제를 가지고 있다. 패키지의 버전을 어떻게 관리할 것인가? 지속적 빌드와 배포 모델을 사용할 것인가 아니면 정기적인 빌드를 수행할 것인가? 릴리즈는 얼마나 자주 할 것인가? 설정 관리 정책은 어떻게 가져갈 것인가? 어떤 릴리즈 지표를 살펴볼 것인가?

구글의 릴리즈 엔지니어는 필요에 의해 직접 도구들을 개발했다. 그 이유는 오픈 소스든 혹은 특정 벤더가 제공하는 도구든 우리에게 필요한 스케일링에 적합하지 않았기 때문이다. 이렇게 직접 작성한 도구들 덕분에 릴리즈 프로세스 정책을 지원하기 위한 (혹은 강제하기 위한) 기능도 추가할 수 있었다. 그러나 이런 정책은 도구에 적절한 기능을 추가하기 위해 반드시 사전에 정의되어야 한다. 그러면 모든 조직들이 해당 프로세스가 자동화되었든 혹은 강제화되었든 간에 그 이점을 충분히 맛볼 수 있을 것이다.

릴리즈 엔지니어링을 처음부터 도입하라

릴리즈 엔지니어링은 대체로 나중에 고려되는 경우가 많은데, 플랫폼과 서비스의 규모와 복잡도가 증가하면 이런 생각을 반드시 고쳐야 한다.

팀은 제품 개발 주기의 처음부터 반드시 릴리즈 엔지니어링 자원에 대한 여유를 확보해야 한다. 적절한 사례와 프로세스를 처음부터 도입하는 비용은 나중에 도입하는 비용에 비하면 훨씬 저렴하다.

개발자, SRE, 그리고 릴리즈 엔지니어가 함께 일하는 것은 너무나 당연하다. 릴리즈 엔지니어는 코드의 빌드와 배포에 대한 의도를 반드시 이해해야 한다. 빌드는 개발자에 의해서가 아니라 릴리즈 엔지니어에 의해 이루어져야 한다.

릴리즈 엔지니어의 프로젝트 투입 시점은 개별 프로젝트 팀이 결정한다. 릴리즈 엔지니어링은 아직은 덜 성숙한 분야이므로 관리자들이 릴리즈 엔지니어링 계획과 예산을 프로젝트의 초기에 고려하지 않을 수 있기 때문이다. 그래서 릴리즈 엔지니어링을 어떻게 내부적으로 실천할 것인지에 대해 고려할 때는 그 역할이 제품 혹은 서비스의 전체 생명주기 중 최대한 빠른 단계에서 고려해야 한다.

더 자세한 정보

릴리즈 엔지니어링에 대한 더 자세한 내용은 아래의 프리젠테이션들을 살펴보자. 모든 프리젠테이션들은 온라인에서 동영상으로 시청할 수 있다.

- 변경 복잡도를 줄이기 위한 지속적 릴리즈(https://www.usenix.org/node/187613), USENIX 릴리즈 엔지니어링 서밋 웨스트 2014, [Dic14]
- 대용량 병렬 환경에서 일관성을 유지하는 기법(https://www.usenix.org/conference/ucms13/summit-program/presentation/mcnutt), USENIX 설정 관리 서밋 2013, [McN13]
- 릴리즈 엔지니어링에 대한 10가지 지침(https://www.youtube.com/watch?v=RNMjYV_UsQ8), 제2회 국제 릴리즈 엔지니어링 워크숍 2014, [McN14b]
- 대용량 병렬 환경으로의 소프트웨어 배포(https://www.usenix.org/conference/lisa14/conference-program/presentation/mcnutt), LISA 2014, [McN14c]

CHAPTER

간결함

맥스 루에베(Max Luebbe) 지음

팀 하비(Tim Harvey) 편집

> 신뢰성의 비용은 극도의 간결함을 추구하는 것이다.
>
> — C.A.R. Hoare, Turing Award 강사

소프트웨어 시스템은 본질적으로 동적이며 불안정하다.[1] 소프트웨어 시스템은 진공실에 들어 있을 때만 완전히 안정적이다. 만일 우리가 기반 코드를 더 이상 변경하지 않는다면 더 이상의 버그도 나타나지 않을 것이다. 기반 하드웨어와 의존하는 라이브러리를 절대 바꾸지 않는다면 이런 컴포넌트들에서도 버그는 나타나지 않을 것이다. 현재 보유한 사용자 층을 더 이상 확대 하려고 하지 않는다면 시스템을 확장할 필요도 없다. 사실 SRE가 시스템을 관리하는 방법을 가장 적절하게 요약한 말은 다음과 같다. "결국 우리의 임무는 시스템의 신속함과 안정성 사 이의 균형을 유지하는 것이다."[2]

---

1 복잡한 시스템의 경우에는 맞는 말이다. 자세한 내용은 [Per99]와 [Coo00]을 참고하기 바란다.

2 SRE로 근무했던 저자의 전 관리자였던 요한 앤더슨(Johan Anderson)의 말을 인용하였다.

시스템의 안정성 vs. 신속함

간혹 신속함을 위해 안정성을 희생할 수는 있다. 나는 간혹 익숙하지 않은 문제를 해결하기 위해 스스로가 '실험적 코딩(exploratory coding)'이라고 규정한 방법을 사용하곤 한다. 실험적 코딩이란 지금 내가 무슨 짓을 하고 있는지를 정확하게 이해하기 위해 일단은 실패할 것을 어느 정도 예상하고 코드를 작성해보는 것이다. 유효한 날짜가 명확한 코드는 테스트 커버리지와 릴리즈 관리에서 조금 더 자유로울 수 있다. 왜냐하면 절대 프로덕션 환경에 배포되거나 사용자들의 눈에 띄는 일이 없기 때문이다.

주요 프로덕션 소프트웨어 시스템의 경우라면, 우리는 안정성과 신속함의 적절한 균형을 원할 것이다. SRE는 절차와 사례, 그리고 도구를 만들어 좀 더 신뢰성 있는 소프트웨어를 구성하기 위해 일한다. 마찬가지로 SRE는 이런 작업이 개발자들의 신속성에 가능한 영향을 미치지 않도록 일한다. 사실 SRE로서의 경험상, 신뢰성을 위한 프로세스는 개발자들의 신속성을 오히려 높이는 경향이 있다. 신속하고 신뢰할 수 있는 프로덕션 롤아웃은 좀 더 손쉬운 프로덕션 환경의 변경을 보장한다. 그 결과 일단 버그가 발견되면 더 짧은 시간 내에 버그를 찾아내어 수정할 수 있다. 개발 과정에 신뢰성을 주입하면 개발자들은 소프트웨어와 시스템의 기능과 성능에만 집중할 수 있다.

지루함의 미덕

인생의 나머지 부분과는 다르게 '지루함'이란 사실은 소프트웨어 분야에서는 긍정적인 요소다! 우리는 프로그램이 자생적이고 흥미로운 어떤 것이기를 원치 않는다. 스크립트 내에 가만히 앉아서 자신들의 비지니스적 역할을 예측 가능한 상태에서 수행하기만을 바랄 뿐이다. 구글 엔지니어인 로버트 머스(Robert Muth)의 말을 빌면, "TV의 수사물과는 다르게 재미도, 스릴도, 그리고 퍼즐 같은 것도 없는 것이 소스 코드의 바람직한 모습"이다. 프로덕션 환경에서 뭔가 놀라운 일이 일어난다는 것은 SRE에게는 재앙이나 다름없다.

프레드 브룩스(Fred Brooks)이 그의 에세이 〈은 총알은 없다(No Silver Bullet)〉[Bro95]에서 제안했듯이, 근본적인 복잡성과 돌발적인 복잡성을 구별하는 것이 중요하다. 근본적인 복잡성은 주어진 환경에서 문제의 정의로부터 제거할 수 없는 근본적인 것인 반면, 돌발적인 복잡성은 좀 더 유동적이며 엔지니어의 노력으로 해결이 가능하다. 예를 들어 웹 페이지를 서비스하기 위한 근본적인 복잡성을 가진 웹 서버를 작성한다고 가정해보자. 그러나 이 웹 서버를 자바로 개발한다면 가비지 컬렉션(쓰레기 수집)에 따른 성능 저하를 최소화할 때 돌발적인 복잡성을 마주하게 된다.

이런 돌발적인 복잡성을 최소화하기 위한 시각에서 볼 때 SRE팀은 다음을 준수해야 한다.

- 책임지고 있는 시스템에 있는 돌발적인 복잡성을 야기하는 요소는 과감히 밀쳐낸다.
- 자신이 담당하고 운영 책임을 지고 있는 시스템의 복잡도를 제거하기 위해 지속적으로 노력한다.

내 코드는 절대 포기하지 않을 거야!

엔지니어 역시 사람이고 자신들의 창조물에 감정을 이입하는 경향이 있으므로 소스 트리의 대규모 정리에 대해 반감을 갖는 것은 그다지 놀라운 일이 아니다. 누군가는 "이 코드가 나중에 필요하면 어쩌려고?" 라든가 "그냥 나중에 필요할 때 쉽게 돌려놓도록 주석 처리하는 게 어때?" 혹은 "지우지 말고 그냥 플래그만 달아두면 안 돼?"라며 항의하기도 한다. 전부 다 헛소리다. 소스 제어 시스템으로 변경을 쉽게 되돌릴 수 있는데, 수백 줄의 코드를 주석으로 처리하는 것은 코드를 산만하게 만들고 혼란만 가중시킬 뿐이다(특히 소스 파일이 계속 사용되는 경우에는 더욱 그렇다). 그리고 전혀 실행된 적이 없는 코드나 항상 비활성화 상태의 플래그가 설정된 코드는 마치 시한 폭탄 같은 것이다. 이미 나이트캐피탈(Knight Capital)의 사례를 통해 끔찍한 경험을 하지 않았나(《Knight Capital Americas LLC의 사례》[Sec13]을 참고하기 바란다).

조금 과격하게 들릴 수도 있겠지만 24시간, 일주일 내내 끄떡없는 웹 서비스를 고려한다면 어느 정도까지는 새로 작성되는 코드 한 줄 한 줄이 모두 부채라고 생각해야 한다. SRE는 사례를 통해 분명한 목적이 있는 코드를 만들어낸다. 예를 들면 서비스가 비즈니스 목표를 실제로 달성하고 있는지를 확인하는 코드나 사용되지 않는 코드를 주기적으로 제거하는 코드, 혹은 모든 테스트 과정에서 자원을 과도하게 소모하는 부분을 탐지하는 등의 기능을 구현한다.

'부정적 영향을 미치는 코드'의 지표

'소프트웨어 팽창(software bloat)'이란, 소프트웨어가 시간이 지나면서 계속 추가되는 새 기능 때문에 점차 느려지고 비대해지는 현상을 의미한다. 본질적으로 이런 현상은 의도된 것은 아니지만 SRE의 관점에서 볼 때 그 부정적인 영향은 명확하다. 프로젝트에서 변경되거나 추가된 모든 코드는 잠재적으로 새로운 결함과 버그를 수반할 수 있다. 규모가 작은 프로젝트라면 쉽게 이해하고 테스트할 수 있어서 결함의 빈도가 낮다. 이런 관점을 염두에 둔다면 프로젝트에 새로운 기능을 추가하도록 밀어붙이는 것을 조금은 유보할 수 있어야 할 것이다. 내 경험에서 가장 적절했던 코딩 중 하나는 더 이상 유용하지 않은 수천 줄의 코드를 한 번에 삭제했던 것이다.

최소한의 API

프랑스의 시인 앙투안 드 생텍쥐페리(Antoine de Saint Exupery)는 "완벽함이란 더 이상 추가할 것이 없을 때가 아니라 더 이상 걷어낼 것이 없을 때 비로소 완성된다"라고 했다[Sai39]. 이 원리는 소프트웨어의 디자인과 구성에도 적용된다. API들은 왜 이런 규칙을 따라야 하는지 명확하게 보여주는 사례다.

조금 더 정확히 표현하면, API를 최소화하는 것은 소프트웨어 시스템의 간결함을 추구하기 위한 가장 기본적인 관점이다. 우리가 소비자에게 제공하는 API의 메서드와 매개변수를 줄인다면, 그 API는 더 이해하기 쉬울뿐더러, 우리는 그 API를 최대한 잘 만드는 데 더 많은 노력을 들일 수 있다. 다시 말하면, 여기에는 반복적으로 드러나는 테마가 있다. 특정 문제들이 발생하는 것을 막기 위한 적절한 결정을 통해 우리는 핵심 문제에 집중하고 그에 대한 훨씬 나은 해결책을 모색할 수 있다. 소프트웨어에서는 더 적은 것이 오히려 더 나은 점이 많다! 작고 간결한 API는 그만큼 문제를 잘 이해했다는 보증수표이기 때문이다.

모듈화

API에서 하나의 바이너리로 이야기의 범위를 넓혀보자. 객체지향 프로그래밍에 적용된 다양한 규칙들은 분산 시스템의 디자인에도 적용될 수 있다. 시스템의 일부에 독립적으로 변경을 추가할 수 있는 능력은 지속 가능한 시스템에서는 기본적인 것이다. 특히 바이너리 간, 혹은 바이너리와 설정 간의 느슨한 결합은 개발자의 신속함과 시스템의 안정성을 동시에 향상시킬 수 있는 간소화 패턴이다. 대형 시스템의 컴포넌트 중 하나인 프로그램에서 버그가 발견된다면 그 버그는 나머지 시스템과는 독립적으로 수정되어 프로덕션 환경에 투입할 수 있다.

API들이 제공하는 모듈성은 직관적인 것처럼 보이지만 모듈화의 개념을 제대로 보여주지 못할뿐더러 API를 변경하는 방법으로 확대 적용하기도 어렵다. 한 API를 위한 변경 사항 때문에 개발자는 전체 시스템을 다시 빌드하고 새로운 버그의 발생 가능성을 내포하게 된다. API를 버전별로 관리하면 시스템이 예전 버전의 API를 사용하는 동안 개발자가 새로운 버전을 안전하고 적절한 방법으로 추가할 수 있다. 그렇게 함으로써 새로운 기능을 추가하거나 개선할 때마다 매번 전체 시스템을 프로덕션 환경에 배포하는 대신 그때 그때 다른 리듬으로 릴리즈를 수행할 수 있다.

시스템이 좀 더 복잡해져감에 따라 API 간, 바이너리 간 역할의 분담에 대한 중요성은 더해져 간다. 이것은 객체지향 클래스 디자인과 일맥상통한다. 관계가 없는 기능들을 모두 가지고 있는 하나의 큰 클래스를 작성하는 것은 좋지 않은 사례라는 것이 널리 알려져 있는 것처럼, 시스템에 'util'이나 'misc' 같은 바이너리를 만들어 배포하는 것 역시 좋지 않은 사례다. 잘 디자인된 분산 시스템은 명확하고 분명한 범위의 목적을 가진 바이너리들로 구성된다.

모듈화의 개념은 데이터 형식에도 적용할 수 있다. 구글의 프로토콜 버퍼(protocol buffers)[3]의 핵심 강점이자 디자인 목표는 하위 및 상위 호환이 가능한 네트워크 형식을 구현하는 것이었다.

릴리즈의 간소화

일반적으로 간결한 릴리즈가 복잡한 릴리즈보다 낫다. 여러 변경을 동시에 릴리즈하는 것보다는 하나의 변경을 릴리즈하면서 그 영향을 이해하고 분석하는 것이 훨씬 쉽다는 것은 자명하다. 만일 시스템이 100개의 서로 무관한 변경 사항을 동시에 릴리즈했는데, 성능이 저하되었다면 어떤 변경이 성능에 영향을 미쳤는지, 그리고 왜 그런 일이 발생했는지 알아내기 위해서는 더 많은 노력이나 추가 작업이 필요할 것이다. 릴리즈를 더 작은 단위로 수행할 수 있다면 더 강한 확신을 가지고 움직일 수 있다. 그 이유는 대형 시스템 내에 발생한 각각의 코드 변경에 대해 충분히 이해할 수 있기 때문이다. 이런 방식의 릴리즈는 머신 러닝(machine learning)의 경사 하강법(gradient descent method)과 비교해볼 수 있다. 우리는 이 방법을 통해 한 번에 작은 단위의 작업을 수행함으로써, 그 변경 결과가 개선으로 나타나는지 오히려 저하로 나타나는지를 파악하는 최적의 해결책을 찾을 수 있었다.

---

3 프로토콜 버퍼는 'protobufs'라고도 불리며, 언어 중립적, 플랫폼 중립적이면서 구조화된 데이터를 직렬화하기 위한 확장 가능한 메커니즘이다. 좀 더 자세한 내용은 https://developers.google.com/protocol-buffers/docs/overview#a-bit-of-history를 참고하기 바란다.

간결한 결론

이 장에서 반복적으로 주장한 한 가지 테마는 바로 소프트웨어의 간결함은 신뢰성을 위한 사전 조건이라는 점이다. 우리는 주어진 작업의 각 단계를 간소화하는 방법을 찾는 데 게을리해서는 안 된다. 그 대신 무엇을 이루고자 하는지, 그리고 그것을 어떻게 하면 가장 쉽게 해결할 수 있는지를 명확히 해야 한다. 우리가 어떤 기능에 대해 "아니요"라고 답한다고 해서, 그것이 혁신을 거부하는 것은 아니다. 우리의 환경이 난잡해지지 않도록 유지하고 혁신에 정면으로 집중하면 진짜 엔지니어링을 할 수 있다.

간단히 말하면 SRE는 서비스를 운영하며 서비스들의 상태에 대한 최종적인 책임을 진다. 여기서 서비스란 사용자를 위해 운영하는 관련된 시스템을 말하며, 사용자는 내부 혹은 외부의 사용자가 될 수 있다. 성공적인 서비스 운영을 위해서는 다양한 활동이 필요하다. 예를 들면, 모니터링 시스템의 개발, 수용 계획 수립, 장애에 대한 조치, 장애에 대한 원인 파악 등이 이에 해당된다. III부에서는 대형 분산 컴퓨팅 시스템을 구축하고 운영하는 SRE의 일상 활동에 대한 이론과 사례들을 다룬다.

서비스의 건강(health) 상태는 (에이브러햄 매슬로우가 분류한 인간의 본질[Mas43]과 마찬가지로) 시스템이 서비스로서 기능하기 위해 가장 기본적으로 필요한 것부터 필요한 기능을 모두 수행하는 자기 실현 및 장애에 대응하는 것이 아닌, 서비스의 방향을 적극적으로 제어하기 위한 고수준의 내용들을 모두 포함한다. 이에 대한 이해는 구글에서 서비스를 평가하는 가장 기본적인 것으로 몇 명의 구글 SRE들에 의해 아직 개발 중에 있다. 이 SRE 중 한 명이자 필자의 전 동료인 마이키 디커슨(Mikey Dickerson)[1]은 근본적으로 다른 문화를 가진 미국 정부에 잠시 합류한 인물로 2013년 말부터 2014년 초까지 healthcare.gov 서비스의 런칭에 참여했었다. 이 서비스는 서비스의 신뢰성을 향상시키는 방법을 설명할 수 있는 무언가가 필요했었다.

앞으로 그림 III-1에 표현된 계층 구조를 이용하여 신뢰할 수 있는 서비스의 기초부터 고급 요소들을 살펴보고자 한다.

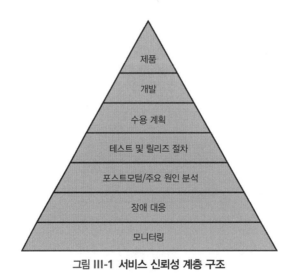

그림 III-1 서비스 신뢰성 계층 구조

---

1 마이키는 2014년 여름 구글을 떠나 미국 정부의 IT 시스템에 SRE 원리와 사례를 도입하기 위해 미국 디지털 서비스(https://www.whitehouse.gov/digital/united-states-digital-sevice)의 첫 번째 관리자이자 에이전시로 합류했다.

모니터링

모니터링이 없다면 서비스가 동작하는지 알 수 있는 방법이 없다. 견고하게 디자인된 모니터링 인프라스트럭처가 없다면 그저 눈 먼 장님일 뿐이다. 웹사이트를 이용하는 모든 사람이 한 번쯤은 에러를 경험해봤을 수도 있고 그렇지 않았을 수도 있다 — 그러나 서비스를 개발하거나 운영하는 사람이라면 사용자가 눈치 채기 전에 문제의 발생 여부를 파악하고 싶을 것이다. 이를 위한 도구와 철학들은 제10장 시계열 데이터를 이용한 실용적인 알림에서 살펴보도록 하자.

장애 대응

SRE가 순전히 긴급 대응만을 목적으로 대기하는 경우는 드물다. 긴급 대응 지원(on-call support)은 좀 더 큰 미션을 달성하고 분산 시스템이 실제로 어떻게 동작하는지(그리고 어떻게 실패하는지)를 살펴보기 위한 도구다. 서류 뭉치를 들고 다닐 필요가 없는 방법이 있다면 당연히 그래야 하지 않겠는가? 제11장 비상 대기에서는 SRE가 긴급 대응 업무와 다른 업무들 사이의 균형을 어떻게 맞추어가는지를 설명한다.

일단 문제를 인지했다면, 어떻게 이에 대응할 수 있을까? 반드시 모든 문제를 한 번에 해결할 필요는 없다. 어쩌면 시스템의 정확도를 낮추거나 일시적으로 기능의 작동을 중단할 수도 있고, 점진적으로 다운그레이드해도 되고, 또는 올바르게 동작하는 다른 인스턴스로 트래픽을 돌려도 된다. 다만 어떤 해결책을 선택하든, 그 해결책을 구현하기 위한 상세한 내용은 서비스와 조직에 적합한 것이어야 한다. 그러나 사고에 효과적으로 대응하는 방법은 모든 팀에 해당된다.

가장 먼저 해야 할 일은 무엇이 잘못되었는지를 파악하는 것이다. 이에 대한 구조적인 접근법은 제12장 효과적인 장애 조치에서 살펴보자.

사고를 처리하다 보면 아드레날린이 분비되어 임시 방편으로 대응하려 하는 경향을 보이기도 한다. 이러한 경향에 대해서는 제13장 긴급 대응에서 설명하며, 제14장 장애 관리하기에서는 사고를 효과적으로 관리하여 그 파장을 최소화하고 장애 시간을 단축하는 방법을 소개한다.

포스트모텀과 주요 원인 분석

우리는 서비스에서 발생하는 문제들 중 새롭고 관심이 있는 것들에 대해서만 알림을 받고 이를 직접 해결하는 것을 목적으로 한다. 계속해서 반복되는 똑같은 이슈를 해결하는 것은 미칠 듯이 지겨운 일이다. 사실, 이런 방식은 SRE 철학과 전통적인 운영 환경의 가장 큰 차이점 중 하나다. 이와 관련된 테마는 두 개 장에 걸쳐 소개한다.

누군가를 비난하는 일이 없는 포스트모텀(postmortem, 회고) 문화는 어떤 부분에 문제가 있었는지(그리고 어떤 부분에서 문제가 없었는지!)를 파악하는 첫 걸음이다. 포스트모텀에 대해서는 제15장 포스트모텀 문화: 실패로부터 배우기에서 설명한다.

이와 관련해서 제16장 시스템 중단 추적하기에서는 내부에서 사용하는 도구인 장애 추적기를 이용하여 SRE가 프로덕션 환경에서 발생한 사고와 그 원인, 그리고 대응 방법 등을 추적하는 방법을 소개한다.

테스트

어느 부분에서 오동작이 발생했는지를 이해했다면 그 다음 단계는 같은 현상이 재현되는 것을 방지하는 것이다. 그 이유는 잘못된 동작을 고치는 것보다는 그 동작을 미연에 방지하는 것이 훨씬 가치 있는 일이기 때문이다. 테스트 도구들을 이용하면 제품을 프로덕션 환경에 릴리즈하기 전에, 소프트웨어에서 어떤 종류의 오류들이 발생할 수 있는지를 먼저 확인할 수 있다. 이런 테스트 도구들을 활용하는 방법은 제17장 신뢰성을 위한 테스트에서 살펴보기로 하자.

수용 계획

제18장 SRE 조직의 소프트웨어 엔지니어링에서는 SRE의 소프트웨어 엔지니어링에 대한 사례로서 자동화된 수용 계획 도구인 Auxon을 개발했던 이야기를 한다.

수용 계획에 따라 자연스럽게 도입되는 로드밸런싱(load balancing)은 우리가 계획한 용량을 정확하게 사용하는 데 도움이 된다. 제19장 프런트엔드의 로드밸런싱에서는 서비스로 유입되는 요청을 분산하는 방법에 대해 설명한다. 이어서 제20장 데이터센터의 로드밸런싱과 제21장 과부하 처리하기에서는 서비스의 신뢰성을 확보하기 위한 기본적인 내용에 대해 소개한다.

마지막으로 제22장 연쇄적 장애 다루기에서는 시스템 디자인 측면은 물론 서비스의 연쇄적 실패 처리 방안 측면에서 연쇄적 실패를 처리하기 위한 다양한 조언들을 제시한다.

개발

구글의 사이트 신뢰성 엔지니어링의 핵심 가치는 조직 내에서 타의 추종을 불허하는 대용량 시스템 디자인과 소프트웨어 엔지니어링을 수행하고 있다는 점이다.

제23장 치명적인 상태 관리하기: 신뢰성을 위한 분산에 대한 합의에서는 구글의 다양한 분산 시스템의 핵심을 이루는 조화로운 분산에 대해(Paxos라는 제품의 모습을 빌어) 설명한다. 또한 전 세계에 걸쳐 분산된 크론 시스템에 대해서도 함께 소개한다. 제24장 Cron을 이용한 분산된 주기적 스케줄링에서는 결코 쉽게 개발될 수 없는, 전체 데이터센터에 걸쳐 확장되는 시스템에 대해 설명한다.

제25장 데이터 처리 파이프라인에서는 주기적으로 한 번씩 실행되는 맵리듀스(MapReduce) 작업에서부터 거의 실시간에 가까운 작업을 처리하는 시스템에 이르기까지, 데이터 처리 파이프라인의 다양한 형태에 대해 알아본다. 이런 시스템에 적용된 서로 상이한 아키텍처는 놀라움은 물론 상식을 벗어나는 도전 과제를 던져준다.

데이터를 읽고자 할 때 그 데이터가 확실하게 저장되어 있도록 하는 일은 데이터 무결성의 핵심이다. 제26장 데이터 무결성: 내가 기록한 그대로 읽을 수 있어야 한다에서는 데이터를 안전하게 보관하는 방법에 대해 알아본다.

제품

마지막으로 신뢰성 계층 구조의 피라미드의 정점에는 실제로 동작하는 제품이 존재한다. 제27장 스케일링을 지원하는 신뢰성 있는 제품 출시에서는 사용자에게 최상의 경험을 제공하기 위해 스케일링을 지원하는 신뢰성 있는 제품을 출시하기 위해 구글이 어떤 노력을 기울이는지를 처음부터 끝까지 소개한다.

더 많은 읽을거리들

앞서 설명했듯이 테스트는 파악하기 어려우며, 만에 하나 테스트가 잘못되면 시스템 전체의 안정성에 큰 영향을 미칠 수 있다. ACM 기사[Kri12]에서는, 구글이 회사 전반에 걸쳐 탄력적으로 테스트를 수행함으로써 예상치 못한 좀비의 창궐이나 기타 다른 재앙들에 대비하는 방법에 대해 설명한다.

어쩌면 흑마술 비슷한 것처럼 들리겠지만, 마치 미래의 신의 은총이 가득한 것처럼 보이는 스프레드시트로 표현되는 수용 계획은 두말할 필요 없이 반드시 수행해야 하며, [Hix15a]에서 보게 되겠지만 마녀의 수정 구슬 따위는 없어도 충분히 가능한 일이다.

마지막으로 [War14]에서는 기업 네트워크 보안에 대한 인식과 함께, 특별한 권한이 필요했던 인트라넷을 장치와 사용자 신분증명(credential)을 이용하여 대체하는 새로운 접근법도 소개한다. 인프라스트럭처 수준에서 SRE가 주도했던 이 접근법은 여러분이 다음에 네트워크를 직접 구현하기 위해서는 반드시 기억해둘 만한 것들이다.

10

시계열 데이터에 대한 실용적인 알림

제이미 윌킨슨(Jamie Wilkinson) 지음
카비타 줄리아니(Kavita Guliani) 편집

쿼리가 흐르면 호출기는 잠들지어다.

— 고대 SRE의 기도

제품을 구성하는 계층 구조의 가장 밑바닥에 깔려있는 모니터링은 안정적인 서비스를 운영하기 위해서는 반드시 필요한 기본 구성 요소다. 서비스 담당자가 서비스의 변경에 따른 영향을 합리적으로 결정할 수 있고, 장애가 발생했을 때는 과학적인 방법으로 대체할 수 있음은 물론이거니와 그 존재의 목적대로 서비스가 비즈니스 목표에 맞게 운영되고 있는지를 측정할 수 있다(제6장 참고).

SRE가 서비스를 지원하든 그렇지 않든, 서비스는 반드시 모니터링과 공생 관계를 유지하며 운영해야 한다. 하지만 구글의 제품들은 응답성을 극대화해야 하므로 SRE들은 담당 서비스를 지원하기 위한 모니터링 인프라스트럭처에 대한 지식이 특히 뛰어나다.

초대형 시스템을 위한 모니터링이 쉽지 않은 이유는 다음과 같다.

- 분석해야 할 컴포넌트의 수를 정확히 파악해야 한다.
- 각 시스템에 대한 엔지니어들의 책임 부담을 최대한 낮추어야 한다.

구글의 모니터링 시스템은 부하가 크지 않은 유럽 웹 서버의 평균 응답 시간 따위의 지표를 측정하는 단순한 시스템이 아니다. 우리는 그 이상의 것, 즉 한 지역의 전체 웹 서버에 응답 시간이 어떻게 분산되는지를 이해해야 하기 때문이다. 이런 정보 덕분에 지연응답의 증가를 유발하는 요인들을 정확히 판단할 수 있다.

시스템의 스케일을 조정할 때, 하나의 머신에서 발생한 실패에 대해 알림을 받는 것은 일일이 대응하기에는 그 수가 너무 많으므로 대체로 선호하지 않는다. 그 대신 우리는 빌드 시스템을 더 안정적으로 만들어 시스템 내에서 발생하는 실패에 대처할 수 있게 한다. 대형 시스템은 수많은 개별 컴포넌트를 관리해야 하는 형식이 아니라 종합적인 신호를 전달하면서 외부 요인들을 배제할 수 있도록 디자인되어야 한다. 그래서 고수준의 서비스 목표에 대한 알림을 제공하면서도 개별 컴포넌트를 필요에 따라 살펴볼 수 있도록 세분화되어 있어야 한다.

구글의 모니터링 시스템은 커스텀 스크립트를 이용해 응답과 알림을 체크하므로 그 추세를 시각적으로 표현하는 것과는 완전히 동떨어져 있던 전통적인 모델에서부터 새로운 패러다임으로 약 10년에 걸쳐 진화해왔다. 이 새로운 모델에서는 시계열 데이터를 수집하는 것이 모니터링 시스템의 최우선 과제이며, 체크 스크립트는 시계열 데이터를 토대로 차트와 알림을 생성할 수 있는 풍부한 언어로 대체되었다.

보그몬의 탄생

잡 스케줄링 인프라스트럭처 이후 얼마 지나지 않아 2003년 보그[Ver15]가 탄생했고 이를 바탕으로 새로운 모니터링 시스템인 보그몬(Borgmon)이 완성되었다.

보그몬은 시스템의 장애를 탐지하기 위해 스크립트를 실행하는 것이 아니라 공용 데이터 해설 형식(common data exposition format)을 이용한다. 이 형식은 낮은 오버헤드로 대량의 데이터를 수집할 수 있으며, 데이터 처리 프로세스의 실행과 네트워크 연결 설정에 따른 비용을 없애준다. 우리는 이것을 **화이트박스 모니터링**(white-box monitoring)이리고 부른다(제6장에서는 화이트박스와 블랙박스 모니터링을 비교하여 보여준다).

구글 외부에서 개발한 시계열 모니터링

이 장에서는 지난 10년간 구글의 성장과 신뢰성을 위한 근본인 내부 모니터링 도구의 아키텍처와 프로그래밍 인터페이스를 설명한다. 하지만 이 내용이 독자들에게 과연 도움이 될까?

최근 몇 년 동안 모니터링 분야에서는 지각 변동이 있었다. 리먼(Riemann), 헤카(Heka), 보선(Bosun), 그리고 프로메테우스(Prometheus) 등 보그몬의 시계열 기반 알림과 유사한 기능을 제공하는 도구들이 오픈 소스화 되었다. 특히 프로메테우스[1]는 보그몬과 매우 유사하며, 그중에서도 두 개의 규칙 언어를 비교해보면 더욱 그렇다. 변수를 수집하고 규칙을 평가하는 원리는 이 도구들 모두에 거의 동일하게 적용되므로 이 장의 내용이 이들을 테스트하고 실제 프로덕션 환경에 적용해보는 데 도움이 되기를 바란다.

데이터는 차트의 렌더링과 알림의 생성에 사용되며, 간단한 수학적 연산을 통해 이루어진다. 데이터 집합이 잠깐 실행되는 프로세스에 존재하는 것이 아니므로 수집된 데이터의 예전 기록 또한 알림의 계산에 사용된다.

이런 기능들은 제6장에서 설명한 간결함의 목표를 달성하는 데 도움이 된다. 시스템의 전반적인 오버헤드가 낮은 수준으로 유지되므로 서비스를 빠르게 실행할 수 있고 시스템이 성장함에 따라 지속적으로 발생하는 변화에 대응할 수 있다.

대량의 데이터 수집을 가능하게 하기 위해 지표의 형식은 표준화되어 있다. 내부의 상태를 내보내기 위해 사용하던 예전의 메서드(바지(varz)[2]라고 부른다)는 하나의 HTTP 요청의 단일 대상으로부터 모든 지표를 수집하기 위한 형식으로 변경되었다. 예를 들어 지표 페이지를 수동으로 확인하려면 다음의 명령을 실행하면 된다.

```
% curl http://webserver:80/varz
http_requests 37
errors_total 12
```

---

1 프로메테우스는 오픈 소스 모니터링 및 시계열 데이터베이스 시스템이다. 자세한 내용은 https://prometheus.io를 참고하기 바란다.

2 구글은 미국에서 설립된 기업이기 때문에 '바지(var-zee)'라고 발음한다.

보그몬은 다른 보그몬[3]들로부터 데이터를 수집할 수도 있으므로 서비스의 토폴로지에 따른 계층 구조를 구성하고 정보를 모아 요약할 수 있으며, 그중 일부는 전략적으로 폐기할 수도 있다. 대체로 하나의 팀이 클러스터당 하나의 보그몬을 실행하며, 전역적으로는 한 쌍의 보그몬을 실행한다. 일부 대형 서비스는 기반 클러스터를 여러 개의 보그몬 인스턴스에 샤드(shard) 되어, 클러스터 수준에서 실행되는 보그몬에서 데이터를 수집한다.

애플리케이션의 조작

/vars HTTP 핸들러는 단순히 내보낼 변수 값들을 평문 형태로 보여준다. 키와 값들은 한 줄에 표기되며 공백 문자로 분리된다. 최근에 추가한 확장 기능은 변수의 매핑을 통해 변수 이름에 여러 개의 이름을 지정할 수 있으며, 값을 표나 분포도 형태로 내보낼 수 있다. 아래는 매핑된 변수 값의 예시로, 25개의 HTTP 200 응답과 12개의 HTTP 500 응답이 서비스되었음을 보여주고 있다.

```
http_responses map:code 200:25 404:0 500:12
```

프로그램에 지표를 추가하기 위해서는 그저 지표가 필요한 코드에 하나의 선언을 추가하면 된다.

나중에 알게 된 것이지만 이렇게 스키마가 없는 인터페이스 덕분에 새로운 동작을 매우 쉽게 추가할 수 있다는 점에서 소프트웨어 엔지니어링팀과 SRE팀 모두에게 긍정적인 면이었다. 그러나 실질적인 관리에 있어서는 단점으로 작용하는 경우도 있었다. 변수의 정의를 보그몬 규칙으로부터 분리(decoupling)하려면 무엇보다 세심한 변화의 관리가 필요했다. 그러나 이 반대급부는 실제로는 큰 문제가 되지 않았는데, 그 이유는 규칙을 검사하고 생성하는 도구 역시 함께 개발되었기 때문이다.[4]

---

3 보그몬의 복수형도 보그몬이라고 부른다(역주 일부 영어 단어들은 단수와 복수 구분이 없다. 예를 들면 양(sheep)은 단복수 모두 sheep이라고 표기한다. 보그몬 역시 단복수 구분이 없는 명사임을 설명하고 있다).

4 SRE팀이 아닌 다른 팀에서는 이 생성기를 통해 기본 규칙 및 수정된 규칙을 만들어냈으며(아주 강력하지는 않지만), 생성기를 이용하는 것이 직접 규칙을 수정하는 것보다 훨씬 쉬웠다.

> **변수 내보내기**
>
> 구글의 웹의 뿌리는 생각보다 단단히 뿌리내리고 있다. 구글에서 사용되는 모든 주요 개발 언어들은 기본적으로 모든 구글의 바이너리에 내장된 HTTP 서버에 자동으로 등록되는 변수 내보내기 인터페이스를 구현하고 있다.[5] 내보내기가 가능한 변수의 인스턴스는 서버 작성자가 현재 값의 양을 추가하거나, 특정 값에 키를 설정하는 등의 작업을 명확하게 수행할 수 있게 해주었다. 고(Go) 언어 기반의 expvar 라이브러리[6]와 그 JSON 형식의 결과물은 이 API를 다양하게 활용하고 있다.

내보낸 데이터의 수집

보그몬 인스턴스는 자신의 대상을 찾아내기 위해 다양한 이름 해석 기법이 적용된 대상 리스트를 가지고 있다.[7] 대상 리스트는 동적이어서 서비스 탐색(service discovery)을 이용하면 모니터링 시스템을 손쉽게 스케일링하고 운영 비용을 줄일 수 있다.

보그몬은 미리 지정된 간격으로 /varz/ URI를 각 대상마다 호출하고, 결과를 디코드한 후 그 값들을 메모리에 저장한다. 또한 대상 리스트의 각 인스턴스에 수집된 데이터를 퍼뜨려서 각 대상으로부터 수집한 데이터가 짝을 이루는 서비스에 얽매이지 않도록 해준다.

보그몬은 또한 각 대상을 인식하기 위해 '통합적(synthetic)' 변수를 기록한다.

- 대상의 이름이 호스트와 포트 번호로 해석되었는지 여부
- 대상이 데이터 수집에 응답했는지 여부
- 대상이 건강 상태 점검 요청에 응답했는지 여부
- 데이터 수집이 완료된 시각

이런 통합적 변수들을 이용하면 모니터링 중인 작업이 사용 불가능한 상태가 되었을 때를 감지하기 위한 규칙을 손쉽게 작성할 수 있다.

---

5 다른 많은 애플리케이션들은 내부의 상태를 내보내기 위해 각자의 서비스 프로토콜을 사용하기도 한다. OpenLDAP은 cn=Monitor 서브트리를 이용해 값을 내보내며, MySQL은 SHOW VARIABLES 쿼리를 이용해 상태를 보고한다. 아파치(Apache)는 mod_status 핸들러를 사용한다.

6 https://golang.org/pkg/expvar/를 참고하기 바란다.

7 제2장에서 설명했던 보그 이름 시스템(Borg Name System, BNS)을 참고하기 바란다.

varz는 '최소한의 전송 요청을 바탕으로 대부분의 다른 네트워크 애플리케이션이 실패하는 상황에서도 동작하기 위해 디자인된' SNMP(Simple Networking Monitoring Protocol)와는 상당히 다르다[Mic03]. HTTP를 이용해 대상을 살피는 것은 이런 디자인 원리를 생각하면 조금 이상해 보일 수도 있다. 그러나 경험상 이런 부분은 큰 이슈가 되지 않는다.[8] 시스템 자체가 이미 네트워크와 머신의 실패에 대응할 수 있도록 디자인되어 있으므로 엔지니어는 보그몬의 실패 자체도 하나의 신호로 수집하여 알림을 발송하기 위한 규칙을 작성할 수 있다.

시계열 데이터를 위한 저장소

일반적으로 서비스는 많은 클러스터 내에서 많은 머신에 의해 다양한 종류의 태스크로서 실행되는 수많은 바이너리들로 구성된다. 보그몬은 이들로부터 수집한 데이터를 잘 정리하면서도 유연하게 쿼리하고 조작할 수 있어야 한다.

보그몬은 모든 데이터를 인-메모리(in-memory) 데이터베이스에 저장한다. 이 데이터베이스는 정기적으로 디스크에 다시 저장된다. 데이터가 저장되는 시점은 일련의 형태(시간, 값)를 가지고 있으며, 시계열(time-series)이라고 불리는 연대순 목록의 형태로 저장된다. 각 시계열은 name=value 형태의 유일한 레이블(label)의 집합으로 구분된다.

그림 10-1에 나타낸 것처럼, 시계열은 개념적으로 시간에 대한 수(number)들의 일차원 행렬(matrix)이다. 이 시계열에 다른 레이블의 순열을 추가하면 행렬은 다차원 행렬이 된다.

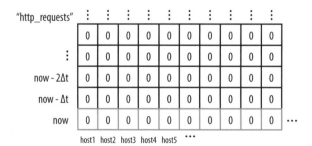

그림 10-1 데이터가 수집된 호스트별 레이블을 기초로 시간의 흐름에 따른 에러를 보여주는 행렬

---

8 제6장에서 설명한 증상과 원인에 대한 알림의 차이점에 대해 다시 한번 생각해보기 바란다.

실제로 이 구조는 고정된 크기의 메모리 블록이다. 이것은 **시계열 공간**(time-series arena)이라고 불리며, 일정 시간이 지나 공간이 가득 차면 가비지 컬렉터가 가장 오래된 항목부터 차례로 제거해 나간다. 가장 최근의 항목과 가장 오래된 항목 간의 간격은 **수평적**이어서 쿼리가 가능한 데이터가 RAM에 얼마나 많이 남아있는가에 따라 결정된다. 대체로 데이터센터 및 범용 보그몬은 콘솔을 렌더링하기 위해 12시간의 데이터[9]를 보관하며, 그보다 낮은 수준의 수집기 샤드에 위치한 보그몬이라면 더 짧은 시간의 데이터만 보관한다. 한 데이터 저장 지점에 필요한 메모리는 24바이트 정도여서 17GB의 RAM에 1분 단위로 12시간 분량의 시계열 데이터 1백만 개를 저장할 수 있다.

메모리 내의 상태는 정기적으로 시계열 데이터베이스(Time-Series Database, TSDB)라고 알려진 외부 시스템에 보관한다. 보그몬은 오래된 데이터를 TSDB에 쿼리한다. TSDB는 보그몬의 RAM보다는 상대적으로 느리지만 저렴한 비용으로 더 많은 데이터를 보관할 수 있다.

레이블과 벡터

그림 10-2에서 볼 수 있듯이, 시계열 데이터는 일련의 숫자와 타임스탬프 값으로 저장된다. 이 값을 **벡터**(vector)라고 부른다. 선형 대수학에서의 벡터와 마찬가지로 이 벡터들은 공간 내의 데이터 점의 다차원 행렬의 일부다. 개념적으로 이 값들은 벡터 내에 정해진 간격(예를 들면 1초 혹은 10초 혹은 1분 등)으로 추가되므로 무시해도 무방하다.

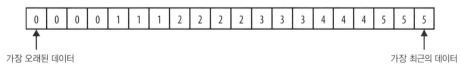

그림 10-2 시계열 데이터의 예시

시계열 데이터의 이름은 **레이블셋**(labelset)이라고 한다. 그 이유는 key=value 쌍으로 표현되는 레이블의 집합으로 구현되기 때문이다. 이런 레이블 중 하나는 그 자체로 변수 이름이며, 그 이름에 할당된 키가 varz 페이지에 나타난다.

일부 레이블 이름은 중요하게 여겨진다. 시계열 데이터베이스 내의 데이터는 식별이 가능해야 하므로 최소한 다음의 레이블들을 가지고 있어야 한다.

---

9 12시간은 장애를 디버깅하기에 충분한 데이터를, 너무 많은 RAM을 사용하지 않으면서도 빠르게 쿼리할 수 있도록 보관하기 위해 설정된 값이다.

var   변수의 이름

job   모니터링되는 서버의 타입의 이름

service   사용자에게 서비스를 제공하는 내부 및 외부 잡(job)의 느슨하게 정의된 집합

zone   변수가 수집된 보그몬의 이름. 이 이름은 지역을 의미하는 구글의 이름 규칙(대부분 데이터센터를 의미함)을 따른다.

이 변수 값들은 다음과 같은 형태로 나타나며, 이를 변수 **표현식**이라고 부른다.

```
{var=http_requests,job=webserver,instance=host0:80,service=web,zone=us-west}
```

시계열 데이터를 쿼리하기 위해서 이 모든 레이블들을 명시할 필요는 없으며, 레이블셋에 대한 검색은 벡터 내에서 발견된 모든 시계열 데이터를 리턴한다. 그래서 클러스터 내에 하나 이상의 인스턴스가 존재하는 경우, 앞서 실행한 쿼리에서 인스턴스 레이블을 제거하면 한 벡터의 결과를 모두 리턴할 수 있다. 예를 들어,

```
{var=http_requests,job=webserver,service=web,zone=us-west}
```

위의 쿼리는 벡터 내의 다섯 줄의 데이터를 가장 최신순으로 표시하며, 그 결과는 아래와 같다.

```
{var=http_requests,job=webserver,instance=host0:80,service=web,zone=us-west} 10
{var=http_requests,job=webserver,instance=host1:80,service=web,zone=us-west} 9
{var=http_requests,job=webserver,instance=host2:80,service=web,zone=us-west} 11
{var=http_requests,job=webserver,instance=host3:80,service=web,zone=us-west} 0
{var=http_requests,job=webserver,instance=host4:80,service=web,zone=us-west} 10
```

시계열 데이터 쿼리에 사용할 수 있는 레이블은 다음과 같다.

- 대상의 이름. 예를 들면 job이나 instance
- 대상 자체. 예를 들면 매핑된 값 변수를 이용하여 가능하다.
- 보그몬 설정: 예를 들면 지역이나 이름변경을 위한 주석(annotation)
- 평가 중인 보그몬 규칙

또한 변수 표현식에 지속시간을 추가해서 특정 시간 내의 시계열 데이터를 쿼리할 수 있다.

```
{var=http_requests,job=webserver,service=web,zone=us-west}[10m]
```

위의 쿼리는 표현식과 일치하는 시계열 데이터의 최근 10분간의 기록을 리턴한다. 만일 데이터를 매 분마다 수집한다면 10분에 걸쳐 생성된 10개의 데이터 집합을 얻게 된다.[10]

```
{var=http_requests,job=webserver,instance=host0:80, ...} 0 1 2 3 4 5 6 7 8 9 10
{var=http_requests,job=webserver,instance=host1:80, ...} 0 1 2 3 4 4 5 6 7 8 9
{var=http_requests,job=webserver,instance=host2:80, ...} 0 1 2 3 5 6 7 8 9 9 11
{var=http_requests,job=webserver,instance=host3:80, ...} 0 0 0 0 0 0 0 0 0 0 0
{var=http_requests,job=webserver,instance=host4:80, ...} 0 1 2 3 4 5 6 7 8 9 10
```

규칙의 평가

보그몬은 실제로는 단지 알림을 생성하기 위한 몇 가지 문법적 편의성을 제공하는 프로그래밍이 가능한 계산기다. 앞서 설명한 데이터의 수집과 저장을 위한 컴포넌트는 이 프로그래밍이 가능한 계산기가 궁극적으로는 모니터링 시스템으로써의 목적을 다하기 위해 필요한 것들이다.

 규칙 평가를 자식 프로세스에 위임하지 않고 모니터링 시스템을 통해 실행하면 여러 개의 유사한 대상에 대한 계산을 병렬적으로 실행할 수 있다는 것을 의미한다. 이로 인해 관련 설정을 상대적으로 작은 크기로 유지하면서도(예를 들면 중복된 코드를 제거할 수 있다) 표현력을 극대화할 수 있다.

보그몬 규칙(Borgmon rule)이라고 알려진 보그몬의 프로그램 코드는 다른 시계열 데이터로부터 시계열 데이터를 계산하는 간단한 대수학 표현식으로 이루어진다. 이 규칙들은 하나의 시계열 데이터(예를 들면 시간 축)의 기록을 쿼리할 수도 있고, 여러 개의 시계열 데이터(예를 들면 공간 축)로부터 각기 다른 레이블의 서브셋을 한 번에 쿼리할 수도 있으며, 다양한 수학 연산을 적용할 수 있으므로 매우 강력해질 수 있다.

---

10 service와 zone 레이블은 지면 관계상 생략했지만 실제로 리턴된 값에는 나타난다.

이런 규칙들은 가능한 경우 병렬 스레드풀에서 실행할 수도 있지만, 이미 사전에 정의된 규칙을 입력으로 사용할 때는 그 순서에 의존하게 된다. 이런 쿼리 표현식에 의해 리턴되는 벡터의 크기는 규칙의 전체 실행 시간에 의해 결정된다. 그래서 보그몬 태스크가 느리게 실행될 경우 CPU 자원을 추가할 수 있다. 더 상세한 분석을 돕기 위해 규칙을 실행 중인 런타임의 내부 지표를 내보냄으로써 성능 디버깅과 모니터링 시스템의 모니터링이 가능하다.

집계는 분산 환경에서 규칙의 평가를 위한 반석이다. 집계는 잡 전체를 하나로 취급하기 위해 그 잡에서 실행 중인 태스크들로부터 일련의 시계열 데이터의 합계를 얻어야 가능하다. 예를 들어 데이터센터 내의 특정 잡의 전체 초당 쿼리의 비율은 전체 쿼리 수 중 변경이 발생한 비율[11]의 합이다.[12]

 카운터는 변수를 감소시키지 않는 모든 현상을 의미한다. 다시 말해, 카운터는 값을 증가시킬 수만 있다. 반면, 게이지(gauges)는 원하는 어떤 값이든 취할 수 있다. 카운터는 주행한 총 킬로미터 같은 값의 증가를 측정하는 반면, 게이지는 현재의 속도나 남은 연료의 양 같은 현재의 상태를 보여준다. 보그몬 스타일의 데이터를 수집할 때는 카운터를 사용하는 것이 유리하다. 그 이유는 샘플링 간격 사이에 발생한 사건에 의한 데이터 유실이 발생하지 않기 때문이다. 샘플링 간격 사이에 어떤 활동이나 변경이 발생한다면 게이지 수집은 그에 대한 정보를 놓치게 된다.

웹 서버를 예로 들면, 우리는 웹 서버 클러스터가 정상적이라고 생각되는 요청 비율에 대해 더 많은 에러를 내기 시작했을 때 — 또는 더 기술적으로는 클러스터 내에서 실행되는 모든 태스크의 코드 중 HTTP 200이 아닌 응답 코드의 비율의 합을 클러스터 내에서 실행 중인 모든 태스크에 전달된 요청의 비율의 합으로 나누었을 때 그 결과 값이 특정 값보다 크면 알림을 전송할 수 있다.

그러려면 다음과 같은 과정을 거쳐야 한다.

1. 모든 태스크의 응답 코드의 비율을 집계하고 특정 시점의 각 코드의 비율을 벡터에 저장한다.
2. 벡터의 합을 구해서 전체 에러 비율을 계산한 후, 특정 시점의 각 클러스터별 단일 값을

---

11 합의 비율 대신 비율의 합을 계산하는 것은 태스크의 재시작으로 인한 카운터의 리셋이나 데이터 수집 실패로 인한 데이터 유실로 인해 결과가 달라지는 것을 방지할 수 있다.

12 아직 언급하지는 않았지만 varz의 대부분은 간단한 카운터다. 보그몬의 비율 함수는 카운터 리셋에 대한 모든 예외 상황을 처리할 수 있다.

출력한다. 이 총 에러율에는 HTTP 200 코드의 합을 포함하지 않는다.

3. 클러스터 단위로 요청당 에러의 비율을 계산하고, 총 에러 비율을 총 요청 비율로 나누어 그 결과를 특정 시점당 하나의 값으로 계산한 후, 특정 시점의 클러스터의 값으로 출력한다.

특정 시점의 각 출력값은 명명된 변수 표현식을 덧붙여 새로운 시계열 데이터를 생성한다. 그 결과, 에러 비율의 기록과 함께 특정 시간의 에러 비율을 살펴볼 수 있게 된다.

요청의 비율을 구하는 규칙은 보그몬 규칙 언어로 다음과 같이 작성할 수 있다.

```
rules <<<
  # 요청의 수로부터 각 태스크의 응답 비율을 계산한다.
  {var=task:http_requests:rate10m,job=webserver} =
    rate({var=http_requests,job=webserver}[10m]);

  # 클러스터별 쿼리의 비율을 집계한다.
  # 'without instance' 명령을 이용해 우변의 값에서
  # instance 레이블을 제거하도록 한다.
  {var=dc:http_requests:rate10m,job=webserver} =
  sum without instance({var=task:http_requests:rate10m,job=webserver})
>>>
```

rate() 함수는 전달된 표현식을 취하며, 가장 이른 값과 가장 최근 값 사이의 전체 시간으로 나눈 값을 리턴한다.

앞서 쿼리에서 추출한 예제 시계열 데이터의 경우 task:http_requests:rate10m 규칙을 적용한 결과는 다음과 같다.[13]

```
{var=task:http_requests:rate10m,job=webserver,instance=host0:80, ...} 1
{var=task:http_requests:rate10m,job=webserver,instance=host2:80, ...} 0.9
{var=task:http_requests:rate10m,job=webserver,instance=host3:80, ...} 1.1
{var=task:http_requests:rate10m,job=webserver,instance=host4:80, ...} 0
{var=task:http_requests:rate10m,job=webserver,instance=host5:80, ...} 1
```

그리고 dc:http_requests:rate10m 규칙의 결과는 다음과 같다.

---

13 service와 zone 레이블은 지면 관계상 생략하였다.

```
{var=dc:http_requests:rate10m,job=webserver,service=web,zone=us-west} 4
```

그 이유는 두 번째 규칙은 첫 번째 규칙의 결과를 입력으로 사용하기 때문이다.

 instance 레이블은 현재 출력에 나타나지 않는데, 집계 규칙에 의해 무시되었기 때문이다. 만일 그 값이 규칙에 남아있다면 보그몬은 다섯 개의 행을 모두 합할 수 없었을 것이다.

이 예제들에서 정해진 범위의 시간을 사용한 이유는 연속된 데이터가 아니라 시계열로 분리된 데이터들을 다루었기 때문이다. 그래서 미분이나 적분을 사용하는 것보다 훨씬 쉽게 비율을 계산할 수 있었지만 충분한 양의 데이터를 불러와야 한다는 단점도 있었다. 또한 최근의 데이터 중 일부를 수집하지 못할 가능성도 고려해야 한다. 변수 표현식에서 10분([10m])의 시간 범위를 지정한 것도 데이터 수집 오류로 인해 데이터가 유실되는 것을 피하기 위한 것이다.

예제의 가독성을 위해 구글의 규칙을 사용하였다. 계산된 변수 이름은 집계 수준, 변수의 이름, 그리고 연산자 등을 콜론으로 구분하여 사용하고 있다. 예제를 보면 변수의 왼쪽 값들은 각각 'task HTTP requests 10-minute rate'와 'datacenter HTTP requests 10-minute rate' 등을 표현하고 있다.

지금까지 살펴본 쿼리의 비율을 계산하는 방법과 마찬가지 방법으로 에러의 비율을 계산할 수도 있고, 이를 토대로 요청에 대한 응답 비율을 계산하여 서비스가 얼마나 잘 운영되고 있는지를 파악할 수도 있다. 게다가 이렇게 계산된 값을 서비스 수준 목표(제4장 참고)와 비교하여 목표치에 도달하지 못했거나 또는 도달하지 못할 것 같은 시점이 되면 알림을 전송할 수도 있다.

```
rules <<<
  # 태스크와 'code' 레이블별로 비율을 계산한다.
  {var=task:http_responses:rate10m,job=webserver} =
    rate by code({var=http_responses,job=webserver}[10m]);

  # 클러스터 수준의 응답 비율을 'code' 레이블 단위로 계산한다.
  {var=dc:http_responses:rate10m,job=webserver} =
    sum without instance({var=task:http_responses:rate10m,job=webserver});

  # 응답 코드가 200이 아닌 응답의 클러스터 수준 비율을 계산한다.
  {var=dc:http_errors:rate10m,job=webserver} = sum without code(
  {var=dc:http_responses:rate10m,jobwebserver,code=!/200/});
```

```
# 전체 요청 비율 중 에러 비율을 이용해 에러의 비중을 계산한다.
{var=dc:http_errors:ratio_rate10m,job=webserver} =
{var=dc:http_errors:rate10m,job=webserver}
  /
{var=dc:http_requests:rate10m,job=webserver};
>>>
```

다시 말하지만, 여기서 사용된 계산법은 새로운 시계열 변수명에 해당 변수를 생성한 연산자의 이름을 덧붙이는 규칙을 따르고 있다. 그 결과 'datacenter HTTP errors 10 minute ratio of rates'와 같은 이름을 얻게 된다. 이 연산의 결과는 다음과 같을 것이다.[14]

{var=task:http_responses:rate10m,job=webserver}

```
{var=task:http_responses:rate10m,job=webserver,code=200,instance=host0:80, ...} 1
{var=task:http_responses:rate10m,job=webserver,code=500,instance=host0:80, ...} 0
{var=task:http_responses:rate10m,job=webserver,code=200,instance=host1:80, ...} 0.5
{var=task:http_responses:rate10m,job=webserver,code=500,instance=host1:80, ...} 0.4
{var=task:http_responses:rate10m,job=webserver,code=200,instance=host2:80, ...} 1
{var=task:http_responses:rate10m,job=webserver,code=500,instance=host2:80, ...} 0.1
{var=task:http_responses:rate10m,job=webserver,code=200,instance=host3:80, ...} 0
{var=task:http_responses:rate10m,job=webserver,code=500,instance=host3:80, ...} 0
{var=task:http_responses:rate10m,job=webserver,code=200,instance=host4:80, ...} 0.9
{var=task:http_responses:rate10m,job=webserver,code=500,instance=host4:80, ...} 0.1
```

{var=dc:http_responses:rate10m,job=webserver}

```
{var=dc:http_responses:rate10m,job=webserver,code=200, ...} 3.4
{var=dc:http_responses:rate10m,job=webserver,code=500, ...} 0.6
```

{var=dc:http_responses:rate10m,jobwebserver,code=!/200/}

```
{var=dc:http_responses:rate10m,job=webserver,code=500, ...} 0.6
```

{var=dc:http_errors:rate10m,job=webserver}

```
{var=dc:http_errors:rate10m,job=webserver, ...} 0.6
```

{var=dc:http_errors:ratio_rate10m,job=webserver}

```
{var=dc:http_errors:ratio_rate10m,job=webserver} 0.15
```

---

14 service와 zone 레이블은 지면 관계상 생략하였다.

앞의 결과는 dc:http_erros:rate10m 규칙을 이용해서 200이 아닌 에러 코드를 필터링한 쿼리의 결과를 보여준다. 그래서 표현식의 값이 동일하지만, 하나는 code 레이블이 남아있고 다른 하나는 제거된 점에 유의하기 바란다.

앞서 설명했듯이 보그몬의 규칙은 새로운 시계열 데이터를 생성하므로 계산 결과는 시계열 공간에 보관되며, 원본 시계열 데이터와 마찬가지 방법으로 확인할 수 있다. 이로 인해 동적(Ad hoc) 쿼리, 식의 평가, 표나 차트의 구성 등을 할 수 있다. 이는 비상 대기 시 디버깅을 위한 기능으로도 매우 유용해서 만일 동적 쿼리가 충분히 유용하다고 판단되면 서비스 콘솔에 영구적으로 시각화할 수 있다.

알림

보그몬은 알림 규칙을 평가해서 그 결과가 참이면 알림을 발송하고 아니면 발송하지 않는다. 그런데 필자의 경험상 이 알림의 상태는 갈대처럼 나부낄 수 있다(금세 다른 상태로 바뀔 수 있다는 뜻이다). 그래서 알림을 보내기 전에 일정 시간 동안 반드시 참이어야 하는 조건을 알림 규칙에 추가할 수 있다. 여기서 일정 시간이란 통상 규칙 평가를 최소한 두 번 이상 실행할 수 있어서 유실된 데이터 집합으로 인한 잘못된 알림이 전달되지 않기에 충분한 시간을 의미한다.

아래의 예제는 10분 동안의 에러 발생률이 1%를 넘고, 1%를 초과하는 에러의 개수가 1개를 초과하면 알림을 보내는 코드다.

```
rules <<<
  {var=dc:http_errors:ratio_rate10m,job=webserver} > 0.01
     잡당 에러 건수
  {var=dc:http_errors:rate10m,job=webserver} > 1
     10분 간의 자료를 수집
   => ErrorRatioTooHigh
      details "webserver error ratio at [[trigger_value]]"
      labels {severity=page};
>>>
```

이 예제는 에러율의 비중이 0.15여서 0.01이라는 에러율을 충분히 초과한다. 그러나 발생한 에러의 수가 현재 1보다 큰 값이 아니므로 알림이 발송되지 않는다. 일단 발생한 에러의 수가

1 이상으로 증가하면 알림이 생성되고 2분간 대기하게 된다. 그 시간 동안 상태의 변화가 발생하지 않으면 해당 알림이 발송된다.

알림 규칙은 메시지에 문맥에 따른 정보를 추가할 수 있는 템플릿을 가지고 있다. 예를 들면, 알림이 발송된 잡의 이름, 알림의 이름, 알림 발송 규칙을 의미하는 숫자 값 등을 포함한다. 이런 문맥적 정보는 보그몬이 알림을 발송해서 알림 RPC가 그 메시지를 전달받을 때 채워진다.

보그몬은 중앙집중식으로 운영되는 알림 매니저(Alertmanager)라는 서비스에 연결된다. 이 서비스는 알림 규칙에 따라 알림이 처음 생성될 때와 그 후로 실제 알림이 발송될 때 알림 RPC 메시지를 수신한다. 알림 매니저는 알림을 올바른 대상에게 전달하는 임무를 수행한다. 이를 위해 알림 매니저는 다음과 같이 구성할 수 있다.

- 다른 알림이 활성화된 상태일 때 특정 알림을 억제한다.
- 동일한 레이블셋을 가진 여러 개의 보그몬으로부터의 중복된 알림을 제거한다.
- 유사한 레이블셋으로부터 여러 개의 알림이 전송된 경우 레이블셋에 따라 알림을 축소하거나 확대한다.

제6장에서 설명한 것과 같이, 각 팀은 긴급한 알림은 비상 대기 인력에게 전송하고 중요하지만 부차적인 알림은 티켓 큐에 전송한다. 다른 모든 알림은 정보성 데이터로서 대시보드를 통해 확인할 수 있다.

알림을 정의하는 좀 더 포괄적인 가이드는 제4장의 내용을 참고하기 바란다.

모니터링 토폴로지의 샤딩

보그몬은 다른 보그몬으로부터 시계열 데이터를 가져올 수 있다. 한 보그몬이 전체 서비스의 모든 태스크로부터 데이터를 수집할 수 있으므로 그 보그몬은 금세 병목지점이 되어 단일 실패점이 된다. 그래서 보그몬 간의 시계열 데이터 전송에는 스트리밍 프로토콜을 사용해서 CPU 시간을 절약하고 텍스트 기반인 varz 형식과 비교할 때 네트워크로 전송되는 데이터의 크기를 줄일 수 있다. 이 구조는 통상적으로 최상위 수준 집계를 위해 두 개 혹은 그 이상의 전역 보그몬 서비스를 설치하고, 각 데이터센터마다 해당 지역에서 실행되는 모든 잡들을 감시하기 위한 각각의 보그몬 서비스를 설치한다. (구글은 프로덕션 네트워크를 존별로 나누기 때문에 두 개 혹은 그 이상의 전역 복제 노드를 확보하는 것이 운영 및 장애 처리 측면에서 유용하다. 그렇지 못한 다면 단일 실패점이 생겨나기 때문이다.)

그림 10-3에서 보듯이, 데이터센터 보그몬을 순수하게 수집 전용 계층으로 더 나누고 (대부분 초대용량 서비스의 경우 단일 보그몬 서버가 가지는 RAM과 CPU의 한계 때문에 이런 구조를 가지게 된다) DC 집계 계층이 데이터 집계를 위한 규칙 평가의 대부분을 수행하는 형태로 서비스를 구축하는 경우도 있다. 윗쪽의 보그몬들은 아랫쪽의 보그몬들로부터 스트림으로 전송할 데이터를 필터링할 수 있어서 전역 보그몬 서비스들이 하위 계층의 보그몬들이 보낸 태스크별 시계열 데이터로 꽉 차는 일이 발생하지 않게 해준다. 또한 집계 계층 구조는 관련된 시계열 데이터의 로컬 캐시를 구성할 수 있어 필요한 경우 시계열 데이터를 상세히 나누어볼 수 있다.

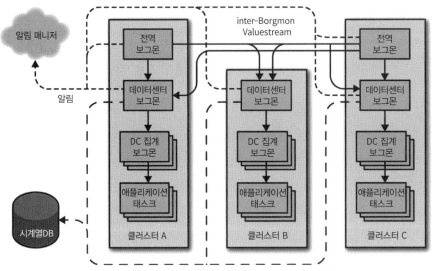

그림 10-3 세 개의 클러스터에 계층화된 보그몬의 데이터 흐름 모델

블랙박스 모니터링

보그몬은 화이트박스 모니터링 시스템이다. 즉, 대상 서비스의 내부 상태를 언제든 확인할 수 있으며, 모니터링 규칙 역시 내부의 동작을 염두에 두고 작성된다. 이 모델의 본질적인 투명성 덕분에 어떤 컴포넌트가 실패하고 있는지, 언제 큐가 가득 찼는지, 그리고 어디서 병목 현상이 발생하는지, 언제 장애가 처리되었으며, 언제 새로운 기능의 배포를 테스트했는지를 빠르게 확인할 수 있다.

그러나 화이트박스 모니터링은 모니터링되는 시스템을 모두 보여주지는 못한다. 화이트박스 모니터링 시스템에만 의존하게 되면 사용자가 실제로 보는 것을 알아채지 못할 수 있다. 즉, 대상에 실제로 전달된 쿼리만을 볼 수 있게 될 뿐, DNS 오류로 인해 실행되지 못한 쿼리는 절대 볼 수 없으며, 서버 장애로 인해 유실된 쿼리 역시 볼 수 없다. 오로지 예측한 실패에 대한 알림만을 받아볼 수 있을 뿐이다.

구글의 팀은 프로버(Prober)를 이용해 이 가용 범위의 문제를 해결한다. 이 제품은 대상에 대해 프로토콜 검사를 실행하고 그 결과를 보고한다. 프로버는 알림 매니저에게 직접 알림을 전송하거나 혹은 자신의 varz API를 구성해서 보그몬이 이를 수집할 수 있게 한다. 프로버는 프로토콜의 응답 페이로드(예를 들면 HTTP 응답의 HTML 콘텐츠)의 유효성을 검사하는 것은 물론 그 값을 시계열 데이터로 추출하여 내보낼 수도 있다. 그래서 개발팀은 프로버를 이용해 연산의 종류와 페이로드의 크기를 기준으로 응답 시간에 대한 분포도를 추출해서 사용자가 성능을 확인할 수 있는 데이터로 활용한다. 프로버는 시계열 데이터를 생성하기 위한 풍부한 변수 추출 기능을 지닌 검사 및 테스트(check-and-test) 모델이 결합된 제품이라고 할 수 있다.

프로버는 프런트엔트 도메인 혹은 로드밸런서 뒷편에 위치할 수도 있다. 이 두 곳을 모두 대상으로 삼으면 각 지역별 실패를 감지하는 동시에 중복된 알림을 억제할 수 있다. 예를 들어, 로드밸런서가 통제하는 www.google.com과 로드밸런서 뒷편의 각 데이터센터의 웹 서버들을 모두 모니터링할 수 있다. 이 경우 데이터센터에 장애가 발생하더라도 트래픽이 여전히 처리되고 있는지를 확인하거나 혹은 장애가 발생했을 때 트래픽 처리 그래프에서 특정 서버를 신속하게 격리할 수 있다.

설정의 유지보수

보그몬 설정은 모니터링될 대상으로부터 모니터링 규칙을 분리하기 위한 것이다. 즉, 거의 똑같은 규칙을 계속 새로 적용한 것이 아니라 동일한 규칙의 집합을 여러 대상에 동시에 적용할 수 있다는 것을 의미한다. 이 장점이 크게 중요하지 않아 보일 수도 있지만, 사실 이로 인해 대상 시스템의 설정에 있어 반복적인 부분을 상당 부분 해소할 수 있으므로 모니터링의 운영 비용이 상당히 감소한다.

보그몬은 언어 템플릿 역시 지원한다. 매크로(macro)와 유사한 이 기능 덕분에 엔지니어는 모니터링 규칙의 라이브러리를 구성하고 재사용할 수 있다. 이 기능 역시 반복되는 설정을 줄임으로써 설정 내에서의 버그를 줄이는 효과를 발휘한다.

물론 모든 고수준 프로그래밍 환경은 복잡도가 증가할 가능성이 있으므로 보그몬은 시계열 데이터를 합성해서 규칙이 작성자의 의도대로 동작하는지를 확인하기 위한 광범위한 단위 테스트 및 회귀 테스트를 지원한다. 프로덕션 모니터링 팀은 이런 테스트 집합을 실행하는 지속적 통합 서비스(continuous integration service)를 이용해 설정을 패키지화해서 프로덕션 환경 내의 모든 보그몬에 전달하며, 설정을 적용하기에 앞서 유효성 검사까지 수행한다.

그동안 다양한 종류의 공용 템플릿이 만들어졌지만 그중에서도 두 가지 모니터링 설정 클래스가 두드러진다. 첫 번째 클래스는 단순히 해당 라이브러리의 코드에서 내보내진 변수의 스키마를 코드화해서 라이브러리를 사용하는 어떤 사용자도 자신만의 varz API를 위한 템플릿으로 재사용할 수 있다. 이 템플릿은 HTTP 서버 라이브러리, 메모리 할당, 저장소 클라이언트 라이브러리, 범용 RPC 서비스 등에서 활용이 가능하다(varz 인터페이스는 스키마 선언이 없지만 코드 라이브러리와 관련된 규칙 라이브러리는 결국 스키마를 선언해야 한다.)

라이브러리의 두 번째 클래스는 단일 서버의 태스크부터 전역 서비스까지 집계한 데이터의 족적을 관리하기 위한 템플릿을 만들면서 주목을 받은 클래스다. 이 라이브러리들은 내보내진 변수를 위한 범용 집계 규칙을 가지고 있어 엔지니어들이 자신들의 서비스를 위한 토폴로지를 모델링하는 데 사용할 수 있다.

예를 들어 단일 전역 API를 제공하는 서비스가 여러 데이터센터에 분산되어 있다고 가정해보자. 각 데이터센터 내에서 서비스는 여러 샤드의 집합이며, 각 샤드는 다양한 수의 태스크를 실행하는 여러 잡의 집합이다. 엔지니어는 이러한 구조를 보그몬 규칙으로 모델링해서 디버깅 시에 특정 하위 컴포넌트를 시스템의 나머지 컴포넌트들로부터 완전히 격리할 수 있다. 이 모델은 주로 컴포넌트의 공통적인 숙명을 따른다. 즉, 개별 태스크들이 설정 파일 때문에 그 운명을 함께 하거나, 한 샤드 내의 잡들이 같은 데이터센터에 상주한다는 이유로 함께 관리되기도 한다. 또한 물리적인 사이트들도 네트워킹 때문에 같은 숙명을 가지기도 한다.

레이블링 규칙을 이용하면 이들을 잘 분리할 수 있다. 보그몬은 대상의 인스턴스 이름과 샤드, 그리고 데이터센터를 가리키는 레이블을 추가해서 시계열 데이터를 그룹화하고 집계하는 데 사용하다. 그래서 시계열 데이터에 대해 여러 가지 방법으로 레이블을 활용할 수 있다. 물론 이들은 상호 교환이 가능하다.

- 데이터 자체에 대한 구분을 정의하는 레이블(예를 들면 `http_responses` 변수의 HTTP 응답 코드)
- 데이터의 원본을 정의하는 레이블(예를 들면 인스턴스나 잡 이름)
- 장소나 서비스 내에서 데이터의 집계가 발생한 지점을 의미하는 레이블(예를 들면 물리적 위치를 의미하는 존 레이블이나 태스크의 논리적 그룹을 의미하는 샤드 레이블 등)

이 라이브러리들은 본질적으로 템플릿을 활용하므로 유연하게 활용할 수 있어 동일한 템플릿을 이용해 각기 다른 계층의 데이터를 집계할 수도 있다.

지난 10년 간 …

보그몬은 각 대상별 검사 및 알림(check-and-alert) 모델을 거대한 변수의 수집 및 중앙식 규칙 평가를 통한 시계열 데이터 기반의 알림 및 분석 모델로 변화시켰다.

이렇게 모니터링될 시스템과 모니터링 규칙을 분리한 덕분에 해당 시스템은 알림 규칙의 크기와는 별개로 스케일링이 가능해졌다. 게다가 알림 규칙은 범용 시계열 형식으로 추상화되어 있어 유지보수가 훨씬 용이하다. 새로운 애플리케이션은 사용하는 모든 컴포넌트 및 라이브러리가 내보내는 지표들을 언제든 사용할 수 있는 상태로 개발되며, 잘 정의된 집계 규칙과 콘솔 템플릿 덕분에 그 구현이 훨씬 쉬워졌다.

유지 관리 비용이 서비스 크기와 부선형적으로 비례하도록 보장하는 것은 유지보수가 가능한 모니터링(및 기반 운영 작업)을 위한 핵심 요소다. SRE는 자신들이 수행하는 작업을 모든 면에서 글로벌 수준으로 스케일링하려고 하므로 이 테마는 모든 SRE 작업에 반복적으로 적용될 수밖에 없는 주제다.

10년이라는 긴 시간 동안 구글의 모니터링 환경은 경험과 변화, 그리고 회사의 성장에 따른 지속적인 개선을 위한 노력을 바탕으로 발전해왔다.

보그몬은 구글의 내부 도구로 남아있기는 하지만 시계열 데이터를 알림을 발송하기 위한 원천 데이터로 사용하자는 아이디어는 이제 프로메테우스, 리맨, 헤카, 보선을 비롯한 기타 다른 오픈 소스 도구들을 활용하면 언제든지 실현할 수 있다.

11

비상 대기

안드레아 스파다치니(Andrea Spadaccini)[1] 지음
카비타 줄리아니(Kavita Guliani) 편집

비상 대기(on-call)는 많은 운영팀 및 엔지니어링팀이 서비스의 신뢰성과 가용성을 위해 반드시 수행해야 할 중요한 임무다. 그러나 조직 내에서 비상 대기 업무를 교대로 수행하는 과정 속에는 많은 어려움이 도사리고 있으며, 그 어려움을 피하지 못한다면 서비스와 팀에 심각한 결과를 초래하기도 한다. 이 장에서는 구글의 SRE들이 수년에 걸쳐 개발한 비상 대기 업무 수행 방안의 기본적인 원리에 대해 소개하고, 이를 바탕으로 서비스의 안정성을 보장하고 업무 부하를 안정적으로 유지해온 방법에 대해 설명하고자 한다.

소개

일부 전문직 종사자들은 업무 시간 및 업무 외 시간에 걸려오는 전화에 응대하기 위한 업무를 수행하는 종업원을 필요로 한다. IT의 경우 전화 응대 활동은 지금까지 전문 운영팀이 수행해

---

[1] 이 장의 내용은 본래 ;login: (2005년 10월, 40권, 5호)에 게재되었던 내용을 재편집한 것이다.

왔으며, 그들의 주요 임무는 자신들이 관리하는 서비스들을 문제 없이 운영하는 것이었다.

구글의 여러 주요 서비스들, 예를 들면 검색, 광고 및 지메일 등은 이 서비스들의 성능과 신뢰성을 책임지는 전담 SRE팀이 있다. 그래서 SRE들이 서비스를 위한 비상 대기 업무를 수행한다. SRE팀은 순수한 운영팀과는 사뭇 달라서 문제를 해결하기 위한 엔지니어링적 접근법을 강조한다. 이 문제들은 대부분 운영과 관련된 것들이지만 스케일링과 관련해서 소프트웨어 엔지니어링 솔루션 없이는 다루기 어려운 것들이다.

이런 종류의 문제들을 해결하기 위해 구글은 시스템과 소프트웨어 엔지니어링에 있어 각기 다른 배경지식을 가진 사람들을 SRE팀에 충원한다. 또한 SRE가 순수한 운영 업무에 할애할 수 있는 시간을 최대 50%로 제한하고 있어 최소한 50%의 시간을 서비스 개선은 물론 자동화를 통해 팀의 업무 수행을 개선할 수 있는 엔지니어링 프로젝트에 할애하도록 하고 있다.

비상 대기 엔지니어의 삶

이 절에서는 통상 비상 대기 엔지니어가 어떤 활동을 하는지에 대한 설명과 더불어 이 장의 나머지 부분에 대한 약간의 배경지식을 제공하고자 한다.

비상 대기 엔지니어는 프로덕션 시스템의 보호자로서 팀에 영향을 미치는 장애를 관리하고 프로덕션 환경의 변경을 추진 및 진단하는 등 할애된 운영 업무를 수행한다.

비상 대기 시에 엔지니어는 수 분 이내에 프로덕션 환경에서 필요한 운영 작업을 수행할 수 있어야 한다. 이 시간은 사전에 약속된 장애 시 대응 시간으로 팀과 비즈니스 시스템 소유자의 동의하에 결정된 시간이다. 통상 이 시간은 사용자에게 노출되거나 혹은 시간이 매우 중요한 서비스의 경우에는 5분 정도이며, 시간에 민감하지 않은 서비스의 경우에는 30분 정도다. 또한 회사가 알림을 수신하기 위한 장치를 지원하며, 대부분 휴대전화를 사용한다. 구글은 유연한 알림 시스템을 운영하고 있어서 다양한 장치에서 다양한 메커니즘(이메일, SMS, 자동 전화, 모바일 앱 등)으로 알림을 받을 수 있다.

장애에 대한 대응 시간은 서비스의 가용성에 따라 다르지만 규칙은 매우 간단하다. 사용자에게 노출되는 서비스의 경우에는 분기별로 99.99%의 가용성을 반드시 확보해야 한다. 그래서 분기별로 허용되는 다운타임은 약 13분 정도(부록 A 참고)이다. 이 제약은 비상 대기 엔지니어의 대응 시간이 대략 분 단위로 이루어져야 한다는 것을 의미한다(엄밀히 말하면, 13분 안에 이루어져야 한다). SLO가 비교적 낮은 시스템의 경우에는 대응 시간을 10분 단위로 정의할 수 있다.

일단 장애 알림을 받게 되면 비상 대기 엔지니어는 문제의 수위를 판단하고 해결해야 한다. 이때 필요에 따라 다른 팀 구성원과 함께 작업하거나 혹은 이관할 수도 있다.

우선순위가 낮은 알림이나 소프트웨어 릴리즈 같이 장애 알림이 발송되지 않는 프로덕션 이벤트의 경우에는 비상 대기 엔지니어가 업무 시간에 처리하는 것도 무방하다. 이런 활동들은 비교적 급하지 않은 업무들이지만 장애 알림이 발송되는 이벤트들은 프로젝트 업무를 포함한 다른 모든 업무들보다 높은 우선순위를 갖는다. 비교적 우선순위가 낮은 업무들에 대한 자세한 내용은 제29장을 참고하기 바란다.

많은 팀들이 주 비상 대기조와 보조 대기조를 동시에 운영한다. 주 대기조와 보조 대기조에 어느 정도의 업무를 할당할 것인지는 각 팀이 알아서 결정한다. 어떤 팀은 주 비상 대기조가 장애 알림을 놓치는 경우를 대비해 보조 대기조를 운영하기도 하고, 다른 팀은 주 대기조는 장애 알림만 처리하고 보조 대기조는 나머지 프로덕션 업무들을 처리하도록 운영하기도 한다.

보조 대기조를 교대로 운영하는 것은 업무의 분담을 위해 반드시 필요한 것은 아니지만, 서로 관련 있는 두 팀이 서로의 보조 대기조 역할을 하는 것이 일반적이다. 이렇게 하면 보조 대기조를 독자적으로 운영해야 하는 부담이 줄어든다.

비상 대기 업무 교대조를 구성하는 방법은 매우 다양하다. 좀 더 자세한 내용은 [Lim14]의 "비상 대기" 장을 참고하기 바란다.

비상 대기 업무의 균형 맞추기

SRE팀에는 비상 대기 업무에 편성될 경우의 업무의 양과 품질에 대한 상세한 제약이 있다. 비상 대기 업무의 양은 엔지니어가 비상 대기 업무에 할애한 시간의 백분율로 계산한다. 그리고 비상 대기 품질은 비상 대기 업무 기간 동안 발생한 장애의 수로 계산될 수 있다.

SRE 관리자는 비상 대기 업무의 부하를 균형 있게 관리하고 업무의 양과 품질을 유지할 책임을 진다.

업무 양의 균형

우리는 'SRE'에서 'E'가 우리 조직의 특성을 정의한다고 믿고 있으므로 최소 50%의 시간을 엔지니어링에 투자하려고 노력한다. 남은 50% 중에서는 25% 정도를 비상 대기에 사용하고, 나머지 25%는 프로젝트 업무가 아닌 다른 운영 업무에 할애한다.

25%의 비상 대기 규칙 덕분에 우리는 최소한의 SRE 인력들로 24시간/7일 내내 대기하는 비상 대기조를 운영할 수 있다. 항상 두 사람(한 명은 주 대기조, 다른 한 명은 보조 대기조로써 각각 다른 업무를 수행한다)이 한 조를 이룬다고 가정하면 단일 사이트(single-site)팀에서 비상 대기 업무를 수행하기 위해 필요한 최소 엔지니어의 수는 8명이다. 비상 대기 업무를 일주일 단위로 교대로 수행한다면 각 엔지니어는 한 달에 한 주 동안(주 또는 보조로) 비상 대기 업무에 투입된다. 이중 사이트(dual-site)팀의 경우라면 각 팀이 25%의 규칙을 지키면서 충분한 수의 엔지니어들을 유지하려면 최소 6명 이상이 있어야 한다.

만일 서비스와 관련된 업무가 충분히 많아서 단일 사이트팀의 규모가 커지게 되면 다중 사이트팀을 구성하는 것을 선호한다. 다중 사이트팀은 다음의 두 가지 장점이 있다.

- 야간에 업무를 교대하는 것은 건강에 좋지 않은 영향을 미치므로[Dur05], 다중 사이트팀의 '해 뜰 때' 교대하는 방식은 팀 전체가 야간 교대로부터 벗어날 수 있다.
- 비상 대기 업무에 참여하는 엔지니어의 수를 제한함으로써 엔지니어들이 프로덕션 시스템에 대한 관심을 지속할 수 있다. (154쪽의 "뜻밖의 적: 운영 업무의 부족" 절을 참고하기 바란다)

그러나 다중 사이트팀은 의사소통과 협업에 더 많은 비용을 소모하는 단점이 있다. 그래서 팀을 다중 사이트팀으로 구성할지 단일 사이트팀으로 구성할지를 결정할 때, 각각의 선택에 따른 반대급부와 시스템의 중요도, 그리고 각 시스템의 업무 부하에 대해 다각적으로 검토해야 한다.

품질의 균형

엔지니어는 비상 대기 업무에 투입되면 종류에 관계없이 발생한 장애를 처리하고 포스트모텀[Loo10]을 쓰는 등의 사후 활동을 수행하기 위한 충분한 시간을 확보해야 한다. 예를 들어 똑같은 원인으로 인해 발생한 장애 때문에 일련의 이벤트와 알림이 발생했고, 이에 대해 포스트모텀 과정에서 논의한다고 가정해보자. 우리는 비상 대기 시 장애의 주요 원인 분석과 개선,

그리고 포스트모텀 작성, 버그 수정과 같은 후속 작업 등으로 평균 6시간이 소요된다는 점을 발견했다. 비상 대기 업무의 교대는 매 12시간마다 이루어지므로 이 분석에 따르면 하루에 처리할 수 있는 최대 장애는 2개라는 결론이 나온다. 그래서 이 최대치를 초과하지 않으려면 시간의 흐름에 따른 알림 발송은 거의 수평에 가까워야 한다. 즉, 중간값이 0이어야 한다는 뜻이다. 만약 어떤 컴포넌트나 이슈가 매일 호출을 발송한다면(평균 장애 수/일 수 > 1이라면), 특정 시점에 다른 어딘가에 장애가 발생하여 평소보다 많은 장애가 발생했다고 볼 수 있다.

이 한계값이 분기당 한 번 정도와 같이 일시적으로 초과된다면 이를 보정하기 위한 측정을 도입하여 운영 부하를 지속 가능한 상태로 유지해야 한다('자세한 내용은 153쪽의 "운영 부하" 절과 제30장을 참고하기 바란다).

보상

근무 외 시간을 지원하기 위해서는 적절한 보상에 대해 고민해야 한다. 사실 비상 대기에 대한 보상은 각 조직마다 다르다. 구글의 경우 대체휴무나 전체 연봉에 대한 일정 비율의 현금 보상을 제공한다. 보상의 상한이 존재하면 특정 개인이 비상 대기 업무에 투입되는 시간을 제어할 수 있다. 보상 정책을 채택하면 팀이 수행해야 하는 비상 대기 업무에 투입되는 부분에 대한 동기를 부여할 수 있음은 물론 비상 대기 업무의 균형적인 분산과 피로 혹은 프로젝트 업무 수행을 위한 시간 부족 등 초과 비상 대기 업무로 인한 잠재적 부작용으로부터 벗어날 수 있다.

안전에 대해 고려하기

앞서 언급했듯이 SRE팀은 구글의 가장 중요한 시스템들을 지원한다. 그래서 SRE 비상 대기 업무를 수행한다는 것은 대체로 사용자가 직접 사용하며, 수익과 관련된 시스템이나 이런 시스템들을 지속적으로 운영하기 위해 필요한 인프라스트럭처에 대한 관리 책임을 진다는 것을 의미한다. 문제에 대해 고민하고 해결하기 위한 SRE 방법론은 서비스를 적절히 운영하기 위해서는 반드시 필요한 부분이다.

최근의 연구결과에 따르면 사람은 자신이 직면한 도전에 대해 크게 두 가지 방향으로 생각하는 것으로 밝혀졌다[Kah11].

- 직관적, 자동화적, 그리고 신속한 대응
- 합리적, 집중적, 그리고 계획적이며 경험에 기반한 행위

복잡한 시스템의 장애를 처리할 때는 두 번째 방식이 더 나은 결과를 도출해내며 계획에 따른 장애 조치가 가능하다.

엔지니어들이 후자의 마음가짐을 가지고 적절하게 자신을 제어할 수 있도록 하기 위해서는 비상 대기와 관련된 스트레스를 줄여주는 것이 중요하다. 서비스의 중요도 및 영향도와 잠재적 장애의 결과는 비상 대기를 수행 중인 엔지니어에게는 큰 압박이 될 수 있다. 팀 구성원 개개인의 웰빙에 미치는 부정적인 영향은 결국 SRE들이 잘못된 선택을 하게 만들고 이는 서비스의 가용성을 위태롭게 만들 수 있다. 코르티솔(cortisol)과 코르티코트로핀(corticotropin) 같은 스트레스 호르몬은 — 긴장을 풀어주는 호르몬(CRH)은 공포나 두려움을 포함한 행위적 결과를 야기하는 것으로 알려져 있다 — 인지적 행위에 부정적인 영향을 미쳐 적절하지 못한 의사 결정을 야기한다[Chr09].

스트레스 호르몬의 악영향에 대비하기 위한 계획적이면서도 현명한 대응 방법에는 우선 앞뒤를 재지 않고 무계획적으로 대응하는 방법도 포함되는데, 그러면 시행 착오를 통한 자기 학습이 자칫 잘못될 수 있다. 시행 착오를 통한 자기 학습은 비상 대기 업무를 수행하는 사람에게는 매우 매력적인 방법처럼 보인다. 예를 들어 한 주에 똑같은 알림을 네 번째 받았는데 마침 이전에 발생한 세 번의 알림이 외부 인프라스트럭처 시스템에 의해 발생한 것이라면 경험에 의한 단정으로 인해 네 번째 알림마저 앞서 세 번의 알림과 같은 것이라고 치부해 버리기 십상이다.

장애 관리 도중에는 직감에 기반한 신속한 대응이 미덕이기는 하지만 분명 단점도 존재한다. 자신의 감이 틀릴 수 있을 뿐 아니라 명확한 데이터에 근거한 지원이 제대로 이루어지지 않을 수 있기 때문이다. 그래서 자신의 감을 믿는다는 것은 엔지니어가 문제 해결의 첫 단추를 잘못 채움으로써 시간을 낭비하게 되는 결과를 초래할 수 있다. 신속한 대응 또한 습관에 의해 좌우된다. 장애 관리에 있어 이상적인 방법은 자신의 추측을 심도 있게 확인하는 동시에 좀 더 합리적인 의사 결정을 위해 충분한 데이터를 활용할 수 있는 시점에 적절한 속도로 차근차근 각 단계를 밟아나가는 완벽한 균형이 필요하다.

비상 대기 중인 SRE에게 있어 중요한 것은 다양한 자원을 활용해 비상 대기 업무에 대한 부담을 줄일 수 있다는 점을 이해하는 것이다. 비상 대기에 활용할 수 있는 가장 중요한 자원들은 다음과 같다.

- 분명한 장애 전파 경로
- 잘 정의된 장애 관리 프로세스
- 비난 없는 포스트모텀 문화([Loo10], [All12])

SRE의 지원을 받는 시스템을 개발하는 팀은 대부분 24/7 비상 대기 업무에 교대로 투입되며, 필요하다면 언제든지 다른 팀에게 장애를 전파할 수 있다.

장애를 전파하는 적절한 방법은 주로 지표를 통해 확인할 수 없는 심각한 장애에 대응하기 위해 원칙적으로 정해진 방법을 따르는 것이다.

어느 누군가가 장애를 처리 중일 때, 문제가 너무 복잡해서 여러 팀이 함께 해결해야 할 필요가 있거나, 어느 정도 확인해본 결과 장애의 해결에 어느 정도의 시간이 소요될지 아직 예측할 수 없다고 판단되면 정해진 장애 관리 절차를 따르는 편이 낫다. 구글의 SRE는 제14장에서 설명하는 절차를 따른다. 이 절차는 비상 대기 엔지니어가 필요한 모든 도움을 받아 만족할 만한 장애 해결책을 찾아내기 위해 필요한 일련의 과정을 잘 정의하고 있으며 따라하기도 매우 쉽다. 이 절차는 내부적으로 웹 기반 도구를 통해 지원되며 역할을 넘겨주거나 상태의 변화를 녹화하고 공유하는 등, 대부분의 장애 관리 행위가 자동화되어 있다. 이 도구는 장애 관리자가 이메일을 보기 좋게 꾸미거나 한 번에 여러 의사소통 채널을 업데이트하는 등의 쓸모 없는 행동을 하느라 불필요한 노력을 낭비하는 대신 장애 자체에 집중할 수 있도록 도와준다.

마지막으로 장애가 발생하면, 언제 무엇이 잘못되었고 어떤 부분이 제대로 동작했는지를 판단해서 향후에 동일한 에러가 다시 반복되지 않도록 하는 것이 무엇보다 중요하다. SRE팀은 중대한 장애를 처리한 후에는 반드시 포스트모텀 문서에 사건이 발생한 이후의 모든 시간대별 행위를 상세히 기록해야 한다. 사람이 아닌 사건에 집중해서 작성된 포스트모텀 문서는 큰 가치를 제공한다. 이 문서는 누군가를 비난하는 것이 아니라, 프로덕션 환경의 장애를 시스템적으로 분석함으로써 그 가치를 이끌어낸다. 실수는 일어나게 마련이다. 따라서 소프트웨어는 가능한 한 실수가 없도록 만들어져야 한다. 그리고 사람의 실수를 줄이는 최고의 방법 중 하나는 자동화할 수 있는 부분을 선별하는 것이다[Loo10].

부적절한 운영 부하에서 벗어나기

148쪽의 "비상 대기 업무의 균형 맞추기" 절에서 언급했듯이 SRE는 50%의 시간을 운영 업무에 할애한다. 그런데 운영 업무가 이 범위를 벗어나게 된다면 어떻게 될까?

운영 부하

SRE팀과 임원진은 분기별 업무 계획에 대해 탄탄한 목표를 세워 업무 강도를 적절한 수준으로 유지해야 할 책임이 있다. 제30장에서 설명하겠지만, 업무 부담이 큰 팀에 경력 있는 SRE를 임시로 보내면 팀의 숨통이 트이고 이슈를 해결하는 데 속도를 낼 수 있게 된다.

이상적으로는 운영 업무 부담의 증가에 대한 증상을 측정할 수 있어서 그 목표치가 정량화될 수 있어야 한다(예를 들어 일일 티켓의 개수는 5개 미만, 비상 대기 동안 호출 알림은 2회 미만 등).

모니터링의 설정이 잘못되는 것은 운영 부담이 증가하는 대표적인 경우다. 호출 알림은 서비스의 SLO를 위협하는 증상이 발생하는 경우에만 보내져야 한다. 그리고 모든 호출 알림은 그에 대한 대응 조치가 가능한 것들이어야 한다. 우선순위가 낮은 알림이 한 시간마다 (혹은 그보다 자주) 울려댄다면 비상 대기 엔지니어의 생산성이 저하될 뿐만 아니라 알림이 너무 많아 이를 간과하게 되면 정말 심각한 알림을 놓칠 수도 있다. 좀 더 자세한 내용은 제29장에서 다시 살펴보기로 하자.

하나의 장애가 발생했을 때 비상 대기 엔지니어가 수신하게 될 알림의 숫자를 제어하는 것 역시 매우 중요한 부분이다. 비정상적인 상황에서 여러 번의 알림이 발신될 수 있으므로 모니터링이나 알림 시스템에 의해 발신되는 알림들 중 관련된 것들을 묶어서 알림의 발신을 조율하는 것이 중요하다. 만일 어떤 이유로 장애 발생 시, 중복되거나 혹은 그다지 정확하지 않은 알림이 발신된다면 해당 알림을 비활성화하는 것이 비상 대기 엔지니어가 문제 자체에 집중하는데 더 도움이 된다. 시스템이 하나의 장애에 대해 너무 많은 알림을 발신하면 알림/장애의 비율이 일대일이 되도록 조정되어야 한다. 그렇게 하면 비상 대기 엔지니어가 중복된 알림을 추적하는 대신 장애 자체에 집중할 수 있다.

어떤 경우에는 운영 부담을 가중시키는 변화가 SRE팀의 관할 밖에 있는 경우도 있다. 예를 들어 애플리케이션 개발자의 작업 과정에서 시스템의 신뢰성에 문제가 생기거나 혹은 시스템의 알림 발신이 더 잦아질 수 있다. 이런 경우에는 해당 애플리케이션 개발자와의 협업을 통해 시스템을 향상시키기 위한 공통의 목표를 설정하면 된다.

SRE팀은 극한의 상황에서는 '호출을 돌려주는' 방식을 취할 수도 있다. 즉, SRE가 개발팀에게 시스템이 SRE팀의 기준에 도달할 때까지 비상 대기에만 집중해줄 것을 요구할 수 있다. 물론 이런 상황은 자주 일어나지는 않는다. 개발팀과의 협업을 통해 운영 부담을 줄이고 해당 시스템을 안정화하는 것은 거의 항상 가능하기 때문이다. 하지만 여러 부분에 영향을 미치는 복잡한 변경이나 아키텍처적인 변경을 적용하는 것 등과 같이 특별한 경우에는, 운영 관점에서 시스템을 이전 수준으로 안정화하기 위해 개발팀에 이를 요구할 수도 있다. 이때, SRE팀은 과도한 운영 부담을 짊어질 수 없다. 이런 경우에는 개발팀과 비상 대기에 대한 책임 분담을 재조정해야 하며, 일부 혹은 전체 호출 알림을 개발팀의 비상 대기 엔지니어에게 이양하기도 한다. 이런 해결책은 SRE가 개발팀과 협업을 통해 SRE가 다시 운영 업무를 수행할 수 있도록 시스템을 안정화하는 동안에만 한시적으로 적용한다.

SRE와 제품 개발팀이 비상 대기에 대한 책임을 재분배할 수 있다는 점은 팀 간에 힘의 균형을 맞출 수 있다는 것에 대한 반증이다.[2] 이와 같은 협업 관계는 이 두 팀이 원만한 관계에 있으며, 각자의 관점에서 바라보는 가치(안정성과 기능 개선 속도)들이 제품과 나아가 회사 전체에 이로운 방향으로 해결될 수 있음을 증명한다.

뜻밖의 적: 운영 업무의 부족

아무런 문제가 없는 시스템에 대한 비상 대기 업무는 그야말로 편한 업무이지만 시스템이 이상하리만큼 조용하다거나 SRE가 비상 대기 업무에 투입되는 빈도가 너무 낮다면 어떻게 될까? 운영 업무의 부족은 SRE팀에게 있어서는 당황스러운 부분이다. 프로덕션 환경을 너무 오래 접하지 못한다면 자신감이 너무 지나치거나 혹은 부족해질 수 있으며, 더 큰 문제는 실제 환경과 SRE가 보유한 지식 간의 차이가 장애가 발생한 후에야 비로소 드러난다는 점이다.

이러한 우발적 사태에 대응하기 위해서 SRE팀은 모든 엔지니어들이 최소 한두 분기마다 비상 대기 업무에 투입될 수 있도록 조정해서 모든 팀 구성원들이 프로덕션 환경에 적당히 노출되도록 해야 한다. '복불복'[3]으로 장애를 경험하게 되더라도(제28장에서 설명한다) 이 역시 팀의 입장에서는 다행스러운 일이다. 왜냐하면 서비스에 대한 문제 해결 능력과 지식을 갈고 닦을 수 있는 기회이기 때문이다. 구글은 회사 전체에 적용하는 연간 장애 복구 대회(Disaster Recovery Training, DiRT)를 열어 이론과 실전 지식을 모두 투입하여 며칠에 걸쳐 인프라스트럭처 시스템

---

2 SRE와 제품 개발팀 간의 원만한 협업에 대한 좀 더 자세한 내용은 제1장을 참고하기 바란다.

3 역주 운이 없이 장애 상황에 놓이게 되는 경우를 의미한다.

과 개별 시스템에 대한 테스트를 수행하곤 한다[Kri12].

결론

이 장에서 설명한 비상 대기 체제는 구글의 모든 SRE가 참고하는 가이드라인이자 지속적으로 관리 가능한 업무 환경을 촉진하는 핵심 요소다. 구글의 비상 대기 방식은 프로덕션 환경을 더 크게 확장하는 책임을 다하기 위한 엔지니어링 업무를 소화할 뿐만 아니라 복잡도와 시스템 및 서비스의 증가와는 무관하게 높은 신뢰성과 가용성을 보장해야 하는 SRE의 기본 소양을 모두 수행할 수 있게 해준다.

어쩌면 이 방식이 IT 서비스에 비상 대기가 필요한 모든 엔지니어들 모두에게 곧바로 적용할 수 있는 방법은 아닐 수 있지만, 비상 대기 업무가 늘어나는 조직이 쉽게 도입할 수 있는 견고한 모델이라는 점을 믿어 의심치 않는다.

12

효과적인 장애 조치

크리스 존스(Chris Jones) 지음

단순히 시스템의 동작을 이해한다고 해서 전문가가 될 수 있는 것은 아니다.

전문성이라는 것은 시스템이 동작하지 않는 이유에 대해 연구하는 과정에서 얻어지는 것이다.

— 브라이언 레드맨(Brian Redman)

뭔가 제대로 진행이 된다는 것은 뭔가 제대로 진행이 되지 않는 와중에

발생하는 특별한 경우일 뿐이다.

— 존 올스퍼(John Allspaw)

장애 조치(troubleshooting)라는 기술은 분산 컴퓨팅 시스템을 운영하는 모든 사람(특히 SRE들)에게는 필수적인 기술이지만 때때로 선택받은 누군가만 보유할 수 있으며 대부분은 그렇지 못할 능력처럼 보이기도 한다. 그렇게 보이는 이유 중 하나는 장애 조치를 자주 경험하는 사람 입장에서는 몸에 배인 듯 자연스럽기 때문이다. 장애 조치를 어떻게 해야 하는지를 설명하는 것은 마치 자전거를 타는 방법을 설명하는 것처럼 어렵다. 그러나 우리는 분명 장애 조치 역시 학습과 가르침이 가능한 부분이라고 믿는다.

장애 조치에 익숙하지 않은 초보자들은 간혹 헤매는 경향이 있는데, 그 이유는 장애 조치에 대한 연습이 크게 두 가지 요소와 관련이 있기 때문이다. 첫째는 장애 조치를 범용적으로(예를 들면 특정 시스템에 대한 지식이 없이) 수행하는 방법에 대한 이해고 두 번째는 시스템에 대한 탄탄한 이해다. 첫 번째 요소로 지목한 범용적인 과정을 통해서만 문제의 해결에 접근할 수도 있지만[1] 결국 이런 방법은 효율적이지도 않고 별 효과도 없는 것으로 드러났다. 시스템에 대한 지식은 해당 시스템에 익숙하지 않은 SRE의 효율성에 제한을 가하는 경향이 있다. 시스템이 어떻게 디자인되고 만들어졌는지에 대해 그다지 많이 알지 못하는 상태이기 때문이다.

그러면 장애 조치의 일반적인 과정에 대해 살펴보기로 하자. 장애 조치에 대한 경험이 풍부한 독자들은 장애 조치에 대한 우리의 정의와 절차가 마음에 들지 않을 수도 있겠다. 만일 지금 채택하고 있는 방식이 충분히 효과적이라면 굳이 우리의 방식으로 바꿀 필요는 없을 것이다.

이론

통상 애플리케이션의 장애 조치 방법은 가설 연역 방법(hypothetico-deductive method)[2]이라고 생각하면 된다. 즉, 시스템을 관찰한 결과와 시스템의 행동에 대한 이해를 바탕으로 한 이론적 기반을 토대로 장애의 잠재적 원인에 대해 계속해서 가설을 세워나가고 이 가설을 시험하는 방법이다.

그림 12-1에서 보듯이, 이상적인 경우라면 아마도 시스템에 뭔가 이상이 생겼을 때 문제 보고를 받는 것에서 시작하게 될 것이다. 그런 다음에는 시스템의 측정 데이터[3]와 로그를 통해 현재의 상태를 파악한다. 이 정보를 시스템의 구현 방식과 동작 방식 그리고 장애 복구 모드 등의 지식과 결합하여 몇 가지 가능한 원인을 규명하게 된다.

---

1 사실 첫 번째 요소만을 바탕으로 하는 장애 조치 기술은 시스템의 동작을 학습하기 위한 효과적인 방법이 되기도 한다. 자세한 내용은 제28장의 내용을 참고하기 바란다.

2 https://en.wikipedia.org/wiki/Hypothetico-deductive_model을 참고하기 바란다.

3 예를 들면 제10장에서 설명한 수집된 변수 등이 이에 해당한다.

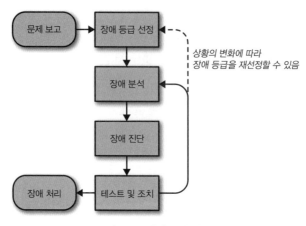

상황의 변화에 따라
장애 등급을 재선정할 수 있음

그림 12-1 장애 조치 과정

그런 다음 두 가지 방법으로 우리의 가설을 테스트해볼 수 있다. 관찰한 시스템의 상태를 이론과 비교하여 정황들이 들어맞는지 그렇지 않은지를 판단하거나, 아니면 적극적으로 시스템을 고쳐보고(이런 경우에는 당연히 통제된 방법으로 시스템을 수정해야 한다) 그 결과를 다시 관찰할 수 있다. 두 번째 방법은 시스템의 상태에 대한 이해도와 보고된 문제에 대한 가능한 원인들을 다시 한번 되돌아볼 수 있는 계기가 되기도 한다. 둘 중 어떤 방법을 사용하든, 근본 원인(root cause)이 발견될 때까지는 계속해서 테스트를 수행하고 원인이 발견되면 장애 재발을 방지하기 위해 그에 대한 조치를 수행한 후 포스트모텀 문서를 작성한다. 물론 직접적인 원인들은 근본 원인을 발견하거나 포스트모텀 문서를 작성할 때까지 기다릴 필요 없이 바로 수정해도 무방하다.

통상적인 문제

비효율적인 장애 조치 세션은 장애 등급 선정, 분석 및 진단 단계에 영향을 미친다. 이들 중 대부분은 시스템에 대한 깊은 이해가 부족한 데서 발생한다. 통상적으로 피해야 하는 문제점들은 다음과 같다.

- 관련이 없는 증상을 들여다보거나 시스템의 지표의 의미를 잘못 이해하는 경우. 멍청하게 결과만 쫓는 행동일 뿐이다.

- 시스템의 변경이나 입력 값 혹은 환경에 대한 잘못된 이해는 안전하고 효과적인 가설의 검증에 방해가 된다.

- 장애 원인에 대한 가능성이 희박한 가설을 세우거나 과거에 발생한 문제의 원인과 결부시켜 한 번 발생한 문제는 다시 발생할 것이라고 결부해 버리는 행위.

- 사실은 우연히 발생했거나 혹은 동일한 원인에 의해 발생한 관련 현상들을 계속해서 쫓아다니는 행위.

첫 번째와 두 번째 문제를 해결하려면 시스템에 대해 더 많이 이해하고 분산 시스템에서 사용되는 공통 패턴에 대해 경험을 더 쌓으면 된다. 세 번째 문제는 모든 장애들이 똑같은 발생 가능성을 가지고 있지 않다는 점을 기억하면 피할 수 있는 논리적 오류들일 뿐이다. 의사들이 종종 말하듯이 '말발굽 소리가 들리면 얼룩말이 아닌 말을 떠올리듯'[4] 된다. 또한 모든 것이 똑같아진다면 더 간단한 설명을 선호할 것이라는 점도 기억하자.[5]

마지막으로 연관 현상들은 원인이 아니다.[6] 일부 연관된 사건, 예를 들면 클러스터 내의 패킷 손실과 클러스터 내의 하드 드라이브 장애는 같은 공통의 원인 – 예를 들면 정전에 의해 발생할 수 있는 반면, 네트워크 장애는 분명히 하드 드라이브 장애를 유발하지 않으며 그 반대의 경우도 마찬가지다. 나아가 시스템의 크기와 복잡도가 증가함에 따라 더 많은 지표들을 모니터링하고 있다면 우연히 발생한 장애임에도 불구하고 마치 다른 장애와 관련되어 발생한 것처럼 보이는 경우가 발생할 수밖에 없다.[7]

우리의 원인 규명 과정에서는 이런 문제들을 피하기 위해 장애에 대해 이해하는 것이 가장 먼저 수행해야 하는 작업이며, 이를 통해 좀 더 효과적으로 문제를 해결할 수 있게 된다. 우리가 아는 것, 모르는 것, 그리고 알아야 할 것에 대해 방법론적으로 접근하면 장애 조치 과정이 더 간결해질 뿐 아니라 무엇이 잘못되었고 어떻게 조치해야 하는지를 직관적으로 알 수 있게 된다.

실전에 들어가보자

물론 실전에서의 장애 조치는 이상과는 거리가 멀다. 하지만 시스템 문제를 경험하고 이를 처리하기 위한 과정을 조금 덜 힘들고, 조금 더 생산적으로 수행하는 단계들을 소개하고자 한다.

---

4 1940년대 메릴랜드 의과대학(University of Maryland School of Medicine)의 세도르 우드워드(Theodore Woodward)가 역설했다. 자세한 내용은 https://en.wikipedia.org/wiki/Zebra_(medicine)를 참고하기 바란다. 이 주장은 일부 영역에서는 통하기도 하지만 일부 시스템에서는 모든 종류의 장애를 없앨 수도 있다. 예를 들어, 클러스터 파일 시스템이 잘 디자인되어 있다면 디스크 하나쯤 어떻게 된다고 해서 지연 장애가 발생하지는 않을 것이다.

5 https://en.wikipedia.org/wiki/Occam%27s_razor를 참고하기 바란다. 다만 여러 문제가 한 번에 발생할 수도 있다는 점을 기억해 두자. 특히 시스템에서 보통 저수준의 여러 문제들이 한 번에 발생했을 때는 이 모든 장애를 일으킨 문제점 하나만을 고려하는 것이 아니라 모든 증상을 고려하는 것이 낫다.

6 https://xkcd.com/552를 참고하기 바란다.

7 우리는 2000년부터 2009년 사이 치즈 소비 감소량과 미국 내에서 컴퓨터공학 박사 학위를 받는 사람의 숫자가 어떻게 그렇게 기가 막히게 연관이 되었는지를($r^2 = 0.9416$) 설명할 수 있는 그럴듯한 가설을 가지고 있지 않다. 자세한 내용은 http://tylervigen.com/view_correlation?id=1099를 참고하기 바란다.

문제 보고

모든 문제 해결은 그 문제에 대한 보고에서부터 시작한다. 문제 보고는 자동화된 알림일 수도 있고 동료 중 누군가 다가와 "이봐, 지금 시스템이 굉장히 느리게 동작하는 걸 알고 있어?" 라고 말해주는 경우일 수도 있다. 효과적인 문제 보고는 실제로 기대한 동작은 무엇인지, 그리고 현재 어떻게 동작하고 있는지, 더불어 가능하다면 문제가 되는 동작을 어떻게 재현할 수 있는지를 설명하고 있어야 한다.[8] 이상적인 경우라면 문제 보고는 일정한 양식으로 구성되어 버그 추적 시스템(bug tracking system)과 같이 검색이 가능한 위치에 저장되어야 한다. 이에 대해 우리 팀은 직접 정의한 양식을 사용하거나 혹은 현재 지원 중인 특정 시스템을 분석하기 위해 필요한 정보들을 입력할 수 있는 작은 웹 애플리케이션을 이용하는데, 특히 이 애플리케이션은 입력된 정보를 바탕으로 자동으로 버그 티켓을 작성하고 전달한다. 또한 자기 진단을 시도하거나 혹은 이미 잘 알려진 문제인 경우 자기 복구까지 시도할 수 있는 문제 보고 도구를 지원할 수 있다면 더 좋겠다.

구글에서는 메일로 전달받든 메신저로 전달받든, 모든 이슈에 대해 버그를 오픈하는 것이 일반적이다. 그렇게 하면 버그에 대해 살펴보고, 수정한 모든 행위에 대한 로그를 수집하고, 나중에 다시 참조할 수 있다. 문제를 특정인에게 직접 보고하는 방법은 많은 팀이 여러 가지 이유로 지양하고 있다. 이 방법은 보고받은 내용을 버그로 옮겨 적는 불필요한 과정을 요구하며, 팀의 다른 구성원에게 도움이 되지 않는 낮은 품질의 보고서를 양산하게 될 뿐만 아니라 현재 해당 임무를 수행하는 누군가가 아니라 보고자가 알고 있는 몇몇 팀 구성원들에게 문제 해결에 대한 부담을 지우는 경향이 있기 때문이다(제29장 참조).

셰익스피어에서 문제가 발견됐다

여러분이 셰익스피어 검색 서비스의 긴급 대응 업무를 수행하던 도중 Shakespeare-BlackboxProbe_SearchFailure:라는 알림을 받았다고 가정해보자. 게다가 블랙박스 모니터링 시스템으로는 최근 5분간 발생한 '알려지지 않은 형태의 어떤 것'에 대한 어떠한 검색 결과도 얻지 못했다. 알림 시스템은 (블랙박스 모니터링의 최근 결과에 대한 링크가 포함된) 버그를 생성해서 여러분에게 할당했다. 뭔가 조치를 취해야 할 시점이다!

---

[8] 더 나은 품질의 문제 보고를 위해서는 미래형 버그 보고자(prospective bug reporter, [Tat99])를 참고하기 바란다.

문제의 우선순위 판단

일단 문제에 대해 보고받으면 그 다음 단계는 대처 방법을 찾는 것이다. 보고된 문제는 그때그때 달라질 수 있다. 아주 특별한 상황에서 한 사람의 사용자에게만 발생한 (게다가 문제를 우회할 수 있는 방법도 있는) 문제일 수도 있고, 서비스의 전체적인 장애를 유발하는 문제일 수도 있다. 따라서 문제의 영향도에 따라 적절히 대처해야 한다. 후자의 문제라면 전체 인력이 몽땅 달려들어 해결하는 것이 적절하겠지만(제14장 참조), 전자의 문제라면 굳이 그렇게까지 할 필요는 없다. 그래서 문제의 영향도를 판단하는 것은 엔지니어링적인 판단을 위한 좋은 연습이 되며, 긴급한 상황에서도 평정을 유지하는 데 도움이 된다.

심각한 장애 상황에서 가장 먼저 취해야 할 조치는 아마도 장애 조치를 시작하고 가능한 빨리 문제의 근본 원인을 찾는 것이라고 생각할지도 모르겠다. 하지만 그런 본능을 따라서는 절대 안 된다!

그 대신 여러분이 취해야 하는 행동은 우선 시스템이 가능한 정상적으로 동작하게 만드는 것이다. 예를 들어 문제가 발생한 클러스터에서 다른 클러스터로 트래픽을 전환한다든가, 연쇄적인 장애를 피하기 위해 트래픽을 줄인다거나 혹은 부하를 줄이기 위해 서브시스템을 비활성화하는 등 다양한 선택을 할 수 있다. 즉, 출혈 부위를 찾아 지혈을 하는 것이 가장 우선이다. 근본 원인을 찾다가 시스템이 죽어버리면 사용자에게 아무런 도움을 줄 수 없기 때문이다. 물론 문제의 영향도를 충분히 신속하게 판단한다면 이후 근본 원인 분석을 위한 로그 분석과 같이 문제가 발생했었던 증거를 찾기 위한 수순에 큰 영향을 미치지 않는다.

숙련된 파일럿은 긴급 상황에서 자신의 최우선 과제는 비행기를 계속 비행하게 하는 것이라고 가르친다[Gaw09]. 두 번째로 취해질 장애 조치는 비행기와 그 외 모든 것들을 안전하게 지상에 착륙시키는 것이다. 컴퓨터 시스템에도 마찬가지 방법을 적용할 수 있다. 예를 들어 버그로 인해 데이터가 복구가 불가능할 정도로 손상을 입었다면 그 시스템이 계속 동작하도록 방치하는 것보다는 더 큰 손실을 방지하기 위해 시스템을 중단하는 것이 옳다.

이런 사실은 신입 SRE, 특히 과거에 제품 개발 조직에서 일해본 경험이 있는 SRE들은 말도 안 된다고 생각하고 동의하기도 힘들 것이다.

문제를 관찰하기

우리는 시스템의 각 컴포넌트들이 정상적으로 동작하는지 여부를 이해하기 위해 각각을 면밀히 관찰해야 한다.

이상적인 경우라면 제10장에서 살펴본 것과 같이 모니터링 시스템이 시스템의 모든 지표를 기록하고 있어야 한다. 이 지표들이야 말로 문제가 발생한 원인을 찾기 위해 가장 먼저 들여다봐야 할 것들이다. 시계열 데이터를 그래프화해서 살펴보면 시스템의 특정 일부분의 동작을 이해하고 어디서 문제가 발생했는지를 암시하는 연관 관계를 찾는 효과적인 방법이 될 수 있다.[9]

그 외에 로그도 아주 좋은 도구다. 각 동작에 대한 정보와 시스템의 상태를 살펴보면 어느 특정 시점에 프로세스가 어떤 작업을 했는지 정확히 이해할 수 있다. 어쩌면 하나 혹은 그보다 많은 프로세스의 시스템 로그를 분석해야 할 수도 있다. 대퍼(Dapper)[Sig10] 같은 도구를 이용해서 전체 스택에 걸쳐 요청을 추적하는 것은, 비록 다양한 사례들로 인해 그 추적 방법이 상당히 다를 수는 있지만, 전체적으로 분산 시스템이 어떻게 동작하는지를 이해할 수 있는 아주 강력한 방법이다[Sam14].

로깅

텍스트 기반 로그는 실시간 반응형 디버깅에 아주 유용하지만 구조화된 바이너리 형식으로 로그를 저장하면 빌드 도구들이 사후분석을 실행할 때 더 많은 정보를 제공해줄 수 있다.

또한 다양한 로그 레벨을 정의하고 이를 필요할 때 바로 바로 변경할 수 있다면 더없이 좋을 것이다. 이것이 가능하다면 프로세스를 재시작하지 않고도 모든 운영 과정을 살펴볼 수 있으며, 시스템이 다시 정상 상태로 되돌아가면 로그 레벨도 그에 맞춰 다시 설정하면 된다. 그러나 시스템이 소화하는 트래픽의 크기에 따라 통계 샘플링을 이용하는 것이 더 나을 수도 있다. 예를 들어 매 1,000회의 동작 중 하나를 살펴보는 방법이 나을 수도 있다는 뜻이다.

다음 단계는 필요한 데이터를 선택할 수 있는 언어를 추가하여 '조건 X와 일치하는 동작을 조회'할 수 있는 기능을 추가하는 것이다. 여기서 조건 X를 다양하게 활용할 수 있으면 더 좋을 것이다. 예를 들어 페이로드 크기가 1,024바이트 미만인 RPC, 호출 후 리턴까지의 시간이 10밀리초를 초과한 작업, *rpc_handler.py* 파일에서 doSomethingInteresting() 메서드의 호출 여부 등 다양한 데이터를 조회할 수 있어야 한다. 또한 로깅 인프라스트럭처를 직접 디자인해서 필요할 때 재빨리 선택적으로 로그를 켜거나 끌 수 있으면 금상첨화다.

세 번째로 살펴볼 내용은 현재의 상태를 외부에 노출하는 방법이다. 예를 들어 구글 서버들은 최근에 발신하거나 수신한 RPC들의 예시를 보여주는 종단점을 가지고 있어서 아키텍처 다이어그램이 없어도 한 서버가 어떤 다른 서버와 통신을 수행하는지를 쉽게 이해할 수 있다. 또

---

9 다만, 연관 관계를 잘못 파악하면 문제 해결이 더 어려워질 수 있음을 기억하자!

한 이 종단점들은 RPC의 종류별로 에러율과 지연응답에 대한 기록들도 보여주므로 어떤 서버가 현재 문제가 있는지를 빠르게 확인할 수 있다. 일부 시스템들은 현재의 설정을 보여주거나 혹은 데이터를 확인할 수 있는 종단점을 제공하기도 한다. 예를 들어 구글의 보그몬 서버(제10장 참조)는 자신이 사용 중인 모니터링 규칙을 보여주며, 어떤 값이 전달되었을 때 이 값을 지표로 계산하는 과정을 한 단계씩 추적할 수 있는 기능도 제공한다.

마지막으로 어떤 컴포넌트가 수신할 수 있는 요청과 그에 대한 응답을 확인할 수 있도록 클라이언트가 이를 미리 확인해볼 수 있는 도구들을 제공할 필요도 있을 것이다.

셰익스피어 서버의 디버깅

버그 알림이 제공하는 블랙박스 모니터링 결과에 대한 링크를 방문해보면 프로버(prober)가 /api/search 종단점에 HTTP GET 요청을 보냈음을 알 수 있다.

```
{
  'search_test': 'the form of things unknown'
}
```

프로버는 HTTP 200 응답 코드와 함께 다음과 같은 JSON 데이터를 수신하기를 기대하고 있다.

```
[{
  "work": "A Midsummer Night's Dream",
  "act": 5,
  "scene": 1,
  "line": 2526,
  "speaker": "Theseus"
}]
```

시스템은 프로버를 1분에 한 번씩 보내도록 설정되어 있다. 그런데 지난 10분 동안 딱히 명확한 패턴도 없이 절반 가량의 프로버만 성공했을 뿐이다. 안타깝게도 프로버는 작업에 실패했을 때 무엇을 리턴했는지를 보여주지 않는다. 나중에 수정하기 위해 기록을 남겨놓는 것이 좋겠다.

curl을 이용해서 search 종단점에 직접 요청을 보내보니, 데이터 없이 HTTP 응답 코드 502(Bad Gateway)만 리턴하는 실패 응답을 수신했다. 그 응답에는 해당 요청에 응답한 모든 백엔드 서버의 주소 목록을 보여주는 X-Request-Trace HTTP 헤더가 포함되어 있었다. 이제 이 정보를 이용해서 각 서버들이 올바른 응답을 리턴하는지 확인해볼 수 있게 되었다.

진단

시스템의 디자인에 대한 전반적인 이해는 문제의 원인에 대한 그럴듯한 가설을 세우는 데 분명 도움이 되기는 하지만 몇 가지 기법들을 활용하면 그런 지식이 없이도 문제의 원인을 예측할 수 있다.

단순화하기와 범위를 좁히기

이상적인 경우라면 시스템 내의 컴포넌트들은 잘 정의된 인터페이스와 더불어 입력 데이터를 적절한 출력 데이터로 변환할 수 있어야 한다(현재 고려 중인 예시의 경우 컴포넌트는 입력된 검색어에 일치하는 검색 결과를 리턴해야 한다). 그런 후에는 컴포넌트 간의 연결을 (혹은 컴포넌트들 사이의 데이터의 흐름을) 확인함으로써 컴포넌트들이 올바르게 동작하는지를 알아볼 수 있다. 각 단계마다 테스트 데이터를 입력하고 올바른 결과가 출력되는지 확인하는 것 역시 효과적이다. 이를 통해 물론 의도적으로 에러를 유발할 수 있는 데이터를 입력해볼 수도 있다. 언제든지 재현이 가능한 테스트를 확보하면 훨씬 더 빨리 디버깅할 수 있으며, 프로덕션 환경에 비해 비교적 더 침입이 쉽거나 위험성이 높은 기법들을 사용하는 비프로덕션 환경에서도 같은 테스트를 실행해볼 수 있다.

시스템을 각 계층별로 분할정복기법(dividing and conquering)은 범용적으로 해결책을 찾기 위한 매우 유용한 수단이다. 일련의 컴포넌트 스택에 걸쳐 동작하는 다계층 시스템의 경우, 컴포넌트 스택의 어느 한 쪽에서 시작해서 다른 한 쪽으로 테스트를 진행해 나가면서 각 컴포넌트가 올바르게 동작하는지를 확인하는 것이 최선인 경우가 많다. 이 기법은 데이터 처리 파이프라인의 테스트에도 활용할 수 있다. 예외적으로 거대한 시스템의 경우, 이런 테스트를 순차적으로 진행해 나가기에는 시간이 너무 오래 걸릴 수 있다. 그렇다면 시스템을 반으로 나누어 각 컴포넌트 사이의 통신 경로를 확인하는 것이 더 바람직하다. 그래서 둘 중 한 쪽이 올바르게 동작하는 것이 확인되면 나머지 절반에 대해 같은 방법을 되풀이해서 문제가 발생한 컴포넌트를 찾을 수 있다.

'무엇이', '어디서', '왜'를 고민하기

오동작 중인 시스템은 종종 우리가 원하는 동작 이외의 어떤 다른 동작을 계속해서 실행하고 있을 가능성이 크다. 그래서 시스템이 어떤 동작을 수행하고 있는지를 먼저 확인한 후, 왜 이런 동작을 하는지, 그리고 그 자원이 어디서 이용되는지, 혹은 그 결과가 어디로 전달되는지를 생각해보면 정확히 어떤 부분이 잘못되었는지를 이해하는 데 도움이 된다.[10]

---

10 이 기법은 여러 면에서 타이치 오노(Taiichi Ohno)가 에러의 근본 원인을 이해하기 위한 방법으로 제시한 '반드시 생각해야 할 다섯 가지 이유(Five Whys)' 기법[Ohn88]과 유사하다.

가장 마지막으로 수정된 부분에 주목하자

시스템은 관성이 있다. 우리는 올바르게 동작하는 컴퓨터 시스템은 설정의 변경이나 서비스 부하의 종류가 바뀌는 등의 외부 요인이 발생하기 전까지는 계속해서 동작하려는 성향을 갖고 있음을 알아냈다. 그래서 무엇이 잘못되고 있는지 파악하기 위한 가장 좋은 시작 지점은 가장 최근에 변경된 부분이다.[12]

잘 디자인된 시스템은 새로운 버전의 배포는 물론 사용자 트래픽을 처리하는 서버 영역부터 클러스터 내의 개별 노드에 설치된 패키지에 이르기까지, 스택 전체에 걸친 설정 변경 등을 추적하기 위한 광범위한 프로덕션 로그를 생성한다. 시스템의 성능과 동작에 영향을 미치는 변경과 더불어 시스템과 환경 내에서 발생하는 다른 이벤트들은 모니터링 대시보드를 구성하는 데 큰 도움이 된다. 예를 들어 그림 12-2에 나타낸 것처럼 새로운 버전을 배포하기 시작한 시간부터 끝나는 시간까지의 시스템의 에러율을 그래프로 표현할 수도 있다.

---

11 RE2와는 달리 PCRE는 일부 정규표현식의 평가 시간이 기하급수적으로 늘어나기도 한다. RE2는 https://github.com/google/re2 에서 확인해볼 수 있다.

12 그래서 가장 최근에 변경된 부분을 모니터링하는 방법은 장애의 해결에 가장 빈번하게 활용되는 방법이다[All15].

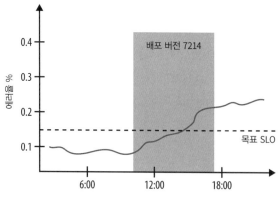

그림 12-2 배포 시작과 끝 시간에 걸친 에러율 그래프

/api/search 종단점에 수동으로 요청을 보내고(163쪽의 "셰익스피어 서버의 디버깅" 참조), 해당 요청을 처리하는 백엔드 서버들 중 실패가 발생한 서버 목록을 살펴보면 API 프런트엔드 서버와 로드밸런서에서의 문제 발생 가능성을 줄일 수 있다. 만약 요청이 검색 백엔드에 도달한 이후에 실패한 것이 아니라면 응답에 그런 정보가 포함되어 있지 않을 것이다. 이런 경우 백엔드를 점검하는 데 집중할 수 있다. 즉, 로그를 살펴보거나 테스트 요청을 보내고 리턴된 응답을 살펴본다거나 성능 지표를 확인하면 된다.

서비스에 특화된 진단

앞서 설명한 범용 도구들은 광범위한 문제들을 인지하는 데 도움이 되지만 아마도 특정 서비스를 분석하는 데 도움이 되는 도구와 시스템을 개발하는 것이 더 낫다는 점을 느꼈을 것이다. 구글의 SRE들은 대부분의 시간을 이런 도구들을 개발하는 데 사용한다. 이러한 도구들은 대부분 주어진 시스템에 특화되어 있지만, 중복된 노력을 제거하기 위해 서비스와 팀 간의 공통성을 찾아야 한다.

테스트와 조치

일단 가능한 원인들을 파악했다면 이들 중 어떤 것이 실제로 문제를 일으킨 근본 원인인지를 파악해야 한다. 실험적인 방법이지만 우리의 가설을 하나씩 넣어보거나 혹은 하나씩 제거해 나가는 방법을 사용해볼 수 있다. 예를 들어, 현재 발생한 문제가 애플리케이션 로직 서버와 데이터베이스 서버 간에 네트워크 장애가 일어났거나 혹은 데이터베이스가 연결을 거부해서 발생한 것으로 보여지는 상황을 가정해보자. 이때 애플리케이션 로직 서버가 사용하는 것과 동일한 인증 정보를 이용해 데이터베이스에 직접 연결을 시도해보면 두 번째 가설을 검증할 수 있고, 데이터베이스 서버에 핑(ping)을 해보면 첫 번째 가설을 검증할 수 있다. 물론 네트워크 토폴로지와 방화벽 정책, 그 외 다른 요건들에 의해 결과는 조금 다를 수 있지만 말이다. 코드를 따라 읽으면서 코드의 흐름을 단계별로 모방하면 무엇이 잘못됐는지를 정확히 발견해낼 수도 있다.

테스트(단순히 핑을 보내보는 간단한 테스트부터 경쟁 상태(race condition)를 발견하기 위해 클러스터에 트래픽 전달을 중지하고 특별한 형태의 요청을 보내는 복잡한 테스트에 이르기까지)를 구상할 때 주의해야 할 점들을 살펴보자.

- 이상적인 테스트는 상호 배타적이어서 가설의 어느 한 집합을 검증함으로써 다른 가설의 가능성이 없음을 밝혀낼 수 있어야 한다. 실제로는 이런 테스트를 구성하기란 굉장히 어렵다.

- 가장 명확한 것을 최우선으로 고려해야 한다: 가능성이 큰 테스트부터 순차적으로 진행하면서 테스트로 인해 시스템에 발생할 수 있는 위험에 대해서도 고려해야 한다. 장담컨대 두 번째 머신에서 사용자 액세스 권한을 제거하는 설정을 최근에 변경한 적이 있는지 확인하는 것보다는 두 머신 사이의 네트워크 연결을 먼저 확인하는 것이 우선시되어야 할 것이다.

- 혼란 요소로 인해 특정 실험이 잘못된 결과를 도출하게 될 수도 있다. 예를 들어 방화벽 정책이 특정 IP 주소로부터의 요청에만 응답하도록 적용되어 있어 애플리케이션 로직 서버 머신에서는 데이터베이스 서버에 성공적으로 핑을 할 수 있는 반면, 독자의 머신에서는 실패하는 상황이 발생할 수도 있다.

- 적극적인(active) 테스트가 나중에 실행할 테스트의 결과에 부작용을 초래할 수도 있다. 예를 들어 프로세스가 더 많은 CPU를 사용할 수 있게 설정하면 작업은 더 빨리 끝낼 수 있겠지만 데이터가 경쟁 상태에 놓이게 될 가능성 역시 커진다. 마찬가지로 더 방대한 양의 로그를 기록하도록 설정을 변경하면 지연응답 문제가 발생할 수 있고 더 나아가 테스트 결과에 혼선을 초래할 수 있다. 즉, 문제가 더 심각해진 것인지 아니면 로깅 때문인지 판단이 어려워진다.

- 일부 테스트는 설득력이 떨어질 수도 있다. 정기적이면서 반복 가능한 형태로 경쟁 상태나 데드락(deadlock)이 발생한 상황을 인위적으로 만들어내기란 매우 어려우므로 이들이 문제의 원인임을 증명하기에는 비교적 불확실한 증거임에도 그것에 만족해야 할 수도 있다.

여러분이 어떤 생각을 하고 있는지, 어떤 테스트를 수행했는지 그리고 확인한 결과가 무엇인지를 꼼꼼히 기록해두어야 한다.[13] 특히 복잡하고 긴 시간을 소요하는 테스트를 수행할 때는 정확히 어떤 현상이 발생했는지 기억하는 데 이 문서가 큰 도움이 되며, 같은 과정을 지루하게 반복하는 상황을 피할 수 있다.[14] 시스템을 변경하면서(예를 들면 프로세스에 더 많은 자원을 할당하는 등) 적극적인 테스트를 수행하는 경우라면 설정을 시스템을 통해 변경하고 잘 기록해두면 나중에 시스템을 원래의 상태로 되돌리고 설정이 뒤죽박죽이 되지 않도록 하는 데 큰 도움이 된다.

부정적인 결과의 마법

랜달 보세티(Randall Bosetti) 지음

존 웬트(John Wendt) 편집

'부정적인' 결과는 기대한 효과가 나타나지 않는 경우를 의미하는 경험의 산물이다. 즉, 계획한 대로 되지 않은 모든 실험을 의미한다. 새로운 디자인, 경험에 의한 학습, 또는 사람이 개입한 프로세스 등의 도입을 통해 시스템을 개선하고자 했으나 의도대로 되지 않은 경우가 이에 해당한다.

부정적인 결과는 무시해서도 안 되고 평가절하 해서도 안 된다. 스스로가 잘못했다는 것을 인식하는 것은 엄청난 가치를 제공한다. 명확한 부정적 결과는 때로는 가장 어려운 디자인 문제를 해결하기도 한다. 간혹 팀은 겉으로 보기에는 별 문제가 없어 보이는 두 가지 디자인 중 결국 한 가지를 택해 진행하게 될 텐데, 그러다 보면 사실은 다른 방법이 더 낫지 않았을까 하는, 막연히 떠오르는 생각들에 잘 대처해야 한다.

부정적인 결과로 끝난 실험 역시 결론이다. 이런 결과들을 통해 프로덕션 환경이나 디자인 공간 혹은 기존 시스템의 성능 한계 등을 확실히 알 수 있다. 또한 다른 사람들이 자신의 실험이나 디자인이 가치가 있는 것인지를 확인할 수 있는 계기가 되기도 한다. 예를 들어 어떤 개발팀이

---

13 공유 문서나 실시간 채팅을 이용해 수행한 테스트와 함께 시간까지 기록을 남기면 포스트모템에도 도움이 된다. 또한 다른 구성원들과 이 정보를 공유할 수 있으므로 다른 이들이 현재의 상태를 빠르게 파악하고 장애 조치에 방해를 하지 않을 수 있다.

14 아래에 나오는 "부정적인 결과의 마법" 역시 참고해보길 바란다.

특정 웹 서버가 8,000개의 연결을 처리해야 하는데, 잠금 현상 때문에 800개의 연결밖에 처리하지 못해 사용을 하지 않는 것으로 결정했다고 가정해보자. 다음에 다른 개발팀이 웹 서버들을 평가할 때 다시 처음부터 평가할 필요 없이 이미 잘 문서화된 부정적 결과들을 조회해보고 (a) 자신들이 800개 이하의 연결만으로도 충분한지 아니면 (b) 잠금 문제가 해결되었는지를 빠르게 살펴보고 결정을 내릴 수 있다.

비록 부정적인 결과가 다른 누군가의 실험에 직접적인 영향을 미치지는 못하더라도, 이렇게 모인 데이터는 나중에 누군가가 새로운 실험을 시도하는 데 도움이 되거나 혹은 이전 디자인이 가진 위험을 되풀이하는 일을 방지할 수 있다. 마이크로벤치마크(microbenchmarks)와 문서화된 안티 패턴들, 그리고 프로젝트 포스트모텀은 모두 이런 범주에 해당하는 것들이다. 어떤 실험을 계획할 때는 도출 가능한 부정적인 결과의 범위에 대해 고려해야 한다. 왜냐하면 포괄적이거나 그 의미가 확실한 부정적인 결과는 나중에 동료에게 더 많은 도움을 줄 수 있기 때문이다.

도구와 방법은 실험의 결과와는 무관하며 향후의 작업에 대한 단서가 된다. 일례로 벤치마킹 도구들과 부하 테스트 도구들을 통해 기대에 미치지 못하는 실험들을 긍정적인 방향으로 활용하기도 한다. 많은 웹마스터들이 아파치 벤치(Apache Bench) 같은 웹 서버 부하 테스트 도구들을 사용하면서 처음에는 다소 실망스러운 결과가 나타날지라도 장기적으로는 이런 도구들이 제공하는 어렵고 세부적인 작업 내역들을 바탕으로 많은 장점들을 취하고 있다.

반복적인 실험을 위한 도구를 구현하는 것 역시 간접적으로 이로운 작업이다. 비록 여러분이 지금 작성하는 애플리케이션이 SSD에 설치된 데이터베이스나 조밀한 키 조합으로 구성된 인덱스의 이점을 누리지는 못하더라도 그 다음의 애플리케이션은 그 덕을 보게 될 수도 있기 때문이다. 이런 설정의 변경을 손쉽게 도와주는 스크립트를 작성한다면 다음 프로젝트에서는 이런 최적화를 놓치지 않고 적용할 수 있다.

부정적인 결과를 공표하는 것은 업계의 데이터 주도 성향을 증진시킨다. 부정적인 결과와 통계적으로 그다지 의미가 없는 데이터에 대한 자세한 기록은 우리가 가진 지표에 대한 편견을 해소하고, 다른 사람들로 하여금 측정된 데이터에 근거해 불확실성을 이해하게 하는 좋은 예다. 모든 것을 공표하면 다른 이들도 같은 방법을 취하게끔 유도할 수 있으며, 업계의 모든 이들이 이를 일괄적으로 더 빠르게 학습하게 될 것이다. SRE는 고품질의 포스트모텀을 통해 이미 이러한 사실을 인지했으며, 이를 바탕으로 프로덕션 환경의 안정성에 커다란 긍정적 효과를 가져올 수 있었다.

자신의 결과를 공표하자. 만일 어떤 실험의 결과에 흥미가 있다면 아마 다른 사람들도 분명히 그럴 것이다. 자신의 결과를 세상에 밝히면 유사한 실험에 관심이 있는 다른 사람들이 굳이 비슷한 실험을 반복할 필요가 없다. 사실 부정적인 결과를 발표하는 것은 그다지 달갑게 느껴지지는 않을 것이다. 왜냐하면 그 실험이 '실패한' 것으로 받아들여지기 쉽기 때문이다. 일부 운이 없는 실험들은 종종 리뷰를 통해 언급되기도 한다. 그러나 사람들이 부정적인 결과는 아무런 진전을 만들지 못했다고 잘못 받아들이고 있기 때문에 그 밖의 많은 실험들은 아예 보고조차 되지 않고 있다.

자신이 배제한 디자인, 알고리즘, 팀의 업무 흐름에 대해 모든 사람들에게 이야기해야 한다. 부정적인 결과는 신중하게 위험을 받아들이는 과정의 일부이며, 잘 디자인된 모든 실험들은 분명 그 가치가 있다는 점을 인지하고 동료들을 설득해야 한다. 실패를 언급하지 않은 모든 디자인 문서, 성능 리뷰 혹은 에세이들을 일단 의심해봐야 한다. 이런 문서들은 잠재적으로 너무 많은 부분이 생략되어 있거나 작성자가 자신이 채택한 방법을 면밀히 검토해보지 않았을 가능성이 크다.

무엇보다, 뭔가 놀라운 것을 발견한 결과를 공표하면 다른 사람들(과 미래의 자신)은 더 이상 놀라지 않을 것이다.

처방

지금쯤이라면 의심되는 여러 가지 문제의 원인들 중 하나를 특정지을 수 있을 것이다. 그렇다면 이제는 그 원인이 실제로 문제의 원인인지를 증명해야 한다. 그 원인이 문제를 일으켰다는 것을 증명하는 가장 확실한 방법은 이를 재현해내는 것인데, 사실상 프로덕션 시스템에서 이를 재현하기란 쉬운 일이 아니다. 대부분의 경우는 다음과 같은 이유 때문에 어느 정도 확실한 요소들만을 찾게 될 뿐이다.

- **시스템은 복잡하다.** 개별적으로는 별 문제가 안 되는데 이들이 모여서 문제가 되는 경우가 대부분이다.[15] 게다가 실제 시스템들은 대부분 경로에 의존적이어서 장애가 발생하기 이전에 반드시 특정한 상태가 되어야 하는 경우가 허다하다.

---

15 시스템에 대한 고려 사상에 대해서는 [Mea08]을 참고하기 바란다. 또한 [Coo00]와 [Dek14]를 참고하면 문제를 유발한 요소들을 찾기 위해 시스템과 환경을 조사하는 대신 하나의 근본 원인을 특정짓기 위한 방법을 살펴볼 수 있다.

- 운영 중인 프로덕션 시스템에서 문제를 재현하는 것은 피해야 한다. 그 이유는 시스템을 장애가 발생할 수 있는 상태로 만드는 것이 복잡하기도 하거니와 불필요한 다운타임이 발생할 수 있기 때문이다. 이런 시도를 해볼 수 있는 프로덕션과 유사한 환경을 구성하면 좋겠지만 시스템을 실행할 다른 환경을 구성하기 위한 추가 비용이 발생한다.

일단 문제를 유발하는 요소들을 발견했다면 시스템에서 어떤 문제가 발생했는지, 문제를 어떻게 추적해냈는지, 문제를 어떻게 해결했는지, 그리고 이 문제의 재발을 어떻게 방지할 수 있는지에 대한 노트를 작성해야 한다. 즉, 포스트모텀 문서를 작성해야 한다(물론 이 시점에 시스템은 이미 복구되어 있어야 한다!).

사례 연구

구글 클라우드 플랫폼의 일부인 앱 엔진(App Engine)[16]은 개발자들이 구글의 인프라스트럭처 상에서 서비스를 구축할 수 있는 서비스로서의 플랫폼(Platform-as-a-Service, PaaS) 제품이다. 그런데 내부 고객들 중 개발자들이 문서를 작성하는 데 사용하는 콘텐츠 관리 시스템(Content Management System, CMS)을 운영하는 고객이 지연응답과 CPU 사용률, 그리고 앱의 트래픽을 서비스하는 프로세서의 숫자가 갑작스레 증가하는 현상이 발생했다는 문제를 보고해왔다.[17] 고객은 이런 현상을 유발할 만한 변경 사항이 최근에 있었던 적이 없으며, 자신들의 앱의 트래픽이 이처럼 증가했던 적이 없다고 했다(그림 12-3 참조). 그래서 앱 엔진 서비스에 어떤 변경이 이런 현상을 유발한 것은 아닌지 의심스럽다고 했다.

조사 결과 지연응답이 거의 두 자릿수로 증가한 사실이 확인되었다(그림 12-4 참조). 동시에 CPU 시간(그림 12-5)과 서비스 프로세스의 숫자(그림 12-6)는 네 배 가까이 상승했다. 뭔가 잘못된 것이 분명했으므로 장애 조치에 들어갔다.

---

16 https://cloud.google.com/appengine을 참고하기 바란다.

17 이해를 돕기 위해 이 사례를 실제보다 간략하게 소개한다.

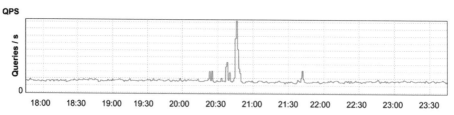

그림 12-3 애플리케이션에 전송된 초당 요청 수. 그림에서 보듯이 짧은 시간 동안 급격히 상승했다가 다시 보통 상태로 되돌아간 것을 확인할 수 있다

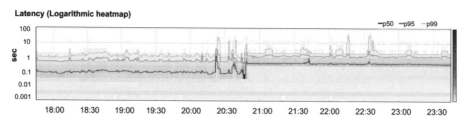

그림 12-4 애플리케이션의 지연응답이 50번째, 95번째 그리고 99번째 백분율로 증가했으며(실선), 특정 시간에 얼마나 많은 요청에서 지연이 발생했는지를 보여주는(색칠된 부분) 그래프

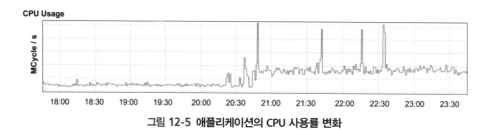

그림 12-5 애플리케이션의 CPU 사용률 변화

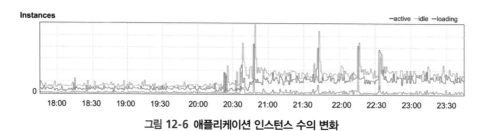

그림 12-6 애플리케이션 인스턴스 수의 변화

보통 지연응답과 리소스의 사용률이 갑작스럽게 증가하는 현상은 시스템에 전달되는 트래픽이 증가했거나 혹은 시스템 설정에 변경이 있는 경우에 발생한다. 그러나 이 경우에는 이 두 가지는 해당 사항이 아니었다. 앱의 트래픽이 증가했던 20시 45분 경을 보면 리소스 사용률에 약간의 변화가 있었지만 그 직후 트래픽이 보통 수준으로 되돌아 가면서 요청 수도 원래 수준으로 되돌아갔어야 한다. 이런 갑작스런 증가 현상은 분명히 고객이 문제를 보고하고

우리가 문제를 파악하는 며칠 동안 지속된 현상은 아니었다. 두 번째로 성능의 변화는 토요일에 발생했는데 이 날은 앱에 변경이 발생한 날도 아니고 프로덕션 환경의 부하가 특별히 많았던 날도 아니었다. 가장 최근에 서비스에 적용된 코드와 설정의 변경은 현상이 발생하기 며칠 전에 이루어졌다. 게다가 이 문제가 서비스 때문에 발생했다면 같은 인프라스트럭처를 사용하는 다른 앱에서도 같은 현상이 발생했어야 할 텐데, 다른 앱에서는 유사한 증상이 발견되지 않았다.

그래서 우리는 이 문제의 보고서를 앱 엔진의 개발자들과 공유하고 이 고객이 서비스 인프라스트럭처의 어느 특이한 부분을 건드린 것은 아닌지 조사했다. 하지만 개발자들 역시 아무런 이상을 발견하지 못했다. 그런데 어느 한 개발자가 지연응답의 증가가 merge_join이라는 데이터 저장소 API를 호출하는 횟수가 증가한 것과 연관이 있다는 것을 발견했다. 이 API는 데이터 저장소에서 데이터를 읽을 때 사용하는 차선최적화(suboptimal) 인덱스가 지적을 받은 경우가 종종 있었다. 데이터 저장소에서 앱이 사용하는 객체의 속성에 복합 인덱스를 추가하자, 저장소는 좀 더 빨리 해당 요청을 처리하기 시작했고, 애플리케이션의 전체 속도도 향상되었다. 하지만 우리 입장에서는 어떤 속성들이 인덱스되어야 하는지를 알아내야 했다. 애플리케이션의 코드를 잠깐 살펴봤지만 그것만으로는 뭔가를 알아채기에는 충분하지 않았다.

그래서 우리가 가진 도구들 중에서 가장 무거운 기계를 꺼내들었다. 대퍼(Dapper)[Sig10]를 이용해서 개별 HTTP 요청이 처리되는 각 단계를 추적한 것이다. 즉, 프런트엔드 리버스 프록시가 요청을 받은 시점부터 앱의 코드가 응답을 리턴하기까지 전 과정을 추적하면서 요청을 처리하는 각 서버들이 발행하는 RPC 요청들을 살펴보았다. 이를 통해 데이터 저장소에 전달되는 요청에 어떤 속성들이 포함되어 있는지를 확인한 후, 그에 따른 적절한 인덱스를 구성할 수 있었다.

우리는 현상의 원인을 조사하는 과정에서 이미지 같은 정적 콘텐츠에 대한 요청 같이 데이터 저장소가 서비스하지 않는 요청들이 생각보다 훨씬 느리게 동작한다는 사실을 발견했다. 개별 파일 단위의 그래프를 살펴본 결과 며칠 전에는 굉장히 빠른 속도로 응답이 리턴되었다는 사실을 알게 되었다. 즉, 실제로 드러났던 merge_join API와 지연응답 간의 연관 관계는 사실 진짜 원인이 아니었고, 하한최적 인덱스의 이론에 심각한 결함이 있었던 것이다.

이상하게 느려진 정적 콘텐츠에 대한 요청들을 살펴보니, 애플리케이션이 발행한 대부분의 RPC들이 멤캐시(memcache)[18] 서비스로 전달되었다. 즉, 이 요청들은 몇 밀리초 내로 엄청나게

---

18 역주 오픈 소스 메모리 기반 캐시 서비스, http://memcached.org 참고

빨리 응답을 받았어야 했다. 이 요청들은 충분히 빠른 것으로 드러났고 따라서 문제는 여기서 발생한 것이 아닌 것처럼 보였다. 그러나 앱이 요청을 보낸 시간과 이 요청이 처음 RPC를 생성하기 시작한 시간을 살펴보니 앱이 뭔가를 수행하는 데 250밀리초의 시간이 걸렸다. 음, 분명 여기에 뭔가가 있는 것 같았다. 앱 엔진은 사용자가 제공한 코드를 실행하므로 SRE팀은 앱의 코드를 프로파일링하거나 살펴볼 수 없었다. 그래서 해당 앱이 그 시간 동안 무슨 작업을 수행했는지 알 방법이 없었다. 마찬가지로 대퍼 역시 RPC 호출만을 추적할 수 있으므로 그 시간 동안 어떤 일이 있었는지를 알아낼 수 없었을뿐더러, 그 기간 동안 아무런 RPC 호출도 일어나지 않았다.

그 시점에 발견한 것들은 사실 미스터리였고 그래서 당장은 아무런 조치를 취하지 않기로 결정했다. 고객은 그 다음 주에 자신들의 앱을 공식적으로 론칭할 계획이었고 우리는 얼마나 빨리 문제의 원인을 특정하고 해결할 수 있을지 확신할 수 없었다. 그래서 우리는 고객에게 가장 CPU 자원이 풍부한 인스턴스 타입을 도입해서 앱에 할당되는 리소스를 늘일 것을 권했다. 그러자 앱의 지연응답이 납득할 만한 수준에 도달했지만 우리가 원하는 정도로 낮은 수준은 아니었다. 하지만 이 정도의 지연응답 수준이면 고객의 팀이 제품을 론칭하기에는 무리가 없을 것이라고 판단하고, 조금 더 느긋하게 조사에 착수했다.[19]

그 때까지만 해도 우리는 갑작스러운 지연응답과 리소스 사용률 증가를 유발한 공통의 원인이 있을 것이며, 고객의 앱은 그저 희생양이 된 것이라는 생각에 약간의 의심을 갖게 되었다. 그래서 일하는 방법을 바꿔보았다. 우리는 지연응답이 증가하기 직전에 앱에서 데이터 저장소로의 쓰기 작업이 증가한 것을 목격하기는 했지만, 이때 증가한 지연응답은 그렇게 많지 않았기 때문에(게다가 지속되지도 않았다) 우리는 이 현상을 그저 우연인 것으로 여겼다. 그러나 이 동작이 일반적인 패턴으로 보이기 시작했다. 앱의 인스턴스는 초기화되면서 데이터 저장소의 객체를 읽은 후 이를 인스턴스의 메모리에 저장한다. 그렇게 하면 앱의 인스턴스가 어쩌다 한 번 바뀌는 설정을 매번 읽을 필요 없이 메모리에 저장된 객체를 참고하면 된다. 그런데 이 경우 요청을 처리하는 시간은 설정 데이터의 양과 비례해 늘어나게 된다.[20] 이 동작이 문제의 근본 원인이라는 점을 증명할 수는 없었지만, 어쨌든 이런 동작은 일반적으로 안티패턴으로 알려져 있다.

---

19 버그가 확인되지도 않았는데 서비스를 론칭하는 것은 이상적이지 않지만, 발견된 모든 버그를 수정하는 것 또한 현실적이지 못한 경우가 종종 있다. 그래서 때로는 엔지니어링적인 결정을 통해 차선책을 택해서 위험을 가능한 한 최소화해야 한다.

20 데이터 저장소 조회는 속도 비교를 위해 인덱스를 사용할 수 있지만 인메모리 형태의 구현에서 가장 자주 사용되는 방법은 모든 캐시 객체에 대해 for 반복문을 이용해 검사하는 것이다. 캐시에 저장된 객체가 몇 개뿐이라면 이 방법에 소요되는 시간이 비례적으로 증가한다고 해서 큰 문제가 되지는 않겠지만 캐시된 객체의 수가 너무 많아지면 지연응답과 리소스 사용률이 큰 폭으로 증가할 수 있다.

이때, 앱 개발자가 앱이 어느 시점에 많은 시간을 사용하는지 이해할 수 있는 내용을 전달해주었다. 그들은 매번 요청이 있을 때마다 사용자가 지정된 경로에 대한 무조건적 권한(whitelisted)이 있는지 확인하는 한 메서드를 지목했다. 이 메서드는 제한 없는 객체들을 인스턴스의 메모리에 저장함으로써 데이터 저장소와 멤캐시 서비스 모두에게서 최소한의 권한을 검색하기 위한 캐시 계층처럼 사용되고 있는 것이었다. 다른 앱 개발자 중 한 명이 조사 과정에서 이런 말을 했었다. "정확히 어디가 문제인지는 아직 모르겠네요. 그렇지만 이 무조건적 권한 캐시가 의심이 되긴 해요."

조금 더 시간이 흘러 결국 근본 원인이 밝혀졌다. 이 앱의 권한 제어 시스템의 오래된 버그 때문에 누군가 특정 경로에 대한 접근이 허용되면 해당 사용자가 무조건적 권한을 가진 객체들이 생성되어 데이터 저장소에 저장되었다. 문제는 앱이 실행을 시작할 때 자동화된 보안 스캐너가 앱의 취약점을 테스트하는데, 이때 부작용이 발생해서 스캐너가 무려 30분에 걸쳐 수천 개의 무조건적 권한을 가진 객체들을 만들어내는 것이었다. 앱은 이렇게 만들어진 넘쳐나는 무조건적 권한 객체 목록을 매번 요청을 받을 때마다 검사하게 되고 그래서 응답이 이상하리만치 느려지는 것이었다 — 게다가 어떤 RPC 호출도 다른 서비스에 발생하지 않게 된 것이다. 이 버그를 해결하고 불필요하게 생성된 객체들을 제거하자 앱의 성능은 기대했던 수준으로 향상되었다.

조금 더 수월하게 장애를 조치하기

장애 조치를 더 빠르고 쉽게 하기 위한 방법은 여러 가지가 있지만 다음 두 가지가 가장 기본적인 방법일 것이다.

- 화이트박스 지표와 구조화된 로그를 모두 활용해서 처음부터 각 컴포넌트를 관찰할 수 있는 방법을 마련한다.
- 시스템을 디자인할 때 컴포넌트 간에 이해가 쉽고 관찰이 가능한 인터페이스를 마련한다.

시스템으로부터 이런 정보들을 일관된 방법으로 얻을 수 있다면(예를 들면 특정 요청 식별자를 이용해서 여러 컴포넌트들이 RPC들을 생성하도록 하면) 업스트림 컴포넌트의 어떤 로그 항목이 다운스트림 컴포넌트의 로그 항목과 관련이 있는지를 일일이 확인하지 않아도 되고 더 빠르게 분석과 복구가 가능해진다.

코드의 변경이나 환경의 변화에 따른 현재 상태를 정확하게 나타내는 문제들은 대부분 그에 따른 조치가 필요한 것들이다. 이런 변화들을 간소화하고, 제어하고, 로그를 기록하면 장애 조치의 필요성이 줄어들 수 있으며, 설사 문제가 발생하더라도 더 쉽게 조치를 취할 수 있다.

결론

지금까지 장애 조치 과정을 깔끔하고 이해하기 쉽게 만들어서 결국 문제를 좀 더 효과적으로 해결하기 위해 필요한 단계들에 대한 경험담을 살펴보았다. 장애 조치를 (운이나 경험에 의존하는 것이 아니라) 시스템적으로 해결하는 접근법을 도입하면 시스템의 복구 시간이 단축되고 사용자들에게 좀 더 나은 경험을 제공할 수 있다.

13

긴급 대응

코레이 아담 바이예(Corey Adam Baye) 지음
다이안 베이츠(Diane Bates) 편집

살다 보면 무엇이든 깨어지게 마련이다.

얽혀있는 이해관계나 조직의 크기와는 무관하게 조직의 장기적 번영에 반드시 필요하면서, 우리 조직을 다른 조직과 차별짓는 특징은, 사람들이 긴급 대응(emergency response)을 수행하는 방법에 있다. 우리 중 몇몇은 긴급한 상황에서 자연스럽게 대응한다. 적절한 대응이 가능하려면 철저한 준비와 정기적으로 실제 긴급 상황과 관련이 있는 실습이 필요하다. 이런 실습과 테스트 프로세스를 구축하고 유지하려면, 직원들의 주의가 필요할 뿐만 아니라 경영진의 도움역시 필요하다. 이런 모든 요소들은 어떤 팀이 긴급한 상황에서 시스템, 프로세스, 그리고 사람이 이에 효과적으로 대응하기 위해 비용, 시간, 에너지, 심지어 가능하다면 서비스의 업타임까지도 활용할 수 있는 환경을 육성하기 위한 토대가 된다.

포스트모텀 문화에 대해 소개하는 장에서는 긴급 대응이 필요한 장애 상황도 포스트모텀 문서를 작성하기 위한 학습의 기회가 될 수 있으며, 이를 위해 포스트모텀 문서를 어떻게 작성할 것인지를 설명하고 있다(제15장 참고). 이 장에서는 이런 장애에 대한 몇 가지 사례를 소개하고자 한다.

시스템에 문제가 생기면 어떻게 해야 할까?

가장 먼저 당황하지 말아야 한다. 당신은 혼자가 아니고 하늘이 무너지고 있는 것도 아니다. 당신은 충분히 전문가고 이런 상황을 처리할 수 있도록 충분히 훈련받은 사람이다. 게다가 누군가가 물리적으로 위험에 처해 있는 것도 아니다 — 그저 이 불쌍한 전자 장치가 위험에 빠져 있는 것뿐이다. 제 아무리 심각하다 한들 인터넷의 절반 정도가 다운된 것뿐이다. 그러니 우선 숨을 깊이 들이쉬고, 해결책을 찾아보자.

만일 자신에게 너무 부담스럽다고 느껴진다면 다른 사람들에게 도움을 요청하면 된다. 때로는 필요하다면 회사 전체를 호출해도 무방하다. 만일 회사에 마련된 장애 대응 절차(제14장 참조)가 있다면 그 절차에 익숙해져야 할 것이다.

테스트로 인한 장애

구글은 재난과 긴급 상황에 대한 사전적 테스트 접근법을 취하고 있다([Kri12] 참조). SRE들은 시스템에 장애를 일으킨 후 이로 인해 시스템이 어떻게 실패하는지를 지켜본 다음, 그 현상이 반복해서 발생하지 않도록 신뢰성을 향상시킬 수 있는 변경 사항을 적용한다. 대부분의 경우 장애는 계획에 따라 제어가 가능하며 대상 시스템과 그에 의존하는 시스템들은 대체로 예상했던 대로 동작한다. 이 과정에서 어떤 취약점이나 숨겨진 의존성을 발견하면 해당 결함을 수정할 수 있도록 후속 조치 문서에 기록해둔다. 그러나 간혹 우리의 예상과 실제 결과가 어긋날 때가 있다.

다음은 우리가 예상하지 못한 의존성들을 발견했던 한 테스트에 대한 설명이다.

세부 내용

우리는 보유 중인 분산 MySQL 데이터베이스 중 하나에 포함된 테스트 데이터베이스를 통해 숨겨진 의존성을 확인하고자 했다. 우리가 세운 계획은 수백 대의 데이터베이스 중 한 데이터베이스에 대한 접근을 차단하는 것이었다. 하지만 그 결과는 누구도 예상하지 못했다.

대응

테스트를 시작한지 몇 분이 지나지 않아 데이터베이스에 의존하는 여러 시스템으로부터 내부 및 외부 사용자가 핵심 시스템에 접근하지 못한다는 오류를 보고받기 시작했다. 일부 시스템은 동작이 되다 말다 했고, 또 다른 시스템들은 일부 기능만 정상 동작했다.

테스트에 대한 후속 조치가 가능할 것이라고 판단한 SRE들은 즉각 테스트의 실행을 중단했다. 그런 다음 권한 변경을 되돌리려 했지만 작업에 실패하고 말았다. 그래서 우리는 당황하지 않고 전원이 즉시 모여 변경된 권한을 어떻게 복구할 수 있을 것인지를 의논했다. 그리고 이미 테스트가 완료된 방법을 이용해 복제(replicas) 및 장애 대비(failovers) 데이터베이스의 권한을 복구할 수 있었다. 그와 동시에 주요 개발자들에게 데이터베이스 애플리케이션 계층 라이브러리의 결함을 수정하도록 요청했다.

복구 방법을 결정한 후 약 한 시간이 채 지나지 않아 모든 권한이 복구되었고 모든 서비스들이 데이터베이스에 다시 접근할 수 있게 되었다. 이 테스트로 인해 영향을 받는 부분이 너무 광범위했으므로 라이브러리에 대한 신속한 수정이 이루어졌고 이 현상이 재발하지 않도록 하기 위해 정기적으로 테스트를 수행할 계획도 수립되었다.

우리가 발견한 것들

테스트를 진행하면서 잘한 부분

이 장애에 영향을 받았던 서비스들이 즉각적으로 문제를 보고했다. 우리의 예상대로 이 테스트의 영향이 걷잡을 수 없이 커져서 그 즉시 테스트를 종료했다.

첫 장애 보고 이후로 한 시간 안에 모든 권한을 완벽히 복구할 수 있었고 그 시점부터 시스템이 정상적으로 동작하기 시작했다. 일부 팀은 자신들의 시스템 설정을 변경해서 테스트 데이터베이스를 우회하는 방법을 채택하기도 했다. 이 같은 노력으로 서비스를 최대한 빨리 복구할 수 있었다.

후속 조치 항목 역시 신속하게 처리되어 동일한 장애에 대응할 수 있게 되었고, 같은 장애가 재발하지 않는지 확인하기 위한 정기적인 테스트 계획도 수립했다.

깨달은 사실

이 테스트는 철저한 리뷰를 거쳐 그 범위를 잘 규정했다고 생각했지만 실제로는 의존 관계에 있는 시스템들 간의 특정 상호 작용에 대해 우리가 완전히 이해하지 못하고 있던 것으로 드러났다.

우리는 장애 대응 절차를 따르는 도중 실패를 경험했지만 이 절차는 테스트를 시작하기 불과 몇 주 전에 마련되었으며 완전히 검증되지 않은 것이었다. 이 과정을 통해 모든 서비스와 고객이 장애를 경험하게 된다는 점을 알게 되었다. 향후 이와 유사한 장애가 발생하지 않도록 하기 위해 SRE는 지속적으로 장애 대응 도구와 절차를 테스트하고 재정의하며 장애 관리 절차가 관련 부서들에게 명확하게 전달될 수 있도록 개선할 것이다.

테스트 환경에서의 롤백 절차를 테스트한 적이 없었으므로 이 절차 역시 결함이 있었고 그 결과 장애 시간이 더 길어졌다. 앞으로는 이처럼 대량의 테스트를 시행하기에 앞서 롤백 절차를 완벽하게 테스트해야 한다.

변경으로 인한 장애

예상하고 있겠지만 구글은 어마어마한 수의 설정(그것도 엄청 복잡한 설정)을 관리하고 있으며 지속적으로 변경이 발생하고 있다. 설정 변경으로 인한 서비스 장애를 원천적으로 차단하기 위해, 우리는 변경된 설정으로 인해 뭔가 예상하지 못한 결과나 동작이 발생하지 않음을 확인하기 위한 많은 테스트를 수행하고 있다. 그러나 구글 인프라스트럭처의 규모와 복잡도 때문에 모든 의존성이나 상호 동작을 일일이 확인하기란 거의 불가능에 가깝다. 그래서 간혹 설정 변경으로 인한 결과가 계획과는 완전히 달라지는 경우도 있다.

그중 한 가지 사례를 이야기해보고자 한다.

세부 내용

어느 금요일, 우리는 서비스의 악의적인 사용을 방지하기 위한 목적으로 인프라스트럭처의 설정을 변경/적용했다. 이 인프라스트럭처는 기본적으로 외부로 노출되는 모든 서비스들과 함께 동작하는 것이었고, 변경된 설정은 이런 시스템들에게서 크래시 루프(crash-loop)[1]를 유발했는데, 거의 시스템이 시작하자마자 크래시 루프가 발생하기 시작했다. 구글의 내부 인프라스

---

1 [역주] 반복적으로 시스템 중단이 발생하는 현상

트럭처 역시 이 서비스들에 의존하고 있었으므로 많은 수의 내부 애플리케이션들도 갑자기 사용할 수 없는 상황이 되었다.

대응

불과 수초 만에 특정 사이트가 다운되었다는 모니터링 알림이 쏟아져 나왔다. 비상 대기 엔지니어들 몇 명이 근무 중이었지만 이들은 경험상 사내 네트워크 장애에 대한 알림이라고 믿을 수밖에 없는 알림을 계속해서 받았으므로 프로덕션 환경에 대한 백업용 접근이 가능한(패닉 룸(panic rooms)이라고 부르는) 별도의 공간으로 모여들었다. 그 후 사내용 네트워크 접근이 차단되어 발을 동동 구르던 엔지니어들도 이 공간에 합류했다.

첫 설정이 적용된 이후 5분쯤 지나, 해당 설정을 적용한 엔지니어도 사내 장애를 인지했지만 더 큰 장애는 인지하지 못하고 첫 설정을 롤백하기 위해 다시 설정을 변경 적용했다. 이 시점에서 서비스들이 되살아나기 시작했다.

처음 설정을 적용한 후로부터 10분쯤 지났을 무렵, 비상 대기 엔지니어가 장애를 선언하고 내부 장애 조치 절차를 따르기 시작했다. 그리고 사내에 장애 상황을 전파하기 시작했다. 설정을 적용했던 엔지니어는 비상 대기 엔지니어에게 장애의 원인이 자신이 적용한 설정 변경 때문인 것 같으며, 현재 해당 설정은 롤백된 상태라고 알렸다. 하지만 그와는 별개로 일부 서비스들은 그와 무관한 버그 또는 처음 변경된 설정에 영향을 받아 생성된 잘못된 설정 때문에 한 시간이 지나도 여전히 복구가 되지 않은 상황이었다.

우리가 발견한 것들

장애를 처리하면서 잘한 부분

이 장애가 구글의 많은 내부 시스템의 장시간의 장애로 이어진 데는 몇 가지 요인들이 작용했다.

먼저, 모니터링 시스템은 거의 즉시 문제를 인지하고 알림을 발송했다. 그러나 이번 사례의 경우, 모니터링 시스템이 완벽하지 못했다. 알림이 지속적으로 반복 발송되어 비상 대기 엔지니어들이 그 때문에 고군분투 했으며 일반적인 대화 채널은 물론 긴급 상황을 위한 대화 채널에 스팸처럼 알림이 퍼져나갔다.

일단 문제를 인지한 후의 장애 관리는 대체적으로 잘 진행됐다. 그리고 그 조치 과정 또한 신속하고 명확하게 전달되었다. 우리가 보유한 대역 외 통신(out-of-band communications) 시스템 덕분에, 일부 더 복잡한 소프트웨어 스택이 사용 불가능했던 상황에서도 모든 사람들이 소통할 수 있었다. 이 경험은 왜 SRE가 고가용적이며 오버헤드가 낮은 백업 시스템을 보유해야 하는지를 잘 보여준 사례라고 할 수 있다.

이 대역 외 통신 시스템 외에도 구글은 다른 도구들에 대한 접근이 불가능한 상황에서도 업데이트를 수행하거나 설정 변경을 롤백할 수 있는 명령 줄 도구(command line tools)와 대체 접근 방식을 보유하고 있다. 이런 도구들과 접근 방식들이 장애 시간 동안 원활히 동작했고, 이번 장애는 엔지니어들이 이 도구들을 더 숙지하고 좀 더 정기적으로 테스트하는 계기가 되었다.

관련 시스템에 한정된 것이지만, 구글의 인프라스트럭처는 해당 시스템이 새로운 클라이언트에 전체 업데이트를 얼마나 빨리 제공했는지를 측정하는 또 다른 보호 계층을 제공하였다. 이 동작 덕분에 크래시 루프의 무한 발생을 어느 정도 막아서 완전한 장애를 차단했고, 크래시가 발생하는 사이사이에 일부 요청이나마 처리가 가능한 상태를 유지할 수 있었다.

마지막으로, 이번 장애의 발 빠른 조치에는 어느 정도 행운도 작용했음을 간과하지 말아야 한다. 장애를 유발한 설정을 적용한 엔지니어는 실시간 통신 채널에도 이 사실을 알려야 했다. 물론 이는 통상적인 릴리즈 절차에는 포함되어 있지 않은 추가적인 사안이기는 하다. 설정을 적용한 엔지니어는 사내 접근에 대한 대량의 장애를 인지한 후 곧바로 설정을 롤백했다. 만일 이 신속한 롤백 조치가 없었다면 장애는 상당히 오래 지속되었을 것이고 조치가 더 어려워졌을 것이다.

깨달은 사실

새 기능을 예정보다 빨리 배포하기 위해 철저하게 카나리(canary)[2] 테스트를 수행했지만, 새로운 기능과 조합된 특정 설정이 충분히 테스트되지 않았으므로 테스트 기간 동안 동일한 버그가 발생한 적이 없었다. 이 버그를 유발한 설정 변경은 그다지 위험하지 않은 것으로 판단하고 있었고, 그래서 비교적 느슨하게 카나리 테스트를 진행했다. 이 설정이 전체 시스템에 적용되었을 때 발생한 장애는 테스트되지 않은 키워드/기능 조합으로 분류되었다.

아이러니하게도, 그 다음 분기에서는 카나리 테스트와 자동화의 개선에 더 높은 우선순위를 두게 되었다. 이 장애 덕분에 해당 작업의 우선순위가 곧바로 상향 조정되었으며, 위험 수준과는 무관하게 철저히 카나리 테스트를 수행해야 할 필요성이 대두되었다.

---

2 **역주** 새로운 버전의 소프트웨어를 일부 사용자 또는 일부 환경에만 노출하여 진행하는 테스트

다른 한 가지는, 이 장애가 발생한 기간 동안, 단 몇 분만에 모든 지역이 오프라인 상태가 되었으므로 엄청난 양의 알림이 발송되었다. 이는 비상 대기 엔지니어들이 실제로 필요한 작업을 하는 데 큰 방해가 되었으며, 장애 조치에 합류한 엔지니어들 사이의 의사소통을 더 어렵게 만드는 요인이 되었다.

구글은 직접 개발한 도구에 대한 의존도가 높다. 우리가 장애 조치 및 의사소통을 위해 사용하는 소프트웨어 스택의 상당 부분은 장애 당시 크래시 루프가 발생한 작업들에 의존하고 있었다. 이 장애가 조금이라도 더 길어졌다면 디버깅은 말도 못하게 더뎌졌을 것이다.

절차에 의한 장애

우리는 지금까지 보유한 머신들을 관리하기 위한 자동화된 시스템 구축에 많은 시간과 노력을 쏟아 부었다. 한 명의 엔지니어가 얼마나 많은 작업을 시작하거나 중단할 수 있는지, 혹은 장비의 교체가 얼마나 손쉬운지 경험해본다면 아마 놀라울 것이다. 하지만 혹시라도 뭔가 계획대로 되지 않는다면 이 놀라운 자동화의 효율은 무서운 결과를 낳기도 한다.

지금부터 소개할 사례는 신속한 일 처리가 반드시 좋은 것만은 아니라는 좋은 예가 될 것이다.

세부 내용

통상적인 자동화 테스트를 진행하던 도중 곧 사용이 종료될 동일한 서버에 두 개의 시스템 종료 요청이 연속적으로 전달된 적이 있다. 그런데 두 번째 시스템 종료 요청에 자동화 시스템의 사소한 버그로 인해 전체 인프라스트럭처에서 동일한 설정으로 설치된 모든 서버에 대한 디스크삭제 요청이 큐에 기록되었다. 이 모든 서버들의 하드 드라이브가 곧 삭제될 위기에 처한 것이다. 좀 더 자세한 내용은 102쪽의 "자동화: 실패를 용인하기"를 참고하기 바란다.

대응

두 번째 시스템 종료 요청이 발송되자마자, 비상 대기 엔지니어에게 첫 번째 작은 서버가 오프라인 모드로 전환되었다는 호출이 전달되었다. 조사 결과 해당 머신은 디스크삭제 큐의 요청 때문에 종료되는 것으로 파악되었고, 통상적인 절차에 따라 비상 대기 엔지니어는 해당 지역의 트래픽을 다른 지역으로 우회시켰다. 해당 지역의 머신들이 모두 제거되어 그 지역에서 발생한 요청에 응답할 수 없었기 때문이다. 게다가 해당 지역에서 발생한 요청에 장애가 발생하지 않도록 여력이 있는 다른 지역으로 트래픽을 우회(redirect)했다.

얼마 지나지 않아 전 세계의 동일한 종류의 모든 서버들로부터 일제히 알림이 발송되기 시작했다. 이에 대응하기 위해 비상 대기 엔지니어는 추가 피해가 발생하지 않도록 모든 팀의 자동화 시스템을 비활성화했다. 그런 후 추가 자동화와 프로덕션 유지보수를 일시적으로 중지 또는 중단시켰다.

한 시간 정도 지나자 모든 트래픽이 다른 지역으로 전송되었다. 어쩌면 사용자 입장에서는 약간의 지연응답을 경험했을 수도 있지만, 요청들은 모두 정상적으로 처리되었고 장애는 공식적으로 조치가 완료되었다.

그 시점부터 가장 어려운 일, 즉 복구를 시작했다. 일부 네트워크 링크에서 과부하가 발생하자 병목 구간을 확인한 네트워크 엔지니어들이 트래픽을 줄이도록 조치를 취했다. 문제가 발생한 지역 중 한 곳의 서버 설정을 선택해서 서버를 증설한 것이다. 처음 장애가 발생한 이후 세 시간 정도 지난 후, 여러 엔지니어들의 수고 덕분에 서버 증설이 완료되었고 다시 사용자들의 요청을 처리하기 시작했다.

미국팀은 유럽팀에게 업무를 인계하고 SRE는 서버 재설치 작업을 유기적이지만 수동 절차를 거쳐 진행할 계획을 세웠다. 당시 그 팀은 세 부분으로 나뉘어 있었으며, 각 부분은 수동 재설치 작업 중 특정 한 단계를 담당하기로 했다. 3일쯤 지나자 거의 대부분의 서버들이 복구되었고 나머지는 한두 달 후에 복구되었다.

우리가 발견한 것들

장애를 처리하면서 잘한 부분

대량의 서버 앞에 놓인 리버스 프록시는 소량의 서버를 처리하는 리버스 프록시와는 관리 방법이 매우 다르므로 대량의 서버가 영향을 받지는 않았다. 비상 대기 엔지니어는 트래픽을 소량의 서버군으로부터 대량의 서버군으로 빠르게 옮길 수 있었다. 기본적으로 대량의 서버군은 별다른 어려움 없이 극한의 부하를 견딜 수 있도록 디자인되어 있다. 그러나 일부 네트워크 링크에 부하가 몰리면서 네트워크 엔지니어들이 우회방법을 찾을 수밖에 없었다. 최종 사용자에게 미치는 영향을 최소화하기 위해, 비상 대기 엔지니어는 부하가 높은 네트워크에 집중해야 했다.

소량의 서버군에 대한 시스템 종료 과정은 효율적으로 잘 동작했다. 장애 조치가 시작된 후부터 마무리될 때까지 서버 시스템들을 성공적으로 종료하고 대량의 서버군까지 조치하는 데 채한 시간이 걸리지 않았다.

자동화된 시스템의 종료 처리가 매우 빠르긴 했지만 그 사이에 모니터링 시스템이 동작했던 덕분에 비상 대기 엔지니어들이 신속하게 이 모니터링 시스템의 변경을 되돌릴 수 있었다. 덕분에 피해 규모를 파악하는 데 도움이 되었다.

엔지니어들 역시 이 장에서 설명한 첫 번째 장애가 발생한 이후 일 년에 걸쳐 발전한 장애 대응 절차를 신속하게 따라주었다. 사내 전체와 팀 간의 소통과 협업 역시 멋지게 이루어져 그동안의 장애 관리 프로그램과 훈련이 헛되지 않았음을 증명해주었다. 각 팀에서 가용한 인력이 모두 동원되어 각자의 경험을 충분히 활용해 문제를 해결했다.

깨달은 부분

근본적인 문제는 시스템 종료 자동화 서버가 전달된 명령의 유효성을 적절하게 판단하지 못한 것에 있었다. 최초의 시스템 종료 문제가 발생한 서버에 대한 조치 이후, 해당 서버가 다시 가동되기 시작했을 때 시스템 종료 서버는 머신 랙으로부터 빈 응답을 받았다. 문제는 이 빈 응답을 걸러내지 못하고 머신 데이터베이스에 빈 필터를 그대로 전달해서 머신 데이터베이스가 디스크삭제 요청 서버에게 모든 머신의 디스크를 삭제할 것을 요청한 것이다. 때로는 영(0)이 모든 것을 의미하는 경우도 있는 것이다. 그래서 머신 데이터베이스가 컴파일되어 시스템 종료 작업이 전체 머신들에 대해 최대한 빠르게 수행된 것이다.

머신의 재설치는 느리고 신뢰성이 떨어지는 작업이었다. 이 작업은 단순 파일 전송 프로토콜 (Trivial File Transfer Protocol, TFTP)을 이용해서 원격지의 서버에 대해 최저 네트워크 서비스 품질(Quality of Service, QoS)만을 확보한 상태에서 수행되었다. 각 머신의 BIOS[3] 관리는 낮은 네트워크 품질로 인한 지속적인 실패로 난항을 겪었다. 네트워크 카드의 동작 여부에 따라 BIOS가 실행을 멈추거나 혹은 계속해서 재부팅을 시도했다. 매번 부트 파일의 전송은 물론 그 이후의 설치 파일 전송이 계속해서 실패했다. 비상 대기 엔지니어는 이 설치 관련 트래픽의 우선순위를 높게 조정함으로써 이러한 재설치 문제를 해결했고 동작을 멈춘 머신의 재시작은 자동화 스크립트를 통해 처리했다.

---

3 BIOS는 기본 입출력 시스템(Basic Input/Output System)의 줄임말로 컴퓨터에 내장된 소프트웨어로 하드웨어에 간단한 명령을 전달하며, 운영체제가 로드되기 전에 입력 및 출력에 대한 처리를 수행한다.

머신 재설치 인프라스트럭처는 수천 대의 머신에 대한 동시 작업을 제대로 처리하지 못했다. 그 원인은 인프라스트럭처가 워커(worker) 머신당 최대 두 개의 설치 작업만을 실행할 수 있는 제한 때문이었다. 게다가 파일 전송에 적절하지 않은 QoS 설정과 제대로 산정하지 못한 타임 아웃 설정도 한 몫을 거들었다. 또한 제대로 된 커널이 이미 설치되었고 디스크삭제 작업이 실행 중인 머신에도 강제적으로 커널 재설치가 수행되었다. 이 현상을 해결하기 위해 비상 대기 엔지니어는 이처럼 예외적인 작업 부하를 감당할 수 있도록 인프라스트럭처를 신속하게 재설정할 수 있는 인력에게 도움을 요청했다.

모든 문제가 해결되었다

시스템이 단순히 제대로 동작하지 않을 수 있다는 것뿐만 아니라 예전에는 전혀 상상조차 하지 못한 방법으로 문제가 발생할 수도 있다는 것을 경험하게 된 시간이었다. 이 과정에서 구글이 얻은 가장 큰 수확은, 특히 장애 호출을 직접 받은 사람에게조차 문제의 원인이 명확하지 않은 상황도 해결책이 존재한다는 점이었다. 만일 해결책이 생각나지 않는다면 다른 사람에게 도움을 청해야 한다. 더 많은 팀 동료들을 참여하게 하고, 도움을 요청하고, 할 수 있는 모든 것을 시도해야 한다. 그것도 신속하게. 문제 해결을 최우선으로 삼아야 한다. 가장 중요한 사람은 사건이 발생하게 된 행위를 한 사람이다. 그 사람을 잘 활용해야 한다.

무엇보다 중요한 것은, 일단 긴급 상황이 종료되고 나면 뒷정리를 위한 시간을 마련하고 장애에 대해 문서를 작성하는 것이다. 그런 다음에는…

지난 일로부터 배우기. 그리고 반복하지 않기

장애에 대한 기록을 남기자

무언가를 배우는 데 있어 과거에 있었던 일을 문서로 남기는 것보다 나은 방법은 없다. 기록은 다른 누군가의 실수를 바탕으로 학습을 하는 것이다. 광범위하고 솔직하게 작성하되, 무엇보다 중요한 것은 화두를 던져야 한다는 점이다. 전술적인 면뿐만 아니라 전략적으로도 같은 장애가 다시 재발하지 않도록 하기 위한 실행 요소를 찾아야 한다. 그리고 이 문서를 발행하고 포스트모텀을 진행함으로써 사내의 모든 사람들이 장애를 통해 학습한 내용을 함께 공유할 수 있도록 해야 한다.

포스트모텀 문서에 나열한 실행 요소를 실제로 수행함에 있어 본인뿐 아니라 다른 사람들도 참여할 수 있도록 유도해야 한다. 그렇게 함으로써 거의 같은 원인으로, 거의 같은 증상의, 이미 문서화된 장애가 다시 발생하게 되는 상황을 미연에 방지할 수 있다. 과거에 발생한 장애로부터 학습한 내용들에 대한 기록을 갖추었다면 나중에 발생할 장애를 방지하기 위해 무엇을 해야 할지 알 수 있을 것이다.

커다란, 어쩌면 불가능할지도 모를 것에 대한 질문을 던지자: 만일 …라면?

현실보다 나은 테스트 따위는 없다. 스스로에게 큰 질문을 제한 없이 던져보자. 예를 들면, 건물의 전력이 끊어진다면? 네트워크 장비 랙이 물에 잠긴다면? 주 데이터센터에 갑자기 정전이 발생한다면? 누군가 웹 서버에 침입한다면 어떻게 해야 할까? 누구에게 도움을 요청해야 할까? 누가 진행 상황을 체크할까? 계획은 있는가? 나는 어떻게 대응해야 할까? 시스템은 이런 상황에서 어떻게 동작할지 알고 있는가? 이런 상황이 발생하면 피해를 최소화할 수 있는 방법이 있을까? 내 옆자리에 있는 사람도 똑같이 대응할 수 있을까?

사전 테스트 장려하기

실제로 장애가 발생하게 되면 이론과 실제가 양립하게 된다. 실제로 장애가 발생하기 전까지는 시스템과 그 시스템에 의존적인 다른 시스템, 그리고 사용자가 어떻게 반응할지는 아무도 모른다. 짐작이나 자신이 할 수 없는 일, 혹은 테스트한 적이 없는 방법에 절대 의존해서는 안 된다. 회사의 전 직원이 블랙 포레스트[4]로 워크숍을 간 토요일 새벽 2시에 장애가 발생하는 것이 낫겠는가 아니면 이미 최선의 명확한 결론을 손에 쥔 상태에서 지난 주에 공들여 리뷰한 테스트를 모니터링하고 있는 도중에 장애가 발생하는 것이 낫겠는가?

---

4 **역주** 독일 남서부의 삼림 지대

결론

이 장에서는 세 가지 각기 다른 형태의 시스템 장애에 대해 살펴보았다. 이 세 가지 장애는 모두 다른 원인에 의해(첫 번째는 사전 테스트, 두 번째는 설정 변경, 세 번째는 시스템 종료 자동화 때문에) 발생했지만 그 대응 방식들에서는 많은 공통점을 찾을 수 있다. 장애를 조치하는 사람은 우선 침착해야 한다. 그리고 필요하다면 다른 사람들에게 도움을 요청할 수 있어야 한다. 또한 이전에 발생한 장애를 연구하고 이로부터 새로운 것을 학습해야 한다. 그런 다음에는 시스템이 이런 종류의 장애에 더욱 잘 대처할 수 있도록 개선해야 한다. 새로운 형태의 장애가 발생할 때마다 그 조치를 취한 사람은 문서화를 함께 수행해야 한다. 이를 통해 다른 팀들이 유사한 장애가 발생했을 때 더 나은 방법으로 장애를 조치하고 시스템을 더욱 견고하게 만들 수 있는 방법을 배워나갈 수 있다. 또한 장애에 대처하는 사람은 시스템에 대한 사전 테스트에 더욱 주의를 기울여야 한다. 이런 테스트를 통해 문제가 발생할 가능성이 있는 변경을 수정하고 실제 장애가 발생하기 전에 취약점을 발견할 수 있다.

시스템에 이런 과정을 지속적으로 도입하면, 발생한 장애 혹은 테스트 결과에 의해 절차와 시스템 모두를 개선할 수 있다. 이 장에서 소개한 사례는 구글에 국한된 것들이었지만, 지금까지 설명한 장애 조치 방식은 규모를 막론하고 어떤 조직에든 적용할 수 있다.

14

장애 관리하기

앤드류 스트리블힐(Andrew Striblehill)[1] 지음

카비타 굴리아니(Kavita Guliani) 편집

효과적인 장애 관리의 핵심은 장애로 인한 피해를 최소화하고 최대한 빨리 평소의 비즈니스 운영을 복구하는 것이다. 잠재적인 장애에 대한 대처를 사전에 수행하지 않으면 실제 상황에서는 원리에 기초한 장애 관리 따위는 쓸모없는 것이 되어 버린다.

이 장에서는 체계적이지 못한 장애 관리로 인해 걷잡을 수 없이 꼬여버린 장애 사례를 살펴보고 장애를 올바르게 관리할 수 있는 가이드라인을 제시하며, 이렇게 수립된 올바른 장애 관리를 통해 동일한 장애를 어떻게 조치할 수 있는지를 되돌아보고자 한다.

---

1 이 장의 내용은 ;login: 매거진(2015년 4월, 제40호, 제2권)에 게재된 내용이다.

미흡한 장애 관리

당신이 더펌(The Firm)이라는 가상의 회사의 비상 대기 엔지니어인 메리(Mary)가 되었다고 생각해보자. 어느 평화롭던 금요일 오후 2시, 갑자기 호출기가 울렸다. 블랙박스 모니터링 시스템이 서비스가 중단되어 전체 데이터센터에 유입되는 어떤 요청에도 응답할 수 없는 상태가 되었다는 것을 알려주는 알림이었다. 당신은 한숨을 내쉬며 마시던 커피를 내려놓고 문제를 해결하기 시작한다. 몇 분 지나지 않아 두 번째 데이터센터에도 문제가 생겼다는 알림이 호출기를 통해 전해졌다. 곧이어 총 다섯 개의 데이터센터 중 세 번째 데이터센터에도 문제가 생겼다. 장애로 인해 남은 데이터센터에 평소보다 더 많은 트래픽이 몰리자 초과된 네트워크 부하로 인해 상황이 급속도로 나빠지고 있는 것이었다. 사실 첫 번째 장애의 발생 여부를 알기 전부터 이미 시스템은 과부하로 인해 그 어떤 요청도 처리할 수 없는 상태였다.

로그를 들여다보니 이건 뭐 끝이 없어 보였다. 수천 줄의 로그가 최근에 수정된 모듈 중 하나에서 에러가 발생하고 있음을 경고하고 있었다. 그래서 서버를 이전 버전의 릴리즈로 되돌리기로 결정했다. 그런데 서버를 이전 버전으로 되돌려도 문제가 해결되지 않자, 문제가 있는 서버의 코드 대부분을 작성한 개발자 조세핀(Josephine)을 불렀다. 그 때 조세핀이 있는 지역의 시간은 새벽 3시 30분이었다. 조세핀은 잠이 덜 깬 채로 시스템에 로그인해서 로그를 살펴봤다. 그녀의 동료인 사브리나(Sabrina)와 로빈(Robin)도 함께 터미널을 통해 접속했다. "일단 살펴봅시다"라며 그들은 작업을 시작했다.

그 즈음, 누군가 매니저에게 전화를 했고, 매니저는 '사업적으로 중요한 서비스의 전체적인 장애'에 대해 자신에게 미리 알리지 않은 것에 대해 화를 냈다. 그와 별개로 부사장 역시 언제쯤 문제가 해결될 것인지에 대해 귀찮을 정도로 "대체 왜 이런 일이 생긴 거죠?"라는 질문을 반복해댔다. 당신은 짜증이 났지만 직업을 잃을지도 모르니 짜증을 낼 수도 없었다. 이전에도 비슷한 일이 있었을 때 부사장들은 아무 관련도 없지만 그렇다고 반박도 할 수 없는 "페이지 크기를 조정해봐요!" 같은 주문을 하곤 했다.

시간이 더 지나자 남은 데이터센터들도 완전히 동작을 멈추고 말았다. 당신이 모르는 사이, 잠에서 덜 깬 조세핀이 말콤(Malcolm)을 호출했다. 그는 CPU에 대한 감각이 있는 사람이었다. 그는 프로덕션 환경에 이 작은 변경만 적용하면 남은 서버 프로세스들을 최적화할 수 있을 것이라고 생각하고 저질러버렸다. 몇 초가 지나자 서버들이 재시작됐고 변경사항을 인식했다. 그리고는 곧바로 죽어버렸다.

미흡한 장애 처리에 대한 자세한 분석

지금까지의 시나리오에서 관련된 모든 사람은 각자 자신들이 본 것을 토대로 자신들의 일을 수행했다. 그런데 어떻게 이렇게 완전히 말아먹게 됐을까? 몇 가지 사소한 요인들이 결국 사태를 이 지경으로 만들었다.

기술적인 문제에 대한 날카로운 집중

우리는 메리 같이 기술적인 역량이 있는 사람을 고용하려는 경향이 있다. 그래서 그런 사람들이 바쁘게 시스템의 동작을 변경해서 문제를 다각도로 해결하기 위해 노력하는 것이 놀라운 일은 아니다. 하지만 그녀는 기술적인 작업이 너무 많았기 때문에 문제를 해소할 수 있는 큰 그림에 대해 생각할 수 있는 위치가 아니었다.

소통의 부재

같은 이유로 메리는 명확한 소통을 하기에는 너무 바빴다. 그래서 자신들의 동료들이 어떤 일을 하고 있는지 아무도 몰랐다. 비즈니스 리더들은 화가 나 있었고, 고객들은 짜증이 나 있었다. 그리고 디버깅이나 이슈의 해결을 도와줄 법한 다른 엔지니어들을 효과적으로 활용하지 못했다.

프리랜서의 고용

말콤 역시 자신이 최선이라고 생각하는 방향으로 시스템을 변경했다. 그러나 다른 동료들은 물론 현재 장애 조치의 책임을 맡고 있는 메리와도 협업을 하지 않았다. 결국 그가 변경한 부분은 상황을 더 악화시켰을 뿐이다.

장애 관리 절차의 기본 요소들

장애 관리 기술과 기량은 열정적인 개인의 에너지를 연결하기 위해 존재한다. 구글의 장애 관리 시스템은 장애 제어 시스템(Incident Command System)[2]을 기반으로 한다. 이 시스템의 명확성과

---

[2] 좀 더 자세한 내용은 http://www.fema.gov/national-incident-management-system을 참고하기 바란다.

확장성은 정평이 나 있다.

제대로 된 장애 관리 절차는 다음과 같은 특징이 있다.

책임에 대한 재귀적인 분리

장애 조치에 참여 중인 모든 사람들이 자신의 역할을 명확히 이해하고 다른 이의 영역을 침범하지 않도록 하는 것이 가장 중요하다. 직관적으로 이해하기는 어렵겠지만 책임에 대한 명확한 분리는 개개인의 자율성을 보장한다. 각자 동료들의 행동에 대해 예상이나 예측을 할 필요가 없기 때문이다.

만일 누군가의 업무 부하가 감당하기 힘들 정도로 높아지면 그 사람은 계획을 수립하는 리더에게 더 많은 지원 인력을 요청해야 한다. 그런 후 자신의 업무를 보충된 인력에게 나누어주어야 한다. 하지만 그러다 보면 또 다른 문제가 생길 수도 있다. 아니면 역할 리더가 시스템 컴포넌트를 다른 동료들에게 나누어주고 이들로부터 좀 더 높은 수준의 정보를 보고받을 수도 있다.

특정 개인에게 위임해야 하는 역할들은 다음과 같다.

장애 제어

장애 제어자(incident commander)는 장애에 대한 높은 수준의 상태를 확인한다. 그리고 장애 조치를 위한 팀을 구성하고 필요와 우선순위에 따라 책임을 나누어준다. 사실상, 이 제어자는 다른 사람에게 위임되지 않은 모든 역할을 수행해야 한다. 필요하다면 운영팀이 효율적으로 업무를 수행하는 데 있어 방해가 되는 요소는 모두 해소해주어야 한다.

운영 업무

Ops 조직의 리드는 장애 제어자와 협력하여 운영 도구들을 이용해 실제 업무를 수행함으로써 장애에 대처한다. 장애를 조치하는 동안에는 오직 운영팀만이 시스템을 변경할 수 있어야 한다.

의사소통

이 인력은 장애 조치팀의 대외 창구다. 가장 큰 역할은 장애 대응팀의 현황을 정기적으로 의사 결정자들에게 (주로 이메일을 통해) 전달하는 것이며, 장애 조치 문서를 최신의 상태로 유지하는 역할도 견해서 수행할 수 있다.

계획 업무를 담당한 사람은 운영팀을 도와 버그를 수집하거나, 저녁 식사를 주문하거나, 업무 분장을 돕거나, 시스템이 원래 상태에서 어떻게 변경되는지를 추적한 후 장애가 조치된 후 이를 원래대로 복구하는 등 좀 더 장기적인 이슈들을 처리한다.

확실한 컨트롤 타워

장애 조치에 참여 중인 사람들은 장애 제어자와 어떻게 소통해야 하는지를 명확하게 이해하고 있어야 한다. 대부분의 경우 장애 조치 팀원들은 소위 '전쟁터(War Room)'로 활용할 목적으로 만들어진 공간에 함께 있는 것이 좋다. 다른 팀들은 본래 각자의 위치에서 일하기를 원할 수도 있지만 이 경우에는 이메일이나 IRC 등으로 장애에 대한 상황을 지속적으로 통보받을 수 있어야 한다.

구글은 장애 조치에 IRC가 큰 도움이 된다는 점을 깨달았다. IRC는 신뢰성이 높고 장애에 대한 의사소통의 로그로도 사용할 수 있으며, 이런 기록은 지금까지 변경한 내용들을 기억하는 데 큰 도움이 된다. 우리는 장애와 관련된 트래픽에 대한 로그(포스트모팀 분석에 매우 효과적이다)를 기록하는 봇(bot)과 채널을 통해 공유된 알림 등에 대한 로그를 수집하는 봇들을 작성했다. IRC는 또한 지리적으로 분산된 팀이 협업을 하기에도 매우 편리한 도구다.

실시간 장애 조치 문서

장애 제어자의 가장 중요한 역할 중 하나는 장애 조치 문서를 실시간으로 관리하는 것이다. 이 문서를 위키에 생성할 수 있지만, 이상적으로는 누구든지 동시에 편집할 수 있어야 한다. 구글의 대부분의 팀들은 구글 문서(Google Docs)를 사용하지만 구글 문서의 SRE들은 구글 사이트(Google Sites)를 사용한다. 결국, 장애 관리 시스템으로서 활용하고자 하는 소프트웨어가 무엇인지에 따라 사용하는 도구는 달라질 수 있다.

장애 조치 문서의 예시는 부록 C를 살펴보기 바란다. 이 실시간 문서는 조금 복잡해질 수는 있지만 반드시 실용적이어야 한다. 템플릿을 이용하면 이 문서를 쉽게 생성할 수 있으며, 문서의 최상단에 가장 중요한 정보들을 기록해놓으면 유용하게 참조할 수 있다. 이 문서는 포스트모팀 분석을 위해 계속 유지되어야 하며, 필요하다면 메타 분석에도 이 문서를 활용할 수 있다.

명확하고 즉각적인 업무 이관

장애 제어자의 일과가 끝나면 다른 누군가에게 명확하게 이관하는 것은 기본 중 기본이다. 만일 제어권을 다른 지역의 누군가에게 이관한다면 전화나 화상 전화로 새로운 장애 제어자에 대해 간단하고 안전하게 공지할 수 있다. 일단 새로운 장애 제어자가 완전히 업무를 인계받으면 인수자는 "이제 당신이 장애 제어자입니다. 알겠죠?"와 같이 명확하게 업무를 이관하고 회사 전체가 이 업무의 이관에 대해 인지할 때까지 연락을 끊어서는 안 된다. 업무의 이관은 장애를 조치하고 있는 다른 사람에게도 모두 전달되어 누가 이 장애를 관리하고 있는지를 명확하게 해야 한다.

적절하게 관리한 장애 조치

이제 앞서 살펴본 장애 사례가 장애 관리의 원리들을 잘 준수할 경우 어떻게 처리될 수 있는지를 살펴보자.

오후 2시 메리는 오늘 들어 세 번째 커피를 마시고 있었다. 그러다 갑자기 울린 호출기에 놀라 마시던 커피를 꿀꺽 삼켰다. 장애: 데이터센터가 트래픽을 처리하지 못하고 중단됨. 그녀는 무슨 일이 발생한 것인지를 확인하기 시작했다. 금세 두 번째 알림이 날아들었다. 다섯 개의 데이터센터 중 두 번째 데이터센터에도 같은 증상이 발생한 것이다. 문제가 삽시간에 확산되자, 그녀는 장애 관리 프레임워크의 구조를 따르는 것이 좋겠다고 생각했다.

메리는 재빨리 사브리나에게 물었다. "장애 제어를 맡아줄래요?" 그녀가 고개를 끄덕이고는 메리에게서 지금까지 어떤 일들이 일어났는지에 대해 간략하게 보고를 받았다. 그런 후 보고 내용을 이메일을 통해 미리 정해둔 메일 수신자들에게 전달했다. 사브리나는 아직 스스로 장애의 영향도를 파악할 수 없다는 것을 인지하고는 메리에게 그 평가를 부탁했다. 메리는 "아직 사용자들에게 영향은 없음; 세 번째 데이터센터에도 같은 증상이 발생하지 않기를 바라고 있음"이라고 회신했다. 사브리나는 메리의 응답을 실시간 장애 문서에 추가했다.

세 번째 장애가 발생했을 때, 사브리나는 해당 알림을 IRC의 디버깅 채널에서 발견하고는 이메일 스레드를 재빨리 업데이트했다. 이 이메일 스레드 덕분에 부사장들도 실무자들을 괴롭히지 않고도 장애에 대한 즉각적인 보고를 받을 수 있었다. 사브리나는 외부 소통 담당자들에게 사용자들에게 보낼 메시지를 작성해줄 것을 요청했다. 그런 후 메리에게 비상 대기 중인 개발자(현재 조세핀이 담당하고 있음)에게 연락해야 하는지를 확인했다. 메리가 이를 수락하자 사브리나는 조세핀을 메일 수신자 목록에 추가했다.

조세핀이 로그인하는 시점에 로빈은 이미 자원해서 장애 조치에 합류하고 있었다. 사브리나는 로빈과 조세핀에게 메리가 할당하는 업무를 최우선으로 처리해줄 것과 어떤 업무를 수행하든, 메리에게 꼭 알려줄 것을 당부했다. 로빈과 조세핀은 장애 문서를 통해 현재 상태를 신속하게 파악했다.

현 시점에서, 메리는 이전 버전의 바이너리를 다시 릴리즈해 봤지만 문제가 해결되지 않았음을 인지했다. 메리는 이 사실을 로빈에게 알렸고 로빈은 IRC 채널에 시도했던 방법으로 문제가 해결되지 않았음을 통보했다. 사브리나는 이 내용을 실시간 장애 관리 문서에 업데이트했다. 오후 5시, 사브리나는 자신과 동료가 퇴근할 시간이 다가오자 이 장애를 대신 처리해줄 다른 동료를 찾기 위해 장애 조치 문서를 업데이트했다. 오후 5시 45분 간단한 컨퍼런스 콜을 통해 모든 이들이 현재의 상황을 공유했다. 그리고 오후 6시, 그들은 다른 사무실의 동료들에게 자신의 역할을 이관했다.

다음 날 아침 출근 후 메리는 다른 나라에 있는 사무실에서 일하는 한 동료가 버그를 유발시켰음을 발견하고는 문제를 해결한 후 장애 조치를 완료하고 포스트모텀을 작성하기 시작했다. 모든 문제가 일단락되자 새 커피를 한 잔 내린 후, 같은 장애가 다시 발생하지 않도록 구조적인 개선 계획을 세우기 시작했다.

언제 장애를 선언할 것인가?

문제가 심각해졌을 때 부랴부랴 장애 관리 프레임워크를 발동시키는 것보다는 장애를 빨리 선언하고 최대한 간결한 해결책을 찾아 장애를 조치하는 것이 더 낫다. 그러려면 어떤 상황에 장애를 선언할 것인지에 대한 명확한 조건을 수립해야 한다. 필자가 일하는 팀은 다음의 가이드라인을 따른다. 다음 중 어느 한 조건이라도 해당된다면 이를 장애라고 판명한다.

- 문제를 해결하기 위해 다른 팀의 도움이 필요한가?
- 문제가 사용자에게 영향을 미쳤는가?
- 문제 발생 이후 한 시간 동안 집중적으로 분석했는데도 문제가 해결되지 않았는가?

장애 관리에 대한 숙련도는 계속해서 활용하지 않으면 쉽사리 쇠퇴한다. 엔지니어들이 장애 관리 기술을 지속적으로 유지하게 하려면 어떻게 해야 할까? 더 많은 장애를 처리하게 하면 될까? 다행히 장애 관리 프레임워크는 여러 지역이나 팀이 참여하는 운영 업무에 공통적으로 적용될 수 있다. 이 프레임워크를 변경 관리 절차만큼이나 자주 활용한다면 실제 장애가 발생했을 때 이 프레임워크에 따라 신속하게 장애에 대처할 수 있다. 만일 여러분의 조직이 천재지변에 대한 복구 테스트를 수행한다면 (만일 그렇지 않다면 지금이라도 수행해야 한다. 재미있을 것이다. 자세한 내용은 [Kri12]를 참고하기 바란다), 장애 관리 역시 이 테스트 과정의 일부로 포함되어야 한다. 우리는 간혹 이미 해결된 비상 대기 이슈에 대처하는 역할을 실습해보곤 한다. 이 이슈들은 다른 지역의 동료들이 해결한 것일 수도 있다. 이를 통해 우리 스스로가 장애 관리에 더 익숙해질 수 있기 때문이다.

요약

우리는 장애 관리 전략을 사전에 수립하고 이 전략을 매끄럽게 운영하며, 이 전략을 자주 되풀이해서 수행할 수 있도록 하면, 장애 시 복구에 드는 시간과 직원들이 긴급한 문제를 해결하는 데 받는 스트레스를 확실히 줄일 수 있다는 점을 깨달았다. 신뢰성을 중요하게 생각하는 어떤 조직이라도 이와 유사한 전략을 통해 그 이점을 누릴 수 있기를 바란다.

장애 조치에 대한 모범 사례

우선순위　우선 출혈을 막고 서비스를 되살린 후에 근본 원인에 대한 증거를 찾자.

사전 준비　장애 조치에 참여한 사람들의 자문을 받아 장애 관리 절차를 미리 개발하고 문서화 해 두자.

신뢰　장애 조치에 참여 중인 모든 사람들에게 충분한 자율권을 보장하자.

감정 조절　장애를 조치하는 동안 스스로의 감정적 상태에 주의를 기울이자. 만일 너무 부담이 된다면 다른 이에게 도움을 청하자.

대체 방안에 대한 모색　주기적으로 현재 선택할 수 있는 방법에 대해 다시 생각하고 이 방법이 여전히 유효한지, 아니면 다른 방법을 찾아야 하는지를 판단하자.

실습　이 과정을 정기적으로 수행해서 자연스럽게 활용할 수 있는 수준으로 만들자.

개선　그리고 계속해서 개선하자. 모든 팀 구성원들이 모든 역할에 익숙해질 수 있도록 독려하자.

15

포스트모텀 문화: 실패로부터 배우기

존 루니(John Lunney), 수 루에더(Sue Lueder) 지음

개리 오코너(Gary O'Connor) 편집

> 실패의 비용은 교육이다.
>
> — 데빈 캐러웨이(Devin Carraway)

SRE로서, 우리는 대용량의 복잡한 분산 시스템을 다룬다. 우리는 새로운 기능과 새로운 시스템을 추가하여 우리의 서비스를 끊임없이 개선한다. 우리의 규모와 변화의 속도를 고려하면 사건 사고는 필연적인 것이다. 장애가 발생하면, 우리는 장애의 원인을 찾아 해결하고 서비스는 다시 정상적인 운영 상태로 복귀한다. 이런 장애들로부터 계속해서 학습할 수 있는 정규화된 절차를 갖지 않는다면 이런 장애들은 무한정 반복될 것이다. 장애가 발생할 만한 곳을 미리 체크하지 못하면, 장애는 문제 해결의 복잡도를 증가시키거나 혹은 다른 시스템으로 확산되어 운영자들을 고통스럽게 하며, 궁극적으로는 사용자에게도 영향을 미칠 것이다. 그래서 포스트모텀은 SRE에게는 필수적인 도구다.

포스트모텀 개념은 기술 분야에서는 이미 잘 알려진 개념이다[All12]. 포스트모텀은 장애의 발생 기록과 그 영향, 장애를 완화하거나 해결하기 위해 수행한 작업, 장애의 근본 원인, 그리고 향후 재발 방지를 위한 후속 조치 등이 기록된 문서다. 이 장에서는 포스트모텀의 수행 시기

를 결정하기 위한 조건, 포스트모텀에 대한 모범 사례, 그리고 우리가 지난 수년 간에 걸쳐 경험해온 내용을 토대로 포스트모텀 문화를 개척하는 방법 등에 대해 설명하고자 한다.

구글의 포스트모텀 철학

포스트모텀을 작성하는 가장 큰 이유는 장애에 대한 내용을 문서화하고, 장애가 발생하게 된 원인에 대해 이해하며, 무엇보다 장애를 해결하기 위해 취한 조치들이 향후 장애의 재발을 막는 데도 유용하게 사용될 수 있도록 하기 위함이다. 근본 원인 분석 기술에 대한 자세한 내용은 이 장의 범위를 벗어난다(대신 [Roo04]를 참고하기 바란다). 그러나 시스템의 품질 분야에 대해서도 많은 기사, 모범 사례, 그리고 도구들이 존재한다. 우리 팀은 근본 원인 분석에 다양한 기법들을 활용하며, 각 서비스별로 가장 적합한 기법들을 선택하여 사용한다. 포스트모텀은 불이익을 주기 위한 것이 아니다. 회사 전체가 실패로부터 새로운 것을 배울 수 있는 기회인 것이다. 물론 포스트모텀 절차는 시간과 노력이라는 비용을 필요로 하므로 포스트모텀 문서를 작성할 때는 심사숙고 해서 써야 한다. 팀마다 조금씩 다르겠지만 보통 포스트모텀은 다음과 같은 상황이 발생했을 때 수행한다.

- 사용자가 다운타임을 경험했거나 신뢰성이 목표치 이하로 떨어진 경우
- 종류에 관계 없이 데이터 손실이 발생한 경우
- 비상 대기 엔지니어의 중재가 발생한 경우(릴리즈의 롤백, 트래픽의 재설정 등)
- 장애의 해결 시간이 목표치보다 오래 걸린 경우
- 모니터링 장애 시(장애를 사람이 직접 발견한 경우)

장애가 발생하기 전에 포스트모텀을 수행하는 조건을 미리 선정하여 언제 포스트모텀이 필요한지 모두가 이해하게끔 하는 것이 중요하다. 이렇게 선정된 조건들 외에도 의사 결정자가 포스트모텀을 요청할 수도 있다.

서로를 비난하지 않는 포스트모텀은 SRE 문화의 신조다. 실제로 포스트모텀 과정에서 누군가를 비난하는 상황을 완전히 방지하려면 어떤 개인이나 팀의 실수나 부적절한 조치를 지목하지 않고 장애를 유발한 원인을 판단하는 데 집중해야 한다. 그래서 비난 없이 작성된 포스트모텀 문서에는 장애 조치에 참여한 모든 이들이 취한 모든 행동은 문제를 해결하고자 하는 의도로, 당시 자신들이 가진 모든 정보를 토대로 올바른 조치를 취한 것이라고 가정한다. 특정 개인이나 팀이 '잘못한' 부분을 지적하고 드러내려 하는 문화라면 그 누구도 이슈를 스스

로 드러내려 하지 않을 것이다.

서로를 비난하지 않는 문화는 실수가 매우 치명적인 결과로 이어지기 쉬운 의료 산업 (healthcare)과 항공 산업에서 먼저 생겨났다. 이런 산업군들은 모든 '실수'를 시스템을 강화할 수 있는 기회로 보는 환경을 육성해왔다. 포스트모텀이 비난할 누군가를 찾는 과정에서, 개인이나 팀이 불완전하거나 부정확한 정보를 갖게 된 원인을 시스템적으로 조사하는 방향으로 개선되면서 효과적인 재발 방지 계획을 수립할 수 있게 되었다. 사람을 '고칠(fix)' 수는 없지만 사람들이 복잡한 시스템을 디자인하고 관리하면서 올바른 판단을 내리는 것을 더 잘 지원할 수 있도록 시스템이나 절차를 고칠 수는 있다.

시스템 중단이 발생했을 때 포스트모텀은 그저 형식적으로 작성하고는 잊혀지는 물건이 아니다. 개발자에게 있어 포스트모텀은 취약점을 고칠 수 있는 기회인 동시에 구글 전체를 더 견고하게 만드는 기회다. 누군가를 비난하지 않는 포스트모텀은 단순히 누군가에게 불만을 토로하지 않는 것에서 멈추는 것이 아니라 시스템의 어느 부분을 어떻게 개선할 수 있는지에 대한 결과를 도출해야 한다. 다음의 두 가지 예시를 살펴보자.

누군가를 지적하는 포스트모텀의 예

"우리의 백엔드 시스템을 완전히 뜯어고쳐야 합니다! 지난 세 분기 동안 일주일마다 장애가 발생했고 아마 우리 모두 한두 번은 장애를 처리해본 경험이 있을 거에요. 앞으로 한 번만 더 장애 알림을 받게 되면 장담코 내가 다 뜯어 고칠 겁니다..."

비난하지 않는 포스트모텀의 예

"후속 조치로써 백엔드 시스템을 지속적인 장애를 방지할 수 있도록 백엔드 시스템을 새롭게 작성하기를 원하며, 현재 버전의 운영 매뉴얼은 너무 길고 완벽하게 학습하기가 어렵습니다. 시스템을 새로 작성하면 비상 대기 엔지니어들도 좋아할 거예요!"

모범 사례: 비난보다는 생산적인 포스트모텀 문서를 작성하는 방법

누군가를 비난하지 않는 포스트모텀 문서를 작성하는 것은 쉽지 않다. 왜냐하면 이 문서는 장애를 유발시킨 모든 행위들을 명시하고 있기 때문이다. 포스트모텀 문서에서 누군가를 지적하지 않는다면 사람들은 현재 발생한 문제를 장애 등급으로 상향 조정하는 데 아무런 두려움을 갖지 않을 것이다. 또한 어느 개인이나 팀이 자주 포스트모텀 문서를 작성할 기회를 만들었다고 해서 그들에게 어떤 낙인을 찍어서도 안 된다. 누군가를 지적하는 분위기는 자칫 장애나 이슈를 숨기려는 문화를 만들 위험이 있고 그로 인해 조직에 더 큰 위험을 돌려줄 수 있다 [Boy13].

협업과 지식의 공유

우리는 협업의 가치를 인정하며 포스트모텀 절차도 예외는 아니다. 포스트모텀 절차에는 모든 단계마다의 협업과 지식 공유가 담겨있다.

우리는 포스트모텀 문서를 직접 정의한 템플릿(부록 D 참조)을 이용해서 구글 문서에 작성한다. 사실 어떤 도구를 사용하는지보다 해당 도구가 다음의 핵심 기능들을 제공하는지가 더 중요하다.

실시간 협업

데이터와 아이디어를 실시간으로 신속하게 수집할 수 있다. 포스트모텀 문서 생성 초기에 매우 유용하다.

열린 댓글/주석 시스템

집단 지성을 쉽게 활용하며 그 적용 범위를 넓힐 수 있다.

이메일 알림

문서를 함께 편집 중인 사람들에게 메일 알림을 보내거나 혹은 다른 사람들의 추가 의견을 기대할 때 그 사람을 문서 편집자로 초대할 수 있다.

포스트모텀 문서의 작성은 형식적인 리뷰 및 발행 절차도 포함하고 있다. 실질적으로 팀은 포스트모텀의 첫 번째 초안을 내부적으로 공유하여 선임 엔지니어들이 초안을 검토하고 그 완성도를 높이도록 하는 방법을 취하는 것이 낫다. 리뷰 과정에서는 다음과 같은 항목이 포함될 수 있다.

- 나중을 대비해 장애에 대한 핵심 데이터를 수집하고 있는가?
- 장애의 영향이 완벽하게 처리되었는가?
- 장애의 근본 원인이 충분히 사려 깊게 분석되었는가?
- 후속 조치 계획이 적절하며 버그 수정 작업들의 우선순위가 적절하게 조정되었는가?
- 관련 의사 결정자들에게 이 결과를 공유했는가?

일단 기본적인 리뷰가 완료된 포스트모텀 문서는 더 많은 엔지니어링팀 혹은 내부 메일링 리스트를 통해 공유될 수 있다. 우리의 목표는 포스트모텀 문서를 가능한 많은 사람들과 공유함으로써 지식을 공유하는 것이다. 구글은 사용자[1]를 인지할 수 있는 어떠한 정보에 대해서도 강력히 규제하고 있어서 포스트모텀 같은 내부 문서조차도 이런 정보를 절대 포함하지 않도록 규제하고 있다.

> **모범 사례: 모든 포스트모텀 문서는 반드시 리뷰를 거쳐야 한다**
>
> 리뷰를 거치지 않은 포스트모텀 문서는 존재하지 않아야 한다. 모든 초안 문서가 반드시 리뷰를 받도록 하기 위해 우리는 포스트모텀에 대한 정기적인 리뷰 세션을 가질 것을 독려하고 있다. 이 회의에서는 진행 중인 모든 논의 사항 및 주석에 대한 결론을 도출하고 아이디어를 확보해서 상태를 결정짓는 것이 가장 중요하다.

문서를 리뷰한 사람들이 모두 문서의 내용 및 후속 조치에 대해 이견이 없으면 포스트모텀 문서는 팀이나 조직의 지난 장애 저장소[2]에 추가된다. 정보의 투명한 공유는 다른 사람들이 포스트모텀 문서를 쉽게 검색하고 이를 통해 학습할 수 있는 길을 열어준다.

포스트모텀 문화 도입하기

현재 여러분의 조직에 포스트모텀 문화를 소개하는 것은 말처럼 쉬운 일은 아니다. 지속적인 양성과 보강에 대한 노력이 필요하기 때문이다. 우리는 선임 관리자가 적극적으로 리뷰 및 협업 절차에 개입하게 함으로써 협력적인 포스트모텀 문화를 정착시키기 위해 노력한다. 관리자는 이 문화를 적극 권장할 수 있지만, 특정인을 비방하지 않는 포스트모텀은 스스로 동기를 부여하는 엔지니어의 산출물로써 태어나는 것이 이상적이다. 포스트모텀 문화를 양성함에 있어, SRE는 시스템 인프라스트럭처에 대해 알게 된 내용을 적극적으로 보급하기 위한 활동들을 수행해야 한다. 바로 다음과 같은 활동들이 이에 해당한다.

이달의 포스트모텀

전체 조직에 공유된 포스트모텀 문서 중 잘 정리된 사례를 선정하여 월간 소식지를 통해 공지한다.

---

1 http://www.google.com/policies/privacy/를 참고하기 바란다.

2 이런 저장소를 직접 운영하고자 한다면 Etsy가 출시한 포스트모텀 관리 도구인 Morgue(http://github.com/etsy/morgue)를 살펴보기 바란다.

구글플러스 포스트모텀 그룹

이 그룹은 내부 및 외부 포스트모텀과 모범 사례, 그리고 포스트모텀에 대한 해설을 공유한다.

포스트모텀 읽기 클럽(reading club)

여러 팀들이 정기적으로 포스트모텀 읽기 클럽을 주관한다. 이 모임에서는 흥미롭거나 혹은 영향도가 높았던 포스트모텀을 골라(약간의 간식과 함께) 참여자, 불참자 및 신규 입사자 등과 함께 어떤 일이 있었고, 장애를 통해 어떤 것을 알게 되었는지, 그리고 장애 이후 어떤 조치가 있었는지에 대해 공개 토론을 한다. 몇 달 전 혹은 몇 년 전에 리뷰되었던 포스트모텀들도 자주 출몰한다!

불행의 바퀴(wheel of misfortune)

새로 입사한 SRE들은 종종 불행의 바퀴 연습(468쪽의 "장애 상황을 가정한 역할 수행" 절을 참고하기 바란다)을 수행한다. 이전의 포스트모텀 중 하나를 선정해서 엔지니어들이 그 안에 기록된 대로 역할을 수행해보는 것이다. 이때 가능한 한 '실제와 같은' 경험을 위해 당시 장애 제어를 담당했던 사람이 함께 참여한다.

조직에 포스트모텀 문화를 도입하는 데 있어 가장 큰 걸림돌은 일부 구성원들이 준비 과정 대비 실제 가치에 의문을 제기하는 경우다. 이런 경우 아래의 전략들이 도움이 될 수 있다.

- 포스트모텀을 작업의 일부로 편입시킨다. 일정한 시범 기간을 거쳐 성공적인 포스트모텀 문서를 작성해보면 그 가치를 입증할 수 있다. 게다가 포스트모텀을 어떤 경우에 작성할 것인지를 결정하는 데도 도움이 된다.
- 앞서 언급한 사회적 방법들을 통해 공개적으로, 그리고 개인과 팀의 역량 관리를 통해 효과적으로 작성된 포스트모텀 문서에 보상을 부여하고 축하해준다.
- 선임 리더들의 관심과 참여를 독려한다. 래리 페이지(Larry Page)[3]마저도 포스트모텀의 높은 가치를 역설한다!

---

3 `역주` 구글의 창업자

모범 사례: 올바른 일을 한 사람에게 눈에 보이는 보상을 지급하자

구글의 창업자인 래리 페이지와 세르게이 브린(Sergey Brin)은 TGIF 모임을 주관한다. 이 모임은 매주 캘리포니아 주 마운틴 뷰에 위치한 본사에 근무하는 모든 이들이 모여 진행하며 전 세계 구글 사무실에 중계된다. 2014 TGIF에서는 "포스트모텀의 기술(The Art of Postmortem)" 세션을 통해 영향도가 컸던 장애에 대한 SRE들의 토론이 진행되었다. 한 SRE가 자신이 최근에 배포한 릴리즈에 대해 언급했다. 광범위한 테스트를 진행했음에도 불구하고 우연히 예상하지 못한 동작이 발생해서 4분 동안 주요 서비스가 다운되었던 경험이었다. 이 장애가 4분만에 조치될 수 있었던 이유는 SRE가 변경사항을 즉시 롤백함으로써 장애의 지속과 확산을 막았기 때문이다. 이 엔지니어는 장애를 신속하고 침착하게 조치한 덕분에 두 가지 동료 보너스(peer bonus)[3]를 수령했을 뿐 아니라 회사의 창업자 및 TGIF에 참여한 수천 명의 구글러들로부터 큰 박수를 받았다. 이처럼 눈에 보이는 보상을 지급할 뿐만 아니라, 구글은 내부 소셜 네트워크를 통해 잘 작성된 포스트모텀과 특출한 장애 처리 사례에 대해 서로 칭찬하는 문화를 갖추고 있다. 이 사례는 동료, CEO를 포함한 모든 이들[4]이 모범적인 기여를 할 수 있음을 인지하는 많은 예시 중 하나일 뿐이다.

모범 사례: 포스트모텀의 효과에 대한 피드백을 구하자

구글에서는 문제가 발생하면 이를 해결하고 내부적인 혁신을 공유하기 위해 노력한다. 우리는 정기적으로 각 팀에 설문을 보내 포스트모텀 절차가 목표를 달성하는 데 도움이 되었는지, 그리고 이 절차를 개선할 수 있는 방법이 있는지를 묻는다. 이때 묻는 질문은 이 문화가 업무에 도움이 되는지, 포스트모텀을 작성하는 데 너무 많은 노력이 필요한 것은 아닌지(제5장 참조), 현재 근무 중인 팀에서 다른 팀에게 제안할 만한 모범 사례가 있었는지, 어떤 종류의 도구들이 도입되기를 원하는지 등이다. 이 설문의 결과는 자칫 매너리즘에 빠진 SRE들에게 포스트모텀 문화의 효율성을 향상시킬 수 있는 다양한 개선점들을 확인할 수 있는 기회가 된다.

장애 관리 및 후속 조치에 대한 운영적 관점은 둘째치고, 포스트모텀은 구글의 문화에 깊숙이 자리하고 있다. 이제는 주요한 장애는 반드시 포괄적인 포스트모텀 문서를 수반하는 것이 일반적인 문화가 되었다.

---

4 구글의 동료 보너스 프로그램은 구글러들이 특출한 노력을 보인 동료에 대해 인지하고 그 동료에게 현금으로 보상을 지급하는 방법이다.

5 여기서 언급한 장애에 대해서는 제13장의 내용을 참고하기 바란다.

결론 및 지속적인 개선

포스트모텀 문화를 양성하기 위한 지속적인 투자 덕분에 장애는 줄어들고 더 나은 사용자 경험을 제공할 수 있게 되었음을 자신 있게 말할 수 있다. '구글의 포스트모텀 문화' 워킹 그룹은 비난 없는 포스트모텀 문화 정착을 위한 노력의 한 예다. 이 그룹은 회사 전체의 포스트모텀 문화를 주도한다. 포스트모텀 템플릿의 지원과 장애를 처리하는 동안 사용하는 도구들로부터 수집한 데이터를 바탕으로 포스트모텀 문서를 자동으로 생성하며, 포스트모텀 문서로부터 자동으로 데이터를 추출하여 트렌드 분석을 수행할 수 있게 도와준다. 우리는 유튜브(YouTube), 구글 파이버(Fiber), 지메일, 구글 클라우드, 애드워즈(AdWords), 그리고 구글 지도(Maps) 등 각기 다른 제품으로부터 모범 사례들을 확보할 수 있었다. 이 제품들은 각자의 특색에도 불구하고 모두 포스트모텀을 수행함으로써 장애로 인해 어려운 시간을 보내는 가운데에서도 소중한 경험을 모두가 배워나갈 수 있는 원대한 목표를 달성해 나가고 있다.

매달 구글 전체가 만들어내는 엄청난 양의 포스트모텀 문서를 수집하는 도구 역시 점점 더 유용하게 활용되고 있다. 이런 도구들을 이용하면 제품의 경계를 넘는 개선 방향들에 대한 공통적인 주제와 영역들을 식별할 수 있다. 우리는 포괄적이고 자동화된 분석을 더 손쉽게 하기 위해, 최근에 포스트모텀 템플릿(부록 D 참조)에 몇 개의 메타데이터 필드를 추가했다. 향후에는 머신 러닝(Machine Learning)을 도입하여 우리의 취약점을 예측하고 실시간 장애 조치를 더 쉽게 하며, 장애가 중복해서 발생할 가능성을 줄이는 데 집중할 예정이다.

16

시스템 중단 추적하기

게이브 크라베(Gabe Krabbe) 지음

리사 캐리(Lisa Carey) 편집

지속적으로 신뢰성을 개선하는 것은 기준을 명확히 하고 절차를 추적할 수 있을 때만 가능한 것이다. 이를 위해 '아우터레이터(Outalator)'라고 부르는 우리의 서비스 중단 현상 추적 도구를 사용한다. 이 도구는 모니터링 시스템이 발송하는 모든 알림을 수동으로 수신하고 이 데이터를 해석, 그룹화 및 분석하기 위한 시스템이다.

과거에 발생한 문제를 바탕으로 체계적인 학습을 수행하는 것은 효과적인 서비스 관리의 기초다. 포스트모텀(제15장 참조)은 각각의 서비스 중단 장애에 대한 상세한 정보를 제공하지만 일부 문제에 대한 해답만을 제시할 뿐이다. 이 문서들은 영향도가 높은 장애에 대해서만 작성되므로 영향도는 낮지만 넓은 범위에 걸쳐 자주 발생하는 장애는 포스트모텀의 대상이 아니다. 마찬가지로 포스트모텀은 하나 혹은 일련의 서비스들을 개선하기 위한 유용한 통찰을 제공하지만, 각각의 경우에 대한 비교적 작은 규모의 효과를 살펴볼 기회나 가격 대 성능비는 좋지 않지만 폭넓은 효과를 기대할 수 있는 경우[1]를 살펴볼 기회를 놓칠 수 있다.

---

1 빅테이블에서 발생한 장애를 조금 더 완화하기 위해 특정 부분을 변경하는 데 너무 많은 엔지니어링 노력이 투입되는 경우를 예로 들 수 있겠다. 그러나 여러 가지 작은 장애를 개선함으로써 동일한 효과를 낼 수 있다면 이러한 엔지니어링 노력 역시 충분히 가치 있다고 할 수 있다.

또한 우리는 "비상 대기 업무 도중 한 팀이 얼마나 많은 수의 장애 알림을 받았는가?", "지난 분기 내에 후속 조치가 가능한 알림과 그렇지 못한 알림의 비율은 얼마인가?" 또는 "팀이 운영하는 서비스 중 어떤 서비스에 가장 많은 노력이 투입되었는가?" 등의 질문을 통해 유용한 정보를 추출해낼 수 있다.

에스컬레이터

구글에서는 SRE를 위한 모든 알림은 사람이 알림의 수신을 확인했는지 여부를 추적하는 중앙 응답 시스템을 공유하고 있다. 설정된 시간이 지나도 아무도 수신을 확인하지 않으면 시스템은 설정된 다음 단계(예를 들면 우선 비상 대기자에게서 차선 비상 대기자에게로)로 알림을 격상한다. '에스컬레이터(Escalator)'라고 부르는 이 시스템은 비상 대기 엔지니어에게 전달된 이메일의 복사본을 수신하는 투명한 도구로 기획된 것이다. 이 기능 덕분에 사용자의 반응이 없어도(또는 시스템의 기획 당시에는 모니터링 시스템의 반응이 없어도) 에스컬레이터가 손쉽게 기존의 업무 흐름에 통합될 수 있었다.

아우터레이터

에스컬레이터의 뒤를 이어 우리가 인프라스트럭처에 추가한 또 다른 유용한 도구는 개별적인 알림의 격상뿐만 아니라 그 다음 단계의 추상화, 즉 시스템 중단 장애(outage)까지도 처리할 수 있는 시스템이었다.

아우터레이터의 사용자는 여러 큐에 보관된 알림을 시간별로 한 번에 확인할 수 있어, 여러 큐를 사용자가 직접 전환해가며 확인하지 않아도 된다. 그림 16-1은 아우터레이터가 여러 큐의 내용을 보여주는 모습이다. 이 기능이 편리한 이유는 하나의 SRE팀이 여러 서비스의 최우선 연락 접점이며 각 서비스의 개발팀은 대부분 차선 연락 접점이기 때문이다.

그림 16-1 아우터레이터의 큐 화면

아우터레이터는 장애의 내용을 확인할 수 있도록 원본 알림의 복사본을 저장한다. 또한 편의를 위해 모든 이메일 회신의 복사본 역시 수신한다. 일부 회신은 그다지 유용하지 않을 수도 있기 때문에(예를 들면 다른 한 사람을 참조 목록에 추가하기 위해 전체 회신을 하는 경우) 회신 내용에 중요한 언급이 있는 경우에는 '중요' 표시를 추가한다. 만일 특정 언급에 중요 표시가 있으면 메시지의 나머지 내용은 인터페이스 상에서 숨겨진다. 그와 함께 장애를 언급할 때는 자칫 이메일 스레드에 여기저기 퍼져있는 내용에 비해 더 상세한 문맥을 제공한다.

아우터레이터에서는 여러 개의 격상된 알림들('alerts'에 해당)들이 하나의 엔티티('incident'에 해당)로 합쳐져서 보여질 수 있다. 이 알림들은 하나의 장애에 관련된 것일 수도 있지만 특정 권한을 가진 데이터베이스 접근이나 잘못된 모니터링 실패처럼 관련이 없거나 그다지 관심 없는 감사(audit) 관련 메시지일 수도 있다. 이렇게 그룹화된 데이터는 그림 16-2에서 확인할 수 있듯이 개요 보기 화면을 깔끔하게 정리하며 '오늘 발생한 장애'와 '오늘 발송된 알림' 등을 별개로 분석할 수 있다.

> **아우터레이터 직접 구축하기**
>
> 많은 조직에서 슬랙(Slack)이나 힙챗(Hipchat) 혹은 IRC 등을 내부 의사소통 및 상태 확인 대시보드로 활용하고 있다. 이런 시스템들 역시 아우터레이터를 대체하기에 손색이 없는 훌륭한 도구들이다.

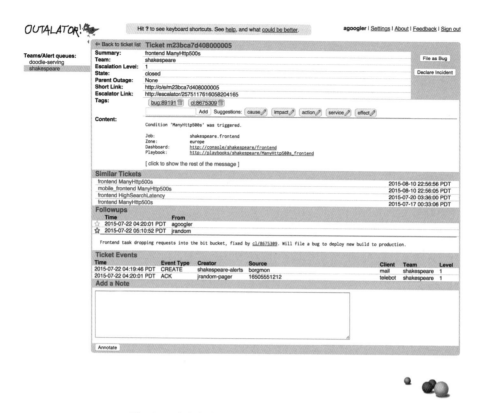

그림 16-2 하나의 장애를 보여주는 아우터레이터 화면

수집

하나의 장애로 인해 여러 개의 알림이 발송될 수 있다. 예를 들어 네트워크 장애는 타임아웃과 백엔드 서비스에 대한 접근 불가 알림을 발송할 수 있어서, 관련된 팀과 백엔드 서비스의 실제 담당 팀들은 각자 연관된 알림들을 수신하게 된다. 또한 네트워크 운영 센터는 경고음을 사용하기도 한다. 그러나 비교적 소규모의 장애들도 여러 가지 에러 상태로 판독되어 많은 알림을 발송할 수 있다. 하나의 장애 때문에 발송되는 알림의 수는 최소화하는 것이 좋겠지만 대부분의 경우 판단의 정확성을 위해 피할 수 없는 경우가 많다.

여러 개의 알림을 하나의 장애로 합치는 것은 이런 중복을 다루기 위한 핵심 기능이다. 알림이 발생할 때마다 "이 메일은 앞서 보낸 메일의 내용과 동일한 원인에 의해 발송되었습니다. 보고된 증상들은 모두 동일한 장애 때문에 발생한 것입니다"라는 메일을 보내는 것도 가능하다. 이를 통해 같은 디버깅 절차를 반복하는 것을 피할 수 있다. 그러나 각 알림마다 메일을 보내는 것은 실용적이지 않을뿐더러 한 팀에 중복된 알림을 보내는 것은 효과적인 해결책도 아니다. 여러 팀에 한 번만 보내거나 한 번 보낸 후에는 일정 시간 동안 다시 보내지 않는 것이 좋다.

태깅

물론 모든 알림 하나하나를 모두 장애로 보기는 어렵다. 실제로는 장애가 아니지만 장애 알림이 발송되는 경우는 물론, 테스트로 인한 알림이나 사람이 수신자를 잘못 지정해서 알림이 오기도 한다. 아우터레이터 자체는 이런 여러 가지 상황을 모두 구별하지 못하지만 알림에 대해 메타데이터를 추가하기 위해 범용 목적의 태깅(tagging)을 지원한다. 태그는 대부분 자유형식으로 한 '단어'로 구성된다. 그러나 콜론(:)은 구분자로 인식되어 구조화된 이름 공간(namespaces)을 지원하며, 이를 통한 자동 처리도 가능하다. 이름 공간의 구분은 미리 정의된 태그 접두어를 통해 지원되며, 주로 'cause'와 'action'을 사용하지만 태그 목록은 팀마다 다르게 지정할 수 있으며, 태그를 사용했던 기록에 의해 생성된다. 예를 들어 'cause:network'는 일부 팀에는 중요한 정보인 반면, 다른 팀은 'cause:network:switch'와 'cause:network:cable' 같은 조금 더 세분화된 태그를 선택할 수도 있다. 일부 팀은 'customer:132456'과 같은 형태의 태그를 사용할 수도 있으므로 그런 팀에는 'customer'라는 접두어가 의미를 갖지만 다른 모든 팀이 사용하지는 않는다.

태그를 파싱해서 의미 있는 링크를 만들어낼 수도 있다(예를 들면 'bug:76543'은 버그 추적 시스템의 해당 버그 페이지에 대한 링크로 전환될 수 있다). 반면, 어떤 태그들은 그저 하나의 단어일 수도 있다('bogus'는 잘못 판단된 알림에 주로 사용된다). 물론 일부 태그('cause:netwrok'와 같이)에는 오타가 숨어있을 수도 있고, 별다른 도움이 되지 않는 단어들('problem-went-away')로 구성되어 있을 수도 있지만, 이런 태그들은 사전에 정의된 목록을 통해 걸러낼 수 있고, 각 팀별로 자신들이 원하는 태그나 표준 태그들을 선정해두면 더 나은 데이터를 제공할 수 있어 유용한 도구로써 활용할 수 있다. 전반적으로 태그는 약간의 분석만으로 혹은 전혀 별다른 분석을 하지 않아도, 각 팀들이 관리하는 서비스들의 문제점들에 대한 개요를 제공할 수 있는 충분히 강력한 도구다. 또한 사용이 매우 쉽다는 점도 아우터레이터의 가장 유용하고도 독특한 기능 중 하나라고 할 수 있다.

분석

물론 SRE는 단순히 장애를 처리하는 것 이상의 일들을 한다. 축적된 데이터는 누군가가 장애를 처리할 때 유용한 자료가 된다. 장애가 발생했을 때 "지난 번에 어떻게 처리했는가?"라는 질문으로부터 출발하는 것은 언제나 옳은 선택이기도 하다. 하지만 축적된 정보는 구체적이고 명확한 경우에는 굉장히 유용하지만 어쩌면 그보다 더 큰 문제가 있을지도 모른다. 그래서 그런 분석을 할 수 있는 기능이야말로 시스템 중단 장애 추적 도구의 가장 중요한 기능 중 하나다.

분석 기능의 가장 아래쪽 계층에는 보고서를 위한 기본적인 산술, 통계 및 집계 기능이 포함된다. 세부 내용은 팀마다 다르지만 주/월/분기별 장애와 장애별 알림 수 같은 정보들이 이에 해당된다. 그 위의 계층은 이보다 더 중요하면서도 조금 더 쉽게 제공할 수 있는 데이터들이다. 즉, 팀 혹은 서비스의 시간별 데이터를 비교함으로써 최초의 패턴과 추이를 찾아내는 계층이다. 각 팀은 이 데이터를 통해 현재 발생하는 알림의 수가 담당하는 서비스 혹은 다른 서비스들에 대한 지금까지의 추적 기록과 비교해 '보통'의 수준인지 여부를 판단할 수 있다. '이번 주에만 벌써 세 번째 알림'이 발송됐다는 것은 '그 알림'이 본래 하루에 다섯 번씩 발생하던 것인지, 아니면 한 달에 다섯 번 발생하던 것인지에 따라 좋은 의미일 수도 있고 나쁜 의미일 수도 있다.

데이터 분석의 다음 단계는 단순히 횟수가 아니라 약간의 의미적 분석을 필요로 하는 좀 더 포괄적인 이슈를 찾아내는 것이다. 예를 들어, 인프라스트럭처 컴포넌트가 대부분의 장애를 일으킨다는 것을 인지하고 이 컴포넌트의 안정성이나 성능을 향상시킴으로써 얻을 수 있는 잠재적 이점[2]이 있다는 판단을 하려면, 지금까지의 장애 기록은 물론 이런 정보를 제공할 수 있는 직관적인 방법이 있어야 가능하다. 간단한 예시를 살펴보자: 각기 다른 팀들이 '올바르지 않은 데이터'나 '높은 지연응답'과 같은 시스템에 특정한 알림 조건들을 정의하고 있다. 이 두 조건은 모두 네트워크의 과부하로 인해 데이터베이스 복제가 늦어져서 발생할 수 있으며, 따라서 중재가 필요하다. 혹은, 이 두 조건이 모두 통상의 서비스 수준 목표를 벗어나지는 않지만 사용자의 높은 기대치에는 미치지 못할 수도 있다. 여러 팀들이 이런 정보를 함께 살펴보면 구체적인 문제를 발견하고 올바른 해결책을 찾는 데 도움이 된다. 특히 이 해결책이 과부하를 위해 인위적인 실패를 필요로 하는 경우에는 더욱 큰 도움이 된다.

---

2 한편으로는, '대부분의 장애가 발생했던' 지점은 발송되는 알림의 수를 줄이고 전체 시스템을 개선하기 위한 작업의 좋은 출발점이다. 그러나 다른 한편으로는, 이 지표가 어쩌면 그저 모니터링을 너무 민감하게 설정해두었기 때문에, 또는 일부 클라이언트 시스템의 오동작 때문에, 혹은 그 시스템들이 원했던 서비스 수준에 미치지 못하기 때문에 나타난 것일 수도 있다. 세 번째 관점으로는, 수정이 어렵거나 혹은 영향도가 너무 높은 장애의 경우는 그 발생 횟수가 무의미할 수도 있다.

보고 및 소통

최전선의 SRE들을 좀 더 즉각적으로 활용할 수 있는 방법은 비상 대기 업무 전환 간에 최신의 상태를 공유하기 위해 아우터레이터에서 필요한 정보를 선택하여 그들의 제목, 태그, 그리고 '주요' 주석을 다음 차례의 비상 대기 엔지니어(및 필요한 참조자)에게 전달하는 능력이다. 프로덕션 서비스에 대한 정기적인 리뷰(대부분의 팀이 주 단위로 리뷰를 수행한다)를 위해 아우터레이터는 '보고 모드'를 지원한다. 이 모드는 장애에 대한 신속한 개요를 제공하기 위해 주 목록에 중요한 주석을 추가로 보여주는 모드다.

예상치 못한 이득

시스템 중단 장애와 함께 발송되는 알림을 확인하면 확실한 이득을 올릴 수 있다. 알림을 통해 진단의 속도를 높이고 확실히 장애가 발생했음을 증명함으로써 다른 팀의 업무 부하를 덜어줄 수 있기 때문이다. 그런데 그 외에도 예상하지 못하는 이득이 있다. 빅테이블을 예로 들면, 빅데이터에 장애가 발생해서 서비스에 문제가 생겼는데 빅테이블 SRE팀이 이에 대한 알림을 받지 못한 것 같다면, 해당 팀에 직접 알려주는 것이 좋다. 여러 팀이 장애를 확인할 수 있다면 장애의 해결책이 크게 달라지거나 혹은 최소한 장애를 완화시킬 수 있다.

회사의 몇몇 팀은 모형(dummy) 에스컬레이터를 설정하기도 한다. 즉, 사람이 직접 수신하는 알림은 없지만 아우터레이터가 알림을 수신하게 하고 여기에 태그와 주석을 붙이고 리뷰를 하기도 한다. 이런 '기록을 위한 시스템'을 사용하는 예시 중 하나는 특별한 권한을 가진 계정의 접근에 대한 로그와 감사를 기록하는 것이다(물론 이 기능은 기본이며 법적 효력이나 감사를 위한 것이 아니라 기술적인 목적으로 사용되어야 한다는 것을 미리 밝혀둔다). 또 다른 예시는 정기적인 작업 중 멱등성을 보장하지 못할 수 있는 작업의 실행을 기록하고 자동으로 주석을 달아두는 것이다. 예를 들면, 버전 관리 시스템에서 데이터베이스 시스템으로 스키마의 변경을 자동으로 적용하는 애플리케이션 등이 이런 작업에 해당한다.

CHAPTER

17

신뢰성을 위한 테스트

알렉스 페리(Alex Perry), 맥스 루에베(Max Luebbe) 지음
다이안 베이츠(Diane Bates) 편집

테스트를 해본 적이 없다면 잘못될 가능성이 있음을 염두에 둬라.

— 미상

사이트 신뢰성 엔지니어의 핵심 책임 중 하나는 자신들이 관리하는 시스템에 대한 정량화된 신뢰도다. SRE들은 대규모 시스템에 전통적인 소프트웨어 테스트 기법을 도입하여 이를 확보한다.[1] 신뢰도는 과거의 신뢰성 정도와 미래의 신뢰성 정도를 모두 포함하여 측정할 수 있다. 전자의 경우는 모니터링 기록 시스템이 제공하는 분석 데이터를 통해 확보할 수 있고, 후자의 경우는 과거 시스템의 동작에 대한 데이터로부터 예측 데이터를 정량화하여 확보할 수 있다. 이런 예측이 충분히 유용하게 활용되려면 반드시 아래의 조건을 만족하는 상태에서 정량화되어야 한다.

---

[1] 이 장에서는 장애 분석을 위한 엔지니어링 노력을 테스트를 위한 노력으로 전환함으로써 얻을 수 있는 가치를 극대화하는 방법을 설명한다. 일단 엔지니어가 (특정 시스템에 대해) 적절한 테스트를 보편적인 방법으로 정의하면, 남은 작업은 모든 SRE팀이 힘께 처리할 수 있으며 그래서 공용 인프라스트럭처에 대해 고려해야 한다. 이 인프라스트럭처는 (관련이 없는 프로젝트들 간의 예산 자원을 공유하기 위한) 스케줄러와 (각 프로젝트들을 신뢰할 수 있다고 판단하는 것을 방지하기 위해 샌드박스 테스트의 경계를 구성하는) 테스트 실행기로 이루어진다. 이 두 인프라스트럭처 컴포넌트들은 모두 통상적으로 SRE가 지원하는 (클러스터 규모의 저장소 같은) 서비스라고 생각해도 무방하며, 그래서 더 이상의 추가적인 설명은 생략하기로 한다.

- 사이트는 반드시 소프트웨어 변경이나 서버군의 변경이 없는 완전히 동일한 상태여야 한다. 따라서 향후의 시스템의 동작이 과거의 동작과 유사하게 된다.
- 시스템의 각 변경 사항에 의한 불확실성을 고려한다면 사이트에 가해진 모든 변경 사항에 대해 확실하게 설명할 수 있어야 한다.

테스트는 어떤 변경 사항이 일어났을 때 특정 부분에서 동일한[2] 결과를 기대할 수 있다는 것을 보여주기 위한 메커니즘이다. 변경이 일어나기 전과 후의 동작에 대한 검증을 모두 통과한 테스트는 분석을 필요로 하는 불확실성을 줄여준다. 포괄적인 테스트는 주어진 사이트에 대한 향후의 신뢰성을 예측할 수 있게 해주며, 실질적으로도 유용하게 활용할 수 있는 충분한 세부 정보들을 얻을 수 있다.

실제로 수행해야 하는 테스트의 양은 시스템의 신뢰성 요구 수준에 따라 다르다. 테스트에 의해 검증이 가능한 기반 코드가 늘어날수록 불확실성과 변경으로 인해 발생할 수 있는 잠재적인 신뢰성의 하락을 완화할 수 있다. 테스트로 검증할 수 있는 범위를 적절히 갖추면 신뢰성을 허용 가능한 수준 이하로 떨어뜨리는 일 없이 코드를 변경할 수 있다. 만일 너무 많은 변경 사항을 너무 빨리 만들어내면, 예측된 신뢰도는 허용 가능한 수준까지 떨어질 수 있다. 그렇게 되면, 아마도 새로운 모니터링 데이터가 축적되기 전까지는 더 이상의 변경 사항을 만드는 것을 잠시 멈춰야 할 것이다. 축적된 데이터는 테스트로 검증할 수 있는 범위를 보완하여 수정된 실행 경로에 대한 신뢰성을 검증한다. 변경된 코드를 제공받은 클라이언트가 랜덤하게 분산되어 있다면[Woo96], 모니터링된 지표로부터 샘플링한 통계를 이용해 수집된 동작이 새로운 경로를 통해 이루어진 것인지를 추정할 수 있다. 그리고 이 통계 값을 바탕으로 더 나은 테스트가 필요한 영역이나 혹은 추가적으로 개선해야 할 부분을 확인할 수 있다.

---

2 이 동일성에 대한 좀 더 자세한 내용이 궁금하다면 http://stackoverflow.com/questions/1909280/equivalence-class-testing-vs-boundary-value-testing을 참고하기 바란다.

소프트웨어 테스트에 대한 저서를 출간한 대부분의 필자들은 어떤 커버리지(coverage)가 필요하다는 점에 대해서는 동의한다. 그러나 대부분의 의견 충돌은 용어의 충돌, 소프트웨어 생명 주기의 각 단계별 테스트의 영향도에 대한 중요도의 차이, 혹은 그들이 테스트를 수행했던 시스템의 특성에 기인한다. 구글의 일상적인 테스트에 대한 내용은 [Whi12]를 참고하기 바란다. 이후의 절들에서는 소프트웨어 테스트와 관련된 용어들이 이 장에서 어떻게 활용되고 있는지에 대해 소개한다.

소프트웨어 테스트의 종류

소프트웨어 테스트는 크게 두 가지, 즉 전통적인 테스트와 프로덕션 테스트로 분류할 수 있다. 소프트웨어를 개발하는 동안 소프트웨어가 올바른 동작을 수행하는지 여부를 평가하는 전통적인 테스트가 조금 더 일반적인 편이다. 프로덕션 테스트는 실제 동작하는 웹 서비스에 대해 배포된 소프트웨어 시스템이 올바르게 동작 중인지를 판단하는 테스트다.

전통적인 테스트

그림 17-1에서 보듯이 전통적인 테스트는 단위 테스트로부터 시작한다. 더 복잡한 기능에 대한 테스트는 단위 테스트보다 상위에 위치해 있음을 볼 수 있다.

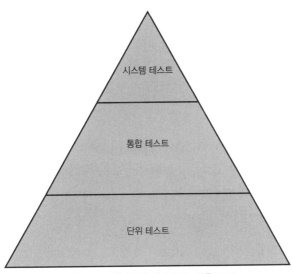

그림 17-1 전통적인 테스트의 계층 구조

단위 테스트

단위 테스트(unit test)는 가장 작으면서도 간단한 소프트웨어 테스트 기법이다. 이 테스트는 소프트웨어의 특정 단위, 예를 들면 클래스나 함수 등을 테스트하여 이 단위들로 구성된 전체 소프트웨어 시스템의 동작을 독립적으로 테스트하는 방법이다. 또한 단위 테스트는 함수나 모듈이 시스템이 요구하는 정확한 동작을 수행하는지에 대한 명세(specification)의 역할도 할 수 있다. 단위 테스트는 주로 테스트 주도 개발(Test-Driven Development, TDD) 방법론과 함께 사용된다.

통합 테스트

단위 테스트를 통과한 소프트웨어 컴포넌트는 그보다 더 큰 규모의 컴포넌트에 편입된다. 그러면 엔지니어는 이렇게 구성된 컴포넌트가 올바른 동작을 수행하는지를 검증하기 위해 **통합 테스트**(integration test)를 수행한다. 대거(Dagger)[3]와 같은 의존성 주입(dependency injection) 도구는 컴포넌트가 가진 복잡한 의존 객체들의 모조(mock) 객체를 생성해주는 강력한 도구다.

---

3 https://google.github.io/dagger/ 를 참고하기 바란다.

의존성 주입을 이용하는 가장 보편적인 방법 중 하나는 상태를 저장하는 데이터베이스를 가벼운 모조 객체로 교체하여 특정 동작을 정확하게 테스트하는 것이다.

시스템 테스트

시스템 테스트는 아직 배포가 완료되지 않은 시스템에 대해 엔지니어가 수행할 수 있는 가장 큰 규모의 테스트다. 통합 테스트를 통과한 서버 같은 특정 컴포넌트에 속한 모든 모듈은 결국 시스템으로 편입된다. 그런 후 엔지니어는 시스템의 종단 간 기능을 테스트하게 된다. 시스템 테스트는 다음에 소개하는 몇 가지 방법으로 수행할 수 있다.

스모크 테스트

스모크 테스트(smoke test)는 가장 간단한 형태의 시스템 테스트로, 엔지니어가 시스템의 간단하지만 중요한 동작을 테스트하는 방법이다. 스모크 테스트는 안정성 검사(sanity test)로도 알려져 있으며, 시스템 테스트와 비교할 때 약간의 장애 상황을 가정한 테스트를 포함해 더 많은 부분을 테스트한다.

성능 테스트

일단 스모크 테스트를 통해 기본적인 검증을 마쳤다면 그 다음 단계는 시스템의 생명주기 동안의 성능을 테스트하기 위해 시스템 테스트를 약간 변형한 테스트를 작성하는 단계다. 개발 과정에서 의존성을 가진 서비스의 응답 시간이나 시스템이 필요로 하는 자원에 대한 요구사항이 완전히 바뀔 수 있으므로 갑자기 시스템의 성능이 느려지는 일이 없다는 것 역시(사용자가 먼저 알아채기 전에) 확실히 해야 한다. 예를 들어, 테스트하는 프로그램이 원래 8GB의 메모리만으로도 원활히 동작했는데 갑자기 32GB의 메모리가 필요해졌다거나 혹은 10밀리초였던 응답 시간이 50밀리초로 늘어나더니 100밀리초까지 증가하는 일은 없어야 한다. 성능 테스트(performance test)는 어느 정도 시간이 지나면서 시스템의 성능이 줄어들거나 더 많은 자원을 사용하는지를 확인한다.

회귀 테스트

기반 코드에 숨어있는 버그를 찾아낼 수 있는 또 다른 종류의 시스템 테스트는 회귀 테스트 (regression test)다. 이 테스트는 이미 알려진 버그들을 통해 시스템의 실패나 잘못된 결과가 나타나는 것을 유추하는 테스트다. 기존에 시스템 테스트나 통합 테스트 과정에서 발생했던 버그들을 테스트 형태로 작성해두면 엔지니어들이 코드를 리팩토링하는 과정에서 이미 시간과 노력을 들여 발견하고 수정한 버그들을 실수로 다시 만들어내는 일을 방지할 수 있다.

중요한 것은 버그 수정에는 시간과 분석에 대한 자원이라는 비용이 소모된다는 점이다. 단적인 예로, 단위 테스트는 이 두 가지 관점에서 볼 때 매우 저렴한 방법이라고 할 수 있다. 대부분 단위 테스트는 일반적인 랩톱 수준의 성능에서도 밀리초 내에 수행해볼 수 있기 때문이다. 반면, 필요한 모든 의존 서비스들(혹은 이들의 모조 서비스들)과 함께 완전한 형태의 서버를 이용하여 관련된 테스트를 수행하는 것은 훨씬 더 많은 시간(몇 분에서 몇 시간까지 소요된다)과 전용의 컴퓨팅 자원이 필요하다. 개발 생산성을 위해서는 기본적으로 이런 비용마저도 염두에 둬야 하며, 테스트 자원 역시 좀 더 효율적으로 활용할 수 있어야 한다.

프로덕션 테스트

다른 테스트들이 밀폐된 테스트 환경에서 이루어지는 것과 달리, 프로덕션 테스트는 실제 프로덕션 시스템을 대상으로 이루어지는 테스트다. 이 테스트는 여러 가지 측면에서 블랙박스 모니터링과 매우 유사하며(제6장 참조), 그래서 블랙박스 테스트라고도 부른다. 프로덕션 테스트 역시 신뢰성 있는 프로덕션 서비스를 운영하기 위해서는 기본적으로 수행해야 할 테스트다.

혼합 테스트의 수행

보통 테스트는 밀폐된 환경[Nar12]에서 수행하는(또는 수행되어야 하는) 부분이라고들 이야기한다. 이 명제는 암묵적으로 프로덕션 환경은 테스트를 위한 밀폐된 환경이 아니라는 점을 가정하고 있다. 물론 프로덕션 환경을 밀폐된 환경이라고 보지는 않는다. 새로운 기능을 출시한다는 것은 프로덕션 환경에 작지만 충분히 검증된 실제 변경 사항이 적용되기 때문이다.

불확실하고 숨겨진 위험으로부터 사용자를 보호하기 위해, 프로덕션 환경에 적용되는 모든 변경들이 소스 제어에 추가된 것과 동일한 순서대로 프로덕션 환경에 추가되지는 않는다. 변경의 적용은 때로는 사용자들이 눈치채지 못하게 점진적으로 스테이지(stage) 환경에 먼저 적용된다. 게다가 모니터링을 통해 새로운 환경에서 예상하지 못한 문제가 발생하지는 않는지 확인하게 된다. 그래서 전체 프로덕션 환경은 소스 제어에 체크인된 어떤 버전의 바이너리와도 완전히 똑같은 버전의 코드를 실행하지는 않는다.

소스 제어를 이용하면 여러 버전의 바이너리를 생성하고 각 바이너리에 연관된 설정 파일을 이용해 특정 버전만 실제 서비스 환경에서 동작하도록 할 수도 있다. 이 방법은 실제 환경에서 테스트를 수행하는 경우에는 문제가 될 수 있다. 예를 들어 현재 동작 중인 이전 버전의 바이너리를 소스 제어에 저장된 가장 최신 버전의 설정 파일로 테스트를 수행하는 경우가 이에 해당한다. 혹은 이전 버전의 설정 파일을 적용하고 테스트해서 버그를 발견했는데, 이 버그가 이미 새 버전의 파일에서 수정이 된 것일 수도 있다.

마찬가지로 시스템 테스트를 수행할 때도 테스트를 시작하기에 앞서 설정 파일을 통해 모듈들을 재구성할 수 있다. 만일 이 테스트가 문제없이 통과되었는데 설정 파일 자체가 테스트에 실패한다면(다음 절에서 자세히 설명한다), 그 결과는 밀폐된 환경에서는 유효하지만 실제로 운용할 수 있는 수준은 아니므로 이런 결과는 결코 좋은 결과가 아니다.

설정 테스트

구글에서는 웹 서비스의 설정은 파일에 기록되어 버전 제어 시스템에 저장된다. 각 설정 파일마다 별도의 **설정 테스트**(configuration test)가 구현되어 있어, 실제 프로덕션 환경에서 동작하는 특정 바이너리가 실제로 어떻게 설정되어 있는지를 확인하고 해당 설정 파일과 일치하지 않는 부분을 찾아 보고한다. 이런 테스트는 테스트 인프라스트럭처 바깥에서 운영되므로 본질적으로 밀폐된 환경을 대상으로 하는 테스트라고 볼 수는 없다.

설정 테스트는 버전 제어 시스템에 체크인된 특정 버전의 설정 파일을 이용하여 빌드 및 실행된다. 목표한 버전과 실제로 테스트를 통과한 버전을 비교함으로써 실제 프로덕션 환경이 그동안 진행된 엔지니어링 작업에 비해 얼마나 뒤처져 있는지를 판단할 수 있다.

이렇게 실제 환경을 대상으로 실행되는 설정 테스트는 분산 모니터링 솔루션의 일부로서 특히 그 가치가 빛나는데, 그 이유는 프로덕션 환경에서 테스트의 성공/실패 패턴을 통해 서비스 중 어느 부분의 로컬 설정이 잘못되었는지를 판단할 수 있기 때문이다. 모니터링 솔루션은 규칙을 통해(추적 로그로 확인한) 사용자의 요청이 원치 않는 경로를 거쳐 실행되는지 여부를 확인한다. 그리고 규칙에서 벗어난 요청의 흐름이 발견되면 곧 출시할 기능이 안전하게 동작하지 않으며, 추가 개선의 여지가 필요하다는 알림을 보낸다.

프로덕션 환경이 실제 파일 콘텐츠를 사용하며, 해당 콘텐츠를 쉽게 조회할 수 있는 실시간 쿼리를 지원한다면 훨씬 쉽게 설정 테스트를 수행할 수 있다. 이런 경우에는 간단하게 쿼리를 실행해서 결과를 파일과 비교하는 간단한 테스트 코드만으로도 충분하다. 하지만 설정 파일이 다음 중 한 가지에 해당한다면 설정 테스트는 더욱 복잡해질 수 있다.

- 암묵적으로 바이너리에 내장된 기본 값을 사용하는 경우(이 경우 테스트의 결과는 별개의 버전이 된다.)
- 배시 셸의 명령 줄 플래그(예를 들면 테스트의 확장 규칙을 출력하는 플래그) 같은 전처리기가 명시된 경우

- 공용 런타임에 대해 문맥에 의존적인 동작을 명시적으로 제어하는 경우(테스트가 런타임의 릴리즈 일정에 의존성을 갖게 된다.)

스트레스 테스트

SRE는 시스템을 안전하게 운영하기 위해 시스템과 시스템을 구성하는 컴포넌트들의 한계를 이해해야만 한다. 하지만 많은 경우, 개별 컴포넌트는 특정 시점에 부드럽게 종료되지 않고 갑작스럽게 실패한다. 그래서 엔지니어들은 웹 서비스의 한계를 알아내기 위해 **스트레스 테스트**(stress test)를 사용한다. 스트레스 테스트를 통해 다음과 같은 사실들을 알아낼 수 있다.

- 데이터베이스의 용량이 어느 정도에 다다르면 쓰기 작업에 실패하는가?
- 애플리케이션 서버는 초당 몇 개의 쿼리까지 응답할 수 있는가?

카나리 테스트

카나리 테스트(canary test)는 프로덕션 환경을 대상으로 하는 테스트에는 좀처럼 포함되지 않는다. 카나리(canary)라는 용어는 예전에 석탄을 채굴하는 광산에서 사람이 유독 가스에 중독되기 전에 살아있는 새를 이용해 가스의 유출 여부를 확인하던 것에서 유래되었다.

카나리 테스트는 서버의 일부만을 새로운 버전의 바이너리나 설정 파일로 업그레이드한 후, 일정 기간 동안 살펴보는 형태로 진행된다. 그동안 예상하지 못했던 문제가 발생하지 않으면 나머지 서버들도 점진적으로 업그레이드한다.[4] 만일 문제가 발생하더라도 문제가 발생한 몇 개의 서버만 원래대로 되돌리면 그만이다. 우리는 업그레이드된 서버들을 지켜보는 기간을 '바이너리를 굽는 기간'이라고 표현한다.

카나리 테스트는 사실 테스트가 아니라 구조적으로 사용자의 수용 여부를 파악하는 방법이다. 설정 테스트나 스트레스 테스트는 지정된 소프트웨어에 대한 특정 상태의 존재 여부를 파악하기 위한 방법인 반면, 카나리 테스트는 그보다 더 즉석으로 이루어지는 방법이다. 테스트하고자 하는 코드를 약간의 실제 프로덕션 트래픽에 노출하는 것일 뿐이다. 그래서 완벽하지도 않으며 지금까지 경험하지 못했던 문제점을 항상 잡아낼 수 있는 것도 아니다.

카나리 테스트를 수행하는 좀 더 확실한 예시를 살펴보자. 사용자 트래픽에 상대적으로 영향이 미미한 결함이 업그레이드를 거쳐 배포된 후 갑자기 기하급수적으로 증가했다고 생각해보자.

---

4 가장 간단한 규칙은 사용자 트래픽의 0.1%를 처리하는 서버에 새로운 버전을 배포한 후, 매 24시간마다 지리적으로 각기 다른 서버들을 업그레이드하는 것이다(그런 후, 둘째 날은 1%, 셋째 날은 10%, 넷째 날엔 100%를 업그레이드한다).

그러면 보고되는 오류의 누적 횟수는 $CU = RK$라고 표현할 수 있다. 여기서 R은 이 보고들의 비율이며, U는 오류의 순서(나중에 다시 설명한다)다. K는 어떤 요인 e에 의해 트래픽이 증가된 기간 혹은 172%를 의미한다.[5]

사용자의 피해를 줄이려면 예상하지 못한 문제가 발생한 배포를 신속하게 취소하고 이전 버전의 설정으로 롤백해야 한다. 그리고 잠시 동안 자동화를 이용해 변화의 추이와 반응을 살펴본다. 그러는 동안 몇 개의 추가 보고가 생성된다. 일단 문제가 해결되면 이 보고들을 통해 누적 횟수 C와 비율 R을 예측할 수 있다.

이를 K로 나누면 발생했던 문제의 순서인 U를 예측할 수 있다.[6] 다음 수식을 살펴보자.

- $U=1$: 사용자의 요청이 문제가 발생한 코드로 인해 처리되지 않았다.
- $U=2$: 사용자의 요청이 랜덤하게 데이터에 손실을 입혀 다음 사용자의 요청에서 손실된 데이터가 나타났다.
- $U=3$: 랜덤하게 손실된 데이터가 이전 요청에서 유효한 식별자로 사용되었다.

대부분의 버그는 첫 번째에 해당한다. 이런 종류의 버그는 사용자 트래픽의 양에 따라 선형적으로 증가한다[Per07]. 대부분의 경우 정상적인 응답을 리턴하지 못한 모든 요청들을 로그에서 추출하여 회귀 테스트를 작성해두면 이런 버그들을 쉽게 추적하고 해결할 수 있다. 이 전략은 고차 순위(higher-order)의 버그를 발견하기에는 적합하지 않다. 앞서 발생한 요청들을 순서대로 처리했을 때는 계속해서 실패하던 요청이, 이전에 시도한 요청 중 일부를 생략하자 갑자기 테스트에 성공하는 경우가 나타날 수 있다. 이런 고차 순위 버그는 릴리즈 기간에 잡아내는 것이 중요하다. 만일 그렇지 못한다면 운영 업무의 부하가 매우 급작스럽게 증가할 수 있기 때문이다.

점진적 배포 전략을 사용할 때 고차 순위 버그와 저차 순위(lower-order) 버그의 연관 관계를 염두에 둔다면 새로운 배포 버전을 어느 정도의 사용자 트래픽을 대상으로 배포할 것인지에 대해 크게 염려하지 않아도 된다. 각 배포마다 동일한 비율의 K 기간을 적용한다면, 설령 오류를 밝혀내기 위한 방법을 아직 결정하지 못했다 하더라도 U에 대한 예측 값은 여전히 유효하다. 약간의 중복값을 허용하면서 순차적으로 많은 방법을 사용하면 K의 값을 작게 유지할

---

5 예를 들어 24시간 동안 1%에서 10%로 지속적으로 늘어났다면 $K = 86400 / \ln(0.1/0.01) = 3/523$초, 즉 10시간 25분이 된다.

6 여기에서 언급된 순서는 복잡도를 의미하는 '빅 O 표기법'에 따른 것이다. 좀 더 자세한 내용은 https://en.wikipedia.org/wiki/Big_O_notation을 참고하기 바란다.

수 있다. 이 전략은 U의 값을 조기에 예측할 수 있으면서도 사용자가 장애를 경험하는 전체 횟수인 C를 최소화할 수 있다(물론 이 값이 1이면 가장 좋을 것이다).

테스트 및 빌드 환경 구성하기

물론 프로젝트의 시작 단계에서부터 이런 테스트 및 장애 시나리오에 대해 고려하는 것이 좋겠지만, SRE들은 대부분 프로젝트가 이미 한창 진행 중일 때 개발팀에 합류한다. 즉, 일단 팀이 지금까지 연구한 내용에 대한 검증을 끝냈거나, 라이브러리가 프로젝트의 기반 알고리즘이 충분히 확장이 가능하다는 것을 증명했거나 혹은 심지어 사용자 인터페이스 디자인에 대한 의사 결정이 완료된 후에 합류하기도 한다. 다만 이런 경우는 팀의 기반 코드가 여전히 프로토타입 단계이며, 이에 대한 전반적인 테스트는 아직 정의되지 않은 상태인 경우다. 이런 상황이라면 어느 부분부터 테스트를 시작해야 할까? 현재의 테스트 커버리지가 너무 낮거나 혹은 전무하다면 모든 핵심 기능과 클래스에 대해 단위 테스트를 수행하는 것은 너무 부담스럽다. 그 대신 최소한의 노력으로 최상의 효과를 낼 수 있는 테스트를 수행해야 한다.

그러기 위해서는 다음과 같은 내용들을 생각해보자.

- 어떤 형태로든 기반 코드의 우선순위를 결정할 수 있는가? 기능 개발과 프로젝트 관리 기법을 고려해볼 때 모든 태스크가 높은 우선순위를 가지고 있다면, 그 어떤 태스크도 우선순위가 높다고 할 수 없다. 어떤 식으로든 중요도를 측정해서 시스템 컴포넌트들의 순서를 결정할 수 있는가?
- 정말로 사활이 걸려있거나 비즈니스 관점에서 중요한 기능이나 클래스를 특정할 수 있는가? 예를 들어 요금 청구는 보통 비즈니스 관점에서 매우 중요한 업무다. 또한 요금 청구와 관련된 코드는 시스템의 다른 부분과는 별개로 분리하여 취급하는 것이 일반적이다.
- 다른 팀들이 통합해서 사용하는 API들이 있는가? 지금까지의 릴리즈 테스트에서 아무런 문제가 없었던 API들이라 하더라도 다른 개발팀이 제대로 이해하지 못한다면 우리 팀의 API에 대한 클라이언트를 잘못 작성하거나 혹은 최적의 상태로 구현하지 못할 수도 있다.

문제가 있는 소프트웨어를 출시하는 것은 개발자에게 있어 죄악이다. 릴리즈마다 일련의 스모크 테스트를 만들어 실행하는 데 그렇게 큰 노력이 드는 것은 아니다. 이렇게 적은 노력으로 큰 효과를 낼 수 있는 방법부터 시작하면 적절한 테스트를 거쳐 안정성을 확보한 소프트웨어를 출시할 수 있다.

강력한 테스트 문화[7]를 수립할 수 있는 방법 중 하나는 지금까지 보고된 모든 버그를 테스트 케이스의 형태로 문서화하는 것이다. 모든 버그를 테스트로 전환하고 나면, 기본적으로 이 테스트들은 버그가 수정되기 전까지는 실패하는 테스트가 된다. 엔지니어가 버그를 수정하면 소프트웨어는 테스트를 통과하게 되고, 이 과정을 거치면서 포괄적인 회귀 테스트를 갖추게 되는 것이다.

충분히 테스트된 소프트웨어를 개발하기 위한 또 다른 핵심 작업은 테스트 인프라스트럭처를 갖추는 것이다. 강력한 테스트 인프라스트럭처의 기본은 기반 코드의 모든 변경을 추적하는 소스 코드 버전 제어 시스템이다.

소스 제어 시스템을 갖추었다면 여기에 지속적 빌드 시스템을 연동하여 매번 코드가 커밋될 때마다 소프트웨어를 자동으로 빌드할 수 있다. 그러면 빌드 시스템을 통해 어떤 변경이 소프트웨어 프로젝트에 문제를 일으킬 때마다 엔지니어에게 알림을 보낼 수 있다. 너무 뻔한 얘기겠지만, 소스 제어 시스템에 저장된 가장 최신 버전의 소프트웨어 프로젝트는 완벽하게 동작해야 한다. 엔지니어는 빌드 시스템이 문제가 발생한 코드를 보고하면, 지금 당장 하던 일을 멈추고 문제를 해결해야 한다. 이런 과정이 소프트웨어 결함을 해소하기 위한 중요한 과정인 이유는 다음과 같다.

- 결함을 발견한 후에 변경된 코드의 어느 부분에서 문제가 생겼는지를 찾아내는 것이 더 어렵다.
- 소프트웨어에 결함이 발견되면 그에 대한 우회 조치를 취해야 하므로 팀의 업무 수행 속도가 감소한다.
- 나이틀리(nightly) 빌드나 위클리(weekly) 빌드 같은 릴리즈들이 그 가치를 잃게 된다.
- 긴급 릴리즈(예를 들면, 보안 위협 등이 발견됐을 때)에 대한 팀의 대처 능력이 더 복잡하고 어려워진다.

지금까지 SRE의 세계에서 안정성(stability)과 신속함(agility)의 개념은 항상 상반된 것이었다. 하지만 위에 나열한 항목 중 마지막 항목은 신기하게도 안정성이 신속성을 이끌어낼 수 있음을 보여준다. 빌드가 충분히 견고하고 안정적이라면 개발자들은 더 빨리 일을 할 수 있기 때문이다.

---

7 이 주제에 대해 관심이 있다면 구글에서 근무했던 마이크 블랜드(Mike Bland)가 쓴 [Bla14]를 참고하기 바란다.

Bazel[8]과 같은 빌드 시스템들은 테스트보다 더욱 정밀한 제어를 가능하게 하는 유용한 기능들을 제공한다. 예를 들어 Bazel은 소프트웨어 프로젝트의 의존성 그래프를 생성해준다. 어떤 파일에 변경이 발생하면 Bazel은 그 파일에 의존하는 부분만 다시 빌드한다. 또한 이런 시스템들은 재생성(reproducible)이 가능한 빌드로 제공된다. 또한 코드가 커밋될 때마다 모든 테스트를 다시 실행하지 않고 변경된 코드에 대한 테스트만을 실행한다. 그래서 테스트가 훨씬 신속하고 빠르게 실행된다.

또한 필요한 수준의 테스트 커버리지 품질을 확보하고 이를 시각화하는 데 도움이 되는 다양한 도구들도 존재한다[Cra10]. 이런 도구들을 이용하면 테스트의 형태에만 집중할 수 있다. 즉, 머리로 상상 코딩을 하는 것보다는 엔지니어링 프로젝트로써 고도로 테스트된 코드를 작성할 수 있다. 그래서 애먼 "테스트를 더 많이 해야 할 것 같아"라는 말만 되풀이하는 대신, 명확한 목표와 그에 따른 일정을 확보할 수 있다.

하지만 모든 소프트웨어가 동일하게 개발되는 것은 아니라는 점을 명심해야 한다. 프로덕션 환경을 대상으로 하지 않는 간단한 수준의 스크립트와는 달리, 지속성이 중요하거나 매출에 영향을 미치는 시스템들은 상당히 높은 수준의 테스트 품질과 커버리지를 요구한다.

대규모 환경에서의 테스트

지금까지 테스트에 대한 기본적인 내용에 대해 살펴보았으니 이제 SRE가 시스템의 관점에서 대규모 환경에서의 신뢰성을 확보하기 위한 방안으로써의 테스트를 어떻게 바라보는지를 설명하고자 한다.

상대적으로 규모가 작은 단위 테스트의 경우 몇 가지 의존성을 가지고 있다. 하나의 소스 파일과 테스트 라이브러리, 런타임 라이브러리, 컴파일러, 그리고 테스트를 실행하는 로컬 하드웨어가 그것이다. 견고한 테스트 환경이라면 이들 역시 테스트 환경의 각기 다른 부분들에 대해 기대하는 여러 가지 활용 사례(use case)들을 확인하기 위한 자신만의 테스트 커버리지를 확보하고 있어야 한다. 구현된 단위 테스트가 충분한 테스트 커버리지를 확보하지 못한 런타

---

8 https://github.com/google/bazel을 참고하기 바란다.

임 라이브러리의 코드 경로에 의존하고 있다면, 현재 진행 중인 테스트와는 무관한 변경[9]이 발생했을 때, 그로 인해 테스트 중인 코드에 문제가 생길 수 있음에도 불구하고 단위 테스트에서는 이를 발견하지 못할 수 있다.

이와 반대로, 릴리즈 테스트 역시 많은 부분에서 코드 저장소의 모든 객체에 의존성을 갖는 경우가 있다. 테스트가 프로덕션 환경의 최신 복사본에 의존하고 있다면, 원칙적으로는 모든 패치(patch)에 대해 완전한 장애 복구 검사를 수행해야 한다. 실용적인 테스트 환경은 여러 버전과 병합(merge) 중에서 적절한 브랜치(branch)를 선택해 테스트를 수행할 수 있어야 한다. 그럼으로써 의존 관계에 있는 부분의 불확실성을 최소한의 테스트만으로 해결할 수 있다. 물론이 불확실성으로 인해 테스트에 실패하면 추가적인 브랜치를 선택해야 한다.

대규모 환경을 위한 도구의 테스트

SRE가 사용하는 도구들 역시 하나의 소프트웨어로서 테스트가 필요하다.[10] SRE가 개발한 도구는 다음과 같은 작업을 수행한다.

- 데이터베이스 성능 지표의 조회 및 배포
- 가용성 위험에 대한 계획 수립을 위한 사용량 예측
- 사용자가 접근할 수 없는 서비스 복제본의 데이터 리팩토링
- 서버 상의 파일 변경

또한 SRE가 개발한 도구들은 다음의 두 가지 특징을 갖는다.

- 도구들의 부작용이 테스트를 수행한 메인스트림 API에 그대로 남는다.
- SRE가 개발한 도구들은 유효성 검사 및 릴리즈 장벽으로 인해 사용자가 직접 접근하는 프로덕션 환경과는 격리된 환경에서 실행된다.

---

9 예를 들어, 테스트 중인 코드가 간단하며 하위호환성을 위한 추상화를 제공하는 제법 중요한 API를 감싸고 있다고 가정해보자. 이 API는 동기(synchronous) 방식으로 실행됐었지만 이제는 Future 객체(역주 자바에서 비동기로 실행되는 코드의 결과를 표현하는 객체)를 리턴한다. 이 경우, 호출 매개변수에 문제가 있을 때 여전히 예외는 발생하겠지만 Future 객체가 평가되기 전에는 실제 예외가 발생하지 않는다. 그리고 테스트를 진행 중인 코드는 API의 결과를 곧바로 호출자에게 전달한다. 따라서 매개변수의 문제점이 테스트 당시에는 발견되지 않을 수도 있다.

10 이 절에서는 대규모 환경에서 SRE가 사용하는 도구들에 대해 설명하고 있다. 그러나 SRE는 굳이 대규모 환경을 위한 도구가 아닌 것들 역시 개발 및 활용하고 있다. 이런 도구들에 대한 설명은 이 절의 범위를 벗어나므로 더 자세하게 언급하지는 않는다. SRE들의 위험 범주는 사용자가 접근하는 애플리케이션들의 위험 범주와 유사하므로 SRE가 개발하는 도구들에는 이들 애플리케이션과 유사한 테스트 전략이 필요하다.

위험을 내포한 소프트웨어로부터의 보호를 위한 구역 방어

충분히 테스트가 된 API를 우회하는 기능을 지닌 소프트웨어는 (비록 좋은 의도로 이 기능을 지원한다 하더라도) 실제 서비스에서 큰 문제를 일으킬 수 있다. 예를 들면, 유지보수 시간을 줄이기 위해 관리자가 트랜잭션 지원을 끌 수 있는 기능을 제공하는 데이터베이스 엔진을 생각해보자. 이 기능을 사용하는 일괄 업데이트 소프트웨어를 실수로 사용자가 접근하는 기능과 연결된 복제 데이터베이스와 함께 실행하면 사용자는 이로 인한 장애를 경험하게 될 것이다. 이런 문제를 해결하기 위해서는 다음과 같은 접근법을 고려해볼 필요가 있다.

1. 별도의 도구를 이용해서 복제 설정 내에 구역을 정의하여 복제 데이터베이스가 상태 체크 요청에 응답하지 못하게 만든다. 그렇게 해서 이 복제 데이터베이스가 사용자 기능에 직접 연결되지 못하도록 한다.

2. 위험을 내포한 소프트웨어를 시동할 때 이 구역을 검사하도록 한다. 그리고 이 소프트웨어는 복제 데이터베이스에만 접근이 가능하도록 구현한다.

3. 블랙박스 모니터링 도구를 통해 복제 데이터베이스의 상태를 확인하고 싶다면 여러분이 사용하는 복제 데이터베이스 상태 유효성 검사 도구를 활용한다.

자동화 도구들 역시 소프트웨어다. 이 도구들에 잠재된 위험 범주는 서비스의 각 계층에 걸쳐 감당할 수 없는 수준으로 나타날 수 있으므로 훨씬 세밀한 테스트가 필요하다. 자동화 도구들은 다음과 같은 작업을 수행한다.

- 데이터베이스 인덱스 선택
- 데이터센터 간의 로드밸런싱
- 신속한 리마스터링(remastering)을 위한 릴레이 로그 혼합

자동화 도구들은 다음의 두 가지 특성을 지닌다.

- 실제로 작업은 주로 견고하고, 예측 가능하며, 충분히 테스트된 API들을 대상으로 수행된다.
- 수행되는 작업의 목적에 따라 작업 수행 도중 다른 API 클라이언트들에게서 알 수 없는 중단 현상이 발생할 수 있다.

테스트를 이용하면 변경이 발생하기 전이든 이후든 다른 서비스 계층의 동작을 확인할 수 있다. 심지어 API를 통해 확인할 수 있는 내부 상태가 작업을 실행한 후에도 일관된 상태를 유지하는지 여부까지도 파악할 수 있다. 예를 들어, 데이터베이스는 전달된 쿼리가 적절한 인덱

스를 사용하지 않더라도 올바른 결과를 리턴한다. 반면, 문서화된 API들(TTL 동안 캐시된 정보를 제공하는 DNS 등)은 작업을 수행한 후에 그 결과가 달라질 수 있다. 만일 실행 과정에서 로컬 네임서버를 캐싱 프록시로 교체하는 경우, 두 시스템 모두 몇 초간은 제대로 된 이름 해석을 수행할 것이다. 하지만 캐시 상태가 한 시스템에서 다른 시스템으로 전달되지 않는다면 그렇게 동작하지 못할 것이다.

만일 자동화 도구가 환경적인 요인들을 처리하는 다른 바이너리에 대한 추가적인 릴리즈 테스트를 필요로 한다면 이 자동화 도구를 실행할 환경을 어떻게 정의할 수 있을까? 결국 임의의 컨테이너를 위한 자동화 도구의 사용 방법을 개선하려면, 해당 도구가 컨테이너에서 실행될 때는 스스로 그에 맞춰 동작을 바꾸도록 할 수밖에 없다. 새 버전의 내부 알고리즘이 불필요한 메모리 페이지를 너무 빨리 만들어내서, 이와 관련된 미러링을 위한 네트워크 대역폭의 증가로 인해 결국 코드가 라이브 마이그레이션을 제대로 완료하지 못한다면 상당히 곤란할 것이다. 비록 이 바이너리가 제대로 동작하는지를 확인하기 위한 통합 테스트가 존재한다 하더라도, 대부분의 테스트는 실제 프로덕션 환경만한 규모의 컨테이너 모델들을 사용하지는 않을뿐더러, 이런 종류의 테스트를 위해 대용량의 대륙 간 대역폭을 사용할 수 있을 리도 만무하다.

더 재미있는 사실은, 한 자동화 도구가 다른 자동화 도구가 실행되는 환경을 바꿔버릴 수도 있다는 점이다. 또는 두 도구가 동시에 실행 중인 다른 자동화 도구의 환경을 바꿔버릴 수도 있다. 예를 들어, 한 서버군을 업그레이드하는 도구가 업그레이드 과정에서 거의 모든 자원을 사용한다고 가정해보자. 그러면 컨테이너는 도구가 제대로 실행되도록 하기 위해 전체적으로 균형을 다시 맞추려고 시도할 것이다. 그런데 컨테이너의 균형을 맞추는 도구가 업그레이드를 필요로 하는 경우도 있다. 이렇게 서로 상호간에 의존성을 갖게 되어도 무방하지만 그러려면 관련된 API들이 재시작을 위한 기능을 제공해야 하고, 누군가는 이런 기능들에 대한 테스트 커버리지를 구현해야 한다는 것을 기억해야 하며, 체크 포인트에 대한 건강 상태 점검(healthcheck) 역시 독립적으로 수행되어야 한다.

재해 테스트

많은 재해 복구 도구는 오프라인(offline) 상태에서도 동작할 수 있도록 세심한 주의를 기울여 만들어진다. 이런 도구들은 다음과 같은 작업을 수행한다.

- 서비스를 깨끗하게 정지시킨 상태와 동일한 체크포인트(checkpoint) 상태를 계산한다.

- 계산된 체크포인트 상태를 기존의 재해 무결성 검사 도구들이 사용할 수 있는 **적재가능한(loadable)** 상태로 만든다.
- 재시작 절차를 수행하는 **릴리즈 경계 도구(release barrier tools)**들을 지원한다.

대부분의 경우 여러분이 직접 이런 과정을 구현하여 관련된 테스트를 쉽게 작성하고 더 많은 커버리지를 제공할 수 있다. 만일 어떤 제약(오프라인, 체크포인트, 적재가능성, 경계 혹은 재시작 등) 중 하나가 잘못되면, 관련 도구들이 언제 어떤 상황에서도 완벽하게 동작한다는 점을 자신하기가 쉽지 않을 것이다.

반면, 온라인 복구 도구들은 본질적으로 메인스트림 API와는 별개로 동작하며, 그래서 오프라인 도구들의 테스트와는 다른 면이 있다. 분산 시스템을 다루면서 마주하게 되는 어려움 중 하나는, 최종적 일관성(eventually consistent)을 지향하는 본질적인 성향이 복구 과정에는 오히려 도움이 되지 않는 경우가 있다는 점이다. 예를 들어 오프라인 도구를 이용해서 경쟁 상태(race condition)를 분석하는 경우를 생각해보자. 오프라인 도구는 일반적으로 테스트의 용이성 때문에 최종적 일관성과는 반대되는 개념인 즉시적 일관성(instant consistency)을 가정하고 작성된 경우가 대부분이다. 이런 경우 상황이 복잡해지는 이유는 복구 바이너리는 일반적으로 경쟁 상태가 발생한 실제 프로덕션 바이너리와는 별도로 개발되기 때문이다. 그렇기 때문에 복구 도구들이 트랜잭션을 올바르게 살펴볼 수 있도록 이런 테스트들 내에서 동작할 수 있는 통합 바이너리를 구현해야 할 수도 있다.

통계적 테스트의 활용

퍼지(fuzzy)를 위한 Lemon[Ana07]이나 분산 상태를 위한 Chaos Monkey[11]및 Jepsen[12]처럼 통계에 기반을 둔 기법을 사용하는 테스트는 반복 수행을 보장할 필요는 없다. 단순히 코드를 변경한 다음에 이 테스트들을 다시 수행해본다고 해서 발견된 문제가 해결되었다는 것을 확실하게 검증할 수 없기[13] 때문이다. 그럼에도 불구하고 이 기법들이 유용한 이유는 다음과 같다.

- 런타임이 취하는 임의의 동작들에 대한 모든 로그를 제공한다. 가끔은 단순하게 임의 숫자 생성기의 시드 값(seed)을 로깅하기도 한다.

---

11 https://github.com/Netflix/SimianArmy/wiki/Chaos-Monkey 참고

12 https://github.com/aphyr/jepsen 참고

13 설령 다시 실행한 테스트가 동일한 임의 시드 값을 이용해 실행되어서 태스크가 동일한 순서로 실행되고 종료된다 하더라도 태스크의 종료와 가상의 사용자 트래픽 간에는 아무런 연관관계가 없다. 그래서 그 전의 테스트에서 실행된 코드 경로가 이번에도 동일하게 실행되었다는 점을 보장할 수 없다.

- 이 로그들을 릴리즈 테스트로써 즉시 리팩토링할 수 있다면 버그를 보고하기 전에 테스트를 몇 번 더 실행하는 것은 도움이 된다. 재실행 시에 실패가 발생하지 않은 비율을 살펴보면, 나중에 문제점이 해결되었는지를 확인하기가 얼마나 어려울지 짐작할 수 있다.
- 실패가 나타나는 경우의 변화를 통해 코드의 수상한 부분을 정확히 찾아낼 수 있다.
- 향후에 테스트를 다시 실행해봤더니 실패 상황이 처음 테스트를 실행했을 때보다 훨씬 심각한 상황이라는 점이 드러나는 경우도 있다. 이런 결과가 나타나면 버그의 심각도와 영향을 상향 조정해야 한다.

지금 필요한 것은 스피드

코드 저장소의 모든 버전(패치)에 대해 정의된 모든 테스트들은 성공 혹은 실패만을 표시할 뿐이다. 이 표시는 테스트를 실행할 때마다 바뀔 수도 있고 매번 같은 결과를 보일 수도 있다. 여러 차례 테스트를 실행하고 테스트 결과의 성공이나 실패 여부에 대한 평균값을 구해보면 실제 상황과 유사한 값을 예측할 수 있으며, 이를 바탕으로 이 유사치의 통계적 불확실성 역시 계산해볼 수 있다. 그러나 모든 버전에 대해 매번 테스트를 수행할 때마다 이런 수학적 계산을 해본다는 것은 사실상 불가능에 가깝다.

그보다는 관심이 있는 시나리오에 대한 가설을 완성하고 적절한 버전의 코드에 대해 적당한 횟수의 테스트를 반복해서 실행함으로써 합당한 추론을 이끌어낼 수 있다. 이런 시나리오들의 일부는 (코드 품질 관점에서) 큰 문제가 없겠지만, 다른 일부는 약간의 노력을 더 요구할 수 있다. 이러한 시나리오는 모든 테스트들과 결합되어 있으므로 다양한 범위에 미치게 되며, 실질적인 가설의 목록(즉, 실제로 문제가 발생한 컴포넌트들)을 안정적이고 신속하게 얻어내려면 동시에 모든 시나리오에 대한 예측을 수행해야 한다.

엔지니어가 테스트 인프라스트럭처를 사용하고 있다면 그는 코드(보통 테스트를 수행 중인 코드의 이면에서 실행 중인 모든 소스 코드에 비하면 극히 일부인 코드)가 제대로 동작하는지를 알고 싶은 것이다. 그런데 테스트한 코드에서 문제가 발견되지 않았다면, 이는 어쩌면 다른 이의 코드에서 발생한 문제일 수도 있다. 다시 말하면, 엔지니어는 테스트에 대한 신뢰도에 영향을 미칠 수 있는(어쩌면 이 테스트는 다른 요인 때문에 이미 신뢰도가 떨어진 것일 수도 있다), 예상하지 못한 경쟁 상태가 자신의 코드에서 발생하는지를 알고 싶은 것이다.

어떤 엔지니어가 21,000개가 넘는 테스트를 수반하는 서비스에 대해 가끔씩 기반 코드를 수정하는 작업을 수행하고 있다고 가정해보자. 새로 작업한 패치를 테스트하기 위해서는, 패치를 적용하기 전의 기반 코드에 대한 테스트 수행 결과와 패치를 적용한 이후의 기반 코드에 대한 테스트 수행 결과를 비교해야 한다. 이 두 결과를 적절히 비교하면 수정된 기반 코드가 릴리즈해도 좋을 정도의 품질을 갖춘 것인지를 판단할 수 있다. 그리고 그 결과에 따라 릴리즈 및 통합 테스트는 물론 다른 분산 바이너리 테스트를 더 수행해서 시스템의 규모(예를 들면 패치가 로컬 컴퓨터 자원을 더 많이 사용하는지)와 복잡도(예를 들면 패치가 다른 어딘가의 작업 부하를 가중시키는지)를 확인하게 된다.

그렇다면 환경적 요인을 잘못 예측해서 해당 엔지니어의 패치가 올바르지 않다고 오판할 가능성은 얼마나 될까? 만일 10개의 패치 중 하나를 거부하면 엔지니어들의 불만은 대단하겠지만 100개의 완벽한 패치 중 하나를 잘못 판단했다면 큰 문제가 되지 않을 수도 있다.

즉, 위의 예시를 기준으로 생각해보면 42,000개(패치 이전에 수행한 테스트와 패치 이후에 수행한 테스트를 합한 값)의 테스트 중 0.99(거부되는 패치의 비율)의 비율에 해당한다. 이를 수식으로 표현하면 다음과 같다.

$$0.991^{\frac{1}{2 \times 21000}}$$

---

14 http://xkcd.com/303/ 참고

즉, 모든 개별 테스트가 99.999% 이상 정확하게 실행되어야 한다는 것을 의미한다.

프로덕션 환경에 배포하기

대부분의 프로덕션 환경 관리는 소스 제어 저장소에 보관되지만 설정 값 자체는 개발자의 소스 코드와는 별개로 존재한다. 마찬가지로 소프트웨어 테스트 인프라스트럭처 역시 프로덕션 환경의 설정 값을 사용하지는 않는다. 하물며 이 둘이 모두 같은 저장소에 보관된다 하더라도, 지금까지는 다른 브랜치나 별개의 디렉터리에서 만들어진 설정 관리에 대한 변경 사항은 고려하지 않았다.

소프트웨어 엔지니어가 바이너리를 개발하고 이를 관리자가 서버에 업데이트하는 전통적인 기업 환경에서는 테스트 인프라스트럭처와 프로덕션 설정을 분리한다는 것 자체가 굉장히 짜증나는 일이며, 신뢰성과 신속성에도 악영향을 미칠 수 있는 부분이었다. 게다가 도구를 중복 사용하는 결과를 초래할 수도 있다. 명목상 통합된 운영 환경에서는, 테스트와 프로덕션 환경의 분리가 두 가지 도구들의 동작 사이의 불일치를 초래하므로 탄력성이 떨어지는 결과를 낳기도 한다. 더욱이 버전 관리 시스템에 대한 커밋의 경쟁으로 인해 프로젝트의 수행 속도 역시 어느 한계 이상으로 좋아지지 않는다.

SRE 모델에서는, 테스트 인프라스트럭처를 프로덕션 설정에서 분리하면 프로덕션 환경을 묘사하는 모델과 애플리케이션 동작을 묘사하는 모델이 일치하지 않으므로 상당히 좋지 않다. 이로 인해 엔지니어가 개발 시점에 이런 불일치에 대한 통계값을 조사할 때 영향을 받게 된다. 그러나 한편으로는 이 두 환경을 분리하면 마이그레이션의 위험을 완전하게 제거할 수 없기 때문에 변경된 사항으로부터 시스템 아키텍처를 보호할 수 있어 결과적으로 개발 속도가 현저히 저하되는 일은 발생하지 않는다.

SRE 방법론을 적용할 수 있는 통합된 버전 관리와 통합 테스트에 대해 고려해보자. 분산 아키텍처 마이그레이션이 실패할 경우 어떤 영향이 있을까? 아마도 상당한 양의 테스트를 수행해야 할 것이다. 지금까지, 소프트웨어 엔지니어들은 테스트 시스템이 10번 중 한 번 정도는 잘못된 결과를 리턴하는 것을 용인해왔다. 하지만, 테스트를 통해 잘못된 결과가 발생할 것이라는 것을 알고 있는 상황에서 마이그레이션을 수행하다가 문제가 발생하고 걷잡을 수 없이 빨리 악화될 수 있다면, 과연 이 위험을 감수할 수 있겠는가? 분명 테스트 커버리지의 일부는 다른 부분에 비해 현저히 높은 수준을 요구한다. 이 부분을 구별하는 방법은 일반화될 수 있다. 어떤 테스트의 실패는 다른 것들에 비해 훨씬 큰 위험을 나타내기 마련이다.

테스트는 얼마든지 실패할 수 있다

불과 얼마 전까지만 해도 소프트웨어 제품은 1년에 한 번 릴리즈되었다. 컴파일러는 몇 시간 혹은 며칠에 걸쳐 바이너리를 생성했고 대부분의 테스트는 손으로 작성한 절차를 따라 사람이 진행했다. 이런 릴리즈 절차는 비효율적이었지만, 자동화에 대한 수요 역시 크지 않았다. 게다가 릴리즈는 문서와 데이터 마이그레이션, 사용자의 재교육 및 기타 요인들을 수반했다. 따라서 테스트를 얼마나 많이 했는지와는 무관하게, 릴리즈들의 장애 발생 시간 간격(Mean Time Between Failure, MTBF) 역시 1년이었다. 매 릴리즈마다 엄청난 양의 변경 사항이 적용되었으며, 그렇기 때문에 소프트웨어에 사용자가 인지할 수 있을 법한 문제점이 숨어있는 경우도 많았다. 게다가 이전 릴리즈에서 확보한 데이터의 안정성이 다음 릴리즈까지 이어지지 않는 경우도 있었다.

효과적인 API/ABI 관리 도구와 방대한 규모의 코드를 작성할 수 있는 인터프리터 언어 덕분에 이제는 몇 분이면 새로운 버전의 소프트웨어를 구현하고 실행할 수 있다. 그래서 현실적으로는 충분한 규모의 인력[15]으로 앞서 소개했던 방법들을 활용해 모든 새 버전의 소프트웨어마다 완벽한 테스트와 더불어 동일한 품질의 결과물을 얻을 수 있다. 비록 결과적으로는 동일한 코드에 동일한 테스트를 수행하게 된다 하더라도 최종 소프트웨어 버전은 매년 더 나은 품질을 확보할 수 있게 되었다. 그 이유는 매년 릴리즈하는 새로운 버전의 소프트웨어와 더불어 그 중간 과정에서 산출된 버전들도 모두 테스트가 되기 때문이다. 중간 버전을 활용하면, 테스트 도중에 발견된 문제들을 토대로 실제 원인을 찾아 단순히 일시적으로 발견된 증상이 아닌 전체 이슈가 해결되었다는 확신을 가질 수 있기 때문이다. 짧은 피드백 주기를 확보하는 것은 자동화된 테스트 커버리지를 적용할 때와 동등한 수준의 효율성을 확보한다는 것을 의미한다.

1년 동안 사용자가 더 다양한 버전의 소프트웨어를 사용하도록 하겠다면 MTBF의 문제가 생길 수 있다. 사용자가 인지할 수 있는 문제가 발생할 확률이 더 높아지기 때문이다. 하지만 추가적인 테스트 커버리지의 이점을 발견할 확률 또한 높아지게 된다. 추가적인 테스트들을 구현함으로써 개선되는 부분들은 향후에 발생할 수 있는 문제점을 미리 해결할 수 있는 기회를 제공한다. 신뢰성에 대한 세심한 관리란 릴리즈 주기를 위해 사용자가 인지할 수 있는 문제의 해결을 어느 정도까지 제한할 것인지와 불확실성을 최소화할 수 있는 테스트 커버리지의 범위를 어느 정도까지 제한할 것인지를 모두 고려하여 관리하는 것이다. 이 두 가지 사항을 모두

---

15 인력 파견 업체를 통해 확보할 수 있다.

고려함으로써 운영 과정과 최종 사용자로부터의 피드백을 통해 수집할 수 있는 지식을 극대화할 수 있다. 그리고 이렇게 확보한 지식들은 테스트 커버리지는 물론, 제품의 릴리즈 속도에도 영향을 준다.

만일 어떤 SRE가 (사용자 기능을 구현하는 것이 아니라) 설정 파일을 수정하거나 관리 도구의 전략을 조정한다면, 그와 관련된 엔지니어링 작업 역시 동일한 개념적 모델을 바탕으로 진행된다. 신뢰성을 바탕으로 릴리즈 주기를 정의한다면 기능별로, 혹은(조금 더 편하게는) 팀별로 신뢰성의 수준을 나누는 편이 낫다. 이런 시나리오에서 기능 엔지니어링팀은 목표 릴리즈 주기를 맞추기 위한 기준이 되는 불확실성 수준을 달성하는 것을 목표로 삼고, SRE팀은 그들과 관련된 불확실성 수준을 별도로 정의해서 릴리즈 비율을 극대화하기 위해 노력해야 한다.

적절한 수준의 신뢰성을 유지하고 서비스를 지원하는 SRE의 수가 기하급수적으로 증가하는 상황을 방지하기 위해서는 프로덕션 환경이 거의 자동화되어야 한다. 그러려면 환경 스스로가 경미한 장애에 대해서는 탄력적으로 대응할 수 있어야 한다. SRE의 개입이 필요한 큰 장애가 발생하면, SRE들은 제대로 테스트가 된 도구들을 사용해야 한다. 그렇지 못하면, 기록된 데이터를 바탕으로 향후의 장애를 해결할 수 있을지에 대해 충분한 자신감을 갖기 어려울 것이다. 그렇게 되면 발생한 문제를 해결하기 위해 모니터링 데이터의 분석이 완료될 때까지 기다릴 수밖에 없다. 앞서 223쪽의 "대규모 환경에서의 테스트" 절에서는 SRE가 사용하는 도구의 테스트 커버리지를 확보할 수 있는 기회를 어떻게 만들어갈 것인지에 대해 설명했지만, 여기서는 어떤 도구를 프로덕션 환경에서 사용할 수 있는지 여부를 결정하기 위해 테스트를 활용하는 부분에 대해 살펴보고 있다.

설정 파일이 존재하는 주된 이유는 도구를 새로 만드는 것보다는 설정을 바꾸는 편이 훨씬 빠르기 때문이다. 그리고 이를 토대로 MTTR을 낮게 유지할 수 있다. 하지만 그 외의 이유로도 이 파일들은 빈번하게 변경된다. 신뢰성의 관점에서 볼 때,

- MTTR을 낮게 유지하기 위해 필요하며, 장애가 발생한 경우에만 변경되는 설정 파일은 MTBF보다 느린 릴리즈 주기를 갖는다. 이 파일을 수작업으로 수정했을 때 해당 수정 사항이 전체 사이트의 신뢰성에는 영향을 미치지 않으면서 가장 최적의 상태로 수정된 것인지에 대해서는 상당한 불확실성이 존재할 수밖에 없다.
- 사용자가 사용하는 애플리케이션을 새로 릴리즈할 때마다 설정 파일을 한 번 이상 변경해야 하는 경우(예를 들어 설정 파일에 릴리즈 정보가 포함된 경우)라면, 애플리케이션을 릴리즈할 때 설정 파일이 제대로 변경되지 않으면 큰 문제가 될 수 있다. 이 설정 파일에 대

한 테스트 및 모니터링의 커버리지가 사용자 애플리케이션의 테스트 및 모니터링 커버리지보다 뛰어나지 않다면 이 파일은 사이트의 신뢰성에 악영향을 미칠 수도 있다.

설정 파일을 다루는 방법 중 하나는 모든 설정 파일을 앞서 설명한 두 가지 종류 중 하나에만 해당하도록 분류하고 어떻게든 그 규칙을 지키도록 하는 것이다. 그리고 후자의 설정 파일에 대해서는 다음과 같은 항목들을 확인해야 한다.

- 각 설정 파일은 통상적인 수정에 대해 충분한 테스트 커버리지를 확보해야 한다.
- 릴리즈에 앞서 릴리즈 테스트를 수행한 후에 파일의 수정이 이루어져야 한다.
- 유리 깨기 메커니즘(break-glass mechanism)[16]을 통해 테스트가 완료되기 전에 파일을 밀어넣을 수 있는 방법을 제공해야 한다. 이 방법은 신뢰성을 떨어뜨릴 수 있으므로 나중을 위해 발견된 버그에 대해서는 되도록 문제를 크게 부풀려서 더욱 확실하게 해결할 수 있도록 하는 것이 좋다.

유리 깨기와 테스트

유리 깨기 메커니즘은 단순히 릴리즈 테스트를 수행하지 않는 것만으로도 적용할 수 있다. 그렇게 하면 누군가 급하게 수작업으로 수정한 내용이 사용자에게 미친 영향은 실제로 모니터링에 의해 발견되기 전까지는 아무도 모르는 상태가 된다. 물론 테스트를 실행 상태로 유지하고, 앞서 발생한 문제를 대기 중인 테스트와 연관시켜서 테스트가 실패한 변경 사항을 (최대한 빨리) 파악하는 것이 낫다. 그렇게 하면 누군가 수작업으로 변경 사항을 적용하더라도 다른 사람이 신속하게 (그리고 결함 없이) 뒤처리를 할 수 있다. 이상적으로는 유리 깨기 메커니즘이 자동으로 릴리즈 테스트의 우선순위를 높여서 테스트 인프라스트럭처가 이미 실행 중인 유효성 검사 및 커버리지 작업보다 릴리즈 테스트가 더 높은 순위를 갖도록 해야 한다.

통합

단위 테스트를 통해 설정 파일의 신뢰성을 확보하는 것과 더불어 설정 파일에 대한 통합 테스트를 고려하는 것 역시 중요하다. 설정 파일의 콘텐츠는 (테스트 목적상) 잠재적으로 인터프리터가 설정 파일을 읽을 때 문제를 야기할 수 있는 것들이다. 파이썬(Python) 같은 인터프리터 언어는 주로 설정 파일을 읽는 도구를 개발할 때 사용되는데, 그 이유는 이 인터프리터들은 어

---

16 역주 화재 경보를 울리기 위해 유리를 깨는 것에서 유래한 이름이다.

디든 포함될 수 있으며, 간단한 샌드박스를 통해 코드에서 발생할 수 있는 에러로부터 보호할 수 있기 때문이다.

설정 파일을 인터프리터 언어를 통해 작성하는 것은 잠재적인 실패를 완전하게 처리하기가 어렵기 때문에 위험이 따른다. 설정 파일의 콘텐츠를 읽는 작업이 프로그램을 실행하는 작업으로 이루어지므로 읽기 작업의 비효율성을 어느 정도까지 용인할 것인지에 대한 상한선이 기본적으로 정해져 있지 않기 때문이다. 다른 테스트와 더불어 신중하게 제한 시간을 고려한 통합 테스트를 함께 수행해서 적절한 시간 내에 완전히 실행되지 않은 테스트들은 실패한 것으로 간주해야 한다.

만일 설정 정보를 임의의 문법으로 텍스트 파일에 작성하면, 모든 범주의 테스트들은 별개의 새로운 커버리지를 확보해야 한다. YAML과 같이 이미 정해진 문법과 파이썬의 safe_load처럼 확실하게 테스트된 파서(parser)를 함께 활용한다면 설정 파일의 테스트에 필요한 수고를 덜 수 있다. 따라서 문법과 파서를 신중하게 선택하면 설정 파일을 읽는 동작에 대한 상한선을 명확하게 정의할 수 있다. 그러나 테스트를 직접 구현하는 사람은 설정 파일의 스키마(schema) 문제를 직접 처리해야 하며, 가장 쉬운 방법은 런타임에 대한 의존성을 갖지 않는 것이다. 그러나 이 방법은 확실하게 단위 테스트를 수행하기가 어렵다.

프로토콜 버퍼(protocol buffers)[17]를 사용할 때의 장점은 스키마를 미리 정의하고 읽는 시점에 자동으로 체크할 수 있는데, 사용하기가 쉬우면서도 특정 런타임에 한정적으로 사용할 수 있다는 점이다.

통상적으로 SRE의 역할에는 시스템 엔지니어링 도구를 작성하고[18] (필요하다면) 테스트 커버리지에 더 견고한 유효성 검사를 추가하는 것도 포함된다. 모든 도구는 테스트 과정에서 미처 걸러내지 못한 버그로 인해 예상하지 못한 결과를 초래할 수 있으므로 최대한 방어적으로 사용해야 한다. 어떤 도구가 예상치 못한 결과를 보이면, 엔지니어는 다른 도구들은 정상적으로 동작하는지 확인하고 이를 이용해 앞서 발생한 오동작을 최대한 보완할 수 있어야 한다. 사이트의 신뢰성을 확보하는 핵심 요소는 발생 가능한 오동작을 모두 정의한 후, 테스트를 이용해서(또는 이미 테스트된 다른 도구의 입력 유효성 검사기를 이용해서) 이런 오동작의 발생 여부를 파악할 수 있도록 준비해두는 것이다. 문제를 찾아내는 도구는 문제를 수정하지 못

---

17 https://github.com/google/protobuf 참고

18 소프트웨어 엔지니어는 이런 도구를 작성하면 안 되기 때문이 아니다. 기술적 깊이와 넓은 추상화 계층을 모두 필요로 하는 도구는 대부분 소프트웨어 개발팀과의 연관이 적고 오히려 시스템팀과 더 연관되어 있기 때문이다.

하거나 문제가 더 이상 발생하지 못하게 할 수는 없지만 최소한 문제가 더 커지기 전에 이를 보고할 수는 있다.

예를 들어, 시스템에 설정된 모든 사용자 목록(네트워크에 연결되지 않은 유닉스 계열 운영체제의 /etc/passwd 파일 등)이 의도치 않게 수정되어 파서가 파일을 중간쯤 읽다가 동작을 멈췄다고 생각해보자. 최근에 등록된 사용자 정보만 로드되지 않았기 때문에 시스템은 아무런 문제없이 동작하고 대부분의 사용자는 문제를 인지하지 못할 수도 있다. 그러나 홈 디렉터리를 관리하는 도구는 사용자 목록과 실제로 생성된 사용자별 홈 디렉터리가 일치하지 않는다는 점을 쉽게 발견하고 이를 즉시 보고할 수 있다. 이 도구의 가치는 문제를 찾아 보고한다는 것이지 (파일에 존재하지 않는 사용자 디렉터리를 삭제해서) 스스로 문제를 해결하는 것이 아니다.

프로덕션 환경 조사하기

테스트를 통해 알려진 데이터를 바탕으로 올바른 동작을 확인하고, 모니터링을 통해 알려지지 않은 사용자 데이터에 대한 올바른 동작을 관찰할 수 있다면 테스트와 모니터링의 조합을 통해 주요 위험(알려진 것이든 알려지지 않은 것이든)은 대부분 탐지할 수 있는 것처럼 보일 것이다. 하지만 안타깝게도 실제 위험은 이보다 더 복잡하다.

문제가 있는 요청에 대해서는 에러가 발생해야 하고 문제가 없는 요청은 반드시 처리되어야 한다. 이 두 가지를 모두 만족하는 커버리지는 통합 테스트를 통해 구현하는 것이 바람직하다. 또한 일련의 테스트 요청을 반복함으로써 릴리즈 테스트까지 가능하다. 그리고 문제가 없는 요청들은 프로덕션 환경에 대한 테스트 용도로 활용할 수 있는 것과 그렇지 못한 것으로 나누어보면 다음과 같은 세 가지 종류의 요청으로 나눌 수 있다.

- 이미 문제가 있는 것으로 판명된 요청
- 문제가 없는 것으로 판명되었으며 프로덕션에 대해 테스트가 가능한 요청
- 문제가 없는 것으로 판명되었지만 프로덕션에 대해 테스트가 불가능한 요청

이 각각의 요청들은 통합 및 릴리즈 테스트에 모두 활용될 수 있다. 또한 이들 테스트의 대부분은 모니터링 목적으로도 사용될 수 있다.

사실 너무 과도하게 보일 수도 있고, 실질적으로는 동일한 요청들이 다른 두 가지 테스트를 통해 이미 확인이 되었으므로 모니터링에까지 사용하는 것은 의미가 없는 것처럼 보일 수도 있다. 그러나 다음과 같은 이유로 앞서 언급한 두 가지 테스트는 모니터링과는 다른 것으로

보는 것이 옳다.

- 릴리즈 테스트는 통상 프런트엔드와 모조 백엔드로 구성된 통합 서버를 대상으로 실행된다.
- 조사 테스트는 릴리즈 바이너리와 로드밸런싱 프런트엔드, 그리고 별개의 영속 백엔드를 토대로 실행된다.
- 프런트엔드와 백엔드는 서로 독립적으로 릴리즈된다. 그리고 (서로 다른 릴리즈 주기 때문에) 이들의 릴리즈 일정이 다른 비율로 나타날 수 있다.

그래서 프로덕션 환경을 대상으로 하는 모니터링 조사는 사전에 테스트한 적이 없는 설정이다.

이 조사는 절대 실패할 리가 없는데, 만일 이 조사가 실패했다면 그 의미는 과연 무엇일까? 프로덕션 환경과 릴리즈 환경의 (로드밸런서에서 서비스로 향하는) 프런트엔드 API 혹은 (영속 저장소로 향하는) 백엔드 API가 서로 동일하지 않다는 것을 의미한다. 이 두 환경이 서로 다른 이유를 이미 알고 있는 것이 아니라면 사이트에 문제가 생긴 것이나 마찬가지다.

애플리케이션을 서서히 새 버전으로 업데이트하면 그에 대한 조사 테스트 역시 같은 속도로 이루어지게 된다. 그 과정에서 이전 버전과 새 버전의 애플리케이션에 대해 네 가지 종류의 조사가 이루어지게 된다. 업데이트 도구는 이 네 가지 조합 중 어느 하나가 에러를 발생시키면 애플리케이션을 이전 상태로 롤백한다. 보통 이 업데이트 도구는 새로 시작된 애플리케이션 인스턴스는 충분한 사용자 트래픽을 처리할 준비를 위해 잠깐 동안은 정상적인 상태가 되지 못할 수도 있다는 점을 이미 인지하고 있다. 이 준비 시간 동안에 조사 과정이 처리된다면, 안전을 위해 업데이트를 무기한 연기하고 새 버전의 애플리케이션으로 사용자 트래픽을 전달하지 않는다. 그리고 나머지 업데이트는 엔지니어가 이 상황을 점검하고 프로덕션 업데이트 도구에 롤백을 지시하기 전까지는 중단된다.

조사를 통한 프로덕션 테스트는 사이트에 대한 보호뿐만 아니라, 엔지니어에 대한 명확한 피드백을 제공한다. 이 피드백은 엔지니어에게 빨리 전달될수록 더 유용하다. 또한 테스트는 자동화되어서 엔지니어에게 경고를 전달하는 것이 확장 가능하다면 더욱 유용할 것이다.

이전 버전의 소프트웨어를 실행하는 각 컴포넌트가 새로운 버전으로 (지금 혹은 조만간) 대체될 것이라고 가정해보자. 이때 새로운 버전의 소프트웨어가 이전 버전의 소프트웨어와 통신하는 과정에서 더 이상 사용이 금지된 API를 사용할 수도 있다. 또는 이전 버전의 소프트웨어가 (이전 버전의 출시 시점에) 아직 제대로 동작하지 않았던 API를 이용해 새 버전의 소프트웨어와 통신할 수도 있다. 그런데 이제는 동작한다! 아마도 그렇다면 향후의 호환성을 위해 (모니터링 조사를 위해 실행 중인) 테스트들이 더 나은 API 커버리지를 확보하기를 기도해야 할 것이다.

테스트 백엔드 환경

릴리즈 테스트를 구현할 때, 테스트 백엔드 환경은 주로 상대 서비스를 담당하는 엔지니어링팀이 관리하며 오로지 빌드 의존성을 위해서만 참조하는 경우가 대부분이다. 테스트 인프라스트럭처가 실행하는 격리 테스트는 항상 버전 제어 시스템의 빌드 시점에 함께 존재하는 테스트 백엔드와 테스트 프런트엔드를 대상으로 이루어진다.

이 빌드 의존성은 별개의 실행 가능한 바이너리를 제공하며, 엔지니어링팀은 테스트 백엔드 바이너리의 릴리즈를 실제 백엔드 애플리케이션과 조사 테스트의 릴리즈와 동일한 시점에 수행한다. 이 백엔드 릴리즈를 배포할 때는 (테스트 백엔드 바이너리 없이) 별개의 프런트엔드 릴리즈 테스트 역시 프런트엔드 릴리즈 패키지에 포함하는 것이 낫다.

모니터링 시스템은 모든 릴리즈 버전에 있어 프런트엔드와 백엔드 간의 서비스 인터페이스에 대해 인지해야 한다. 이를 통해 이 두 릴리즈의 모든 가능한 조합을 조회할 수 있고 모든 성공한 테스트들이 별도의 설정을 필요로 하지 않는지 여부를 확인할 수 있다. 이 모니터링은 지속적으로 이루어질 필요는 없다. 그저 각 팀이 새로운 릴리즈를 출시하면 그 때 새로운 시스템 조합에 대해서만 실행하면 된다. 그리고 여기서 문제가 발견된다고 해서 새로운 릴리즈 자체를 못하게 할 필요도 없다.

반면, 배포 자동화는 두 시스템의 조합에 문제가 없을 때까지 관련된 프로덕션 배포를 중단할 수 있어야 한다. 마찬가지로 짝을 이룬 두 팀의 자동화 도구 역시 문제가 해결된 조합에 대한 복제 시스템에 대해서도 충분히 고려할 수 있어야 한다.

결론

테스트는 엔지니어들이 자신의 제품의 신뢰성을 향상시킬 수 있는 가장 적절한 투자 수단이다. 테스트는 프로젝트의 전체 주기 동안 한두 번에 끝낼 수 있는 행위가 아니라 지속적인 행위다. 강력한 테스트 문화를 이끌어내는 인프라스트럭처를 구축하고 유지하는 노력만큼, 좋은 테스트를 작성하기 위해서는 상당한 노력이 필요하다. 문제를 이해하지 못하면 풀 수 없듯이, 엔지니어링 측면에서도 문제를 제대로 측정해야 이해할 수 있다. 이 장에서 언급했던 방법과 기법들은 소프트웨어 시스템에서 발생할 수 있는 장애와 불확실성을 측정하는 튼튼한 기반을 제공하며, 사용자에게 릴리즈되는 소프트웨어의 신뢰성을 중요하게 생각해야 하는 이유를 이해하는 데 도움이 된다.

18

SRE 조직의 소프트웨어 엔지니어링

데이브 헬스트룸(Dave Helstroom), 트리샤 웨이어(Trisha Weir),
이반 레너드(Evan Leonard), 커트 델리몬(Kurt Delimon) 지음
카비타 줄리아니(Kavita Guliani) 편집

누군가에게 구글의 소프트웨어 엔지니어링 중 가장 많은 비중을 차지하는 제품이 무엇이냐고 묻는다면, 대부분 지메일(Gmail)이나 지도(Maps) 같은 사용자 서비스라고 답할 것이다. 물론 다른 누군가는 빅테이블(Bigtable)이나 콜로서스(Colossus) 같은 기반 인프라스트럭처라고 답할지도 모르지만 말이다. 하지만 사실 최종 사용자에게는 드러나지 않는 소프트웨어 엔지니어링의 비중도 엄청나다. 이들 중 상당 부분은 SRE 조직에서 개발한 것이다.

어느 측정 결과에 따르면, 구글의 프로덕션 환경은 인류가 지금까지 구축한 것들 중 가장 복잡한 머신들이다. SRE는 이 복잡한 프로덕션 환경을 직접 경험하고, 이들을 십분 활용해서 내부의 문제를 해결하기 위한 적절한 도구를 개발하며, 프로덕션 환경을 지속적이고 안정적으로 운영할 수 있는 다양한 활용 사례들을 만들어내고 있다. 이런 도구들은 그 형태는 모두 다르지만 전체적으로 업타임을 관리하며 지연응답을 최대한 낮은 수준으로 유지하기 위한 목적으로 만들어진 것들이다. 이 도구들은 바이너리 배포 메커니즘, 모니터링 또는 동적 서버 조합(dynamic server composition)을 기반으로 한 개발 환경의 구축 등의 기능을 수행한다. 전체적으로 SRE가 개발한 도구들은 하나의 독립된 소프트웨어 엔지니어링 프로젝트이며, 한 번 출시

하고 마는 솔루션이나 단기적 개선과는 다르다. 그리고 이 도구들의 개발에 참여하는 SRE들은 제품 개발자와 동일한 마음가짐으로 내부 고객 및 향후 계획에 대한 로드맵에 기초하여 업무를 수행해 나간다.

SRE 조직의 소프트웨어 엔지니어링 역량이 중요한 이유

엄청난 규모의 구글 프로덕션 환경에서는 어쩔 수 없이 다양한 형태의 소프트웨어 개발이 내부적으로 이루어질 수밖에 없다. 왜냐하면 구글이 필요로 하는 규모를 감당할 수 있는 서드파티 도구를 찾기가 쉽지 않기 때문이다. 그동안 회사 내에서 이루어졌던 소프트웨어 프로젝트들은 대부분 성공적이었으므로 SRE 조직이 내부적으로 도구를 개발하는 것이 더 장점이 많다는 데는 이견이 없다.

SRE가 효율적으로 내부 소프트웨어를 개발할 수 있는 조직이라는 독특한 위치를 갖게 된 데는 다음과 같은 이유들이 작용했다.

- 구글만의 프로덕션 환경에 대한 SRE 조직의 폭넓고 깊은 지식 덕분에 엔지니어들이 확장성이나 장애 발생 시 자연스러운 종료 처리, 그리고 다른 인프라스트럭처나 도구들을 손쉽게 활용할 수 있는 능력들을 십분 활용해서 소프트웨어를 디자인하고 개발할 수 있다.
- SRE들은 중요한 사안에는 모두 참여하므로 개발할 도구의 목적과 요구사항을 손쉽게 이해한다.
- 개발하는 도구를 직접 사용할 사용자(즉, 다른 SRE들)와의 관계가 직접적이기 때문에 솔직하고 신속한 사용자 피드백을 기대할 수 있다. 문제 영역을 잘 이해하고 있는 내부 수요자를 위한 도구를 릴리즈한다는 것은 개발팀의 릴리즈 주기가 더 짧아질 수 있다는 것을 의미한다. 내부 사용자들은 최소한의 UI와 개발 초기의 소프트웨어가 가지는 여러 가지 문제들에 대해 대부분 잘 이해해주는 편이다.

순전히 실용적인 관점에서 볼 때, 구글은 SRE의 경험을 바탕으로 소프트웨어를 개발하는 엔지니어의 덕을 톡톡히 보고 있다. 이제는 SRE의 지원을 받는 서비스의 증가율은 SRE 조직의 증가율을 넘어서고 있다. SRE의 가이드 원리 중 하나는 "팀의 규모는 서비스의 성장률과 직접적으로 비례해서는 안 된다"는 것이다. 폭발적으로 성장하는 서비스에도 불구하고 SRE 조직의 규모를 선형적으로 유지하려면 지속적인 자동화 작업과 능률적인 도구, 절차에 대한 개선 노력이 필요하며 일상적인 운영 업무에 비효율성을 초래하는 부분을 전과는 다르게 바라보는 시각이 필요하다. 그러려면 프로덕션 시스템의 직접적인 운영 경험과 더불어 업타임과 지연 시간 목표 달성에 기여한 도구를 개발해본 경험이 있는 사람들이 필요한 것은 자명하다.

반면, SRE가 주도하는 소프트웨어 개발 문화는 SRE 개인은 물론 전체 SRE 조직에도 도움이 된다.

SRE 조직에서 진행하는 완전히 자율적인 소프트웨어 개발 프로젝트는 SRE에게 있어 경력 개발의 기회인 동시에 자신의 코딩 스킬이 녹스는 것을 원치 않는 엔지니어에게는 고민의 탈출구가 되어준다. 장기 프로젝트에 참여함으로써 여러 가지 방해 요소 및 비상 대기 업무들과의 더 나은 균형을 제공하며, 소프트웨어 엔지니어링과 시스템 엔지니어링 사이의 균형을 원하는 엔지니어에게는 직업에 대한 만족도를 높여준다.

SRE 조직 내의 엔지니어들의 작업 부하를 덜어주기 위한 자동화 도구의 디자인 및 기타 다른 노력들과 더불어 소프트웨어 개발 프로젝트는 SRE 조직에 또 다른 이점으로 작용한다. 엔지니어들이 지속적으로 다양한 종류의 기술들을 익힐 수 있도록 이끌어주기 때문이다. 다양한 배경지식과 문제 해결에 대한 접근법은 장애의 사각지대를 찾아내는 데 큰 도움이 되므로 SRE에게 있어 팀의 다양성이란 남다르게 중요한 부분이다. 바로 이 점 때문에 구글은 전통적인 소프트웨어 개발 경험을 가진 엔지니어와 시스템 엔지니어링 경험을 가진 엔지니어를 적절히 혼합한 SRE팀을 유지하기 위해 노력하고 있다.

Auxon 사례 연구: 프로젝트 배경 및 문제가 발생한 부분

이번 사례 연구에서는 SRE가 구글 프로덕션 환경에서 실행되는 서비스의 수용량 계획을 자동화하기 위해 만든 Auxon이라는 강력한 도구에 대해 살펴보고자 한다. Auxon의 개발을 결심하게 된 계기와 이 도구가 해결하려는 문제를 정확히 이해하기 위해 먼저 수용량 계획과 관련된 문제와 더불어 이를 위해 구글은 물론 업계 전체에서 사용하고 있는 전통적인 접근법이 얼마나 어려운 것인지에 대해 살펴보기로 하자. 구글 내에서 서비스와 클러스터라는 용어를 어떤 의미로 사용하고 있는지에 대해서는 제2장을 참고하기 바란다.

전통적인 수용량 계획

컴퓨트 자원의 수용량 계획을 수립하기 위한 방법은 수만 가지가 존재하지만([Hix15a] 참고),

이 방법들의 대부분은 대략 다음과 같은 주기(cycle)로 정리할 수 있다.

1) 수요 예측의 수집

얼마나 많은 자원이 필요한가? 언제 그리고 어디서 이 자원들을 활용하는가?

- 현재 가용한 최선의 데이터를 확보해야 미래를 위한 계획을 수립할 수 있다.
- 주로 몇 개 분기(quarter)부터 많게는 수년 정도의 데이터를 기반으로 자료를 수집한다.

2) 빌드 및 할당 계획의 수립

수집된 예상 수요를 바탕으로 이 요구를 만족시키기 위해 추가로 제공되어야 하는 자원이 있는가? 있다면 얼마나 많이, 그리고 어느 지역에 추가해야 하는가?

3) 리뷰 및 계획의 승인

예측된 수요는 적절한가? 이를 위한 계획은 예산 범위를 초과하지 않으며, 제품 및 기술적 요소들이 모두 고려되었는가?

4) 배포 및 자원 설정

최종적으로 자원이 도착하면(대부분 어느 정도의 시간이 지난 다음에), 어느 서비스가 해당 자원을 사용해야 하는가? 저수준의 자원들(CPU, 디스크 등)을 서비스에 어떻게 적절하게 활용할 것인가?

중요한 것은 이 수용량 계획은 결코 끝나지 않는 작업이라는 점이다. 예측이 변경되고 배포가 지연되고 예산이 줄어들기도 해서 계획이 계속해서 수정될 수밖에 없다. 그리고 매번 계획이 수정될 때마다 각 분기에 미치는 영향도 고려해야 한다. 예를 들어 이번 분기에서 부족해진 것이 있다면 그 다음 분기에서 반드시 메워야 한다. 전통적인 수용량 계획은 수요(demand)를 주요 지표로 사용하며, 매번 무언가 바뀔 때마다 그에 따라 수요를 맞추기 위한 수작업이 진행되곤 한다.

본질적으로 불안정하다

전통적인 수용량 계획을 진행하면 자원 할당 계획을 수립하게 되는데, 이 자원 할당 계획은 약간의 변화에도 쉽게 영향을 받는다. 다음의 예를 살펴보자.

- 서비스의 효율성이 떨어져서 동일한 양의 수요를 감당하기 위해 더 많은 자원을 필요로 하게 되는 경우

- 고객의 유입률이 증가하여 그에 따라 수요가 증가하는 경우
- 컴퓨트 자원의 새 클러스터의 배송이 지연되는 경우
- 제품의 성능 목표가 변경되어 서비스의 배포(서비스가 차지하는 공간) 형태와 필요한 자원의 양이 바뀌는 경우

이처럼 별것 아닌 변화에도 현재 계획이 여전히 실현 가능한 것인지를 확인하기 위해 전체 할당 계획을 재점검해야 한다. 그러니 (자원의 배송 지연이나 제품 전략의 변경 같은) 더 큰 변화가 발생하면 처음부터 다시 계획을 세워야 하는 경우도 있다. 하나의 클러스터에 대해 배송 지연이 발생하면 여러 서비스의 다중화(redundancy)나 지연응답에 대한 요구사항이 영향을 받게 된다. 그러면 이 배송 지연에 따른 영향을 최소화하기 위해 다른 클러스터의 자원 할당이 증가하게 되고, 결국 이 변화를 비롯한 다른 어떤 변화로 인해 전체 계획이 영향을 받게 되는 것이다.

그뿐만 아니라, 특정 분기(혹은 다른 기간)의 수용량 계획을 이전 분기의 수용량 계획의 기대 결과(outcome)를 기초로 수립한다면, 어떤 한 분기의 결과가 이후 분기의 계획 전체에 영향을 미치게 된다.

노동집약적이며 모호하다

수요 예측을 위해 필요한 데이터를 수집하는 과정은 느리고 오류를 범하기 쉬운 과정이다. 또한 미래의 수요를 만족할 수 있는 수용량을 찾는다 해도 그 시점에 모든 자원들이 완전히 동일하게 적합한 것도 아니다. 예를 들어, 허용 가능한 지연응답의 수준이 같은 대륙에 위치한 사용자에게는 동일한 수준의 속도로 응답해야 하는 조건이라면, 북아메리카에 자원을 추가로 투입한다고 해서 아시아의 수용량 저하가 보완되지는 않는다. 모든 예측은 제약이나 변수가 존재하기 마련이다. 제약은 기본적으로 의도와 관련된 것이다. 이에 대해서는 다음 절에서 자세히 살펴보기로 하자.

제약이 있는 자원에 대한 요청에 대해 현재 가용한 수용량으로부터 실제 자원을 할당하는 것 역시 느리게 수행된다. 복잡할 뿐만 아니라 여러 요청을 묶어 제한된 공간에 넣는다거나 혹은 제한된 예산 범위에서 적절한 해결책을 찾아야 하는 지루한 작업이다.

이 과정은 이미 충분히 괴로워 보이겠지만 이보다 더 한 사실은 이 과정에서 불안정하거나 거추장스러운 도구들을 사용해야 한다는 점이다. 스프레드시트는 오랫동안 확장성 문제를 해결하지 못하고 있으며, 오류 확인에 있어 매우 제한적인 기능만을 제공하고 있다. 그래서 데이터는 점점 더 망가져 가고 변경에 대한 추적은 어려워졌다. 팀들은 단지 적절한 수용량을 유지

하는 문제를 조금이라도 더 쉽게 해결하기 위해 더 단순한 가정을 세우고 요구사항에 대한 복잡도를 줄이기 위해 노력해왔다.

서비스 담당자들이 다양한 서비스들이 요구하는 일련의 수용량 요청을 사용 가능한 자원과 서비스가 감당해야 하는 여러 가지 제약 내에서 어떻게든 해결하려고 하면 할수록 불확실한 요소들은 계속해서 늘어난다. 상자 채우기 문제(bin packing problem)는 인간이 직접 계산하기에는 무척이나 어려운 NP-hard 문제다. 게다가 어느 한 서비스의 수용량 요청은 보통 '클러스터 Y 내의 코어 수 X'처럼 수요에 대한 유연하지 못한 요구사항의 집합이다. 여기서 X개의 코어나 Y 클러스터가 필요한 이유와 이 두 변수의 값이 어떤 값이든 될 수 있는 이유는 사람이 요구사항들을 사용 가능한 자원에 맞추려고 애를 쓰다 보면 어느 샌가 유야무야 되곤 한다.

결국 사람이 적절한 상자 채우기를 수행하려면 엄청난 노력이 필요하다. 이 과정은 변화를 수용하기가 어렵고 최적의 해결책에 대해서도 알려진 바가 없다.

구글의 해결책: 의도 기반 수용량 계획
구현이 아닌 요구사항을 명확히 하자

구글의 많은 팀들이 의도 기반 수용량 계획(Intent-based Capacity Planning) 접근법을 활용하고 있다. 이 방법의 기본적인 전제는 의존성과 서비스의 수요에 따른 매개변수(의도)를 프로그래밍적으로 인코딩하고 이를 이용하여 어떤 클러스터에 있는 어떤 서비스가 어떤 자원을 활용할 것인지에 대한 상세한 할당 계획을 자동으로 생성하는 것이다. 만일 수요나 공급 또는 서비스의 요구사항이 변경되면, 변경된 매개변수를 바탕으로 다시 최적의 자원 분산을 위한 계획을 새로 생성하면 그만이다.

서비스의 실제 요구사항과 유연성을 확보하면 변화에 훨씬 빠르게 대응할 수 있는 수용량 계획을 수립할 수 있으며, 최대한 많은 매개변수를 만족시킬 수 있는 최적의 해결책을 마련할 수 있게 된다. 상자 채우기 문제를 컴퓨터에 위임함으로써, 인력의 낭비가 눈에 띄게 줄었으며, 서비스 담당자들 역시 저수준의 자원 확보를 위해 전전긍긍하는 대신, SLO나 프로덕션 환경의 의존성, 서비스 인프라스트럭처 요구사항 같이 우선순위가 더 높은 부분들에 집중할 수 있게 되었다.

그 밖에도 컴퓨터를 이용한 최적화를 통해 의도를 실제 구현에 연결함으로써 정확도가 훨씬 높아졌고 궁극적으로는 조직 운영에 드는 비용을 절감할 수 있었다. 그럼에도 불구하고 일부

타입들은 여전히 NP-hard의 문제를 가지고 있으므로 상자 채우기 문제가 완전히 해결되었다고 보기는 어렵다. 하지만 현재의 알고리즘으로도 충분히 이를 해결해서 알려진 최적의 방법을 도출할 수 있다.

의도 기반 수용량 계획

의도(intent)란 서비스 담당자가 자신들의 서비스를 운영하고자 하는 의도를 의미한다. 실제 수용량 계획 의도를 이끌어내기 위해 현실적인 자원 수요를 바탕으로 한 타당한 이유를 만들어내기 위해서는 여러 단계의 추상화가 필요하다. 다음의 추상화 과정에 대해 생각해보자.

1) "Foo 서비스를 위해 X, Y, 그리고 Z 클러스터에 50개의 코어가 필요합니다."

이 문장은 명시적인 자원에 대한 요청이다. 하지만… 대체 왜 특정한 클러스터들과 이 많은 자원들이 필요한가?

2) "Foo 서비스를 위해 YYY 지역의 클러스터 중 세 개에서 50개의 코어가 필요합니다."

이 요청은 조금 덜 구체적이어서 비교적 더 쉽게 지원할 수 있지만 여전히 그 요구사항이 어떻게 정의된 것인지에 대한 설명은 빠져있다. 하지만… 대체 왜 이만큼의 자원이 필요하며, 왜 세 개의 클러스터 공간이 필요한가?

3) "Foo 서비스에 대한 각 지역별 수요를 충당하기를 원하며 $N+2$의 다중화를 원합니다."

갑자기 자유도가 훨씬 높아졌다. 그리고 Foo 서비스가 필요한 자원을 충당받지 못했을 때 어떤 일이 일어날 것인지에 대해 '인간으로써' 이해하기가 더 쉬워졌다. 하지만… 왜 $N+2$개의 Foo 서비스가 필요할까?

4) "Foo 서비스에 99.999%의 가용성을 지원하고 싶습니다."

이것이 가장 추상화된 요구사항이며, 요구사항을 맞추지 못했을 때의 결과, 즉 신뢰성을 확보하지 못할 것이라는 점이 훨씬 명확하다. 게다가 이 요구사항은 훨씬 더 유연하다. 어쩌면 $N+2$개의 다중화만으로는 서비스를 최적화하지 못하므로 다른 배포 계획을 세우는 것이 더 나을 수도 있다.

그렇다면 의도 기반 수용량 계획을 위해서는 어느 정도 수준의 의도가 반영되어야 할까? 모든 수준의 의도를 지원해서 실제 의도한 것 이상으로 서비스에 구현할 수 있다면 이상적일 것이다. 구글의 경험상으로는 3단계의 추상화를 제공할 때 가장 좋은 성과를 내는 것으로 드러났다. 유연성이 뛰어날 뿐 아니라, 요구 결과가 더 높은 수준의 이해하기 쉬운 용어로 제공되기 때문이다. 아주 정교한 서비스들은 4단계가 더 어울릴 수도 있다.

의도를 파악하기 위한 선행 작업

서비스의 의도를 파악하려면 어떤 정보가 필요할까? 의존성과 성능 지표, 그리고 우선순위 결정이 필요할 것이다.

의존성

구글의 서비스들은 다른 많은 인프라스트럭처와 일반사용자용(user-facing) 서비스들에 의존하고 있으며, 이런 의존성들은 서비스의 위치를 결정하는 데 큰 영향을 미친다. 예를 들어 일반사용자용 서비스 Foo가 인프라스트럭처 저장소 서비스인 Bar에 의존하고 있다고 생각해보자. Foo 서비스는 자신의 네트워크를 통해 지연응답이 30밀리초 이내가 될 수 있는 위치에 Bar 서비스가 제공되어야 한다는 요구사항을 명시할 수 있다. 이 요구사항은 Foo와 Bar 서비스 모두의 위치를 결정하는 데 큰 영향을 미치며, 의도 기반 수용량 계획은 반드시 이 제약 사항들을 고려해야 한다.

게다가, 프로덕션 환경의 의존성은 중첩되는 경우가 많다. 앞서 예제에서 Bar 서비스가 저수준 분산 저장소 서비스인 Baz라는 서비스와 애플리케이션 관리 서비스인 Qux에 의존하고 있다고 가정해보자. 그러면 Foo 서비스는 Bar, Baz, 그리고 Qux 서비스를 지원할 수 있는 곳에서만 지원할 수 있게 된다. 프로덕션 환경의 의존성은 여러 서비스가 공유할 수 있으며, 의도에 따라 조금씩 다른 조건을 필요로 할 수도 있다.

성능 지표

한 서비스에 대한 수요는 하나 혹은 그 이상의 다른 서비스들에 대한 수요에 조금씩 영향을 미친다. 이때 의존성 간의 연결 관계를 이해하면 상자 채우기 문제의 일반적인 범위를 공식화할 수 있지만, 그럼에도 불구하고 예상되는 자원 사용에 대한 좀 더 자세한 정보가 필요하다. Foo 서비스가 N개의 사용자 요청을 처리하려면 얼마나 많은 컴퓨트 자원이 필요할까? Foo 서비스에 N개의 요청이 전달되면 Bar 서비스는 몇 Mbps의 데이터를 서비스해야 할까?

성능 지표는 의존성 간의 연결 고리다. 이들은 고수준의 자원 타입을 그보다 낮은 수준의 자원 타입으로 변환한다. 적절한 성능 지표를 확보하려면 부하 테스트와 자원 활용에 대한 모니터링이 필요하다.

우선순위 결정

자원에 대한 제약은 필연적으로 절충과 쉽지 않은 결정으로 결론이 나게 된다. 모든 서비스가 필요로 하는 다양한 요구사항 중에서, 충분한 수용량을 확보하지 못했을 때 어떤 요구사항을 포기해야 할까?

어쩌면 Foo 서비스의 $N+2$ 다중화는 Bar 서비스의 $N+1$ 다중화보다 더 중요한 것일 수도 있다. 혹은 어쩌면 Baz 서비스에 기능 X를 추가하는 것보다는 $N+0$ 다중화를 지원하는 것이 더 중요할 수도 있다.

의도 기반 계획은 이러한 결정을 투명하고 공개적이며 일관성 있게 내리는 것에 초점을 맞춘다. 자원의 제약으로 인해 동일한 절충을 할 수밖에 없는데, 우선순위에 대한 결정은 서비스 담당자 입장에서는 너무 즉흥적이고 불투명하게 느껴지는 경우가 종종 있다. 하지만 의도 기반 계획을 통해 우선순위의 결정을 필요에 따라 세밀하게 또는 굵직하게 조정할 수 있다.

Auxon 소개

Auxon은 구글이 구현한 의도 기반 수용량 계획 및 자원 할당 솔루션이며 SRE가 디자인하고 개발한 소프트웨어 엔지니어링 제품으로서는 가장 중요한 사례다. 이 제품은 약 2년간 SRE 조직 내의 몇몇 소프트웨어 엔지니어와 기술 프로그램 관리자가 개발했다. Auxon은 SRE 조직 내의 소프트웨어 개발을 권장하는 방법에 대한 완벽한 사례다.

Auxon은 구글이 보유한 수백만 달러 규모의 머신들을 사용하기 위한 계획을 수립하는 데 적극적으로 활용되고 있으며, 구글 내에서는 여러 주요 부서들이 수용량 계획을 수립하기 위한 주요 컴포넌트로 활용하고 있다.

Auxon은 하나의 제품으로써 서비스의 자원 요구사항과 의존성에 대한 의도 기반 명세를 수집한다. 이렇게 수집된 명세들은 서비스 담당자가 서비스에 공급되기를 원하는 요구사항들을 표현한다. 이 요구사항은 "내 서비스는 반드시 대륙별로 $N+2$ 다중화가 필요합니다"라거나 "프런트엔드 서버는 반드시 백엔드 서버와 50밀리초 이내에 통신이 가능해야 합니다"와 같이 구체적일 수 있다. Auxon은 사용자의 설정 언어 혹은 프로그래밍 API를 통해 수집한 후, 사람의 의도를 기계가 이해할 수 있는 제약으로 변환한다. 요구사항의 우선순위를 조정하는 기능은 사용 가능한 자원이 모든 요구사항을 충족시킬 수 없을 때 유용하며, 이때에는 반드시 어떤 타협이 발생하게 된다. 이 요구사항(즉, 의도)은 결국 내부적으로는 큰 혼합 정수(mixedinteger) 또는 선형 프로그램으로 표현된다. Auxon은 선형 프로그램을 푼 결과로 생성된 상자 채우기 해법을 이용하여 자원 할당 계획을 공식화한다.

그림 18-1과 이후의 설명은 Auxon의 주요 컴포넌트들에 대한 개요를 보여준다.

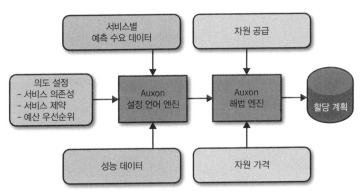

그림 18-1 Auxon의 주요 컴포넌트

위 그림에서 **성능 데이터**(performance data)는 서비스의 규모를 의미한다. 클러스터 Y 내의 개별 수요 단위 X 중, 의존성 Z를 사용하는 수요 단위는 몇 개나 될까? 이런 규모의 데이터는 서비스의 완성도에 따라 다양한 방법으로 추출될 수 있다. 어떤 서비스는 부하 테스트를 통해 추출되기도 하고, 다른 서비스들은 과거의 성능을 바탕으로 자신들의 규모를 추측하기도 한다.

서비스별 수요 예측 데이터(per-service demand forecast data)는 예측된 수요 신호의 사용 궤적을 의미한다. 일부 서비스는 수요 예측, 즉 대륙별로 나누어본 초당 쿼리 수에 대한 예상치를 토대로 미래의 사용량을 계산한다. 모든 서비스가 수요 예측 데이터를 가지고 있지는 않다. 일부 서비스(예를 들면 콜로서스 같은 저장소 서비스)는 자신에게 의존하는 다른 서비스들을 바탕으로 수요를 예측한다.

자원 공급(resource supply)은 기본적인 자원에 대한 기초 수준의 가용성에 대한 데이터다. 예를 들어 미래의 특정 시점에 가용한 머신의 개수에 대한 기대치도 이 데이터 중 하나다. 선형 프로그램과 관련된 용어로써의 자원 공급은 서비스의 성장률과 서비스의 위치에 대한 상한치를 의미한다. 궁극적으로, 자원 공급은 허용된 서비스들의 조합을 위한 의도 기반 명세로 활용하는 것이 가장 좋다.

자원 가격(resource pricing)은 기본적인 자원을 기초적인 수준으로 확보하기 위한 비용에 대한 데이터다. 일례로, 머신의 가격은 머신이 차지하는 공간과 지정된 시설 내의 전력 공급 사정에 따라 지역별로 제각각이다. 선형 프로그램과 관련된 용어로써의 가격은 전체 비용을 의미하며, 가능한 최소화해야 하는 목표다.

의도 설정(intent config)은 의도 기반 정보를 Auxon에 전달하기 위한 핵심이다. 이 정보는 서비스가 어떻게 구성되어 있는지, 그리고 서비스가 다른 서비스들과 어떻게 관련되어 있는지를 표현한다. 설정 정보는 컴포넌트들을 다른 컴포넌트들과 연동하기 위한 설정 계층처럼 동작한다. 또한 사람이 읽고 설정을 변경할 수 있도록 디자인되었다.

Auxon 설정 언어 엔진(Auxon configuration language engine)은 의도 설정으로부터 전달받은 정보를 바탕으로 동작한다. 이 컴포넌트는 Auxon 해법 엔진이 이해할 수 있도록 기계가 읽을 수 있는 요청을 공식화한다. 설정에 대한 간단한 안전성 검사(sanity check)를 수행하며, 사람이 설정할 수 있는 의도에 대한 정의와 기계가 해석할 수 있도록 최적화된 요청 사이의 게이트웨이처럼 동작한다.

Auxon 해법 엔진(Auxon solver)은 이 도구의 뇌에 해당한다. 이 컴포넌트는 설정 언어 엔진에게서 수신한 최적화된 요청을 바탕으로 거대한 혼합 정수 혹은 선형 프로그램을 공식화한다. 고도의 확장성을 염두에 두고 디자인되었으며, 그 덕분에 구글의 클러스터 내에서 실행되는 수백 혹은 수천 대의 머신에서 병렬적으로 실행이 가능하다. 해법 엔진에는 혼합 정수 선형 프로그램 툴킷 외에도 스케줄링, 워커 풀 관리, 하향식 결정 트리(descending decision tree) 같은 태스크들을 처리하는 컴포넌트들도 존재한다.

할당 계획(allocation plan)은 Auxon 해법 엔진의 출력 결과다. 이 결과는 어떤 자원들을 어떤 서비스를 위해 어느 지역에 위치시킬 것인지를 표현한다. 즉, 수용량 계획 문제의 요구사항에 해당하는 의도 기반 정의를 산술적으로 구현한 상세 내용에 해당한다. 할당 계획에는 만족할 수 없는 요구사항에 대한 정보도 포함되어 있다. 예를 들어 자원이 부족해서 요구사항을 만족시킬 수 없거나 모순된 요구사항 등도 제공한다.

요구사항과 실제 구현: 성공 사례와 그로부터 배운 것들

처음에 Auxon은 수용량 계획이 구글의 인프라스트럭처의 상당 부분을 차지하는 팀들을 각각 관리하던 SRE와 기술 프로그램 관리자가 고안한 것이다. 이들은 스프레드 시트에 수작업으로 수용량 계획을 진행하면서, 자동화에 따른 비효율성과 개선의 기회, 그리고 Auxon 같은 도구의 필요성에 대해 모두 잘 이해할 수 있는 위치에 있었다.

Auxon의 개발 과정 동안, 제품의 개발에는 직접 참여하지 않던 SRE팀이 프로덕션 환경에 계속해서 깊이 관여하게 되었다. 팀은 구글의 몇몇 서비스를 위해 비상 대기조를 운영하는 동시에 이 서비스들의 디자인 의사 결정 및 기술 리더십에도 참여했다. 이와 같은 협력을 통해 팀은 프로덕션 환경을 굳건히 다질 수 있었다. 마치 자신들의 제품에 대한 사용자이자 개발자 역할을 모두 소화했다. 제품이 실패하면 팀은 그 영향을 직접적으로 받았다. 팀이 직접 경험한 내용에 따라 기술에 대한 요구가 전달되었다. 문제를 직접 체험했던 경험은 제품 성공에 대한 큰 성과를 얻었을 뿐만 아니라 SRE 내에서 제품의 신뢰성과 정당성을 확보하는 데도 도움이 되었다.

미완성된 제품

특히 문제의 범위가 잘 알려져 있지 않다면 완벽하면서도 깔끔한 해결책에 집착해서는 안 된다. 일단 뭔가를 해보고 계속해서 반복하는 것이 좋다.

복잡한 소프트웨어를 개발하기 위한 엔지니어링은 어쩔 수 없이 컴포넌트의 디자인이나 해결해야 하는 문제의 불확실성과 맞닥뜨리게 된다. Auxon 역시 개발 초기 단계에서 이런 불확실성을 마주하게 되었다. 팀 구성원들에게 있어 선형 프로그래밍이라는 개념이 생소했기 때문이었다. 그래서 제품 동작의 핵심 같았던 선형 프로그래밍의 한계들을 제대로 이해하지 못했다. 팀의 이해 부족으로 인한 고충을 해결하기 위해 우리는 기본적으로 간소화된 해법 엔진('멍청한 해법 엔진(Stupid Solver)'이라고 불렀다)을 개발했다. 이 엔진에는 지금까지 팀이 사용자의 특정 요구사항을 바탕으로 서비스를 배열하는 방법을 배웠던 부분이 적용되었다. 이 초기 버전은 완전히 최적화된 해법을 제시하지는 못했지만, 처음부터 완벽한 것을 만들지는 못했음에도 불구하고 Auxon이라는 제품에 대한 우리의 비전이 충분히 달성 가능한 것이라는 점을 알게 해주었다.

개발의 속도를 높이기 위해 미완성된 제품(approximation)을 배포할 때는 향후에 팀이 미완성된 부분을 개선할 수 있는 방향으로 작업을 수행하는 것이 중요하다. 앞서 소개한 Auxon의 초기 버전의 경우, 전체 해법 인터페이스를 Auxon 내부에 넣어두었기 때문에 나중에 언제든지 내부 해법 엔진을 바꿔넣을 수 있었다. 결국 통합 선형 프로그래밍 모델에 대해 충분히 자신할 수 있었을 때 간단한 작업만으로 해법 엔진을 교체할 수 있었다.

Auxon의 제품에 대한 요구사항 역시 미정인 부분이 많았다. 요구사항이 명확하지 않은 소프트웨어를 개발하는 것은 상당히 어려운 도전이었지만, 일정 부분 불확실성이 존재한다고 해서 그 일 자체를 포기할 수는 없다. 이런 모호함은 오히려 제품을 더욱 일반적이고 모듈 단위로 구현할 수 있는 기반으로 삼아야 한다. 예를 들어 Auxon 프로젝트의 목표 중 하나는 프로덕션 환경에 곧바로 적용할 수 있는 할당 계획을 수립하는 구글의 자동화 시스템(자원을 할당하고 필요에 따라 서비스를 턴업/턴다운/크기 조정 등을 할 수 있는 시스템)과 연동하는 것이었다. 그러나 그 당시는 너무 많은 방법들이 사용되고 있어서 자동화 시스템이 넘쳐나고 있을 때였다. 그래서 Auxon을 그 모든 도구들과 통합할 수 있는 단일화된 디자인을 채택하는 대신 할당 계획을 범용적으로 디자인해서 각 도구들이 원하는 지점에서 할당 계획을 통합할 수 있도록 했다. 이런 '범용적인' 접근법은 Auxon의 핵심 기능이 되었고, 그 덕분에 고객들이 특정 턴업 자동화 도구나 예측 도구, 혹은 성능 데이터 도구에 대한 의존성 없이 Auxon만을 이용할 수 있게 되었으므로 새로운 사용자가 쉽게 접근할 수 있는 계기가 될 수 있었다.

또한 Auxon의 머신 성능 모델을 구축할 때 요구사항이 명확하지 않았으므로 모듈화된 디자인을 추구했다. 향후에 사용될 머신 플랫폼의 성능(예를 들면 CPU 성능 등)에 대한 데이터는 부족했지만, 사용자들은 머신의 파워를 다양한 시나리오를 바탕으로 모델링할 수 있는 방법을 제공해주기를 원했다. 우리는 머신 데이터를 단일 인터페이스로 노출함으로써 사용자들이 향후의 머신 성능에 대한 각기 다른 모델을 손쉽게 교체할 수 있도록 지원했다. 그 후 요구사항이 지속적으로 명확하게 정의되면서, 이 단일 인터페이스와 동작하는 간소화된 머신 성능 모델링 라이브러리를 제공하기 위해 모듈화된 설계를 더욱 개선했다.

Auxon의 사례에서 테마 한 가지를 꼽아보면 오래된 모토인 '실행하고 반복하기'가 SRE의 소프트웨어 개발 프로젝트와 특히 관련이 깊다. 완벽한 디자인을 기다리는 것보다는 전체적인 비전을 염두에 두고 디자인과 개발을 계속해서 발전시켜 나가는 것이 낫다. 어느 부분이 불명확하다면, 나중에 절차나 전략이 변경돼서 엄청난 양의 일을 다시 해야 하는 경우가 발생하지 않도록 소프트웨어를 충분히 유연하게 디자인해야 한다. 하지만 그와 동시에 실제 제품을 위한 구현을 바탕으로 범용적인 솔루션을 탄탄하게 구축해서 디자인의 유용성을 보여줄 수 있어야 한다.

인식의 제고 및 도입의 촉진

다른 제품들과 마찬가지로 SRE가 개발한 소프트웨어 역시 그 사용자들과 요구사항에 대한 확실한 지식을 바탕으로 디자인되어야 한다. 게다가 소프트웨어의 도입을 유도하기 위해서는 그 활용성과 성능, 그리고 구글의 프로덕션 환경의 신뢰성 목표와 SRE 삶의 질 향상을 모두 만족시킬 수 있는 능력을 보여주어야 한다. 제품을 홍보하는 과정과 조직이 이를 받아들이도록 유도하는 과정이야말로 프로젝트 성공의 열쇠라 할 수 있다.

자신이 개발한 소프트웨어를 알리고, 이에 흥미를 갖게 하기 위해 필요한 노력을 결코 가벼이 여겨서는 안 된다. 한 번 정도 프레젠테이션을 제공하거나 메일을 통해 제품의 출시를 알리는 것으로는 결코 충분치 않다. 내부 소프트웨어 도구를 널리 알리기 위해서는 다음과 같은 과정들이 필요하다.

- 일관적이고 긴밀한 접근법
- 사용자에 대한 지원
- 제품의 활용성을 알리기 위한 선임 개발자와 관리자의 전폭적인 지원

중요한 점은 사용자의 관점에서 제품이 유용한 것인지에 대해 고려하는 것이다. 엔지니어들은 도구의 사용법을 파악하기 위해 소스 코드를 들여다볼 시간이나 의사가 없을 수도 있다. 내부의 고객들은 외부의 고객에 비해 잘 다듬어지지 않거나 알파 단계의 소프트웨어에 대해 조금 더 관대한 편이기는 하지만, 그래도 여전히 문서를 제공할 필요는 있다. SRE는 바쁜 조직이어서, 여러분이 개발한 도구를 사용하기가 너무 어렵거나 헷갈린다면 아마 자신들이 직접 필요한 도구를 개발하려 할 것이다.

기대치 설정하기

특정 문제에 대해 수년 간 경험을 쌓은 엔지니어가 제품을 디자인한다면 이 작업의 이상적인 목표를 구상하는 것은 어렵지 않을 것이다. 그러나 제품의 원대한 목표와 성공을 위한 최소한의 조건(혹은 최소 기능 제품(Minimum Viable Product, MVP))을 구분하는 것은 매우 중요하다. 너무 많은 것들을 추구하면서 동시에 너무 빨리 이를 달성하려고 하면 프로젝트의 신뢰성을 잃게 될 수도 있다. 반면, 제품의 개발에 충분한 보상이 따르지 않는다면 내부의 팀이 뭔가 새로운 것을 시작하도록 유도하기가 매우 어려워진다. 꾸준히 제품을 선보이고, 작은 릴리즈를 통해 지속적으로 개선해 나간다면 뭔가 유용한 소프트웨어를 제공할 수 있다는 팀의 능력에 대한 자신감을 향상시킬 수 있다.

Auxon의 경우, 우리는 장기적인 로드맵과 단기적 수정 사이의 균형을 맞추기 위해 많은 고생을 했다. 당시 팀이 약속한 것들은 다음과 같다.

- 일단 제품을 도입하고 설정을 올바르게 수행하면 그동안 수작업으로 진행해왔던 단기적 자원 요청에 대한 상자 채우기 문제를 해결하기 위한 수고를 즉각적으로 해소할 수 있다.
- Auxon에 새로운 기능이 추가된다 하더라도 동일한 설정 파일로 더 새롭고, 더 광범위하며, 장기적인 비용 절감 및 기타 여러 가지 이점을 누리게 된다. 프로젝트 로드맵을 통

해 서비스의 초기 버전에 필요한 활용 사례나 기능들이 구현되지 않았는지 여부를 신속하게 판단할 수 있다. 그러는 동안, Auxon의 반복적인 개발 접근법을 바탕으로 우선순위가 높은 기능들을 먼저 구현하고 로드맵에 새로운 마일스톤을 정의할 수 있다.

적절한 사용자층을 정의하기

Auxon을 개발하는 팀은 한 가지 해결책으로는 모든 시나리오를 감당할 수 없다는 점을 깨달았다. 많은 대규모 팀들은 이미 상당히 잘 동작하는 자신들만의 수용량 계획 방법을 갖추고 있었다. 그 도구들이 완벽한 것은 아니었지만, 어쨌든 이런 팀들은 새로운 도구, 특히 아직 구현이 불안정한 알파 릴리즈를 위한 수용량 계획 수립 절차에 수반되는 수고의 상당 부분을 이미 해소한 상태였다.

Auxon의 초기 버전은 아직 수용량 계획 절차를 수립하지 못한 팀들을 대상으로 한 제품이었다. 이런 팀들은 기존의 다른 도구를 이용하고 있든, Auxon을 사용하든, 아니면 완전히 새로운 도구를 사용하든, 자신들에게 맞는 설정을 확인하기 위한 어느 정도의 노력이 불가피했기 때문이다. Auxon이 일찌감치 성공할 수 있었던 비결은 이런 팀들이 제품의 유용함을 어느 정도 증명해주었고, 제품의 고객들이 스스로 제품을 지지해주었기 때문이다. 제품의 유용함을 정량적으로 측정하면 더 많은 이점을 갖게 된다. 우리는 구글의 비즈니스에 합류하게 되면, 팀이 전후 상황을 비교하여 상세한 과정에 대한 사례를 작성한다. 이렇게 작성된 사례로 인해 절약할 수 있는 시간과 인력은 다른 팀들이 Auxon의 도입을 검토하는 데 큰 도움이 되었다.

고객 서비스

SRE가 개발한 소프트웨어들이 TPM(Technical Product Manager)들과 기술적 능력이 우수한 엔지니어들을 위한 것들이기는 하지만, 어느 정도 혁신이 가미된 소프트웨어들은 여전히 새로운 사용자들이 학습해야 할 부분들이 존재한다. 이런 소프트웨어를 일찌감치 사용해보고자 하는 의사가 있는 고객들이 적절하게 제품을 사용할 수 있도록 지원을 아끼지 말아야 한다. 간혹 자동화는 누군가의 직업이 셸 스크립트로 대체되지는 않을까 하는 등의 정서적인 불안을 야기하곤 한다. 초기 사용자와 일대일로 작업하면 이런 불안감을 스스로 통제할 수 있을 뿐만 아니라 소소한 업무들을 수작업으로 처리하는 수고를 하는 것보다는, 팀이 설정과 절차를 확보함으로써 궁극적으로는 자신들의 기술적 작업의 결과에 좋은 영향을 미칠 수 있다는 점을 보여줄 수 있다. 그리고 초기 사용자로부터의 긍정적인 피드백 덕분에 더 많은 사람들이 제품에 관심을 갖게 된다.

게다가, 구글의 SRE팀은 전 세계에 분산되어 있으므로 프로젝트의 초기 사용자들은 특히 더 많은 도움이 된다. 왜냐하면 이들이 다른 팀의 지역 전문가로서 프로젝트를 도입하는 데 도움을 줄 수 있기 때문이다.

적절한 수준의 디자인

우리가 말하는 **불가지론**(agnosticism, 대량의 데이터를 입력으로 사용할 수 있는 일반화될 소프트웨어를 개발하는 일)은 Auxon의 디자인 원칙의 핵심이었다. 불가지론의 의미는 고객들이 Auxon 프레임워크를 사용하기 위해 어느 한 도구에 얽매일 필요가 없다는 것이다. 이 원칙 덕분에 Auxon은 활용 사례가 서로 다른 팀들도 사용하는 충분히 일반화된 유틸리티가 되었다. 기본적으로 우리는 고객들에게 "필요한 것은 뭐든지 말하세요. 우리가 함께 도와주겠습니다"라는 메시지를 던진 것이다. 한두 명의 대형 고객만을 위한 과도한 커스터마이징에 얽매이지 않았기 때문에 조직 전체에 걸쳐 폭넓은 사용자층을 확보할 수 있었으며, 새로운 서비스의 제품 도입에 대한 장벽을 낮출 수 있었다.

또한 우리는 의식적으로 조직의 100%가 우리 제품을 사용하게 만드는 것이 성공이라고 정의하는 위험을 피하려고 노력했다. 대부분의 경우 구글에서 장기간 운영되고 있는 모든 서비스들에 충분한 기능들을 제공할 수 있는 마지막 단계까지 도달하면 성과가 감소하기 때문이었다.

팀의 원동력

SRE 조직에서 소프트웨어 제품을 개발할 엔지니어를 선택할 때는 폭넓은 지식과 경험을 지닌 엔지니어와 새로운 주제에 신속하게 대응할 수 있는 다양한 기술을 가진 엔지니어들을 섞어서 시드(seed) 팀을 만드는 것이 큰 도움이 된다는 사실을 깨달았다. 다양한 경험은 미처 발견하지 못한 맹점을 보완하는 동시에 모든 팀의 활용 사례가 우리 팀과 동일할 것이라는 위험한 가정을 하는 것을 방지해준다.

여러분의 팀이 필요한 전문가와 긴밀한 업무 관계를 맺고 엔지니어들이 새로운 문제에 당면하더라도 마음 편히 이를 해결할 수 있는 환경을 조성하는 것이 기본이다. 대부분 조직의 SRE팀은 이런 새로운 문제들을 처리하려면 아웃소싱이나 외부의 컨설턴트의 도움이 필요하지만, 큰 조직의 SRE팀은 내부의 전문가와 협력할 수 있어야 한다. 우리는 Auxon의 컨셉트를 정의하고 디자인하던 초기 단계에서 구글 내부의 운영 연구 및 수치 분석 전문가로 구성된 팀에게 디자인 문서를 제공함으로써 이들의 전문 지식을 활용하여 Auxon 팀 구성원들이 수용량 계획에 대한 충분한 지식을 확보할 수 있었다.

프로젝트 개발이 진행되면서 Auxon의 기능들이 더 광범위하고 복잡해져감에 따라 팀은 통계 및 산술 최적화에 충분한 경험이 있는 구성원들을 모집했다. 구글보다 작은 조직이라면 이런 인력들을 내부에 확보하기는 쉽지 않았을 것이다. 새로운 팀 구성원들은 프로젝트의 기본적인 기능들의 구현이 완료된 이후에 개선해야 할 부분들을 찾아주었으며, 이런 기능들을 개선하는 업무들이 최우선 과제가 되었다.

물론 전문가의 도입이 가장 적절한 시점은 프로젝트마다 다르다. 대략적인 가이드라인을 제시하면, 프로젝트가 일단 성공적으로 시작되고 어느 정도 보여줄 만한 수준이 되었을 때가 적당하다. 다시 말하면, 현재의 팀의 스킬이 추가로 투입된 전문가에 의해 함께 성장할 수 있을 때가 적당한 시점이라는 뜻이다.

SRE 조직에서 소프트웨어 엔지니어링을 육성하는 방법

어떤 프로젝트가 일회성의 도구를 위한 프로젝트의 수준에서 벗어나 완전한 기능의 소프트웨어 엔지니어링 프로젝트가 되기 위한 조건은 무엇일까? 관련된 영역에 대한 직접적인 경험이 풍부하며 프로젝트에 참여할 의사가 있는 엔지니어들이 있고 기술 숙련도가 높은(그래서 개발 초기에 고급 수준의 버그 보고를 해줄 수 있는) 대상 사용자가 있다면 가장 좋을 것이다. 또한 프로젝트는 SRE의 노고를 덜어준다거나, 기존의 인프라스트럭처의 일부를 개선한다거나 혹은 복잡한 프로세스를 능률적으로 수행하는 등의 충분한 혜택을 제공해야 한다.

또한 프로젝트의 입장에서는 조직 전체의 목표들을 달성해서 엔지니어링 리드들이 잠재적인 영향을 측정하고 자신의 팀은 물론 자신들과 협력하는 다른 팀과 함께 프로젝트를 계속해서 지지해주는 것이 중요하다. 이처럼 여러 조직 간에 프로젝트를 알리고 리뷰를 받으면 엔지니어들의 노력이 잘못된 방향으로 가거나 혹은 여러 팀이 중복된 노력을 들이는 일을 피할 수 있으며, 부서 차원의 목표를 달성하기 위해 시작되는 프로젝트는 필요한 인력과 지원을 더 쉽게 확보할 수 있다.

그렇다면 프로젝트에 좋지 않은 영향을 미치는 조건들에는 어떤 것들이 있을까? 아마 여러분들이 여러 소프트웨어 프로젝트를 통해 본능적으로 좋지 않다고 느낀 것들, 예를 들면 한 번에 너무 많은 부분들이 변경된다거나 소프트웨어가 지속적으로 개발이 가능한 것이 아니라 모 아니면 도 식의 디자인을 채택하고 있는 경우 등일 것이다. 구글의 SRE팀은 현재 각 팀이 운영을 담당하는 서비스를 중심으로 조직되어 있으므로 SRE가 개발한 프로젝트들은 일부 조직의 서비스에만 혜택을 제공할 수 있는 것으로 치우칠 위험이 있다. 팀의 성과 자체가 어느 특정 서비스의 사용자 경험을 향상시키는 것에 주력하고 있으므로 프로젝트가 여러 SRE팀이 고르게 활용할 수 있는 활용 사례를 모두 지원하지 못하고 실패하는 경우가 종종 있다. 하지만 한편으로는 너무 지나치게 포괄적인 프레임워크 역시 문제가 되기 십상이다. 예를 들어 어떤 도구가 지나치게 유연하고 보편적인 기능을 제공하려 하다 보면 어느 쪽에도 쓸모 있는 도구가 되지 못하고 충분한 가치를 제공하지 못하게 될 위험이 있다. 작업의 범위를 세밀하게 정하고 추상적인 목표를 수립한 프로젝트들은 상당한 개발 노력을 필요로 하는 반면, 합리적인 기간 안에 최종 사용자에게 필요한 혜택을 제공하기 위해 필요한 구체적인 활용 사례가 부족하다.

포괄적인 활용 사례의 예를 들면, 구글의 SRE들이 개발한 계층 3 로드밸런서는 지난 수년 간 성공적인 프로젝트로 평가를 받았으며, 구글 클라우드 로드밸런서(Google Cloud Load Balancer)라는 이름으로 고객을 위한 제품으로 재조정되었다[Eis16].

SRE 조직에 소프트웨어 엔지니어링 문화를 성공적으로 정착시키기: 인력 수급과 개발 시간

SRE들은 주로 여러 분야에 능하다. 남들보다 큰 그림을 이해하기 위해 깊이 있는 학습보다는 폭넓은 학습이 요구되기 때문이다(그리고 현대의 기술 인프라의 복잡한 내부 동작보다 더 큰 그림은 찾아보기 힘들다). 이런 엔지니어들은 뛰어난 코딩 능력과 소프트웨어 개발 스킬을 갖추고 있지만, 제품 기획팀에 합류할 정도나 고객의 기능 요구에 대해 고려해야 하는 전통적인 SWE(Software Engineering) 경험이 없는 경우가 많다. SRE의 소프트웨어 개발 프로젝트에 초기에 합류했던 엔지니어들이 남긴 말들을 종합해보면, SRE가 소프트웨어를 대하는 상투적인 표현들이 많다. 예를 들면 "디자인 문서가 있는데 왜 요구사항이 필요하지?" 같은 것들이다. 고객을 위한 소프트웨어 개발에 익숙한 엔지니어, TPM 혹은 PM들과의 협력을 통해 소프트웨어 제품 개발과 프로덕션 환경 운영 경험을 모두 포괄하는 소프트웨어 개발 문화를 팀에 정착시킬 수 있다.

집중할 수 있고, 방해 받지 않는 프로젝트 작업 시간은 모든 소프트웨어 개발에 있어 필수적인 요소다. 프로젝트를 진행하기 위해서는 프로젝트를 진행할 수 있는 시간이 필요한 것은 자명하다. 한 시간에 몇 가지 일을 해야 한다면(그래서 더 크고 영향력 있는 프로젝트에 집중할 시간이 부족하다면) 코드를 작성하기란 거의 불가능에 가깝기 때문이다. 그렇기 때문에 엔지니어들은 아무런 방해 없이 집중할 수 있는 소프트웨어 프로젝트에 매력을 느끼고 선호하는 것이다. 이런 시간은 반드시 보장되어야 한다.

SRE 조직에서 일종의 곁다리 프로젝트로 시작해서 개발한 소프트웨어 제품들의 대부분은 그 유용성을 인정받아 유틸리티로 성장했다. 이 시점에서 제품은 다음의 여러 가지 방향으로 나아갈 수 있다.

- 엔지니어가 남는 시간에 개발하는 프로젝트로 남는다.
- 제대로 된 절차를 거쳐(아래의 "목표 이루기" 절 참조) 정식 프로젝트로 승격한다.
- SRE의 지휘 아래 적절한 소프트웨어 개발 역량을 투입할 수 있도록 행정적 지원을 받는다.

그러나 이러한 시나리오 중 어떤 방향을 선택하더라도(바로 이 점이 강조하고 싶은 점이다) 개발 노력에 참여한 모든 SRE는 SRE 조직에 속한 풀타임 개발자가 아니라 계속해서 SRE로써 남아야 한다. 하지만 제품 생산의 세계에 참여한다는 것은 SRE가 개발 업무를 수행하는 데 있어 소중한 시각을 얻을 수 있는 기회가 된다. 왜냐하면 자신들이 직접 제품의 생산자인 동시에 소비자가 되기 때문이다.

목표 이루기

SRE 조직의 소프트웨어 개발이라는 생각에 동의한다면 프로덕션 환경 지원에 집중하는 SRE 조직에 소프트웨어 개발 모델을 어떻게 도입할 수 있는지가 궁금할 것이다.

무엇보다 먼저, 이 목표는 기술적인 도전이므로 그만큼 조직의 변화를 수반한다는 점을 인지해야 한다. SRE는 자신들의 팀 동료들과 긴밀하게 협조하면서 신속하게 분석하고 문제들에 대응해왔다. 그래서 당장 필요한 일을 하기 위해 빠르게 코드를 작성하는 SRE의 본질과 마주하게 된다. SRE팀의 규모가 크지 않다면 이는 큰 문제가 되지 않을 것이다. 그러나 조직이 성장하면서 이런 임시 방편과 같은 방법은 더 이상 통하지 않게 되고, 기능은 많지만 편협하거나 혹은 단 한 가지만을 수행하는 소프트웨어가 만들어질 가능성이 크다. 이런 소프트웨어는 재사용도 불가능할뿐더러 결국은 중복된 노력으로 시간만 허비하는 결과로 이어질 것이 분명하다.

다음으로 SRE 조직에서 소프트웨어를 개발함으로써 얻고자 하는 것이 무엇인지에 대해 생각해보기 바란다. 단지 팀에 더 나은 소프트웨어 개발 문화를 도입하기를 원하는 것인가, 아니면 여러 팀이 사용할 수 있고 나아가 조직의 표준이 될 소프트웨어의 개발에 관심이 있는 것인가? 조직의 규모가 클수록 후자를 위한 변화는 더 오랜 시간을 필요로 하며 어쩌면 몇 년에 걸쳐 지속될 수도 있다. 이런 변화는 여러 측면을 고려해야 하며 그 댓가 역시 확실해야 한다. 그래서 구글의 경험을 바탕으로 다음과 같은 가이드라인을 제시하고자 한다.

명확한 메시지로 소통하라

여러분의 전략과 계획, 그리고 (가장 중요한) SRE에게 어떤 장점이 있는지를 명확하게 정의하고 소통하는 것이 중요하다. SRE는 의심이 많다(사실 바로 이 점 때문에 SRE에게 고용의 기회가 돌아오기는 한다). 아마도 소프트웨어를 개발하자고 하면 "그건 지나치게 부담이 큰데요."라거나 "그건 절대 안 될 거예요."라고 응답하는 SRE가 대부분일 것이다. 따라서 이 전략이 SRE에게 어떻게 도움이 될 것인지에 대한 확실한 사례를 먼저 수립해야 한다. 예를 들면 다음과 같은 것들이다.

- 일관적이고 충분한 지원을 받은 소프트웨어 솔루션은 신입 SRE들이 업무에 더 빠르게 적응하는 데 도움이 된다.
- 어떤 작업을 수행할 수 있는 방법들을 몇 가지로 줄이면, 전체 부서가 한 팀이 개발한 기술의 혜택을 받게 되고, 그래서 그 지식과 인적 자원이 여러 팀으로 옮겨 다니기가 쉬워진다.

그래서 SRE들이 그 전략을 따라야 하는지를 묻는 게 아니라 그 전략을 어떻게 도입할 것인지를 묻는다면 첫 번째 관문은 통과한 것이다.

조직의 역량을 평가하라

SRE는 여러 가지 기술을 가지고 있지만 대부분의 SRE들은 사용자에게 제품을 개발해서 전달해본 경험이 부족하다. 뭔가 유용한 소프트웨어를 개발하려면 제품 개발팀을 꾸리는 것이 효율적이다. 이런 팀은 어쩌면 SRE 조직에 그동안 요구되지 않았던 역할과 기술을 필요로 할 수도 있다. 제품 관리자의 역할을 수행할 사람과 고객 지원을 담당할 사람은 있는가? 팀의 기술 리더나 프로젝트 관리자가 애자일 개발 절차를 수행할 수 있는 기술과 경험을 가지고 있는가?

여러분의 조직이 이미 확보한 기술을 이용해서 이런 차이점을 채워나가야 한다. 팀에 애자일 방법론을 전파하고 코치해 달라고 제품 개발팀에 부탁해야 한다. 제품의 요구사항을 정의하고 기능의 우선순위를 결정할 때 제품 관리자에게 조언을 구해야 한다. 소프트웨어를 개발할 기회가 많아질수록 이런 역할을 담당해줄 전담 인력을 채용할 기회 또한 늘어난다.

긍정적인 결과가 많아질수록 이런 역할을 담당할 인력을 채용하기가 더 쉬워질 것이다.

출시하고 반복하라

일단 SRE 조직의 소프트웨어 개발 프로그램을 출범시키고 나면 많은 이들이 여러분의 일 거수 일투족을 지켜볼 것이다. 이때 적절한 시간 내에 어느 정도 가치가 있는 제품을 출시 해서 신뢰성을 확보하는 것이 중요하다. 제품의 첫 번째 릴리즈는 상대적으로 직관적이며, 달성 가능한 목표를 추구해야 하며, 여기에는 논쟁의 여지나 기존의 솔루션이 없어야 한 다. 우리가 깨달은 또 다른 사실은 이런 방법과 함께 제품 업데이트 주기를 6개월 정도로 가져가면서 지속적으로 새로운 기능들을 추가하면 성공 가능성이 크다는 점이다. 6개월의 릴리즈 주기는 팀이 개발해야 할 알맞은 기능들을 정의하고 구현하는 동시에 생산적인 소 프트웨어 개발팀이 되는 방법 역시 배울 수 있는 충분한 기간이다. 구글의 일부 팀은 초기 버전을 출시한 후 더 빠른 릴리즈와 피드백을 위해 푸시-온-그린(push-on-green) 모델을 채 택하기도 했다.

자신의 표준을 낮추지 마라

소프트웨어를 개발하기 시작하면 지름길로 가고 싶은 충동을 느낄 때가 있을 것이다. 하 지만 제품 개발팀과 같은 수준의 표준을 계속해서 지켜나가는 것이 좋다. 다음의 사례들 을 살펴보자.

- 스스로에게 물어보기: 만일 이 제품을 다른 개발팀이 만들었다면 이 제품을 도입할 것인가?
- 만일 이 제품이 널리 활용되면, 이 제품은 SRE들이 자신들의 업무를 성공적으로 수 행하기 위한 중요한 도구가 될 것이다. 그래서 안정성이 가장 중요하다. 이를 위해 적 절한 코드 리뷰를 수행하고 있는가? 종단 간 테스트(end-to-end test)나 통합 테스트를 수행하고 있는가? 이 제품을 자신들의 서비스에 도입하고 싶어하는 다른 SRE팀으로 부터 리뷰를 받아본 적이 있는가?

소프트웨어 개발에 투입하는 노력에 대한 신뢰성을 확보하기 위해서는 엄청난 시간이 필요하 지만 단 한 번의 실수는 삽시간에 그동안 쌓아온 신뢰를 무너뜨릴 수 있음을 명심하자.

결론

구글 SRE 조직의 소프트웨어 엔지니어링 프로젝트는 조직이 성장하면서 함께 꽃을 피워왔다. 그리고 소프트웨어 개발 프로젝트의 성공적인 선례들이 길을 잘 닦아주었다. SRE들이 보유하고 있는 프로덕션 환경에 대한 경험은 오래된 문제들을 혁신적으로 해결할 수 있는 도구의 개발로 이어졌다. 수용량 계획이라는 복잡한 문제를 해결하는 Auxon이 그 좋은 예다. SRE가 주도하는 소프트웨어 프로젝트는 회사가 서비스의 규모에 관계없이 지속 가능한 모델을 개발하는 데 큰 도움이 되었다. SRE가 개발한 소프트웨어는 비효율적인 절차를 능률적으로 바꾸거나 반복적인 작업을 자동화하는 것들이 대부분이므로 이런 프로젝트들이 늘어난다고 해서 SRE팀들의 규모가 그에 따라 선형적으로 커지는 일도 없다. 궁극적으로 SRE가 시간의 일부를 소프트웨어 개발에 투자하는 것은 회사와 SRE 조직, 그리고 SRE 본인들에게도 큰 수확이었다.

19

프런트엔드의 로드밸런싱

표트르 레반도프스키(Piotr Lewandowski) 지음

사라 차비스(Sarah Chavis) 편집

우리는 초당 수백만 개의 요청을 처리하며, 이미 짐작하고 있겠지만 이를 위해 하나 이상의 컴퓨터를 운영하고 있다. 한 때는 어찌어찌 이 모든 요청을 처리하는 한 대의 슈퍼컴퓨터가 있었지만(그 모든 설정에 필요한 네트워크 연결이 얼마나 많았는지!), 단일 실패점에 의존하는 방법은 사용하지 않았다. 대용량 시스템을 다룰 때는 단일 실패점이야말로 재앙으로 가는 지름길이다.

이 장에서는 사용자 트래픽을 여러 데이터센터에 조절해서 전달하는 로드밸런싱(load balancing)에 대해 개괄적으로 설명하고자 한다. 그리고 다음 장에서는 데이터센터에 로드밸런싱을 구현하는 방법에 대해 조금 더 깊이 있게 설명할 것이다.

모든 일을 힘으로만 해결할 수는 없는 법

우선, 말도 안 되게 강력한 머신과 절대 장애가 일어나지 않는 네트워크를 보유하고 있다고 가정해보지. 이 조합이 구글의 모든 요구를 충족하기에 충분할까? 절대 그렇지 않다. 게다가 이 조합은 우리의 네트워크 인프라스트럭처와 관련된 물리적 제약도 가지고 있다. 예를 들어 빛의 속도는 광섬유 케이블의 통신 속도라는 요소에 의한 제약이 있어서 데이터를 얼마나 빨리 제공할 수 있느냐는 데이터가 얼마나 긴 거리를 이동해야 하는지에 따라 달라지게 된다. 게다가 이상적인 세계가 있다 하더라도 단일 실패점을 가진 인프라스트럭처에 의존하는 것은 좋은 생각이 아니다.

현실적으로 구글은 수천 대의 머신과 그보다 많은 사용자를 보유하고 있다. 이들은 동시에 여러 개의 요청을 우리의 서버로 보내고 있다. 우리는 특정 요청을 어느 데이터센터에 얼마나 많은 서버들이 처리할 것인지를 결정하기 위해 **트래픽 로드밸런싱**(traffic load balancing)을 도입했다. 이상적이라면 트래픽은 여러 네트워크 링크, 데이터센터, 그리고 머신들에 '최적화'되어 분산되어야만 한다. 하지만 여기서 '최적화'가 의미하는 것은 무엇일까? 사실 최적의 해결책이라는 것은 다음과 같은 여러 가지 요소에 의해 달라질 수 있으므로 정답이 정해져 있는 것은 아니다.

- 문제를 평가할 때의 계층 수준(전역적 혹은 지역적)
- 문제를 평가할 때의 기술 수준(하드웨어 혹은 소프트웨어)
- 우리가 다루는 트래픽의 본질

그러면 일반적인 시나리오에 해당하는 검색 요청과 비디오 업로드 요청이라는 두 가지 사례를 통해 트래픽 조정의 사례를 살펴보기로 하자. 사용자들은 자신들의 검색 결과를 빨리 보고 싶어한다. 그래서 검색 결과에 있어 가장 중요한 변수는 지연응답이다. 반면, 비디오 업로드에는 상당한 시간이 소요되는 것은 알지만 한 번에 성공하기를 원한다. 그래서 비디오 업로드에 있어 가장 중요한 변수는 처리량이다. **글로벌** 수준에서 각 요청을 최적으로 분산하기 위해서는 이 두 가지 요청의 각기 다른 요구 사항을 파악하는 것이 중요하다.

- 검색 요청은 요청에 대한 지연응답 시간을 최소화하기 위해 라운드트립 타임(round-trip time, RTT)을 측정해서 가장 가까운 데이터센터로 보내야 한다.
- 비디오 업로드 스트림은 지연응답 시간을 희생하더라도 처리량을 극대화하기 위해 현재 가장 사용량이 적은 링크를 통해 전달되어야 한다.

하지만 **지역적** 수준에서 볼 때, 우리는 어느 한 데이터센터 내에 배치된 모든 머신들은 사용자들과 동일한 거리만큼 떨어져 있으며, 동일한 네트워크에 연결되는 것으로 간주한다. 그래서 최적의 부하 분산은 자원 활용의 최적화 및 부하가 어느 한 서버로 몰리는 현상을 방지하는 것에 주력한다.

물론 이 예제는 이해를 돕기 위해 최대한 단순화한 것이다. 실질적으로는 부하를 최적으로 분산하기 위해서는 다양한 요소들을 고려해야 한다. 어떤 요청들은 캐시를 충분히 활용하기 위해 조금 더 먼 곳으로 전달될 수도 있고, 네트워크의 혼잡을 피하기 위해 즉각적인 응답이 필요하지 않은 요청들은 완전히 다른 지역으로 전달될 수도 있다. 특히 대형 시스템을 위한 로드밸런싱은 결코 직관적이고 정적이지 않다. 구글에서는 여러 수준에서 로드밸런싱을 수행하는 방식으로 문제에 접근한다. 그중 두 가지를 이후의 절에서 소개하고자 한다. 조금 더 명확한 논의를 위해 우리는 TCP를 통해 전달되는 HTTP 요청을 기준으로 설명할 것이다. 상태가 없는(stateless) 서비스(예를 들면 UDP를 이용하는 DNS 서비스)의 로드밸런싱은 이야기가 조금 다르지만, 이 장에서 설명하는 메커니즘은 상태가 없는 서비스에도 충분히 적용 가능한 내용들이다.

DNS를 이용한 로드밸런싱

클라이언트는 HTTP 요청을 보내기 전에 DNS를 이용해 IP 주소를 먼저 조회한다. 이 DNS 조회 과정에는 DNS 로드밸런싱을 적용한다. 가장 간단한 방법은 DNS 응답에 여러 개의 A 또는 AAAA 레코드를 리턴하여 클라이언트가 임의의 IP 주소를 선택하게 하는 방법이다. 개념적으로는 구현하기 간단해 보이지만 이 방법에도 여러 가지 어려움이 따른다.

첫 번째 문제는 클라이언트의 행동을 넘어서는 수준의 제어는 거의 가능하지 않다는 점이다. 레코드는 임의로 선택되며, 각 레코드에는 거의 동일한 양의 트래픽이 전달되기 때문이다. 이 문제를 해결할 수 있을까? 이론적으로는 SRV 레코드를 이용해서 각 레코드에 전달될 트래픽의 양과 레코드의 우선순위를 명시할 수는 있지만, SRV 레코드는 HTTP에는 아직 적용되지 않았다.

또 다른 문제는 클라이언트가 가장 가까운 주소를 결정할 수 없다는 사실이나. 이 문제는 공인 네임서버의 애니캐스트(anycast) 주소를 사용하고 DNS 질의가 가장 가까운 주소로 전달된다는 사실을 이용해서 해결할 수 있다. 서버는 DNS 질의에 대한 응답을 리턴할 때 가장 가까운 데이터센터로 라우트할 수 있는 주소를 포함할 수 있다. 이보다 더 개선된 방법은 모든 네트워크와 그들의 대략적인 물리적 위치를 표현하는 지도를 만들어 이를 바탕으로 DNS 응답을 제공하는 것이다. 그러나 이 방법은 훨씬 더 복잡한 DNS 서버를 구현하는 데 따르는 비용과 네트워크 지도를 지속적으로 업데이트하기 위한 유지보수 비용의 문제가 발생한다.

물론, 지금까지 언급했던 방법들 중 그 어느 것도 쉬운 것은 없다. DNS의 본질적인 특성상,

사용자가 공인 네임서버에 직접 접근하는 경우는 거의 없고, 대부분 재귀 DNS 서버가 사용자와 네임서버 사이에서 중재를 하기 때문이다. 이 서버는 사용자와 서버 사이의 질의를 대신 처리하며, 캐시 계층을 지원하기도 한다. DNS 대리자는 트래픽 관리를 위한 세 가지 주요 기능을 제공한다.

- IP 주소의 재귀적 해석
- 비결정적 응답 경로
- 추가 캐시 지원

IP 주소의 재귀적 해석이 문제가 되는 이유는 공인 네임서버가 확인한 IP가 사용자의 것이 아니라 재귀 해석기의 주소이기 때문이다. 이는 상당히 심각한 제한이다. 왜냐하면 해석기와 네임서버 사이에서만 가장 가까운 거리를 위한 응답 최적화가 이루어지기 때문이다. 이를 해결하려면 재귀 해석기가 보낸 DNS 질의에 클라이언트의 서브넷에 대한 정보를 포함하도록 [Con15]에서 제안한 EDNS0 확장을 사용하는 방법이 있다. 이렇게 하면 공인 네임서버가 해석기가 아닌 사용자에게 최적화된 응답을 리턴할 수 있다. 이 제안은 아직 공식적인 표준으로 채택되지는 않았지만 현재 가장 큰 DNS 해석기(OpenDNS나 Google[1] 등)가 이미 이를 지원하고 있다는 점에서 우위를 점하고 있다.

어려운 점은, 특정 사용자의 요청에 대해 네임서버가 리턴할 최적의 IP 주소를 찾는 것뿐만 아니라 그 네임서버가 감당하고 있는 사용자의 수도 문제다. 네임서버가 어느 한 사무실의 수천 명의 사용자부터 대륙 전체의 수백만 명의 사용자를 모두 감당하고 있을 수도 있기 때문이다. 예를 들어 한 국가의 대형 ISP가 전체 네트워크를 위한 네임서버들을 각 도시별로 상호 연결된 네트워크가 아니라 하나의 데이터센터에서 운영하고 있다고 생각해보자. 그러면 ISP의 네임서버들은 모든 사용자들에게 더 나은 네트워크 경로가 있든 없든 무조건 데이터센터에 최적화된 IP 주소를 리턴하게 될 것이다.

마지막으로 재귀 해석기는 응답을 캐시하고 이 응답을 DNS 레코드의 TTL(time-to-live) 필드에 기록된 시간 내에 사용자에게 전달한다. 결론은 그 응답의 영향을 예측하기가 어렵다는 점이다. 인증된 하나의 응답은 한 사람의 사용자에게 전달될 수도 있지만, 수천 명의 사용자들에게 전달될 수도 있다. 우리는 이 문제를 다음의 두 가지 방법으로 해결했다.

---

1 https://groups.google.com/forum/#!topic/public-dns-announce/67oxFjSLeUM을 참고하기 바란다.

- 우리는 트래픽의 변화를 분석하고 각 해석기가 감당할 수 있는 적절한 사용자 수와 함께 해당 해석기를 알려진 DNS 해석기 목록에 지속적으로 업데이트했다. 그렇게 함으로써 해석기의 잠재적인 영향을 추적할 수 있었다.
- 우리가 추적하고 있는 해석기를 사용하는 사용자의 지리적 분포를 예측하여 사용자들을 최적의 위치로 재연결할 수 있는 기회를 확대했다.

지리적 분포를 예측할 때 어려운 점은 기반 사용자들이 넓은 지역에 걸쳐 분산되어 있는 경우다. 이런 경우에는 대부분의 사용자에게 최적의 위치를 선택하는 것과 최적의 경험을 제공하는 것 중에서 취사선택을 해야 한다.

하지만 DNS 로드밸런싱이라는 주제에서 '최적의 위치'란 정확히 무엇을 의미하는 것일까? 가장 명확한 해답은 사용자에게 가장 가까운 위치일 것이다. 그러나 (사용자의 위치를 판단하는 것이 그 자체로는 그다지 어렵지 않은 것처럼) 몇 가지 조건이 따라붙는다. DNS 로드밸런서는 자신이 선택한 데이터센터가 사용자들의 요청에 응답할 충분한 수용량을 가지고 있는지를 확인해야 한다. 또한 선택한 데이터센터와 그 네트워크 연결성이 충분한지도 확인해야 한다. 그래야만 전력이나 네트워크 문제가 있는 데이터센터로 사용자의 요청을 전달하지 않을 수 있기 때문이다. 다행히 우리는 트래픽과 수용량, 그리고 인프라스트럭처의 상태를 추적하는 글로벌 제어 시스템을 공인 DNS 서버와 통합할 수 있었다.

DNS가 중간에 위치하는 경우 발생할 수 있는 세 번째 영향은 캐싱과 관련이 있다. 공인 네임 서버가 해석기의 캐시를 갱신할 수 없는 경우, DNS 레코드의 TTL이 상대적으로 낮아야 한다. 그러려면 DNS의 변경이 사용자에게 얼마나 빨리 전파될 것인지에 대한 하한선을 효과적으로 설정해야 한다.[2] 안타깝게도 우리로서는 로드밸런싱 결정을 내리는 과정에서 이 부분을 충분히 고려하는 것 외에는 할 수 있는 일이 거의 없다.

지금까지 언급했던 모든 문제들에도 불구하고, DNS는 사용자가 연결을 시작하기 전에 로드밸런싱을 수행할 수 있는 가장 간단하고 가장 효과적인 방법이다. 하지만 한편으로는 DNS를 이용한 로드밸런싱은 충분하지 않다는 점도 명확히 해두어야겠다. 모든 DNS 응답은 RFC 1035에 정의된 대로 512바이트의 제한[3]을 갖는다는 점도 염두에 두자[Moc87].

---

2 슬픈 사실이지만 모든 DNS 해석기가 공인 네임서버의 TTL 값을 배려하지는 않는다.

3 그렇지 않으면 사용자는 IP 주소 목록을 가져오기 위해 TCP 연결을 생성해야만 한다.

이 제한은 한 번의 DNS 응답에 포함할 수 있는 주소의 개수에 대한 상한선으로 작용하며, 안타깝게도 우리가 가진 서버의 주소를 모두 포함할 수 없다.

프런트엔트 로드밸런싱의 문제를 제대로 해결하려면 이 기본적인 수준의 DNS 로드밸런싱은 가상 IP 주소를 활용하는 수준이 되어야만 한다.

가상 IP 주소를 이용한 로드밸런싱

가상 IP 주소(Virtual IP Addresses, VIPs)는 어느 특정 네트워크 인터페이스에 할당되지는 않는다. 다만 여러 장치에 의해 공유될 뿐이다. 하지만 사용자의 입장에서 볼 때, VIP는 보통의 IP 주소일 뿐이다. 이 방법을 이용하면 이론적으로는 상세 구현(특정 VIP 백엔드에 존재하는 머신의 수 등)이나 설비의 유지보수 등을 드러내지 않을 수 있다. 사용자가 알지 못하게 머신을 업그레이드하거나 추가하는 등의 작업이 가능하기 때문이다.

실제로 VIP 구현에서 가장 중요한 부분은 네트워크 로드밸런서(network load balancer)라는 장치다. 밸런서는 패킷을 수신하고 이를 VIP 백엔드의 머신 중 하나에 전달한다. 그런 후 해당 백엔드 머신이 요청에 대한 추가 작업을 수행하게 된다.

밸런서가 백엔드의 어느 머신이 요청을 수신할 것인지를 결정하는 방법은 여러 가지가 있다. 첫 번째(아마도 가장 직관적인) 방법은 부하가 가장 적은 머신을 선택하는 방법이다. 요청이 항상 가장 여유가 있는 머신에게 전달되므로 이론적으로는 최상의 최종 사용자 경험을 제공할 수 있는 방법이다. 하지만 이 방법은 요청을 반드시 같은 머신이 수신해야 하는 상태가 있는 (stateful) 프로토콜을 사용하게 되면 그 실용성이 급격히 무너진다. 이 문제를 해결하려면 밸런서가 모든 패킷을 정확한 백엔드에 전달할 목적으로 어느 머신이 최초의 패킷을 수신했는지를 확인하기 위해 모든 네트워크 연결을 추적해야 한다. 이에 대한 대안으로는 패킷의 일부를 이용해 연결 ID(해시 함수와 패킷의 일부 정보를 활용하면 어렵지 않게 구현할 수 있다)를 만들고 이 연결 ID를 이용하여 백엔드를 선택하는 것이다. 예를 들어 연결 ID는 다음과 같이 표현할 수 있다.

```
id(packet) mod N
```

여기서 id는 입력된 패킷을 이용해 연결 ID를 생성하는 함수이며, N은 현재 보유 중인 백엔드 머신의 개수라고 생각하면 된다.

이 방법을 이용하면 상태를 저장하지 않고도 하나의 연결에 의해 관리되어야 하는 모든 패킷이 항상 동일한 백엔드에 전달되도록 할 수 있다. 이것으로 충분할까? 사실 아직 부족하다. 만일 백엔드 머신 중 하나에 장애가 발생해서 구성된 백엔드 목록에서 삭제된다면 어떤 일이 발생할까? 갑자기 N이 N-1이 되어 버리고 id(packet mod N이라는 공식은 id(packet) mod N-1이 되어 버린다. 거의 모든 패킷이 갑자기 다른 백엔드에 전달되는 것이다. 만일 백엔드 머신들이 서로의 상태를 전혀 공유하지 않는다면 현재 존재하는 거의 모든 연결이 재설정되는 것이나 마찬가지가 된다. 설령 빈번하게 일어나지 않는다고 해도, 이 시나리오는 당연히 최상의 사용자 경험을 제공하기에는 부족하다.

다행히 모든 연결 상태를 메모리에 저장하지 않고도 하나의 머신이 다운되었을 때 모든 연결을 재설정할 필요가 없는 대안이 존재한다. 일관된 해싱(consistent hashing)이 바로 그것이다. 1997년에 제안된 일관된 해싱[Kar97]은 새 백엔드가 추가되거나 혹은 제거된다 하더라도 상대적으로 안정적인 매핑이 가능한 알고리즘을 제공한다. 이 방법은 백엔드 풀에 변화가 발생했을 때 이미 존재하는 연결에 발생하는 문제점을 최소화한다. 그 결과, 평소에는 간단한 연결 추적을 사용하다가 시스템에 부담이 가중되면(예를 들면 DDoS 공격을 당하는 등) 일관된 해싱 기법으로 대체할 수 있다.

그러면 조금 더 큰 질문을 던져보자. 네트워크 로드밸런서가 정확하게 선택된 VIP 백엔드에 패킷을 전달하려면 어떻게 해야 할까? 해결 방법 중 한 가지는 네트워크 주소 해석(Network Address Translation)을 수행하는 것이다. 그러나 이 방법을 이용하려면 모든 연결에 대한 추적 테이블을 관리해야 하는데, 그러면 상태가 없는 완전한 대체 메커니즘을 사용하기가 어려워진다.

다른 방법은 (OSI 네트워크 모델의 두 번째 계층에 해당하는) 데이터 링크 계층의 정보를 조작하는 것이다. 즉, 밸런서가 전달된 패킷의 목적지 MAC 주소를 변경해서 모든 정보를 상위 계층에 손상 없이 유지하고 백엔드는 원래의 송신 및 수신 IP 주소를 얻게 하는 방법이다. 그러면 백엔드는 원래의 송신자에게 직접 응답할 수 있다. 이 기법을 직접 서버 응답(Direct Server Reply, DSR)이라고 한다. 만일 사용자 요청의 크기는 작은데 응답의 크기가 크다면(대부분의 HTTP 요청이 그렇다), 작은 크기의 요청만 밸런서를 통과하므로 DSR 기법의 효과를 톡톡히 볼 수 있다. 더욱이 DSR은 로드밸런서 장치의 상태를 관리할 필요도 없다. 하지만 안타깝게도 내부 로드밸런서를 위해 두 번째 계층을 사용하는 것은 대용량 시스템에 배포할 때 심각한 단점을 초래한다. 모든 머신들(모든 로드밸런서와 그들의 모든 백엔드 머신들)은 반드시 데이터 링크 계층에서 서로 접근이 가능해야 한다. 모든 머신이 단일 브로드캐스트 도메인에 존재해야 하므로 이 연결성이 네트워크에 의해 지원되고 머신의 수가 급격히 증가하지 않는다면 큰 문제가 되지는 않을 것이다. 하지만 독자들이 이미 예상하고 있듯이, 구글은 이 방법을 채택하기에는 이미 오래 전에 덩치가 너무 커졌기 때문에 다른 방법을 찾아야 했다.

우리가 현재 사용하는 VIP 로드밸런싱 솔루션[Eis16]은 패킷 캡슐화(packet encapsulation)를 사용한다. 네트워크 로드밸런서는 전달된 패킷을 범용 라우팅 캡슐화(Generic Routing Encapsulation, GRE)[Han94]와 함께 다른 IP 패킷에 집어넣고 백엔드의 주소를 목적지 주소로 사용한다. 이 패킷을 수신한 백엔드는 바깥쪽의 IP+GRE 계층을 제거하고 내부의 IP 패킷을 네트워크 인터페이스에 직접 전달된 것처럼 처리한다. 이 방법을 이용하면 네트워크 로드밸런서와 백엔드가 같은 브로드캐스트 도메인에 위치할 필요가 없다. 적절한 라우터가 존재한다면 완전히 다른 대륙에 위치해도 무방하다.

패킷 캡슐화는 네트워크를 디자인하고 개선하는 데 필요한 엄청난 유연성을 제공해주는 강력한 메커니즘이다. 하지만 반대로 패킷의 크기가 커진다는 단점이 존재한다. 캡슐화는 오버헤드(IPv4+GRE의 경우 24바이트) 때문에 최대 전송 단위(Maximum Transmission Unit, MTU) 크기 및 적절한 단편화(fragmentation)를 초과하는 패킷이 발생할 수 있다.

일단 패킷이 데이터센터에 도착하면 패킷의 단편화는 데이터센터 내에 위치하는 좀 더 큰 MTU로 해결할 수 있다. 그러나 이 방법은 좀 더 큰 프로토콜 데이터 단위(Protocol Data Unit, PDU)를 지원하는 네트워크를 필요로 한다. 대용량 환경에서의 다른 많은 부분들과 마찬가지로 로드밸런싱 역시 겉으로 보기에는 쉬워 보이지만(로드밸런싱을 일찍, 자주 적용하면 되는 것처럼 보이지만), 자세히 들여다보면 프런트엔드 로드밸런싱과 데이터센터에 패킷이 도착한 이후의 처리 양쪽 측면에 모두 어려움이 있다.

20

데이터센터의 로드밸런싱

알렉한드로 포레로 추엘보(Alejandro Forero Cuervo) 지음

사라 차비스(Sarah Chavis) 편집

이 장에서는 데이터센터 내에서의 로드밸런싱에 대해 설명하고자 한다. 특히 지정된 데이터센터 내에서 쿼리의 스트림을 분산 처리하기 위한 알고리즘에 대해 논의한다. 또한 요청이 유입될 때 이를 처리할 수 있는 개별 서버로 라우팅하는 애플리케이션 수준 정책에 대해서도 소개한다. 저수준의 네트워크 요소들(스위치, 패킷 라우팅 등)과 데이터센터의 선택에 대한 주제는 이 장의 범위를 벗어난다.

데이터센터에 (현재 데이터센터 내부에서 발생한 것일 수도 있고, 원격지의 데이터센터로부터 유입되는 것일 수도 있는) 쿼리의 스트림이 데이터센터가 처리할 수 있는 자원의 한계를 넘지 않는 범위 내에서 (혹은 아주 잠깐 한계를 초과하는 수준에서) 유입되고 있다고 가정해보자. 또한 데이터센터 내에 이 요청들을 처리할 수 있는 **서비스들**이 운영 중이라고 생각해보자. 이 서비스들은 각기 다른 머신에서 동작하지만 동일하며 상호 대체가 가능한 서버 프로세스들이다. 가장 작은 규모의 서비스들은 최소 세 개의 프로세스를 실행하며(실행 중인 프로세스의 수가 적다는 것은 하나의 머신에 손실이 발생할 때 50% 혹은 그 이상의 수용량 손실을 볼 수 있다는 것을 의미한다), 가장 큰 서비스는 (데이터센터의 크기에 따라 다르겠지만) 10,000개 이상의 프로세스를 실행하고 있을 수

도 있다. 이런 상황이라면 서비스들은 통상 100개에서 1,000개 사이의 프로세스를 실행한다. 이런 프로세스들을 **백엔드 태스크**(backend task, 혹은 단순히 백엔드)라고 부르기로 하자. 한편 **클라이언트 태스크**(client task)는 백엔드 태스크에 대한 연결을 관리한다. 쿼리가 유입되면 클라이언트 태스크는 어떤 백엔드 태스크가 해당 쿼리를 처리할 것인지를 반드시 결정해야 한다. 클라이언트는 TCP나 UDP 프로토콜을 혼합하여 구현된 프로토콜을 이용하여 백엔드와 통신한다.

이야기를 계속하기에 앞서 구글의 데이터센터들은 이 장에서 소개하려는 여러 정책을 각기 다르게 조합해서 구현한 엄청난 수의 서비스들을 수용하고 있음을 미리 밝혀둔다. 그래서 이 장에서 언급하는 실제 예제는 구글이 운영하는 어느 한 서비스와 정확하게 일치하지는 않는다. 이 장의 목적은 보편화된 시나리오를 통해 우리가 여러 서비스를 운영하면서 알아낸 다양한 기법들을 소개하는 것이다. 이런 기법들의 일부는 특정 활용 사례에 적용하기에는 너무 과도할(혹은 부족할) 수도 있겠지만, 여기서 소개하는 기법들은 여러 구글 엔지니어들이 수년에 걸쳐 디자인하고 구현한 것들이다.

이 기법들은 우리의 기술 스택의 다양한 부분에 적용되어 있다. 예를 들어 외부로부터 유입된 HTTP 요청은 우리의 HTTP 리버스 프록시(reverse proxy) 시스템인 GFE(Google Frontend)에 전달된다. GFE는 이런 알고리즘들과 제19장에서 설명한 알고리즘들을 활용해서 해당 요청을 처리할 수 있는 애플리케이션을 실행 중인 개별 프로세스로 요청의 페이로드(payload)와 메타데이터를 라우팅한다. 이 작업은 다양한 URL 패턴과 개발 애플리케이션을 매핑하는 설정에 의해 적용된다. 물론 애플리케이션들은 여러 팀이 각자 관리하고 있다. 애플리케이션들은 (애플리케이션이 GFE에 리턴해서 GFE가 브라우저로 리턴하는) 응답 페이로드를 생성하기 위해 동일한 알고리즘들을 이용하여 인프라스트럭처나 다른 보조 서비스와 통합한다. 간혹 이런 의존성 관계가 너무 깊어서, 유입된 하나의 HTTP 요청이 여러 시스템에 걸쳐 전달되므로 잠재적으로는 다양한 지점으로 퍼져나갈 수 있다.

이상적인 사례

이상적인 경우라면 특정 서비스의 부하는 서비스의 백엔드에 완벽하게 퍼져서, 어느 한 특정 시점에 가장 적은 부하를 처리하는 백엔드 태스크와 가장 많은 부하를 처리하는 백엔드 태스크의 CPU 사용률이 완전히 일치해야 한다.

또한 데이터센터에는 가장 부하가 심한 태스크가 한계 수용량에 도달하기 전까지만 트래픽을 전달할 수 있다. 그림 20-1에서는 어느 특정 시간 범위 내에서 실행 중이던 두 태스크의 상태를 보여주고 있다. 이 시간 동안 데이터센터 로드밸런싱 알고리즘은 이 데이터센터에 추가 트래픽을 전달하면 안 된다. 만일 그렇게 하면 어느 한 태스크의 부하가 한계를 넘어서기 때문이다.

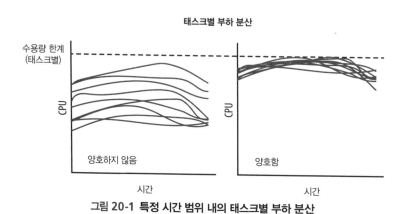

그림 20-1 특정 시간 범위 내의 태스크별 부하 분산

그림 20-2의 왼쪽 그래프를 보면 상당한 양의 수용량이 낭비되고 있다. 가장 부하가 높은 태스크를 제외하면 나머지 태스크들에서는 수용량이 낭비되고 있음을 알 수 있다.

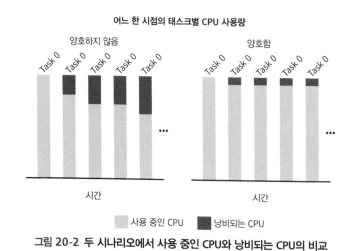

그림 20-2 두 시나리오에서 사용 중인 CPU와 낭비되는 CPU의 비교

이해를 돕기 위해 *CPU[i]*는 어느 특정 시점에 태스크 *i*의 CPU 사용률이며, 태스크 0가 가장 많은 부하를 처리 중인 태스크라고 가정해보자. 그런 후 그래프 전체를 보면 다른 태스크들이 사용 중인 CPU와 *CPU[0]*와의 차이를 모두 합한 것만큼의 CPU를 낭비하고 있는 셈이다. 즉, 태스크 0를 제외한 태스크 *i*로부터 (*CPU[0]* – *CPU[i]*)를 계산한 값의 합이 낭비되고 있는 것이다. 여기서 '낭비'란, CPU 사용이 예약되어 있지만 전혀 사용되고 있지 않음을 의미한다.

이 예시는 데이터센터 내의 로드밸런싱이 자원의 가용성 한계를 인위적으로 조정하는 것이 얼마나 효과가 없는지를 보여주고 있다. 특정 데이터센터에서 서비스가 1,000개의 CPU를 사용할 것으로 예상했지만, 700개 이상은 사용하지 않고 방치하고 있을 수도 있다는 뜻이다.

양호하지 않은 태스크 구별하기: 흐름 제어와 레임덕

클라이언트의 요청을 어느 백엔드가 처리할 것인지를 결정하려면 그 전에 백엔드 풀에서 양호하지 않은 상태에 놓인 태스크를 식별하고 이를 제외한 나머지 태스크를 고려해야 한다.

양호하지 않은 태스크를 식별하는 간단한 방법: 흐름 제어

우선, 이후의 내용은 클라이언트 태스크들이 각각의 백엔드 태스크에 대한 연결별로 몇 개의 활성화된 요청을 전송했는지를 추적할 수 있다고 가정한다는 점을 밝혀둔다. 이 활성화된 요청의 개수가 설정된 한계 값을 넘어서면 클라이언트는 백엔드가 양호하지 않은 상태에 있다고 가정하고 더 이상 요청을 전달하지 않는다. 대부분의 백엔드에 있어 적절한 한계 값은 100개 정도이다. 평균적으로 요청들의 처리는 충분히 빨리 완료되므로 일반적인 운영 환경에서 특정 클라이언트가 전달한 활성화된 요청의 개수가 이 한계값을 넘어서는 경우는 매우 드물 것이다. 이와 같은 (엄청 간단한!) 흐름 제어는 간단한 형태의 로드밸런싱이라고 보아도 무방하다. 어느 한 백엔드 태스크에 과부하가 걸리면 이후의 요청은 대기 상태로 놓이게 되고 클라이언트는 해당 백엔드를 제외한 나머지 백엔드 태스크들에 작업 부하를 분산한다.

안타깝게도 매우 간단한 이 방법은 매우 높은 수준의 과부하 상태에서 백엔드 태스크만을 보호할 수 있다. 또한 이 한계값에 도달하기 전에 이미 백엔드가 과부하 상태에 놓이기도 쉽다. 물론 반대의 경우도 가능하다. 어떤 경우에는 백엔드에 여전히 공유 가능한 자원이 넘쳐나는데 클라이언트가 이 한계값에 도달할 때도 있다. 예를 들어, 일부 백엔드가 처리 시간이 오래 걸리는 요청들 때문에 신속한 응답이 불가능해지는 경우다. 우리가 목격했던 현상은 이 한계값이 오히려 클라이언트에 영향을 미쳐 모든 백엔드 태스크가 접근이 불가능해지고 백엔드에서 타임아웃이 발생하거나 실패가 발생하기 전까지 클라이언트의 요청이 블록되는 현상이었다. 활성화된 요청에 대한 한계값을 증가시켜서 이 현상을 피할 수는 있지만 태스크가 정말 양호하지 않은 상태에 있는지 아니면 단지 응답이 느린 것뿐인지를 식별할 수 없다는 본질적인 문제는 해결할 수 없다.

양호하지 않은 태스크를 식별하는 확실한 방법: 레임덕 상태

클라이언트의 관점에서 볼 때 특정 백엔드 태스크는 다음 중 하나의 상태로 나타난다.

양호함

백엔드 태스크가 올바르게 초기화되어 요청들을 처리 중인 상태.

연결 거부

백엔드 태스크가 응답이 불가능한 상태. 이 상태가 나타나는 이유는 태스크가 시작 중 혹은 셧다운 중이거나 아니면 백엔드가 정상적이지 않은 상태(셧다운이 되지 않았음에도 포트에 대한 리스닝을 중단한 상태)이기 때문이다.

레임덕(Lame duck)

백엔드 태스크가 포트를 리스닝 중이고 서비스를 제공할 수 있지만 명시적으로 클라이언트에게 요청의 전달을 중단할 것을 요구하는 상태.

어느 한 태스크가 레임덕 상태에 놓이게 되면, 이 태스크는 해당 사실을 자신에게 연결된 모든 활성화된 클라이언트에게 알린다. 하지만 활성화되지 않은 클라이언트는 어떻게 되는 걸까? 구글의 RPC 구현의 경우, 비활성화된 클라이언트(예를 들면 활성화된 TCP 연결을 갖지 않은 클라이언트)는 여전히 주기적으로 UDP 기반의 상태 체크 요청을 전송한다. 따라서 레임덕 정보가 모든 클라이언트의 현재 상태와는 무관하게 신속하게 — 1~2 RTT 내에 전파된다.

태스크가 레임덕이라는 다소 어중간한 상태를 갖는 것을 허용함으로써 얻을 수 있는 장점은 셧다운 과정을 깔끔하게 처리하는 것이 쉬워진다는 점이다. 이로 인해 셧다운 중인 백엔드 태스크에서 처리 중인 요청들에 에러를 전달할 수 있게 된다. 처리 중인 요청에 에러를 전달하지 않고 백엔드 태스크를 종료해 버리면 코드 푸시, 유지보수 내역 혹은 머신 장애 등과 같은 현상이 발생했을 때 관련된 모든 작업을 다시 시작해야 한다. 그래서 태스크의 셧다운은 일반적으로 다음의 절차를 따른다.

1. 잡 스케줄러가 SIGTERM 신호를 백엔드 태스크에 전달한다.

2. 백엔드 태스크는 레임덕 상태로 전환되고 클라이언트들에게 요청을 다른 백엔드 태스크로 전달할 것을 알린다. 이 과정은 SIGTERM 신호를 처리하는 핸들러가 RPC를 바탕으로 구현된 API를 명시적으로 호출함으로써 이루어진다.

3. 백엔드 태스크가 레임덕 상태로 전환되기 전에 처리 중이던 요청들(혹은 레임덕 상태로 전환된 후 클라이언트가 이를 인지하기 전에 보내진 요청들)은 정상적으로 실행된다.

4. 클라이언트에 응답을 전달하다 보면 해당 백엔드에 남은 활성화된 요청의 개수는 0으로 줄어들게 된다.

5. 설정된 일정 시간을 기다린 다음, 백엔드 태스크는 깔끔하게 종료되거나 혹은 잡 스케줄러가 태스크를 종료한다. 모든 요청들이 완료하기까지 어느 정도의 시간이 필요한 만큼, 이 대기 시간은 제법 큰 값으로 설정하는 것이 낫다. 이 값은 서비스에 따라 다르지만 지금까지의 경험으로 미루어볼 때 클라이언트의 복잡도에 따라 10초에서 150초 사이면 적당하다.

또한, 이 방법을 이용하면 백엔드가 시간이 오래 걸리는 초기화 과정을 수행하는 도중(그래서 아직 아무런 서비스도 제공할 수 없는 상태)에도 클라이언트가 해당 백엔드 태스크에 대한 연결을 수립할 수 있다. 아니면 백엔드 태스크가 초기화를 완전히 마친 후에 연결을 리스닝하도록 할 수 있지만, 그렇게 하면 연결의 수립이 불필요하게 지연될 뿐이다. 백엔드 태스크는 서비스를 제공할 준비가 되면 명시적으로 클라이언트에게 신호를 전달한다.

서브셋을 이용한 연결 풀 제한하기

상태 관리와 더불어 로드밸런싱을 위해 고려해야 할 또 다른 요인은 서브셋이다. 즉, 클라이언트 태스크와 상호작용할 잠재적인 백엔드 태스크들의 풀을 제한하는 것이다.

우리의 RPC 시스템 내의 각 클라이언트는 자신의 백엔드에 새로운 요청을 전달하기 위해 오래 지속되는 연결의 풀(long-lived connection pool)을 관리한다. 이 연결들은 주로 클라이언트가 시작하는 시점에 미리 확보되며, 대부분 열린 채로 유지되어 클라이언트가 종료될 때까지 이를 통해 요청을 전달하게 된다. 다른 방법은 매 요청마다 연결을 새로 수립하고 요청 처리가 완료되면 이를 닫는 방법인데, 이 방법은 상대적으로 많은 자원을 소모하며 지연응답의 가능성이 크다. 연결이 오랜 시간 동안 아무 일도 하지 않는 상태로 유지되고 있으면 RPC 시스템은 이 연결을 유지 비용이 좀 더 저렴한 '비활성화' 모드로 전환한다. 예를 들어 상태 점검의 빈도가 줄어들면 RPC 시스템이 기반 TCP 연결을 UDP로 대체한다.

모든 연결은 (정기적인 상태 점검 때문에) 약간의 메모리와 CPU를 양쪽에서 소비한다. 이론적으로 이 오버헤드는 매우 작지만, 여러 머신에 걸쳐 연결이 맺어지면 이 오버헤드는 금세 부풀어 오르게 마련이다. 서브셋은 이 문제를 해결하기 위해 하나의 클라이언트가 많은 수의 백엔드 태스크에 연결되거나 혹은 하나의 백엔드 태스크가 많은 수의 클라이언트 태스크들의 연결을 수용할 수 있게 하는 방법이다. 어느 쪽이든 상당한 양의 자원을 사용하게 되지만 그 시간은 매우 짧다.

적절한 서브셋 선택하기

적절한 서브셋을 선택하려면 각 클라이언트 연결이 얼마나 많은 백엔드 태스크에 연결될 것인지(즉, 서브셋의 크기)를 선택해야 하며, 선택 알고리즘 역시 구현되어야 한다. 우리는 주로 서브셋의 크기를 20에서 100 사이의 백엔드 태스크로 정의하지만 특정 시스템을 위한 '적절한' 서브셋의 크기는 서비스의 동작에 크게 영향을 받는다. 예를 들어 다음과 같은 경우라면 서브셋의 크기가 매우 커야 할 것이다.

- 클라이언트의 수가 백엔드의 수보다 훨씬 적은 경우. 이 경우에는 클라이언트당 백엔드의 수를 크게 해서 백엔드 태스크가 트래픽을 전혀 수용하지 못하는 경우를 방지할 수 있다.
- 클라이언트의 작업 내에서 부하의 불일치가 빈번하게 발생하는 경우(예를 들면 한 클라이언트 태스크가 다른 태스크에 비해 많은 요청을 보내는 경우). 이 시나리오는 클라이언트가 자주 많은 양의 요청을 보내는 상황에서 발생한다. 이 경우, 대량의 요청을 발송하는 다른 클라이언트들의 요청을 수신하는 것은 클라이언트 자신이 된다(예를 들어 '현재 사용자의 팔로워들에 대한 모든 정보를 읽기'와 같은 작업을 수행하는 경우). 많은 수의 요청은 클라이언트에 할당된 서브셋에 집중되므로 서브셋의 크기를 크게 해서 부하가 최대한 많은 백엔드 태스크로 퍼져나가도록 해야 한다.

서브셋의 크기가 정해지면 각 클라이언트 태스크가 사용하게 될 백엔드 태스크의 서브셋을 정의하는 알고리즘을 구현해야 한다. 어쩌면 간단한 일처럼 보일 수도 있지만, 효율적인 프로비저닝이 핵심이며 시스템 재시작이 보장되어야 하는 대용량 시스템 환경에서는 금세 복잡한 작업이 되고 만다.

클라이언트의 선택 알고리즘은 자원의 프로비저닝 최적화를 위해 균일하게 백엔드를 할당해야 한다. 예를 들어 서브셋에 의해 한 백엔드의 부하가 10%가 되었다면 전체 백엔드는 10%까지 초과로 프로비저닝되어야 한다. 또한 이 알고리즘은 재시작이나 장애로 인해 가용한 백엔드에 변화가 발생하는 경우, 이를 부드러우면서도 안정적으로 처리할 수 있어야 한다. 이 경우 '변화의 수용'은 대체 가능한 백엔드의 선택과 관련이 있다. 예를 들어 백엔드 태스크가 사용 불가능한 상태가 되면, 해당 태스크의 클라이언트는 일시적으로 대체 백엔드를 선택해야 한다. 대체 백엔드가 선택되면 클라이언트는 새로운 TCP 연결을 맺어야(그리고 애플리케이션 수준에서 필요한 조정을 해야) 한다. 이는 추가적인 오버헤드로 이어질 수 있다. 마찬가지로 클라이언트의 태스크가 재시작되면 필요한 모든 백엔드에 대한 연결을 재설정해야 한다.

또한 알고리즘은 클라이언트의 수 및 백엔드의 수가 변경되는 상황도 처리할 수 있어야 한다. 이때 최소한의 연결을 유지하면서도 변경될 클라이언트나 백엔드의 수를 사전에 알지 못하는 상황에서도 문제없이 동작해야 한다. 이 기능은 전체 클라이언트나 백엔드 태스크의 집합이 동시에 재시작되는 경우(예를 들면 새로운 버전이 배포되는 경우)에 중요하다(그래서 다소 난해하다). 우리는 백엔드들이 새로 배포되더라도 클라이언트들은 투명하게, 가능한 최소한의 연결을 유지하면서 계속해서 작업을 수행하기를 원한다.

서브셋 선택 알고리즘: 랜덤 서브셋

서브셋 선택 알고리즘을 적당히 구현하는 방법은 각 클라이언트가 백엔드의 목록을 임의로 섞은 후, 그중에서 접근이 가능하고 양호한 상태의 백앤드를 선택해서 서브셋을 구축하는 방법이다. 한 번 임의로 섞은 후 백엔드를 차례로 선택하는 방법은 고려 대상이 될 백엔드의 수를 명시적으로 제한할 수 있으므로 재시작과 장애 상황을 안정적으로(예를 들면 상대적으로 적은 수의 연결을 유지하면서) 처리할 수 있다. 그러나 이 전략은 부하가 균등하게 분산되지 않기 때문에 대부분의 경우에 원하는 대로 동작하지 않는다는 것을 경험했다.

로드밸런싱에 대한 기초 작업을 진행하는 동안 우리는 랜덤 서브셋을 구현하고 다양한 경우의 수에 대한 예상 부하를 계산했다. 당시 고려했던 예상 수치는 다음과 같다.

- 300개의 클라이언트
- 300개의 백엔드
- 30% 크기의 서브셋(각 클라이언트가 90개의 백엔드에 연결)

그림 20-3에 나타낸 것처럼 부하가 가장 적은 백엔드는 평균 부하가 63% 정도(평균 90개 연결 대비 57개의 연결 사용)이며, 가장 부하가 큰 백엔드는 121%(109개 연결)를 차지하고 있다. 대부분의 경우 30%의 서브셋 크기는 실전에서 사용하기 이미 충분한 크기다. 그림에 나타난 부하 분산의 예상치는 시뮬레이션을 실행할 때마다 달라졌지만 동일한 패턴을 보였다.

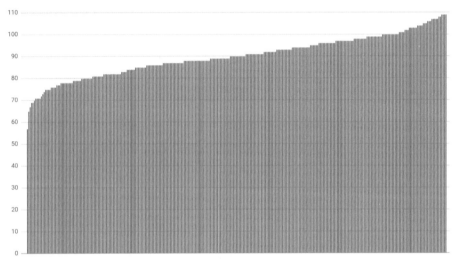

그림 20-3 클라이언트 300개 및 백엔드 300개와 서브셋 크기를 30%로 정의했을 때의 연결 분산 그래프

그런데 더 작은 크기의 서브셋을 사용하면 불균형이 더 심해지는 현상이 있었다. 예를 들어 그림 20-4는 서브셋의 크기를 10%(클라이언트당 백엔드 30개)로 줄인 상황의 그래프다. 이 경우 부하가 가장 적은 백엔드는 평균 부하의 50%에 해당하는 부하만을 담당하며 가장 부하가 심한 경우에는 150%(45개 연결)에 달한다.

우리의 결론은 랜덤 서브셋을 이용해 가용한 태스크들을 상대적으로 균형 있게 처리하려면 서브셋의 크기는 대략 75% 정도가 되어야 한다는 결론을 내렸다. 문제는 서브셋을 그 정도로 크게 설정하면 효율이 크게 떨어진다는 점이다. 태스크에 연결되는 클라이언트의 수의 변동 폭이 너무 크기 때문에 대용량 환경에서 적절한 랜덤 서브셋을 선택하는 적절한 정책을 수립하기가 어렵다.

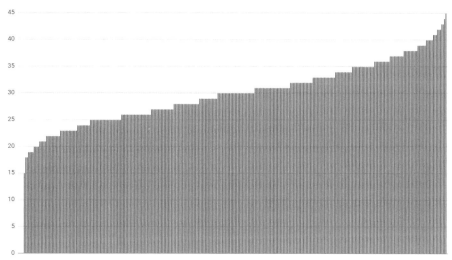

그림 20-4 클라이언트 300개 및 백엔드 300개와 서브셋 크기를 10%로 정의했을 때의 연결 분산 그래프

서브셋 선택 알고리즘: 결정적 서브셋

랜덤 서브셋의 제한을 해결하기 위한 구글의 해결책은 결정적 서브셋이었다. 다음의 코드는 이 알고리즘을 구현한 코드다. 코드에 대한 자세한 내용은 코드를 먼저 살펴본 이후에 설명하기로 하자.

```
def Subset(backends, client_id, subset_size):
  subset_count = len(backends) / subset_size

  # 클라이언트가 속할 그룹을 선택한다. 각 라운드마다 동일한 방법으로 백엔드 목록을 섞는 데 사용한다.
  round = client_id / subset_count
  random.seed(round)
  random.shuffle(backends)

  # 현재 클라이언트를 기준으로 서브셋의 id를 결정한다.
  # 서브셋의 id는 현재 클라이언트에 대응한다.
  subset_id = client_id % subset_count

  start = subset_id * subset_size
  return backends[start:start + subset_size]
```

위 코드에서는 클라이언트 태스크들을 '라운드'로 나누어 사용한다. 여기서 라운드 i는 태스크 subset_count * i로 시작하며, 연속된 클라이언트 태스크들의 subset_count로 구성되며, subset_count는 서브셋의 수(즉, 원하는 서브셋의 크기로 나눈 백엔드 태스크들의 수)이다. 매

라운드에서 각 백엔드는 정확히 하나의 클라이언트에 할당된다(예외적으로 마지막 라운드의 경우 클라이언트의 수가 충분하지 않으면 일부 백엔드는 할당되지 않을 수 있다).

예를 들어 12개의 백엔드 태스크 [0, 11]에 대해 원하는 서브셋의 크기가 3이라면 결과적으로 각 4개(subset_count = 12/3)씩의 클라이언트가 할당된 세 개의 라운드를 정의하게 된다. 만일 10개의 클라이언트가 존재한다면 앞의 코드는 다음과 같은 형태의 라운드를 생성하게 될 것이다.

- 라운드 0: [0, 6, 3, 5, 1, 7, 11, 9, 2, 4, 8, 10]
- 라운드 1: [8, 11, 4, 0, 5, 6, 10, 3, 2, 7, 9, 1]
- 라운드 2: [8, 3, 7, 2, 1, 4, 9, 10, 6, 5, 0, 11]

여기서 핵심은 각 라운드마다 각 백엔드를 클라이언트의 전체 목록 중 한 클라이언트에만 할당한다는 점이다(클라이언트의 수가 부족할 수 있는 마지막 라운드는 제외한다). 이 예제에서 각 백엔드는 정확히 두 개 혹은 세 개의 클라이언트에만 할당된다.

중요한 것은 백엔드의 목록은 반드시 섞어야 한다는 점이다. 그렇지 않으면 클라이언트가 할당된 연속적인 백엔드 태스크의 그룹에 공교롭게도 현재 사용 가능한 백엔드가 존재하지 않을 수 있다(예를 들면, 백엔드 작업이 처음부터 마지막 태스크 순서로 순차적으로 업데이트되는 경우). 각 라운드는 목록을 혼합할 때 각기 다른 시드 값(seed)을 사용한다. 그렇지 않으면 백엔드가 실패했을 때 해당 백엔드의 부하는 서브셋에 남아있는 백엔드 중 하나가 부담해야 한다. 만일 서브셋 내의 다른 백엔드마저 실패한다면 그 영향이 더해져 상황이 더 빠르게 악화될 수 있다. 예를 들어 어느 서브셋에 포함된 백엔드 N이 다운된다면, 그에 상응하는 부하가 남은 (subset_size - N) 백엔드로 퍼져나가게 된다. 더 나은 방법은 이 부하를 각 라운드마다 매번 목록을 다르게 뒤섞어 남아있는 백엔드 전체에 부하를 분산하는 방법이다.

각 라운드마다 서로 다른 값을 기준으로 목록을 뒤섞으면, 같은 라운드의 클라이언트는 동일한 목록과 함께 시작되지만 여러 라운드에 걸쳐 동작하는 클라이언트들은 각기 다른 목록의 백엔드를 사용하게 된다. 이 시점에서 알고리즘은 백엔드 목록과 원하는 서브셋의 크기를 바탕으로 서브셋을 정의한다. 예를 들면 다음과 같다.

- Subset[0] = shuffled_backends[0]부터 shuffled_backends[2]
- Subset[1] = shuffled_backends[3]부터 shuffled_backends[5]
- Subset[2] = shuffled_backends[6]부터 shuffled_backends[8]

- Subset[3] = shuffled_backends[9]부터 shuffled_backends[11]

여기서 shuffled_backend는 각 클라이언트가 생성한 백엔드의 목록이다. 서브셋을 클라이언트 태스크에 할당할 때는 해당 클라이언트가 속한 라운드(예를 들면 4개의 서브셋 중 client[i]가 위치한 라운드 (i % 4)) 내의 위치에 대응하는 서브셋을 선택하면 된다.

- client[0], client[4], client[8]는 subset[0]을 사용한다.
- client[1], client[5], client[9]는 subset[1]을 사용한다.
- client[2], client[6], client[10]는 subset[2]를 사용한다.
- client[3], client[7], client[11]는 subset[3]을 사용한다.

여러 라운드에 걸쳐 동작하는 클라이언트는 각기 다른 suffled_backends(와 그 서브셋)을 사용하게 되며, 각 라운드 내의 클라이언트들 역시 서로 다른 서브셋을 이용하게 되어 연결 부하가 균일하게 분산된다. 백엔드의 전체 수가 원하는 서브셋 크기로 나누어지지 않는 경우에는 몇몇 서브셋을 다른 서브셋보다 조금 더 크게 만들기도 하지만, 대부분의 경우 백엔드에 할당되는 클라이언트의 수는 많이 달라야 하나 정도 차이가 날 뿐이다.

그림 20-5에서 보듯이 클라이언트가 300개이고 각 클라이언트를 300개 중 10개의 백엔드에 할당하면, 앞서 예제의 실행 결과가 훨씬 더 좋아진다는 것을 알 수 있다. 각 백엔드는 정확히 동일한 수의 연결을 처리하고 있다.

그림 20-5 클라이언트 300개가 결정적 서브셋을 이용해 300개 중 10개의 백엔드에 연결하는 경우의 연결 분산 그래프

로드밸런싱 정책

이제 특정 클라이언트 태스크가 양호한 상태의 연결을 적절하게 관리할 수 있는 기반 작업에 대해 살펴보았으므로 지금부터는 **로드밸런싱 정책**에 대해 살펴보자. 로드밸런싱 정책은 클라이언트 태스크들이 자신의 서브셋 내에서 요청을 처리할 백엔드를 선택하기 위해 사용하는 메커니즘이다. 로드밸런싱 정책의 복잡성 중 상당 부분은 클라이언트가 각 요청을 어떤 백엔드가 처리할 것인지를 실시간으로 (그리고 백엔드의 상태 정보 전체를 알지 못하는 상황에서) 결정해야 하는 의사 결정 프로세스가 본질적으로 분산되어 있기 때문에 발생한다.

로드밸런싱 정책은 백엔드의 상태에 대한 그 어떤 정보도 필요하지 않은 매우 간단한 방법(예를 들면 라운드 로빈 방식)부터 백엔드에 대한 더 자세한 정보를 필요로 하는 방법(예를 들면 **최소 부하 라운드 로빈**(Least-loaded Round Robin) 혹은 **가중 라운드 로빈**(Weighted Round Robin) 등)이 있다.

간단한 라운드 로빈

로드밸런싱을 구현하는 가장 간단한 방법은 각 클라이언트가 라운드 로빈 방식으로 자신의 서브셋에 해당하는 각 백엔드 태스크에 요청을 보내는 방법이다. 물론 이때는 성공적으로 연결이 맺어져 있으며 레임덕 상태에 있지 않은 백엔드를 선택한다. 이 방법은 우리가 지난 수년 간 사용했던 가장 보편적인 방법인 동시에 여러 서비스들이 여전히 사용하고 있는 방법이다.

한 가지 아쉬운 점은 라운드 로빈은 구현이 간단하고 임의로 백엔드 태스크를 선택하는 것보다는 훨씬 잘 동작했지만 이 정책의 결과는 형편없었다. 실제 숫자가 쿼리의 비용과 머신의 다양성 같은 여러 가지 요인에 의해 영향을 받기 때문에 라운드 로빈을 이용할 경우 부하가 가장 적은 태스크와 가장 많은 태스크의 CPU 사용률이 최대 두 배까지 차이가 발생한다. 상당히 소모적인 이 결과는 다음과 같은 여러 가지 이유로 인해 발생한다.

- 작은 크기의 서브셋
- 다양한 쿼리 비용
- 머신의 다양성
- 예측 불가능한 성능 요인들

작은 크기의 서브셋

라운드 로빈의 부하 조정 능력이 떨어지는 가장 간단한 이유 중 하나는 모든 클라이언트가 동일한 비율로 요청을 보내지 않을 수도 있다는 점 때문이다. 클라이언트들이 각기 다른 비율로 요청을 보내는 현상은 특히 많은 수의 다른 프로세스들이 동일한 백엔드를 공유할 때 발생한다. 이 경우, 특히 상대적으로 서브셋의 크기가 작은 경우, 클라이언트가 사용하는 서브셋 내의 백엔드는 본질적으로 더 많은 부하를 발생하는 트래픽을 유발하게 된다.

다양한 쿼리 비용

상당 수의 서비스들이 보내는 요청들은 그 처리에 각기 다른 양의 자원을 필요로 한다. 우리는 실제로 구글에서 제공하는 많은 서비스들이 보내는 요청 중 자원을 가장 많이 소모하는 요청이 가장 적게 소모하는 요청보다 1,000배(또는 그 이상)의 CPU를 사용한다는 것을 발견했다. 라운드 로빈을 이용한 로드밸런싱은 쿼리 비용을 미리 예측할 수 없는 경우 더 어려워진다. 예를 들어 '사용자 XYZ가 어제 받은 모든 이메일을 리턴'하는 쿼리는 그 비용이 저렴할(만일 사용자가 지난 며칠 간 수신한 이메일의 수가 적은 경우) 수도 있고 엄청나게 비쌀 수도 있다.

잠정적으로 쿼리 비용의 불규칙성이 큰 시스템의 로드밸런싱은 상당히 문제가 심각하다. 이 경우에는 서비스 인터페이스를 조정해서 기능적으로 한 요청당 수행할 수 있는 작업의 양의 상한선을 지정할 필요가 있다. 예를 들어 앞서 설명한 이메일 쿼리의 경우, 페이징 인터페이스를 제공하는 동시에 요청의 의미를 '사용자 XYZ가 어제 수신한 메일 중 가장 최근 100개(혹은 그보다 적은 수)를 리턴'하는 것으로 변경할 수 있다. 아쉬운 점은 이와 같은 의미의 변화가 쉽지 않다는 점이다. 모든 클라이언트 코드를 변경해야 하는 것은 물론, 추가적인 일관성을 고려해야 한다. 예를 들면, 클라이언트가 페이지 단위로 이메일을 가져가는 동안 사용자가 새로운 이메일을 받거나 받은 이메일을 삭제할 수 있다. 이런 경우, 클라이언트는 결과를 슬쩍 살펴보고 (페이징에 기반을 둔 고정된 데이터 대신) 응답을 조합해서 조금씩 다른 뷰를 만든 후 일부 메시지를 중복해서 보여주거나 혹은 건너뛸 수 있다.

인터페이스(와 실제 구현)를 간단하게 유지하기 위해 서비스들은 가장 처리 비용이 비싼 요청이 가장 저렴한 요청 대비 100, 1,000 혹은 심지어 10,000배 이상 많은 자원을 사용하게 한다. 그러나 요청마다 각기 다른 양의 자원을 활용하다 보면 본질적으로 일부 백엔드 태스크가 운이 없게도 다른 태스크에 비해 비싼 요청을 수신하게 되는 경우가 종종 발생하게 된다. 이 상황이 로드밸런싱에 영향을 미치는 정도는 처리 비용이 가장 많이 드는 요청이 과연 어느 정도인가에 달려있다. 예를 들어, 우리의 자바 백엔드 중 하나의 쿼리가 평균적으로는 CPU를 15밀리초 동안 사용하는데, 일부 쿼리가 10초의 시간을 필요로 한다고 가정해보자. 이 백엔드의 각 태스크는 다중 CPU 코어 덕분에 일부 연산을 병렬로 처리해서 지연응답을 줄일 수 있다.

하지만 다중 코어에도 불구하고 백엔드가 이처럼 큰 쿼리를 전달받으면 그 부하는 단 몇 초만에 크게 증가하게 된다. 이때 태스크가 이 부하를 제대로 처리하지 못하면 메모리가 부족해지거나 혹은 (메모리 충돌 등으로 인해) 응답이 완전히 멈출 수 있다. 하지만 정상적인(즉, 백엔드가 충분한 자원을 확보하고 있고 대량 쿼리가 종료된 후 부하가 정상화된) 경우에도, 처리 비용이 비싼 요청과의 자원 경합 때문에 다른 요청의 지연응답이 발생할 수 있다.

머신의 다양성

간단한 형태의 라운드 로빈이 마주하는 또 다른 어려움은 같은 데이터센터 내의 모든 머신이 완전히 동일하지 않다는 점이다. 어느 한 데이터센터에는 각기 다른 성능을 발휘하는 CPU를 가진 머신들이 있을 수 있고, 그래서 같은 요청이 어떤 머신에서는 상당히 다른 양의 작업이 될 수도 있다.

구글은 지난 수년 간, 이같은 머신들의 다양성을(억지로 동일한 머신으로 맞추는 대신) 제대로 다루기 위해 많은 노력을 기울였다. 각기 다른 자원의 용량을 다루기 위한 해결 방법은 이론적으로는 간단하다. 프로세서나 머신의 타입에 따라 CPU 자원을 확장하는 것이다. 그러나 현실적으로 이 해결 방법을 적용하려면 상당한 노력이 필요했다. 그 이유는 우리의 잡 스케줄러가 샘플링한 서비스들의 평균 머신 성능을 기반으로 자원의 동등성을 고려할 수 있도록 수정해야 했기 때문이다. 예를 들어, 머신 X('느린' 머신이라고 가정하자)에 있는 2개의 CPU는 머신 Y('빠른' 머신이라고 가정하자)에 있는 0.8개의 CPU와 동등하다는 것을 파악할 수 있어야 했다. 잡 스케줄러는 이 정보를 이용해서 동등성 요소를 바탕으로 프로세스에 필요한 CPU 할당을 조정하고 해당 프로세스를 할당할 머신의 타입을 정하면 된다. 이 복잡성을 완화하기 위해 우리는 GCU(Google Compute Units, 구글 컴퓨트 유닛)이라는 가상의 CPU 사용률을 만들었다. GCU는 CPU 사용률을 모델링하는 표준이 되었으며, 데이터센터 내의 각 CPU 아키텍처와 그에 대응하는 CPU의 성능에 기초한 GCU 간의 매핑 정보를 관리하는 데 사용되고 있다.

예측 불가능한 성능 요인들

아마도 간단한 형태의 라운드 로빈에서 가장 큰 복잡 요소는 머신(좀 더 정확히 말하자면 백엔드 태스크들의 성능)이 여러 가지 **예측 불가능한** 요인들로 인해 각기 달라서 통계적으로 처리가 어렵다는 점일 것이다.

예측 불가능한 요인들 중 성능에 영향을 미치는 두 가지는 다음과 같다.

정반대의 이웃들

(다른 팀이 운영하는 전혀 관련 없는) 다른 프로세스들이 여러분의 프로세스들의 성능에 심각한 영향을 미칠 수 있다. 우리는 이런 성능상의 차이점이 최대 20%까지 발생하는 것을 목격했다. 이 차이점은 대부분 메모리 캐시 공간이나 대역폭 같은 공유 자원에 대한 경쟁으로 인해 발생하지만 아주 명확하지는 않을 수 있다. 예를 들어 백엔드 태스크로부터 외부로 나가는 요청의 지연응답이 증가하면(정반대의 이웃 때문에 네트워크 자원에 대한 경쟁이 발생해서), 활성화된 요청의 수 역시 증가하며, 이로 인해 가비지 컬렉션이 더 많이 실행된다.

태스크 재시작

태스크는 재시작할 때 몇 분 동안 훨씬 많은 양의 자원을 소비한다. 한 가지 예로, 자바 같은 플랫폼은 이런 상황에서 다른 플랫폼에 비해 동적 코드 최적화를 더 자주 실행하는 것을 발견했다. 그 결과 우리는 일부 서버 코드에 로직을 추가해서 재시작 후 정상적으로 동작하기 전까지 서버가 레임덕 상태를 유지하게 하고 (최적화를 실행하도록) 사전 준비 과정을 두기로 했다. 태스크 재시작은 매일 여러 서버를 업데이트(태스크의 재시작이 필요한 새 빌드의 배포 등)하는 것을 고려한다면 그 영향의 크기를 가늠할 수 있는 문제다.

만일 여러분의 로드밸런싱 정책이 미처 예상하지 못한 성능 문제에 당면할 수 있다면 대용량 환경에서 부하의 분산에 대한 최적화를 달성하지 못할 수도 있다.

최소 부하 라운드 로빈

간단한 라운드 로빈의 대안으로는 각 클라이언트가 서브셋 내의 각 백엔드 태스크와 연결된 활성화된 요청의 개수를 추적하고 가장 적은 수의 활성화된 요청을 처리하고 있는 태스크들만을 대상으로 라운드 로빈을 수행하는 것이다.

예를 들어 클라이언트가 태스크 $t0$부터 $t9$까지의 서브셋을 사용하고 있으며, 현재 각 백엔드별로 다음과 같이 활성화된 요청을 처리 중이라고 가정해보자.

t0	t1	t2	t3	t4	t5	t6	t7	t8	t9
2	1	0	0	1	0	2	0	0	1

새로운 요청이 필요해지면 클라이언트는 가장 적은 수의 연결을 가진 백엔드 태스크들($t2$, $t3$, $t5$, $t7$, $t8$) 중에서 하나를 고른다. 이 과정에서 $t2$ 태스크를 선택했다고 가정하자. 클라이언트의 연결 상태표는 이제 다음과 같을 것이다.

t0	t1	t2	t3	t4	t5	t6	t7	t8	t9
2	1	1	0	1	0	2	0	0	1

현재 완료된 요청이 없다고 가정할 경우, 다음 요청이 발생하면 백엔드 태스크의 후보는 *t3*, *t5*, *t7*, 그리고 *t8* 중 하나가 된다.

진도를 조금 더 나가서 이제 4개의 새로운 요청을 더 처리하게 되었다고 생각해보자. 그동안 완료된 요청이 아직 없다면 연결 상태표는 다음과 같이 변경되었을 것이다.

t0	t1	t2	t3	t4	t5	t6	t7	t8	t9
2	1	1	1	1	1	2	1	1	1

이 시점에서 새로운 요청이 필요한 경우 백엔드 후보는 *t0*와 *t6*를 제외한 나머지 태스크들이 될 것이다. 그런데 태스크 *t4*에서 실행 중인 요청이 끝나면 그 태스크의 상태는 '활성화된 요청 0개'인 상태가 되어 새로운 요청은 *t4*에 할당된다.

이 구현 방식은 사실 라운드 로빈을 사용하지만 가장 적은 활성화된 요청을 가진 태스크에만 적용된다. 이런 필터링을 하지 않는다면 이 정책은 일부 사용 가능한 백엔드 태스크들이 사용되지 않는 상황을 충분히 모면할 수 있도록 요청을 분산하지 못할 수도 있다. 최소 부하 정책의 핵심은 일단 부하가 많은 태스크들은 여력이 있는 태스크들보다 상대적으로 지연응답률이 높기 때문에 부하가 많은 태스크들을 제외하는 것이다.

지금까지의 이야기에서 우리가 (어렵게!) 배웠던 것은 최소 부하 라운드 로빈 방법의 아주 위험한 함정이었다. 만일 어느 태스크가 심각하게 양호하지 않은 상태라면, 이 태스크는 100%의 확률로 에러를 발생시킬 수도 있다. 각각의 본질에 따라 다르겠지만 이 에러들은 어쩌면 매우 낮은 지연응답률을 가질 수 있다. 즉, "나는 현재 사용이 불가능하다!"라는 에러를 리턴하는 것이 실제 요청을 처리하는 것보다 훨씬 빠를 수 있다는 것이다. 그 결과, 클라이언트는 이 태스크가 양호한 상태라고 오해하고 엄청난 양의 트래픽을 양호하지 않은 상태의 태스크에 보낼 수 있다. 이제 이 태스크는 트래픽을 마치 **싱크홀**처럼 빨아들이게 된다. 다행인 것은 이 함정은 활성화된 요청을 최근 리턴받은 에러의 개수를 추적하도록 정책을 수정함으로써 상대적으로 쉽게 해결할 수 있다는 점이다. 이 방법을 동원하면 백엔드 태스크가 양호하지 않은 상태가 되면 로드밸런싱 정책에 따라 부하가 너무 많은 태스크에 더 이상의 작업을 할당하지 않던 것과 동일한 방법으로 부하를 다른 곳으로 우회시킬 수 있다.

최소 부하 라운드 로빈은 두 가지 방향으로 구현될 수 있다.

활성화된 요청의 개수는 특정 백엔드의 용량을 파악하기에 가장 좋은 방법이 아닐 수도 있다

많은 요청들의 처리 시간 중 상당 부분은 네트워크를 통한 응답을 기다리는 데(즉, 백엔드에 전달한 요청의 응답을 기다리는 데) 사용되며, 실제 처리 시간은 매우 짧은 편이다. 예를 들어 한 백엔드 태스크는 (예를 들면 CPU가 두 배 빠른 머신에서 동작하기 때문에) 다른 태스크들에 비해 두 배 많은 요청을 처리할 수 있지만, (요청들이 대부분의 시간을 네트워크 응답을 기다리는 데 사용하기 때문에) 그 요청들의 지연응답은 다른 태스크들의 요청에 대한 지연응답과 비슷할 수 있다. 이런 경우 I/O에 대한 블로킹(blocking)은 CPU와 대역폭은 전혀 사용하지 않으며, 아주 적은 양의 RAM을 소비하므로 여전히 더 빠른 백엔드에 두 배의 요청을 보내는 것이 낫다. 하지만 최소 부하 라운드 로빈은 두 백엔드 태스크에 동일한 양의 작업을 할당할 뿐이다.

각 클라이언트의 활성화된 요청의 수는 다른 클라이언트가 같은 백엔드에 할당한 요청의 수를 포함하지는 않는다

이는 각 클라이언트 태스크는 자신과 관련된 백엔드 태스크의 상태에 대한 아주 제한적인 시야를 갖게 된다는 것을 의미한다. 즉, 자신의 요청에 대해서만 파악할 수 있다.

우리는 최소 부하 라운드 로빈을 사용하는 대형 서비스들은 가장 적은 부하를 가진 태스크보다 단지 두 배 정도의 CPU를 사용하고 있는 백엔드 태스크를 가장 부하가 높은 태스크로 인지하게 되고 그에 따라 라운드 로빈이 적절하게 동작하지 않는 경우가 있음을 발견할 수 있었다.

가중 라운드 로빈

가중 라운드 로빈은 앞서 설명한 두 가지 라운드 로빈 정책에 비해 백엔드가 제공하는 정보를 의사결정 프로세스에 반영하는 중요한 로드밸런싱 정책이다.

가중 라운드 로빈을 구현하는 원리는 의외로 간단하다. 각 클라이언트 태스크는 서브셋 내의 각 백엔드의 '수용량' 점수를 저장하고 있다. 요청은 라운드 로빈 형식으로 분산되지만, 클라이언트는 백엔드에 분산된 요청의 비율에 따라 가중치를 계산한다. 백엔드는 각 (상태 검사의 응답을 포함하는) 응답에 활용도(주로 CPU 사용률)뿐만 아니라 현재의 쿼리 비율과 초당 에러율을 포함시킨다. 클라이언트는 백엔드가 현재 성공적으로 처리한 요청의 수와 활용도 비용 등을 고려하여 백엔드 태스크의 수용량 점수를 정기적으로 갱신한다. 실패한 요청은 향후 의사결정에 불이익으로 작용한다.

실질적으로 가중 라운드 로빈은 아주 잘 동작하며 최저 및 최고 부하 태스크 사이의 간극을 잘 메워준다. 그림 20-6은 최소 부하 라운드 로빈 방식을 가중 라운드 로빈 방식으로 변경했을 때 시간에 따른 백엔드 태스크들의 랜덤 서브셋들의 CPU 사용률을 보여준다. 최저 및 최고 부하 태스크의 차이가 눈에 띄게 줄어들었음을 볼 수 있다.

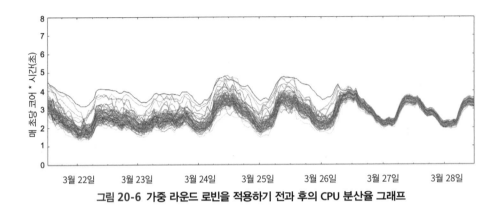

그림 20-6 가중 라운드 로빈을 적용하기 전과 후의 CPU 분산율 그래프

21

과부하 처리하기

알렉한드로 포레로 쿠엘보(Alejandro Forero Cuervo) 지음
사라 차비스(Sarah Chavis) 편집

로드밸런싱 정책의 목적은 과부하를 피하기 위함이다. 하지만 로드밸런싱 정책이 얼마나 효율적이든 간에 결국 시스템의 일부는 과부하를 겪게 된다. 과부하 상태를 얼마나 잘 처리하는지는 시스템의 신뢰성을 확보하기 위한 기초다.

과부하를 처리하는 방법 중 하나는 경감된 응답을 리턴하는 것이다. 즉, 평상시의 응답보다 정확도가 조금 떨어지거나 혹은 더 적은 데이터를 제공하는 것이다. 이렇게 하면 연산을 수행하기가 더 쉬워진다. 다음의 예를 살펴보자.

- 검색 쿼리에 대한 최상의 결과를 제공하기 위해 전체 데이터를 검색하는 대신 작은 규모의 후보군만을 검색한다.
- 가장 최신의 데이터는 아닐 수 있지만 로컬 복사본을 기준으로 검색한다. 원본 데이터 저장소를 대상으로 검색하는 것보다는 훨씬 저렴한 비용으로 작업을 수행할 수 있다.

하지만, 과부하가 극심한 경우에는 서비스가 경감된 응답조차도 연산하고 서비스할 수 없을 수도 있다. 이런 상황에서는 에러를 리턴하는 것 외에는 신속하게 대처할 수 있는 방법이 없다. 이 시나리오를 조금이나마 누그러트릴 수 있는 방법은 데이터센터 간의 트래픽의 균형을

조정해서 어떤 데이터센터도 처리할 수 있는 수용량을 넘어서는 트래픽을 전달받지 않도록 하는 것이다. 예를 들어 데이터센터가 100개의 백엔드 태스크를 실행 중에 있고 각 태스크가 초당 500개의 요청을 처리할 수 있다면 로드밸런싱 알고리즘은 해당 데이터센터에 초당 50,000 쿼리 이상의 요청을 보내지 않아야 한다. 그러나 대용량 환경에서는 이런 제약도 과부하를 완전히 피하기는 어렵다. 결국에는 클라이언트와 백엔드가 자원의 제약을 더 부드럽게 처리할 수밖에 없다. 가능하면 다른 곳으로 리다이렉트하거나 필요하다면 경감된 응답을 제공하고 이도 저도 못할 때는 자원 에러를 투명하게 처리해야 한다.

'초당 쿼리 수'의 함정

쿼리는 그 종류에 따라 요구하는 자원이 상당히 다르다. 쿼리의 비용은 해당 쿼리를 발생시킨 클라이언트(서비스가 여러 클라이언트에 서비스를 제공하는 경우)의 코드나 하루 중 쿼리가 발생한 시간(가정 사용자와 직장 사용자 혹은 최종 사용자가 직접 발생시킨 트래픽 대비 일괄 트래픽 등) 같은 여러 가지 요인에 의해 다양하게 측정된다.

우리는 이 점을 정말 어렵사리 배웠다. '초당 쿼리 수' 혹은 서비스가 사용하는 리소스에 대한 신뢰할 수 있는 프록시를 통해 얻은 요청에 대한 통계(예를 들면 "요청이 얼마나 많은 수의 키를 읽어가는가?")로 수용량을 모델링하면 실망스러운 결과를 볼 수도 있다. 설령 이 결과가 어느 시점에는 적절하게 나타날지 몰라도 그 비율은 얼마든지 바뀔 수 있다. 어떤 경우에는 점진적인 변화가 나타나지만 어떤 경우에는 그 폭이 심해지기도 한다(예를 들어 새로운 버전의 소프트웨어 덕분에 어떤 요청의 특정 기능이 현저히 낮은 양의 자원을 사용할 수도 있다). 목표치가 오락가락하면 로드밸런싱을 디자인하고 구현하기가 더욱 어려워진다.

더 나은 방법은 사용 가능한 자원에 대해 직접적인 수용량을 측정하는 것이다. 예를 들어 어느 데이터센터의 특정 서비스가 총 500개의 CPU 코어와 1TB의 메모리를 사용할 수 있다고 가정해보자. 본질적으로 데이터센터의 수용량을 모델링할 때 이 숫자들을 직접 사용하는 것이 낫다. 우리는 종종 서비스가 소비하는 CPU 시간에 대한 평균 측정 값을 요청의 비용이라고 표현하기도 한다.

우리는 대부분의 경우 (비록 모든 경우는 아닐지라도) 단순한 CPU 사용량이 자원 증설에 대한 신호로써 손색이 없다는 점을 알아냈다. 그 이유는 다음과 같다.

- 가비지 컬렉션을 수행하는 플랫폼의 경우, 메모리에 대한 부하는 본질적으로 CPU 사용률의 증가를 동반한다.
- 다른 플랫폼의 경우, 나머지 자원이 CPU보다 먼저 바닥나는 경우는 극히 드물기 때문에 해당 자원을 준비할 여력이 충분하다.

CPU가 아닌 자원을 너무 과하게 마련해 두는 것이 엄두가 안 날 정도로 비싸다면 자원의 소모에 대해 고려할 때 이런 시스템 자원들은 별개로 취급하면 된다.

사용자별 제한

과부하를 다루는 과정 중 하나는 전체적으로 과부하에 시달리는 상황에서 어떤 작업에 우선순위를 둘 것인지를 결정하는 것이다. 이상적인 경우라면 팀이 새로운 버전을 론칭할 때, 자신들이 의존하는 백엔드의 소유자와 함께 충분히 조심해서 론칭함으로써 이런 전체적인 과부하를 방지하는 동시에 백엔드 서비스들이 항상 충분한 수용량을 확보하도록 하면 된다. 하지만 아쉽게도 우리는 이런 이상적인 세계에 살고 있지 않다. 현실적으로 전체적인 과부하는 상당히 자주 발생한다(특히 다른 팀이 운영하는 여러 클라이언트를 대상으로 하는 내부 서비스에서 자주 발생한다).

전체적인 과부하가 발생하면 서비스가 엉뚱한 행동을 하는 고객에게만 에러 응답을 리턴하고 나머지 고객들은 영향을 받지 않도록 하는 것이 중요하다. 그러려면 서비스 소유자는 고객의 행위를 고려해서 자신들의 수용량을 준비해야 하며, 서비스 수준 동의에 따라 사용자별 할당량을 정의해야 한다.

예를 들어 (여러 데이터센터에 걸쳐) 전 세계에 보유하고 있는 전체 백엔드 서비스에 10,000개의 CPU가 할당되어 있다면 이에 대해 다음과 같이 사용자별 사용량을 제한할 수 있다.

- 지메일에는 초당 4,000 CPU 초를 허용한다.
- 달력 서비스에는 초당 4,000 CPU 초를 허용한다.
- 안드로이드(Android) 기기에는 초당 3,000 CPU 초를 허용한다.
- 구글플러스 서비스에는 초당 2,000 CPU 초를 허용한다.
- 다른 모든 사용자들에게는 초당 500 CPU 초를 허용한다.

이 숫자들을 모두 더하면 10,000 CPU보다 큰 값을 백엔드 서비스에 할당할 수 있음을 유념하기 바란다. 서비스 소유자는 모든 고객들이 자신의 자원을 지속적으로 한계치까지 사용하지 않는다는 사실에 기초해 이 같은 계획을 수립한 것이다.

우리는 전역적인 사용량 정보를 모든 백엔드 태스크로부터 실시간으로 수집하고 이 데이터를 이용하여 개별 백엔드 태스크들의 한계치를 효율적으로 제한한다. 이 로직을 구현한 시스템을 더 자세하게 살펴보는 것은 이 장의 범위를 벗어나는 일이지만 우리는 백엔드 태스크들에 이 기능을 구현하기 위해 어마어마한 코드를 작성했다. 가장 흥미로웠던 부분은 각 개별 요청이 소비하는 자원(특히 CPU)의 양을 실시간으로 계산하는 부분이었다. 요청별 스레드 모델(thread-per-request model)을 구현하지 않은 서버의 경우에는 이 계산을 수행하기가 특히 까다로웠다. 이런 서버들은 요청이 들어오면 논블로킹 API들을 이용해서 스레드 풀의 스레드들이 모든 요청들의 일부만을 실행하기 때문이었다.

클라이언트 측에서의 사용량 제한

고객의 자원 소비량이 할당량의 범위를 벗어나면 백엔드 태스크는 신속하게 이후의 요청을 거부해야 한다. 즉, 요청을 처리하고 올바른 응답을 리턴하는 것이 아니라 아주 적은 자원만을 사용해서 "고객이 할당량을 초과했습니다" 같은 에러를 리턴해야 한다. 하지만 모든 서비스가 이 로직을 따라야 하는 것은 아니다. 예를 들어 간단히 RAM에서 데이터를 조회하는 작업의 비용은 해당 요청을 거부하는 데 드는 비용과 크게 다르지 않다(이 경우에는 요청/응답 프로토콜 처리에 드는 오버헤드가 응답을 만들어내는 오버헤드보다 훨씬 크다). 또한 요청을 거부하면 상당한 양의 자원을 아낄 수 있다 하더라도 그렇다고 자원을 전혀 소비하지 않는 것도 아니다. 만일 거부된 요청의 수가 많다면 요청의 거부에 소비된 자원의 양도 빠르게 증가할 것이다. 이런 경우에는 백엔드가 CPU 자원의 대부분을 요청을 거부하는 데 사용하고 있더라도 결국은 과부하 상태에 놓이게 된다.

이 문제를 해결하는 방법은 클라이언트 측에서 사용량을 제한하는 것이다.[1] 클라이언트가 최근 들어 많은 요청이 '할당량 초과' 에러로 인해 거부되는 것을 인지하면 자체 조정을 통해 외부로 발신되는 트래픽을 제한하는 것이다. 즉, 이 요청들을 네트워크로 내보내지 않고 자체적

---

1 일례로 도어맨(Doorman, https://github.com/youtube/doorman)은 협력형 분산 클라이언트 측 사용량 제한 시스템을 제공한다.

으로 실패한 것으로 처리하는 것이다.

우리는 적응형 사용량 제한(adaptive throttling)이라는 기법을 이용해 클라이언트 측 사용량 제한을 구현했다. 특히 각 클라이언트 태스크는 지금까지의 기록 중 최근 2분에 대한 다음과 같은 정보를 추적한다.

requests
   애플리케이션 계층에서(클라이언트에서는 적응형 사용량 제한 시스템 상에서) 시도되었던 요청의 수

accepts
   백엔드가 받아들인 요청의 수

일반적인 경우라면 두 값은 동일하겠지만 백엔드가 트래픽을 거부하기 시작하면 받아들인 요청의 수는 전체 요청 수와 비교해 줄어들기 시작한다. 클라이언트는 전체 요청 수가 받아들여진 요청 수의 K배가 될 때까지는 계속해서 백엔드에 요청을 발신할 수 있다. 하지만 어느 경계에 다다르면 클라이언트는 자체 조정을 수행하고 새로운 요청은 식 21-1에서 보여주는 공식에 의해 계산된 확률에 따라 내부적으로(즉, 클라이언트 내에서) 거부된 것으로 처리된다.

[식 21-1] 클라이언트 요청의 자체 거부 확률

$$\max\left(0, \frac{(\text{requests}-K \times \text{accepts})}{\text{requests} + 1}\right)$$

클라이언트가 스스로 요청을 거부하기 시작해도 전체 요청 수는 여전히 받아들여진 요청 수보다 많을 것이다. 그다지 직관적이지 않을 수도 있지만, 내부적으로 거부 처리된 요청들은 실제로 백엔드에 전달된 것은 아니며, 이는 의도적인 동작이다. 왜냐하면 애플리케이션이 클라이언트로 보내려고 시도하는 요청의 비율이 (상대적으로 백엔드가 받아들이는 요청의 비율보다) 늘어나면 우리는 새로운 요청들을 자체적으로 거부 처리할 확률을 높여야 하기 때문이다.

이 적응형 사용량 제한은 실질적으로 잘 동작했으며, 전체적으로 요청에 대한 안정적인 비율을 이끌어냈다. 심지어 부하가 상당한 상황에서도 백엔드는 자신들이 실제로 처리한 각 요청 중에서 하나의 요청만을 거부 처리했을 뿐이었다. 이 방법을 사용하면서 얻은 가장 큰 장점은 모든 의사 결정이 클라이언트가 자체적으로 보유하고 있는 로컬 정보에 의해 이루어졌으며, 추가적인 의존성이나 지연응답에 대한 손실 없이 상대적으로 간단하게 구현할 수 있었다는 점이다.

요청의 처리 비용이 요청의 거부 비용과 거의 유사한 서비스의 경우, 대략 절반 가량의 자원을 단지 요청을 거부하기 위해 사용한다는 것은 납득하기 어렵다. 이런 경우의 해결책은 간단하다. 클라이언트가 자체적으로 요청을 거부할 확률을 계산할 때(식 21-1) 받아들여진 요청의 배율 K(예를 들면 2)를 조정하면 된다. 즉,

- 배율이 감소하면 조금 더 적극적으로 적응형 사용률 제한을 적용하게 된다.
- 배율이 증가하면 적응형 사용률 제한을 조금 더 여유 있게 적용하게 된다.

예를 들어 현재 클라이언트가 requests = 2 * accepts일 때 요청에 대한 자체 처리를 수행한다면 이를 requests = 1.1 * accepts일 때 처리하도록 조정한다. 이처럼 배율을 1.1로 조정하면 10개의 요청이 백엔드에 의해 처리될 때 하나의 요청만 거부 처리하게 된다.

우리는 일반적으로 2배의 배율을 선호한다. 실제로 허용된 수보다 더 많은 요청이 백엔드에 전달되면 백엔드가 더 많은 자원을 소비하게 되지만 백엔드의 상태를 클라이언트로 더 빠르게 전파할 수 있다. 예를 들어, 백엔드가 클라이언트 태스크의 트래픽을 더 이상 거부하지 않아도 되는 상황이 되면 모든 클라이언트가 이 상태를 인지하기까지의 시간이 더 짧아진다는 뜻이다.

한 가지 더 고려해야 할 사항은 클라이언트 측의 사용량 제한은 클라이언트가 산발적으로 백엔드에 요청을 보낼 때는 제대로 동작하지 않을 수 있다는 점이다. 이런 경우에는 각 클라이언트가 백엔드의 상태를 파악해야 하는 경우가 상대적으로 매우 적기 때문에 오히려 이를 더 자주 확인하려고 하면 더 높은 비용을 지불하게 될 뿐이다.

중요도

서비스 전반에 걸친 할당량의 수립 및 제한에 있어 **중요도**(criticality) 역시 큰 영향을 미친다. 백엔드에 전달된 요청은 해당 요청이 얼마나 중요한지에 따라 다음 네 가지 중 한 가지 중요도 값을 가지고 있다.

CRITICAL_PLUS

　가장 중요한 요청을 위한 값으로 이 값을 가진 요청들은 실패 시 사용자에게 직접적인 영향을 미치게 된다.

CRITICAL

프로덕션 환경에서 전달되는 모든 요청들이 기본적으로 사용하는 값이다. 이 값을 가진 요청들은 사용자에게 영향을 미치지만 그 영향도가 CRITICAL_PLUS 등급을 가진 요청의 영향도보다 낮다. 서비스들은 예상되는 CRITICAL 및 CRITICAL_PLUS 등급의 요청들을 모두 처리하기에 충분한 사용량을 준비해야 한다.

SHEDDABLE_PLUS

어느 정도 실패가 발생하는 것을 용인할 수 있는 트래픽을 위한 값이다. 이 값은 실패 시 몇 분이나 몇 시간 후에 다시 재시도하게 되는 일괄 작업을 위한 기본값이다.

SHEDDABLE

부분적 실패가 자주 발생하거나 간혹 아예 사용이 불가능할 것으로 예상되는 작업들을 위한 값이다.

우리는 이 네 가지 중요도가 모든 서비스에 적용할 수 있는 견고한 모델을 수립하기에 충분하다는 점을 깨달았다. 중요도를 더 세밀하게 구분하면 요청을 좀 더 세부화할 수 있으므로 그렇게 할 필요가 있는지에 대해 다양한 논의들이 오고 갔지만, 그렇게 할 경우 중요도를 인식하는 여러 시스템을 운영하기 위해 더 많은 자원을 소비할 수밖에 없었다.

우리는 이 중요도를 RPC 시스템의 최우선 요소로 채택하고 이 시스템이 과부하 상황에 올바르게 대처할 수 있도록 다양한 제어 메커니즘에 중요도를 결합했다. 예를 들면 다음과 같다.

- 고객이 전역 할당량을 초과했을 때, 백엔드 태스크가 이미 중요도가 낮은 모든 요청들을 거부하고 있다면 지정된 중요도를 가진 요청들만을 거부한다(사실 앞서 설명한 우리 시스템이 지원하는 고객별 제한은 중요도 단위로 제한을 설정할 수 있다).
- 태스크 자체에 과부하가 발생하면 중요도가 낮은 요청들은 거부한다.
- 적응형 사용량 제한 시스템은 각 중요도별로 통계를 관리한다.

요청의 중요도는 지연응답 요구사항에 정비례하므로 사용하는 기반 네트워크의 서비스 품질(Quality of Service, QoS)과도 정비례한다. 예를 들어 사용자가 검색 쿼리를 입력하는 동안 시스템이 검색 결과나 제안 검색어를 표시할 때, 그 검색 요청 자체가 실패로 처리될 수 있는 확률이 상당히 높지만(예를 들어 시스템에 과부하가 발생하면 해당 결과를 보여주지 않아도 크게 문제가 없을 것이다), 지연응답에 대한 요구는 이보다 엄격할 수 있다.

또한 우리는 중요도를 자동으로 전파할 수 있도록 RPC 시스템을 크게 향상시켰다. 만일 백엔드가 요청 A를 수신하면, 이 요청을 처리하는 과정에서 다른 백엔드에 요청 B와 요청 C를 발신했다고 가정하자. 그러면 요청 B와 요청 C는 기본적으로 요청 A와 동일한 중요도를 갖게 된다.

이전에는 구글의 많은 시스템들이 각자가 임의의 방법으로 중요도를 관리했으며, 그렇기에 서비스 간에 서로 호환이 되지 않았다. 이 중요도를 RPC 시스템으로 표준화하고 전파하게 되면서 특정 시점에 일관된 방법으로 중요도를 관리할 수 있게 되었다. 즉, 과부하가 발생한 시스템이 트래픽을 거부할 때, 중요도가 높은 요청의 경우는 RPC 스택을 얼마나 많이 거치는지와는 무관하게 정해진 방법으로 처리할 수 있게 된 것이다. 우리는 현재 브라우저나 모바일 클라이언트(특히 HTML을 리턴하는 HTTP 프런트엔드)의 중요도를 최대한 유사하게 설정하고 RPC 스택 내의 특정 지점에서만 중요도를 재설정하는 방법을 채택하고 있다.

활용도에 대한 신호들

우리가 구현한 태스크 수준의 과부하 보호 기법은 **활용도**(utilization)의 개념에 그 기반을 두고 있다. 대부분의 경우 활용도는 그저 CPU 사용률을 측정한 것 뿐이지만(예를 들면 현재 CPU 사용률을 태스크에 예약된 전체 CPU 시간으로 나눈 값), 어떤 경우에는 예약된 메모리 대비 사용 중인 메모리 비율을 측정하기도 한다. 활용도가 설정된 한계치에 다다르면 요청의 중요도에 따라 이에 대한 처리를 거부하기 시작한다(중요도가 높은 요청에는 더 높은 한계값을 적용한다).

우리가 사용하는 활용도에 대한 신호들은 (이 신호의 목적 자체가 태스크를 보호하기 위함이기 때문에) 태스크의 로컬 상태에 기반을 두고 있으며, 갖가지 신호에 대한 보호 정책을 구현하고 있다. 가장 일반적으로 사용되는 신호는 프로세스의 '부하'이며, 이것은 **실행자 부하 평균**(executor load average)이라고 부르는 시스템에 의해 결정되는 수치다.

실행자 부하 평균을 구하기 위해서는 우선 프로세스 내에서 활성화된 스레드의 개수를 센다. 이때 '활성화'된 스레드의 의미는 스레드가 현재 실행 중이거나 혹은 실행을 준비 중이며, 프로세서가 자신을 실행해줄 여력이 생길 때까지 대기 중인 상태를 말한다. 우리는 지수 감소(exponential decay)의 법칙을 이용하여 이 값을 다듬은 후 활성화된 스레드의 개수가 태스크를 실행할 수 있는 프로세서의 수를 넘어서면 요청을 거부하기 시작한다. 즉, 크게 커질 가능성이 있는 요청(예를 들면 스케줄 작업이 많은 수의 단기 작업을 발생시키는 경우)이 유입되면 아주 짧은 시간 동안 부하가 급격히 높아지게 되는데, 이 값을 다듬어서 이 현상을 상쇄할 수 있다. 하지만 작업이 단시간에 끝나지 않을 경우(즉, 부하가 증가한 후로 한동안 높은 부하를 유지하게 되면) 태스크는 요청을 거부하기 시작하게 된다.

실행자 부하 평균은 그 자체로 매우 유용한 신호라는 점이 증명되었지만 우리 시스템에는 특정 백엔드가 필요로 하는 어떠한 활용도 신호도 추가해 넣을 수 있다. 예를 들어 메모리 부하(백엔드 태스크의 메모리 사용량이 정상적인 운영 매개변수를 넘어서서 증가하는지를 표시하는 값)를 활용도 신호로 사용할 수도 있다. 또한 시스템은 여러 신호들의 조합을 설정하고 요청들이 이 조합된 (혹은 개별적인) 값들을 어느 수준 이상 넘어서기 시작하면 요청을 거부하게 된다.

과부하 오류 처리하기

부하를 부드럽게 처리하는 것과 더불어 우리는 클라이언트가 부하 관련 에러 응답을 수신했을 때 어떻게 반응할 것인지에 대한 여러 가지 생각들을 추가로 구현해 넣었다. 과부하 에러가 발생하면 우리는 다음의 두 가지 상황을 구분하여 인지할 수 있다.

데이터센터 내에 대량의 백엔드 태스크에 과부하가 걸리는 상황

데이터센터 간 로드밸런싱 시스템이 완벽하게 동작한다면(예를 들어 상태를 전파하고 그에 따라 즉각적으로 트래픽을 이동시킬 수 있다면) 이 상황은 발생하지 않을 것이다.

데이터센터 내의 일부 백엔드 태스크에 과부하가 걸리는 상황

이 상황은 주로 데이터센터 내의 로드밸런싱이 완벽하지 않기 때문에 발생한다. 예를 들어 어느 한 태스크가 최근에 아주 비싼 요청을 수신한 경우다. 이런 경우에는 데이터센터가 다른 태스크를 통해 요청을 처리할 수 있는 충분한 수용량을 확보하고 있는 경우가 대부분이다.

데이터센터 내의 백엔드 태스크에 광범위하게 과부하가 발생하면 요청의 처리를 재시도해서는 안 되며, 에러가 호출자에게로 전파(예를 들면 최종 사용자에게 에러를 리턴)되어야 한다. 통상적인 경우라면 일부 태스크에만 과부하가 발생해서 해당 요청을 즉시 재시도하는 것이 바람직하다. 일반적으로 우리 데이터센터의 로드밸런싱 시스템은 클라이언트의 트래픽을 가장 가까운 백엔드 데이터센터로 돌려준다. 아주 적은 확률로 가장 가까운 데이터센터가 상당히 멀리(예를 들면 클라이언트에게 가장 가까운 데이터센터가 다른 대륙에 있는 경우) 떨어져 있을 수도 있지만 대부분의 경우 클라이언트에게 가장 가까운 백엔드가 할당된다. 이때, 요청의 처리를 재시도하기 위한 추가적인 지연응답(아주 적은 수의 네트워크 라운드 트립)은 어느 정도 용인이 가능하다.

로드밸런싱 정책의 관점에서 재시도 중인 요청을 새로운 요청과 구분하지 않는다. 즉, 우리는 재시도 중인 요청이 실제로 다른 백엔드 태스크로 전달되도록 하는 명시적인 로직을 사용하지 않는다. 다만 서브셋 내의 백엔드의 수에 따라 재시도된 요청이 다른 백엔드 태스크에 할당될 가능성에 의존할 뿐이다. 재시도 중인 요청을 실제로 다른 태스크에 확실하게 전달하도록 한다고 해도 얻을 수 있는 장점 이상으로 복잡도가 증가하게 된다.

게다가 백엔드의 부하가 아주 약간 높아진다 해도 백엔드가 재시도 요청 및 새로운 요청 역시 마찬가지로 처리를 거부하고 빠르게 처리하는 것이 오히려 클라이언트에게는 더 나은 결과가 될 수 있다. 그러면 이 요청들에 대한 재시도가 자원에 여력이 있는 다른 백엔드 태스크에 의해 즉시 처리될 수 있기 때문이다. 백엔드가 재시도 요청과 새로운 요청을 동일하게 취급하게 되면 재시도된 요청이 다른 태스크에서 처리될 수 있으므로 자연스럽게 로드밸런싱이 되는 결과를 얻게 된다. 즉, 이런 요청들에 더 적합한 태스크로 부하를 자연적으로 분산하게 되는 것이다.

재시도 여부 결정하기

클라이언트는 '태스크 과부하' 에러 응답을 받게 되면 요청을 재시도할 것인지를 결정해야 한다. 우리는 클러스터 내에서 상당한 수의 태스크에 과부하가 발생했을 때 재시도를 요청하지 않도록 하기 위한 몇 가지 메커니즘을 확보하고 있다.

우선, 재시도 허용 수준(per-request retry budget)을 최대 3회까지로 제한하고 있다. 만일 요청이 이미 세 번 실패하면 이 결과를 호출자에게 돌려준다. 그 요청은 이미 세 번이나 과부하 상태에 놓인 태스크에 전달되었기 때문에 전체 데이터센터가 과부하 상태라면 이 요청을 다시 시도한다고 해서 아무런 도움이 되지 않을 것이기 때문이다.

둘째로, 클라이언트별 재시도(per-client retry budget) 한계를 정의하고 있다. 각 클라이언트는 요청의 재시도 비율을 추적한다. 그래서 한 요청은 이 비율이 10% 이내인 경우에만 재시도를 수행한다. 만일 일부 태스크가 과부하 상태에 놓여있다면 재시도를 해야 할 필요성은 상대적으로 적기 때문이다.

(최악의 상황에 대한) 예시로, 데이터센터가 아주 적은 규모의 요청만을 받아들이며 대부분의 요청을 거부하고 있는 상황이라고 가정해보자. 그리고 클라이언트 측의 로직에 의해 데이터센터에 전달된 전체 요청의 비율을 X라고 하자. 그러면 재시도 횟수 때문에 전체 요청의 수가 3배로 급격히 증가하게 될 것이다. 아무리 재시도에 의해 발생하는 요청 수 증가를 효율적으로 제한한다 하더라도 3배나 되는 요청의 증가는 상당한 것이며, 특히 요청을 거부하는 비용과 처리하는 비용의 차이가 상당한 경우에는 더욱 그러하다. 하지만 클라이언트 측의 재시도 제한(10% 재시도 비율)을 적용하면 요청의 증가율이 1.1배에 그쳐 큰 효율을 볼 수 있다.

세 번째 방법은 클라이언트가 요청의 메타데이터 내에 해당 요청에 대한 처리 시도가 몇 번이나 있었는지를 기록해두는 것이다. 예를 들어 요청을 처음 시도할 때는 이 값을 0으로 설정하고 매번 재시도를 할 때마다 이 값을 증가시켜 결국 이 값이 2가 되면 더 이상 이 요청을 재시도하지 않는 것이다. 백엔드는 이 값의 변화를 최근 기록에 포함시킨다. 그리고 백엔드가 요청을 거부해야 하는 상황이 되면 이 값을 이용하여 다른 백엔드 태스크 역시 과부하 상태에 놓였는지를 판단할 수 있다. 만일 이 값이 너무 크다면(즉, 다른 백엔드 태스크들 역시 과부하 상태에 놓여있다면) 요청의 재시도를 유발하는 표준 '태스크 과부하' 응답 대신 '과부하 발생: 재시도 중지' 같은 에러 응답을 리턴할 수 있다.

그림 21-1은 여러 가지 조건에서 일정 시간(재시도된 요청을 포함하지 않고 최초로 시도되는 요청이 1,000개가 될 때까지) 동안 특정 백엔드 태스크가 수신한 각 요청에 대한 처리 시도 횟수를 보여준다. 예시를 간소화하기 위해 클라이언트의 재시도 제한은 일단 무시하고(요청별로 최대 세 번까지의 재시도만이 허용되고), 서브셋을 통해 이 값을 다른 값으로 변경할 수 있다고 가정하자.

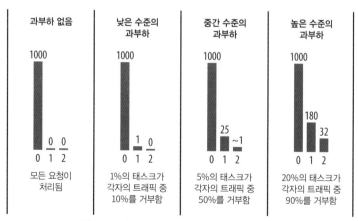

그림 21-1 여러 가지 조건에서 시도된 요청의 기록

우리가 보유하고 있는 대형 시스템들은 시스템의 스택 깊숙이 자리하고 있어서 각자에게 서로 의존하고 있을 수도 있다. 이 아키텍처는 한 번 거부된 요청에 대한 재시도는 해당 요청이 거부된 계층 바로 위의 계층에서 이루어진다. 이 요청을 더 이상 처리할 수 없으며, 요청을 더 이상 재시도하지 않기로 결정하고 나면 "과부하 발생: 재시도 중지" 에러를 리턴해서 재시도 요청이 복합적으로 증가하는 현상을 방지한다.

그림 21-2의 예를 살펴보자(사실 우리가 보유한 스택은 이보다는 훨씬 복잡하다). DB 프런트엔드가 현재 과부하 상태여서 요청들을 거부하고 있다고 가정하면 다음과 같은 일들이 벌어지게 된다.

- 백엔드 B는 앞서 설명한 가이드라인에 따라 요청에 대한 재시도를 실행한다.
- 하지만 백엔드 B가 DB 프런트엔드에 대한 요청이 더 이상 처리될 수 없는 상황이라는 점을 인지하게 되면(예를 들면 요청이 이미 세 번 이상 재시도되어서 더 이상의 처리를 거부해야 하는 경우), 백엔드 B는 백엔드 A에게 "과부하 발생: 재시도 중지" 에러를 보내거나(백엔드 B가 DB 프런트엔드에 대한 요청이 실패했을 때도 어느 정도 유용한 응답을 만들어 보낼 수 있다면) 경감된 응답을 보낸다.
- 백엔드 A는 프런트엔드로부터 요청에 대한 응답에 대해 백엔드 B와 정확히 동일한 옵션을 가지고 있으며, 상황에 따라 해당 옵션을 실행한다.

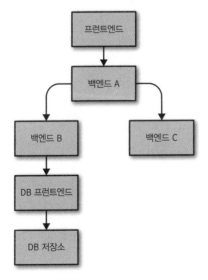

그림 21-2 의존성 스택

여기서 핵심은 DB 프런트엔드의 실패한 요청은 바로 위 계층에 있는 백엔드 B만이 재시도할 수 있다는 점이다. 만일 여러 계층에서 재시도를 수행한다면 재시도 요청이 넘쳐나게 될 것이다.

연결에 대한 부하

모니터링이 필요한 마지막 요소는 연결에 대한 부하다. 우리는 종종 백엔드가 직접 수신하는 요청에 대한 부하(즉, 초당 쿼리 수에 기반을 둔 부하 모델 접근법을 사용할 때의 문제점)만을 고려하는 경향이 있다. 그러나 그렇게 하면 대량의 연결 풀을 관리하기 위한 CPU와 메모리 비용 혹은 연결에 대한 소비율이 빠르게 증가하는 데 드는 비용만을 감시하게 된다. 이런 이슈는 작은 규모의 시스템이라면 그냥 넘길 법하지만 초대용량 RPC 시스템에서는 문제가 되기 십상이다.

앞서 설명했듯이, 우리의 RPC 프로토콜은 정기적인 건강 상태 점검을 위해 비활성화 상태에 놓인 클라이언트를 필요로 한다. 미리 설정된 시간만큼 연결이 대기 중 상태를 유지하면 클라이언트는 TCP 연결을 종료하고 이를 건강 상태 점검을 위한 UDP 연결로 대체한다. 아쉽게도 아주 많은 수의 클라이언트 태스크가 매우 낮은 비율의 요청을 생성하는 상황에서는 이 동작이 문제가 된다. 연결에 대한 건강 상태 점검은 요청을 처리하기 위해 실제로 필요한 자원보다 더 많은 자원을 소비할 수 있기 때문이다. 따라서 연결 매개변수(예를 들면 건강 상태 점검의 빈도를 크게 낮추는 등)를 주의 깊게 튜닝하거나 동적으로 연결을 생성하고 파기함으로써 이 상황을 크게 개선할 수 있다.

새 연결을 맺기 위한 대량의 요청을 처리하는 것은 둘째 문제다(하지만 관련이 있다). 우리는 대량의 일괄 작업이 대량의 워커 클라이언트 태스크를 한꺼번에 생성할 때 이러한 문제가 발생하는 것을 목격했다. 이에 대한 적절한 처리와 과도한 수의 새 연결을 동시에 관리하는 것은 백엔드 그룹에 금세 과부하를 유발한다. 이에 경험상 이 과부하를 완화할 수 있었던 몇 가지 전략을 소개하고자 한다.

- 데이터센터 간 로드밸런싱 알고리즘(예를 들면 단순히 요청의 개수에 의존하기보다는 클러스터의 사용량에 따라 기본 로드밸런싱을 적용하는 등)을 통해 부하를 관리한다. 이렇게 하면 요청에 따른 부하를 여력이 있는 다른 데이터센터로 효율적으로 배분할 수 있다.
- 일괄 클라이언트 작업은 요청을 기반 백엔드로 전달하고 그 결과를 다시 클라이언트에게 전달하는 것 외에는 아무런 추가 작업을 수행하지 않는 별도의 **일괄 프록시 백엔드**

태스크들을 사용하도록 위임한다. 그래서 '일괄 클라이언트 → 백엔드'라는 과정을 거치지 않고 '일괄 처리 클라이언트 → 일괄 프록시 → 백엔드'라는 과정을 거치게 하는 것이다 이렇게 하면 초대용량의 잡이 시작되더라도 일괄 프록시 작업만 바쁘게 움직일 뿐 실제 백엔드(및 높은 우선순위의 클라이언트들)는 보호할 수 있다. 즉, 일괄 프록시가 일종의 도화선(fuse)처럼 동작하게 된다. 프록시를 사용할 때의 또 다른 장점은 백엔드에 대한 연결의 수를 절감할 수 있어 백엔드에 대한 로드밸런싱을 개선하는 효과를 얻을 수 있다는 점이다(예를 들어 프록시 태스크에 더 큰 서브셋을 제공함으로써 백엔드 태스크들의 상태를 더욱 잘 확인할 수 있다).

결론

이 장 및 제20장에서는 태스크의 부하를 데이터센터에 상대적으로 균일하게 배분하기 위한 다양한 기법들(결정적 서브셋, 가중 라운드 로빈, 클라이언트 측 사용량 제한, 고객별 할당량 등)에 대해 살펴보았다. 그러나 이 메커니즘들은 분산 시스템에 걸친 상태의 전파에 의존하고 있다. 물론 이 메커니즘들은 대부분의 경우 상당히 잘 동작하지만 실제 애플리케이션들은 이 기법들이 제대로 동작하지 않는 몇 가지 상황에 당면할 수도 있다.

따라서 우리는 개별 태스크를 과부하로부터 보호하는 것을 중요하게 생각해야 한다. 간단히 말하면, 일정량의 트래픽을 처리하기 위한 백엔드 태스크는 지연응답에 지대한 영향이 없는 상황에서는 태스크에 얼마나 많은 양의 트래픽이 전달되든, 일관된 양의 트래픽을 올바르게 처리할 수 있어야 한다. 따라서 백엔드 태스크는 과부하 상황에서도 나자빠지거나 충돌로 인해 종료되는 일은 없어야 한다. 이 동작은 일정한 양의 트래픽에 대해서는 일관되게 유지되어야 한다. 어쩌면 원래 예상했던 것보다 두 배 이상 혹은 심지어 10배 이상의 트래픽이 유입된다 하더라도 말이다. 물론 어느 시점이 되면 시스템이 무너지기 시작할 것이고 이러한 장애가 발생하는 기준을 높이는 것이 상대적으로 어려워지는 시점이 올 수 있다는 것은 인정한다.

핵심은 이렇게 시스템이 약해지는 상황을 진지하게 받아들이는 것이다. 시스템이 약해지는 상황을 그냥 무시한다면 많은 시스템들이 말도 안 되는 동작을 하게 될 것이다. 그리고 작업이 쌓이면 결국 태스크들이 소비할 메모리가 부족해져 강제로 종료되거나 (혹은 메모리 문제로 인해 거의 모든 CPU를 태워버리거나) 트래픽의 유입이 감소하고 자원을 점유하고 있는 태스크들이 완료될 때까지 지연응답이 발생하게 될 것이다. (개별 백엔드 태스크 같은)시스템의 서브셋에서 발생한 장애를 제대로 확인하지 않는다면 다른 시스템 컴포넌트에도 장애가 발생하고 잠재적으로는 전체 시스템(혹은 상당한 양의 서브셋들)이 장애를 겪게 될 것이다. 이렇게 퍼져나간 장애의 여파는 매우 심각할 수 있으므로 대용량 시스템에서는 이 시스템들을 보호하는 것이 중요하다. 좀 더 자세한 내용은 제22장을 참고하기 바란다.

과부하가 발생한 백엔드가 종료되었거나 트래픽을 더 이상 받아들이지 못하는 상태라고 예상하는 것은 매우 일반적인 실수다. 그러나 이런 잘못된 예상은 견고한 로드밸런싱의 목표에 치명타를 날릴 수 있다. 우리는 실제로 백엔드가 가능한 한 많은 트래픽을 처리해주기를 원하지만 현실적으로는 가용한 수용량만큼의 부하만을 처리할 수 있을 뿐이다. 견고한 로드밸런싱 정책에 힘입어 백엔드가 제대로 동작한다면 이 백엔드는 처리할 수 있는 수준의 요청만을 수신해야 하며, 나머지는 적절하게 거부해야 한다.

비록 우리가 훌륭한 성능의 로드밸런싱과 과부하 보호 장치를 구현할 여러 가지 도구들을 보유하고는 있지만, 모든 문제를 해결할 수 있는 만능 도구는 애초에 존재하지 않는다. 로드밸런싱을 제대로 하려면 시스템과 시스템이 수신하는 요청의 의미들에 대한 깊은 이해가 필요하다. 이 장에서 설명한 기법들은 구글의 여러 시스템들에 적용하면서 개선되어 왔으며, 우리의 시스템이 지속적으로 변화하는 만큼 계속해서 진화해 나갈 것이다.

22

연속적 장애 다루기

마이크 울리히(Mike Ulrich) 지음

처음에 성공하지 못하면 그 이상으로 늦어지게 된다.

— 댄 샌들러(Dan Sandler), 구글 소프트웨어 엔지니어

왜 사람들은 조금만 더 신경을 쓰면 된다는 사실을 늘 잊곤 하는가?

— 에이드 오시니에(Ade Oshineye), 구글 개발자 전도사

연속적 장애(cascading failure)는 정상적인 것처럼 보여지는 응답[1] 때문에 시간이 지나면서 장애가 계속해서 가중되는 현상이다. 전체 시스템의 일부에서 장애가 발생했을 때 주로 나타나며, 이로 인해 시스템의 다른 부분에 장애가 발생할 가능성도 늘어나게 된다. 예를 들어 서비스의 단일 복제본에서 과부하 때문에 장애가 발생하면 남은 복제본에 부하가 늘어나고 이들의 장애 가능성이 증가하며 도미노처럼 서비스의 전체 복제본들에서 차례로 장애가 발생하는 현상이다.

---

1 자세한 내용은 위키피디아의 '긍정적 피드백(https://en.wikipedia.org/wiki/Positive_feedback)'을 참고하기 바란다.

이 장에서는 24쪽의 "셰익스피어: 예제 서비스" 절에서 설명했던 셰익스피어 검색 서비스를 예제로 사용한다. 이 서비스의 프로덕션 환경을 위한 설정은 그림 22-1과 같다.

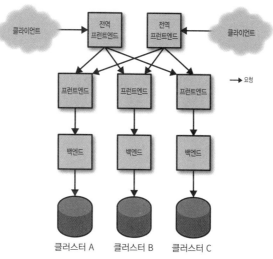

그림 22-1 셰익스피어 서비스의 프로덕션 환경 예시

연속적 장애의 원인과 그 대책

사전에 충분한 고려를 수반한 시스템 디자인은 연속적 장애를 유발할 수 있는 몇 가지 상황들을 제대로 처리할 수 있어야 한다.

서버 과부하

연속적 장애를 유발하는 가장 일반적인 원인은 과부하다. 이 장에서 설명하는 대부분의 연속적 장애는 서버의 과부하가 직접적인 원인이거나 혹은 이로 인해 확장된 또는 변형된 장애들이다.

다음 그림 22-2와 같이 구성된 클러스터 A의 프런트엔드가 초당 1,000개의 요청(Query Per Second, QPS)을 처리한다고 가정하자.

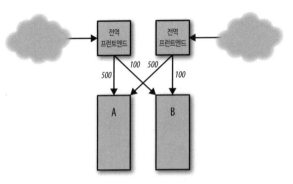

그림 22-2 클러스터 A와 B 사이의 전형적인 부하 분산 과정

만일 클러스터 B에서 장애가 발생하면(그림 22-3) 클러스터 A에 전달되는 요청은 1,200 QPS로 증가한다. 클러스터 A의 프런트엔드는 1,200 QPS의 요청을 처리할 수 없으므로 자원이 부족하게 되어 충돌이 발생하거나 지연응답 혹은 오동작이 발생하게 된다. 그 결과 성공적으로 처리된 요청의 수는 1,000 QPS 이하로 감소하게 된다.

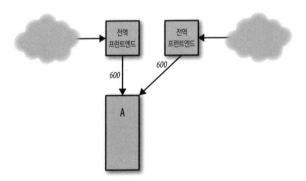

그림 22-3 클러스터 B에서 발생한 장애 때문에 모든 트래픽이 클러스터 A로 몰리는 상황

이처럼 성공적으로 완료된 작업의 수가 감소하면 그 여파는 도메인의 다른 시스템으로 퍼져 나가 잠재적으로는 전체 시스템에 영향을 미칠 수 있다. 예를 들어 한 클러스터에서 과부하가 발생하면 그 서버들이 충돌로 인해 강제로 종료되게 되고 그 여파로 로드밸런싱 컨트롤러가 요청을 다른 클러스터에 보내면 그 쪽의 서버들에서 과부하가 발생하고 결국 서비스 전체에 걸친 과부하 장애가 발생한다. 이 상황이 퍼지는 데는 그다지 오래 걸리지 않는다(단 몇 분 만에 퍼져나갈 수도 있다). 왜냐하면 로드밸런서와 태스크 스케줄링 시스템은 매우 빠르게 동작하기 때문이다.

자원의 부족

자원의 부족 역시 높은 지연응답과 에러율의 증가 혹은 낮은 품질의 응답을 야기할 수 있다. 사실 자원이 부족하게 되면 어쩔 수 없이 발생하는 현상들이다. 서버가 감당할 수 있는 수준의 부하를 넘어서게 되면 결국에는 어떤 식으로든 조치가 필요하게 마련이다.

서버의 어떤 자원이 부족해지는지, 그리고 서버가 어떻게 구성되어 있는지에 따라 자원의 부족은 서버의 비효율적 동작 혹은 충돌로 인한 서버의 강제 종료를 유발할 수 있고 로드밸런서는 그 즉시 자원 부족이라는 이슈를 다른 서버들로 퍼져나가게 한다. 이런 현상이 발생하면 성공적으로 처리된 요청의 비율이 곤두박질치고 클러스터 혹은 전체 서비스에 연속적 장애가 발생하게 된다.

다양한 자원에서 부족 현상이 발생할 수 있는 만큼, 그 결과 역시 서버에서 각기 다르게 나타난다.

CPU 자원이 부족한 경우

유입된 요청을 처리하기에 CPU가 부족한 경우에는 주로 모든 요청의 처리가 느려진다. 이 경우 다음과 같은 여러 가지 부차적 현상이 발생하게 된다.

처리 중인 요청 수의 증가

요청 처리가 느려지므로 동시에 처리 중인 요청의 수가 증가하게 된다(물론 최대한 가능한 범위까지만 늘어난다). 이는 메모리, 활성 스레드 수(각 요청을 별도의 스레드에서 처리하는 모델이 적용된 경우), 파일 서술자(descriptor)의 수 및 백엔드 자원(다른 현상이 발생할 수도 있다) 등 거의 모든 자원에 영향을 미친다.

비정상적으로 증가하는 큐의 크기

모든 요청을 안정적으로 처리할 수 없게 되면 서버의 큐가 넘쳐나게 된다. 즉, 지연응답이 증가하고(요청이 큐에 더 오랜 시간 머물기 때문에) 큐가 더 많은 메모리를 소비하게 된다. 이런 현상을 완화하기 위한 전략은 310쪽의 "큐 관리하기" 절을 참고하기 바란다.

스레드 기아(thread starvation)

스레드가 잠금을 기다리느라 더 이상 처리되지 않고 대기 상태가 되면 건강 상태 체크 종단점이 제시간에 처리되지 않아 실패할 가능성이 있다.

CPU 혹은 요청 기아

서버 내부의 와치독(watchdogs)[2]이 서버가 더 이상 처리를 못하고 있다는 것을 탐지하면 CPU 기아 현상으로 인해 서버에서 충돌이 발생하기도 하고 와치독 이벤트가 원격에서 발생하고 요청 큐를 통해 처리되는 경우에는 요청 기아가 발생하기도 한다.

RPC 시간 초과

서버에 과부하가 발생하면 클라이언트에 대한 RPC 응답이 늦어지게 되어 클라이언트에서 시간 초과가 발생할 수 있다. 그러면 서버가 수행했던 작업은 아무런 소용이 없어지고 클라이언트는 RPC 요청을 재시도하여 더 많은 과부하가 발생하게 된다.

CPU 캐시 이점의 감소

더 많은 CPU가 사용될수록 더 많은 코어에서 누수가 발생할 가능성이 커지고 그 결과 로컬 캐시 및 CPU의 효율성이 떨어지게 된다.

메모리

별다른 일이 없다면 실행 중인 요청은 요청, 응답, RPC 객체 등을 할당하기 위해 더 많은 RAM을 소비한다. 메모리 기아(memory starvation)는 다음과 같은 현상을 유발한다.

태스크 종료

예를 들어 컨테이너 관리자(container manager, 가상 머신 등)가 가용한 자원의 한계 혹은 애플리케이션의 특정한 충돌로 인해 태스크를 거부하면 이 태스크는 강제로 종료된다.

자바의 가비지 컬렉션(Garbage Collection, GC) 수행률 증가로 인한 CPU 사용률 증가

가비지 컬렉션이 비정상적으로 동작하면 가용한 CPU 자원이 줄어들고 이로 인해 요청의 처리가 느려지면서 RAM 사용량이 증가하고 그 결과 GC 작업이 더 빈번하게 수행되면 CPU 자원이 더 모자라게 되는 악순환이 발생한다. 이를 '죽음의 GC 소용돌이'(GC death spiral)'라고 한다.

---

2 와치독은 주로 마지막으로 검사한 시간 이후로 작업이 완료되었는지를 확인하기 위해 정기적으로 실행되는 스레드의 형태로 구현된다. 만일 확인 시점에 아직 작업이 완료되지 않았다면 와치독은 서버가 중단된 것으로 간주하고 이를 종료시켜 버린다. 예를 들어, 정기적으로 서버와 미리 약속된 형태의 요청을 보내고 이 중 하나가 제대로 전달되지 않거나 예상했던 시점까지 처리가 완료되지 않으면 서버나 요청을 보내는 시스템 혹은 그 사이의 네트워크에서 장애가 발생했다는 것을 의미하기 때문이다.

캐시 활용률의 감소

가용한 RAM이 부족해지면 애플리케이션 수준의 캐시 활용률이 감소하고 그 결과 더 많은 RPC 요청이 백엔드로 전달되어 백엔드에 과부하를 초래하게 된다.

스레드

스레드 기아는 직접적으로 에러를 발생시키거나 혹은 건강 상태 점검의 실패를 야기한다. 서버가 필요한 만큼 스레드를 생성하면 스레드 과부하로 인해 너무 많은 RAM을 소비하게 된다. 극단적인 경우 스레드 기아로 인해 프로세스 ID가 모두 소진되는 결과를 초래할 수도 있다.

파일 서술자

파일 서술자(file descriptor)가 부족해지면 네트워크 연결의 초기화가 불가능해져 건강 상태 점검이 실패하게 된다.

자원 간의 의존성

중요한 것은 자원의 부족은 또 다른 자원에 영향을 미친다는 점이다. 과부하로 고통받고 있는 서비스는 부차적 증상을 유발하는데, 이것이 마치 근본 원인처럼 보여 디버깅이 더욱 어려워진다.

예를 들어 다음과 같은 상황을 가정해보자.

1. 자바 프런트엔드의 가비지 컬렉션 매개변수가 잘못 설정되었다.
2. (예상한 수준의) 과부하 상황에서 프런트엔드에 GC 때문에 CPU 부족 현상이 발생한다.
3. CPU 부족으로 요청 처리가 느려진다.
4. 실행 중인 요청의 수가 증가하면서 이 요청들을 처리하기 위해 더 많은 RAM을 소비하게 된다.
5. 메모리에 대한 부담과 프런트엔드 프로세스의 정적 메모리 할당이 더해져 캐시에 사용할 RAM이 부족해진다.
6. 캐시의 크기가 줄어들면서 캐시되는 요소의 수가 적어지는 동시에 캐시의 활용률 또한 저하된다.
7. 캐시의 활용률이 줄어들자 백엔드 서비스에서 더 많은 요청의 처리가 실패한다.
8. 다음 차례로 백엔드에서 CPU 혹은 스레드 부족 현상이 발생한다.

9. 마지막으로 CPU의 부족으로 인해 건강 상태 점검이 실패하면서 연속적 장애가 발생하기 시작한다.

이처럼 복잡한 상황에서는 장애가 발생한 동안 그 인과관계를 정확하게 파악하기가 어렵다. 백엔드에서 발생한 충돌이 프런트엔드의 캐시 활용률 저하로 인해 발생한 것인지를 확인하기가 매우 어려워지며, 특히 프런트엔드와 백엔드 컴포넌트의 담당자가 다른 경우에는 더욱 그러하다.

서비스 이용 불가

자원의 부족은 서버의 충돌을 유발한다. 예를 들어 컨테이너에 너무 많은 RAM이 할당되면 서버에서 충돌이 발생한다. 몇 개의 서버에서 충돌이 발생하기 시작하면 나머지 서버의 부하가 증가하고 결국 이들 역시 충돌을 경험하게 된다. 이 문제는 마치 눈덩이처럼 불어나는 경향이 있어서 금세 모든 서버들에서 충돌이 발생한다. 행여 서버가 복구된다 하더라도 복구가 되자마자 밀려있는 요청의 폭탄을 얻어맞기 때문에 이 상황을 탈출하기란 상당히 어렵다.

일례로 어떤 서비스가 10,000 QPS에서도 정상 동작했는데 11,000 QPS 상황에서 충돌이 발생하는 바람에 연속적 장애가 발생했다면 처리 능력을 9,000 QPS 수준으로 떨어뜨린다고 해도 충돌을 피하기가 어렵다. 그 이유는 서비스가 증가한 요청을 더 낮은 수준의 수용력으로 처리해야 하기 때문이다. 결국 일부 서버들만이 요청을 처리할 수 있는 상황에 놓이게 되는 것이다. 요청을 처리할 수 있는 서버의 크기 역시 시스템이 얼마나 빨리 태스크를 시작할 수 있는지, 바이너리가 얼마나 빨리 최대한의 수용량을 처리하기 시작할 수 있는지, 새로 시작된 태스크가 과부하 상황에서 얼마나 오래 견딜 수 있는지 등 여러 가지 요인에 영향을 받는다. 이 같은 상황에서 만일 10%의 서버가 요청을 처리할 수 있다면 시스템의 안정성 확보 및 복구를 위해 요청률을 1,000 QPS 수준으로 떨어뜨릴 수밖에 없다.

마찬가지로 로드밸런싱 계층에서 서버의 건강 상태가 좋지 않은 것으로 나타나면 그 결과로 로드밸런싱 수용량이 감소하게 되고 서버들은 '레임덕' 상태(272쪽의 "양호하지 않은 태스크를 식별하는 확실한 방법: 레임덕 상태" 절을 참고하기 바란다)가 되거나 충돌은 없지만 건강 상태 점검에 실패하게 된다. 하지만 그 영향은 서비스의 충돌과 거의 유사하다. 즉, 더 많은 서버들이 건강 상태가 좋지 않은 것으로 나타나게 되고, 비교적 양호한 상태의 서버들은 마찬가지로 좋지 않은 상태가 될 때까지 아주 짧은 시간 동안만 요청을 처리할 수 있으며, 극히 일부의 서버들만이 요청을 처리할 수 있는 상태로 살아남게 된다.

에러를 리턴하는 서버를 우회하는 로드밸런싱 정책은 오히려 문제를 더 악화시킨다. 에러를 리턴하는 몇 개의 백엔드 때문에 서비스가 감당할 수 있는 수용량을 충분히 부담하지 못하게 되는 것이다. 이로 인해 나머지 서버들의 부담이 가중되고 또 다시 눈덩이는 불어나는 것이다.

서버 과부하 방지하기

지금부터 살펴볼 내용은 서버의 과부하를 방지하기 위한 전략들을 대략적인 순위로 나열해본 것이다.

서버 수용량 한계에 대한 부하 테스트 및 과부하 상태에서의 실패에 대한 테스트

이것은 서버의 과부하를 방지하기 위해 반드시 수행해야 할 가장 중요하고도 중요한 사안이다. 실제 환경에서 테스트하지 않으면 정확히 어떤 자원이 부족해지는지, 그리고 자원의 부족이 어떤 영향을 미치는지를 예측하기가 매우 어렵다. 이에 대한 자세한 내용은 325쪽의 "연속적 장애 테스트하기" 절을 참고하기 바란다.

경감된 응답 제공하기

품질은 낮지만 더 수월하게 연산할 수 있는 결과를 사용자에게 제공한다. 이 전략은 서비스마다 다르게 적용될 수 있다. 더 자세한 내용은 311쪽의 "부하 제한과 적절한 퇴보" 절을 참고하기 바란다.

과부하 상태에서 요청을 거부하도록 서비스를 구현하기

서버는 과부하 및 충돌로부터 스스로를 보호할 수 있어야 한다. 프런트엔드나 백엔드에 과부하가 발생하면 최대한 빠르면서도 비용이 적게 드는 방법으로 실패를 처리해야 한다. 좀 더 자세한 내용은 311쪽의 "부하 제한과 적절한 퇴보" 절을 참고하기 바란다.

고수준의 시스템들이 서버에 과부하를 유발하지 않고 요청을 거부하도록 구현하기

비율에 제한을 둔다고 해서 전체적인 서비스의 건강 상태를 관리할 수는 없으므로 일단 장애가 시작되면 멈출 방법이 없을 수도 있다. 게다가 비율 제한을 너무 간단하게 구현하면 여분의 수용량을 제대로 활용하지 못하는 경우도 있다. 따라서 비율의 제한은 다음과 같이 여러 부분에서 구현되어야 한다.

- 리버스 프록시(reverse proxy)는 IP 주소 같은 조건들을 이용하여 요청의 전체 양을 제한함으로써 서비스 거부(Denial of Service, DoS)와 같은 공격의 영향을 최소화할 수 있다.

- **로드밸런서**는 서비스가 전체적인 과부하 상태일 때는 요청을 스스로 차단한다. 물론 차단할 요청의 비율은 서비스의 성격과 복잡도에 따라 무조건적으로 차단(초당 X개 이상의 요청이 발생하면 모든 트래픽을 차단)하거나 혹은 선택적으로 차단(서비스를 최근에 사용한 적이 없는 사용자의 요청을 차단 혹은 실제 사용자 세션은 계속해서 서비스를 제공하지만 백그라운드 동기화 같은 우선순위가 낮은 작업의 요청은 차단)할 수 있다.
- 개별 작업들은 로드밸런서가 보내오는 요청의 변화에 의해 서버에 갑작스럽게 많은 요청이 몰리지 않도록 이를 제한한다.

수용량 계획을 실행하기

수용량 계획을 제대로 실행하면 연속적 장애의 가능성을 줄일 수 있다. 수용량 계획은 서비스가 어느 수준의 부하에서 장애가 발생하는지를 판단하기 위해 반드시 성능 테스트와 병행되어야 한다. 예를 들어 모든 클러스터에서 5,000 QPS 시 장애가 발생한다면 이 부하가 전체 클러스터에 균등하게 배분된다고[3] 가정할 때 서비스의 최대 부하가 19,000 QPS라면 $N + 2$ 공식에 따라 서비스를 운영하는 데 필요한 클러스터는 대략 6개라는 결론에 이른다.

수용량 계획은 연속적 장애의 발생 가능성을 억제할 수는 있지만, 연속적 장애로부터 시스템을 보호하는 데는 크게 도움이 되지 않는다. 계획된 혹은 예상치 못한 현상으로 인해 인프라스트럭처의 상당 부분에서 장애가 발생했다면 수용량 계획을 얼마나 잘 수립했든 연속적 장애를 해결하지는 못할 것이다. 로드밸런싱 문제, 네트워크 파티션, 혹은 기타 예측하지 못한 트래픽의 증가로 인해 미리 예상한 것 이상의 부하가 몰려들 수 있기 때문이다. 몇몇 시스템은 필요에 따라 서비스가 실행하는 태스크의 수를 증가시켜서 과부하를 방지할 수도 있을 것이다. 하지만 그럼에도 불구하고 수용량 계획은 반드시 필요하다.

큐 관리하기

각 요청을 개별 스레드에서 처리하는 대부분의 서버는 요청을 처리하기 위해 스레드 풀 앞에 큐를 배치한다. 요청이 들어오면 이들은 우선 큐에 적재되고 그런 후 스레드들이 이 큐로부터 요청을 꺼내어 실제 작업(서버가 실행해야 하는 행동)을 실행한다. 대부분 이 큐가 가득 차면 서버는 새로운 요청을 거부하게 된다.

---

3 지리적 요소를 고려한다면 이 가정은 사실 적절하다고 할 수 없다. 좀 더 자세한 내용은 26쪽의 "작업과 데이터의 조직화" 절을 참고하기 바란다.

만일 어떤 태스크의 요청률과 지연응답 수준이 일정하다면 요청을 큐에 적재할 필요 없이 일정한 수의 스레드를 점유해 놓으면 그만이다. 이 같은 이상적인 상황이라면 서버가 처리할 수 있는 요청의 비율을 넘는 요청이 유입될 때만 큐에 적재하면 되지만, 결국 스레드 풀과 큐가 모두 포화상태에 이르게 될 것이다.

요청을 큐에 적재하면 더 많은 메모리를 소비하며, 지연응답 또한 증가하게 된다. 예를 들어 큐의 크기가 스레드 수의 10배이고 각 스레드가 요청을 처리하는 데 드는 시간이 100밀리초라고 가정해보자. 큐가 가득 차면 요청의 처리에는 1.1초가 소요되고 이 중 대부분의 시간은 큐에서 소비하게 된다.

시간이 지나도 트래픽의 변화가 크지 않은 시스템의 경우에는 스레드 풀 크기에 비해 짧은 길이(약 50% 혹은 그 이하)의 큐를 배치해서 서버가 감당할 수 없는 수준의 요청이 유입되는 경우 최대한 이른 시점에 이를 거부하게 하는 것이 좋다. 예를 들어 지메일은 큐가 없는 서버를 이용하곤 하는데, 이때 스레드가 가득 차면 필요한 작업을 다른 서버 태스크로 이관한다. 한편 트래픽의 변화폭이 커서 '폭발적인' 부하가 발생할 수 있는 시스템은 현재 사용 중인 스레드의 수, 각 요청의 처리 시간, 그리고 과부하의 크기와 빈도 등에 기초해서 큐의 크기를 결정하는 것이 좋다.

부하 제한과 적절한 퇴보

서버가 과부하 상태에 도달하게 되면 부하 제한(load shedding)을 통해 유입되는 트래픽을 감소시켜 어느 정도의 부하를 덜어낼 수 있다. 그 목적은 서버의 메모리 부족이나 건강 상태 점검 실패, 지연응답의 극단적 증가 및 기타 과부하에 관련된 증상들이 서버에서 발생하는 것을 방지하고 서버가 최대한 자신의 작업을 계속해서 수행할 수 있도록 유지하는 것이다.

부하를 배분하는 가장 직관적인 방법은 CPU, 메모리 혹은 큐의 길이에 따라 태스크별로 제한을 두는 것이다. 310쪽의 "큐 관리하기" 절에서 소개했던 내용 역시 이러한 형태의 전략 중 하나다. 예를 들어 일정 수 이상의 클라이언트 요청이 유입되면 그 이후의 요청에 대해서는 HTTP 503(서비스 사용 불가) 에러를 리턴하는 것이 효과적인 대책 중 하나다.

본래 선입선출(First-in, First-out, FIFO)로 동작하는 큐를 후입선출(Last-in, First-out, LIFO)이나 [Nic12], 혹은 그와 유사한 방식으로 변경하면 처리할 필요가 없는 요청들을 제거함으로써 부하를 줄일 수 있다. RPC가 10초간 큐에 머물러 있어서 사용자의 웹 검색이 느려진다면 사용자는 검색을 포기하고 브라우저를 새로 고쳐서 다른 요청을 발신할 것이다. 첫 번째 요청을 계속 기다릴 이유가 없으므로 그냥 무시하게 되는 것이다. 이 방법은 316쪽의 "지연응답과 마감기한" 절에서 설명할 RPC 마감기한을 전체 스택에 전파하는 방법을 함께 활용하면 더욱 큰 효과를 발휘할 수 있다.

이보다 더 깔끔한 방법은 처리를 거부할 작업과 더 중요하고 우선순위가 높은 요청을 선택할 때 해당 요청의 클라이언트를 함께 고려하는 방법이다. 이 방법은 여러 클라이언트가 공유하는 서비스에 더 필요하다.

적절한 퇴보(graceful degradation)는 부하 제한의 개념에서 한 걸음 더 나아가 실행해야 할 작업의 양을 감소시키는 방법이다. 일부 애플리케이션의 경우 일부러 응답의 품질을 경감시켜 작업의 양이나 처리에 필요한 시간의 양을 현저히 줄일 수 있다. 예를 들어 검색 애플리케이션은 디스크 상의 전체 데이터베이스가 아닌 메모리 캐싱에 저장된 일부 데이터에 대해서만 검색을 수행한다거나 과부하 시에 비교적 정확도가 떨어지는 (하지만 더 빠른) 순위 알고리즘을 적용할 수 있다.

서비스에 부하 제한이나 적절한 퇴보를 적용할 때는 다음과 같은 사항들을 고려해야 한다.

- 어떤 지표(예를 들면 CPU 사용률, 지연응답, 큐의 길이, 사용 중인 스레드의 수, 서비스가 자동으로 퇴보 모드로 동작하는지 아니면 수동으로 전환해야 하는지 등)를 활용해서 부하 제한이나 적절한 퇴보의 적용 여부를 결정할 것인가?
- 서버가 퇴보 모드로 동작하게 되면 어떤 조치를 취해야 하는가?
- 부하 제한이나 적절한 퇴보는 어느 계층에서 구현해야 하는가? 스택 내의 모든 계층에서 구현해야 할까? 아니면 상대적으로 높은 수준의 병목 구간에만 적용해도 충분할까?

선택할 수 있는 옵션을 평가하고 배포하는 동안에는 다음과 같은 내용들을 고려하자.

- 적절한 퇴보는 너무 자주 발생해서는 안 된다. 대부분 수용량 계획이 실패했거나 혹은 예상하지 못했던 부하의 이동이 발생하는 경우에만 적용되어야 한다. 특히 시스템의 사용률이 높지 않더라도 시스템을 지속적으로 간결하고 쉽게 이해할 수 있는 상태로 유지해야 한다.
- 어떤 코드 경로가 한 번도 사용된 적이 없다면 (대부분의 경우) 이 코드 경로는 동작하지 않을 것이라는 점을 잊지 말자. 안정적인 상태에서 운영 중일 때는 적절한 퇴보 모드가 사용될 일이 없지만, 이는 반대로 적절한 퇴보 모드에서의 운영 경험을 쌓을 수가 없어

오히려 위험 수위가 높아진다. 여차할 때 적절한 퇴보 모드가 제대로 동작하도록 유지하려면 이 코드 경로에 대한 경험을 쌓기 위해 몇몇 서버들을 거의 과부하 상태에 가깝게 운영해보는 기회를 정기적으로 갖는 것이 좋다.

- 이 모드에서 동작하는 서버가 너무 많아지지는 않는지 적절히 모니터링하고 경고를 발송해야 한다.

- 부하 제한과 적절한 퇴보를 구현하는 로직이 복잡해지면 그 자체에 문제가 발생할 수 있다. 너무 복잡하면 서버가 필요하지 않은 경우에도 퇴보 모드로 동작하거나 혹은 예상치 못한 시점에 피드백 주기로 진입할 수 있다. 그래서 복잡하게 구현된 적절한 퇴보 로직을 신속하게 끄거나 매개변수를 조정할 수 있도록 디자인해야 한다. 이런 설정은 처비(Chubby) 같이 각 서버들이 변경 사항을 모니터링할 수 있는 일관된 시스템에 저장해 두면 배포 속도를 높일 수 있지만 한편으로는 동기화 실패에 따른 위험도 따르게 된다.

재시도

백엔드로 약간 어설프게 재시도를 요청하는 프런트엔드 코드가 있다고 가정해보자. 이 재시도는 어떤 요청이 실패했을 때 이루어지며 논리 요청당 백엔드 RPC는 10번으로 제한되어 있다. 그리고 고(Go) 언어를 기반으로 gRPC를 이용하도록 구현되어 있다.

```go
func exampleRpcCall(client pb.ExampleClient, request pb.Request) *pb.Response {

    // RPC 타임아웃을 5초로 지정한다.
    opts := grpc.WithTimeout(5 * time.Second)

    // 최대 20번까지 RPC 호출을 시도한다.
    attempts := 20
    for attempts > 0 {
        conn, err := grpc.Dial(*serverAddr, opts...)
        if err != nil {
            // 연결 설정 시 에러가 발생하면 재시도한다.
            attempts--
            continue
        }
        defer conn.Close()

        // 클라이언트 스텁(stub)을 생성하고 RPC 호출을 시도한다.
        client := pb.NewBackendClient(conn)
        response, err := client.MakeRequest(context.Background, request)
        if err != nil {
            // 호출 실패 시 재시도한다.
```

```
        attempts--
        continue
    }

    return response
  }

  grpclog.Fatalf("재시도 횟수 초과")
}
```

이 시스템은 다음과 같은 과정을 거쳐 연속적 장애를 일으킬 수 있다.

1. 백엔드의 한계가 태스크당 10,000 QPS이며, 적절한 퇴보가 적용되면 그 이후의 모든 요청은 거부된다고 가정하자.

2. 프런트엔드가 MakeRequest 함수를 10,100 QPS의 비율로 일정하게 호출하면 백엔드에 100 QPS의 과부하가 발생해서 백엔드가 요청을 거부하게 된다.

3. MakeRequest 함수는 매 1,000밀리초마다 실패한 100 QPS의 요청을 재시도하고 이들이 성공적으로 처리된다. 그러나 재시도 때문에 백엔드에 추가 요청이 전달되어 이제 백엔드는 10,200 QPS의 요청을 수신하게 되고 200 QPS의 요청이 과부하로 인해 처리에 실패하게 된다.

4. 그 결과 재시도의 비율이 증가한다: 처음 100 QPS의 재시도는 200 QPS의 재시도 요청으로 증가하고, 이어서 300 QPS 등으로 계속 증가한다. 그래서 처음 시도에 비해 더 적은 수의 요청이 처리되고 결국 백엔드에 전달된 요청의 일부만이 처리된다.

5. 백엔드 태스크가 (파일 서술기, 메모리, 그리고 CPU 시간을 소비하는) 부하의 증가로 인해 더 이상의 요청을 처리할 수 없게 되면 계속되는 요청과 재시도 때문에 결국 충돌이 발생하게 된다. 이 충돌로 인해 처리되지 못한 요청들은 나머지 백엔드 태스크들이 감당해야 하는 부하가 되어 이 태스크들 역시 과부하 상태에 놓이게 된다.

이 시나리오[4]에는 몇 가지 가정이 뒷받침되지만 중요한 것은 재시도 때문에 시스템이 불안정하게 될 수 있다는 점이다. 일시적인 부하의 증가는 물론 점진적인 증가 역시 동일한 결과를 초래할 수 있음을 명심하자.

MakeRequest 함수를 호출하는 비율을 미리(예를 들면 9,000 QPS 정도로) 줄일 수 있더라도 백엔

---

4 독자들을 위해 실습을 위한 절차를 공개하고자 한다. 우선 간단한 시뮬레이터를 작성하고 부하의 정도나 재시도 비율에 따라 백엔드가 어느 정도의 작업을 수행할 수 있는지 살펴보기 바란다.

드가 실패를 리턴하는 비용이 어느 정도인지에 따라 여전히 문제가 발생할 소지가 있다. 여기에는 두 가지 요소가 영향을 미친다.

- 백엔드가 요청을 처리하는 데 상당한 양의 자원을 소모한다면 결국 과부하로 인해 요청 처리에 실패하게 되고 재시도 요청 때문에 백엔드는 지속적으로 과부하 상태에 놓이게 된다.
- 백엔드 서버 자체가 안정적이지 않을 수 있다. 이에 따라 303쪽의 "서버 과부하" 절에서 살펴본 것과 같이 재시도 요청이 과부하로 확대될 수 있다.

이 두 가지 조건에 모두 해당한다면 장애를 탈출하기 위해서는 재시도 요청이 중지되고 백엔드가 안정을 되찾을 때까지 프런트엔드의 부하를 상당히 줄이거나 혹은 모두 제거해야 한다.

이 패턴은 프런트엔드와 백엔드가 RPC 메시지를 통해 통신을 하든, 아니면 프런트엔드가 XmlHttpRequest 호출을 수행하며 실패 시 재시도를 수행하는 자바스크립트 클라이언트이든, 아니면 재시도가 오프라인 동기화 프로토콜을 통해 이루어져서 실패 시 적극적으로 재시도를 하는 경우든 무관하게 여러 가지 연속적 장애를 유발할 수 있다.

자동 재시도를 수행할 때는 다음과 같은 사항들을 고려해야 한다.

- 대부분의 백엔드 보호 전략은 309쪽의 "서버 과부하 방지하기" 절에서 설명했다. 특히 시스템에 대한 테스트는 문제를 조명하고 적절한 퇴보를 통해 백엔드에 대한 재시도의 영향을 줄일 수 있다.
- 재시도를 실행할 때는 항상 임의의 값을 이용해 지수적으로 간격을 두어야 한다. AWS 아키텍처 블로그[Bro15]의 "지수에 기반한 간격 및 지터(Exponential Backoff and Jitter, https://aws.amazon.com/ko/blogs/architecture/exponential-backoff-and-jitter/)"를 참고하기 바란다. 재시도가 어느 간격 내에서 임의로 분포되지 않으면 작은 변화(예를 들면 네트워크의 일시적 장애)에도 재시도 요청이 동시에 쏟아질 수 있어 장애의 확산에 영향을 주게 된다[Flo94].
- 요청당 재시도 횟수에 제한을 둔다. 무한정 요청을 재시도하면 안 된다.
- 서버 수준에서 재시도에 대한 한계 수치를 책정한다. 예를 들어 한 프로세스 내에서 분당 60개의 재시도만 허용하고 재시도 한계 수치를 넘어서게 되면 재시도를 수행하지 않고 요청을 실패 처리하는 식이다. 이 방법은 재시도를 수행하는 효과를 발휘하며 일부 쿼리를 중단하고 전체적인 연속적 장애를 유발하는 수용량 계획 실패와는 차이가 있을 수 있다.
- 서비스 전체를 살펴보고 특정 수준의 재시도가 정말로 필요한 것인지를 결정해야 한다.

특히 여러 부분에서 재시도를 요청함으로써 재시도 요청이 확대되는 상황은 피해야 한다. 가장 높은 계층에서 하나의 요청에 대한 재시도를 수행하면 이는 제품의 크기에 따라 그 하위 계층 각각에서 여러 개의 재시도 요청이 발생할 수도 있다. 만일 데이터베이스가 과부하로 인해 서비스를 제공하지 못하면 백엔드, 프런트엔드, 그리고 자바스크립트 계층에서 모두 3개의 재시도(총 4번의 재시도)가 발생하고, 그 결과 하나의 사용자 동작으로 인해 데이터베이스에서는 64번(4^3)의 시도가 이루어질 수 있다. 데이터베이스가 과부하 때문에 에러를 리턴하는 상황이라면 이런 상황은 결코 일어나서는 안 된다.

- 명확한 응답 코드를 사용하고 각기 다른 실패 모드를 어떻게 처리할 것인지를 생각해야 한다. 예를 들어 에러 상황에 따라 재시도를 수행할 것과 그렇지 않을 것을 구분해야 한다. 클라이언트의 영구적인 에러나 유효하지 않은 요청들은 결코 성공적으로 수행될 수 없으므로 재시도할 필요가 없다. 과부하 시에는 특정 상태를 리턴해서 클라이언트나 다른 계층이 재시도를 수행하지 않도록 해야 한다.

긴급한 상황에서는 장애가 잘못된 재시도 동작 때문에 발생한 것인지를 파악하기가 쉽지 않을 수 있다. 이때 재시도 비율의 그래프를 확인하면 잘못된 재시도 동작을 확인할 수는 있지만, 복합적인 원인이 아니라 일종의 증상으로 착각할 수 있다. 이 상황을 타개하는 것은 재시도 동작의 수정(대부분 새 코드 배포가 필요하다), 상당한 부하의 감소 혹은 전체 요청의 거부 등의 추가적인 조치를 동반해야 하는 부적절한 수용량 문제의 특별한 경우다.

지연응답과 마감기한

프런트엔드는 백엔드 서버로 RPC 요청을 보낼 때 그 응답을 기다리기 위해 자원을 소비한다. RPC 마감기한은 프런트엔드가 응답을 얼마나 오래 기다릴 것인지를 정의해서 백엔드 때문에 프런트엔드의 자원이 소비되는 시간에 제한을 두기 위한 것이다.

마감기한의 결정

대부분 마감기한을 설정하는 것이 바람직하다. 마감기한을 설정하지 않거나 또는 말도 안 되게 긴 시간을 설정하면 서버가 재시작할 때까지 서버의 자원을 오랫동안 계속해서 소비하게 되는 문제가 단기적으로 발생할 수 있다.

마감기한이 너무 길면 스택의 상위 계층이 자원을 너무 많이 소비해서 스택의 하위 계층에서 문제기 발생하게 된다. 반면, 마감기한이 너무 짧으면 자원을 많이 소비하는 요청이 계속해서 처리에 실패할 수 있다. 그래서 적절하게 균형을 맞춘 마감기한을 설정하는 것이 중요하다.

마감기한의 상실

많은 연속적 장애들에서 찾아볼 수 있는 현상 중 하나는 서버가 클라이언트의 마감기한을 넘긴 요청들을 계속 처리하느라 자원을 소비하고 있는 현상이다. 결과적으로 아무것도 진행되지 않는 동안 자원이 소비되는 것이다. 이미 RPC에 할당이 늦어졌다면 아무런 소득도 없을 뿐이다.

어느 클라이언트가 RPC 요청의 마감기한을 10초로 설정했다고 가정해보자. 서버에 과부하가 심해서 그 결과로 큐에 보관되었던 요청을 스레드 풀로 옮기는 데 11초가 걸렸다. 이 시점에 클라이언트는 이미 해당 요청에 대한 응답을 받기를 포기했을 것이다. 대부분의 경우 서버가 이 요청을 처리하도록 놔두는 것은 어리석은 결정일 것이다. 왜냐하면 서버는 아무런 소득이 없는 작업을 수행하기 때문이다. 클라이언트는 마감기한이 지나면 이미 해당 요청의 처리를 포기하므로 서버가 무슨 작업을 수행하는지는 전혀 신경 쓰지 않는다.

만일 요청의 처리가 여러 단계를 거쳐(예를 들면 콜백과 RPC 호출이 뒤섞여서) 실행된다면, 서버는 요청을 위해 다른 작업을 수행하기에 앞서 각 단계의 마감기한이 얼마나 남았는지를 먼저 확인해야 한다. 예를 들어 어떤 요청이 문자열 파싱과 백엔드 요청, 그리고 처리 단계로 나누어진다면 각 단계를 시작하기 전에 요청을 처리할 충분한 시간이 남았는지를 계속해서 확인해야 한다.

마감기한의 전파

백엔드에 RPC를 보낼 때 설정할 적절한 마감기한을 찾아내는 것보다는 서버들이 직접 마감기한을 전파하고 작업의 취소를 전파해야 한다.

마감기한 전파를 활용하면 이 마감기한은 스택의 상위(예를 들면 프런트엔드)에서 설정하면 된다. RPC 트리는 최초의 요청에서 시작해서 모두가 동일한 절대 마감기한을 갖게 된다. 예를 들어 서버 A가 30초의 마감기한을 선택하고 서버 B로 RPC 요청을 보내기 전까지 7초 동안 요청을 처리했다고 가정하자. 그러면 서버 A에서 서버 B로 전달된 RPC는 23초의 마감기한을 갖는다. 서버 B가 4초 동안 요청을 처리하고 서버 C로 RPC 요청을 보냈다면 서버 B에서 서버 C로 전달된 RPC는 19초의 마감기한을 갖게 된다. 이상적인 경우라면 요청 트리의 각 서버들이 이처럼 마감기한 전파를 제대로 구현해야 한다.

마감기한 전파가 없다면 다음과 같은 상황이 발생할 수도 있다.

1. 서버 *A*가 10초의 마감기한을 설정한 RPC 요청을 서버 *B*로 보낸다.

2. 서버 *B*는 요청의 처리를 시작하기까지 8초의 시간을 소요한 후 서버 *C*로 RPC 요청을 보냈다.

3. 마감기한 전파를 제대로 구현했다면 서버 *B*가 RPC 요청에 2초의 마감기한을 설정해야 하겠지만 이 경우에는 20초라는 하드코드된 값을 대신 적용해서 RPC 요청을 서버 *C*에 보냈다고 가정해보자.

4. 서버 *C*는 5초 후에 큐에서 요청을 가져왔다.

서버 *B*가 마감기한 전파를 제대로 구현했더라면 서버 *C*는 이미 2초라는 마감기한을 넘겼으므로 요청 처리를 즉시 포기했을 것이다. 하지만 이 경우, 서버 *C*는 이 요청을 처리하기까지 15초 가량의 여유가 있다고 생각하고 처리를 시작했지만 서버 *A*로부터 서버 *B*로 전달된 요청이 이미 마감기한을 초과했기 때문에 사실 이 작업은 더 이상 유용한 작업이 될 수 없었다.

네트워크 전송 시간 및 클라이언트의 사후 처리 등을 고려한다면 다른 서비스에 전달할 마감기한을 조금 더(몇 백 밀리초 정도) 줄여도 무방하다.

또한 외부 서비스에 전달할 마감기한의 상한값을 설정해두는 것도 고려해야 한다. 그다지 중요하지 않은 백엔드나 통상적으로 실행 시간이 짧은 백엔드에 보낼 RPC 요청을 얼마나 오래 기다릴 것인지에 대한 제한을 설정해야 할 수도 있기 때문이다. 그러나 트래픽의 혼합에 대해 반드시 이해하고 있어야 한다. 그렇지 않다면 미처 알아차리지 못하는 사이에 특정 타입의 요청(예를 들면 페이로드가 아주 큰 요청이나 많은 연산의 결과를 필요로 하는 요청 등)이 계속해서 실패하게 될 수도 있기 때문이다.

어떤 서버들은 마감기한이 지나더라도 계속해서 요청을 처리해야 하는 예외적인 경우도 있다. 예를 들어 서버가 아주 비싼 만회 작업을 수행한 후 만회 작업의 진척도를 정기적으로 표시해야 하는 요청을 수신했다면 비싼 작업을 수행한 직후가 아니라 진척도를 표시한 이후에 마감기한을 확인하는 것이 좋을 것이다.

작업 취소를 전파하면 최초의 RPC에 설정된 마감기한은 길지만 이후 스택의 하위 계층 간 RPC들은 상대적으로 짧은 마감기한이 설정되고 그로 인해 타임아웃이 발생했을 때 일어날 수 있는 잠재적인 RPC 누수를 방지할 수 있다. 간단한 마감기한 전파를 사용하면 최초의 RPC 요청은 작업의 진행이 불가능해졌다 하더라도 궁극적으로 타임아웃이 발생하기 전까지는 계속해서 서버의 자원을 소비한다.

이중 지연응답

앞서 예제에서의 프런트엔드가 총 10대의 서버로 구성되어 있으며, 각 서버는 100개의 작업 스레드를 실행할 수 있다고 가정하자. 이는 프런트엔드가 총 1,000 스레드의 수용량을 가지고 있다는 뜻이다. 통상적인 운영 환경에서는 프런트엔드가 1,000 QPS를 수행하며, 요청 처리는 100밀리초 내에 완료된다면, 이는 프런트엔드가 통상 1,000개의 작업자 스레드 중 100개의 작업자 스레드(1,000 QPS * 0.1초)를 차지한다는 뜻이다.

이 상황에서 5%의 요청이 무한정 실행되는 상황이 발생했다고 생각해보자. 이로 인해 빅테이블의 일부 행들이 사용할 수 없게 되어 그에 해당하는 빅테이블의 키 공간을 활용해야 하는 요청들을 처리할 수 없게 되었다. 그 결과, 나머지 95%의 요청들은 평소대로 100밀리초 내에 처리되었지만 이 5%의 요청들은 마감기한에 도달하게 되었다.

이때 마감기한이 100초라면 5%의 요청이 5,000 스레드(50 QPS * 100초)를 소비하게 되지만 프런트엔드는 이만한 스레드를 활용할 수 없다. 다른 부작용이 없다는 가정하에 프런트엔드는 단지 19.6%의 요청(1,000 스레드 / (5,000 + 95) 스레드)만을 처리할 수 있고 나머지 80.4%는 에러를 리턴하게 된다.

그래서 (키공간 사용 불가능에 의해 작업을 완료할 수 없는) 5%의 요청이 에러를 수신하는 대신 대부분의 요청들이 에러를 수신하게 된다.

이런 종류의 문제를 해결하는 데 도움이 되는 가이드라인을 다음과 같이 제시하고자 한다.

- 이 문제를 사전에 인지하기란 매우 어렵다. 특히 일시적인 지연응답 현상이 발생했을 때 이 장애의 원인이 이중 지연응답(bimodal latency)이라는 것이 명확하게 드러나지 않는다. 지연응답이 증가하는 것이 확인되면 평균 값과 더불어 지연응답의 **분포** 역시 살펴보아야 한다.
- 요청이 마감기한까지 기다리지 않고 일찌감치 에러를 리턴하면 이 문제는 자연스럽게 피해갈 수 있다. 예를 들어 백엔드가 사용할 수 없는 경우에는 백엔드를 다시 사용할 수 있을 때까지 자원을 소비하면서 기다리는 대신 즉시 에러를 리턴하는 것이 최선일 것이다. RPC 계층이 이 옵션을 지원한다면 주저 없이 사용하도록 하자.
- 통상적인 요청의 지연응답에 비해 몇 배나 긴 마감기한을 설정하는 것은 좋지 않은 방법이다. 앞서 예제에서 마감기한에 도달한 요청은 몇 개 되지 않지만 마감기한이 보통의 지연응답에 비해 세 배나 길기 때문에 결국 스레드 기아를 유발하게 되었다.

- 공유 자원을 사용할 때는 일부 키 공간에 의해 해당 자원들이 고갈될 수 있다. 이 경우 실행 중인 요청들을 키 공간으로 제한하거나 혹은 잘못된 사용을 추적하는 다른 방법을 고려하는 것이 좋다. 백엔드가 완전히 다른 성능과 요청 특성을 가진 각기 다른 클라이언트의 요청을 처리한다고 가정해보자. 어느 한 클라이언트의 오동작으로 인해 과부하가 발생할 경우 균형을 맞추기 위해서는 한 클라이언트가 25%의 스레드만을 점유할 수 있도록 설정하는 것이 도움이 된다.

느긋한 시작과 콜드 캐싱

어떤 프로세스든지 막 시작된 직후에는 안정적으로 동작하는 상태에 비해 요청에 대한 응답이 상대적으로 느려지는 경향이 있다. 이런 속도의 저하는 다음 두 가지 중 하나 혹은 둘 모두에 의해 발생할 수 있다.

초기화가 필요한 경우

첫 번째 요청을 받을 때 필요한 백엔드와의 연결을 설정해야 하는 경우

일부 언어, 특히 자바의 경우 런타임 성능 향상을 위한 추가 작업이 실행되는 경우

JIT(Just-In-Time) 컴파일, 핫스팟(hotspot) 최적화 및 지연된 클래스 로딩 등이 수행되는 경우

마찬가지로 일부 바이너리들은 캐시가 채워져 있지 않으면 그 효율성이 떨어지는 경우가 있다. 예를 들어 일부 구글 서비스의 경우 대부분의 요청은 캐시와는 무관하게 처리되므로 캐시가 지원되지 않는 요청의 처리 비용이 훨씬 높아질 수 있다. 캐시가 제대로 업데이트된 안정적인 상태에서의 운영 환경이라면 극히 일부만 캐시를 활용하지 못하지만 캐시가 완전히 비어있으면 100%의 요청이 더 많은 자원을 소모하게 된다. 다른 서비스들은 사용자의 상태를 RAM에 저장하기 위해 캐시를 사용하기도 한다. 이는 리버스 프록시와 서비스 프런트엔드 간의 단단한 혹은 느슨한 결합을 통해 이루어지게 된다.

만일 서비스가 콜드 캐시 상태에서는 요청을 처리하지 않는다면 심각한 장애의 위험에 놓인 것이며, 이를 피하기 위한 조치를 취해야 한다.

콜드 캐시를 갖게 되는 경우는 다음과 같다.

새로운 클러스터를 켜는 경우

이제 막 추가된 클러스터는 완전히 비어있는 캐시와 함께 실행된다.

유지보수 작업 후 클러스터를 서비스에 제공하는 경우

이 경우에는 캐시의 데이터가 그다지 유용하지 않을 수 있다.

서비스 재시작

캐시를 사용하는 태스크가 최근에 재시작되었다면 캐시를 다시 채우는 데 어느 정도의 시간이 필요하다. 이때 서버가 아니라 멤캐시(memcache) 같은 별도의 바이너리로 캐시를 이동한다면 추가적인 RPC 요청이나 약간의 지연응답이 더해지기는 하겠지만 다른 서버들과 캐시를 공유할 수 있다는 장점을 얻을 수 있다.

만일 캐시가 서비스에 중요한 영향을 미친다면,[5] 다음의 전략 중 하나 혹은 그 이상을 채택할 수 있을 것이다.

- 서비스를 오버프로비전(overprovision)한다. 이때는 지연응답 캐시와 용량 캐시를 구분하는 것이 중요하다. 지연응답 캐시를 사용하게 되면 서비스는 캐시가 비어 있더라도 필요한 부하를 감당할 수 있지만 용량 캐시를 사용하면 캐시가 비어있는 경우에는 필요한 부하를 감당할 수 없다. 서비스 소유자는 서비스에 캐시를 추가하는 것에 대해 충분히 주의를 기울여야 하며, 새로 투입되는 캐시가 지연응답 캐시인지 아니면 용량 캐시로서 안전하게 잘 동작할 수 있도록 충분히 잘 구현된 캐시인지를 확인해야 한다. 간혹 서비스의 성능 향상을 위해 투입한 캐시 때문에 의존성 관리만 어려워지기도 한다.

- 일반적인 연속적 장애 방지 기법을 적용한다. 특히 서버는 과부하가 발생하거나 혹은 적절한 퇴보 모드에 진입하면 유입되는 요청들의 처리를 거부해야 하며, 대량의 서버를 재시작하는 등의 일이 발생하면 서비스가 어떻게 동작하는지를 확인하기 위한 충분한 테스트가 수반되어야 한다.

- 클러스터에 부하를 위임할 때는 부하의 크기를 천천히 늘려야 한다. 최초로 유입되는 요청의 비율을 낮게 유지하면서 캐시가 채워질 시간적 여유를 가져야 하며, 일단 캐시가 채워진 후에는 더 많은 트래픽을 처리하도록 구성하면 된다. 모든 클러스터들이 예정된 수준의 부하를 감당하며, 항상 캐시가 준비되어 있도록 확인하는 것이 좋다.

---

5 간혹 상당히 의미 있는 양의 요청들이 캐시를 통해 처리되는 것을 볼 수 있다. 하지만 그 캐시를 사용할 수 없게 되면 그렇게 많은 양의 쿼리를 처리할 수 없게 될 것이다. 지연응답에 대해서도 마찬가지 현상을 볼 수 있다. 캐시가 있는 경우에는 (캐시에서 처리되는 쿼리가 평균 응답 시간을 낮춰주기 때문에) 목표한 지연응답 수준을 달성할 수 있지만, 캐시를 사용할 수 없을 때는 목표치를 달성하기가 어려울 수 있다.

항상 스택의 아래쪽을 살펴보자

셰익스피어 서비스 예제를 보면, 프런트엔드는 저장소 계층과 통신하는 백엔드와의 통신을 수행한다. 이 경우 저장소 계층에서 발생한 문제로 인해 이 서버와 통신하는 다른 서버들에 문제가 발생할 수 있지만 저장소 계층의 문제를 해결하면 백엔드와 프런트엔드 계층의 문제가 모두 해소되기도 한다.

하지만 백엔드가 또 다른 백엔드들과 상호 통신을 한다고 가정해보자. 예를 들어 백엔드가 사용자 계정의 소유자를 변경하기 위해 다른 백엔드로 요청을 전달하는데, 마침 저장소 계층이 요청을 처리할 수 없는 상태일 수 있다. 이처럼 내부 계층 간의 통신은 다음과 같은 여러 가지 이유로 문제가 될 수 있다.

- 이런 종류의 통신은 분산 데드락(distributed deadlock)의 영향을 받기가 쉽다. 백엔드가 원격 백엔드로부터 지속적으로 요청을 수신하기 위해 사용하는 스레드 풀을 원격 백엔드로 보낸 RPC 요청의 응답을 기다리기 위해 사용할 수도 있다. 이때 백엔드 A의 스레드 풀이 가득 찼다고 생각해보자. 그러면 백엔드 A에 요청을 보내는 백엔드 B는 백엔드 A의 스레드 풀에 여력이 생길 때까지 계속해서 스레드를 점유하게 된다. 이 동작은 스레드풀 기아의 확산으로 이어질 뿐이다.

- 만일 어떤 장애나 과부하(예를 들면 과부하 상태에서 부하의 재분배가 더 활발하게 이루어지는 경우)로 인해 내부 계층 간의 통신이 증가하는 경우 어느 수준 이상으로 부하가 증가하면 내부 계층 간 요청이 빠르게 증가할 수 있다. 예를 들어 어떤 사용자의 요청이 특정 백엔드에서 처리되며, 이 백엔드는 다른 클러스터의 차순위 백엔드로 해당 사용자의 요청의 처리를 위임할 수 있도록 설정되어 있다고 가정하자. 그리고 이 최우선 백엔드가 하위 계층의 에러나 마스터 클러스터의 과부하로 인해 사용자의 요청을 차순위 백엔드로 위임한다고 가정하자. 전체 시스템이 과부하 상태라면 최우선 백엔드가 차순위 백엔드로 요청을 위임하는 비율이 증가하게 되고 시스템의 부하가 더 높아지면 최우선 백엔드가 차순위 백엔드의 요청 처리 결과를 파싱하고 대기하는 비용이 증가하게 된다.

- 계층 간 통신의 중요도에 따라 시스템의 부트스트랩이 더 복잡해질 수 있다. 일반적으로 계층 간 통신(특히 통신의 경로가 계속 반복되는 경우)은 지양하는 것이 좋다. 그 대신 클라이언트가 통신을 하도록 주도해야 한다. 예를 들어 프런트엔드가 어떤 백엔드와 통신하는데 이 백엔드를 잘못 선택했다면 해당 백엔드는 올바른 백엔드로 요청을 위임해서는 안 된다. 그 대신 백엔드는 프런트엔드에 올바른 백엔드로 요청을 다시 전달할 것을 지시해야 한다.

연속적 장애의 발생 요인

서비스가 연속적 장애의 영향을 받게 되면 마치 도미노처럼 발생하는 연쇄효과로 인해 타격을 받기 일쑤다. 이 절에서는 연속적 장애가 시작되는 몇 가지 요인들을 정의하고자 한다.

프로세스 중단

간혹 일부 서버 태스크들이 중단되어서 가용한 용량이 줄어드는 경우가 있다. 태스크들이 중단되는 이유는 쿼리의 중단(처리 도중 실패가 발생한 RPC들), 클러스터 이슈, 어떤 단정(assertion)의 실패 등을 비롯한 여러 가지가 있다. 아주 사소한(예를 들면 몇 번의 충돌이나 태스크가 다른 머신으로 다시 스케줄링되는 등) 몇 가지로 인해 서비스가 중단되기 직전의 상황까지 몰릴 수도 있다.

프로세스 업데이트

새 버전의 바이너리를 배포하거나 바이너리의 설정을 수정했는데 이것이 동시에 많은 수의 태스크에 영향을 주게 되면 연속적 장애를 유발할 수 있다. 이런 상황을 피하려면 서비스의 업데이트 인프라스트럭처를 설정할 때 이런 오버헤드를 고려해서 용량 계획을 세우거나 가장 사용량이 많은 시점을 피해야 한다. 업데이트를 적용할 실행 중인 태스크의 수를 요청의 양과 가용한 용량에 따라 동적으로 조정하는 방법을 추가로 고려해볼 필요가 있다.

새로운 배포

새 바이너리, 설정의 변경, 혹은 기반 인프라스트럭처 스택의 변경 등으로 인해 요청 프로파일, 자원 사용량과 제한, 백엔드 혹은 연속적 장애를 유발시킬 수 있는 다른 시스템 컴포넌트의 수 등에 변화가 발생할 수 있다.

연속적 장애가 발생하면 가장 최근에 변경이 있었던 부분부터 확인해서 이들을 이전 상태로 복원해보는 것이 좋다. 특히 이런 변경들이 수용량에 영향을 주거나 혹은 요청 프로파일에 변화를 가져오는 것이라면 더욱 큰 효과를 얻을 수 있다.

또한 변경에 대한 로그를 기록해서 최근에 발생했던 변경 사항을 신속하게 확인할 수 있다면 더 도움이 될 것이다.

유기적 성장

대부분의 경우 연속적 장애는 어떤 특정한 서비스의 변화에 의해 발생하지는 않지만 사용량이 증가하는데, 그에 맞추어 수용량을 조정하지 않는다면 연속적 장애가 발생하기도 한다.

계획에 의한 변경, 자원의 감소 혹은 서버의 종료

만일 서비스가 멀티호밍(multihoming)[6]을 사용하는 경우, 서비스의 수용량 중 일부가 클러스터의 유지보수나 장애로 인해 사용이 불가능해지기도 한다. 마찬가지로 서비스가 중요하게 의존하는 부분이 완전히 소모되어 상위 서비스의 수용량이 줄어들거나 혹은 더 멀리 떨어진 클러스터에 요청을 보내는 바람에 지연응답이 증가하는 등의 현상이 발생하기도 한다.

요청 프로파일의 변화

로드밸런싱 설정의 변경이나 트래픽의 혼합 또는 클러스터의 과적 등으로 인해 트래픽이 다른 프런트엔드 서비스로 옮겨지면서 해당 서비스와 연결된 백엔드 서비스가 다른 클러스터로부터 발신된 요청을 수신하게 되는 경우가 발생한다. 또한 프런트엔드 코드의 변경이나 설정의 변경 때문에 개별 페이로드를 처리하는 평균 비용이 변경되기도 한다. 마찬가지로 사용자의 사용량이 변경되거나 증가해서 자연적으로 서비스가 처리해야 하는 데이터가 늘어나기도 한다. 예를 들어 사진 저장 서비스가 관리하는 사용자당 이미지의 크기와 수는 시간이 지나면서 계속해서 증가하는 경향을 보인다.

자원의 제한

일부 클러스터 운영 시스템은 자원의 과다투입을 허용하기도 한다. CPU는 대체가 가능한 자원이어서 일부 머신들은 CPU 사용량이 급증할 경우를 대비한 안전장치로써 어느 정도의 여분의 CPU를 갖추고 있다. 이러한 여분의 CPU의 사용 여부는 각 셀이나 셀 내의 머신마다 다르다.

서비스의 안전을 이 여분의 CPU에 의존하는 것은 굉장히 위험한 발상이다. 여분의 CPU는 온전히 클러스터의 다른 작업들의 행동에 따라 달라지므로 어느 시점에 갑자기 사용성이 훌쩍 떨어질 수 있다. 예를 들어 팀이 많은 양의 CPU를 사용하는 맵리듀스(MapReduce) 작업을 여러 머신에 스케줄링한다면 여분의 CPU의 총량이 갑자기 줄어들고 이에 따라 관련이 없는

---

6 <u>역주</u> 호스트나 컴퓨터의 네트워크를 하나 이상의 네트워크에 동시에 연결하는 방법

작업들에서 CPU 기아 현상이 유발된다. 부하 테스트를 할 때는 허락된 만큼의 한정된 자원 내에서 수행하도록 해야 한다.

연속적 장애 테스트하기

어떤 서비스에서 어떤 형태로 장애가 발생할 것인지를 테스트하는 것은 예측이 쉽지 않다는 점에서 매우 어려운 일이다. 이 절에서는 서비스가 연속적 장애의 영향을 받는지 여부를 테스트할 수 있는 전략을 소개하고자 한다.

과부하가 발생한 상태에서 어떠한 상황에서도 서비스가 연속적 장애에 빠지지 않을 것이라는 확신을 얻으려면 높은 수준의 부하에서 서비스가 어떻게 동작하는지를 반드시 테스트해야 한다.

장애가 발생할 때까지 테스트하고 조치하기

연속적 장애를 방지하기 위한 가장 중요한 첫발은 과부하 상태에서 서비스가 어떻게 동작하는지를 이해하는 것이다. 이를 통해 가장 중요한 장기적 수정을 위한 엔지니어링 작업이 무엇인지를 정의하는 데 큰 도움이 된다. 최소한 이를 안다는 것은 긴급 상황에서 비상 대기 엔지니어가 디버깅 절차를 시작하는 데 도움이 된다.

일단 컴포넌트에 장애가 생길 때까지 부하 테스트를 하자. 부하가 증가하면 대부분의 컴포넌트는 요청을 성공적으로 처리하다가 어느 시점부터 더 이상의 요청을 처리하지 못하게 된다. 이상적인 컴포넌트는 이 시점에서 성공적으로 처리하는 요청의 양이 크게 줄지 않으면서도 부하의 한계를 넘어선 요청에 대해서는 에러 혹은 경감된 결과를 리턴해야 한다. 서비스가 연속적 장애의 영향을 쉽게 받는다면 이 시점에서 컴포넌트는 충돌을 일으키거나 아주 높은 비율로 에러를 리턴한다. 조금 더 잘 디자인된 컴포넌트라면 일부 요청을 거부하고 지속적으로 살아남을 것이다.

또한 부하 테스트를 통해 어느 지점에서 장애가 발생하는지도 확인할 수 있다. 그리고 이를 확인하는 것은 수용량 계획 절차의 기본이다. 수용량 계획이 수립되면 이를 바탕으로 서비스의 성능 저하, 최악의 상황에 대한 대비, 활용성과 안정성 사이의 트레이드 오프도 확인할 수 있다.

캐시의 효과로 인해 부하를 점진적으로 증가시키면 부하를 갑자기 증가시키는 경우와는 다른 결과를 보이기도 한다. 그래서 부하의 갑작스러운 증가와 점진적 증가를 모두 테스트해야 한다.

또한 한동안 과부하 상태에 놓였던 컴포넌트가 원래의 수준으로 돌아오면 어떻게 동작하는지 역시 테스트하고 이해해야 한다. 이런 테스트를 통해 다음과 같은 질문에 대한 답을 얻을 수 있다.

- 만일 컴포넌트가 과부하 상태에서 퇴보 모드에 들어간다면 사람의 개입 없이 퇴보 모드에서 원래의 동작으로 돌아올 수 있는가?
- 과부하 상태에서 몇 개의 서버에서 충돌이 발생한다면 시스템을 안정화시키기 위해서는 어느 정도의 부하가 절감되어야 하는가?

만일 캐시를 사용하는 서비스나 상태가 있는 서비스에 대한 부하 테스트를 수행한다면 부하 테스트는 과부하 상태에서 진행된 여러 작업에 의한 상태의 변경은 물론 변경된 상태가 올바른지 여부를 테스트해야 한다. 대부분의 경우는 이 부분에서 버그의 영향을 받기 때문이다.

한 가지 염두에 두어야 할 것은 컴포넌트들에서 장애가 발생하는 지점은 각자 다르기 때문에 각 컴포넌트마다 별도로 부하 테스트를 진행해야 한다는 점이다. 어떤 컴포넌트에서 가장 먼저 장애가 발생할지를 미리 알 수는 없지만 장애가 발생했을 때 시스템이 어떻게 동작할 것인지는 알 필요가 있기 때문이다.

시스템이 과부하로부터 안전하다고 믿는다면 실제 트래픽이 유입되는 상황에서 시스템의 어느 컴포넌트에 장애가 발생하는지를 알아내기 위해 프로덕션 환경의 일부를 대상으로 장애 테스트를 실행하는 것을 고려해볼 수 있다. 제한된 수의 시스템만으로는 통합적인 부하 테스트 트래픽의 영향이 올바르게 반영되지 않을 수 있으므로 실제 트래픽 테스트를 통해 부하 테스트보다 실제에 근접한 결과를 얻을 수 있기는 하지만 사용자가 이를 인지할 수 있다는 위험을 감수해야 한다. 실제 트래픽을 테스트할 때는 주의해야 할 점이 있다. 자동화된 보호 장치가 동작하지 않을 경우를 대비해 충분한 여분의 수용량을 확보해야 하며, 수동으로 장애 조치를 수행해야 한다. 프로덕션 환경에서는 다음과 같은 테스트를 수행해볼 수 있다.

- 예상되는 트래픽 패턴과 더불어 태스크의 수를 빠르게 혹은 천천히 줄여본다.
- 클러스터의 수용량을 신속하게 줄여본다.
- 다양한 백엔드를 시스템에서 감춰본다.

사용량이 높은 클라이언트 테스트하기

대용량 클라이언트가 서비스를 사용하는 방법에 대해 알아보자. 예를 들어 다음과 같은 내용들을 확인할 수 있다.

- 서비스가 다운된 동안 클라이언트는 얼마나 빠르게 작업을 처리하는가?
- 에러 상황에서 클라이언트가 임의의 지수 백오프(exponential backoff)[7]를 사용하는가?
- 클라이언트가 대량의 부하를 유발하는 취약점을 가지고 있는가? (예를 들면 외부에서 시작된 소프트웨어 업데이트가 오프라인 클라이언트의 캐시를 제거할 수도 있다).

서비스의 종류에 따라 서비스와 통신하는 클라이언트의 제어 가능 여부가 다를 수 있다. 그럼에도 불구하고 서비스가 대용량 클라이언트와 어떻게 상호작용하는지를 이해하는 것은 큰 도움이 된다.

대용량 내부 클라이언트도 마찬가지다. 대용량 클라이언트와 통신하는 저장소 시스템에 장애를 발생시켜 시스템이 어떻게 반응하는지 살펴보자. 그리고 내부 클라이언트가 서비스에 어떻게 접근하는지, 그리고 백엔드 장애를 어떤 메커니즘으로 처리하는지 살펴보자.

상대적으로 덜 중요한 백엔드의 테스트

상대적으로 덜 중요한 백엔드에 대한 테스트를 통해 이 백엔드가 사용 불가능한 상태라 하더라도 서비스의 중요한 컴포넌트들이 그에 따른 간섭을 받지 않는지 확인하자.

예를 들어 프런트엔드가 중요한 백엔드와 덜 중요한 백엔드를 모두 활용하고 있다고 가정해보자. 프런트엔드에 유입되는 요청은 중요한 컴포넌트(쿼리 결과 등)를 필요로 할 수도 있고 중요하지 않은 컴포넌트(맞춤법 제안 등)를 필요로 할 수도 있다. 이 요청은 덜 중요한 백엔드가 작업을 완료하는 것을 기다리기 위해 자원을 소비하면서 심각하게 느려질 수 있다.

덜 중요한 백엔드에 장애가 발생했을 때의 동작에 대한 테스트와 더불어 덜 중요한 백엔드가 아예 응답이 없을 때(예를 들면 요청을 그냥 삼켜버린 경우) 프런트엔드가 어떻게 동작하는지를 테스트하자. 마감기한이 긴 요청의 경우 덜 중요한 백엔드들로 인해 프런트엔드에 문제가 발생할 수도 있다. 프런트엔드는 너무 많은 요청을 거부해서도 안 되고, 자원이 부족해져서도 안 되며, 덜 중요한 백엔드가 요청을 제대로 처리하지 못하더라도 지연응답이 지나치게 증가해서도 안 된다.

---

7 **역주** 클라이언트가 에러를 리턴받은 후 요청을 다시 전송하기까지의 지연시간을 계산하는 방법

연속적 장애를 처리하기 위한 즉각적인 대처

서비스가 연속적 장애의 영향을 받고 있음을 인지하면 이 상황을 처리하기 위해 몇 가지 다른 전략들을 적용해볼 수 있다. 그리고 물론 연속적 장애는 장애 관리 프로토콜(제14장 참고)을 적용해볼 수 있는 좋은 기회기도 하다.

자원의 추가 투입

시스템의 가용성이 줄어들었는데 여분의 자원이 있다면 장애에 대한 조치로서 여분의 자원에 태스크를 추가하는 것이 가장 적절한 방법이다. 하지만 서비스가 죽음의 소용돌이에 휘말렸다면 자원을 추가한다고 해서 장애로부터 벗어날 수는 없을 것이다.

건강 상태 점검의 중지

보그 같은 클러스터 스케줄링 시스템은 태스크의 건강 상태를 점검하고 필요하다면 태스크를 재시작한다. 그런데 서비스가 건강 상태가 아닌 경우 건강 상태 점검으로 인해 장애 모드로 들어갈 때가 있다. 예를 들어 태스크 중 절반이 아직 프로세스를 시작 중이어서 어떤 작업도 수행하지 못하는 상태인데 나머지 절반은 과부하 때문에 건강 상태 점검이 실패해서 곧 종료될 상황이라고 생각해보자. 이 경우 건강 상태 점검을 일시적으로 중지해서 모든 태스크가 실행될 때까지 시스템이 안정적으로 동작하도록 할 수 있다.

프로세스의 건강 상태 점검("바이너리가 전혀 응답이 없는가?")과 서비스의 건강 상태 점검("바이너리가 현재 특정 종류의 요청에 응답하고 있는가?")는 개념적으로 다른 작업이다. 프로세스의 건강 상태 점검은 클러스터의 스케줄러와 관련이 있는 반면, 서비스의 건강 상태 점검은 로드밸런서와 관련이 있다. 이 두 가지 종류의 건강 상태 점검을 명확하게 구분하면 이 문제를 해결할 수 있다.

서버의 재시작

만일 서버에 어떤 식으로든 장애가 발생해서 더 이상의 처리를 하지 못하고 있으면 이들을 재시작하는 것이 도움이 된다. 서버의 재시작이 필요한 경우는 다음과 같다.

- 자바 서버에서 죽음의 GC 소용돌이가 발생한 경우

- 일부 처리 중인 요청들에 특별한 마감기한이 없지만 자원을 소비 중이어서 스레드 차단이 발생한 경우
- 서버에서 데드락이 발생한 경우

한 가지 명심할 것은 서버를 재시작하기 전에 연속적 장애의 원인을 먼저 규명해야 한다는 점이다. 또한 서버를 재시작하면 단순히 부하가 다른 서버로 위임되는 것만이 아니라는 점도 인지해야 한다. 몇몇 서버만을 재시작하고 천천히 진행해야 한다. 자칫하면 장애의 실제 원인이 콜드캐시 같은 이슈라면 서버의 재시작으로 인해 연속적 장애가 더 크게 퍼져나갈 수도 있다.

트래픽의 경감

부하를 경감시키는 것은 큰 효과가 있다. 특히 실제 연속적 장애가 사람의 실수로 인해 발생했고 이를 처리할 다른 방법이 없는 경우에 유용하다. 예를 들어 과부하로 인해 대부분의 서버들이 건강 상태 점검에서 양호하다고 판명이 되자마자 충돌이 발생한다면 서비스를 유지하기 위해서는 다음의 절차를 따라야 한다.

1. 이 상황을 유발하는 기본적인 원인을 처리해야 한다(예를 들면 수용량의 추가 투입 등).
2. 충돌이 사라질 만큼 충분히 부하를 경감시켜야 한다. 이때는 적극적이어야 한다. 만일 전체 서비스에서 계속 충돌이 발생한다면 전체 트래픽의 1%만을 처리하도록 조치하자.
3. 대부분의 서버가 양호한 상태가 된다.
4. 점진적으로 서버에 부하를 늘려간다.

이 과정을 통해 부하가 정상적인 수준으로 돌아올 때까지 서버가 실행을 준비하고 필요한 연결을 수립하는 등의 작업을 처리할 여력을 갖게 된다.

물론, 이 방법을 사용하면 사용자는 장애를 경험할 수밖에 없다. 어떤 방법으로든 서비스의 구성에 따라 무작정 트래픽을 경감시켜야 한다. 만일 상대적으로 덜 중요한 트래픽을 경감시킬 수 있는 메커니즘을 확보하고 있다면 우선적으로 이를 활용하면 된다.

중요한 것은 이 방법을 통해 근본적인 문제가 해결되고 나면 연속적 장애로부터 복구가 가능하다는 점이다. 만일 연속적 장애를 유발한 이슈가 해결되지 않았다면(예를 들면 전체 수용량이 부족한 경우) 모든 트래픽을 정상적으로 수신하자마자 다시 연속적 장애가 발생할 수 있다. 그래서 이 전략을 적용하기 전에는 문제의 원인을 수정(혹은 최소한 문서화라도)해야 한다. 예를 들어 서비스의 메모리가 부족해져서 죽음의 소용돌이가 발생했다면 가장 먼저 더 많은

메모리나 태스크를 추가해야 한다.

퇴보 모드로 들어가기

실행할 작업의 양을 줄이거나 중요하지 않은 트래픽을 거부하는 적절한 퇴보 모드를 사용한다. 이 방법은 반드시 서비스 내에 구현되어 있어야 하며, 어떤 트래픽에 퇴보 모드로 응답할 것인지를 알고 있고 전체 페이로드에서 이들을 구별해낼 수 있어야 적용이 가능하다.

일괄 작업 부하(batch load) 배제하기

어떤 서비스들은 중요하지만 결정적이지는 않은 부하를 감당한다. 이런 부하들을 과감히 배제하는 것을 고려해야 한다. 예를 들어 인덱스 수정, 데이터 복사 혹은 통계 등이 자원을 많이 소비한다면 장애 상황 동안에는 이런 작업들을 수행하지 않는 것을 고려하자.

문제가 있는 트래픽 배제하기

일부 쿼리가 너무 많은 부하나 충돌을 유발한다면 이들에 대한 처리를 차단하거나 배제해야 한다.

연속적 장애와 셰익스피어

일본에서 셰익스피어의 작품과 관련된 다큐멘터리가 방영된 적이 있다. 당연히 더 자세한 내용을 알아보는 데 우리의 셰익스피어 서비스만큼 적합한 서비스는 없었다. 방송 이후 서비스의 수용량을 초과할 만한 트래픽이 아시아 데이터센터로 유입되었다. 이 수용량 문제는 마침 같은 시간에 데이터센터에서 진행되었던 셰익스피어 서비스의 주 업데이트와 맞물려 발생해 버렸다.

다행히, 몇 가지 안전장치로 인해 잠재적인 장애를 상당 부분 완화할 수 있었다. 운영 환경 준비 검토(Production Readiness Review)는 팀이 이미 처리 중인 몇 가지 이슈를 확인해주었다. 예를 들어 개발자들은 적절한 퇴보를 이미 서비스에 구현해두었다. 수용량이 부족해지면서 서비스는 더 이상 텍스트 옆의 이미지나 현재 글에서 읽고 있는 지점을 표시하는 작은 지도를 리턴하지 않았다. 또한 의도한 대로 타임아웃이 발생한 RPC 역시 재시도(앞서 언급한 텍스트 옆의 이미지 등)를 수행하지 않거나 혹은 재시도를 하더라도 임의의 지수 백오프를 토대로 진행했다. 하지만 이런 안전장치에도 불구하고 태스크에 하나 둘씩 장애가 발생하기 시작했고 보그에 의해 재시작되면서 더 많은 태스크들이 다운되었다.

그 결과, 서비스 대시보드의 일부 그래프가 빨간색으로 나타나기 시작했고 SRE들에게 알림이 발송되었다. 그에 따라 SRE들은 아시아 데이터센터에 셰익스피어 작업을 처리할 수 있는 태스크의 수를 증가시켜 수용량을 늘려주었다. 그렇게 해서 아시아 클러스터의 셰익스피어 서비스는 복구가 가능했다.

그 후 SRE팀은 장애 조치에 대해 잘 조치한 것과 조금 더 잘할 수 있었던 부분, 그리고 향후 같은 장애가 다시 발생하는 것을 방지할 수 있는 몇 가지 후속 조치를 기록한 포스트모텀 문서를 작성했다. 예를 들어 이런 종류의 서비스 과부하가 발생하면 GSLB 로드밸런서는 일부 트래픽을 이웃 데이터센터로 돌려줄 수도 있었다. 또한 SRE팀은 자동스케일링(autoscaling)을 동작시켜서 트래픽에 따라 태스크의 수가 자동으로 증가하게 함으로써 향후 이런 종류의 이슈에 대비할 수 있게 했다.

마무리하며

시스템에 과부하가 발생하면 그 상황을 해결하기 위한 조치가 필요하다. 일단 서비스가 장애가 발생할 수 있는 수준에 도달하면 사용자의 모든 요청을 완벽하게 처리해 내기보다는 에러를 리턴하거나 혹은 평소 대비 낮은 품질의 결과를 리턴해야 한다. 연속적 장애를 피하고자 하는 모든 서비스 소유자들에게 가장 중요한 것은 장애의 발생 지점을 이해하고 장애 발생 시 시스템이 어떻게 동작하는지를 이해하는 것이다.

충분한 주의를 기울이지 않는다면 백그라운드 에러를 줄이거나 안정적인 상태를 더 향상시키기 위한 시스템의 변경 사항이 오히려 서비스 전체의 장애로 번질 위험이 있다. 장애 시 재시도, 문제가 발생한 서버로부터의 부하 위임, 문제가 발생한 서버의 중단, 성능의 향상이나 지연응답을 개선하기 위한 캐시 추가 등의 작업들은 일반적인 경우에는 개선의 효과를 볼 수는 있지만, 대량의 장애를 유발하기도 한다. 변경 사항을 적용할 때는 충분히 주의를 기울여서 한 번 발생한 장애가 다른 곳으로 퍼져나가지 않도록 유의하자.

23

치명적인 상태 관리하기: 신뢰성을 위한 분산에 대한 합의

로라 놀란(Laura Nolan) 지음

팀 하비(Tim Harvey) 편집

프로세스는 충돌이나 재시작이 필요한 경우가 필연적으로 발생한다. 자연재해로 인해 데이터 센터의 일부가 홀랑 날아가기도 한다. 사이트 신뢰성 엔지니어는 이런 종류의 장애에 대해 대처해야 하며 시스템을 정상적으로 운영하기 위한 전략을 수립해야 한다. 대부분 이런 전략들은 여러 지역에서 시스템들을 운영하기 위한 방법을 수반한다. 지리적으로 분산된 시스템은 상대적으로 직관적이지만 시스템의 상태를 일관되게 살펴볼 수 있는 방법을 유지해야 한다. 어쩌면 쉽지 않은 일처럼 보일지도 모르지만 말이다.

프로세스의 그룹들은 다음과 같은 질문에 명확하게 답할 수 있어야 한다.

- 프로세스 그룹에서 어떤 프로세스가 리더 역할을 수행하는가?
- 프로세스 그룹에서 프로세스의 집합은 무엇인가?
- 메시지가 분산 큐에 정상적으로 추가되었는가?
- 프로세스가 임대한 자원을 계속해서 보유하고 있지는 않는가?
- 주어진 키로 데이터 저장소에 저장된 값은 무엇인가?

우리는 신뢰할 수 있는 고가용성 시스템을 효과적으로 구축하기 위해 분산에 대한 합의가 필요하다는 것을 인지했다. 이런 시스템들은 시스템의 상태를 일관적으로 확인할 수 있는 방법을 필요로 한다. 분산에 대한 합의 문제는 신뢰할 수 없는 네트워크에 연결된 프로세스의 그룹들이 원하는 수준의 합의점에 도달하는 문제를 다루는 것이다. 예를 들어 분산 시스템의 여러 프로세스들은 분산 록이 발생했든, 아니면 큐의 메시지가 이미 처리되었든지 여부와는 무관하게 설정 중에서 중요한 부분들을 일관되게 확인할 수 있어야 한다. 이는 분산 컴퓨팅 분야에서는 매우 기본적인 개념인 동시에 우리가 제공하는 거의 모든 서비스에서 우리가 의지할 수 있는 개념 중 하나다. 그림 23-1은 분산에 대한 합의를 통해 프로세스의 그룹이 시스템의 상태를 일관적으로 확인할 수 있는 방법을 어떻게 제공할 수 있는지를 보여준다.

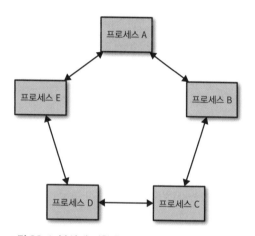

그림 23-1 분산에 대한 합의: 프로세스 그룹 간의 합의

우리는 리더의 선출, 치명적인 공유 상태 혹은 분산 록이 발생할 때마다 이미 증명되고 테스트된 분산에 대한 합의 시스템을 이용할 것을 권한다. 이 문제를 해결하기 위해 잘 알려지지 않은 방법을 사용하면 장애가 발생하거나 아무도 모르는 사이에 시스템의 불필요한 장애를 유발하는 데이터 불일치 문제가 발생할 수 있다. 대부분 이런 문제는 알아채거나 수정하기가 매우 어려운 편이다.

네트워크 파티션은 예측이 불가능(네트워크 케이블의 단절, 패킷의 분실이나 지연, 하드웨어 고장, 네트워크 컴포넌트의 잘못된 설정 등등)하므로 분산에 대한 합의를 이해하는 것은 특정 애플리케이션에 대해 일관성과 가용성이 어떻게 적용되는지를 이해하는 것이나 다름없다. 특히 사용 제품의 경우에는 가용성에 대한 기대치가 훨씬 높으며, 많은 애플리케이션들이 데이터에 대한 일관된 확인을 필요로 한다.

시스템과 소프트웨어 엔지니어는 전통적인 ACID(Atomicity, Consistency, Isolation, Durability, 원자성, 영속성, 격리성, 내구성) 데이터 저장소에 익숙하지만 계속해서 성장하는 분산 데이터 저장소 기법들은 BASE(Basically Available, Soft state and Eventual consistency, 기본적인 가용성, 유연한 상태, 궁극적 일관성)이라는 조금 다른 의미들을 제공한다. BASE 개념을 제공하는 데이터 저장소들은 특정 종류의 데이터를 다루는 애플리케이션에 적합하며, 더 많은 비용이 필요한 대용량 데이터와 트랜잭션을 처리할 수 있다. 어쩌면 ACID 개념을 지원하는 데이터 저장소에게는 불가능하지만 BASE 개념을 지원하는 저장소들은 이 모든 개념들을 동시에 지원할 수도 있다.

BASE 개념을 지원하는 거의 모든 시스템들은 멀티마스터 복제(multimaster replication)를 지원한다. 즉, 쓰기 작업을 여러 프로세스에서 동시에 수행할 수 있다. 게다가 (주로 '가장 최근의 데이터를 채택'하는 방식으로) 충돌을 해결하기 위한 메커니즘도 제공한다. 하지만 궁극적 일관성(eventual consistency)은 간혹 깜짝 놀랄 만한 결과를 보여주기도 한다[Lu15]. 특히 (예측이 불가능한) 시간의 어긋남(clock drift)이나 네트워크 파티셔닝[Kin15][1]이 발생하는 경우에는 더욱 그렇다.

게다가 개발자의 입장에서는 BASE 개념만을 지원하는 데이터 저장소를 이용한 시스템을 잘 디자인하기가 더 어려운 편이다. 예를 들어 제프 슈테(Jeff Shute)[Shu13]는 "우리는 궁극적 일관성 관점에서 극도로 복잡하면서도 에러가 발생하기 쉬운 메커니즘과 이미 유효기간이 지난 데이터들을 오랜 시간 다루어본 경험이 있는 개발자를 찾는다. 이 문제를 개발자들이 직접 처리

---

1 카일 킹스버리(Kyle Kingsbury)는 분산 시스템의 데이터 무결성에 대한 광범위한 글을 발표했다. 그는 이 글을 통해 이런 종류의 데이터 저장소들이 가지는 예상치 못한, 올바르지 않은 동작들에 대한 다양한 예시들을 제공하고 있다. 자세한 내용은 https://aphyr.com/tags/jepsen을 참고하기 바란다.

하도록 하는 것은 너무나도 어려운 일이며 일관성의 문제는 반드시 데이터베이스 수준에서 해결되어야 한다"고 말했다.

시스템 디자이너들은 신뢰성이나 성능, 특히 치명적인 상태의 안전한 관리를 위해 데이터의 무결성을 희생할 수 없다. 예를 들어 금융 거래를 다루는 시스템을 생각해보자. 신뢰성이나 성능에 대한 요구사항은 금융 데이터가 올바르지 않다면 아무런 의미가 없다. 시스템은 치명적인 상태를 여러 프로세스에 걸쳐 안정적으로 동기화할 수 있어야 한다. 분산에 대한 합의 알고리즘은 바로 이런 기능을 제공하기 위한 것이다.

합의는 왜 필요할까: 분산 시스템 간 협업의 실패

분산 시스템은 복잡하며, 이해하고 관찰하고 문제를 해결하기가 난해하다. 이런 시스템을 운영하는 엔지니어들은 장애 시의 동작으로 인해 깜짝깜짝 놀라는 일을 빈번하게 겪는다. 장애는 상대적으로 자주 일어나는 현상은 아니며, 그래서 장애 상황에서 시스템을 테스트하는 경우는 그다지 많지 않다. 그래서 장애 상황에서 시스템의 동작에 대한 명확한 이유를 밝히기가 매우 어렵다. 특히 네트워크 파티션은 해결하기가 더욱 어렵다. 파티션의 포화로 인한 문제는 다음과 같은 결과로 나타나게 된다.

- 네트워크가 현저히 느려진다.
- 전부가 아닌 일부 메시지가 유실된다.
- 트래픽 제한이 한 방향으로는 나타나지만 다른 방향으로는 나타나지 않는다.

이후의 절들에서는 실제 분산 시스템들에서 발생하는 문제들의 사례를 소개하고 리더 선출과 분산에 대한 합의 알고리즘을 이용해 이런 문제들을 어떻게 해결할 수 있는지를 살펴본다.

사례 연구 1: 분리된 뇌(split-brain) 문제

이번에 살펴볼 서비스는 여러 사용자들이 협업할 수 있는 콘텐츠 저장소다. 이 서비스는 신뢰도 향상을 위해 각기 다른 랙에 배치된 두 개의 복제된 파일 서버를 이용한다. 이때 두 파일 서버에 동시에 데이터를 기록하게 되면 데이터가 망가질 수 있기 때문에(그리고 복구마저 불가능해질 수 있기 때문에) 이런 현상이 발생하지 않도록 주의를 기울여야 한다.

각 파일의 서버 짝은 하나의 리더와 하나의 수행 서버로 구성된다. 한 파일 서버는 자신의 파트너와 연결할 수 없는 상태가 되면 STONITH(Shoot The Other Node in the Head, 다른 노드를 강제로 종료) 명령을 파트너 노드에 전달해 노드를 강제로 종료한 후 그 파일에 대한 소유권을 차지한다. 이 방법이 개념적으로는 다소 부적절하다는 점은 잠시 후에 살펴보겠지만 어쨌든 뇌가 분리된 인스턴스들이 생겨나는 경우를 낮추기 위한 업계 표준 방식이다.

네트워크가 느려지거나 패킷이 유실되기 시작하면 어떤 일이 벌어질까? 이 시나리오에서라면 파일 서버들은 건강 상태 검사에서 타임아웃이 발생하고 그 결과 의도된 대로 STONITH 명령을 각자의 파트너 노드에 전달하고 소유권을 차지한다. 그러나 일부 명령은 네트워크 문제로 해당 노드에 제대로 전달되지 않을 수도 있다. 그러면 두 파일 서버 노드가 같은 자원에 대해 각자 자기가 소유권을 가지고 있다고 생각하거나 혹은 양쪽이 모두 STONITH 명령을 발신하는 바람에 둘 다 종료되어 버릴 수도 있다. 그 결과, 데이터가 망가지거나 혹은 사용이 불가능해지게 되는 것이다.

이 시스템이 가지는 문제는 단순한 타임아웃으로 리더 선출 문제를 해결하려고 했다는 점이다. 리더 선출은 분산 비동기 합의 문제를 재구성하는 과정이기에 단순한 건강 상태 점검만으로는 올바르게 해결할 수 없다.

사례 연구 2: 사람이 개입해야 하는 장애 조치

샤딩이 고도로 적용된 데이터베이스 시스템은 각 샤드마다 주(primary) 샤드가 존재하며, 이 주 샤드는 다른 데이터센터의 차선(secondary) 샤드로 동기적으로 복제된다. 그리고 이 주 샤드의 건강 상태를 점검하는 외부 시스템은 주 샤드가 더 이상 양호한 상태가 아니라고 판단되면 차선 샤드를 주 샤드로 승격시킨다. 만일 주 샤드가 자신의 차선 샤드의 건강 상태를 판단할 수 없으면, 주 샤드는 스스로를 사용 불가능한 상태로 전환한 후 사례 연구 1에서 본 분리된 뇌 시나리오를 피하기 위해 사람에게 이 문제를 해결할 것을 요청한다.

이 해결책은 데이터 유실의 위험은 없지만 데이터의 가용성에 매우 좋지 않은 영향을 미친다. 또한 시스템을 운영하는 엔지니어들의 운영 업무가 불필요하게 증가하게 되며, 사람의 개입은 기본적으로 시스템의 확장성을 떨어뜨린다. 주 샤드와 차선 샤드의 통신 불량 같은 문제는 대형 인프라스트럭처에 문제가 있을 때나 발생하는데, 이 경우 해당 시스템에 대응하는 엔지니어는 이미 다른 업무로 정신 없이 바쁜 상황이기 일쑤다. 네트워크의 심각한 문제로 인해 분산에 대한 합의 시스템이 마스터를 선출하지 못하는 상황이라면 사람이라고 해서 그보다 특별히 더 나은 것도 아니다.

사례 연구 3: 그룹-멤버십 알고리즘의 오류

인덱싱을 수행하는 컴포넌트와 검색 서비스를 제공하는 시스템이 있다. 이 시스템이 시작할 때 노드들은 가입(gossip) 프로토콜을 이용해서 서로를 인식한 후 클러스터에 가입한다. 클러스터는 가입한 노드들 중에서 전체적인 조율을 담당할 리더를 선출한다. 그러다가 네트워크 파티셔닝으로 인해 클러스터가 두 개로 갈라지면, 분리된 각 클러스터들이 다시 마스터를 선출하고 쓰기 및 삭제 작업을 수행하기 시작하면서 분리된 뇌 시나리오와 데이터 손실 문제가 발생하게 된다.

프로세스의 그룹 전체에 적용되는 그룹 멤버십에 대한 일관성을 결정하는 문제는 또 다른 형태의 분산에 대한 합의 문제다.

사실, 많은 분산 시스템 문제들로 인해 여러 가지 버전의 분산에 대한 합의가 필요해졌다. 여기에는 마스터의 선출, 그룹 멤버십, 다양한 분산 잠금(lock) 및 임대(lease), 신뢰할 수 있는 분산 큐 및 메시징, 치명적인 공유 상태에 대해 프로세스의 그룹 전체에 걸쳐 일관성을 보장하기 위한 다양한 유지보수 기법 등이 포함된다. 문제는 분산에 대한 합의 알고리즘은 정확성이 입증되었으며, 그 구현에 대해 포괄적으로 테스트된 분산에 대한 합의 알고리즘을 통해서만 해결될 수 있다는 점이다. 이런 종류의 문제를 (건강 상태 점검이나 가십 프로토콜을 이용하는 등의) 주먹구구식으로 해결하려고 하면 항상 신뢰성에 대한 문제가 발생하기 마련이다.

분산에 대한 합의가 동작하는 방식

이 합의에 대한 문제는 여러 가지가 존재한다. 분산 소프트웨어 시스템을 다룰 때는 보통 잠재적으로 메시지의 전달에 무한한 지연이 발생할 수 있는 비동기 분산 합의(asynchronous distributed consensus)에 관심을 갖게 된다(동기 합의(synchronous consensus)는 메시지가 항상 보장된 시간 내에 전달되는 실시간 시스템에 적용된다).

분산 합의 알고리즘은 (충돌이 발생한 노드를 시스템에서 영구 제외시키는) 충돌-실패(crash-fail) 혹은 충돌-복구(crash-recover) 방식을 사용한다. 대부분 실제 시스템에서 발생하는 문제들은 본질적으로 느린 네트워크, 시스템 재시작 등에 의한 일시적인 현상이므로 앞서 언급한 두 방식 중에서는 충돌-복구 알고리즘이 훨씬 유용하다.

알고리즘은 비잔틴 실패(Byzantine failure)[2]를 다룰 수도 있고 논비잔틴 실패(non-Byzantine failure)[3]를 다룰 수도 있다. 비잔틴 실패는 프로세스가 버그나 악의적 동작으로 인해 올바르지 않은 메시지를 전달할 때 발생하며, 상대적으로 처리 비용이 높고 발생 빈도가 높지 않다.

기술적으로 제한된 시간 내에 비동기 분산 합의 문제를 해결하는 것은 불가능하다. 다익스트라 상(Dijkstra Prize)[4]을 수상한 논문 'FLP 불가능성에 대한 결론(FLP impossibility result)'[Fis85]에서 증명했듯이 안정성이 확보되지 않은 네트워크가 존재하는 경우 진행률을 보장할 수 있는 비동기 분산 합의 알고리즘은 존재하지 않는다.

현실적으로 우리는 시스템에 대한 충분히 양호한 상태의 복제 서버를 확보하고 대부분의 시간 동안 안정적으로 작업을 수행할 수 있는 네트워크 연결성을 확보함으로써 제한된 시간 내의 분산 합의 문제를 해결하고 있다. 게다가 시스템은 임의의 지연 값에 기반을 둔 백오프를 가져야 한다. 이러한 설정을 통해 연속적 장애 효과를 유발하는 재시도를 방지하는 것은 물론 이 장의 후반부에서 설명할 다투는 제안자들 문제를 회피할 수 있다. 프로토콜은 안정성을 보장하며, 시스템의 적절한 이중화는 지속성을 확보하는 데 도움이 된다.

분산 합의 문제에 대한 최초의 해결책은 램포트(Lamport)의 Paxos(팍소스) 프로토콜[Lam98]이었지만, 그 외에도 같은 문제를 해결하기 위한 Raft(라프트)[Ong14], Zab(잽)[Jun11] 및 Mencius(맹자)[Mao08] 등의 프로토콜도 존재했다. 또한 Paxos 프로토콜은 성능의 향상을 목적으로 다양한 형태로 변형되었다[Zoo14]. 이 변형된 프로토콜들은 간소화를 위해 한 프로세스에 특별한 리더 역할을 위임하는 등 어느 한 부분만을 변형한 것이 대부분이다.

Paxos 살펴보기: 예제 프로토콜

Paxos(팍소스)는 시스템 내의 대부분의 프로세스가 받아들이거나 받아들이지 못하는 일련의 제안(proposal)들을 처리한다. 만일 어떤 제안이 받아들여지지 않으면 그대로 실패하게 된다. 각 제안은 일련 번호가 할당되어 있어 시스템 내의 모든 작업들을 순서대로 처리할 수 있도록 구성되어 있다.

---

2 **역주** 증상이 각기 다른 실패를 의미한다. 시스템이 실패로 인해 임의의 동작을 수행하면서 데이터의 파손 등 다양한 증상이 발생하는 경우다. 자세한 내용은 위키피디아 등을 참고하기 바란다.

3 **역주** 비잔틴 실패와는 상반된 의미로, 시스템이 실패로 인해 임의의 증상이 발생하는 것이 아니라 시스템이 동작을 멈추는 현상을 유발하는 실패를 의미한다.

4 **역주** 네덜란드의 컴퓨터 과학자인 에드가 W. 다익스트라(Edsger W. Dijkstra)를 기리는 상

프로토콜의 첫 번째 단계에서는 제안자가 수신자에게 일련 번호를 보낸다. 각 수신자는 현재 일련 번호가 더 높은 갖는 제안을 처리 중이지 않는 경우에만 해당 제안을 받아들인다. 제안자는 필요에 따라 더 높은 일련 번호를 이용해 제안의 처리를 다시 요청할 수 있다. 제안자는 반드시 유일한 일련 번호를 사용해야 한다(예를 들면 중복이 없는 집합이나 혹은 일련 번호에 호스트 이름을 더하는 등의 방식을 사용한다).

수신자들 중 과반수가 제안을 받아들이면 제안자는 실제 값을 가진 메시지를 다시 전송하게 된다.

각 제안에 일련 번호를 할당하는 것은 시스템 내에서 전달되는 메시지의 순서와 관련된 여러 가지 문제를 해결할 수 있게 해준다. 또한 과반수 이상이 메시지의 전달에 동의하게 함으로써 같은 제안이 다른 값으로 전달되는 현상을 방지할 수 있다. 왜냐하면 최소한 하나의 노드가 두 가지 제안에 동의한 과반수에 모두 포함될 수 있기 때문이다. 수신자는 제안을 받아들이기로 동의할 때마다 이를 영속적인 저장소에 저장해야 한다. 왜냐하면 재시작한 이후에도 자신이 동의한 내용을 존중해서 처리해야 하기 때문이다.

Paxos 프로토콜은 그 자체로는 그다지 유용하지 않다. 할 수 있는 것이라고는 제안의 일련 번호와 그 값의 처리에 대해 동의하는 것뿐이기 때문이다. 정해진 수의 노드가 값에 동의하기만 하면 되므로 어떤 노드든 자신이 동의한 값의 집합을 전체적으로 확인하지 못할 수도 있다. 대부분의 분산 합의 알고리즘은 이런 한계를 가지고 있다.

분산 합의를 위한 시스템 아키텍처 패턴

분산 합의 알고리즘들은 저수준(low-level)이며 원시적(primitive)이다. 그저 노드의 집합이 어느 한 값에 단 한 번만 동의하는 것을 허용할 뿐이다. 그래서 실제 디자인 작업과는 잘 어울리지 않는다. 분산 합의가 유용한 수단이 되려면 분산 합의 알고리즘이 다루지 못하는 현실적인 시스템 기능들을 데이터 저장소, 설정 저장소, 큐, 잠금, 리더 선출 서비스 같은 좀 더 높은 수준의 시스템 컴포넌트들이 제공해야 한다. 더 높은 수준의 컴포넌트를 사용하면 시스템 디자이너들의 복잡도를 완화시킬 수 있다. 또한 이 컴포넌트들 덕분에 시스템이 운영되는 환경의 변화나 기술적 요구사항의 변화에 따라 기반 분산 합의 알고리즘을 변경하기가 수월해진다.

합의 알고리즘을 성공적으로 활용하고 있는 많은 시스템들은 주키퍼(Zookeeper), 콘솔(Consul),

etcd 처럼 그런 알고리즘을 구현하고 있는 서비스의 클라이언트를 통해 이러한 기능을 제공한다. 주키퍼[Hun10]는 업계의 주목을 끈 최초의 오픈 소스 합의 시스템이다. 심지어 분산 합의를 고려하지 않고 디자인된 애플리케이션과도 함께 사용하기가 쉽기 때문이다. 구글의 처비 (Chubby) 서비스 역시 이와 유사한 서비스다. 처비의 개발자는 합의에 대한 근본 기능을 엔지니어가 애플리케이션에 탑재해야 하는 라이브러리가 아니라 서비스로 제공하게 되면 고가용성을 필요로 하는 합의 서비스와 호환이 가능한 방식(적절한 수의 복제 서버를 운영해야 하거나 그룹 멤버십의 관리, 성능에 대한 고려 등)으로 자신의 시스템을 배포해야 하는 문제로부터 자유로울 수 있다는 점을 지적[Bur06]했다.

신뢰할 수 있는 복제된 상태 머신

복제된 상태 머신(Replicated State Machine, RSM)은 여러 프로세스를 통해 동일한 작업을 동일한 순서로 실행하는 시스템이다. RSM은 데이터 혹은 설정 저장소, 잠금, 리더 선출 같은 유용한 분산 시스템 컴포넌트와 서비스를 구축하기 위한 기본적인 단위다(자세한 내용은 잠시 후에 다루기로 하자).

RSM이 실행하는 작업은 합의 알고리즘을 통해 전역적으로 순서가 정해진다. 이는 매우 강력한 개념이다. 이미 여러 논문들([Agu10], [Kir08], [Sch90])이 어떤 결정을 수행하는 프로그램을 RSM으로 구현함으로써 고가용성을 확보한 복제된 서비스를 구현할 수 있음을 증명하고 있다.

그림 23-2에서 보듯이 복제된 상태 머신은 합의 알고리즘 기반의 논리적 계층을 구현한 시스템이다. 합의 알고리즘은 수행할 작업의 순서를 결정하는 데 사용되며, RSM은 해당 순서대로 작업을 실행한다. 합의를 수행하는 그룹이 모든 합의 사항에 매번 참여할 필요는 없으므로 RSM은 필요에 따라 짝꿍(peer) 노드의 상태를 동기화해야 하는 경우도 있다. 커쉬(Kirsch)와 아미르(Amir)[Kir08]가 설명했듯이 슬라이딩 윈도우 프로토콜(sliding-window protocol)을 이용해서 RSM 내의 짝꿍 프로세스 간의 상태를 조정할 수도 있다.

그림 23-2 합의 알고리즘과 복제된 상태 머신 사이의 관계

신뢰할 수 있는 복제된 데이터 저장소와 설정 저장소

신뢰할 수 있는 복제된 저장소(reliable replicated datastore)는 복제된 상태 머신 애플리케이션이다. 복제된 저장소는 중요한 작업을 실행할 때 합의 알고리즘을 사용한다. 그래서 디자인 단계에서 성능, 처리량, 확장성에 대한 고려가 무엇보다 중요하다. 기타 다른 기술을 기반으로 하는 저장소와 마찬가지로 합의 기반 데이터 저장소 역시 읽기 작업을 위한 다양한 합의 기법을 제공하는데, 이로 인해 데이터 저장소의 확장 방식이 크게 달라진다. 이 345쪽의 "분산 합의 성능" 절에서 더 자세히 살펴보기로 하자.

이에 반해 다른(비분산 합의 기반) 시스템은 단순히 리턴되는 데이터의 수명을 제한하기 위해 타임스탬프(timestamp)에 의존한다. 분산 시스템에서 타임스탬프의 사용은 문제가 많다. 왜냐하면 여러 머신 사이의 시간을 정확하게 동기화하는 것이 불가능하기 때문이다. 스패너(Spanner) [Cor12]는 최악의 불확실성을 모델링하고 이런 불확실성을 해결할 필요가 있는 프로세스의 실행을 최대한 늦추는 방식으로 이 문제를 해결한다.

리더 선출을 이용한 고가용성 프로세싱

분산 시스템에서 리더 선출은 분산 합의와 유사한 문제다. 시스템 내의 대부분의 복제된 서비스들은 특정 종류의 작업을 수행하기 위해 하나의 리더를 사용한다. 단일 리더 메커니즘은 기본적인 수준의 동등한 실행을 보장하기 위한 방법이다.

이런 디자인은 서비스 리더의 작업이 하나의 프로세스 혹은 공유된 프로세스에서 실행할 수 있는 경우에 적합하다. 시스템 디자이너는 평소와 마찬가지로 간단한 프로그램을 작성하고 이 프로세스를 복제한 후 특정 시점에 단 하나의 리더만 동작하도록 하는 리더 선출 기법을 이용해서(그림 23-3 참조) 손쉽게 고가용성 서비스를 구축할 수 있다. 간혹 리더 시스템은 시스템 내의 작업자 풀을 관리하는 작업을 실행하기도 한다. 이 패턴은 GFS[Ghe03](나중에 콜로서스

(Colossus)로 교체되었다)와 빅테이블 키-밸류 저장소[Cha06]에서 사용하고 있다.

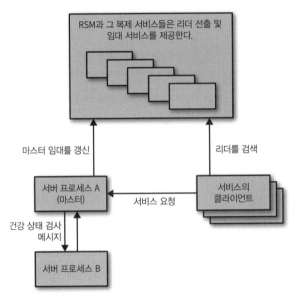

그림 23-3 마스터 선출을 위해 복제된 서비스를 사용하는 고가용성 시스템

복제된 데이터 저장소와는 달리 이런 종류의 컴포넌트는 시스템의 중요한 작업에 합의 알고리즘을 사용하지 않으므로 일반적으로 처리량은 중요하게 생각하지 않는다.

분산 조정(Coordination)과 잠금 서비스

분산 연산에서 **장벽**(barrier)은 특정 조건(예를 들어 모든 부분에서 첫 단계의 연산이 완료되어야 한다는 등의 조건)을 만족할 때까지 프로세스의 그룹이 작업을 수행하지 못하도록 하는 기본적인 요소다. 이런 장벽을 활용하면 분산 연산을 논리적 단계로 효율적으로 나눌 수 있다. 예를 들어 그림 23-4에서와 같이 맵리듀스[Dea04] 모델을 구현할 때 장벽을 활용해서 Map 단계가 모두 완료되기 전에는 Reduce 단계의 연산이 수행되지 않도록 할 수 있다.

이런 장벽은 하나의 조정 프로세스를 통해 구현할 수 있지만 그렇게 하면 단일 실패점을 추가하는 것이기 때문에 대부분의 경우에는 권장하지 않는다. 장벽은 RSM을 이용해서도 구현할 수 있다. 주키퍼 합의 서비스가 바로 이 방법으로 구현된 것이다. 자세한 내용은 [Hun10]과 [Zoo14]를 참고하기 바란다.

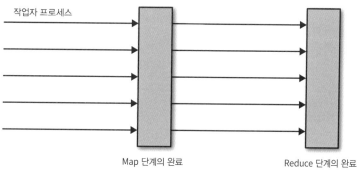

작업자 프로세스

Map 단계의 완료

Reduce 단계의 완료

그림 23-4 맵리듀스 계산을 위한 프로세스 조율이 장벽

잠금(lock)은 RSM으로 구현할 수 있는 또 다른 형태의 조정 요소다. 입력 파일을 처리해서 그 결과를 기록하는 작업자 프로세스를 사용하는 분산 시스템을 고려해보자. 이 시스템에서는 분산 잠금을 이용해서 여러 작업자 파일이 같은 입력 파일을 처리하는 현상을 방지할 수 있다. 현실적으로는 무한정 잠금을 수행하는 대신 일정 시간이 지나면 잠금을 다시 임대하도록 구현하는 것이 일반적이다. 이를 통해 잠금을 수행한 프로세스가 충돌로 인해 잠금이 무한히 유지되는 현상을 방지할 수 있기 때문이다. 분산 잠금에 대한 자세한 내용은 이 장의 범위를 벗어나지만, 분산 잠금은 저수준 시스템에서는 유의해서 도입해야 할 기본적인 개념임을 명심하자. 대부분의 애플리케이션은 분산 트랜잭션을 제공하는 고수준의 시스템을 이용해야 한다.

신뢰할 수 있는 분산 큐와 메시지

큐는 대중적인 데이터 구조로서 주로 여러 작업자 프로세스 간의 분산 작업을 위해 사용된다.

큐 기반 시스템은 장애 및 작업자 노드의 분실을 허용하는 구조를 상대적으로 쉽게 구축할 수 있다. 이를 위해 큐에서 메시지를 곧바로 삭제하는 대신 (앞서 잠금에서 소개했던) 임대 시스템을 이용하는 것을 권장한다. 큐 기반 시스템의 단점은 큐의 손실로 인해 전체 시스템이 동작하지 않을 수 있다는 점이다. 큐를 RSM으로 구축하면 이러한 위험을 최소화하고 전체 시스템을 더욱 견고하게 구축할 수 있다.

원자적 전파(atomic broadcast)는 메시지를 안정적이면서도 동일한 순서로 모든 수신자에게 전달하기 위한 기본적인 요소다. 이는 매우 강력한 분산 시스템의 개념인 동시에 실질적인 시스템을 디자인하는 데 큰 도움이 되는 요소다. 시스템 디자이너들은 이미 현존하는 다양한 발행-구독(publish-subscribe) 메시징 인프라스트럭처를 활용할 수 있다. 물론 이들 모두가 원자성을 보장하지는 않는다. 찬드라(Chandra)와 토웨그(Toueg)[Cha96]는 원자적 전파와 합의의 공통점을 설명하고 있다.

그림 23-5는 작업 분산을 위한 큐(queuing-as-work-distribution) 패턴을 이용해 로드밸런싱 장치에서 큐를 사용하는 기법을 보여주고 있다. 이 방법은 종단간(point-to-point) 메시징에 유용하다. 메시징 시스템은 대부분 발행-구독 큐 역시 제공하고 있으므로 메시지가 특정 채널이나 토픽을 구독하는 다수의 클라이언트에게 전달될 수 있다. 이런 일대다 메시징에서는 큐의 메시지를 순서대로 영속 저장소에 저장한다. 발행-구독 시스템은 클라이언트가 특정 타입의 이벤트에 대한 알림을 수신해야 하는 다양한 종류의 애플리케이션에서 활용될 수 있다. 또한 발행-구독 시스템 분산 캐시와 결합해서 구현할 수도 있다.

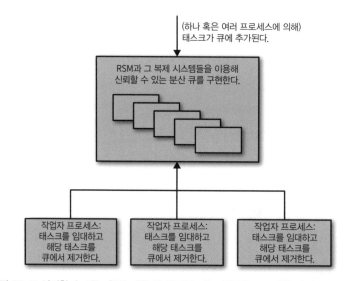

그림 23-5 신뢰할 수 있는 합의 기반 큐 컴포넌트를 사용하는 큐 지향 작업 분산 시스템

큐와 메시징 시스템은 종종 최대의 처리량을 필요로 하지만(사용자가 직접 영향을 받는 경우는 드물기 때문에), 지연응답을 최소화할 필요는 없다. 그러나 조금 전에 설명한 것처럼 여러 작업자가 큐에서 태스크를 받아가야 하는 시스템에서 지연응답이 높아지면 각 태스크의 처리 시간 비율이 급격히 증가해서 문제가 발생할 수 있다.

분산 합의의 성능

통상 합의 알고리즘은 너무 느리고 높은 처리량과 낮은 지연응답을 요구하는 시스템에 사용하기에는 비용이 너무 많이 드는 것으로 알려져 있다[Bol11]. 하지만 이는 사실이 아니다. 구현은 느릴 수 있지만 그 성능을 향상시킬 수 있는 다양한 방법들이 존재하기 때문이다. 분산 합의 알고리즘은 [Ana13], [Bur06], [Cor12] 및 [Shu13]에서 설명하는 구글의 주요 시스템들의 핵심이며, 실제로 매우 효율적으로 운영할 수 있음을 증명하고 있다. 이는 구글의 확장성 덕분에 가능한 것이 아니다. 사실 우리의 확장성은 오히려 단점으로 작용하고 있다. 그 이유는 확장성으로 인해 두 가지 문제가 발생하기 때문이다. 두 가지 문제는 데이터셋의 크기가 너무 크며, 시스템들이 지리적으로 멀리 떨어져 있다는 점이다. 데이터셋의 크기에 복제 시스템의 수를 곱하면 컴퓨팅 비용이 크게 증가하며, 지리적으로 멀리 떨어진 시스템들 때문에 복제 시스템 간의 지연응답이 증가하여 결국 성능 저하로 이어진다.

성능에 대한 요구사항을 만족하는 단 하나의 '최고의' 분산 합의 및 상태 머신 복제 알고리즘은 존재하지 않는다. 왜냐하면 성능이라는 것은 작업의 부하와 관련된 여러 가지 요소들, 시스템의 성능 목표, 그리고 시스템의 배포 방식[5] 등에 영향을 받기 때문이다. 앞으로 살펴볼 절들은 분산 합의를 이용해 달성할 수 있는 것들에 대한 이해를 높이기 위한 연구 결과를 보여주지만 지금까지 소개한 많은 시스템들은 이미 그 내용들을 사용하고 있다.

작업의 부하는 여러 가지로 변화한다. 그리고 이들의 변화를 이해하는 것은 성능에 대한 논의에서 매우 중요하다. 합의 시스템의 경우 작업 부하는 다음의 요소들에 따라 변화한다.

- 처리량: 부하가 최대치일 때 단위 시간에 만들어진 제안의 수
- 요청의 종류: 상태를 변경하는 작업의 분량
- 읽기 작업에 필요한 일관성의 정도
- 데이터 페이로드의 크기가 다양한 경우 요청의 크기

여기에 배포 전략 역시 여러 가지를 적용할 수 있다. 다음의 사항들을 고려해보자.

- 배포가 지역적으로 진행되는지 전역적으로 진행되는지 여부
- 과반수를 결정하는 알고리즘은 무엇인지, 그리고 대부분의 프로세스들이 어디에 위치하는지

---

5 특히 원래 Paxos 알고리즘의 성능은 기대에 미치지 못했지만 시간이 지나면서 훨씬 향상되었다.

- 시스템이 샤딩(sharding), 파이프라이닝(pipelining), 일괄 작업(batch)을 사용하는지

많은 합의 시스템은 다른 프로세스들과는 구별되는 리더 프로세스를 사용하며 모든 요청들은 이 특별한 노드로 전달되어야 한다. 그렇기 때문에 그림 23-6에서 보듯이 지역적으로 서로 다른 곳에 위치한 클라이언트가 인식하는 시스템의 성능은 노드의 거리에 따라 리더 프로세스에 대한 라운드 트립이 길어질 수 있으므로 천차만별이 될 수 있다.

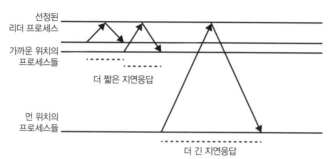

그림 23-6 서버 프로세스로부터의 거리에 따른 클라이언트의 지연응답의 변화

Multi-Paxos: 메시지의 흐름에 대한 자세한 내용

Multi-Paxos 프로토콜은 강력한 리더 프로세스를 사용한다. 리더가 선출되지 않았거나 리더 선출이 실패하지 않았다면 프로토콜은 제안자가 합의에 도달하기 위해 과반수의 수신자에게 단한 번의 라운드 트립만을 허용한다. 강력한 리더 프로세스를 사용하는 것은 전달되는 메시지의 수 측면에서 최적화된 방법이며, 많은 합의 프로토콜들이 대중적으로 사용하고 있는 방법이다.

그림 23-7은 새로운 제안자가 프로토콜의 첫 준비/약속(Prepare/Promise) 단계를 실행할 때의 초기 상태를 보여준다. 이 단계를 실행하면 새로운 조회 수 혹은 리더의 활동 기간을 설정한다. 프로토콜을 계속 실행하게 되면 조회 수는 동일하게 유지되지만 조회 수를 설정한 제안자가 간단히 수락 메시지를 보낼 수 있으므로 첫 번째 단계가 더 이상 필요치 않게 되며, (제안자 자신을 포함해) 과반수 이상의 응답을 수신하게 되면 합의가 이루어진다.

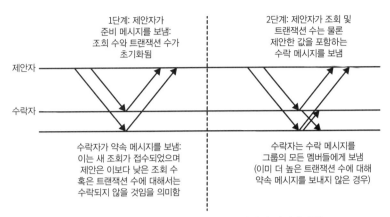

1단계: 제안자가
준비 메시지를 보냄:
조회 수와 트랜잭션 수가
초기화됨

2단계: 제안자가 조회 및
트랜잭션 수는 물론
제안한 값을 포함하는
수락 메시지를 보냄

제안자

수락자

수락자가 약속 메시지를 보냄:
이는 새 조회가 접수되었으며
제안은 이보다 낮은 조회 수
혹은 트랜잭션 수에 대해서는
수락되지 않을 것임을 의미함

수락자는 수락 메시지를
그룹의 모든 멤버들에게 보냄
(이미 더 높은 트랜잭션 수에 대해
약속 메시지를 보내지 않은 경우)

그림 23-7 Multi-Paxos 프로토콜의 기본적인 메시지 흐름

그룹 내의 다른 프로세스는 제안자가 언제든 제안 메시지를 보낼 수 있을 것이라고 가정할 수 있지만 제안자를 변경하면 성능의 손실이 발생한다. 프로토콜의 1단계를 다시 실행하기 위한 추가 라운드 트립이 필요한 것 외에도 더 중요한 것은 제안이 계속해서 서로를 방해해서 어떤 제안도 수락될 수 없다면 제안자가 둘이 되는 상황이 만들어질 수 있다. 이 상황은 그림 23-8 에 묘사되어 있다. 이 시나리오는 일종의 라이브록(livelock)이 발생하는 상황이며 라이브록은 무한히 지속될 수 있다.

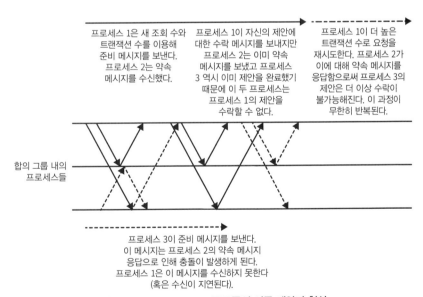

프로세스 1은 새 조회 수와
트랜잭션 수를 이용해
준비 메시지를 보낸다.
프로세스 2는 약속
메시지를 수신했다.

프로세스 1이 자신의 제안에
대한 수락 메시지를 보내지만
프로세스 2는 이미 약속
메시지를 보냈고 프로세스
3 역시 이미 제안을 완료했기
때문에 이 두 프로세스는
프로세스 1의 제안을
수락할 수 없다.

프로세스 1이 더 높은
트랜잭션 수로 요청을
재시도한다. 프로세스 2가
이에 대해 약속 메시지를
응답함으로써 프로세스 3의
제안은 더 이상 수락이
불가능해진다. 이 과정이
무한히 반복된다.

합의 그룹 내의
프로세스들

프로세스 3이 준비 메시지를 보낸다.
이 메시지는 프로세스 2의 약속 메시지
응답으로 인해 충돌이 발생하게 된다.
프로세스 1은 이 메시지를 수신하지 못한다
(혹은 수신이 지연된다).

그림 23-8 Multi-Paxos 프로토콜의 이중 제안자 현상

모든 합의 시스템은 이러한 충돌 이슈를 해결하기 위해 시스템 내의 모든 제안을 담당하는 제안 프로세스를 선출하는 방법을 사용하거나 혹은 각 프로세스들이 제안을 할 수 있는 특정 슬롯을 할당하는 제안자 회전(rotating) 방식을 사용한다.

리더 프로세스를 사용하는 시스템의 경우, 리더 선출 프로세스는 시스템이 사용 불가능한 상태에서도 균형을 잃지 않도록 주의해야 한다. 이 상태는 리더가 선출되지 않았을 때 발생하며, 이로 인해 이중 제안자 현상이 나타날 우려가 있다. 그래서 적절한 타임아웃과 백오프 (backoff) 전략을 구현하는 것이 중요하다. 만일 여러 프로세스들이 리더가 없다는 것을 인지하고 모두가 동시에 리더가 되려고 시도한다면 이 중 어느 누구도 리더가 될 수 없을 것이다(즉, 이중 제안자가 발생하게 된다). 이때는 임의의 값을 이용하는 것이 최상의 방법이다. 예를 들어 Raft[Ong14]는 리더 선출 프로세스에 대해 장고를 거듭해 구현한 방법을 제공한다.

읽기 작업 부하의 확장

읽기 부하를 확장하는 것은 생각보다 중요한데, 그 이유는 많은 부하가 읽기 작업을 주로 수행하기 때문이다. 복제된 데이터 저장소는 여러 곳에 사용 가능한 데이터가 존재한다는 장점이 있다. 즉, 모든 읽기 작업에 강력한 일관성이 요구되지 않는다면 데이터를 어떤 복제 서버에서도 읽어올 수 있다. 복제 서버로부터 데이터를 읽는 기법은 구글의 Photon 시스템 같은 몇몇 애플리케이션에서는 매우 잘 동작한다. 이 시스템은 분산 합의를 이용해 여러 개의 파이프라인의 동작을 조율한다. Photon은 상태의 변경을 위해 비교-후-저장(compare-and-set) 작업을 원자적(원자적 등록에서 영감을 얻었다)으로 수행한다. 이 작업은 반드시 절대적 일관성을 지원해야 한다. 그러나 읽기 작업은 어떤 복제 서버에서도 수행될 수 있는데, 그 이유는 오래된 데이터로 인해 추가 작업이 실행될지언정 결과는 잘못되지는 않기 때문이다[Gup15]. 그래서 이 절충안은 생각보다 중요한 가치가 있다.

가장 최신의 데이터를 읽을 수 있고 읽기가 수행되기 전에 모든 변경 사항의 일관성을 보장하기 위해서는 다음 중 한 가지를 수행해야 한다.

- 읽기 전용 합의 작업을 수행한다.
- 가장 최신의 데이터를 보장하는 복제 서버로부터 데이터를 읽는다. 안정적인 리더 프로세스를 사용하는 시스템이라면 (다른 많은 분산 합의 시스템이 구현하고 있듯이) 리더가 이를 보장한다.

- 과반수 임대를 사용한다. 즉, 일부 복제 서버가 시스템의 전체 혹은 일부 데이터에 대한 임대하고 약간의 쓰기 성능을 희생해서 읽기 작업에 대한 강력한 일관성을 제공하는 것이다. 이 기법은 다음 절에서 더 자세히 살펴보기로 하자.

과반수 임대

과반수 임대[Mor14]는 읽기 작업에 대한 지연응답을 최소화하고 처리량을 증가시키는 것을 목표로 가장 최근에 개발된 분산 합의 성능 최적화 기법이다. 앞서 설명했듯이 클래식 Paxos 프로토콜을 비롯한 대부분의 다른 분산 합의 프로토콜은 강력한 일관적 읽기(상태에 대한 가장 최신의 데이터를 보장하는 방법)를 수행하려면 복제 서버의 과반수에 대해 읽기 작업을 위한 분산 합의 작업을 수행하거나 혹은 가장 최신의 상태 변화 작업의 수행을 보장하는 안정된 리더 복제 서버를 필요로 한다. 많은 시스템에서 읽기 작업은 쓰기 작업보다 훨씬 빈번하게 일어나므로 분산 작업이나 하나의 복제 서버에 의존하는 것은 지연응답과 시스템 처리량에 좋지 않은 결과를 가져온다.

과반수 임대 기법은 복제된 서버의 과반수에 복제된 데이터 저장소의 상태의 일부에 대한 읽기 작업을 임대하는 방법이다. 이 임대는 일정한 (대부분 짧은) 기간 동안만 허용된다. 데이터의 상태를 변경하는 모든 작업은 읽기 과반수의 모든 복제 서버들이 반드시 동의해야 한다. 복제 서버 중 어느 하나라도 사용이 불가능해지면 임대가 만료될 때까지는 데이터를 수정할 수 없다.

과반수 임대는 읽기 작업이 많은 부하에 특히 유용하다. 특히 데이터의 특정 서브셋이 지리적으로 한 지역에 밀집된 경우에 더욱 유용하다.

분산 합의 성능과 네트워크 지연응답

합의 시스템은 시스템의 상태 변화를 적용할 때 성능과 관련해서 두 가지 물리적 제약을 갖는다. 하나는 네트워크 라운드 트립 시간이며, 다른 하나는 영속 저장소에 데이터를 기록하는 시간이다. 두 번째 제약은 잠시 후에 살펴보도록 하자.

네트워크 라운드 트립 시간은 원본과 사본의 위치에 크게 영향을 받는다. 둘 사이의 물리적 거리뿐만 아니라 네트워크 정체의 크기 역시 영향을 미친다. 하나의 데이터센터 내에서는 머신 간의 라운드 트립 시간은 밀리초 단위다. 보통 미국 내의 라운드 트립 타임(round-trip-time, RTT)은 45밀리초이며, 뉴욕과 런던 사이의 시간은 70밀리초다.

지역 네트워크 내에서 합의 시스템의 성능은 복제를 사용하는 전통적인 데이터베이스 시스템 같은 비동기 리더-팔로워 복제 시스템[Bol11]과 견줄 만하다. 그러나 분산 합의 시스템이 제공하는 가용성에 대한 대부분의 장점은 장애를 서로에게서 격리시키기 위해 '멀리 떨어진' 복제 서버를 필요로 한다.

많은 합의 시스템이 통신 프로토콜로 TCP/IP를 사용한다. TCP/IP는 연결 지향형이며 메시지의 FIFO 순서에 대해 강력한 신뢰성을 보장한다. 그러나 새로운 TCP/IP 연결을 맺으려면 데이터를 보내거나 수신하기 전까지 설정해야 하는 세 가지 핸드셰이크를 수행하기 위한 네트워크 라운드 트립이 필요하다. TCP/IP의 느린 시작은 대역폭 제한이 설정되기 전까지는 기본적으로 연결의 대역폭을 제한한다. 기본 TCP/IP의 대역폭 제한 크기는 4∼15KB 정도다.

TCP/IP의 느린 시작은 합의 그룹을 구성하는 프로세스에게는 큰 문제가 아니다. 이들은 서로 빈번하게 통신하므로 서로에 대한 연결을 설정하고 이 연결을 열어둔 채로 유지하고 재사용한다. 그러나 클라이언트의 수가 많은 시스템이라면 모든 클라이언트가 합의 클러스터에 대한 연결을 영구적으로 열어둔다는 것은 그다지 실용적이지 못하다. 왜냐하면 열려있는 TCP/IP 연결은 연결 유지(keep-alive) 트래픽 외에도 파일 서술자 같은 일부 자원을 계속해서 소비하기 때문이다. 이 오버헤드는 고도의 샤딩 구성을 통해 수천 개의 복제 서버와 그보다 많은 클라이언트를 가진 합의 기반 데이터 저장소에게 있어서는 중요한 이슈가 될 수 있다. 해결책은 그림 23-9에서와 같이 먼 거리의 합의 그룹에 대한 오버헤드를 피하기 위해 영속적인 TCP/IP

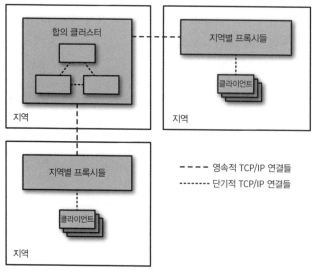

그림 23-9 클라이언트의 지역 간 TCP/IP 연결에 대한 수요를 줄이기 위해 프록시를 사용하는 방법

CHAPTER 23 치명적인 상태 관리하기: 신뢰성을 위한 분산에 대한 합의

연결을 가지고 있는 각 지역별 프록시의 풀을 사용하는 것이다. 프록시는 샤딩과 로드밸런싱 전략을 캡슐화하는 것은 물론 클러스터 멤버와 리더들의 발견(discovery) 측면에서도 좋은 방법이다.

성능에 대한 고려: Fast Paxos

Fast Paxos[Lam06]는 광역 네트워크 상에서 Paxos 알고리즘의 성능을 향상시킨 버전이다. Fast Paxos를 사용하면 클래식 Paxos나 Multi-Paxos와는 달리 각 클라이언트는 제안 메시지를 리더를 통하지 않고 수락자 그룹의 각 멤버에게 직접 전달할 수 있다. 기본적인 아이디어는 클래식 Paxos에서는 두 개의 메시지 전달 작업으로 이루어지는 작업을 Fast Paxos에서는 클라이언트로부터 모든 수락자에게 전달되는 하나의 병렬 메시지로 대체하는 것이다.

- 클라이언트로부터 하나의 제안자로 전달되는 메시지
- 제안자로부터 다른 복제 서버로 전달되는 병렬 메시지 전달 작업

이 방법은 본질적으로 Fast Paxos가 클래식 Paxos보다 빠르게 동작하는 것처럼 보이게 한다. 그러나 사실은 그렇지 않다. Fast Paxos 시스템의 클라이언트가 수락자에 대해 높은 라운드 트립 시간을 가지고 있고 수락자는 다른 수락자들과 빠른 연결을 가지고 있는 경우, 우리는 (Fast Paxos 내의) 느린 네트워크 링크에 대한 N개의 병렬 메시지를 느린 링크에 더해 빠른 링크 (클래식 Paxos)에 대한 N개의 병렬 메시지를 하나의 메시지로 대체한다. 지연응답 꼬리물기 효과 때문에 대부분의 시간 동안 느린 링크에 대해 지연응답이 분산되는 한 번의 라운드 트립은 ([Jun07]에서 설명하는 것과 같이) 한 과반수 그룹에 대한 라운드 트립보다 빠르며, 그래서 Fast Paxos는 이 경우 클래식 Paxos보다 느리게 동작한다.

많은 시스템들이 처리량을 향상시키기 위해 일괄 작업을 통해 여러 작업을 수락자 내의 하나의 트랜잭션으로 처리한다. 제안자처럼 동작하는 클라이언트들이 존재하면 제안을 일괄 작업으로 처리하기가 더 어려워진다. 그 이유는 제안들이 수락자에 제각기 도착하므로 일관된 방법으로 이들을 일괄 처리할 수 없기 때문이다.

안정적인 리더

우리는 Multi-Paxos가 안정적인 리더를 사용해 성능을 향상시킨 방법을 살펴본 바 있다. Zab[Jun11]과 Raft[Ong14] 또한 성능을 목적으로 안정적 리더를 선출하는 프로토콜의 좋은 예

다. 이 방법은 리더가 대부분의 가장 최신 상태를 가지고 있기 때문에 읽기 작업을 최적화할 수 있지만 몇 가지 문제가 있다.

- 상태를 변경하는 모든 작업은 리더를 통해 보내져야 하며, 리더와 가까이 있지 않은 클라이언트에서는 추가적인 네트워크 지연응답이 있을 수 있다.
- 리더 프로세스에서 외부로 나가는 네트워크 대역폭은 시스템에 있어서는 병목지점이다 [Mao08]. 그 이유는 다른 메시지들은 처리된 트랜잭션 수 외에 다른 데이터 페이로드를 포함하지 않지만 리더의 수락 메시지는 제안과 관련된 모든 데이터를 가지고 있기 때문이다.
- 리더가 성능에 문제가 있는 머신에서 동작한다면 전체 시스템의 처리량이 감소하게 된다.

거의 모든 분산 합의 시스템은 하나의 안정적 리더 패턴이나 (대부분 트랜잭션의 ID를 나눈 값을 이용해서) 분산 합의 알고리즘의 실행 횟수가 미리 지정된 복제 서버들로 구성된 회전형 리더십 시스템을 이용해서 성능의 향상을 도모한다. 이 방법을 이용하는 알고리즘들에는 Mencius[Mao08]와 Egalitarian Paxos[Mor12a] 등이 있다.

광대역 네트워크 내의 클라이언트들이 지리적으로 떨어져 있고 합의 그룹의 복제 서버들이 클라이언트에 충분히 가까이 위치한다면 클라이언트 입장에서는 리더 선출에 대한 지연응답이 더 낮아진다. 그 이유는 그들의 네트워크 RTT는 가장 가까운 복제 서버를 토대로 하므로 평균적으로 임의의 리더를 선출하는 것보다 더 짧은 시간이 걸린다.

일괄 처리(batching)

351쪽의 "성능에 대한 고려: Fast Paxos" 절에서 설명했듯이 일괄 작업은 시스템의 처리량을 향상시키지만 복제 서버들은 자신들이 보낸 메시지에 대한 응답을 기다리는 동안 아무것도 하지 않는 상태로 남게 된다. 그저 놀고 있는 복제 서버들로 인한 비효율성은 동시에 여러 개의 제안을 처리할 수 있는 파이프라이닝을 통해 해결될 수 있다. 이 최적화 기법은 프로토콜이 슬라이딩 윈도우(sliding-window) 방식을 이용해서 '파이프를 계속 가득 차게 유지하는' TCP/IP의 경우와 매우 유사하다. 파이프라이닝은 대체로 일괄 작업과 조합해서 사용한다.

파이프라인 내의 요청의 일괄 처리는 여전히 조회 번호와 트랜잭션 번호를 통해 전역적으로 순서가 정해져 있으므로 이 방법은 복제된 상태 머신을 실행하는 데 필요한 전역적 정렬 속성을 해치지 않는다. 이 최적화 방법은 [Bol11]과 [San11]에서 소개한다.

디스크 접근

어떤 노드에서 충돌이 발생해서 클러스터로 돌아가게 되면 영속적 저장소에 로그를 남김으로써 현재 진행 중이던 합의 트랜잭션에 대해 결정했던 사항들을 나중에 다시 참조할 수 있다. Paxos 프로토콜의 경우, 수락자들은 더 높은 일련 번호를 가진 제안에 대해 이미 동의한 경우에는 그보다 낮은 번호를 가진 제안에 동의할 수 없다. 만일 동의한 제안들이 영속적 저장소에 로그로 남아있지 않다면 수락자들은 충돌이 발생해서 재시작한 경우 프로토콜을 제대로수행할 수 없어 엉뚱한 상태로 전환될 가능성이 있다.

디스크에 로그를 기록하는 시간은 사용하는 하드웨어나 가상 환경에서의 운영 여부 등에 따라 크게 다르지만 대부분 1밀리초에서 수 밀리초 정도가 소요된다.

Multi-Paxos 프로토콜의 메시지 흐름은 346쪽의 "Multi-Paxos: 메시지의 흐름에 대한 상세 내용" 절에서 설명했지만 프로토콜이 상태의 변화를 어느 시점에 디스크에 기록하는지에 대해서는 설명한 바가 없다. 디스크로의 쓰기는 프로세스가 반드시 존중해야 하는 어떤 결정을 내릴 때마다 수행되어야 한다. 성능이 중요한 Multi-Paxos의 두 번째 단계에서는 수락자가 제안에 대해 Accepted 메시지를 보내기 전과 제안자가 Accept 메시지를 보내기 전에 이 과정이 수행된다. 그 이유는 Accept 메시지 자체가 암묵적으로 Accepted 메시지처럼 동작하기 때문이다 [Lam98].

이는 하나의 합의 작업에 대한 지연응답에 다음의 작업을 수행하는 시간이 포함된다는 뜻이다.

- 제안자가 한 번의 디스크 쓰기 작업을 수행하는 시간
- 수락자에게 병렬로 메시지를 보내는 시간
- 수락자들이 병렬로 디스크에 기록하는 시간
- 리턴 메시지를 보내는 시간

디스크 쓰기 시간이 중요한 경우에 유용한 버전의 Multi-Paxos 프로토콜도 존재한다. 이 버전은 제안자의 Accept 메시지를 Accepted 메시지와 동일하게 취급하지 않는다. 대신 제안자는 다른 프로세스들과 병렬로 디스크에 기록하며 명시적인 Accept 메시지를 전송한다. 이로 인해 두 개의 메시지를 보내는 데 드는 시간 및 과반수의 프로세스가 병렬로 디스크에 동기적으로 기록하는 시간이 줄어들게 된다.

만일 디스크에 수행하는 작은 크기의 임의 기록을 수행하는 데 필요한 지연응답이 10밀리초라면 합의 작업은 분당 약 100회 정도로 제한된다. 이 시간은 네트워크 라운드 트립 시간이

미미하며, 제안자들의 쓰기 작업이 수락자들과 병렬로 실행된다는 것을 전제로 한 것이다.

이미 살펴본 바와 같이 분산 합의 알고리즘은 종종 복제된 상태 머신을 구축하기 위한 토대로 사용되곤 한다. 또한 RSM은 (다른 데이터 저장소와 마찬가지 이유로) 복구를 위한 트랜잭션 로그를 기록해야 한다. 합의 알고리즘의 로그와 RSM의 트랜잭션 로그는 하나의 로그로 병합할수도 있다. 이 두 로그를 병합하면 디스크 상의 서로 다른 물리적 위치에 로그를 기록함으로써 발생하는 오버헤드를 피할 수 있으며[Bol11], 탐색 작업에 필요한 시간을 줄일 수도 있다. 그래서 디스크에 초당 더 많은 쓰기 작업을 수행할 수 있어 시스템은 전체적으로 더 많은 트랜잭션을 처리할 수 있게 된다.

데이터 저장소에서 디스크는 로그를 기록하는 것 이상의 의미를 갖는다. 즉, 시스템의 상태 역시 정기적으로 디스크에 보관된다. 로그의 기록은 반드시 디스크에 직접 수행되어야 하지만 상태의 변경은 메모리 캐시 등에 먼저 적재한 후 나중에 디스크에 기록하는 등 가장 효율적인 방법으로 조정할 수 있다[Bol11].

이 외에 고려할 수 있는 최적화 기법은 제안자 내에서 다중 클라이언트 작업을 하나의 일괄 작업으로 처리하는 것이다([Ana13], [Bol11], [Cha07], [Jun11], [Mao08], [Mor12a]). 이를 통해 디스크 로깅에 필요한 고정 비용과 여러 작업을 수행하는 데 필요한 네트워크 지연응답을 줄이는 동시에 처리량을 향상시킬 수 있다.

분산 합의 기반 시스템의 배포

시스템 디자이너들이 결정해야 할 가장 중요한 사항은 합의 기반 시스템의 배포 시기를 결정하는 것이다. 이때는 배포해야 할 복제 서버의 수와 이 복제 서버들의 위치를 반드시 고려해야한다.

복제 서버의 수

일반적으로 합의 기반 시스템은 과반수를 기반으로 동작한다. 즉, 하나의 서버 그룹이 $2f+1$개의 복제 서버로 구성되어 있을 때 f개의 장애를 허용할 수 있다(비잔틴 장애 허용 기법을 적용한 경우 시스템은 복제 서버들이 잘못된 결과를 리턴하는 것을 허용하지 않아야 한다. 그래서 $3f+1$개의 복제 서버가 f개의 장애를 허용할 수 있다[Cas99]). 논비잔틴 장애의 경우, 배포해야 할 복제 서버의 최소

수는 세 개다. 만일 두 개만 배포한다면 프로세스의 장애를 허용할 수 없다. 세 개의 복제 서버는 하나의 장애만을 허용하게 된다. 대부분의 시스템 다운타임은 계획에 의한 유지보수로 인해 발생한다[Ken12]. 이때 세 개의 복제 서버를 갖추고 있으면 그중 하나가 유지보수로 인해 다운되더라도 시스템이 정상적으로 동작할 수 있다(남은 두 개의 복제 서버가 용인할 수 있는 수준의 성능으로 시스템의 전체 부하를 감당할 수 있다는 것을 전제로 한다).

만일 유지보수 시간 동안 예기치 못한 장애가 발생한다면 합의 시스템은 사용이 불가능한 상태가 된다. 합의 시스템이 사용 불가능한 상태가 되는 것은 대부분의 경우 용납될 수 없으므로 다섯 개의 복제 서버를 운영함으로써 최대 두 곳에서 장애가 발생하더라도 시스템이 정상 동작할 수 있도록 구성해야 한다. 만일 합의 시스템에 남아있는 다섯 개의 복제 서버 중 네 개에서 장애가 발생하면 더 이상 취할 수 있는 조치가 없지만 만일 세 개가 남아있다면 추가 복제 서버를 한두 개 더 추가해야 한다.

만일 합의 시스템을 구성하는 복제 서버들 중 상당수에서 장애가 발생하면 과반수를 구성할 수 없어 이론적으로 시스템은 복구가 불가능한 상태에 빠지게 된다. 그 이유는 장애가 발생한 복제 서버 중 어느 한 곳에도 신뢰할 수 있는 로그에 접근할 수 없기 때문이다. 만일 과반수가 충족되지 않는다면, 장애로 손실된 복제 서버들이 확인한 내용만으로 결정될 가능성이 있다. 이 경우 관리자들은 그룹 멤버십을 변경하여 새로운 복제 서버들이 남아있는 복제 서버로부터 필요한 정보를 제공받도록 할 수 있지만, 여전히 데이터의 손실 가능성은 남아있다. 따라서 이런 상황은 가능한 모든 방법을 동원해 피해야 한다.

자연재해의 경우 관리자들은 서비스의 재구성을 강행할 것인지 아니면 시스템 상태를 저장한 머신이 정상적으로 돌아올 때까지 어느 정도 시간을 두고 기다릴 것인지를 결정해야 한다. 이런 결정을 내릴 때는 (모니터링은 물론) 시스템의 로그를 주의 깊게 다루어야 한다. 몇몇 논문들은 합의를 이용해 복제된 로그를 구성할 수도 있다고 지적하고 있지만 실패 후 (그래서 일부 합의에 대한 내용을 일부 분실한 채로) 복구된 복제 서버를 어떻게 다룰 것인지에 대한 문제나 느려진 속도로 인한 차이점을 메울 수 있는 방법에 대해서는 마땅한 해결책을 제시하지 못하고 있다. 시스템을 견고하게 유지하기 위해서는 이 복제 서버들이 최신의 상태를 따라잡는 것이 매우 중요하다.

복제된 로그가 모든 합의 이론에서 일급 시민(first-class citizen)으로 정의되어 있는 것은 아니지만, 프로덕션 시스템의 관점에서는 매우 중요하다. 라프트는 복제 서버의 로그에 발생한 차이점을 메우기 위한 방법을 명확하게 정의함으로써 복제된 로그의 일관성을 관리하는 방법[Ong14]을 기술하고 있다. 만일 다섯 개의 Raft 시스템 인스턴스에서 리더를 제외한 나머지 멤버들이 모두 손실된다 하더라도 리더가 여전히 현재까지 결정된 모든 사항들에 대한 완전한 정보를 보장할 수 있다. 반면, 손실된 멤버 중에 리더가 포함되어 있으면 남은 복제 서버들을 최신 상태로 보완하는 것을 완벽하게 보장할 수 있는 방법이 없다.

시스템 내에서 과반수에 포함될 필요가 없는 복제서버의 수와 성능 사이에는 중요한 관련이 있다. 느린 성능 때문에 약간의 지연이 발생할 수 있는 일부 복제 서버들 덕분에 과반수에 속하는 더 나은 성능의 복제 서버들이 더 빠르게 동작할 수 있다(물론 리더가 제대로 실행된다는 전제 하에 가능한 일이다). 만일 복제 서버의 성능이 천차만별이라면 느린 서버가 과반수에 포함되게 되어 장애가 발생할 때마다 시스템의 전체 성능이 떨어지게 된다. 시스템이 더 많은 장애나 느린 복제 서버를 허용할수록 시스템의 전체 성능은 나아진다.

복제 서버들을 운영할 때는 비용에 대한 이슈 또한 고려해야 한다. 각 복제 서버들도 컴퓨팅 자원을 소비하기 때문이다. 만일 시스템이 단 하나의 프로세스들의 클러스터로 구성되어 있다면 복제 서버를 운영하는 비용은 그다지 크지 않을 것이다. 그러나 Photon[Ana13] 같은 시스템의 복제 서버들의 운영 비용은 상당할 수 있다. 이 시스템은 합의 알고리즘을 수행하는 프로세스의 그룹으로 구성된 여러 샤드에 설정을 분산하기 때문이다. 샤드의 수가 증가할수록 샤드의 수와 동일한 수의 프로세스들이 추가되어야 하므로 추가 복제 서버의 비용 역시 증가한다.

그래서 복제 서버의 수에 대한 결정은 다음 사항들 간의 조율이나 마찬가지다.

- 신뢰성에 대한 수요
- 시스템에 영향을 미치는 계획된 유지보수의 빈도
- 각종 위험 요소
- 성능
- 비용

이들에 대한 계산의 결과는 시스템마다 각기 다르다. 시스템들은 가용성에 대한 각기 다른 목표를 설정하고 있기 때문이다. 일부 조직은 다른 조직보다 더 빈번하게 유지보수를 수행할 수도 있고 비용, 품질, 신뢰성이 각기 다른 하드웨어를 사용할 수도 있기 때문이다.

복제 서버의 위치

합의 클러스터를 구성하는 프로세스들의 배포 위치를 결정하는 데는 크게 두 가지 요소가 작용한다. 시스템이 처리해야 하는 장애 도메인과 시스템에 요구되는 지연응답의 수준이 바로 그것인데, 이 둘 사이의 균형을 맞춰야 한다. 복제 서버의 위치를 결정할 때는 여러 가지 복잡한 이슈들을 고려해야 한다.

장애 도메인(failure domain)은 하나의 장애가 발생했을 때 사용이 불가능한 상태가 되는 시스템 컴포넌트의 집합이다. 다음은 장애 도메인에 대한 예시다.

- 하나의 물리적 머신
- 한 데이터센터 내에서 하나의 전원 공급기를 통해 서비스되는 랙(rack)
- 한 데이터센터 내에서 하나의 네트워크 장비에 의해 서비스되는 여러 개의 랙들
- 태풍 같은 자연재해에 영향을 받을 수 있는 동일 지역 내의 여러 데이터센터들

일반적으로 복제 서버 간의 거리가 증가하면 복제 서버들 간의 라운드 트립 시간이 증가함은 물론 시스템이 허용해야 하는 장애의 크기 또한 증가한다. 대부분의 합의 시스템에서는 복제 서버 간 라운드 트립 시간이 증가하면 작업에 대한 지연응답 또한 증가하게 된다.

지연응답의 증가와 더불어 특정 도메인의 장애 발생 시 생존 능력 역시 시스템에 매우 의존적이다. 일부 합의 시스템 아키텍처는 특별히 높은 처리량이나 낮은 지연응답을 필요로 하지 않는다. 예를 들어 고가용성 서비스에 그룹 멤버십과 리더 선출 서비스를 제공하기 위한 합의 시스템은 그다지 부하가 크지 않으며 합의 트랜잭션 시간이 리더의 임대 시간보다 작아서 성능이 중요한 요소가 되지는 않는다. 일괄 작업을 처리하는 시스템 역시 지연응답의 영향으로부터 비교적 자유롭다. 즉, 처리량을 증가시키기 위해 일괄작업의 크기가 커져도 무방하다.

시스템이 손실을 감당할 수 있다고 해서 장애 도메인을 지속적으로 늘리는 것이 항상 바람직하지는 않다. 예를 들어 합의 시스템을 사용하는 모든 클라이언트를 특정 장애 도메인(예를 들면 뉴욕 전체)에 포함시키고 분산 합의 기반 시스템을 그보다 넓은 지역에 배치하면 장애 도메인에서 (말하자면 태풍 샌디가 들이닥쳐서) 장애가 발생해도 시스템은 살아남을 수 있다. 그런데 이것이 과연 가치가 있을까? 분명 그렇지 않다. 왜냐하면 시스템의 클라이언트 역시 다운되어 시스템에 더 이상의 트래픽이 유입되지 않기 때문이다. 그래서 지연응답, 처리량, 그리고 컴퓨팅 자원 측면에서의 추가 비용이 아무런 이익을 가져다주지 못한다.

복제 서버들의 위치를 결정할 때는 재해로부터의 복구 상황을 염두에 두어야 한다. 중요한 데이터를 저장하는 시스템에서 합의 복제 서버들은 기본적으로 시스템 데이터의 온라인 복제본이나 다름 없다. 그러나 중요한 데이터가 위기 상황에 놓인다면 견고한 합의 기반 시스템이 특정 장애 도메인에 영향을 받지 않도록 골고루 분산 배치되어 있다 하더라도 다른 곳에 정규 스냅샷을 백업하는 것이 중요하다. 장애 도메인 중에는 우리가 절대로 피할 수 없는 경우가 두 가지가 있다. 소프트웨어 그 자체와 시스템 관리자의 실수로 발생하는 인재가 그것이다. 소프트웨어의 버그는 일반적인 상황에서 매우 긴급한 것이며 데이터의 손실을 유발할 수 있다. 시스템의 잘못된 설정 역시 유사한 상황을 만들기도 한다. 사람이 수행하는 작업 역시 데이터의 손실을 유발하는 에러나 설비의 고장을 유발할 수 있다.

복제 서버의 위치를 결정할 때는 성능의 가장 중요한 지표가 클라이언트의 인지 여부라는 점을 기억하자. 이상적인 경우라면 클라이언트로부터 합의 시스템의 복제 서버로의 네트워크 라운드 트립 시간은 최소화되어야 한다. 광역 네트워크 상에서는 Mencius나 Egalitarian Paxos 같은 리더가 없는 프로토콜이 가장 성능이 좋다. 특히 애플리케이션에 구현된 합의에 대한 제약이 비교적 관대해서 어떤 시스템 복제 서버에서도 합의 작업 없이 읽기 전용 작업을 수행할 수 있는 경우에는 더욱 큰 효과를 볼 수 있다.

수용량과 로드밸런싱

배포 방식을 설계할 때는 부하를 처리할 충분한 수용량을 계획해야 한다. 샤드에 대한 배포를 수행하는 경우에는 샤드의 수를 조정하여 수용량을 조정할 수 있다. 그러나 합의 그룹에서 리더가 아닌 멤버로부터 데이터를 읽을 때는 더 많은 복제 서버를 추가해서 읽기 수용량을 증가시킬 수 있다. 다만 더 많은 복제 서버를 투입하려면 비용이 들게 마련이다. 강력한 리더를 사용하는 알고리즘을 활용하는 경우에는 복제 서버를 추가하면 리더 프로세스에 더 많은 부하가 전달되지만, 피어-투-피어(peer-to-peer) 프로토콜의 경우에는 복제 서버를 추가하면 모든 프로세스의 부하가 증가한다. 그러나 쓰기 작업의 수용량이 충분하지만 읽기 집약적인 작업 부하가 시스템에 스트레스를 주기 시작한다면 복제 서버를 추가하는 것이 최선이다.

주요 과반수 시스템에 복제 서버를 추가하는 것은 잠재적으로 시스템의 가용성을 감소시킬 수 있다는 점 역시 기억해두어야 한다(그림 23-10 참고). 주키퍼나 처비 같은 시스템의 통상적인 배포는 다섯 개의 복제 서버를 사용하므로 세 개의 복제 서버가 과반수 시스템을 구성하게 된다. 그래서 이 중 두 개 혹은 40%의 복제 서버가 사용 불가능한 상태가 되더라도 시스템은 정상적으로 동작한다. 복제 서버가 여섯 개라면 그 중 네 개가 과반수가 된다. 이때는 시스템의 장애 허용을 위한 장애 발생 서버의 비율이 33%로 떨어지게 된다.

그래서 복제 서버가 여섯 개인 경우에는 장애 도메인에 대해 더 많이 고려해야 한다. 만일 조직이 다섯 개의 데이터센터를 운영 중이고 통상적으로 다섯 개의 프로세스로 구성된 합의 그룹을 각 데이터센터당 하나씩 배치하고 있다면 하나의 데이터센터에서 장애가 발생해도 각 그룹별로 하나의 여분의 복제 서버가 남게 된다. 만일 여섯 개의 복제 서버가 다섯 개의 데이터센터 중 하나에 배포되었는데 그 데이터센터에 장애가 발생한다면 그룹 내의 여분의 복제 서버 두 개를 모두 잃게 되어 수용량이 33%로 떨어지게 된다.

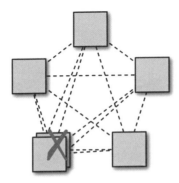

그림 23-10 한 지역에 추가 복제 서버를 투입하면 시스템의 가용성이 오히려 떨어질 수 있다. 또한 여러 개의 복제 서버를 하나의 데이터센터에 배치해도 시스템의 가용성이 떨어진다. 이 그림에 표현된 과반수 시스템은 장애를 전혀 허용할 수 없는 상태다.

만일 클라이언트가 특정 지역에 밀집되어 있다면 복제 서버들을 클라이언트로부터 가까운 곳에 배치하는 것이 최선이다. 그러나 복제 서버를 정확히 어디에 배치할 것인가를 결정할 때는 로드밸런싱과 시스템의 과부하 처리 방식을 함께 고려해야 한다. 그림 23-11에서 보듯이 단순히 클라이언트의 읽기 요청을 가까운 복제 서버로 위임하는 시스템이라면 한 지역에 부하가 집중될 때 가까운 복제 서버들이 영향을 받아 그 다음으로 가까운 복제 서버로 퍼져나가는 현상이 반복된다. 이 현상이 바로 연속적 장애(cascading failure)다(제22장 참조). 이런 종류의 과부하는 일괄 작업이 시작되면서 자주 발생한다. 특히 동시에 여러 일괄 작업이 시작되면 더 심한 증상이 나타난다.

우리는 이미 많은 분산 합의 시스템이 성능 향상을 위해 리더 프로세스를 사용하는 이유를 확인한 바 있다. 그러나 리더의 복제 서버는 컴퓨팅 자원, 특히 외부로 나가는 네트워크 수용량을 더 많이 소비한다는 것을 이해하는 것이 중요하다. 그 이유는 리더는 제안 데이터를 포함한 제안 메시지를 보내지만 그 복제 서버는 보통 특정 합의 트랜잭션 ID만을 가지고 있는 더 작은 메시지를 보내기 때문이다. 샤딩이 고도로 적용된 합의 시스템 내에서 매우 많은 수의 프로세스를 실행하는 조직은 각기 다른 샤드의 리더 프로세스들을 각각 다른 데이터센터에 균등하게 배치하는 것이 중요하다는 점을 깨달았을 것이다. 그렇게 함으로써 어느 한 데이터센터에서 외부로 나가는 네트워크의 수용량이 한계에 다다르더라도 시스템 전체에 병목 현상이 생기는 것을 방지함은 물론 전체 시스템의 수용량이 향상되기 때문이다.

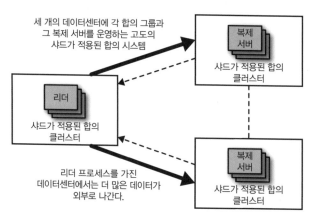

그림 23-11 리더 프로세스의 위치에 따라 대역폭을 골고루 활용하지 못하게 될 수도 있다.

(그림 23-11에서 표현한 것과 같이) 합의 그룹을 여러 데이터센터에 배치할 때의 또 다른 단점은 리더를 호스팅하는 데이터센터 전체에 장애(전원, 네트워크 장비의 오류, 광섬유 절단 등)가 발생했을 때 시스템에 급격한 변화가 발생한다는 점이다. 그림 23-12와 같이, 모든 리더는 장애가 발생하면 장애 조치 차원에서 다른 데이터센터로 트래픽을 이관한다. 이 트래픽은 각 데이터센

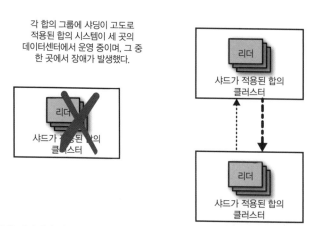

그림 23-12 한 곳의 리더에서 집단적으로 장애 조치가 실행되면 네트워크 활용 패턴이 극적으로 변화하게 된다.

터에 고르게 퍼질 수도 있고 한 곳에 집중될 수도 있다. 어떤 현상이 발생하든, 다른 두 데이터센터와의 연결에 네트워크 트래픽이 급격히 증가하게 된다. 이 시점에서 링크의 수용량이 충분하지 못하다는 사실을 깨닫는 것은 이미 너무 늦은 것이다.

그러나 이런 종류의 배포는 리더의 선택이 자동화된 프로세스에 의해 처리되는 시스템에서는 예상치 못한 결과를 가져오기가 쉽다. 다음 예를 살펴보자.

- 리더에 가까이 위치한 클라이언트는 리더를 통해 수행하는 작업들의 지연응답이 훨씬 나아지는 것을 경험할 수 있다. 가까운 리더를 선택하는 알고리즘에 의해 많은 클라이언트가 혜택을 받게 된다.
- 이 알고리즘은 최상의 성능을 발휘하는 머신의 리더를 선택하려고 한다. 하지만 여기에는 세 데이터센터 중 한 곳이 더 빠른 머신을 보유하고 있다면 불균형적인 양의 트래픽이 해당 데이터센터로 보내지고, 트래픽의 극적인 변화로 인해 데이터센터에 장애가 발생한다는 함정이 도사리고 있다. 이를 방지하려면 알고리즘은 머신을 선택할 때 머신에 대한 분산의 균형을 반드시 고려해야 한다.
- 리더 선출 알고리즘으로 인해 프로세스의 실행 시간이 길어질 수 있다. 프로세스의 실행 시간이 길어지는 것은 데이터센터별로 새로운 소프트웨어의 릴리즈를 실행하는 경우 지역과 밀접한 관련이 있다.

과반수 조합

합의 그룹의 복제 서버의 위치를 결정할 때는 그룹의 성능을 위해 지리적 분산(더 구체적으로 말하자면, 복제 서버 간의 네트워크 지연응답)을 고려하는 것이 중요하다.

이에 대한 대책 중 하나는 모든 복제 서버들 간의 RTT가 최대한 같아지도록 복제 서버를 가능한 균일하게 배치하는 것이다. 그 외의 다른 요소들(작업 부하나 하드웨어 그리고 네트워크의 성능 등)이 동일하다고 가정한다면 지리적인 배치만으로도 그룹의 리더의 위치(혹은 리더가 없는 프로토콜을 사용하는 경우에는 합의 그룹의 각 멤버의 위치)와는 무관하게 모든 지역에서 균일한 성능을 끌어낼 수 있다.

이 방법을 사용하는 경우 지리적 위치라는 것은 매우 복잡한 요소로 작용할 수 있다. 특히 대륙 간 트래픽과 태평양과 대서양을 가로지르는 트래픽의 경우에는 더더욱 그러하다. 시스템이 북미와 유럽에 퍼져있다고 가정해보자. 이 경우에는 복제 서버들을 서로에게서 비슷한 거리에 놓이도록 배치하는 것이 불가능하다. 왜냐하면 대서양을 가로지르는 트래픽은 대륙 간 트래픽보다 지연 시간이 더 길기 때문이다. 한 지역에서 발생한 트랜잭션은 종류가 무엇이든 관계 없이 합의에 이르기 위해 대서양을 가로지르는 라운드 트립을 필요로 하게 된다.

그러나 시스템 디자이너들은 그림 23-13과 같이 트래픽을 최대한 균일하게 분산하기 위해 미국 중심부에 두 개의 복제 서버를 배치하고 동부 해안에 하나, 그리고 유럽에 두 개 등 다섯 개 정도의 복제 서버를 배치해야 한다. 이렇게 배치하면 북미에서 발생한 합의 요청은 유럽에 위치한 복제 서버들의 응답을 기다리지 않고도 처리가 가능하며, 유럽에서 발생한 합의 요청은 동부 해안에 위치한 복제 서버와 메시지를 주고받기만 하면 된다. 즉, 동부 해안의 복제 서버가 두 개의 과반 그룹이 겹치는 지역을 연결하게 되는 것이다.

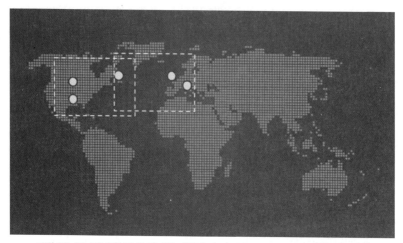

그림 23-13 하나의 복제 서버를 이용해서 과반수 그룹을 겹치게 배치한 모습

하지만 그림 23-14에서와 같이 가운데에 위치한 복제 서버가 제 기능을 하지 못하면 시스템의 지연응답이 극적으로 변화하게 된다. 이때는 지연응답이 미국 중부부터 동부 해안까지의 RTT 혹은 유럽부터 미국 동부까지의 RTT에 의해 전체적으로 영향을 받는 것이 아니라 유럽에서 미국 중부까지의 RTT에 영향을 받게 된다. 이 RTT는 유럽에서 미국 중부까지의 RTT 대비 50%나 더 느린 것이다. 그래서 가장 가까운 과반까지의 지리적 거리 및 네트워크 RTT가 엄청 나게 증가하게 된다.

이 시나리오는 그룹의 과반에 포함되는 서버들과 다른 서버들 간의 RTT가 제각각인 경우의 취약점이다. 이 경우 계층적 과반(hierarchical quorum) 접근법을 모색하는 것이 좋다. 즉, 그림 23-15를 통해 묘사하고 있는 것처럼 아홉 개의 복제 서버를 세 개씩 묶어 세 개의 그룹으로 배포하는 것이다. 그러면 과반 시스템은 대부분 그룹 내의 서버들로 구성되며, 그룹을 구성하는 대부분의 서버들이 사용 가능한 상태라면 한 그룹이 과반에 속하게 될 수 있다. 즉, 중앙 그룹의 어느 한 복제 서버에서 장애가 발생하더라도 전체 시스템의 성능은 영향을 받지 않게 된다. 왜냐하면 중앙 그룹이 세 개의 복제 서버 중 두 개의 서버를 통해 트랜잭션을 처리할 수 있게 되기 때문이다.

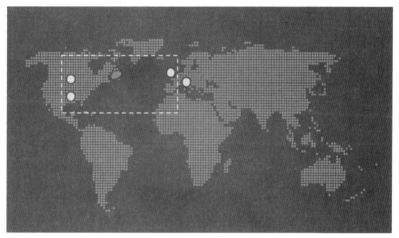

그림 23-14 가운데의 복제 서버가 사라지면 과반수에 이르기 위한 RTT가 즉시 증가하게 된다.

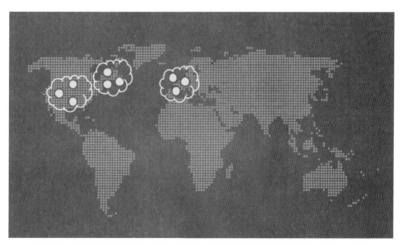

그림 23-15 계층적 과반을 통해 중앙 복제 서버에 대한 의존도를 낮출 수 있다.

하지만 더 많은 복제 서버를 운영하려면 그에 따라 자원의 비용이 증가하게 된다. 샤딩이 고도로 적용된 시스템에서 읽기 집약적인 부하가 대부분 복제 서버를 통해 해소된다면 합의 그룹의 수를 낮춤으로써 이 비용을 절감할 수 있다. 그렇다고 해서 시스템 내에서 동작하는 전체 프로세스의 수에는 큰 변화가 없을 것이다.

분산 합의 시스템 모니터링

앞서 이미 살펴본 것과 같이 분산 합의 알고리즘은 구글의 중요한 시스템([Ana13], [Bur06], [Cor12], [Shu13])에서 중추적 역할을 수행한다. 그런데 중요한 프로덕션 시스템들은 장애나 문제를 감지하고 적절한 조치를 취하기 위해 모니터링이 필요하다. 그간의 경험으로 미루어볼 때 분산 합의 시스템은 다음과 같은 특별한 관심이 조금 더 필요하다.

각 합의 그룹 내에서 실행 중인 멤버의 수와 각 프로세스의 (건강)상태

프로세스가 실행 중이기는 하지만 어떤 이유(하드웨어 문제 등)로 인해 작업을 진행하지 못하는 경우도 있다.

지속적으로 지연이 발생하는 복제 서버

합의 그룹 내에서 양호한 상태에 있는 멤버들은 잠재적으로는 여전히 여러 가지 다른 상태를 보유하고 있다. 그룹의 멤버는 구동 후 자신의 짝으로부터 복구 중인 상태일 수도 있고 그룹의 과반수에 비해 상태 정보가 최신의 것이 아닐 수도 있으며, 상태 정보가 최신의 것으로 갱신되었고 완전하게 활동하고 있다면 아마도 리더일 가능성도 있다.

리더의 존재 여부

Multi-Paxos 같은 프로토콜을 기반으로 리더의 역할을 활용하는 알고리즘의 경우에는 리더가 존재하는지 여부를 반드시 모니터링해야 한다. 왜냐하면 리더가 없어질 경우 시스템이 완전히 동작을 멈추기 때문이다.

리더의 변경 횟수

리더십의 빈번한 변화는 안정적인 리더를 사용하는 합의 시스템의 성능에 부정적인 영향을 미치므로 리더가 변경되는 횟수 역시 모니터링해야 한다. 합의 알고리즘은 일정한 기간 혹은 조회 횟수를 바탕으로 리더를 변경하므로 이 숫자를 모니터링하는 것이 적합하다. 리더의 변경 횟수가 너무 빠르게 증가한다는 것은 리더가 안정적이지 못하며, 어쩌면 네트워크 연결에 문제가 있을 수도 있다는 것을 의미한다. 반면, 조회 수의 감소는 심각한 버그가 있다는 신호다.

합의 트랜잭션 횟수

운영자들은 합의 시스템이 작업을 제대로 수행하고 있는지를 알아야 한다. 대부분의 합의 알고리즘은 진행 과정을 확인하기 위해 합의 트랜잭션 수를 증기시키는 방법을 사용한다. 시스템이 정상이라면 시간이 지나면서 이 숫자가 계속해서 증가하는 것을 볼 수 있어야 한다.

확인된 제안의 횟수 및 합의된 제안의 횟수

이 숫자들을 통해 시스템이 정상적으로 동작하는지 여부를 확인할 수 있다.

처리량과 지연응답

딱히 분산 합의 시스템에만 해당하는 것은 아니지만, 합의 시스템의 관리자들은 이 지표를 반드시 모니터링하고 이해해야 한다.

시스템의 성능을 이해하고 성능 관련 이슈를 해결하기 위해서는 다음 지표들을 모니터링해야 한다.

- 제안의 수락과 관련된 지연응답의 분산 정도
- 지리적으로 떨어진 시스템들의 네트워크 지연응답의 분산 정도
- 수락자들이 안정적인 로그를 작성하는 데 걸리는 시간
- 시스템이 초당 받아들이는 전체 바이트

결론

지금까지 분산 합의의 문제를 정의하고 분산 합의 기반 시스템을 구현하기 위한 시스템 아키텍처 패턴과 성능적 특성, 분산된 합의 기반 시스템의 운영과 관련해서 고려할 사항들을 알아보았다.

이 장에서는 의도적으로 특정 알고리즘, 프로토콜 혹은 실제 구현체에 대해 깊이 살펴보지는 않았다. 분산 조정 시스템과 그 기반 기술은 매우 빠르게 발전하고 있으며 지금까지 소개한 기초 지식과는 달리 이 정보들은 금세 뒤처진 내용들이 될 것이다. 그러나 여기서 소개한 기초 지식들과 각종 문서들을 바탕으로 현재 사용 가능한 분산 조정 도구들은 물론 앞으로 출시될 소프트웨어들을 활용하기에 충분히 도움이 될 것이다.

만일 이 장의 내용을 전부 기억하지는 못한다 하더라도 분산 합의 시스템을 도입함으로써 해결할 수 있는 문제들이 어떤 것들이며, 분산 합의 대신 간단한 상태 검사 같은 편법을 사용하면 어떤 문제가 발생하는지는 반드시 기억해두기 바란다. 리더의 선출이나 중요한 상태의 공유, 분산 잠금 등의 필요성을 보게 되면 분산 합의에 대해 생각해보기 바란다. 그 외의 다른 방법들은 그저 시스템이 폭발하기만을 기다리는 시한폭탄일 뿐이다.

24

크론을 이용한 분산된 주기적 스케줄링

스테판 다비도비크(Štěpán Davidovič)[1] 지음
캐비타 굴리아니(Kavita Guliani) 편집

이 장에서는 구글에서 상당수의 내부 서비스들이 정기적으로 스케줄링할 필요가 있는 연산 작업들을 지원하기 위한 분산 크론(cron) 서비스의 구현 방법에 대해 소개한다. 우리는 크론 서비스의 존재로 인해 기본적인 서비스를 디자인하고 구현하는 방법에 대해 많은 것들을 배울 수 있었다. 여기서는 분산 크론 시스템이 당면한 문제들과 그에 대한 해결책을 살펴보고자 한다.

크론(Cron)은 사용자가 정해준 시간이나 간격에 따라 정기적으로 임의의 작업을 실행하도록 만들어진 유닉스(Unix) 환경의 대표 유틸리티 중 하나다. 우리는 먼저 크론의 기본 원리와 가장 대중적인 구현체를 분석한 후 크론과 같은 애플리케이션을 대형 분산 환경에서 사용할 때 단일 실패점이 되지 않고 시스템의 안정성을 향상시킬 수 있는 방법에 대해 리뷰했다. 우리가 생각한 분산 크론 시스템은 단 몇 개의 머신에 배포되지만 보그[Ver15] 같은 데이터센터 스케줄링 시스템과의 조합을 통해 전체 데이터센터에 걸친 크론 작업들을 실행할 수 있는 시스템 이었다.

---

1 이 장의 내용은 ACM Queue(2015년 3월, 제13권 3호)에서 이미 소개되었다.

크론

데이터센터 수준의 크론 서비스를 살펴보기 전에 먼저 크론이 하나의 머신에서 주로 어떤 형태로 사용되는지를 살펴보자.

소개

크론은 시스템 관리자와 일반 사용자들이 원하는 시간에 특정 명령을 실행할 수 있도록 지원하기 위해 만들어진 도구다. 크론은 가비지 컬렉션이나 정기적 데이터 분석 등 다양한 종류의 작업을 실행할 수 있다. 시간을 명시하는 데 있어 가장 일반적으로 사용되는 형식을 '크론탭(crontab)'이라고 한다. 이 형식은 간단한 형태로 시간의 간격('매일 정오에 한 번'이나 '매 시간마다' 등)을 표현할 수 있다. '매달 30일이 토요일이면' 같은 조금 더 복잡한 간격 또한 설정할 수 있다.

크론은 통상 crond라는 하나의 컴포넌트를 통해 사용하도록 만들어졌다. crond는 크론 작업들의 스케줄 목록을 로드하는 데몬이다. 여기에 나열된 작업들은 지정된 시간이 되면 실행된다.

신뢰성 관점에서의 크론

신뢰성 관점에서 크론 서비스를 살펴보면 다음과 같은 사실들을 발견할 수 있다.

- 크론의 장애 도메인은 단 하나의 머신이다. 이 머신이 동작하고 있지 않다면 크론 스케줄러는 물론 예약된 작업 역시 실행되지 않는다.[2] 간단하게 두 머신 사이에서 크론 스케줄러가 (예를 들면 SSH를 이용해서) 각기 다른 작업자 머신에서 예약된 작업을 실행한다고 가정해보자. 이 경우에는 작업의 실행에 영향을 줄 수 있는 두 가지 다른 장애 도메인이 존재한다. 즉, 예약을 담당하는 머신 혹은 실제 작업을 수행하는 머신 중 하나에서 장애가 발생할 수 있다.
- crond 데몬을 (또는 데몬이 실행 중인 머신을) 재시작하는 과정에서 영구적으로 보관해야 할 유일한 상태는 크론탭 설정뿐이다. 크론은 실행-후-망각(fire-and-forget) 형으로 작업을 실행하므로 crond는 자신이 실행한 작업에 대한 그 어떤 추적도 실행하지 않는다.

---

2 이 장에서는 개별 작업의 장애에 대해서는 언급하지 않는다.

- 다만 아나크론(anacron)은 예외다. 아나크론은 시스템이 다운되었을 때 지금까지 실행했던 작업들을 다시 실행한다. 이때 매일 혹은 그보다 잦은 빈도로 실행한 작업들에 대해서만 재시작을 시도한다. 이 기능은 워크스테이션이나 노트북에서 실행되는 작업들의 유지보수에 있어서는 매우 유용하며 등록된 모든 크론 작업들의 마지막 실행 시간을 파일에 관리하면 되기 때문에 편리하다.

크론 작업과 멱등성

크론은 정기적인 작업을 수행하기 위해 만들어졌지만 그 외에는 어떤 기능을 제공하는지 사전에 파악하기가 쉽지 않다. 크론 작업에 대한 다양한 요구 사항은 신뢰성에 대한 요구사항에도 영향을 미친다.

가비지 컬렉션 프로세스 같은 일부 크론 작업은 멱등성을 가진다. 시스템이 오동작을 수행하더라도 이런 작업을 여러 번 실행하는 것은 안전하다. 하지만 여러 사용자에게 이메일 뉴스레터를 발송하는 프로세스를 크론 작업으로 실행하는 것은 한 번 이상 실행되어서는 안 된다.

게다가 어떤 작업은 실행이 실패해도 괜찮지만 다른 작업들은 그렇지 않은 경우도 있다. 예를 들어 매 5분마다 실행되기로 예약된 가비지 컬렉션 크론 작업은 한 번 정도는 건너뛰어도 무방하지만 한 달에 한 번 실행되도록 예약된 영수증을 발행하는 크론 작업은 건너뛸 수 없다.

이처럼 다양한 크론 작업들은 장애 모드를 더 어렵게 만드는 원인이 되기도 한다. 크론 서비스 같은 시스템에서는 모든 상황에 맞는 단 하나의 정답은 존재하지 않는다. 보통은 인프라스트럭처가 허락하는 한은 작업을 수행함으로써 위험을 가중시키는 대신 작업의 실행을 건너뛰는 편을 택한다. 그 이유는 건너뛰었던 작업을 복구하는 것이 두 번 실행된 작업을 복구하는 것보다 수월하기 때문이다. 크론 작업의 소유자는 자신들의 크론 작업을 모니터링할 수 있다(그리고 해야 한다!). 예를 들어 크론 서비스가 등록된 크론 작업의 상태를 보여주도록 할 수도 있고 개별 크론 작업의 영향을 독자적으로 모니터링할 수도 있다. 크론 작업의 실행을 건너뛰어야 할 경우에는 크론 작업의 소유자가 작업의 성격과 적절하게 일치하는 작업을 수행할 수 있다. 그러나 앞서 들었던 뉴스레터 예제에서처럼, 두 번 실행되었던 작업을 되돌리는 것은 상당히 어렵거나 혹은 아예 불가능할 수도 있다. 그래서 우리는 시스템이 잘못된 상태가 되는 것보다는 '변경 없이 실패(fail closed)'하는 방식을 더 선호한다.

대용량 시스템 내에서의 크론

크론 서비스를 하나의 머신이 아닌 대용량 시스템에 배포하려면 이 환경에서 잘 동작하는 크론 서비스를 구현하기 위해 기본부터 다시 생각해야 할 부분들이 몇 가지 있다. 구글의 크론 서비스에 대한 상세한 내용을 공개하기에 앞서 대용량 환경에서의 배포는 어떻게 다른지, 그리고 대용량 배포를 위해 서비스의 디자인이 어떻게 변경되어야 하는지를 살펴보도록 하자.

인프라스트럭처의 확장

크론 서비스의 '일반적인' 구현은 하나의 머신에서 동작하도록 제한되어 있다는 점이다. 그러나 대용량 시스템을 배포하기 위해서는 크론 서비스가 여러 머신에서 동작하도록 확장되어야 한다.

크론 서비스를 하나의 머신에서 운영하는 것은 신뢰성 측면에서는 최악이다. 이 머신이 정확히 1,000대의 다른 머신과 함께 하나의 데이터센터에 배치되어 있다고 가정해보자. 이 중 한 머신에서만 장애가 발생해도 전체 크론 서비스가 다운될 수 있다. 그래서 이런 형식의 구현은 절대 허용할 수 없다.

크론 서비스의 신뢰성을 향상시키기 위해서 우리는 머신으로부터 크론 서비스 프로세스를 분리했다. 서비스를 실행하려면 서비스의 요구사항을 정하고 어떤 데이터센터에서 실행되어야 하는지만 설정하면 된다. 그러면 (그 자체로도 신뢰성이 충분히 높아야 하는) 데이터센터 스케줄링 시스템이 서비스를 배포할 하나 혹은 복수의 머신을 결정하고 머신의 상태까지 관리한다. 이 시스템은 데이터센터에서 작업을 실행한 후, 이를 효율적으로 데이터센터 스케줄러에 대한 하나 혹은 그 이상의 RPC 요청으로 변환한다.

하지만 이 프로세스는 일시적으로 실행되는 것이 아니다. 응답이 없는 머신은 건강 상태 점검 시 발생하는 타임아웃으로 발견할 수 있지만, 서비스를 다른 머신에 다시 예약하려면 소프트웨어를 설치하고 새 프로세스를 시작할 시간이 필요하다.

왜냐하면 프로세스를 다른 머신으로 옮기게 되면 (라이브 마이그레이션(live migration)을 사용하지 않는 한) 기존 머신에 저장되어 있던 모든 로컬 상태를 잃게 된다는 것을 의미하며, 작업들을 다시 예약하는 시간이 최소 실행 간격인 1분을 넘을 수도 있기 때문에 데이터 손실과 시간 초과를 모두 완화할 수 있는 절차를 마련해야 한다. 기존 머신의 로컬 상태를 유지하려면 GFS 같은 분산 파일 시스템에 상태를 저장하고 새 프로세스의 시작 과정에서 작업들을 다시 예약하는 동안 이 파일 시스템을 통해 어떤 작업들이 실행되지 못하고 실패했는지를 판단할 수 있다. 그러나 이 방법은 시기의 적절성 관점에서 볼 때 금세 한계를 드러낸다. 만일 매 5분마다 크론 작업을 실행 중일 때 크론 시스템에 다시 예약 작업을 등록하는 오버헤드 때문에 1분에서 2분 정도의 지연이 생긴다면 이를 수용하기란 쉽지 않을 것이다. 이런 경우에는 필요할 때 곧바로 해당 작업을 이어서 실행할 수 있는 여분의 서비스를 배치함으로써 작업을 다시 예약하는 시간을 획기적으로 줄일 수 있다.

요구사항의 확장

단일 머신 시스템은 주로 실행 중인 모든 프로세스를 격리 배치하는 데 있어 제한을 갖는다. 컨테이너 기술이 일반화되고는 있지만 하나의 머신에 배포되는 서비스의 각 컴포넌트들을 컨테이너를 이용해 격리할 필요는 없을뿐더러 컨테이너를 올바르게 이용하는 방법도 아니다. 그래서 크론 서비스가 하나의 머신에 배포되면 crond와 모든 크론 작업들은 격리되지 않은 상태에서 실행되는 경우가 많다.

주로 데이터센터 규모의 배포라 함은 프로세스의 격리를 위해 컨테이너에 배포하는 것을 의미한다. 격리가 필요한 이유는 동일한 데이터센터에서 실행 중인 독립된 프로세스는 서로에게 악영향을 미치지 말아야 한다는 기본적인 전제가 깔려있기 때문이다. 이 전제를 만족시키려면 크론 시스템과 이 시스템이 실행할 모든 작업들이 필요로 하는 자원의 양을 사전에 미리 파악해야 한다. 데이터센터에 크론 작업이 필요로 하는 자원이 확보되지 않았다면 크론 작업에서 지연이 발생할 수 있다. 자원에 대한 요구사항은 실행되는 크론 작업의 모니터링에 대한 사용자의 요구 외에도 예약된 작업의 시작부터 종료까지 크론 작업의 실행에 대한 전체 상태를 추적할 수 있어야 한다는 것을 의미한다.

특정 머신으로부터 프로세스의 실행을 분리하게 되면 크론 시스템에서 부분적인 시작 실패가 발생할 수 있다. 또한 크론 작업의 다양한 설정은 한 데이터센터에서 새로운 크론 작업을 시작할 때 여러 개의 RPC 요청을 보내야 할 수도 있고, 이 경우 RPC의 일부만 성공하고 나머지는 실패하는 (예를 들면, RPC를 보내는 프로세스가 작업을 실행하는 도중 죽어버리는 등) 상황에 놓일 수 있다. 그래서 반드시 크론 복구 절차 역시 수립해야 한다.

장애 모드의 경우, 한 데이터센터는 당연히 하나의 머신보다 훨씬 복잡한 생태계를 갖추고 있다. 그래서 하나의 머신에서 상대적으로 간단한 바이너리로써 실행되던 크론 서비스가 대용량 환경에 배포될 때는 여러 가지 의존성을 갖게 된다. 크론 같은 기본 서비스의 경우, 우리는 데이터센터의 일부에서 장애(예를 들면 부분적인 전원 중단 혹은 저장소 서비스의 문제 등)가 발생하더라도 서비스가 정상적으로 동작할 수 있도록 구축해야 한다. 데이터센터 스케줄러가 크론의 복제 서버를 데이터센터 내의 여러 곳에 배치하면 어느 한 곳에서 전원 공급에 문제가 생긴다고 해도 크론 서비스가 실행할 전체 프로세스들이 영향을 받는 상황을 피할 수 있다.

물론 하나의 크론 서비스를 지구 전체에 배포하는 것이 가능할 수도 있다. 그러나 크론 서비스를 하나의 데이터센터에 배포하면 지연응답이 훨씬 낮아지며, 크론의 핵심 의존성 중 하나인 데이터센터 스케줄러와 그 생명주기를 함께 할 수 있다는 장점이 있다.

구글에서 구현한 크론 서비스

이 절에서는 크론 서비스를 대용량 분산 환경에 배포할 때의 신뢰성을 확보하기 위해 반드시 해결해야 할 문제들에 대해 설명한다. 게다가 구글이 사용하는 분산 크론을 구현하기 위한 중요한 결정 사항 역시 살펴볼 기회가 될 것이다.

크론 작업의 상태 추적하기

앞 절에서 살펴본 것과 같이 우리에게는 크론 작업의 상태를 어느 정도 보관해야 하며, 장애 발생 시 그 정보를 신속하게 복구할 수 있어야 한다는 요구사항이 있었다. 무엇보다 상태의 일관성이 가장 중요했다. 임금 지불 처리나 이메일 뉴스레터의 발송 같은 많은 크론 작업들은 멱등성을 보장하지 않기 때문이다.

크론 작업의 상태를 추적하기 위한 방법은 두 가지가 있다.

- 데이터를 분산 저장소에 저장하는 방법
- 크론 서비스 자체에 상태의 일부를 저장하는 서비스를 덧붙이는 방법

우리는 분산 크론 서비스를 디자인하면서 두 번째 방법을 선택했다. 이 방법을 선택한 이유는 다음과 같다.

- GFS나 HDFS 같은 분산 파일 시스템은 매우 큰 파일(예를 들면 웹 크롤링 프로그램의 출력 결과 등)에 적합한 반면, 우리는 상대적으로 매우 작은 크기의 크론 작업을 저장해야 한다. 문제는 분산 파일 시스템에서 작은 크기의 쓰기 작업은 상대적으로 매우 비싼 작업

이며, 파일 시스템 자체가 이런 쓰기 작업에 최적화되어 있지 않기 때문에 지연응답이 높아진다는 단점이 존재한다.

- (크론 같은) 장애의 영향이 큰 기반 서비스는 다른 서비스에 대한 의존도를 최소화해야 한다. 심지어 데이터센터의 일부가 먹통이 되더라도 크론 서비스는 일정 시간 동안 정상적으로 동작해야 한다. 물론 그렇다고 해서 크론 프로세스가 직접 저장소의 역할을 해야(저장소의 기능을 직접 서비스에 구현해야) 하는 것은 아니다. 하지만 크론은 많은 수의 내부 사용자들이 사용하는만큼 다른 서비스들과는 독립적으로 운영할 수 있어야 한다.

Paxos의 활용

우리는 크론 서비스의 복제 서버를 여러 개 배포할 때 상태의 일관성을 확보하기 위해 Paxos 분산 합의 알고리즘(제23장 참조)을 사용했다. 그룹 멤버의 대부분이 정상이라면 분산 시스템은 인프라스트럭처의 일부에서 장애가 발생하더라도 새로운 상태 변경을 성공적으로 처리할 수 있기 때문이다.

그림 24-1에서 보듯이 분산 크론은 하나의 리더 작업을 사용한다. 이 리더는 공유 상태를 수정할 수 있는 유일한 복제 서버인 동시에 크론 작업을 실행할 수 있는 유일한 복제 서버다. 게다가 우리가 선택한 Fast Paxos[Lam06] 덕분에 리더 복제 서버를 내부적으로 최적화를 위해 사용하는 장점도 얻을 수 있었다. Fast Paxos 리더 복제 서버는 크론 서비스의 리더로서의 역할도 수행한다.

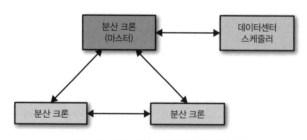

그림 24-1 분산 크론 복제 서버들 간의 협업

만일 리더 복제 서버가 죽으면 Paxos 그룹의 건강 상태 점검 메커니즘이 이를 신속하게(몇 초 이내에) 탐지한다. 그리고 새로운 리더가 선출되면 그 즉시 리더 선출 프로토콜에 따라 이전 리더에 완료되지 않은 상태로 남아있는 모든 작업들을 새로운 리더가 물려받는다. 크론 서비스용 리더는 Paxos 리더와 동일하지만 크론 서비스의 리더는 승격 과정에서 추가 작업을 수행한다. 신속한 리더 재선출 덕분에 장애 시간은 보통 용인되는 1분 정도에 머물 수 있다.

Paxos에 저장하는 가장 중요한 상태는 실행된 크론 작업에 대한 정보다. 우리는 각 크론 작업이 실행하는 예약 작업이 시작되고 끝날 때마다 그 정보를 복제 서버의 과반수에 동기화한다.

리더와 그 팔로워들의 역할

방금 설명했듯이 우리는 크론 서비스에서 Paxos 알고리즘을 사용하고 이를 배포하기 위해 리더와 팔로워(follower)라는 두 가지 역할을 정의하고 있다. 이후의 절에서는 이 두 가지 역할에 대해 각각 소개한다.

리더의 역할

리더 복제 서버는 실질적으로 크론 작업을 실행할 수 있는 유일한 복제 서버다. 리더는 이 장의 도입부에서 설명했던 간단한 crond 데몬과 유사한 내부 스케줄러를 이용해서 예약된 실행 시간을 기준으로 크론 작업들의 목록을 관리한다. 리더 복제 서버는 첫 번째 작업의 예약 시간까지 기다린다.

예약된 실행 시간이 되면 리더 복제 서버는 이 크론 작업의 실행을 시작할 것임을 공지한 후 정규적인 crond 데몬과 마찬가지로 해당 작업의 새로운 실행 시간을 예약한다. 물론 정규적인 크론 서비스에서도 그렇듯이 크론 작업의 실행에 대한 명세는 가장 최근에 실행된 이후로 변경되었을 수도 있다. 그래서 이 실행 명세는 팔로워들에도 반드시 동기화되어야 한다. 이때 크론 작업을 단순히 식별할 수만 있다고 해서 만사가 해결되는 것이 아니라 시작 시간을 이용해 특정 작업과 그 실행 여부까지 식별할 수 있어야 한다. 그렇지 않으면 크론 작업의 시작 여부를 추적할 때 혼란이 발생할 수 있다(이 혼란은 매 분마다 실행되는 실행 빈도가 높은 크론 작업의 경우에는 더 심해진다). 그림 24-2에서 보듯이 이 모든 통신은 Paxos를 통해 이루어진다.

중요한 점은 Paxos 통신은 동기적으로 이루어지므로 과반수의 복제 서버들이 실행에 대한 통지를 수신했음을 확인해주기 전까지는 실제 크론 작업의 실행이 진행되지 않는다는 점이다. 크론 서비스는 각 크론 작업이 리더의 장애로 인해 다음 실행 시기를 결정하기 위해 실행된 것인지 여부를 이해해야 한다. 이 작업을 동기적으로 실행하지 않으면 리더가 팔로워 복제 서버들에게 아무런 고지 없이 전체 크론 작업을 실행할 수도 있게 된다는 것을 의미한다. 이때 장애가 발생하면 팔로워 복제 서버들은 해당 작업이 이미 실행되었는지 여부를 알지 못하므로 동일한 작업의 실행을 다시 시도할 수 있다.

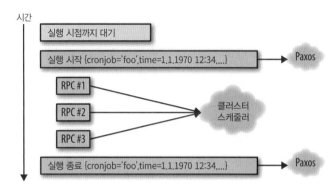

그림 24-2 리더의 관점에서 바라본 크론 작업의 실행 과정

작업이 시작되면 이 사실이 Paxos를 통해 다른 복제 서버들에 동기적으로 전달된다. 이때 실행의 성공 혹은 외부 요인(예를 들면 데이터센터 스케줄러가 먹통이 된 경우 등)으로 인한 실패 여부는 크게 중요하지 않다. 단순히 크론 서비스가 예정된 시간에 작업을 시작하려고 시도했다는 사실만을 추적할 뿐이다. 다음 절에서 설명하겠지만 이 과정을 처리하는 동안 크론 시스템에서 장애가 발생하면 이를 해결할 수 있어야 한다.

리더의 또 다른 중요한 기능 중 하나는 어떤 이유로 더 이상 리더의 역할을 수행할 수 없는 경우 데이터센터 스케줄러와의 상호 작용을 그 즉시 중단하는 기능이다. 계속해서 리더십을 소유하고 있으면 데이터센터 스케줄러에 대한 접근이 상호 배타적 상태에 놓일 수 있기 때문이다. 상호 배타적 접근이 발생하면 기존 및 신규 리더가 데이터센터 스케줄러에 대해 동일한 작업을 수행하게 된다.

팔로워의 역할

팔로워 복제 서버는 필요할 때 역할을 위임받기 위해 리더가 보내오는 상태의 변화를 추적한다. 팔로워가 추적하는 모든 상태의 변화는 리더로부터 Paxos를 통해 전달된다. 리더와 마찬가지로 팔로워 역시 시스템 내의 모든 크론 작업의 목록을 유지하고 있으며, 이 목록은 (역시 Paxos를 통해) 다른 복제 서버들과 일관되게 유지된다.

팔로워 복제 서버는 작업의 실행이 시작되었다는 통지를 받으면 해당 크론 작업의 다음 예약 시간을 수정한다. 이는 매우 중요한 상태의 변화로 (동기식 수행을 통해) 시스템 내의 모든 크론 작업의 예약 시간을 일관되게 유지한다. 우리는 현재 실행 중인(시작된 후 아직 완료되지 않은) 모든 작업을 추적한다.

만일 리더 복제 서버가 먹통이 되거나 비정상적으로 동작하면(예를 들면 네트워크 상에서 다른 복제 서버들과 분리되거나 하는 등) 팔로워는 새로운 리더로 선출된다. 이 선출 과정은 크론 작업의 실행을 놓치거나 의도치 않게 지연되는 상황을 피하기 위해 1분 이내에 완료되어야 한다. 일단 리더가 선출되면 현재 실행 중인 (혹은 부분적으로 실패한) 모든 작업들은 반드시 완료되어야 한다. 이 과정은 크론 시스템은 물론 데이터센터 인프라스트럭처에도 별도로 필요한 조치가 필요한만큼 다소 복잡할 수 있다. 이후의 절에서는 이런 종류의 부분적 실패를 어떻게 해결하는지에 대해 소개한다.

부분적 실패의 해결

앞서 설명했듯이 리더 복제 서버와 데이터센터 스케줄러 간의 협업은 하나의 논리적 크론 작업의 실행에 필요한 여러 RPC 호출을 수행하는 과정에서 언제든지 실패할 수 있다. 우리의 시스템은 이런 상황을 스스로 해결할 수 있어야 했다. 이쯤에서 모든 크론 작업에는 다음의 두 가지 시점에서 동기화가 필요하다는 점을 상기해보자.

- 작업의 실행을 시작하는 시점
- 작업의 실행을 완료한 시점

이 두 시점을 통해 우리는 작업이 올바르게 실행되었는지를 판단할 수 있다. 그런데 작업 자체가 설령 하나의 RPC 호출만을 수행한다 하더라도 이 RPC가 실제로 전송되었는지는 어떻게 알 수 있을까? 작업이 예정된 시간에 실행은 되었지만 리더 복제 서버가 먹통이 되기 전까지는 작업의 완료 여부를 알지 못하는 상황을 가정해보자.

이 상황에서 RPC가 올바르게 호출되었는지를 판단하려면 다음 중 하나의 조건을 반드시 만족해야 한다.

- 리더가 재선출된 이후에 계속해서 수행되어야 하는 외부 시스템 호출 작업은 반드시 멱등성을 보장해야 한다(즉, 이 작업을 반복해서 수행하더라도 안전해야 한다).
- 작업의 완료 여부를 정확하게 판단하려면 외부 시스템을 호출하는 모든 작업의 상태를 조회할 수 있어야 한다.

이 조건들은 상당히 강제적인 제약을 수반하며 구현하기에도 어렵지만 한 번 혹은 여러 번의 부분적 실패로 인해 큰 영향을 받을 수 있는 분산 환경에서 실행되는 크론 서비스의 작업의 정확도를 위해서는 최소한 하나의 조건을 만족할 수 있어야 한다. 이 상황을 제대로 처리하지 못하면 작업의 실행을 놓치거나 혹은 동일한 크론 작업이 반복 실행될 수 있기 때문이다.

데이터센터에서 논리적 작업을 실행하는 대부분의 인프라스트럭처(예를 들면 Mesos 등)는 작업의 상태를 조회하거나 중단 혹은 다른 유지보수 작업을 수행하기 위해 데이터센터 작업에 이름을 부여한다. 멱등성 문제를 해결하기 위한 적절한 방법은 작업의 이름을 부여할 때 (데이터센터 스케줄러에서 중복 실행을 방지하기 위해) 시간을 덧붙인 후 이 이름을 크론 서비스의 모든 복제 서버와 공유하는 것이다. 크론 서비스의 리더가 작업을 시작하는 도중 먹통이 된다면 새로운 리더는 모든 작업의 상태를 이름을 통해 조회한 후 이 중 실행되지 않은 작업을 찾아 시작하기만 하면 된다.

우리 역시 개별 크론 작업을 식별하기 위해 이름과 시간을 이용하는 유사한 방법을 채택하고 있지만, 더 중요한 것은 작업의 이름에 예정된 시작 시간(혹은 조회가 가능한 다른 정보)과 함께 데이터센터 스케줄러를 포함하고 있다. 일반적인 작업의 경우 크론 서비스는 리더에서 장애가 발생했을 때 신속하게 조치할 수 있어야 하지만, 모든 장애를 신속하게 처리할 수 있는 것은 아니다.

다시 말하지만 우리는 복제 서버의 내부 상태를 유지할 때 예정된 시작 시간을 함께 추적한다. 예정된 시작 시간을 이용함으로써 데이터센터 스케줄러와의 협업 과정에서 모호성을 제거할 필요가 있다. 예를 들면 실행 시간은 짧지만 자주 실행되는 크론 작업을 생각해보자. 이 크론 작업을 시작하기 전에 모든 복제 서버와 필요한 통신을 마쳤지만 리더에서 충돌이 발생했고 그로 인해 (크론 작업이 성공적으로 완료될 만큼 충분히 긴 시간이 흐르는 동안) 장애 조치가 수행되지 않았다. 이 경우 새로운 리더는 크론 작업의 상태를 조회한 후 각 작업의 완료 여부를 판단해서 필요하다면 작업을 다시 시작하려고 할 것이다. 하지만 작업의 이름이 시작 시간을 포함하고 있으므로 새로운 리더는 이 작업이 데이터센터 스케줄러 상에서 이미 시작되었다는 것을 인지할 수 있고 따라서 중복 실행은 발생하지 않게 된다.

실제로 구현된 서비스는 기반 인프라스트럭처의 구현을 바탕으로 상태를 조회하는 좀 더 복잡한 시스템을 갖추고 있다. 그러나 앞서 설명한 내용만으로도 유사한 시스템을 구현하기 위해 필요한 내용은 충분히 설명이 된다. 다만 가용한 인프라스트럭처에 따라 중복 실행의 위험과 작업의 실행 누락 사이의 균형에 대해 고려해야 할 필요도 있을 것이다.

상태의 저장

상태를 처리하는 데 있어 단 한 가지 문제는 Paxos 합의 알고리즘을 사용한다는 점이다. 기본적으로 Paxos는 상태의 변경에 대한 연속적인 로그이며, 상태의 변경이 동기적으로 추가된다.

Paxos의 이런 특징은 다음의 두 가지 문제점을 시사한다.

- 로그를 무한정 기록할 수는 없으므로 로그 자체의 크기가 작아야 한다.
- 로그를 다른 어딘가에 저장해야 한다.

우리는 Paxos 로그가 무한정 늘어나는 현상을 방지하기 위해 현재 상태의 스냅샷(snapshot)을 만들어두기로 했다. 즉, 변경 로그의 모든 상태를 재실행하지 않고도 현재의 상태를 그대로 재구성할 수 있도록 한 것이다. 예를 들어 '카운터가 1 증가했음'이라는 로그를 1,000번 기록했다면 이 로그들을 '카운터를 1,000으로 설정'이라는 하나의 스냅샷으로 손쉽게 전환할 수 있다는 뜻이다.

로그가 유실된다 하더라도 가장 마지막에 생성해둔 스냅샷 이후의 상태만이 유실되는 것뿐이다. 사실 스냅샷은 가장 중요하게 관리하는 상태다. 스냅샷의 유실은 내부 상태의 유실을 의미하므로 처음부터 다시 시작해야 하기 때문이다. 반면, 로그의 유실은 상태의 일부만이 유실되는 것이므로 크론 시스템을 가장 마지막에 스냅샷을 생성했던 지점으로 되돌리기만 하면 된다.

데이터를 저장하는 데 있어 우리가 선택할 수 있었던 방법은 다음 두 가지다.

- 언제든 활용이 가능한 외부 저장소에 저장하는 방법
- 크론 서비스 자체에 상태를 저장하는 저장소를 추가하는 방법

우리는 시스템을 디자인하면서 이 두 가지 방식을 조합하기로 결정했다.

먼저 Paxos 로그를 크론 서비스 복제 서비스가 동작하는 서버의 로컬 디스크에 저장했다. 기본적인 운영을 위해 세 개의 복제 서버를 투입함으로써 로그가 세 군데에 복사하는 셈이었다. 스냅샷은 매우 중요한 요소였기 때문에 이 또한 로컬 디스크에 저장했다. 그리고 이를 분산 파일 시스템에 백업해둠으로써 이 세 머신에 영향을 미치는 장애를 방지하고자 했다.

반면, 로그 자체는 분산 파일 시스템에 저장하지 않는다. 우리는 의도적으로 가장 최근에 발생한 상태 일부의 유실을 의미하는 로그의 유실을 용인 가능한 위험으로 분류했다. 로그를 분산 파일 시스템에 저장하려면 작은 데이터의 빈번한 쓰기 연산으로 인해 성능면에서 상당한 손실을 각오해야 했기 때문이다. 세 대의 머신에서 동시에 문제가 발생하는 경우는 드물며, 설령 그런 경우가 발생한다 하더라도 스냅샷에서 자동으로 복구할 수 있다. 결과적으로 아주 적은 양의 로그만이 유실된다. 즉, 마지막에 스냅샷을 생성한 이후의 로그만이 유실되므로 스

냅샷을 생성하는 간격을 조정하면 그만이었다. 물론 이에 대한 결정은 인프라스트럭처의 구현 상태는 물론 크론 시스템의 요구사항에 따라 달라질 수 있다.

로컬 디스크에 로그와 스냅샷을 기록하는 것 외에도 분산 파일 시스템에는 스냅샷의 백업이 저 장된다. 그래서 새로 투입된 복제 서버는 상태 스냅샷을 로드하면서 네트워크 상에 이미 실행 중인 다른 복제 서버로부터 모든 로그들을 불러온다. 이렇게 함으로써 복제 서버는 로컬 머신 의 상태와는 독립적으로 시작할 수 있게 된다. 그래서 머신이 재시작(혹은 먹통이 된) 이후에 복 제 서버에서 예약 작업을 다시 실행한다고 해서 서비스의 신뢰성에 영향을 주지는 않는다.

대용량 크론 서비스의 운영

대용량 크론 서비스를 배포하는 것에 대해 작지만 흥미로운 암시가 있다. 전통적인 크론은 아 주 작은 크기의 서비스다. 대부분 수십 개 정도의 크론 작업들을 실행하는 정도다. 하지만 데 이터센터 내에 수천 대의 머신에서 동작하는 크론 서비스를 실행하게 되면 그 사용량은 계속 해서 증가할 것이며, 그에 따라 여러 가지 문제에 맞닥드릴 수 있다.

이쯤에서 분산 시스템에서 잘 알려진 큰 문제점을 하나 살펴보자. 바로 천둥 소리(thundering herd) 문제다. 사용자의 설정에 따라 크론 서비스는 데이터센터 사용률의 갑작스러운 증가를 유발할 수 있다. 사람들은 '매일 실행할 크론 작업'을 보통 자정에 실행되도록 설정하는 경향 이 있다. 크론 작업이 같은 머신에서 동작한다면 이 설정은 크게 문제없이 동작할 것이다. 하 지만 이 크론 작업이 수천 개의 작업자 프로세스를 이용한 맵리듀스 작업을 수행한다면 어떻 게 될까? 이런 작업을 30개의 팀이 같은 데이터센터에서 실행하기로 결정했다면 어떤 일이 벌 어질까? 이 문제를 해결하기 위해 우리는 크론탭 형식을 확장하기 시작했다.

통상적인 크론탭 형식에서 사용자는 크론 작업이 시작될 분, 시, 월 중 날짜(혹은 주), 그리고 월 등을 설정하거나 혹은 아무 때를 의미하는 애스터리스크(asterisk, * 심볼)를 사용한다. 이 경 우 크론탭 설정은 "0 0 0 * *"(0분, 0시, 매일, 매 월, 그리고 특정 주의 매 일)과 같이 표현된다. 우 리는 여기에 물음표 기호를 더하여 어떤 값이든 적용할 수 있지만 크론 시스템이 이 값을 자 유롭게 결정할 수 있도록 했다. 사용자들은 (시의 경우 0..23과 같이) 시간의 범위를 지정해서 크론 작업의 설정을 해싱한 값을 사용해서 작업의 실행을 좀 더 균일하게 분산할 수 있다.

하지만 이런 변경에도 불구하고 크론 작업에 의해 발생하는 부하는 여전히 너무 높다. 그림 24-3의 그래프는 구글에서 실행하는 전 세계 크론 작업들의 수를 보여준다. 이 그래프에서 눈

여겨볼 대목은 크론 작업이 시작될 때 사용량이 빈번하게 증가한다는 점이다. 이는 특히 외부의 이벤트에 대해 의존성을 가지고 특정 시간에 시작되는 크론 작업에 의해 발생한다.

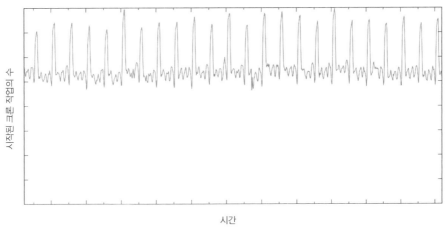

그림 24-3 전 세계에서 실행되는 크론 작업의 수

요약

크론 서비스는 유닉스 시스템에서는 수십 년에 걸쳐 기본적인 기능으로 자리잡아왔다. 업계는 어쩌면 데이터센터가 가장 작은 유효 하드웨어 단위인 대형 분산 시스템으로 이동하고 있고 그에 따라 상당한 부분의 스택을 변경해야 한다. 이런 트렌드에서 크론 역시 예외가 될 수는 없었다. 크론 서비스에 필요한 속성과 필요한 요구사항들에 대한 철저한 관찰은 구글의 새로운 디자인을 이끌어냈다.

이 장에서는 분산 시스템 환경이 필요로 하는 새로운 제약과 구글의 해법을 기반으로 한 크론 서비스의 디자인 기법에 대해 살펴보았다. 이 해법은 분산 환경에서의 강력한 일관성 보장을 필요로 한다. 그래서 신뢰성이 떨어지는 환경에서 합의를 맺기 위해 가장 일반적으로 사용되는 알고리즘인 Paxos가 분산 크론 구현의 핵심이다. 대용량 분산 환경에서 Paxos 알고리즘을 바탕으로 구글에서 십분 활용하고 있는 견고한 크론 서비스를 구축할 수 있었다.

CHAPTER

25

데이터 처리 파이프라인

댄 데니슨(Dan Dennison) 지음
팀 하비(Tim Harvey) 편집

이 장에서는 깊이 있고 복잡한 데이터 처리 파이프라인 관리에 대한 현실적인 과제에 초점을 맞춘다. 멈추지 않고 실행되는 연속적 파이프라인을 통해 매우 드물게 실행되는 정기적 파이프라인 사이의 빈도의 연속성에 대해 고려하며, 운영상의 심각한 문제를 야기하는 불연속성에 대해서 고민해보고자 한다. 리더-팔로워 모델을 새로 도입함으로써 빅데이터의 처리를 위한 정기적 파이프라인을 구성할 수 있는 더 높은 신뢰성과 나은 스케일링을 제공하는 대안을 마련한다.

파이프라인 디자인 패턴의 기원

데이터 프로세싱의 전통적인 접근법은 데이터를 읽고 이를 원하는 형태로 변환한 후 새로운 데이터를 출력하는 프로그램을 작성하는 것이다. 대표적인 것이 크론 같은 스케줄링 프로그램이다. 이 디자인 패턴을 데이터 파이프라인(data pipeline)이라고 부른다. 데이터 파이프라인은 고루틴(coroutines)[Con63], DTSS 커뮤니케이션 파일[Bul80], 유닉스 파이프[McI86]를 거쳐

ETL 파이프라인[1]으로 발전했지만 이런 파이프라인은 '빅데이터' 혹은 '전통적인 데이터 프로세싱 애플리케이션으로는 적절하게 처리할 수 없는 대용량의 복잡한 데이터셋[2]의 등장과 함께 더 많은 주목을 끌었다.

단순한 파이프라인 패턴을 적용한 빅데이터의 기본적인 효과

빅데이터에 대한 정기적, 혹은 연속적 변환을 수행하는 프로그램을 '단순한 단일 단계(one-phase) 파이프라인'이라고 부른다.

빅데이터의 용량과 처리의 복잡도를 고려하면 프로그램들은 연속적으로 연결된 형태로 구성된다. 즉, 한 프로그램의 출력이 다음 프로그램의 입력이 되는 것이다. 이러한 배치에 대한 다양한 근거가 있을 수 있지만 일반적으로 시스템에 대한 추론을 쉽게 하기 위해 설계된 것이지 운영 효율성을 목표로 하는 것은 아니다. 이렇게 배치된 프로그램들을 복합 단계 파이프라인(multiphase pipelines)이라고 부른다. 배치된 각 프로그램이 각각의 데이터 처리 단계를 담당하기 때문이다.

함께 연결된 프로그램의 수는 파이프라인의 깊이(depth)라고 한다. 그래서 단 하나의 프로그램으로 구성된 파이프라인은 그 깊이가 1이며, 이보다 더 깊은 파이프라인은 수십 혹은 수백 개의 프로그램으로 연결되는 경우도 있다.

정기적 파이프라인 패턴의 과제

정기적 파이프라인(periodic pipelines)은 일반적으로 데이터를 처리할 충분한 작업자가 있으며, 처리에 대한 수요를 연산 능력으로 감당할 수 있을 때 안정적으로 동작한다.

정기적 파이프라인은 유용하고 실용적이며 구글에서도 주기적으로 실행된다. 이들은 맵리듀스[Dea04]와 플럼(Flume)[Cha10] 및 그 외의 프레임워크들을 기반으로 작성된다.

---

1 위키피디아의 문서 http://en.wikipedia.org/wiki/Extract,_transform,_load를 참고하기 바란다.

2 위키피디아의 문서 http://en.wikipedia.org/wiki/Big_data를 참고하기 바란다.

그러나 지금까지 SRE로서의 경험에 따르면 정기적 파이프라인은 장애가 발생하기 쉽다. 정기적 파이프라인은 작업자의 규모, 실행의 정기성, 데이터 분할 기법 및 기타 요소들을 잘 튜닝하면 기본적인 성능은 발휘한다. 그러나 자연적인 증가와 변화는 시스템에 스트레스를 주기 시작하며, 그때부터 문제가 발생하기 시작한다. 작업이 마감기한을 넘긴다거나 자원 부족, 특정 데이터 청크 처리가 정지되어 관련된 작업들에 부하가 증가하는 현상 등이 대표적인 문제들이다.

작업의 불균형 분산으로 인해 발생하는 문제

빅데이터의 핵심은 '무조건적 병렬'[Mol86] 알고리즘을 이용해 대용량 부하를 개별 머신이 처리할 수 있을 정도의 청크(chunk)로 나누어 애플리케이션에 전달하는 기법이다. 때로는 이렇게 나눠진 부하가 상대적으로 불균형한 양의 자원을 필요로 하기도 하며, 가끔은 특정 부하가 더 많은 양의 자원을 필요로 하는 이유가 명확하게 드러난다. 예를 들어 사용자가 작업 부하를 직접 나누면 일부 사용자의 데이터 청크의 크기는 다른 사용자들의 것에 비해 더 클 수 있다.

그래서 각 고객별로 각기 다른 수요를 가지고 있으므로 종단 간 런타임은 가장 규모가 큰 고객의 런타임을 기준으로 해야 한다.

'청크의 처리 정지' 문제는 클러스터 내의 머신 간의 차이 때문에 다른 양의 자원이 할당되거나 혹은 작업에 너무 많은 자원이 할당되어서 발생하는 문제일 가능성이 크다. 이 문제는 '스트리밍' 데이터의 정렬 같이 실시간 스트림 작업의 난해함 때문에 발생한다. 전형적인 사용자 코드는 다음 파이프라인을 시작하기 전에 모든 연산을 마무리할 때까지 기다리는 경우가 대부분이며, 그 이유는 모든 데이터를 처리해야 하는 정렬이 필요한 경우가 많기 때문이다. 하지만 이 경우 데이터를 나누는 방법에 따라 최악의 성능을 내면서 전체 실행이 블록되어 파이프라인 완료 시간이 현저히 늘어나게 된다.

엔지니어나 클러스터 모니터링 인프라스트럭처가 이 문제를 발견했다면 그에 따른 조치는 상황을 더 악화시킬 수 있다. 예를 들어 데이터 청크의 처리 중단은 비결정적인 요인에 의한 현상일 수도 있기 때문에 이에 대한 '실질적인' 혹은 '기본적인' 조치는 해당 작업을 즉각 종료하고 작업을 재시작하는 것이다. 그러나 파이프라인은 대부분 체크포인트 기능을 구현하지 않는 경우가 많기 때문에 모든 데이터 청크를 처음부터 다시 처리하게 되면서 시간과 CPU 사이클을 허비함은 물론 앞서 문제가 생겼던 사이클을 살펴보고 있던 사람의 노력을 수포로 만들어 버린다.

분산 환경에서 정기적 파이프라인의 단점

빅데이터 정기 파이프라인은 구글에서 폭넓게 활용되므로 구글의 클러스터 관리 솔루션은 이런 파이프라인들을 위한 별도의 스케줄링 메커니즘을 채택하고 있다. 이 메커니즘이 필요한 이유는 지속적으로 실행되는 파이프라인과 달리 정기적 파이프라인은 주로 우선순위가 낮은 일괄 작업을 실행하기 때문이다. 낮은 우선순위의 작업들이 잘 동작하는 이유는 인터넷에 연결된 웹 서버들과는 달리 일괄 작업들은 지연응답에 상대적으로 덜 민감하기 때문이다. 게다가 머신의 작업 부하를 최대한 활용함으로써 비용을 절감하기 위해 보그(구글의 클러스터 관리 시스템[Ver15])는 일괄 작업을 현재 사용 가능한 머신에서 실행한다. 이 우선순위는 시작 대기 시간을 절감할 수 있어 파이프라인 작업에 잠재적으로 개방형 시작 지연이 발생할 수 있다.

이 메커니즘을 통해 실행된 작업은 본질적인 몇 가지 제한으로 인해 몇 가지 행동을 나타내게 된다. 예를 들어 사용자 웹 서비스의 작업 중간에 남겨진 작업들은 낮은 지연응답 자원의 사용 가능 여부, 가격, 자원에 대한 접근의 안정성 등에 영향을 받는다. 실행 비용은 필요한 시작 지연에 반비례하며 사용된 자원에 정비례한다. 일괄 처리 스케줄링은 실제로는 원활하게 작동할 수 있지만, 일괄 처리 스케줄러(제24장 참조)를 과도하게 사용하면 클러스터의 부하가 높아지고, 그로 인해 다른 사용자의 일괄 처리 자원이 부족해져서 작업이 작업 선점의 위험에 노출될 수 있다(2.5절의 [Ver15] 참조). 위험에 대한 균형을 감안하여 잘 튜닝된 정기적 파이프라인을 성공적으로 실행하려면 높은 자원 비용과 자원 선점의 위험 사이의 균형을 맞춰야 한다.

몇 시간 정도의 지연은 매일 실행되는 파이프라인에서는 용인할 수 있는 부분이다. 그러나 예약 실행의 빈도가 증가하면 각 실행 사이의 최소 시간이 최소 평균 지연시간에 빠르게 도달하게 되고 정기적 파이프라인이 기대할 수 있는 지연응답의 하한선에 이르게 된다. 작업 실행 간격을 지연응답의 하한선보다 낮추게 되면 처리할 수 있는 프로세스가 증가하는 것이 아니라 오히려 오동작이 발생하게 된다. 이 문제를 해결하기 위한 장애 모드는 어떤 일괄 예약 정책을 채택하고 있는지에 따라 달라진다. 예를 들어 새로 실행되는 각 작업은 이전에 실행된 작업이 완료되지 않았으므로 클러스터 스케줄러에 계속 쌓이게 된다. 더 심각한 것은 현재 실행 중인 작업과 거의 완료되어 가는 작업이 다음으로 예약된 작업을 시작하면서 강제로 종료될 수도 있다는 점이다. 그로 인해 더 많은 프로세스를 실행한다는 명목하에 모든 프로세스가 강제로 종료되게 된다.

그림 25-1을 보면 아래로 내려오는 대기 간격이 예약 지연과 교차하는 부분이 있다. 이 경우 실행 시간이 20분 이하인 작업의 실행 간격을 40분 이하로 줄이면 의도치 않은 실행 결과가 발생할 수 있다.

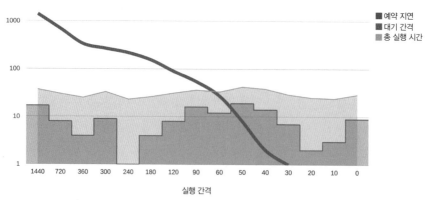

■	예약 지연
■	대기 간격
■	총 실행 시간

실행 간격

그림 25-1 정기적 파이프라인 실행 간격과 대기 시간의 비교 (로그의 크기)

이 문제의 해결 방법은 정상적인 동작을 위한 서버의 충분한 수용량을 확보하는 것이다. 그러나 모든 것을 공유하는 분산 환경에서 자원의 확보란 공급과 수요의 문제다. 개발팀은 자원이 공용 풀(pool)에 의해 관리되거나 공유되는 경우 이 자원을 확보하는 단계를 거치는 것을 별로 내켜 하지 않는 경향이 있다. 이를 해결하기 위해 일괄 처리 예약 자원과 서비스에 우선순위를 두는 자원을 구별함으로써 합리적인 비용으로 자원을 획득할 수 있다.

정기적 파이프라인의 문제점 모니터링하기

충분한 실행 기간을 가진 파이프라인의 경우 런타임 성능 지표에 실시간 정보를 표시하는 것은 전체 지표를 아는 것보다 더 중요하지는 않더라도 최소한 그와 대등하게 중요하다. 그 이유는 실시간 데이터는 운영 지원은 물론 긴급한 상황에 대응하기 위한 중요한 요소이기 때문이다. 실전에서는 작업이 실행되는 동안 표준 모니터링 모델을 이용해 지표를 수집하며 수집이 완료되면 이를 보고한다. 하지만 작업이 실행 도중에 실패하면 아무런 통계도 집계되지 않는다.

연속적 파이프라인에서는 이 문제가 발생하지 않는다. 왜냐하면 작업들이 지속적으로 실행되며 그에 대한 측정은 반복적으로 이루어지므로 실시간 데이터가 항상 존재한다. 정기적 파이프라인에서는 모니터링으로 인한 문제가 발생해서는 안 되지만 우리가 관찰한 바에 따르면 이둘 사이에 강력한 연관성이 존재한다.

'천둥 소리' 문제

실행 및 모니터링을 추가하는 데 있어 어려운 부분은 제24장에서도 논의한 적이 있는 분산 시스템의 고유한 '천둥 소리' 문제다. 대용량 정기적 파이프라인의 경우 각 사이클마다 잠재적으로 수천 개의 작업자가 곧바로 작업을 시작할 수 있다. 만일 작업자 프로세스가 너무 많거나 혹은 작업자 프로세스의 설정이 잘못되었거나 혹은 재시도 로직이 오작동을 한다면 이들을 실행하는 서버에 너무 많은 부하가 발생하고 이는 기반 공유 클러스터 서비스에 그대로 전달되어 결국은 네트워크 인프라스트럭처까지 영향을 받게 된다.

더 심각한 경우, 재시도 로직이 전혀 구현되어 있지 않으면 실패로 인해 작업이 실행되지 않았을 때 작업의 재시도가 이루어지지 않아 결과적으로 정확도의 문제가 발생할 수 있다. 만일 재시도 로직이 존재하기는 하지만 제대로 구현되어 있지 않다면 실패 시의 재시작으로 인해 다른 문제가 발생할 수도 있다.

사람의 개입 역시 이 시나리오에 일조할 가능성이 있다. 경험이 적은 엔지니어가 파이프라인을 관리하게 되면 원하는 시간 내에 작업이 완료되지 않을 때 파이프라인에 더 많은 작업자 프로세스를 추가함으로써 문제를 더 확대시키는 경향이 있기 때문이다.

'천둥 소리' 문제의 원인이 무엇이든 간에 클러스터의 다양한 서비스를 책임지는 SRE와 클러스터 인프라스트럭처에 있어 버그를 가진 10,000개의 작업자 파이프라인 작업보다 더 까다로운 문제도 없다.

모이어 부하 패턴

간혹 천둥 소리 문제가 정확히 어느 지점에서 발생하는지를 특정하기가 어려운 경우가 있다. 이와 관련되어 우리가 '모이어 부하 패턴(Moiré load pattern)'이라고 부르는 문제는 두 개 혹은 그 이상의 파이프라인이 동시에 실행되면서 실행 순서가 겹쳐서 이들이 동시에 공용 자원을 소비하게 되는 경우에 발생한다. 부하가 균등하게 배분되는 경우에는 발생할 확률이 낮아지기는 하지만 이 문제는 연속적 파이프라인에서도 발생한다.

모이어 부하 패턴은 파이프라인의 공유 자원 활용도에 주로 나타난다. 예를 들어 그림 25-2는 세 개의 정기적 파이프라인의 자원 활용도를 나타낸다. 이 활용도를 중첩 그래프로 표현한 그림 25-3을 보면 총 부하가 1.2M에 도달하면 긴급 대응을 해야 할 정도의 영향을 끼치는 것을 볼 수 있다.

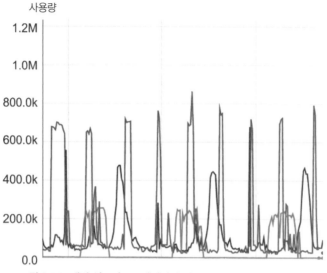

그림 25-2 개별 인프라스트럭처에서 발생하는 모이어 부하 패턴

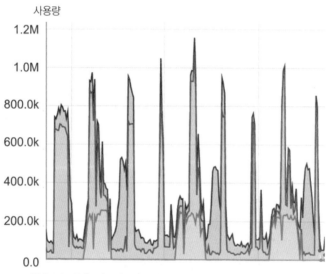

그림 25-3 공유 인프라스트럭처에서 발생하는 모이어 부하 패턴

구글 워크플로우 소개

본질적으로는 한 번만 실행될 일괄 처리 파이프라인에서 비즈니스의 수요로 인해 지속적인 업데이트로 인한 부하가 발생하면 파이프라인 개발팀은 현재의 수요를 만족할 수 있도록 원래의 디자인을 리팩토링하거나 혹은 연속적 파이프라인 모델로 변경하는 방법을 주로 선택한다. 안타깝게도 비즈니스의 수요는 파이프라인 시스템을 온라인 연속적 프로세싱 시스템으로 리팩토링하기에는 적절하지 않은 시점에 발생하는 것이 대부분이다. 새로 더 많은 부하를 유입함으로써 확장성 이슈를 야기하는 고객들은 대체로 새로운 기능들을 원하며 그럼에도 불구하고 마감일의 변경도 허용하지 않는다. 이러한 과제를 예상한다면 채택하려는 데이터 파이프라인을 구현할 시스템을 디자인하는 시점에 몇 가지 상세한 내용을 확정하는 것이 중요하다. 예상되는 성장 궤적[3]의 범위와 디자인 변경에 대한 요구, 예상되는 추가 자원, 그리고 지연응답에 대한 비즈니스의 요구사항에 대한 예측 등이 이에 해당한다.

이러한 요구사항을 수렴하기 위해 구글은 2003년 '워크플로우(Workflow)'라는 시스템을 개발했다. 이 시스템은 연속적 프로세싱을 확장할 수 있도록 지원하는 시스템이다. 워크플로우는 리더-팔로워(작업자) 분산 시스템 디자인 패턴[Sha00]과 시스템 이환(system prevalence) 디자인 패턴[4]을 사용한다. 이 두 패턴을 조합함으로써 대용량 트랜잭션 데이터 파이프라인에서 한 번의 작업만을 정확히(exactly-once) 수행하여 정확도를 확보할 수 있다.

모델-뷰-컨트롤러 패턴에의 응용

시스템 이환의 동작 방식 덕분에 분산 시스템에서의 워크플로우는 사용자 인터페이스 개발 분야에서 폭넓게 활용되고 있는 모델-뷰-컨트롤러(Model-View-Controller) 패턴[5]과 동일한 것으로 간주된다. 그림 25-4에서 보듯이 이 디자인 패턴은 소프트웨어 애플리케이션을 상호 연계된 세 부분으로 나누어 내부적으로 관리되는 정보의 형태를 외부에 보여질 혹은 사용자가 필요로 하는 형태와는 별개로 관리할 수 있는 패턴이다.[6]

---

3 제프 딘(Jeff Dean)의 "대용량 분산 시스템 구축을 위한 소프트웨어 엔지니어링에 대한 조언"[Dea07]이라는 강좌를 참고하기 바란다.

4 위키피디아의 문서 http://en.wikipedia.org/wiki/System_Prevalence를 참고하기 바란다.

5 '모델-뷰-컨트롤러' 패턴은 초기 스몰토크(Smalltalk)로부터 개념을 일부 차용한 분산 시스템과 유사하다. 이 패턴은 원래 그래픽 사용자 인터페이스의 디자인 구조를 기술하기 위해 사용되었다[Fow08].

6 위키피디아의 문서 https://en.wikipedia.org/wiki/Model-view-controller를 참고하기 바란다.

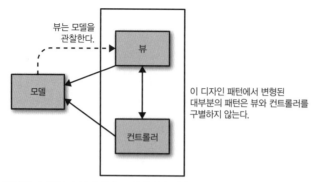

뷰는 모델을
관찰한다.

뷰

모델

컨트롤러

이 디자인 패턴에서 변형된
대부분의 패턴은 뷰와 컨트롤러를
구별하지 않는다.

그림 25-4 사용자 인터페이스 디자인에 사용되었던 모델-뷰-컨트롤러 패턴

이 패턴을 워크플로우에 접목해보면 모델은 '태스크 마스터(Task Master)'라고 불리는 서버가 보유하고 있다. 태스크 마스터는 시스템 이환 패턴을 이용해 모든 작업의 상태를 메모리에 저장함으로써 빠른 사용성을 지원하는 동시에 동기식 저널링(journaling)을 이용해 영속 디스크에 저장한다. 뷰는 시스템의 상태를 트랜잭션 단위로 갱신하는 작업자 프로세스로, 파이프라인의 서브컴포넌트처럼 동작하며 자신의 필요에 따라 마스터를 활용하기도 한다. 모든 파이프라인 데이터는 태스크 마스터에 저장되지만 태스크 마스터는 작업에 대한 포인터만 저장하고 실제 입력과 출력 데이터는 공용 파일 시스템이나 다른 저장소에 저장할 때 최상의 성능을 발휘한다. 또한 작업자들은 완전히 상태가 없는(stateless) 프로세스여서 언제든지 작업을 취소할 수 있다. 컨트롤러는 세 번째 시스템 컴포넌트로서 선택적으로 추가할 수 있으며, 파이프라인에 영향을 미치는 보조적 성격을 띠는 시스템 활동들, 예를 들면 파이프라인의 런타임 확장, 스냅샷의 확보, 작업 사이클 상태의 제어, 파이프라인 상태의 롤백, 혹은 비즈니스의 지속을 위한 전역적 중단 등을 효과적으로 지원하기 위해 추가된다. 그림 25-5는 이 디자인 패턴을 묘사하고 있다.

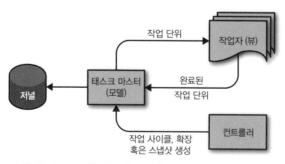

작업 단위

작업자 (뷰)

저널

태스크 마스터
(모델)

완료된
작업 단위

컨트롤러

작업 사이클, 확장
혹은 스냅샷 생성

그림 25-5 구글 워크플로우에 적용된 모델-뷰-컨트롤러 패턴

워크플로우의 실행 단계들

워크플로우 내에서는 프로세싱을 태스크 마스터의 태스크 그룹으로 나누어서 원하는만큼의 깊이를 가진 파이프라인을 구성할 수 있다. 각 태스크 그룹은 각 파이프라인의 단계에 해당하는 작업들을 보유하며, 데이터의 일부를 사용해 임의의 작업을 수행한다. 어떤 단계에서든 매핑(mapping), 뒤섞기, 정렬, 분리, 병합 혹은 다른 어떤 작업도 수행할 수 있다.

각 단계들은 대체로 그와 관련된 작업자의 종류가 있다. 해당 종류의 작업자는 여러 인스턴스가 존재할 수 있으며, 이 작업자들은 각자 다른 종류의 작업을 선택하여 실행할 수 있도록 스스로의 실행을 예약할 수 있다.

작업자는 이전 단계로부터 작업 단위를 전달받아 출력 단위를 생성한다. 이 출력은 최종 종단점이 될 수도 있고 다른 프로세싱 단계의 입력으로 사용될 수도 있다. 시스템 내에서 모든 작업이 정확히 한 번 실행되었다거나 최소한 영속적인 상태에 반영되었음을 보장하기가 쉽다.

워크플로우 정확성 보장

파이프라인의 모든 상세 정보를 태스크 마스터에 저장하는 것은 그다지 합리적인 선택이 아니다. 왜냐하면 태스크 마스터는 RAM의 크기에 따른 제한을 갖기 때문이다. 그럼에도 불구하고 마스터는 유일하게 명명된 데이터에 대한 포인터의 컬렉션을 보유하고 있으며, 각 작업 단위는 고유한 데이터를 임대하여 보유하고 있으므로 이중 정확성에 대한 보장은 여전히 지속된다. 작업자들은 임대를 통해 작업을 획득하며, 현재 유효한 임대 데이터를 보유하고 있는 태스크들에 대해서만 작업을 수행한다.

마스터와의 연결이 끊긴 작업자가 작업 단위를 계속해서 수행하는 현상을 방지하고 현재 작업자의 작업을 취소하기 위해 작업자가 열어둔 각 출력 파일은 유일한 이름을 갖는다. 이렇게 하더라도 마스터와 연결이 끊긴 작업자는 작업을 완료하기 전까지는 마스터와 독립적으로 계속해서 파일에 데이터를 기록하게 된다. 하지만, 작업을 마무리하는 시점이 되면 다른 작업자가 해당 작업 단위를 임대해 갔으므로 마스터와 연결이 끊긴 작업자는 실제로 작업을 완료하지 못하게 된다. 게다가 유일한 파일 이름 정책 덕분에 모든 작업자는 각자 독립된 파일에 실행 결과를 기록하게 되므로 결과적으로 마스터와 연결이 끊긴 작업자들이 유효한 작업자가 생성한 작업을 중단할 수도 없다. 이를 통해 이중 정확성이 보장된다. 출력 파일은 항상 유일하며, 작업의 임대라는 방식 덕분에 파이프라인의 상태는 항상 올바르게 유지된다.

이중 정확성 보장만으로 충분하지 않은 경우를 위해 워크플로우는 모든 작업의 버전 역시 관리한다. 만일 태스크가 갱신되거나 혹은 태스크의 임대 주체가 변경되면 각 작업은 새로운 유일한 작업이 기존 작업을 대체할 때까지 유보되며, 태스크에는 새로운 ID가 부여된다. 워크플로우의 모든 파이프라인 설정은 작업 단위들과 동일한 형태로 태스크 마스터에 저장되어 있으므로 작업을 완료하기 위해서 작업자들은 반드시 유효한 임대 기록과 결과를 생성하기 위해 사용했던 설정의 태스크의 ID 값을 참조하고 있어야 한다. 만일 작업 단위가 실행 중인 동안 설정이 변경되면 모든 작업자들은 현재 유효한 임대 기록을 보유하고 있다 하더라도 작업을 완료할 수 없다. 그래서 설정이 변경된 후에 실행된 모든 작업들은 새로운 설정과 함께 구성되며, 기간이 만료된 임대 기록을 가진 작업자들의 작업 비용은 안타깝지만 그대로 낭비하게 되는 셈이 된다.

이 방법은 삼중 정확성, 즉 설정, 임대 소유권 그리고 파일 이름의 유일성을 보장한다. 그러나 삼중 정확성 역시 모든 경우의 수를 만족하지는 못한다.

예를 들어 태스크 마스터의 네트워크 주소가 변경되면서 다른 태스크 마스터가 기존 네트워크 주소를 사용하게 된다면 어떻게 될까? 메모리 오류 때문에 IP 주소나 포트 번호가 변경되어 다른 태스크 마스터에 연결되게 되면 어떤 일이 벌어질까? 조금 더 일반적으로 발생할 수 있는 예를 들면, 누군가 태스크 마스터를 (잘못) 설정해서 독립적인 태스크 마스터들 앞단에 놓인 로드밸런서에 자신의 태스크 마스터를 추가해 버린다면 어떻게 될까?

워크플로우는 각 태스크의 메타데이터에 특정 태스크 마스터의 유일한 식별자로 사용되는 서버 토큰을 추가해서 잘못 설정된 태스크 마스터가 파이프라인에 문제를 발생시키는 상황을 방지한다. 클라이언트와 서버는 매 작업마다 이 토큰을 검사함으로써 태스크의 식별자의 충돌이 발생하기 전까지는 모든 작업이 부드럽게 진행될 수도 있는 아주 사소한 설정 오류마저도 방지한다.

요약하면, 워크플로우가 보장하는 네 가지 정확성은 다음과 같다.

- 설정 작업을 통한 작업자의 출력은 작업을 예측하기 위한 영역을 만든다.
- 작업자가 작업을 완료하기 위해서는 반드시 유효한 임대 기록을 보유하고 있어야 한다.
- 출력 파일은 작업자마다 고유한 이름의 파일에 기록된다.
- 클라이언트와 서버는 모든 작업마다 서버 토큰을 검사하여 태스크 마스터에 대한 유효성을 판단한다.

이 시점에서 독자들은 어쩌면 태스크 마스터라는 특별한 서버를 사용하는 대신 스패너 (Spanner)[Cor12]나 다른 데이터베이스를 사용하는 것이 더 간단할 것이라고 생각할 수도 있겠다. 그러나 워크플로우가 특별한 이유는 각 태스크가 유일하며 변경이 불가능(immutable)하기 때문이다. 이 두 속성은 대용량 작업 분산에서 흔히 발생하는 여러 가지 미세한 이슈들을 방지하기 위한 것이다.

예를 들어 작업자가 임대한 기록은 작업 자체의 일부로 기록되며, 임대 기록이 변경되면 완전히 새로운 태스크가 생성된다. 만일 데이터베이스를 직접 사용하고 데이터베이스의 트랜잭션 로그가 '저널'처럼 동작한다면 모든 읽기 작업이 실행 시간이 오래 걸리는 트랜잭션의 일부가 되어 버린다. 물론 이렇게 해도 되지만 엄청 비효율적이다.

비즈니스의 지속성 보장하기

빅데이터 파이프라인은 광섬유의 단절, 기후로 인한 사고, 연속적인 전력 공급 문제 등 어떤 종류의 장애가 발생하더라도 계속해서 동작해야 한다. 이런 장애들은 데이터센터 전체를 먹통으로 만들 수도 있다. 게다가 작업의 완료를 강력하게 보장하기 위한 일환으로 시스템 이환 패턴을 채택하지 않은 파이프라인은 종종 사용 불가능한 혹은 의도하지 않은 상태가 되기도 한다. 이 아키텍처의 간극은 비즈니스의 지속성 전략을 불안하게 만들며, 파이프라인과 데이터의 복구를 위한 엄청난 노력을 감수해야 한다.

워크플로우는 이 문제를 해결함으로써 지속적인 프로세싱 파이프라인에 결정적으로 기여한다. 전역적인 일관성을 확보하기 위해 태스크 마스터는 저널을 스패너에 저장하며, 이 시스템을 전체 시스템이 활용할 수 있으며, 충분한 일관성을 제공하면서도 처리량은 낮은 파일시스템처럼 사용한다. 어떤 태스크 마스터가 쓰기 작업을 수행할지 여부를 결정하기 위해 각 태스크 마스터는 처비[Bur06]라는 분산 잠금 서비스를 사용해서 쓰기 작업을 수행할 마스터를 선출하고 그 결과를 스패너에 저장한다. 마지막으로 클라이언트는 내부 이름 서비스를 이용해 현재 태스크 마스터를 탐색한다.

스패너는 처리량이 높은 파일시스템을 제공하지는 못하므로 전 세계에 분산된 워크플로우 시스템들은 태스크에 대한 참조는 전역 워크플로우에 저장하되, 두 개 혹은 그 이상의 지역 워크플로우 시스템을 고유의 클러스터에서 실행한다. 작업의 단위들(태스크들)이 파이프라인을 통해 처리되는 동안 그에 상응하는 참조 작업들은 전역 워크플로우에 바이너리로 추가된다.

이는 그림 25-6에 '단계 1'로 표시되어 있다. 태스크들이 완료되면 참조 태스크는 트랜잭션에 의해 전역 워크플로우에서 제거된다. 이 과정은 그림 25-6의 '단계 n'이 나타내고 있다. 만일 전역 워크플로우에서 태스크를 제거하지 못하면 지역 워크플로우는 전역 워크플로우가 다시 사용 가능해질 때까지 모든 작업을 블록해서 트랜잭션의 정확성을 보장한다.

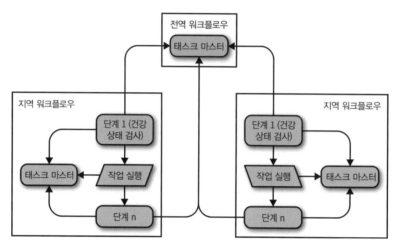

그림 25-6 워크플로우 파이프라인을 이용한 분산 데이터 및 처리 흐름의 예시

장애 조치의 자동화를 위해 각 지역 워크플로우는 그림 25-6의 '단계 1'에 표시된 것과 같이 헬퍼 바이너리(helper binary)를 실행한다. 그렇지 않은 경우에는 다이어그램의 '작업 실행' 항목이 보여주는 것과 같이 지역 워크플로우는 불변 상태가 된다. 이 헬퍼 바이너리는 MVC 패턴의 '컨트롤러'처럼 동작하며, 참조 태스크의 생성은 물론 전역 워크플로우의 특별한 건강 상태 검사 태스크의 갱신을 책임진다. 건강 상태 검사 태스크가 일정 시간 동안 갱신되지 않으면 원격 워크플로우의 헬퍼 바이너리가 참조 태스크에 기술된 대로 실행 중인 태스크를 위임받아 어떤 환경이 동작하지 않더라도 파이프라인은 계속해서 동작하게 된다.

요약

정기적 파이프라인은 그 자체로 가치가 충분하다. 그러나 데이터 처리 문제가 계속되거나 연속성을 위해 자연적으로 그 규모가 증가하게 되면 정기적 파이프라인을 사용해서는 안 된다. 그 대신 워크플로우와 유사한 특성을 갖는 기술을 활용해야 한다.

우리는 워크플로우처럼 강력한 보장성을 제공하는 연속적 데이터 처리 기법이 분산 클러스터 인프라스트럭처 상에서 매우 잘 동작하며 확장에도 문제가 없고, 지속적으로 사용자를 위한 결과를 생성하며, SRE팀이 관리 및 유지보수할 수 있는 안정적이고 신뢰할 수 있는 시스템이라는 사실을 깨달았다.

26

데이터 무결성: 내가 기록한 그대로 읽을 수 있어야 한다

레이몬드 블룸(Raymond Blum), 란디에브 싱(Rhandeev Singh) 지음

벳시 베이어(Betsy Beyer) 편집

'데이터 무결성(data integrity)'이란 무엇일까? 사용자를 최우선으로 생각한다면, 데이터 무결성 이란 사용자가 받아들이는 그 무엇이다.

어쩌면 데이터 무결성은 사용자에게 적절한 수준의 서비스를 제공하기 위해 필요한 접근성과 데이터 저장소의 정확성에 대한 척도라고 생각할지도 모르겠다. 하지만 이 정의는 충분하지 않다.

일례로 지메일의 사용자 인터페이스 버그로 인해 받은 편지함이 너무 오랫동안 비어있게 되면 사용자들은 자신들의 데이터가 유실되었다고 생각할 것이다. 그래서 실제로 데이터가 유실되지는 않았더라도 세상은 구글의 데이터 관리 책임자로서의 능력에 의문을 제기할 것이며, 클라우드 컴퓨팅의 가능성이 위협을 받는다고 생각할 것이다. '아주 약간의 메타데이터'를 복구하는 동안 지메일이 에러나 혹은 점검 안내 메시지를 너무 오랫동안 띄운다면 사용자들의 구글에 대한 신뢰도 역시 크게 저하될 것이다.

여기서 데이터를 사용할 수 없는 기간이 '너무 길다'는 것은 어느 정도일까? 2011년에 발생했던 지메일의 장애를 생각해보면 4일 정도를 긴 시간이라고 생각할 수 있다. 어쩌면 '너무 긴' 시간일 수도 있고 말이다. 이 장애 이후로 우리는 구글 앱스(Google Apps)에 대해 '니무 길다'고 생

각할 수 있는 시간의 한계는 24시간이라고 결론 내렸다.

구글 포토, 드라이브, 클라우드 저장소, 클라우드 데이터 상점에도 마찬가지 사유가 적용된다. 왜냐하면 사용자들은 이 개별 제품들을 따로 ("이 제품은 구글의 제품이다"라든가 "구글이든 아마존이든 관계 없이 어쨌든 이 제품은 클라우드 기반이다"라고) 구분할 필요가 없기 때문이다. 데이터 유실, 데이터 변조를 비롯한 그 어떤 이유로든 데이터가 사용 불가능해지면 사용자가 그 이유를 명확히 구분할 수는 없다. 그래서 데이터 무결성은 모든 서비스의 모든 종류의 데이터에 적용된다. 데이터 무결성에 대해 고려할 때 중요한 것은 클라우드 상에서 동작하는 서비스는 사용자들이 계속 사용할 수 있다는 점이다. 특히 데이터에 대한 사용자의 접근이 무엇보다 중요하다.

데이터 무결성의 중요한 조건

어떤 시스템의 신뢰성에 대한 요구를 고려할 때, 데이터 무결성보다는 업타임(uptime, 서비스의 사용 가능성)이 더 중요한 것처럼 보일 수도 있다. 예를 들어 사용자는 받은 편지함의 복구에 4일이 소요된다면 짜증은 나겠지만 그럭저럭 지낼 수 있는 반면, 한 시간 동안 이메일 서비스가 다운되면 참지 못할 것이다. 그러나 업타임과 데이터 무결성 사이의 요구에 대한 좀 더 합리적인 고려사항이 있다.

어떤 서비스의 SLO가 99.99%의 업타임을 보장한다면 이 서비스는 1년 중 1시간의 서비스 중단 시간(downtime)만이 허용된다는 뜻이다. 이 SLO는 어쩌면 대부분의 인터넷 및 기업 사용자가 기대하는 것 이상의 수준이다.

반면, 2GB 크기의 결과 파일에서 SLO 99.99%에 해당하는 데이터만이 유효하다면(최대 200KB의 데이터가 변조되어) 문서나 실행 파일 혹은 데이터베이스에 손상이 가해진다. 이 정도의 데이터 손실은 대부분의 경우 재앙에 가까운 수준이다. 실행 파일이 임의의 OP코드들로 채워지거나 데이터베이스가 완전히 먹통이 되는 결과를 낳기 때문이다.

그러면 사용자의 관점에서 볼 때, 모든 서비스는 비록 명확하지는 않을지 몰라도 개별적인 업타임 및 데이터 무결성 요구사항을 가지고 있다. 사용자들의 데이터가 유실된 이후에 그들의 기대치에 대해 토를 다는 것은 그야말로 최악의 타이밍이다.

이제 앞서 살펴봤던 데이터 무결성에 대한 정의를 수정해보자. 아마도 데이터 무결성이란 클라우드 상의 서비스들이 사용자들이 계속 사용할 수 있는 상태를 유지하는 것이다. 특히 데이터에 대한 사용자의 접근이 무엇보다 중요하므로 이 부분이 완벽하게 동작해야 한다고 생각할 것이다.

이제 결과물이 변조되거나 정확히 1년에 한 번씩 유실된다고 가정해보자. 유실된 부분을 복구할 수 없다면 유실된 결과물의 그 해의 업타임은 아무런 의미가 없다. 말하자면 이런 유실을 피하기 위해서는 사전에 이를 탐지하고 더불어 신속하게 복구할 수 있어야 한다.

한편 다른 세계에서는 데이터 변조가 발생했을 때 사용자가 영향을 받기 전에 즉시 이를 탐지하고 30분 내에 이 결과물을 제거한 후 수정하고 다시 서비스에 돌려놓을 수 있다고 가정해보자. 이 30분 동안에 발생한 다른 다운타임을 고려하지 않는다면 이 결과물은 그 해에 99.99%의 목표를 달성할 수 있다.

놀랍게도, 최소한 사용자의 관점에서, 이 시나리오 상의 데이터 무결성은 객체에 접근 가능한 시간으로 따져볼 때 100%(혹은 100%에 가까운) 수준이다. 이 예시에서 보듯이 최상의 데이터 무결성의 비밀은 조기 발견 및 신속한 수정과 복구다.

최상의 데이터 무결성을 위한 전략의 수립

유실된 데이터의 신속한 탐지와 수정 및 복구를 가능케 하는 전략은 여러 가지가 있다. 이 모든 전략들은 사용자가 받는 영향을 최소화하기 위한 데이터 무결성을 위해 업타임을 희생한다. 일부 전략들은 다른 전략들에 비해 나은 면이 있으며, 또 일부 전략들은 다른 전략 대비더 복잡한 엔지니어링 투자를 요구하기도 한다. 선택지가 다양하다면 어떤 전략을 채택해야할까? 그 해답은 여러분의 컴퓨팅 패러다임에 달려있다.

대부분의 클라우드 컴퓨팅 애플리케이션은 업타임, 지연응답, 확장, 속도 및 정보보안 등을 최적으로 조합하는 방법을 추구한다. 지금 나열한 용어들의 정의는 다음과 같다.

업타임

가용성(availability)이라고도 하며, 사용자들이 서비스를 정상적으로 사용하는 시간의 비율을 의미한다.

지연응답

사용자에 대한 서비스의 응답성을 의미한다.

확장

서비스의 지연응답이 증가하기 전까지 서비스가 감당할 수 있는 사용자의 규모와 작업 부하를 의미한다.

속도

합리적인 비용으로 최상의 가치를 사용자에게 제공하기 위해 서비스를 얼마나 빨리 혁신할 수 있는지를 의미한다.

정보보안

이 개념은 복잡한 요구사항을 수반한다. 설명의 편의를 위해 이 장에서는 정보보안의 범위를 데이터 삭제로 제한하고자 한다. 즉, 데이터는 사용자가 삭제한 후 적절한 시간 내에 반드시 파기되어야 한다.

많은 클라우드 기반 애플리케이션들이 이 다섯 가지 요소[1]에 대한 수요를 충족시키기 위해 ACID과 BASE[2] API를 기반으로 지속적으로 진화하고 있다.[3] BASE는 ACID보다 높은 가용성을 제공하지만, 분산 환경에서의 일관성 보장에 있어서는 약간 뒤처진다. 특히 BASE는 일단 데이터의 일부가 더 이상 갱신되지 않을 때에만 그 값이 결과적으로 (잠재적으로 분산된) 저장소의 모든 위치에 일관되게 저장되는 것을 보장한다.

지금부터 살펴볼 시나리오는 업타임, 지연응답, 확장, 속도 및 정보보안의 개념들을 균형 있게 적용하는 방법에 대한 예시를 보여준다.

---

1 ACID와 BASE API에 대한 더 자세한 내용은 [Gol14]와 [Bai13]을 참고하기 바란다.

2 원자성(Atomicity), 일관성(Consistency), 격리성(Isolation), 내구성(Durability)을 의미한다. 자세한 내용은 https://en.wikipedia.org/wiki/ACID를 참고하기 바란다. MySQL이나 PostgreSQL 같은 SQL 데이터베이스들이 이 속성들을 제공한다.

3 기본적 사용성(Basically Available), 유연한 상태(Soft state), 결과적 일관성(Eventual consistency)을 의미한다. 자세한 내용은 https://en.wikipedia.org/wiki/Eventual_consistency를 참고하기 바란다. Bigtable(빅테이블)이나 Megastore(메가스토어) 같은 BASE 시스템을 종종 'NoSQL'이라고 표현하기도 한다.

다른 요구사항에 비해 속도를 더 중시하면 결과물로 개발된 애플리케이션은 해당 애플리케이션을 구현한 특정 개발자가 익숙한 API들의 집합에 의존하게 된다.

예를 들어, 이 애플리케이션은 Blobstore(블롭스토어) 같은 효율적인 BLOB[4] 저장소의 장점을 활용하기 위해 높은 업타임, 낮은 지연응답 및 좀 더 저렴한 비용으로 더 많은 작업 부하를 처리할 수 있는 분산 일관성에 대해서는 고려하지 않은 상태로 개발될 수 있다.

- 같은 애플리케이션은 지연응답도 높고 가용성도 떨어지며, 비용은 오히려 더 비싼 Megastore 같은 Paxos 기반 서비스에 자신이 관리할 blob 데이터와 연관이 있는 권한 관련 메타데이터를 함께 보관하는 경우가 있다.
- 애플리케이션의 일부 클라이언트가 이 메타데이터를 로컬에 캐시하고 blob 데이터에 직접 접근함으로써 사용자에게 필요한 수준의 지연응답을 더욱 갉아먹을 수 있다.
- 다른 애플리케이션이 메타데이터를 빅테이블에 저장하게 되면 그 개발자가 빅테이블에 익숙해지면서 강력한 분산 일관성을 희생하게 된다.

이런 클라우드 애플리케이션은 런타임에 데이터 무결성과 관련해서 데이터 저장소 간(앞서 예제에서는 Blobstore, Megastore 및 클라이언트 측 캐시 간)의 참조 무결성(referential integrity) 같은 각종 과제에 당면하게 된다. 빠른 속도 때문에 발생하는 다양성은 스키마의 변경, 데이터 마이그레이션, 기존의 기능을 바탕으로 새로운 기능을 쌓아올리는 습관, 코드의 재작성 및 다른 애플리케이션과의 통합 방식을 개선하는 과정에서 더 이상 한 명의 엔지니어가 완전히 이해할 수 없는 다양한 데이터들 사이의 복잡한 관계로 가득 찬 환경을 만들어내는 현상 등으로 나타난다.

애플리케이션의 데이터 손실이 사용자의 눈에 띄는 것을 방지하려면 대역 외(out-of-band) 검사를 위한 시스템과 그 시스템 및 데이터 저장소 사이의 균형이 필요하다. 414쪽의 "세 번째 계층: 조기 발견" 절에서 이런 시스템에 대해 자세히 설명한다.

게다가 이런 애플리케이션이 여러 데이터 저장소에 대한 독립적이면서도 조직적이지 않은 백업(앞서 예시에서의 Blobstore와 Megastore)에 의존한다면 복구된 데이터와 실제 데이터 사이의 다양한 관계 때문에 데이터 복구가 수행되는 동안 애플리케이션이 복구된 데이터를 효과적으로 사용하기가 어려워진다. 우리의 예제 애플리케이션은 이 문제를 해결해서 복구된 blob과 실제

---

4 Binary Large Object의 약자이다. 자세한 내용은 https://en.wikipedia.org/wiki/Binary_large_object를 참고하기 바란다.

Megastore, 복구된 Megastore와 실제 blob, 복구된 blob과 복구된 Megastore, 그리고 클라이언트 측 캐시와의 상호 작용을 각각 구분할 수 있어야 한다.

이런 의존성과 복잡성을 고려했을 때 얼마나 많은 자원을 데이터 무결성을 위해 투입해야 하며, 또 어디에 투입해야 할까?

백업과 보관

전통적으로 기업들은 백업 전략에 대한 투자를 통해 데이터를 유실로부터 '보호'한다. 그러나 실제로 백업은 데이터 복구에 초점을 맞춰야 한다. 이는 실제 백업과 보관(archive)을 구분하는 기준이기도 하다. 실제로 사람들이 정말 원하는 것은 데이터의 복구이지 백업 자체가 아니다.

여러분의 백업이 사실은 재해 복구에 적절하게 활용할 수 있는 것이 아닌 그저 보관을 위한 것은 아니었을까?

백업과 보관의 가장 중요한 차이점은 백업은 애플리케이션을 원상태로 복구하기 위해 사용할 수 있는 반면, 보관은 그렇지 못하다는 점이다. 그래서 백업과 보관은 상당히 다른 활용성을 보인다.

보관(archives)은 감사, 발견(discovery) 및 법적 준수 사항을 만족하기 위해 장기간 데이터를 안전하게 보관하기 위한 것이다. 이를 목적으로 하는 데이터의 복구는 대체로 서비스의 업타임 요구사항을 만족할 필요는 없다. 예를 들어 여러분은 7년 동안 금융 거래 기록 데이터를 보관해야 할 수 있다. 이 목표를 달성하려면 한 달에 한 번 축적된 감사 로그를 별도의 지역에 위치한 장기간 보관 저장소로 옮겨야 할 것이다. 한 달치 금융 감사 데이터를 조회하고 복구하는 것은 일주일 이상 걸리는 작업이기는 하지만, 보관된 데이터의 복구가 일주일 이상 걸린다고 해서 크게 문제될 것은 없다.

반면, 자연재해가 발생한 경우 데이터는 실제 백업으로부터 신속하게 복구되어야 하며 특히 서비스의 업타임 중에 올바르게 수행되어야 한다. 그렇지 않으면 유실된 데이터의 영향을 받는 사용자는 복구가 완료될 때까지 애플리케이션의 데이터 무결성 이슈에 노출되게 된다.

특히 최근의 데이터는 안전하게 백업되기 전까지는 위험에 노출될 수 있으므로 매일, 매시간 혹은 그보다 더 자주 전체 및 증분(incremental) 혹은 연속(스트리밍) 방식으로 (보관이 아닌) 실제로 백업하도록 예약을 걸어두는 것을 고려하는 것 역시 중요하다.

그래서 백업 전략을 수립할 때는 문제 발생 시 얼마나 신속하게 복구할 수 있는지, 그리고 가장 최신의 데이터에 대한 유실은 어느 정도 감수할 것인지를 고려해야 한다.

클라우드 환경에 대한 거시적 요구사항

클라우드 환경에서는 여러 가지 기술적 과제들의 독특한 조합들이 나타난다.

- 운영 환경에서 트랜잭션을 지원하는 백업 및 복구 솔루션과 트랜잭션을 지원하지 않는 솔루션을 혼합해서 사용하고 있다면 복구된 데이터가 반드시 올바르지는 않다.
- 만일 서비스가 무중단 운영을 지원해야 한다면 각기 다른 버전의 비즈니스 로직이 병렬로 데이터를 조작할 수 있다.
- 서비스와 함께 동작하는 다른 외부 서비스가 독자적으로 버전을 관리하고 있다면 잠시 동안이라도 외부 서비스의 불완전한 버전이 동작하게 되어 데이터의 변조나 유실이 발생할 수 있다.

게다가 확장에 대한 경제성을 유지하기 위해 서비스 제공자가 제한된 수의 API만을 공개할 수도 있다. 이런 API들은 대부분의 애플리케이션들이 간단하면서도 쉽게 이용할 수 있게 하거나 아니면 제한된 수의 고객들만이 사용할 수 있도록 해야 한다. 동시에 API들은 다음의 요소들을 이해할 수 있도록 충분히 견고해야 한다.

- 데이터의 위치와 캐시
- 지역 및 전역 데이터 분산
- 강력한 일관성 및/혹은 최종적 일관성
- 데이터의 내구성, 백업 및 복구

이와 같은 조건들을 갖추지 못한다면 경험이 많은 고객들은 그들의 애플리케이션을 클라우드로 이전하지 않을 것이며, 따라서 그 규모가 계속 증가하면서 간단했던 애플리케이션들이 복잡하고 거대해져 결국 더 복잡한 다른 API들을 활용하기 위해 완전히 새로 작성하게 될 것이다.

이때 이전의 API 기능이 여전히 사용되고 있다면 문제가 발생할 것이다. 만일 서비스 제공자가 이 문제를 해결해주지 않는다면 애플리케이션은 스스로 이 API들을 규정하고 독자적으로 해결해야 하는 난관에 부딪히게 된다.

데이터 무결성과 가용성을 유지하기 위한 구글 SRE의 목표

"영속된 데이터의 무결성을 유지한다"는 SRE의 목표는 괜찮은 비전이지만 우리는 좀 더 확실한 목표를 수립하기 위해 이를 측정 가능한 지표로 발전시켰다. SRE는 우리가 관리하는 시스템과 프로세스를 테스트하고 실제 사용 과정에서의 성능을 추적함으로써 시스템에 대한 기대 역량을 설정하기 위한 핵심 지표를 정의했다.

데이터 무결성은 의미이며, 데이터 가용성은 목표다

데이터 무결성은 데이터의 생명주기 동안의 정확성과 일관성을 의미한다. 즉, 사용자는 어떤 정보가 올바르며 처음 기록된 이후로 가장 마지막에 살펴보는 순간까지 어떤 일이 있어도 변하지 않을 것이라는 것을 알아야 한다. 하지만 과연 이것으로 충분할까?

어떤 이메일 제공자가 일주일 정도 데이터 장애[Kinc09]를 겪었다고 가정해보자. 지난 10일간 사용자는 자신들의 이메일 계정과 개인정보, 그리고 누적된 기록들이 곧 돌아올 것이라는 기대는 하겠지만 자신들의 비즈니스를 계속 수행하기 위해 이를 임시로나마 대체할 방편을 찾을 수밖에 없었다.

그러던 중 나쁜 소식이 날아들었다. 서비스 제공자가 자신들의 기대와는 달리 귀중한 과거의 이메일과 연락처가 실제로 사라져 증발했으며 다시 복구할 수 없다고 발표한 것이다. 데이터 무결성 관리에 있어 몇 가지 사고로 인해 서비스 제공자가 제대로 활용할 백업이 없는 것 같았다. 임시 계정을 사용하고 있었거나 새로운 계정을 등록한 사용자들은 격분하여 해당 이메일 서비스 제공자를 더 이상 이용하지 않기로 했다.

하지만 잠깐! 데이터를 완전히 잃었다고 발표한 후 며칠이 지나 서비스 제공자가 사용자의 개인정보를 복구할 수 있을 것이라고 발표했다. 데이터 유실은 없었고 단순한 장애였을 뿐이다. 모든 것이 멀쩡히 남아있었다!

하지만 사실 전혀 멀쩡하지 않았다. 사용자의 데이터는 보관되어 있었지만 그 데이터를 필요로 하는 사람들은 너무 오랫동안 그 데이터를 사용할 수 없었다.

이 이야기의 교훈은 이렇다. 사용자의 관점에서 볼 때 일정 수준 이상의 데이터 가용성을 제공할 수 없는 데이터 무결성은 데이터가 전혀 존재하지 않는 것이나 다름이 없다는 점이다.

백업 시스템보다 복구 시스템을 제공하자

백업을 만드는 것은 전통적으로 시스템 관리자들이 방치하고 위임하고 미뤄둔 작업이다. 그 누구도 백업을 우선순위가 높은 작업으로 생각하지 않는다. 백업은 그저 시간과 자원을 갉아먹는 것이며 눈에 띄는 이점도 없기 때문이다. 그런 이유로 백업을 대충 대충 보기 때문에 결과적으로 백업 전략을 열심히 수립하지 않게 된다. 누군가는 위험도가 낮은 부분에 대한 대부분의 보호 정책과 마찬가지로 이러한 백업 전략도 충분히 실용적이라는 견해를 보일지도 모른다. 하지만 이런 전략의 수립을 게을리할 때의 기본적인 문제점은, 문제의 위험도는 낮을지 몰라도 그 영향력은 크다는 점이다. 만일 여러분이 운영하는 서비스의 데이터를 사용할 수 없게 된다면 그에 대한 당신의 대응이 서비스와 제품 나아가 회사를 살리기도 하고 완전히 망가뜨릴 수도 있다.

아무런 생색도 나지 않는 백업에 집중하는 대신, 쉽지는 않겠지만 데이터 복구라는 눈에 띄는 보상이 필요한 작업에 집중하여 백업이 처음부터 고려될 수 있도록 권장하는 것이 훨씬 유용하다. 백업은 데이터 가용성을 보장해야 하는 각 서비스들이 지속적으로 지불해야 하는 일종의 세금이다. 세금을 강조하는 대신, 서비스의 주의를 세금의 환급, 즉 데이터 가용성으로 이끌어야 한다. 팀이 백업을 '연습'하게 하는 것이 아니라 다음의 사항들을 고려하게 만들어야 한다.

- 팀은 다양한 형태의 장애를 고려하여 데이터 가용성에 대한 서비스 수준 목표(SLO)를 정의해야 한다.
- 팀은 SLO를 만족시킬 수 있는 능력을 지속적으로 연습하고 입증해야 한다.

데이터 유실을 유발하는 장애의 종류들

그림 26-1에서 보듯이 세 가지 요소들이 어떤 형태로든 조합되어 나타난다면 24가지 종류의 장애가 발생할 수 있다. 그래서 데이터 무결성 프로그램을 디자인할 때는 이들 각각의 장애에 대해 반드시 고려해야 한다. 데이터 무결성 장애를 유발하는 요소들은 다음과 같다.

근본 원인

복구가 불가능한 데이터 유실은 몇 가지 요소, 즉 사용자의 행위, 운영자의 실수, 애플리케이션의 버그, 인프라스트럭처의 결함, 하드웨어 결함 혹은 해당 지역(site)의 장애로 인해 나타날 수 있다.

범위

어떤 데이터 유실은 많은 부분에 광범위한 영향을 미친다. 반면, 데이터 유실이 한정적이며 직접적으로 일부 사용자들의 데이터를 삭제하거나 변조할 수도 있다.

비율

어떤 데이터 유실은 영향력이 매우 큰(예를 들면 백만 개의 레코드가 1분만에 10개의 레코드로 교체되는 경우) 반면, 어떤 경우는 매우 작을(예를 들면 몇 주에 걸쳐 1분마다 10개씩의 데이터가 삭제되는 경우) 수도 있다.

그림 26-1 데이터 무결성 장애의 요소들

효과적인 복구 계획은 반드시 이 장애 요소들의 가능한 모든 조합에 대해 고려해야 한다. 애플리케이션의 사소한 버그로 인한 데이터 유실에 대해서는 완벽하게 효율적으로 동작하는 전략은 한 지역의 데이터센터가 화재로 전소되었을 때는 아무런 도움이 되지 않는다.

구글에서는 19가지 데이터 복구 방법을 연구한 결과, 사용자에게 영향을 미치는 데이터 유실 중 가장 큰 문제가 발생할 수 있는 시나리오는 소프트웨어의 버그로 인한 데이터의 삭제 혹은 참조 무결성의 손실이라는 점을 알아냈다. 그중에서도 가장 심각한 경우는 버그를 가진 소프트웨어가 운영 환경에 출시된 이후 몇 주에서 몇 달이 지나서 데이터의 삭제가 발견되거나 혹은 아주 소량의 데이터가 변조되는 경우다. 그래서 구글에 필요한 보안책은 이런 종류의 데이터 유실로부터의 복구 혹은 유실의 방지에 적합해야 한다.

이런 시나리오가 현실이 됐을 때 데이터를 복구하려면 수백만 명의 며칠, 몇 주 혹은 몇 달 간의 데이터를 조회하기 위한 대용량 애플리케이션이 필요하다. 이 애플리케이션은 데이터 유실에 영향을 받은 산출물들을 특정 시점으로 복구할 필요가 있을 수도 있다. 이런 데이터 복구 시나리오를 구글 외부에서는 '시점 기반 복구(point-in-time recovery)'라고 하며, 구글 내에서는 '시간 여행(time-travel)'이라고 부른다.

ACID 및 BASE 데이터 저장소를 사용하는 애플리케이션의 강력한 업타임, 지연응답, 확장성, 속도, 그리고 비용 목표를 만족시키면서 시점 기반 복구를 지원하는 백업 및 복구 솔루션은 현재로서는 망상일 뿐이다!

현재 조직에서 보유한 엔지니어를 통해 이 문제를 해결하려면 속도를 희생해야 한다. 많은 프로젝트들이 시점 기반 복구를 채택하지 않은 채 단 하나의 계층으로 구성된 백업 전략을 수립하는 것에 만족하곤 한다. 예를 들어 애플리케이션이 제공하는 API들은 다양한 복구 메커니즘을 지원할 수 있다. 비용이 높은 로컬 '스냅샷'은 애플리케이션 버그로부터 데이터를 완전히 보호하지 못할 수도 있지만, 신속한 복구 기능을 제공하기 때문에 몇 시간 정도의 데이터를 보관하는 로컬 '스냅샷'을 며칠 정도 보관하는 것이 좋을 수도 있다. 비용면에서 좀 더 효율적인 전체 및 증분 복사본은 이틀 간의 데이터를 조금 더 오래 보관할 수 있다. 지금까지 언급한 전략들 중 하나 혹은 그 이상을 지원한다면 시점 기반 복구 역시 지원하는 편이 훨씬 좋다.

더 깊고 폭넓은 데이터 무결성 관리의 어려움

데이터 무결성 프로그램을 디자인할 때는 복제(replication)와 다중화(redundancy)는 회복성(recoverability)이 아니라는 점을 인지하는 것이 중요하다.

확장성 이슈: 전체, 증분 백업의 경쟁 세력과 복구

"백업을 하고 계신가요?"라는 질문에 대한 전통적이지만 어느 정도 결점이 있는 답변은 "우리는 백업-복제보다 조금 더 나은 기법을 도입하고 있습니다!"라는 답변이다. 복제는 데이터의 위치와 지역에 특화된 재해로부터의 보호 등을 비롯한 여러 가지 장점이 있지만 다양한 원인으로 인한 데이터 유실로부터 우리를 보호하지는 못한다. 데이터 저장소가 여러 복제 서버로 자동 동기화를 수행하면 변조된 데이터베이스 행(row)이나 오류로 인해 삭제된 데이터를 우리가 미처 문제를 격리하기 전에 모든 복사본에 적용하기 때문이다.

이 문제를 해결하는 방법 중 하나는 데이터의 복사본을 서비스에서는 사용하지 않되, 데이터베이스를 파일로 자주 내보내는 방법 등을 이용해 다른 형식으로 만들어 보관하는 것이다. 이 방법은 (사용자 에러 및 애플리케이션 계층의 버그 등) 복제로 해결할 수 없는 에러로부터 데이터를 보호할 수 있지만 그 하위 계층에서 발생하는 데이터 유실을 방지하지는 못한다. 또한 (양방향으로의) 데이터 변환 과정과 네이티브 파일의 저장 과정에서 발생할 수 있는 버그로 인한 위험을 내포하고 있으며, 두 형식이 의미적으로 일치하지 않을 수도 있다. 현재의 기술 스택 중 파일시스템이나 장치 드라이버 같은 하위 계층에 제로데이 공격(zero-day attack)[5]이 발생했다고 가정해보자. 데이터베이스의 백업을 파일시스템에 기록하는 데이터베이스 내보내기 같이 소프트웨어 컴포넌트에 의존하는 모든 복사본은 더 이상 유효하지 못하게 된다.

앞서 말한 것과 같이, 우리는 이 차이점을 핵심이라고 보았다. 특정 계층에서의 장애로부터 데이터를 보호하기 위해서는 해당 계층의 다양한 컴포넌트에 데이터를 보관해야 한다. 미디어 격리(media isolation)는 미디어의 결함으로부터 데이터를 보호한다. 디스크 장치 드라이버의 버그나 공격은 테이프(tape) 드라이버의 버그나 공격과는 사뭇 다르다. 만일 할 수 있다면 우리는 백업 복사본을 점토판 문서[6]에 기록할 것이다.

데이터의 신선도와 복구의 완성도의 강력함은 포괄적인 보호 방식과의 경쟁 구도를 생성한다. 스택의 하위에서 데이터의 스냅샷을 생성하려면 복사본의 생성에 더 오랜 시간이 걸리며 따라서 복사본의 생성 빈도가 낮아지게 된다. 데이터베이스에서는 복제에 걸리는 시간 때문에 트랜잭션의 실행에 수초가 걸릴 수 있다. 데이터베이스 스냅샷을 파일시스템으로 내보내려면 40분이 걸리게 되고, 해당 파일시스템으로의 전체 백업은 몇 시간이 걸릴 것이다.

이 경우, 가장 최신의 스냅샷으로부터 데이터를 복구하면 최대 40분간의 최근 데이터를 잃게 된다. 파일시스템 백업으로부터 데이터를 복구하면 최대 수시간 분량의 트랜잭션이 유실될 수도 있다. 게다가 대부분 복구에 걸리는 시간은 백업에 걸리는 시간만큼 소요되므로 실제로 데이터를 로드하는 것은 몇 시간이 걸리게 된다. 따라서 가장 최신의 데이터를 최대한 자주 백

---

5 https://en.wikipedia.org/wiki/Zero-day_(computing)를 참고하기 바란다.

6 점토판 문서는 정보를 기록하는 가장 오래된 방법이다. 오랜 기간 동안 데이터를 보관하는 좀 더 광범위한 논의에 대해서는 [Con96]을 참고하기 바란다.

업하고 싶을 것이다. 하지만 장애의 종류에 따라 최신의 데이터와 가장 빨리 활용할 수 있는 복사본이 문제를 해결하지 못할 수도 있다.

데이터 보존

보존(얼마나 오랫동안 데이터의 복사본을 관리할 것인가)은 데이터 복구 계획에서 반드시 고려해야 할 또 다른 요소다.

전체 데이터베이스에서 갑작스럽게 데이터가 사라진다면 여러분이나 여러분의 고객은 이를 금세 알아챌 것이다. 하지만 점진적인 데이터 유실을 눈치채고 적절한 인력을 투입하기까지는 며칠이 걸릴 수도 있다. 후자의 경우, 유실된 데이터를 복구하려면 그 이전에 백업해둔 스냅샷이 필요하다. 그 시점까지의 데이터를 복구하려면 현재 상태에 복구된 데이터를 병합해야 할 것이다. 하지만 그로 인해 복구 절차는 엄청나게 복잡해진다.

구글이 데이터 무결성의 문제를 해결하는 방법

구글의 기반 시스템이 장애가 발생하기 쉬울 것이라는 예상과 같이, 우리는 현재 보유한 모든 보호 메커니즘 또한 이와 같을 것이며, 가장 까다로운 시점에 동일한 방식으로 장애가 발생할 수 있다고 예상하고 있다. 대용량 환경에서 데이터 무결성을 보장한다는 것은 관련된 소프트웨어 시스템의 높은 변경 비율로 인해 매우 복잡한 과제인 동시에 높은 수준의 보호를 제공할 수 있는 실질적으로 운용이 가능한 여러 가지 보완책들이 필요하다.

데이터 무결성 장애가 발생할 수 있는 24가지 조합

(앞서 설명했듯이) 데이터 유실이 발생할 수 있는 경우의 수는 너무나 많기 때문에 다양한 장애의 조합을 한 번에 해결할 수 있는 방법 따위는 존재하지 않는다. 대신 훨씬 신중하게 대응해야 한다. 신중한 대응은 여러 계층에 걸쳐 이루어지며, 각 계층에서 성공적으로 대응이 이루어진다면 점차적으로 공용 데이터가 유실되는 시나리오로부터 시스템을 보호할 수 있다. 그림 26-2는 데이터의 소프트 삭제(soft deletion)[7]부터 완전히 삭제하는 절차를 거치는 객체의 흐름과 이 과정에서 신중한 대응을 위한 데이터 복구 전략을 보여주고 있다.

---

7 **역주** 데이터를 실제로 삭제하지 않고 향후 삭제할 것이라고 표시해두는 방식. 반면 데이터를 완전히 삭제하는 것은 하드 삭제(hard deletion)라고 한다.

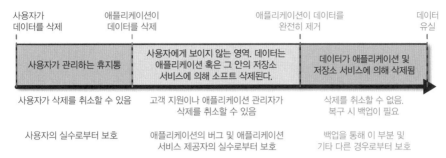

그림 26-2 소프트 삭제부터 실제 데이터 파기까지의 객체의 흐름

첫 번째 계층은 소프트 삭제(혹은 개발자 API에서는 지연 삭제(lazy deletion)라고도 한다) 과정이다. 이 과정은 부주의로 인한 데이터의 삭제에 효과적으로 대응할 수 있는 부분이다. 두 번째 계층은 백업 및 그와 관련된 복구 방법들이다. 마지막 세 번째 계층은 규칙적인 데이터의 검증(validation)으로 좀 더 자세한 내용은 414쪽의 "세 번째 계층: 조기 발견" 절에서 살펴보기로 하자. 이 모든 계층들에서 복제를 수행하는 것은 특정 시나리오에 대한 데이터 복구에 도움이 될 수 있다(물론 데이터 복구 계획 자체가 복제에 의존해서는 안 된다).

첫 번째 계층: 소프트 삭제

속도를 중요시하며 정보보안이 중요한 경우에는 애플리케이션의 버그로 인해 상당한 양의 데이터 유실 및 변조가 발생할 수 있다. 사실 데이터 삭제의 버그가 빈번하게 발생한다면 일정 기간 동안 데이터의 삭제를 취소할 수 있는 기능을 갖추면 부주의로 인한 대다수의 데이터 유실에 대한 주요 방어선을 구축할 수 있다.

사용자의 정보 보안을 최우선으로 삼는 제품이라면 사용자가 삭제하고자 하는 데이터의 일부를 선택하거나 혹은 전체 데이터를 삭제하는 기능을 반드시 제공해야 한다. 반면, 이런 제품들은 실수로 인한 데이터 삭제 때문에 고객 지원의 부담을 안게 마련이다. 사용자가 (휴지통 폴더 등을 이용해서) 삭제를 취소할 수 있는 기능을 제공하면 이러한 부담은 줄어들겠지만 완전히 사라지지는 않는다. 특히 서비스가 데이터를 삭제하는 기능을 제공하는 서드 파티 애드온을 지원하는 경우에는 더욱 그렇다.

하지만 고객 지원 문제는 소프트 삭제를 지원하면 현저히 혹은 완전히 해결할 수 있다. 소프트 삭제는 삭제된 데이터를 즉시 삭제된 것으로 표시하고 다른 모든 사용자에게는 더 이상 사용할 수 없는 데이터로 표시하되, 애플리케이션의 관리자용 코드 경로를 통해 이를 제어할 수 있도록 한다는 것을 의미한다. 관리자용 코드 경로는 법적인 협력을 위한 탐색, 탈취된 사용자 계정의 복구, 기업용 관리 기능, 사용자 고객 지원, 그리고 문제 해결 및 관련된 기능의 구현 등에 사용될 수 있다. 사용자가 휴지통을 비울 때 소프트 삭제를 실행하고 사용자가 실수로 삭제한 데이터를 관리자가 인증을 거쳐 복원할 수 있는 도구를 제공하자. 구글은 대부분의 생산성 애플리케이션에 이러한 전략을 채택하고 있다. 그렇지 않았다면 사용자 고객 지원을 위한 엔지니어링 부담이 엄청났을 것이다.

소프트 삭제 전략을 확장해서 사용자에게 삭제한 데이터를 복원할 수 있는 옵션을 제공할 수도 있다. 예를 들어 지메일의 휴지통은 사용자들이 삭제한 데이터를 최대 30일까지 보관하고 있다.

원치않은 데이터 삭제가 발생할 수 있는 또 다른 가능성은 계정의 탈취다. 누군가의 계정이 탈취된 경우, 탈취자는 해당 계정을 스팸이나 기타 불법적인 목적으로 사용하기에 앞서 보통 원래 사용자의 데이터를 지운다. 사용자의 실수로 인한 데이터 삭제와 탈취자에 의한 데이터 삭제를 모두 고려한다면 애플리케이션에 프로그램을 통한 소프트 삭제 및 복구 인터페이스를 지원해야 하는 이유가 더 분명해진다.

일단 데이터의 소프트 삭제가 이루어지면 어느 정도 시간이 지난 후에 실제로 파기된다. 이 시간은 조직의 정책과 애플리케이션의 규칙, 사용 가능한 저장소 자원 및 비용, 그리고 제품의 가격과 시장에서의 위치 등에 의해 정해진다. 소프트 삭제에 대한 가장 일반적인 지연 시간은 15, 30, 45 혹은 60일 정도다. 구글에서의 경험상, 계정 탈취 및 무결성 이슈는 대부분 60일 이내에 인지가 가능하다. 그래서 소프트 삭제된 데이터를 60일 정도 보관하는 것이 적절하다.

또한 구글은 민감한 데이터의 삭제가 가장 큰 영향을 미치는 경우는 기존 코드에 익숙하지 않은 애플리케이션 개발자가 삭제와 관련된 코드, 특히 일괄 작업 파이프라인(오프라인 맵리듀스나 하둡 파이프라인 등)을 건드리는 경우라는 것을 발견했다. 그래서 경험이 적은 개발자가 새로운 코드로 소프트 삭제 기능을 망가뜨리는 것을 방지하기 위해 가급적 이를 숨기기 위한 인터페이스를 디자인하는 것이 좋다. 가장 좋은 방법은 소프트 삭제 기능 및 삭제 취소 API들을 내장한 클라우드 컴퓨팅 자원을 이용해 앞서 말한 기능[8]을 구현하는 것이다. 제 아무리 튼튼한 갑옷도 입지 않는다면 아무 짝에도 쓸모가 없기 마련이다.

---

8 이 조언에 대해 누군가는 이런 궁금증을 가질 것이다. 소프트웨어 삭제를 구현하기 위해 데이터 저장소의 상위 계층에 API를 제공하고 있는 경우, 사용자의 실수로 삭제된 데이터의 보호를 위해 다른 여러 가지 기능을 제공하고 있는데 왜 굳이 소프트 삭제를 지원해야 하는가? 구글의 경험을 바탕으로 Blobstore의 예를 들어보자. Blog API들은 사용자가 직접 Blob 데이터와 메타데이터를 삭제하는 대신 기본 백업 정책(오프라인 복제 서버), 종단간 체크섬(checksum), 기본 생애 기간(소프트 삭제) 등의 다양한 안전 기능을 제공한다. 이 소프트 삭제 기능은 다양한 방식으로 Blobstore 클라이언트를 데이터 유실로부터 보호함으로써 최악의 상황을 모면해 왔다. 물론 데이터의 삭제를 보호할 수 있는 여러 가지 방법이 있지만, 데이터 삭제의 마감기한을 필요로 하는 기업의 경우 소프트 삭제는 Blobstore의 클라이언트의 버그 및 실수로 인한 데이터 삭제로부터 데이터를 보호할 수 있는 가장 적절한 수단이다.

지메일이나 구글 드라이브 같은 고객용 제품의 소프트 삭제 전략은 데이터 삭제 기능을 거들어주는 역할을 하지만 클라우드 컴퓨팅 기능을 지원한다면 어떨까? 여러분이 사용 중인 클라우드 컴퓨팅 서비스가 이미 프로그래밍적으로 소프트 삭제 및 삭제 취소 기능을 적절하게 지원한다면, 실수로 데이터가 삭제되는 경우는 내부 개발자 혹은 개발자의 고객들이 실수하는 경우뿐이다.

그런 경우에는 '지연 삭제'로 알려진 소프트 삭제의 추가 계층을 구현하는 것이다. 지연 삭제는 (클라이언트 애플리케이션이나 서비스가 제어하고 실행하는 소프트 삭제와는 달리) 저장소 시스템의 제어하에 실제 제품의 이면에서 수행되는 데이터 제거 작업이다. 지연 삭제를 적용하면 클라우드 애플리케이션이 삭제한 데이터는 그 즉시 애플리케이션이 접근할 수 없는 상태가 되지만, 클라우드 서비스 제공자에 의해 최대 수주일까지 보관된다. 지연 삭제가 모든 단계의 방어 전략에 적합한 것은 아니다. 지연 삭제 기간이 너무 길면 수명이 짧은 데이터를 관리하는 시스템에 있어서는 비용의 부담이 증가하며, 적절한 기간 내에 삭제된 데이터의 파기를 보장해야 하는(예를 들면 개인정보의 파기를 보장해야 하는) 시스템의 경우에는 실용적인 선택이라 할 수 없다.

요약하면, 데이터 보호의 첫 번째 계층에서는 다음과 같은 사항을 고려해야 한다.

- 휴지통 폴더를 이용해 데이터의 삭제를 취소할 수 있게 함으로써 사용자의 실수로부터 데이터를 보호한다.
- 소프트 삭제는 개발자의 실수에 대한 일차적 방어선인 동시에 사용자의 실수에 대한 이차적 방어선 역할을 수행한다.
- 개발자의 입장에서 지연 삭제는 내부 개발자의 실수에 대한 일차적 방어선이자 외부 개발자의 실수에 대한 이차적 방어선이 될 수 있다.

수정 기록(revision history)은 어떨까? 일부 제품들은 특정 항목을 이전 상태로 되돌리는 기능을 제공한다. 이런 기능을 사용자가 활용할 수 있다면 이 역시 일종의 휴지통 기능이다. 이 기능을 개발자에게 제공한다면 이는 구현 방식에 따라 소프트 삭제를 대체할 수도 있고 그렇지 않을 수도 있다.

구글에서는 수정 기록이 데이터가 변조되었을 때 이전의 상태로 복구하는 것은 유용하지만, 실수에 의한 것이든 프로그램에 의한 것이든 대부분의 데이터 유실에 대해서는 그다지 유용하게 동작하지 않는다는 결론에 도달했다. 그 이유는 일부 수정 기록 구현체가 삭제가 발생했을 때 그간의 기록을 일정 기간 유지하는 것이 아니라 기존의 상태를 삭제하도록 처리하고 있기 때문이다. 원치 않는 데이터의 삭제로부터의 적절한 보호를 제공하려면 지연 및 소프트 삭제 원칙을 수정 기록에도 적용해야 한다.

두 번째 계층: 백업 및 그와 관련된 복구 방법들

백업 및 데이터 복구는 소프트 삭제가 일어난 이후의 이차적 방어선이다. 이 계층에서 가장 중요한 원칙은 백업보다 복구에 주안점을 두어야 한다는 점이다. 성공적인 복구를 지원하기 위한 요소들이 백업에 대한 의사 결정을 주도해야 하며 주객이 전도되어서는 안 된다.

다시 말하면, 백업을 통해 데이터를 복구하기 위해서는 다음의 사항들을 고려해야 한다.

- 사용할 백업 및 복구 방법
- 데이터의 전체 및 증분 백업을 통한 복구 지점의 생성 빈도
- 백업의 저장 위치
- 백업의 보관 기간

데이터를 복구하는 동안 최신 데이터의 유실을 어느 정도까지 용인할 수 있는가? 최신 데이터의 유실을 최소화하고 싶다면 증분 백업 전략을 고려해야 한다. 구글에서 가장 극단적이었던 상황 중 하나는 구 버전의 지메일에서 거의 실시간에 가깝게 스트리밍하는 백업 전략을 채택했던 것이었다.

사실 비용을 무제한으로 쓸 수 있다 하더라도 전체 백업을 빈번하게 수행하는 것은 다른 방법에 비해 여전히 비싼 방법이다. 특히 서비스가 운영 중인 동안 사용 중인 데이터 저장소의 연산 부담을 증가시키기 때문에 서비스의 확장성과 성능이 한계치에 가깝게 올라가게 된다. 이 부담을 없애려면 전체 백업은 서비스의 이용률이 가장 낮은 시간에 수행하고 서비스가 바쁘게 운영 중일 때는 증분 백업을 수행하는 것이 바람직하다.

복구는 얼마나 신속하게 이루어져야 하는가? 고객의 데이터를 신속하게 복구해야 한다면 더 많은 로컬 백업을 수행해야 한다. 구글은 종종 높은 비용에도 불구하고 신속한 복구를 위한 스냅샷[9]을 저장소 인스턴스 내에 짧은 시간 동안 보관하고, 비교적 덜 최신 백업은 동일한 (혹

---

9 여기서 말하는 '스냅샷'이란 저장소 인스턴스의 정적인 읽기 전용 뷰를 의미한다. 이는 SQL 데이터베이스의 스냅샷과 유사하다. 스냅샷은 종종 저장소의 효율성을 위해 쓰기 작업과 동시에 복사하는 방법으로 구현된다. 다만 두 가지 이유로 그 비용이 다소 높아질 수 있다. 첫 번째는 운영 데이터 저장소의 저장 용량을 공유한다는 점이며, 두 번째는 데이터의 변경이 빠르게 발생하면 쓰기 작업과 동시에 복사하는 방식의 효율성이 떨어지기 때문이다.

은 가까운) 데이터센터의 임의 접근 분산 저장소에 조금 더 오랜 기간 동안 보관한다. 이 전략은 독자적으로는 한 지역의 장애로부터 데이터를 보호하지 못하기 때문에 이런 백업들은 새로운 백업으로 교체되기 전에 오프라인 혹은 니어라인(nearline)[10] 위치로 옮겨 더 오래 보관해야 한다.

백업으로 어느 정도까지의 과거 데이터를 보관해야 할까? 장기간의 데이터를 백업할수록 복구할 수 있는 데이터의 양은 증가(물론 이로 인해 수익은 감소한다)하지만, 그에 따라 비용 역시 증가하기 마련이다.

구글에서의 경험상, 백업을 가장 오랜 기간 동안 보관해두어야 하는 경우는 애플리케이션 코드에 비교적 덜 심각한 데이터 변경 혹은 삭제의 버그, 특히 처음 데이터가 삭제된 후로 몇 달이 지나서야 그 존재가 밝혀지는 버그가 있는 경우다. 이런 경우에는 최대한 긴 기간의 데이터를 백업해두는 것이 좋을 것이다.

반면, 속도가 빠른 개발 환경에서는 코드와 스키마의 변경으로 인해 오래된 백업들의 유지 비용이 증가하거나 아예 사용이 불가능하게 될 수도 있다. 게다가 각기 다른 데이터의 집합을 다른 복구 지점에 복구하려면 여러 개의 백업을 함께 사용해야 하므로 더욱 어려워진다. 다만 덜 심각한 데이터 변조나 삭제에 대한 복구 역시 어려운 것은 마찬가지다.

414쪽의 "세 번째 계층: 조기 발견" 절에서 설명하는 전략들은 이처럼 복잡한 데이터 복구를 수행할 필요가 없도록 애플리케이션 코드 내의 데이터 변조 혹은 삭제 버그를 빠르게 발견할 수 있는 전략들이다. 하지만 어떤 종류의 이슈를 발견해내야 하는지를 모른다면 어떻게 적절한 보호 장치를 마련할 수 있을까? 구글은 30일과 90일간의 백업 정책을 적용하는 여러 서비스 사이에 선을 그었다. 서비스가 어느 부분에 속하게 될 것인지는 서비스가 어느 정도의 데이터 유실을 허용하는지, 그리고 그에 따라 조기 발견에 어느 정도를 투자할 수 있는지에 따라 결정된다.

24가지 데이터 무결성 실패로부터의 보호를 위한 조언들을 정리해보면 다음과 같다. 합리적인 비용으로 여러 가지 실패 시나리오를 처리하기 위해서는 단계적 백업 전략이 필요하다. 첫 번째 단계는 운영 중인 데이터 저장소에서 가까운 곳에 자주 백업을 저장해서 신속한 복구를 지원하는 것이다. 대부분 이는 데이터 저장소와 동일한, 혹은 유사한 저장소 기법을 사용하게 된다. 이를 통해 소프트웨어의 버그 및 개발자의 실수를 포함하는 대부분의 상황을 처리할

수 있다. 다만 상대적으로 비용이 높기 때문에 이 단계의 백업은 수시간에서 10일 미만의 데이터를 백업하며, 몇 분이면 복구가 가능하다.

두 번째 단계에서는 특정 지역의 임의 접근 분산 파일 시스템에 10일 혹은 15일 미만의 기간에 대한, 더 적은 수의 백업을 보관한다. 이 백업들은 복구에 수시간이 소요되며 서비스 스택의 특정 저장소 기술에 영향을 주는 재난으로부터의 추가적인 보호 장치를 제공하지만 백업을 보유하기 위해 사용하는 저장소는 보호하지 않는다. 또한 이 계층은 백업 전략의 첫 번째 단계에 의지해서 애플리케이션의 버그가 너무 늦게 발견되는 상황에 대한 보호 장치를 제공한다. 만일 일주일에 두 번 새로운 버전의 코드를 배포한다면 백업을 최소 일주일 혹은 이주일 정도 보관하는 것이 타당하다.

이후의 단계들은 전용 테이프 라이브러리와 백업 미디어의 외부 저장소(테이프 혹은 디스크 드라이브) 같은 니어라인 저장소의 장점을 활용한다. 이 단계의 백업들은 데이터센터 전력 장애나 버그로 인한 분산 파일시스템의 문제와 같은 지역의 이슈들에 대한 보호 장치를 제공한다.

대용량의 데이터를 한 단계에서 다른 단계로 이동하는 비용은 엄청나다. 반면, 마지막 단계의 저장 용량은 서비스의 운영 저장소 인스턴스의 크기 증가와는 별개다. 그래서 이 단계의 백업은 빈도는 낮지만 더 오래 유지된다.

가장 중요한 단계: 복제

이상적인 경우라면 백업을 저장하고 있는 저장소를 포함한 모든 저장소 인스턴스는 복제가 되어야 한다. 데이터를 복구하는 동안 가장 마지막으로 확인할 사항은 백업들에서 데이터 유실이 있는지, 혹은 가장 유용한 백업을 보관 중인 데이터센터가 점검 중인지 여부다.

데이터의 크기는 계속 증가하므로 모든 저장소 인스턴스의 복제는 항상 실현 가능한 것은 아니다. 이런 경우 연속적인 백업들을 각기 다른 지역에 보관해야 하는데, 개별 백업들이 쓰기 작업 도중 실패할 수도 있고, 백업을 기록하기 위해서 RAID나 리드-솔로몬 소거(Reed-Solomon erasure) 코드, 혹은 GFS 형식의 복제[11] 같은 이중화 방법을 사용해야 할 수도 있다.

이중화 시스템을 선택할 때는 '테스트' 용도로만 복구를 수행하는 사용 빈도가 낮은 스키마에

---

11 GFS 형식의 복제에 대한 더 자세한 내용은 [Ghc03]을 참고하기 바란다. 리드-솔로몬 소거 코드에 대한 자세한 내용은 https://en.wikipedia.org/wiki/Reed-Solomon_error_correction을 참고하기 바란다.

의존해서는 안 된다. 그 대신 많은 사용자들이 지속적으로 함께 사용하는 빈도가 높은 스키마를 선택해야 한다.

1T vs. 비교: '단순히' 더 큰 백업만을 의미하지 않는다

T(Terabytes, 테라바이트) 규모가 데이터에 적용되는 절차와 관습은 E(Exabytes, 엑사바이트) 규모의 데이터로 확장될 수 없다. 몇 기가바이트의 구조화된 데이터에 대한 검증, 복사 및 라운드 트립 테스트의 수행은 흥미로운 문제다. 하지만 스키마와 트랜잭션 모델에 대한 충분한 지식을 갖추고 있다고 가정하면 이 연습은 특별한 어려움 없이 수행할 수 있다. 대체로 전체 데이터를 조회하고 검증 로직을 실행하고 데이터의 복사본을 저장할 수 있는 충분한 저장소를 위한 머신 자원을 확보할 수 있다.

이제 상황을 바꿔 몇 기가바이트가 아니라 700페타바이트의 구조화된 데이터에 대한 검증 및 보호에 대해 생각해보자. SATA 2.0이 이상적으로 초당 300MB 정도의 성능을 발휘한다고 가정하면 전체 데이터를 조회하고 기본적인 검증 절차를 수행하는 데만 80년이 걸린다. 충분한 미디어를 확보하고 있다고 가정해도 몇 개의 전체 백업을 만드는 데도 최소 그 정도의 시간이 걸린다. 몇 가지 사후 처리를 생각한다면 복구 시간은 그보다 더 오래 걸릴 것이다. 복구를 시작하면 80년 된 백업을 복구하는 데 거의 한 세기가 걸린다는 뜻이다. 당연히 이 전략은 다시 생각해봐야 할 것이다.

대용량 데이터를 백업하는 데 가장 자주 사용되며 효과적인 기법은 데이터에 대한 '신뢰 지점(trust points)'을 수립하는 것이다. 신뢰 지점이란 저장된 데이터 중 시간의 추이에 따라 더 이상의 변경이 발생하지 않은 후로 검증이 완료된 부분을 일컫는다. 일단 사용자의 프로파일이나 트랜잭션이 고정되었고 더 이상의 변경이 발생하지 않는다는 것을 알게 되면 그 내부 상태를 검증하고 이를 복구하기 위한 적절한 복사본을 생성할 수 있다. 그런 후, 마지막 백업 이후로 수정 혹은 추가된 데이터만을 포함하는 증분 백업을 만들면 된다. 이 기법을 이용하면 '주요' 처리 시간 내에 백업을 수행할 수 있게 된다. 즉, 좀 더 잦은 증분 백업을 통해 80년이나 걸리는 단일 검증 및 복사 작업으로부터 해방될 수 있는 것이다.

하지만, 백업이 아니라 복구가 중요하다는 점을 기억하자. 3년 전에 전체 백업을 생성한 이후로 매일 증분 백업을 생성하고 있다고 가정해보자. 데이터 전체를 복구하려면 1,000개 이상의 상호 의존적 백업들을 연속적으로 처리해야 한다. 각 개별 백업은 스케줄링과 작업의 실행 비용이 아닌 외적인 실패의 위험을 초래한다.

복사 및 검증 작업의 시간을 줄일 수 있는 또 다른 방법은 부하를 분산하는 것이다. 데이터 샤딩을 올바르게 수행했다면 N개의 작업을 병렬로 실행하는 것이 가능하다. 이때 각 작업은 1/N번째 데이터에 대한 복사 및 검증만 수행하면 된다. 그러려면 다음 사항들을 만족시킬 수 있는 스키마 디자인과 물리적 배포를 사전에 예측하고 계획해야 한다.

- 데이터의 올바른 균형
- 각 샤드의 독립성 보장
- 동시에 실행 중인 작업들 간의 경쟁 방지

부하의 수평적 분산과 시간에 의해 수직적으로 분할된 데이터를 처리하도록 작업을 제한함으로써 우리는 80년이라는 시간을 여러 개로 나누어 줄이고 그와 관련된 복구 정책을 수립할 수 있다.

세 번째 계층: 조기 발견

'잘못된' 데이터는 멍하니 가만히 있는 것이 아니라 전파된다. 손실되거나 변조된 데이터에 대한 참조가 복사되면 링크가 퍼져나가 수정이 발생할 때마다 데이터 저장소의 전체적인 품질이 떨어지게 된다. 이런 데이터에 의존하는 이후의 트랜잭션들과 잠재적인 데이터 형식의 변경은 시간이 흐를수록 백업으로부터의 복구를 더욱 어렵게 만든다. 데이터 유실을 더 빨리 알아챌수록 더 쉽고 완벽하게 복구할 수 있다.

클라우드 개발자가 당면한 과제들

속도가 빠른 환경에서는 클라우드 애플리케이션과 인프라스트럭처 서비스는 런타임 동안 다양한 데이터 무결성 문제에 당면하게 된다. 이 문제들은 예를 들면 다음과 같다.

- 데이터 저장소 간의 참조 무결성
- 스키마의 변경
- 오래된 코드
- 제로 다운타임 데이터 마이그레이션
- 다른 서비스들과의 통합 지점의 향상

데이터들의 새로운 관계를 추적하기 위한 자의적인 엔지니어링 노력이 있지 않는다면 지속적으로 성상하는 성공석인 서비스의 데이터 품질은 시간이 시나면서 떨어지게 된다.

경험이 부족한 클라우드 개발자는 애플리케이션의 데이터 무결성을 (Megastore 같은) 분산 저장소가 (제23장에서 언급했던 Paxos 같은) 분산 합의 알고리즘을 이용해 구현한 API들에 의존해 해결하려고 한다. 개발자가 이런 API에 의존하는 이유는 선택한 API들만으로도 애플리케이션의 데이터를 올바른 형태로 유지할 수 있기 때문이다. 하지만 그 결과, 모든 애플리케이션의 데이터를 하나의 저장소 솔루션에 통합하게 된다. 문제는 그렇게 함으로써 분산 무결성을 보장하고 참조 무결성 문제를 피하기 위해 성능과 확장성을 희생하게 된다는 점이다.

이런 알고리즘들이 이론적으로는 절대 틀리지 않는다고 해도 그 실제 구현은 여러 가지 조작과 최적화, 버그, 그리고 학습에 의한 추론으로 가득 차 있다. 예를 들어, 이론적으로 Paxos는 장애가 발생한 컴퓨트 노드는 무시하고 올바르게 기능하는 노드가 과반수 이상 남아있는 한 계속해서 작업을 수행한다. 하지만 실제로 장애가 발생한 노드를 무시한다는 것은 타임아웃, 재시도 혹은 해당 Paxos 구현체[Cha07]의 기타 다른 장애 처리 기법에 따라 다르다. Paxos는 타임아웃이 발생하기 전까지 응답이 없는 노드에 대해 얼마나 오래 접촉을 시도해야 할까? 특정 머신에서 (일시적인) 장애가 일정 시간 동안 특정 데이터센터에서 발생하면 예측할 수 없는 동작을 하게 된다. 애플리케이션의 규모가 크면 클수록 이러한 불일치로 인한 영향은 더 빈번하게 발생하며, 이를 눈치채기가 더 어려워진다. 만일 Paxos 구현체에서 이 논리가 사실로 드러난다면(구글에서는 이 논리가 실제로 발생했었다), 빅테이블(마찬가지로 이런 현상이 있었다) 같은 결과적 일관성의 구현체에서도 당연히 사실로 드러날 것이다. 애플리케이션이 이런 영향을 받는다면 실제로 검사를 하기 전까지는 데이터가 100% 무결한 것인지를 알 수 있는 방법이 없다. 저장소 시스템을 신뢰하되, 반드시 검증해야 한다.

이 문제를 더 복잡하게 하는 것은, 코드와 스키마가 계속 바뀌어서 오래된 백업의 효율성이 떨어지는 속도가 빠른 환경에서는 심각도가 낮은 데이터의 변조나 삭제를 복구하기 위해 각기 다른 백업을 이용해 각기 다른 복구 지점에 각기 다른 데이터 집합을 복구해야 한다는 점이다.

대역 외 데이터 검증

품질이 떨어진 데이터가 사용자의 눈에 보이게 되는 상황을 모면하고 심각도가 낮은 데이터의 변조나 유실을 복구가 불가능해지기 전에 미리 발견하려면 애플리케이션 저장소 내부는 물론 애플리케이션과 저장소 사이에 대역 외(out-of-band) 검사 및 균형이 필요하다.

이런 데이터 검증 파이프라인은 대체로 맵리듀스 혹은 하둡 작업의 집합으로 구현한다. 사실 이런 파이프라인은 서비스가 이미 유명세를 타서 성공하게 된 이후에나 추가되는 경우가 많다. 때로는 애플리케이션이 확장성의 한계에 도달해서 처음부터 다시 개발하는 시점에 이런 파이프라인을 도입하기도 한다. 구글 역시 이런 경험들을 토대로 검증기를 구현했다.

일부 개발자들을 데이터 검증 파이프라인에 투입하면 단기적으로는 엔지니어링 속도의 저하를 가져오게 된다. 하지만 엔지니어링 자원을 데이터 검증에 투입하면 장기적으로는 다른 개발자들이 더 빠르게 움직일 수 있는 기반이 된다. 왜냐하면 데이터 변조 버그를 알고 있는 엔지니어들은 운영 환경에 더 신경을 많이 쓰기 때문이다. 프로젝트 주기의 초기에 단위 테스트를 수행했을 때의 효과와 마찬가지로 데이터 검증 파이프라인의 투입 결과 역시 소프트웨어 개발 프로젝트의 전반적인 속도를 개선한다.

예를 들어 보자. 지메일은 몇 개의 데이터 검증기를 도입했으며, 이들은 각각 운영 환경에서 실제 데이터 무결성 문제를 발견해냈다. 그러자 지메일 개발자들은 운영 환경의 데이터 불일치 문제는 24시간 내에 발견할 수 있다는 사실 때문에 점점 안심하게 되었고 데이터 검증기를 매일 실행하지 않으면 불안해했다. 이 검증기들을 비롯한 단위 테스트와 회귀 테스트 및 기타 여러 가지 모범 사례들 덕분에 지메일 개발자들은 두려움 없이 운영 환경의 저장소 구현체의 코드를 일주일에 한 번 이상 변경할 수 있었다.

대역 외 데이터 검증은 올바로 구현하기에는 조금 난해한 면이 있다. 너무 엄격하게 구현하면 간단하고 별 문제 없는 변경 사항으로 인해 검증이 실패할 수도 있다. 그 결과 엔지니어들은 데이터 검증 전체를 거부하게 된다. 만일 데이터 검증을 충분히 엄격하게 구현하지 않는다면 사용자 경험에 영향을 주는 데이터 변조를 발견하지 못하게 된다. 올바른 균형을 찾기 위해서는 대부분 변경이 일어나지는 않지만 한 번 변경이 일어나면 사용자의 데이터에 문제를 일으킬 수 있는 부분만을 검증하면 된다.

예를 들어 구글 드라이브는 정기적으로 드라이브 폴더들의 목록과 파일 콘텐츠들에 대한 검증을 실행한다. 만일 이 두 요소들이 서로 일치하지 않으면 일부 파일은 데이터를 잃게 되는 불운을 겪게 된다. 그래서 드라이브 인프라스트럭처 개발자는 데이터 무결성에 대한 연구를 통해 이러한 불일치를 자동으로 해결할 수 있도록 검증기를 개선했다. 이 보호장치는 2013년에 있었던 "다들 움직이지마! 파일들이 사라졌어!"라고 소리치던 긴급 상황을 "일단 퇴근하고 원인은 월요일에 찾아봅시다"라고 말할 수 있는 일반적인 업무 상황으로 바꿔주었다. 긴급한 상황을 일반적인 업무 상황으로 바꾸어줌으로써 엔지니어들의 사기, 삶의 질, 그리고 예측가능성이 향상되었다.

대역 외 검증은 대용량 환경에서는 높은 비용을 수반할 수 있다. 지메일의 컴퓨트 자원 중 중요한 부분은 일일 검증기의 집합을 지원한다. 비용 문제 외에도, 이 검증기들은 또한 서버 측의 캐시 적중률과 사용자에 대한 응답성을 저하시킨다. 서버의 응답성 저하 문제를 해결하기 위해 지메일은 검증기의 동작 비율을 조정할 수 있는 방법을 제공함과 동시에 검증기의 정기적인 리 팩토링을 통해 디스크 경쟁 문제를 해소한다. 한 번은 리팩토링 과정에서 검증기가 검증해야 할 데이터의 범위를 크게 손상하지 않으면서도 디스크 스핀들에 대한 경쟁 현상을 60% 정도 감 소시켰다. 대부분의 지메일 검증기들은 매일 동작하는데, 이 중 가장 큰 검증기의 작업부하는 10~14개의 샤드에 분산되며, 확장성의 문제로 인해 하루에 한 개의 샤드를 검증한다.

구글 컴퓨트 저장소는 대용량 환경에서 데이터 검증이 어렵다는 것을 보여주는 또 다른 예다. 어느 날 데이터 검증기가 검증 작업을 하루 안에 완료할 수 없는 상황이 되었고, 컴퓨트 저장 소 엔지니어는 무작위 대입 공격(brute force)[12] 기법 대신 메타데이터를 더 효과적으로 검증할 수 있는 방법을 고안했다. 애플리케이션의 데이터 복구와 마찬가지로 대역 외 데이터 검증에 대해서도 단계적 전략이 효력을 발휘한다. 서비스 규모의 증가에 따라 엄격한 규칙을 적용하 는 일일 검증기의 사용률을 낮추는 것이다. 즉, 일일 검증기를 통해 가장 최악의 상황을 24시 간 내에 발견할 수 있도록 지속적으로 관리하되, 그보다 더 엄격하게 동작하는 검증기의 사용 빈도를 낮춤으로써 비용과 지연응답 이슈를 해결할 수 있다.

실패한 검증기에 대한 조치는 상당히 어렵다. 검증기의 간헐적 실패를 야기하는 원인들은 몇 분, 몇 시간 혹은 며칠이 지나면 사라질 수도 있다. 그래서 검증 감사 로그를 신속하게 살펴볼 수 있는 기능을 기본적으로 갖춰야 한다. 성숙한 구글 서비스들은 비상 대기 엔지니어에게 포 괄적인 문서와 조치 도구를 제공한다. 예를 들어 지메일의 비상 대기 엔지니어에게는 다음과 같은 지원들이 제공된다.

- 검증 실패 알림에 대한 대응 방법을 소개하는 문서
- 빅쿼리(BigQuery)와 유사한 조사 도구
- 데이터 검증 대시보드

또한 대역 외 검증을 효과적으로 수행하기 위해서는 다음과 같은 지원들이 필요하다.

- 검증 작업 관리 도구
- 모니터링, 알림 및 대시보드
- 검증 동작 제어 기능

---

12 역주 컴퓨터의 연산능력을 활용해 주어진 문제를 억지로 해결하는 기법. 예를 들어 비밀 번호를 해킹하기 위해 임의로 생성한 수백만 개의 비밀번호를 모조리 입력해보는 방식이 이에 해당한다

- 장애 조치 도구들
- 운영 환경 매뉴얼
- 검증기의 손쉬운 추가 및 리팩토링을 지원하는 데이터 검증 API

속도를 중시하지만 규모가 작은 엔지니어링팀의 대부분은 이런 시스템들을 디자인하고 구축하고 운영할 여력이 없다. 팀이 이런 업무에 부담을 느낀다면 그 결과는 결국 불안정하고 제한적이며 쓸모없는 시스템이 만들어지고 결국 금세 부서지고 말 것이다. 그래서 중앙 인프라스트럭처팀이 여러 제품 엔지니어링 팀에 데이터 검증 프레임워크를 제공할 수 있도록 엔지니어링팀을 구성해야 한다. 중앙 인프라스트럭처팀은 대역 외 데이터 검증 프레임워크를 관리하고 제품 엔지니어링팀은 자신들의 제품 개선 속도를 유지할 수 있도록 검증기에 추가할 비즈니스 로직을 관리하면 된다.

데이터 복구의 동작 여부 확인하기

전구가 고장 났다는 것을 언제 알 수 있을까? 전원 스위치를 올렸을 때 전구에 불이 들어오지 않을 때일까? 항상 그 시점에서 알 수 있는 것은 아니다. 어쩌면 전구가 이미 고장이 나 있었는데 미처 모르고 있다가 전원 스위치를 올리고 전구가 반응이 없는 것을 본 후에 알아챈 것일 수도 있다. 그 때는 이미 어두운 방에서 뭔가에 걸려 발을 다친 후일 것이다.

마찬가지로 복구 의존성들(대부분 백업을 의미하지만 반드시 백업을 의미하는 것은 아니다)에 문제가 생긴 것을 실제 데이터 복구를 수행하기 전까지 인지하지 못할 수도 있다.

복구 프로세스에 문제가 생긴 것을 실제로 적용하기 전에 발견했다면 그로 인해 피해를 보기 전에 다른 백업을 준비하거나, 추가 자원을 준비하고 SLO를 변경하는 등의 대처를 할 수 있다. 그러나 이런 대처를 미리 해두려면 어떤 것들이 필요한지를 먼저 알아야 한다. 이런 취약점을 발견하려면 다음과 같은 조치가 필요하다.

- 일반 운영 업무와 함께 복구 프로세스를 지속적으로 테스트한다.
- 복구 프로세스의 성공 여부를 지속적으로 파악하기 위해 복구 프로세스가 실패했을 때 전송될 알림을 설정한다.

복구 프로세스에서 어떤 문제가 발생할 수 있을까? 어떤 것이든 잘못될 수 있고 모든 것이 잘못될 수도 있다. 편안한 숙면을 보장할 수 있는 유일한 테스트가 전체 종단 간 테스트(end-to-end test)인 것은 바로 이 때문이다. 증명을 해보자. 비록 최근까지 복구를 성공적으로 수행했다 하더라도 복구 프로세스의 일부에서는 여전히 문제가 있을 수 있다. 만일 이 장의 내용 중에서 중요한 교훈 단 한 가지를 꼽아보면, 이 시점에서 여러분이 알 수 있는 것은 단지 최근의 상태를 복구할 수 있다는 것뿐이라는 점을 기억하자.

복구 테스트를 여러 단계를 거쳐 수동으로 진행하는 경우에는 테스트 자체가 그다지 환영받지 못하는 힘든 업무가 되며, 그로 인해 여러분이 자신감을 가질 수 있을 정도로 충분히 혹은 자주 실행하지 않게 된다. 따라서 가능할 때마다 이런 테스트를 자동화해야 지속적으로 실행할 수 있다.

복구 계획의 관점에서 보면 확인해야 할 것이 수두룩하다.

- 백업이 유효하고 완전한 상태인가 아니면 비어있는 상태인가?
- 복구를 위한 설정, 복원 및 사후 처리를 실행하기에 충분한 머신 자원을 확보하고 있는가?
- 복구 프로세스가 적절한 시간 내에 완료되는가?
- 복구 프로세스가 진행되는 동안 상태를 모니터링할 수 있는가?
- 무정지 운영을 지원하지 않는 타지역의 미디어 저장소에 대한 접근 같이 직접 통제할 수 없는 외부 자원에 대한 의존도로부터 자유로운가?

우리가 보유한 테스트는 앞서 설명한 장애들뿐만 아니라 성공적으로 수행된 데이터 복구 컴포넌트들의 다양한 장애 역시 발견했다. 만일 이런 장애들을 정규 테스트에서 발견하지 못했다면(즉, 실제 긴급 상황이 발생해서 복구가 필요한 시점에 장애를 발견했다면) 오늘날 구글의 가장 성공적인 제품들 중 일부가 테스트 동안 제대로 운영되지 못했을 것이다.

장애는 예측이 불가능하다. 데이터 유실로 인한 스트레스가 극심한 상황에서 장애를 발견할 때까지 기다린다는 것은 불장난을 하는 것이나 마찬가지다. 만일 테스트로 인해 심각한 장애가 발생하기 전에 이를 발견했다면 사전에 이에 대한 대처가 가능하다.

사례 연구

인생은 예술(또는 이 경우, 과학)을 모방하며, 이미 예상했듯이 우리의 실생활은 실생활의 압박감하에 데이터 복구 시스템과 프로세스를 테스트할 수 있는 불행하면서도 필연적인 기회들을 제공해왔다. 지금부터 이런 기회들 중 가장 주목할 만하고 흥미로운 두 가지 사례를 살펴보기로 하자.

지메일—2011년 2월, GTape로부터의 복원

우리가 설명할 첫 번째 복구 사례는 몇 가지 관점에서 상당히 독특한 것이었다. 몇 가지 장애가 동시에 발생해서 데이터 유실이 발생했으며 우리가 보유했던 방어선인 GTape 오프라인 백업 시스템을 가장 넓게 활용한 사례다.

2011년 2월 27일 일요일, 늦은 저녁

지메일 백업 시스템이 호출기를 통해 컨퍼런스 콜에 합류할 수 있는 전화번호를 보내왔다. 우리가 오랫동안 불안해하던 일이(사실 그것이 백업 시스템이 존재하는 이유지만) 결국 발생했다. 지메일에서 상당한 양의 사용자 데이터 유실이 발생한 것이다. 시스템의 다양한 방어 장치 및 내부 검사, 이중화 등의 조치에도 불구하고 지메일에서 데이터가 사라졌다.

이 조치는 지메일을 위한 전역 백업 시스템인 GTape를 대용량 환경에서 사용한 첫 번째 사례였다. 다행히 그 전에 비슷한 상황이 몇 번 있었기 때문에 아주 처음 복원을 시도한 상황은 아니었다. 그래서 우리는 다음과 같은 조치들을 취할 수 있었다.

- 영향을 받은 사용자 계정의 대부분을 복원하는 데 걸리는 시간을 예상했다.
- 처음 예상했던 몇 시간 내에 모든 계정을 복원했다.
- 예상했던 완료 시간보다 일찍 99% 이상의 데이터를 복구했다.

그 시간을 예상할 수 있었던 것이 그저 운이었을까? 그렇지 않다. 우리가 성공할 수 있었던 것은 계획, 모범 사례의 준수, 작업에 대한 열중, 그리고 협업이 있었기에 가능했으며, 우리는 지금까지 투자해왔던 요소들이 결실을 맺었다는 사실에 기뻐했다. 구글은 다중 방어 조치 및 비상 사태 대비책에 따라 설계된 계획을 실행함으로써 유실된 데이터를 적절한 시점에 복원할 수 있었다.

구글이 지금까지 밝히지 않았던 백업 시스템[Slo11]으로부터 데이터를 복구했다는 사실을 대중에 공개했을 때, 대중의 반응은 놀라움과 흥미로움으로 교차되었다. 테이프라고? 구글쯤 되면 이 정도로 중요한 데이터를 복제할 수 있는 빠른 네트워크와 엄청난 수의 디스크를 보유하고 있는 게 아니었어? 물론 구글에는 그런 자원들이 충분히 존재한다. 하지만, 다중 방어의 원칙은 한 방어 메커니즘에 문제가 생겼을 때 이를 보호할 수 있는 다양한 계층을 제공하는 것이다. 지메일 같은 온라인 시스템의 백업은 다음의 두 계층에 대한 방어 장치를 제공한다.

- 내부 지메일 이중화 및 백업 서브시스템의 장애

- 기반 저장소 미디어(디스크)에 영향을 주는 디바이스 드라이버나 파일시스템의 전반적인 장애 혹은 제로데이 공격

이 특정 장애는 첫 번째 시나리오에서 비롯된 것이었다. 지메일은 유실된 데이터를 복구할 수 있는 내부 수단이 있었지만, 이번 유실은 내부 수단을 통해 복구할 수 있는 것 이상의 것이었다.

지메일의 데이터 복구에 대해 내부적으로 가장 축하할 만했던 것 중 하나는 협업의 정도와 부드러운 복구의 조율이었다. 많은 팀들이 도움을 주었으며 그중 몇몇 팀은 지메일이나 데이터 복구와는 전혀 관련이 없음에도 흔쾌히 도움을 주었다. 이처럼 많은 팀들의 적극적인 노력을 조율하기 위한 중앙 계획이 없었다면 데이터 복구를 그렇게 부드럽게 완수하지는 못했을 것이다. 이 계획은 정기적인 리허설과 예행 연습의 결과였다. 긴급 사태에 대비하는 구글의 신념 덕분에 우리는 이런 장애를 필연적인 것으로 바라볼 수 있었다. 이런 필연성을 인정했기 때문에 우리는 장애를 피할 수 있을 것이라는 헛된 희망이나 모험을 하지 않고 언젠가는 일어날 것이라는 것을 예상할 수 있었다. 따라서 우리는 예측 가능한 장애뿐만 아니라 어느 정도 획일적인 장애도 조치할 수 있는 계획이 필요했다.

짧게 말하면, 우리는 모범 사례를 준수하는 것이 중요하다는 것을 항상 알고 있었으며, 무엇보다 이것이 사실로 드러났다는 점이 큰 수확이었다.

구글 뮤직—2012년 3월: 데이터의 삭제가 급증하는 문제가 발생했다!

지금부터 설명할 두 번째 장애는 복구해야 할 데이터 저장소의 규모에 대한 독특한 물류 관점의 문제다. 5,000개가 넘는 테이프를 어디에 보관할 것이며, 그렇게 많은 데이터를 적절한 시간 내에 오프라인 미디어로부터 어떻게 효과적으로 (혹은 현실적으로) 읽어올 수 있을까?

2012년 3월 6일 화요일, 오후

문제의 발견

한 구글 뮤직 사용자가 그 전까지 아무런 문제가 없었던 트랙이 갑자기 건너뛰어졌다는 문제를 보고했다. 구글 뮤직의 사용자들에 대한 응대를 담당하는 팀이 이를 구글 뮤직 엔지니어들에게 전달했고 엔지니어들이 조사한 결과 이 문제는 미디어 스트리밍 이슈로 드러났다.

3월 7일, 이 조사에 참여했던 엔지니어는 재생이 되지 않는 트랙의 메타데이터에서 실제 오디오 데이터에 대한 참조가 유실된 것을 발견했다. 이 문제를 해결하는 명확한 방법은 유실된 오디오 데이터에 대한 참조를 복원하는 것이었다. 그러나 구글의 엔지니어는 문제의 근본 원인을 찾아 해결하는 문화에 자부심이 있었기 때문에 더 깊이 조사하기 시작했다.

데이터 무결성을 저하시키는 원인을 찾았을 때, 그 엔지니어는 거의 심장이 멎는줄 알았다고 회상했다. 오디오 참조가 개인정보 보호 데이터 삭제 파이프라인에 의해 삭제되었기 때문이다. 구글 뮤직의 이 부분은 굉장히 빠른 속도로 엄청난 양의 오디오 트랙을 삭제하기 위해 디자인된 것이었다.

손실된 데이터의 확인

구글의 개인정보 정책은 사용자의 개인 데이터를 보호한다. 하지만 구글 뮤직의 개인정보 보호정책은 사용자가 음악 파일을 삭제하면 음악 파일 및 관련된 메타데이터를 일정 시간 이후에 완전히 제거하는 것이었다. 구글 뮤직의 인기가 상승하면서 데이터의 양 역시 급속히 증가했고 원래 구현했던 삭제 기능은 2012년 더 효율적으로 개선되었다. 2월 6일, 수정된 데이터 삭제 파이프라인이 처음 동작하면서 관련된 메타데이터를 삭제하기 시작했다. 그 시점에는 아무것도 잘못된 것이 없어보였기 때문에 파이프라인이 두 번째 단계에 들어서면서 관련된 오디오 데이터 역시 삭제하기 시작했다.

엔지니어의 최악의 악몽은 과연 현실이 될 수 있었을까? 문제를 발견한 엔지니어는 알림을 발송하고 이 고객 지원건의 우선순위를 구글에서 가장 긴급한 것으로 격상한 후 엔지니어링 관리자 및 SRE팀에 해당 이슈를 보고했다. 구글 뮤직 개발자와 SRE로 구성된 작은 팀이 이 이슈의 해결에 착수했고 문제의 파이프라인은 외부 사용자의 피해를 절감하기 위해 일시적으로 비활성화되었다.

다음으로, 여러 데이터센터에 나누어 보관된 수억에서 수십억 개의 파일의 메타데이터를 일일이 손으로 검사하는 것은 상상도 할 수 없는 일이었다. 그래서 팀은 급하게 손실된 데이터를 확인하는 맵리듀스 작업을 실행하고 작업이 종료될 때까지 끈기있게 기다렸다. 3월 8일 작업의 결과를 확인하고 팀은 얼어붙어 버렸다. 리팩토링한 데이터 삭제 파이프라인이 삭제해서는 안 될 대략 600,000개의 오디오 참조를 삭제해 버렸고 이로 인해 21,000명의 사용자들이 영향을 받은 것이다. 파이프라인을 급히 확인하기 위해 작업을 단순화했던 것을 고려한다면 실제 손실은 그보다 더 클 수 있었다.

게다가 문제가 있는 파이프라인을 처음 실행한 지 한 달도 더 지난 데다가 최초 실행에서 벌써 삭제되어서는 안 될 수십만 개의 오디오 트랙이 이미 삭제되었다. 데이터를 다시 복구할 방법이 있었을까? 만일 트랙을 복구할 수 없거나 혹은 충분히 빨리 복구하지 못한다면 구글은 사용자의 비난을 면치 못할 것이다. 어째서 이 문제를 눈치채지 못했을까?

이슈의 해결

병렬적인 버그의 확인 및 복구 이슈를 해결. 첫 번째 과정은 실제 버그를 확인하고 이 버그가 어떻게, 왜 발생했는지를 파악하는 것이었다. 문제의 근본 원인을 확인하고 수정하지 못하면 복구를 위한 그 어떤 노력도 허사가 된다. 오디오 트랙을 삭제한 사용자의 요청을 들어주기 위해서는 파이프라인을 다시 활성화해야 했지만 그렇게 하면 아무런 죄없는 사용자들이 구입한 음악이나 심한 경우 힘들게 녹음한 음악 파일들을 계속해서 잃어버리게 될 것이다. 이 Catch-22[13] 상황으로부터 벗어날 수 있는 유일한 방법은 이슈의 원인을 찾아 신속하게 해결하는 것이었다.

게다가 복구를 시작하기까지 허비할 시간이 없었다. 오디오 트랙들은 테이프에 백업되어 있었지만 지메일 사례와는 달리 구글 뮤직의 암호화된 백업 테이프는 사용자의 오디오 데이터 백업을 위한 공간을 확보하기 위해 타 지역의 저장소로 이미 옮겨진 상태였다. 버그의 영향을 받은 사용자 데이터를 최대한 빨리 복원하기 위해 팀은 (시간이 더 걸리는 복구 옵션인) 타 지역의 백업 테이프를 조회하는 동시에 문제의 근본 원인을 찾아 해결하기로 결정했다.

엔지니어들은 두 그룹으로 나누어졌다. 가장 경험이 많은 SRE들은 복구에 투입되었고 개발자들은 데이터 삭제 코드를 분석해서 데이터 유실 버그의 원인을 찾아 수정하는 작업을 진행했다. 하지만 문제의 근본 원인을 제대로 몰랐기 때문에 복구를 여러 단계로 나누어 진행해야 했다. 첫 번째 일괄 작업은 약 50만 개의 오디오 트랙에 대해 진행되었으며, 테이프 백업 시스템을 운영하던 팀은 태평양 표준시 기준으로 3월 8일 오후 4시 34분에 긴급 복구가 시작된 것을 인지했다.

당시 복구팀이 선호하던 요소가 한 가지 있었다. 이 복구 시도는 회사의 연간 장애 복구 테스트 실습([Kri12] 참조) 이후 단 몇 주가 지난 시점에 시작된 것이었다. 테이프 백업팀은 DiRT 테스트의 주제였던 서브시스템의 기능과 한계를 이미 알고 있었고 DiRT 훈련에서 테스트했던 새로운 도구를 사용하기 시작했다. 연합 복구팀은 새로운 도구를 이용해 수십만 개의 오디오 파일을 테이프 백업 시스템에 등록된 백업과 매핑한 후 매핑된 파일들을 백업에서 실제 테이

---

13 자세한 내용은 http://en.wikipedia.org/wiki/Catch-22_(logic)를 참고하기 바란다.

프로 매핑하는 고된 작업을 시작했다.

이 과정에서 팀은 최초의 복구를 위해서는 5,000개 이상의 백업 테이프를 트럭으로 다시 가져오기로 결정했다. 그 후 데이터센터 기술자들은 테이프 보관소에서 테이프 공간을 확보해야 했다. 그런 다음 테이프의 등록 및 테이프로부터 데이터를 추출하는 길고 복잡한 작업이 진행되었다. 그 과정에서 손상된 테이프와 드라이브, 예상치 못한 시스템 동작 등에 대한 다양한 조치들이 수반되었다.

안타깝게도 대략 600,000개의 분실된 오디오 트랙 중 436,223개만을 백업 테이프에서 발견할 수 있었다. 다시 말하면 161,000개의 다른 오디오 트랙은 백업되기 전에 이미 사라져 버린 것이다. 복구팀은 먼저 테이프 백업에서 발견한 트랙들을 복구한 후에 나머지 161,000개의 트랙을 복원할 방법을 찾기로 결정했다.

그러는 동안 원인 규명팀이 원인을 찾아냈다. 그들의 당초 예상은 구글 뮤직이 사용하는 저장소 서비스에 문제가 있는 데이터가 저장되면서 이로 인해 데이터 삭제 파이프라인이 잘못된 오디오 데이터를 삭제했다는 것이었다. 하지만, 조사가 진행되면서 그들의 이론이 틀렸다는 것이 드러났다. 원인 규명팀은 머리를 쥐어뜯으며 눈에 보이지 않는 버그를 계속해서 찾고 있었다.

첫 번째 복구 시도. 복구팀이 백업 테이프를 찾은 후 3월 8일 드디어 첫 번째 복구가 시작되었다. 타 지역의 저장소에 흩어져 저장된 수천 개의 테이프에 분산된 1.5페타바이트의 데이터를 요청하는 것도 문제였지만 테이프에서 데이터를 추출하는 것도 문제였다. 직접 구현한 테이프 백업 소프트웨어 스택은 이처럼 대용량의 데이터를 한 번에 복원하기 위해 디자인된 것은 아니었으므로 최초 복구 작업은 총 5,475개의 복원 작업으로 나누어졌다. 이 복원 작업을 수행하려면 사람이 복원 명령어를 1분에 하나씩 3일에 걸쳐 입력해야 할 정도였으며, 어느 누구하나도 실수를 저지르지 않아야 했다. 테이프 백업 시스템에서 복원을 요청하기 위해 SRE들은 프로그래밍적인 해법을 찾아야 했다.[14]

3월 9일 자정이 되어서야 구글 뮤직 SRE들은 5,475개의 복원 요청을 마무리 지었고 그제서야 테이프 백업 시스템이 동작하기 시작했다. 4시간이 지나자 시스템은 여러 지역에서 5,337개의 백업 테이프의 목록을 뱉어냈다. 그리고 다시 8시간이 지나자 테이프들이 배송 트럭을 통해

---

[14] 현실적으로 대부분의 SRE들은 경험이 풍부한 소프트웨어 엔지니어였으므로 프로그래밍적인 해결책을 찾는 것이 큰 문제는 아니었다. 다만 그런 경험을 갖춘 SRE를 찾아 고용하는 것 자체가 엄청나게 힘든 일이었고 이번 사례를 통해 SRE가 실무 경험을 갖춘 소프트웨어 엔지니어를 고용하는 이유를 이해하기 시작할 것이다. 자세한 내용은 [Jon15]를 참고하기 바란다.

데이터센터에 도착하기 시작했다.

트럭들이 이동하는 동안, 데이터센터 기술자들은 유지보수를 위해 몇 개의 테이프 저장소를 다운시키고 이 거대한 데이터 복구 작업을 지원하기 위해 수천 개의 테이프를 저장소에서 꺼내왔다. 그런 후, 기술자들은 꼭두새벽에 도착한 수천 개의 테이프들을 직접 손으로 옮겼다. 이전의 DiRT 훈련을 통해 이 정도의 대규모 데이터 복구 상황에서는 테이프 저장소 업체들이 제공하는 로봇 기반의 방식보다는 이런 수동식 방법이 훨씬 더 빠르다는 것이 이미 증명되었기 때문이다. 세 시간 정도 지나 테이프 저장소들이 원래 상태로 돌아와 테이프를 스캐닝하고 수천 개의 복원 작업을 분산 컴퓨트 저장소에서 수행하기 시작했다.

비록 팀은 DiRT 훈련을 잘 수행했지만 1.5페타바이트라는 엄청난 양의 데이터 복구는 예상보다 이틀이나 더 걸렸다. 3월 10일 오전까지 436,223개의 오디오 파일 중 74%만이 3,475개의 백업 테이프로부터 가까운 컴퓨트 클러스터의 분산 파일 시스템 저장소로 옮겨졌다. 다른 1,862개의 백업 테이프는 테이프 회수 과정에서 누락되었다. 게다가 복구 과정에서 17개의 손상된 테이프가 발견되었다. 손상된 테이프로 인한 실패는 예견되어 있었기 때문에 백업 파일을 기록하기 위해 이중화 인코딩이 사용되었다. 이후 이중화 테이프 및 첫 번째 회수에서 누락되었던 1,862개의 테이프들이 다른 트럭을 통해 배송되었다.

3월 11일 오전, 99.95% 이상의 복원 작업이 완료되었으며, 나머지 파일들을 위한 이중화 테이프의 처리가 진행되었다. 비록 데이터들이 분산 파일 시스템에 안전하게 옮겨지기는 했지만, 사용자들이 이 데이터에 접근할 수 있도록 하려면 추가 데이터 복구 과정이 필요했다. 구글 뮤직팀은 데이터 복구 과정의 이 마지막 단계를 병렬로 진행하기 위해 복원된 오디오 파일에서 약간의 데이터를 샘플링해서 프로세스가 생각한 대로 동작하는지를 확인했다.

그 시점에, 구글 뮤직의 운영 환경에서 알림이 발생했다. 데이터 복구와는 무관했지만 사용자가 영향을 받을 수 있는 운영 장애가 있었기 때문이다. 전체 구글 뮤직팀은 이틀 동안이나 이 장애에 붙들려 있었다. 데이터 복구는 3월 13일에 다시 재개되었고 총 436,223개의 오디오 트랙이 다시 사용자들에게 돌려졌다. 단 7일 동안 1.5페타바이트의 오디오 데이터가 테이프 백업의 도움으로 사용자들에게 되돌려진 것이다. 실제 데이터 복구를 수행한 기간은 7일 중 5일이었다.

두 번째 복구 시도. 첫 번째 복구 시도가 완료된 이후, 팀은 백업이 수행되기 전에 버그에 의해 삭제된 나머지 161,000개의 오디오 파일에 대한 복구를 시도했다. 이들 파일의 대부분은 사용자들이 직접 구입했거나 프로모션을 통해 제공된 트랙들이었고 다행히 상점의 원래 파일은 버그의 영향을 받지 않았다. 이 트랙들 역시 신속하게 복원되어 사용자들은 다시 자신들의 음악을 즐길 수 있게 되었다.

그러나 161,000개의 오디오 파일 중 아주 일부는 사용자들이 직접 업로드한 파일이었다. 구글 뮤직팀은 자신들의 서버를 통해 3월 14일 이후로 버그의 영향을 받은 사용자들의 구글 뮤직 클라이언트에게 파일을 다시 업로드할 것을 요청했다.

이 과정은 일주일 이상 걸렸고 이를 마지막으로 전체 복구 과정이 완료되었다.

근본 원인의 처리

마침내, 구글 뮤직팀은 리팩토링된 데이터 삭제 파이프라인의 결함을 발견해냈다. 이 결함을 이해하려면 먼저 대용량 환경에서의 오프라인 데이터 처리 시스템에 대해 이해해야 한다.

여러 가지 서브시스템 및 저장소 서비스로 구성된 크고 복잡한 시스템은 데이터를 삭제하는 것 같은 간단한 작업도 단계별로 진행해야 하며, 각 단계마다 각기 다른 데이터 저장소를 활용해야 한다.

데이터 처리를 신속하게 마무리하기 위해서는 처리 과정을 병렬화해서 수만 대의 머신을 통해 실행해야 하는데, 그러다보면 다양한 서브시스템들에서 과부하가 발생할 수 있다. 이런 분산은 사용자를 위한 서비스의 속도를 저하시키거나 혹은 과부하가 발생하면 서비스의 충돌을 유발할 수도 있다.

이런 문제를 피하기 위해 클라우드 컴퓨팅 엔지니어들은 이차 저장소에 단기간 동안 데이터의 복사본을 만들고는 이 이차 저장소에서 데이터 처리를 실행하곤 한다. 하지만 이차 저장소의 데이터 복사본의 보관 기간을 신중하게 조율하지 않으면 이 과정에서 경쟁 상태가 발생하기도 한다.

예를 들어, 파이프라인 중 두 개의 단계가 세 시간 간격으로 반드시 연달아 실행되어, 두 번째 단계에서는 첫 번째 단계로부터 전달된 입력값이 항상 올바르다는 가정하에 동작할 수 있도록 디자인되어 있다고 생각해보자. 이러한 가정이 없다면 두 번째 단계의 로직은 병렬화하기가 매우 어렵다. 하지만 각 단계들은 데이터의 크기가 증가하면서 완료까지 더 오랜 시간을 소요하게 된다. 결국 원래의 디자인에서 중요하게 활용됐던 가정은 두 번째 단계가 필요로 하는 데이터 중 일부에서는 더 이상 효력이 없게 된다.

우선, 데이터의 극히 일부에서 경쟁 상태가 발생할 수 있다. 하지만 데이터의 크기가 커지면서 더 많은 데이터들이 경쟁 상태를 유발할 위험에 처하게 된다. 이런 시나리오는 개연성이 있다. 데이터 파이프라인은 대부분의 시간 동안 대부분의 데이터에 대해 올바르게 동작할 것이다. 하지만 데이터 삭제 파이프라인에서 경쟁 상태가 발생하면 엉뚱한 데이터가 임의로 지워질 수 있다.

구글 뮤직의 데이터 삭제 파이프라인은 에러에 대한 조율 및 여력을 토대로 디자인되었다. 하지만 서비스가 성장하면서 파이프라인의 상위 단계가 더 많은 시간을 필요로 하게 되고 구글 뮤직은 성능 최적화를 통해 개인정보 요구사항을 준수할 수 있었다. 그 결과 파이프라인에서 데이터 삭제 시 우연한 기회로 경쟁 상태가 발생할 가능성이 증가하게 되었다. 파이프라인을 리팩토링하면서 이 가능성이 다시 한번 크게 증가했고 그래서 경쟁 상태가 더 규칙적으로 발생하게 된 것이다.

복구가 완료된 이후, 구글 뮤직은 이런 종류의 경쟁 상태를 예측할 수 있도록 데이터 삭제 파이프라인을 다시 개발했다. 게다가 사용자가 문제를 인지하기 전에[15] 대용량 환경에서의 데이터 삭제 버그를 발견하고 수정할 수 있도록 운영 환경에 대한 모니터링 및 알림 시스템 역시 개선했다.

데이터 무결성과 관련된 SRE의 일반 원리들

이 절에서는 데이터 무결성 및 클라우트 컴퓨팅과 관련해서 SRE가 고려해야 할 일반 원리들에 대해 설명하고자 한다.

초심자의 마음가짐

대용량의 복잡한 시스템에 내포된 버그는 완전히 이해할 수 없다. 절대로 복잡한 시스템을 충분히 이해했다고 생각하고 그 시스템은 절대 실패하지 않을 거라고 확신하지 말자. 신뢰하되 검증하고 다중 방어 장치를 도입하라(주의: '초심자의 마음가짐'은 신입 개발자들을 데이터 삭제 파이프라인에 투입하지 말 것을 권장한다!)

---

15 우리의 경험상, 클라우드 컴퓨팅 엔지니어들은 사용자들이 자연스럽게 데이터를 삭제하는 비율이 있기 때문에 데이터 삭제 비율에 알림을 설정하는 것을 좋아하지는 않는다. 그러나 이 알림의 의도는 특정 지역의 변칙적인 삭제 비율이 아니라 전체 지역의 삭제 비율을 탐지하기 위한 것이다. 따라서 사용자별 삭제 비율 알림보다는 전체 지역의 모든 사용자들에게서 극히 높은 비율(예를 들면 지금까지 관찰된 95%보다 10배 이상 높은 비율)의 삭제가 발견되었을 때 알림을 발송하는 것이 유용할 것이다.

신뢰하되 검증하라

여러분이 의지하고 있는 어떤 API도 항상 완벽하게 동작하지는 않는다. 여러분의 엔지니어링 능력이나 테스트의 꼼꼼함 여부와는 무관하게 API는 결함을 가질 것이다. 대역 외 데이터 검증기를 이용해서 데이터의 가장 중요한 요소들의 무결성을 검사하자. 설령 API의 의미상 데이터 검증이 필요치 않더라도 반드시 검사해야 한다. 알고리즘은 완벽할지 몰라도 그 구현은 완벽하지 않다.

희망은 전략이 아니다

지속적으로 연습을 해보지 않은 시스템 컴포넌트는 정말 필요할 때 실패하기 마련이다. 정기적인 연습을 통해 데이터 복구가 정상적으로 동작하고 있는지 아닌지를 확인하자. 사람은 시스템 컴포넌트를 지속적으로 확인하는 것을 자주 잊어버리므로 자동화를 해두면 좋을 것이다. 하지만, 다른 업무 우선순위를 가지고 있는 엔지니어와 자동화를 수행한다면 그 자동화는 일시적인 미봉책으로 끝날 수도 있다.

다중 방어 조치

심지어 가장 안전한 시스템도 버그와 운영 에러의 영향을 받기 마련이다. 데이터 무결성 이슈를 수정할 수 있으려면 반드시 서비스가 이런 이슈를 신속하게 발견할 수 있어야 한다. 모든 전략은 환경의 변화에 의해 결국은 실패하게 된다. 최고의 데이터 무결성 전략은 한 가지가 실패했을 때 이를 보완할 수 있으며, 광범위한 시나리오를 적절한 비용으로 처리할 수 있는 다계층-다중 전략을 구사하는 것이다.

되돌아보기

"데이터가 어제까지는 문제가 없었다"는 사실은 내일, 심지어 오늘에는 아무런 도움이 되지 않는다. 시스템과 인프라스트럭처는 변화하지만 여러분의 가정과 프로세스들은 여전히 예전 상태로 실행 중이라는 것은 이미 증명되었다. 반드시 변화를 따라야 한다.

셰익스피어 서비스는 상당히 긍정적인 반응을 얻어 사용자 기반이 상당히 증가했다. 하지만 서비스를 구축하는 과정에서 데이터 무결성에 대해서는 전혀 관심을 두지 않았다. 하지만, 잘못된 데이터를 제공하고 싶지는 않았으므로 만일 인덱스를 저장한 빅테이블에 문제가 생기는 경우에는 원래의 셰익스피어 저서와 맵리듀스를 이용해 손쉽게 복원할 수 있었다. 물론 어느 성도의 시간이 필요하겠지만 그렇기 때문에 우리는 인덱스의 백업을 만들어두지 않았다.

이제 새로운 기능이 추가되면서 사용자들이 문장에 의견을 첨부할 수 있게 되었다. 이제 우리의 데이터셋은 더 이상 쉽게 복원할 수 있는 것이 아니게 되었다. 왜냐하면 사용자 데이터가 사용자들에게 더 큰 가치를 갖게 되었기 때문이다. 그래서 우리는 복제 옵션을 되돌아보게 되었다. 복제는 단순히 지연응답과 대역폭을 위한 것이 아니라 데이터 무결성까지 고려해야 했다. 그래서 백업 및 복원 절차를 만들어야 했다. 또한 DiRT 훈련을 통해 이 절차를 정기적으로 검증함으로써 SLO를 만족하는 시간 내에 사용자가 첨부한 의견까지 백업으로부터 복구할 수 있도록 했다.

결론

데이터의 사용성은 모든 데이터 기반 시스템이 최우선으로 고려해야 할 사항이다. 이를 위해 구글의 SRE는 마지막 수단이 아니라 테스트 주도 개발의 아이디어를 차용해서 시스템이 예정된 최대 동작 중지 시간을 바탕으로 데이터 가용성을 유지할 수 있다는 사실을 증명하는 것이 더 유용하다는 것을 깨달았다. 이 목표를 달성하기 위해 우리가 채택한 수단과 메커니즘은 필요악이다. 목표를 계속 주시함으로써 '운영은 잘 했는데 시스템이 죽었다'는 함정에 빠지는 것을 피하고 있다.

어떤 종류의 장애도 발생할 수 있다는 생각보다는 **모든** 것이 잘못될 수 있다는 생각을 갖는 것은 실제로 발생할 긴급 사태를 대비하기 위한 중요한 과정이다. 가능한 모든 재난의 조합과 각 재난에 대응하기 위한 계획을 세워두면 적어도 하룻밤의 숙면을 보장한다. 복구 계획이 항상 현재의 상태를 반영하도록 유지하고 지속적으로 연습해두면 1년 중 나머지 364일도 편안하게 보낼 수 있다.

어떤 장애가 발생하더라도 적절한 시간 N 내에 복구할 수 있게 된다면 더욱 신속하고 세밀한 데이터 유실 탐지 메커니즘을 통해 이 시간을 더 줄일 수 있는 방법을 찾아 $N=0$을 만드는 목표를 달성하기 위해 노력하자. 그러면 **모든 데이터**를 항상 안전하게 유지하는 것을 목표로 복구에 대한 계획을 예방에 대한 계획으로 전환할 수 있다. 이 목표를 달성한다면 휴가 때 해변에서 느긋하게 낮잠을 즐길 수 있을 것이다.

27

대용량 환경에서의
신뢰할 수 있는 제품 출시

란디에브 싱(Rhandeev Singh),

세바스찬 커쉬(Sebastian Kirsch), 비벡 라우(Vivek Rau) 지음

벳시 베이어(Betsy Beyer) 편집

구글 같은 인터넷 기업은 지금까지의 다른 기업에 비해 훨씬 빠른 속도로 새로운 제품과 기능을 출시한다. 이 과정에서 사이트 신뢰성의 역할은 사이트의 안정성을 해치지 않으면서 빠른 속도의 변화를 추구하는 것이다. 우리는 제품의 성공적인 출시를 위해 엔지니어링팀이 기술적인 조언을 얻을 수 있도록 이 업무를 전담할 '출시 조율 엔지니어(Launch Coordination Engineers)' 팀을 꾸렸다.

또한 이 팀은 출시와 관련된 공통된 질문과 공통의 이슈를 해결하기 위한 절차를 담고 있는 '출시 확인목록(launch checklist)'을 만들었다. 이 확인목록은 반복해서 제품을 성공적으로 출시할 수 있는 유용한 도구가 되었다.

일반적인 구글의 서비스에 대해 생각해보자. 예를 들어 구글 지도와 구글 어스(Google Earth)를 위한 위성 사진을 제공하는 키홀(Keyhole) 서비스 같은 것들이 있다. 평소라면 키홀 서비스는 초당 수천 개의 위성 사진을 서비스한다. 하지만 2011년 크리스마스 이브에는 평상시의 최고 트래픽 대비 25배나 많은 요청, 즉 초당 백만 개의 요청이 유입되었다. 이 엄청난 트래픽 때

문에 어떤 일이 벌어졌을까?

산타 클로스가 나타났다.

몇 년 전, 구글은 NORAD(the North American Aerospace Defense Command, 북미항공우주방어사령부)와 협업을 통해 산타의 행방을 추적하는 크리스마스 분위기의 웹사이트를 호스팅한 적이 있다. 이 서비스를 통해 사용자들은 산타가 선물을 어디에 전달하고 있는지를 실시간으로 확인할 수 있었다. 이 서비스가 제공했던 사용자 경험은 위성 사진을 이용한 가상의 세계에서 산타의 위치 추적을 가능케 했던 이른 바 '가상 비행(virtual fly-over)'이었다.

NORAD와 함께 제공했던 산타를 찾아라 같은 프로젝트는 기발한 아이디어처럼 보일지도 모르지만, 이 서비스 역시 제품 출시와 관련된 어렵고 까다로운 속성들을 모두 가지고 있었다. 빠듯한 마감일(사이트가 제시간에 준비되지 않는다고 해서 산타한테 일주일만 더 있다가 오라고 할 수는 없는 노릇이기에), 엄청난 홍보, 수백만의 사용자, 그리고 매우 가파른 트래픽의 증가(크리스마스 이브에 아마 전 세계 사람들이 이 사이트를 방문했을 것이다) 등 여러 가지 요소들이 산재해 있었다. 선물을 기다리는 수백만의 아이들이 가진 힘을 절대로 과소평가해서는 안 된다. 이 프로젝트는 구글의 서버들을 사용자들의 무릎 위로 가져다줄 가능성이 아주 농후했다.

구글의 SRE팀은 이 제품의 출시를 위한 인프라스트럭처를 정말 열심히 준비했다. 산타가 제시간에 선물을 가져다주는지를 모든 사람들이 확인할 수 있도록 서비스를 제시간에 출시하기 위해서였다. 무엇보다 중요했던 것은 아이들이 산타가 선물을 가져오는 것을 확인하지 못해 울음을 터트리는 것은 보고 싶지 않았다. 사실, 우리는 서비스를 보호하기 위해 '아이들의 울음을 터트릴 수 있는' 여러 가지 장치를 서비스에 심어두었다. 이 제품의 출시 과정에서 다양한 문제들이 생길 수 있음을 미리 예상할 수 있었으므로 이 제품의 출시에 합류한 각기 다른 엔지니어링 그룹 간의 조율을 위해 SRE 부서 내의 특별한 팀이 가동되었다. 그 팀이 바로 출시 조율 엔지니어(Launch Coordination Engineers, LCE)팀이었다.

새로운 제품이나 기능을 출시하는 것은 모든 기업에 있어 가장 중요한 순간이다. 몇 달에서 몇 년의 시간을 투자해 만든 것이 세상에 공개되는 순간이기 때문이다. 전통적인 기업들은 새 제품을 출시하는 비율이 상당히 낮다. 반면, 인터넷 기업의 출시 주기는 이와는 현저히 다르다. 제품을 신속하게 출시하는 것이 훨씬 쉬운데, 그 이유는 새로운 기능을 담은 소프트웨어를 고객의 개별 컴퓨터에 설치하는 것이 아니라 우리가 보유한 서버에 새로운 기능을 출시하는 것이기 때문이다.

구글은 외부에 노출되는 새로운 코드를 수반하는 애플리케이션의 변화를 제품의 출시라고 정의하고 있다. 제품 출시의 성격(여러 가지 속성, 출시 시기, 출시를 위해 수행해야 하는 단계의 수, 복잡도 등)에 따라 출시 과정이 상당히 달라진다. 구글은 이 정의를 기준으로 할 때 주당 70개의 새로운 제품 및 기능을 출시하는 경우도 있다.

이처럼 빠른 변화 속도는 능률적인 출시 절차를 정의해야 하는 근본적인 이유와 기회를 제공한다. 매 3년마다 새로운 제품을 출시하는 기업이라면 세밀한 출시 절차 따위는 필요치 않다. 제품을 출시하는 시점이면 이미 기존에 마련해두었던 출시 절차의 대부분은 이미 너무 오래된 것들이 되기 때문이다. 또한 전통적인 기업들은 이 출시 절차를 디자인할 수 있는 기회도 갖지 못한다. 그 이유는 견고하고 성숙한 출시 절차를 실행할 수 있을 만한 경험을 축적할 수 없기 때문이다.

출시 조율 엔지니어링

좋은 소프트웨어 엔지니어는 코딩과 디자인에 대한 전문성과 더불어 제품에 채택된 기술에 대해 잘 이해하고 있다. 그러나 그 엔지니어가 장애를 최소화하고 성능은 극대화한 제품을 수백만의 사용자에게 출시하기 위해 극복해야 할 도전 과제와 어려움은 잘 모를 수도 있다.

구글은 제품 출시의 어려움을 타개하기 위해 SRE 조직 내에 새로운 제품이나 기술을 출시하기 위한 기술적인 부분을 수행할 전문 컨설팅팀을 구성했다. 소프트웨어 엔지니어들과 시스템 엔지니어들(이들은 모두 다른 SRE팀에서 근무했던 경험도 갖추고 있다)로 이루어진 이 팀은 개발자들이 구글이 원하는 내구성, 확장성 및 신뢰성 표준을 만족할 수 있는 제품을 안정적이고 빠르게 추구할 수 있도록 개발자들을 돕는 업무에 특화되어 있다. 출시 조율 엔지니어링(LCE)이라고 부르는 이 컨설팅팀은 제품 출시 절차가 순조롭게 진행될 수 있도록 다음과 같은 도움을 제공한다.

- 구글의 신뢰성 표준과 모범 사례를 준수하도록 제품과 서비스를 감사(audit)하고 신뢰성을 향상시키기 위해 도움을 준다.
- 출시에 합류한 여러 팀 사이의 연락책 역할을 수행한다.
- 작업의 추진력을 유지함으로써 출시의 기술적 관점들을 주도한다.
- 출시가 '안전하게' 진행될 수 있도록 통제원 역할을 수행하며 출시의 완료를 선언(signing off)한다.

- 개발자들에게 모범 사례 및 구글의 서비스들과 통합하는 방법을 교육하며 신속한 학습을 위해 내부 문건 및 교육 자료를 이용한다.

LCE팀의 구성원들은 서비스의 생애주기에 걸쳐 다양한 시점에 서비스에 대한 감사를 수행한다. 대부분의 감사는 새로운 제품이나 서비스가 출시되기 전에 수행한다. 만일 제품 개발팀이 SRE의 지원 없이 출시를 강행한다면 순조로운 출시를 위해 LCE팀이 적절한 지식을 제공한다. 하지만 제품이 이미 SRE의 지원을 충분히 받고 있다 하더라도 중요한 출시에 대해서는 LCE팀이 개입한다. 새로운 서비스를 출시하는 팀이 당면하는 과제들은 이미 안정적으로 동작하는 서비스에 대해 매일 진행하는 (SRE팀이 이미 잘 처리하고 있는) 운영 업무와는 확연히 다르므로 LCE팀이 수백 번의 제품 출시에서 얻은 경험들을 토대로 지원 사격한다. 또한 LCE팀은 새로운 서비스에 SRE팀이 처음 합류할 때도 도움을 준다.

제품 출시에 대한 LCE팀의 역할

LCE팀은 이 역할을 위해 직접 고용된 엔지니어와 구글의 서비스를 운영한 경험이 있는 SRE들로 구성된다. LCE는 다른 SRE들과 동일한 기술적 요건들을 갖추고 있음은 물론 강력한 의사소통과 리더십 능력이 요구된다. LCE는 공통의 목표, 간간히 발생하는 충돌의 중재, 다른 엔지니어들의 지도와 코칭, 그리고 교육 등 다양한 부분에 공헌한다.

출시를 전담하는 팀이 있으면 다음과 같은 장점을 얻을 수 있다.

경험의 전파

진정한 크로스 제품팀으로써 LCE팀의 구성원들은 구글의 거의 모든 제품 영역을 망라한다. 제품 전반에 걸친 폭넓은 지식과 사내의 여러 팀과의 관계 덕분에 LCE팀은 지식 전달의 훌륭한 연결고리 역할을 수행한다.

교차 기능(cross-functional) 관점

LCE는 출시와 관련된 전체적인 시각을 바탕으로 SRE, 개발 및 제품 관리 등 다양한 팀의 업무를 조율한다. 이런 전체론적인 접근법은 특히 여러 지역에서 6개 이상의 팀이 참여하는 복잡한 제품 출시 업무에서는 더욱 중요한 요소로서 작용한다.

객관성(objectivity)

LCE팀은 SRE, 제품 개발자, 제품 관리자 및 마케팅 담당자 사이의 균형 및 조율을 공정하게 담당하는 역할을 수행한다.

사실 출시 조율 엔지니어는 SRE의 역할이기 때문에 LCE는 다른 어떤 것보다 신뢰성을 최우선으로 하는 것을 장려한다. 구글과 같은 수준의 신뢰성 목표를 갖지는 않지만 구글과 같은 속도의 변화를 추구하는 기업이라면 아마도 다른 요소를 장려해야 할 것이다.

출시 절차 마련하기

구글은 10년 이상 출시 절차를 연마해왔다. 그 시간 동안 우리는 성공적인 출시 절차를 특징 짓는 몇 가지 조건을 확인했다.

경량(lightweight)

개발자들이 접근하기 쉬워야 한다.

견고함(robust)

오류를 명확하게 잡아내야 한다.

주도면밀함(thorough)

중요한 부분은 일관적이고 재현 가능하게 다루어야 한다.

확장성(scalable)

더 많은 출시를 단순화하고 복잡한 출시를 줄여야 한다.

순응성(adaptable)

일반적인 종류의 출시(예를 들면 제품에 새로운 UI 언어를 추가하는 것)와 새로운 종류의 출시(예를 들면 크롬 브라우저나 구글 파이버의 최초 출시)를 모두 잘 지원할 수 있어야 한다.

이미 눈치챘겠지만, 이 요구사항들 중 일부는 서로 충돌한다. 예를 들어 경량이면서도 주도면밀한 절차를 디자인하는 것은 극히 어렵다. 이런 조건들의 균형을 맞추는 것은 지속적으로 수행해야 할 작업이다. 구글은 이런 조건들을 만족시킬 수 있는 몇 가지 성공적인 전략들을 채택하고 있다.

간결성(simplicity)

기본적인 것들을 완수한다. 모든 우발적 가능성에 대한 계획을 세우지는 않는다.

직접 부딪히기(A high touch approach)

경험이 있는 엔지니어들이 각 출시별로 절차를 최적화하도록 한다.

빠른 공통 경로(fast common paths)

항상 공통적인 패턴을 따르는 출시의 종류(예를 들면 새로운 국가에 제품을 출시하는 것)를 정의하고 이 종류의 출시를 위한 간소화된 출시 절차를 제공한다.

경험에 의하면, 엔지니어는 너무 부담스럽거나 혹은 그 가치가 미약하다고 생각되는 절차는 잘 지키지 않으려는 경향을 보인다. 특히 이미 팀이 과도한 업무로 허덕이고 있다면 출시 절차를 자신들의 제품 출시를 방해하는 또 다른 요소로 볼 뿐이다. 그런 이유로 LCE는 제품 출시의 경험을 지속적으로 최적화해서 비용과 이익 사이의 적절한 균형을 맞춰야 한다.

출시 확인목록

확인목록은 문제를 해소하고 다양한 학습을 통해 일관성과 완전함을 갖추기 위해 사용된다. 가장 단적인 예로 항공기의 사전비행 확인목록과 외과 수술의 확인목록[Gaw09]을 들 수 있다. 이와 마찬가지로 LCE는 제품 출시 자격을 검증하기 위한 출시 확인목록을 보유하고 있다. LCE팀은 이 확인목록(부록 E 참조)을 통해 제품의 출시를 결정하고, 출시팀이 수행해야 할 업무들 및 더 많은 정보를 제공한다. 이 확인목록에 포함된 항목들의 예시는 다음과 같다.

- **질문**: 새로운 도메인 이름이 필요합니까?
  - — **해야 할 일**: 마케팅팀과 필요한 도메인 이름에 대해 협의하고 도메인 등록을 요청한다. 마케팅 양식에 대한 링크는 여기에서 찾을 수 있다.
- **질문**: 영속 데이터를 저장합니까?
  - — **해야 할 일**: 백업을 구현하고 있는지 확인한다. 백업을 구현하기 위한 지시 사항은 이곳에서 참고한다.
- **질문**: 사용자가 서비스를 악용할 가능성이 있습니까?
  - — **해야 할 일**: 호출 비율 제한 및 할당량을 구현한다. 다음의 공통 서비스를 활용한다.

현실적으로 어떤 시스템에 대해 던져볼 수 있는 질문은 거의 무한에 가까우므로 확인목록이 제대로 관리할 수 없을 정도로 늘어나기 십상이다. 개발자들의 부담을 적절한 수준으로 유지하기 위해서는 확인목록을 주의깊게 작성해야 한다. 확인목록이 너무 많이 늘어나는 것을 제어하기 위해 언젠가부터 구글의 출시 확인목록에 새로운 질문을 추가하기 위해서는 부사장으로부터 승인을 받아야 했다. 그래서 LCE는 이제 다음의 가이드라인을 준수한다.

- 모든 질문의 중요도를 입증해야 한다. 이전의 출시에서 발생했던 문제에 의해 생겨난 질문

이면 이상적이다.

- 모든 지시 사항은 반드시 견고하고 실용적이며 개발자들이 달성할 수 있는 합리적인 것이어야 한다.

이 확인목록은 계속해서 최신의 상태를 유지하기 위해 지속적으로 관심을 가져야 한다. 권장 사항은 시간이 지나면서 바뀌게 마련이고 내부 시스템 역시 다른 시스템으로 교체되며 이전의 출시에서 고려해야 했던 부분은 새로운 정책과 절차로 인해 더 이상 의미가 없을 수도 있다. LCE는 지속적으로 확인목록을 구상하며 팀 구성원이 목록을 수정해야 할 필요가 있음을 발견하면 조금씩 수정한다. 1년이나 2년에 한 번 팀 구성원들이 전체 확인목록을 리뷰하고 구식이 된 항목을 파악해서 서비스 소유자 및 해당 분야의 전문가와 협의를 거쳐 확인목록의 해당 섹션을 최신의 상태로 수정한다.

집중과 간소화 진행하기

규모가 큰 조직에서는 엔지니어가 공통적인 업무(예를 들면 호출 빈도 제한 등)를 수행할 때 활용할 만한 인프라스트럭처가 존재한다는 것을 모를 수도 있다. 적절한 가이드가 없다면 이미 존재하는 솔루션을 다시 구현할지도 모를 일이다. 이런 노력들을 이미 존재하는 공통의 인프라스트럭처 라이브러리로 집중하면 같은 일을 두 번 하는 시나리오를 비켜갈 수 있으며, 회사에도 명백하게 도움이 된다. 중복된 노력을 제거하고 현재 보유한 지식을 서비스 간에 쉽게 전파될 수 있게 하면 주어진 인프라스트럭처에 주의가 집중되므로 엔지니어링과 서비스의 품질이 더욱 높아지기 때문이다.

구글의 거의 모든 그룹은 공용 인프라스트럭처로의 집중을 유도하는 공통된 출시 절차에 참가한다. LCE는 직접 솔루션을 구현하는 것보다는 기존의 인프라스트럭처를 빌딩 블록처럼 사용할 것을 권한다. 인프라스트럭처 자체로 이미 오랜 시간에 걸쳐 숙성되었으며, 수용량, 성능 혹은 확장성과 관련된 위험들을 완화하는 데 도움을 주기 때문이다. 호출 빈도 및 할당량 제한, 서버로 새로운 데이터를 전송하는 동작, 혹은 바이너리의 새 버전을 릴리즈하는 등의 작업을 돕는 공통 인프라스트럭처가 좋은 예다. 이런 종류의 작업을 표준화하면 근본적으로 출시 확인목록을 간소화하는 데 도움이 된다. 예를 들어 호출 빈도 제한에 대한 방대한 확인목록을 "시스템 X를 이용해서 호출 빈도 제한 기능을 구현하라"라는 한 줄의 문장으로 대체할 수 있는 것이다.

LCE의 경험은 구글의 모든 제품에 폭넓게 해당되므로 간소화를 수행할 기회를 식별할 수 있는 독특한 지위를 갖기도 한다. LCE는 출시 작업을 수행하는 동안 발생하는 모든 문제점들의 최초의 목격자가 된다. 전체 출시 작업의 어느 부분이 가장 어려운지, 어떤 과정에서 시간이 지체되는지, 출시 절차마다 반복해서 등장하고 조금씩 다른 방법으로 해결하게 되는 문제들은 어떤 것들이 있는지, 공통 인프라스트럭처가 부족한 부분은 어디인지, 혹은 기존의 공통 인프라스트럭처와 중복되는 부분은 있는지 등을 전부 목격하게 되는 것이다.

LCE들은 출시 경험을 수월하게 하고 제품을 출시하는 팀을 지원하기 위한 다양한 방법을 보유하고 있다. 예를 들어 LCE들은 상당히 깐깐한 승인 절차를 요구하는 제품 소유자들과의 협업을 통해 승인을 위한 요구 사항을 간소화하고 공통적인 경우에 대한 승인을 자동화하기도 한다. 또한 어려운 점이 있으면 이를 공통 인프라스트럭처의 소유자에게 전달하고 고객과의 대화를 시도하기도 한다. 이전의 여러 가지 제품 출시를 통해 얻은 경험을 바탕으로 LCE들은 개별적인 문제점과 이를 해결하기 위한 제안을 내놓기 위해 더욱 많은 노력을 한다.

예상치 못한 제품의 출시

프로젝트로 인해 새로운 제품 공간이 생겨나면 LCE는 그에 적합한 확인목록을 처음부터 다시 만들어야 하는 경우도 있다. 그러려면 종종 관련된 도메인 전문가들의 경험을 종합적으로 고려해야 한다. 새로운 확인목록을 구성할 때는 신뢰성, 장애 모드, 그리고 절차와 같은 여러 가지 주제들을 고려하는 것이 도움이 된다.

예를 들어 안드로이드를 출시하기 전까지 구글은 우리가 직접 제어할 수 없는 클라이언트 측 로직을 실행하는 불특정 다수를 위한 소비자용 기기를 만들어본 경험이 거의 없었다. 지메일에서 발견된 버그는 몇 시간이나 며칠만에 브라우저가 실행하는 새로운 버전의 자바스크립트 코드를 배포해서 쉽게 해결할 수 있었지만 이 방법은 모바일 기기에서는 적절한 방법은 아니었다. 그래서 LCE들은 모바일 도메인 전문가들과의 협업을 통해 모바일 기기를 출시할 때 기존의 확인목록 중 어느 섹션이 쓸모가 있는지 혹은 쓸모가 없는지를 결정하고 필요한 새로운 질문들을 정의했다. 이 과정에서 가장 중요했던 것은 각 질문의 의도를 충분히 파악함으로써 출시할 독특한 제품의 디자인과는 무관한 질문이나 실행항목을 아무 생각 없이 추가하는 사태를 미연에 방지하는 것이었다. 익숙하지 않은 제품의 출시를 담당하는 LCE는 가장 먼저 안전한 제품의 출시를 위한 최우선 원칙은 무엇인지를 정의한 다음, 개발자들에게 유용한 확인목록이 될 수 있도록 다듬는다.

출시 확인목록 개발하기

확인목록은 새로운 서비스와 제품을 재현 가능한 신뢰성을 바탕으로 출시하기 위한 수단이다. 우리의 출시 확인목록은 출시 조율 엔지니어링팀이 오랜 시간 동안 정기적으로 관리하며 숙성시켜온 것이다. 출시 확인목록의 상세한 내용은 각 기업마다 다르다. 그 이유는 각 기업의 내부 서비스와 인프라스트럭처에 맞추어 확인목록이 결정되어야 하기 때문이다. 이후의 절에서는 구글의 LCE 확인목록에서 몇 가지 주제를 발췌해서 이를 구체화하는 예를 살펴보기로 하자.

아키텍처와 의존성

아키텍처를 리뷰하면 서비스가 공용 인프라스트럭처를 올바르게 사용하고 있는지를 확인할 수 있음은 물론 제품의 출시에 있어 공용 인프라스트럭처의 소유자가 함께 참여하도록 유도할 수 있다. 구글은 새로운 제품을 구축할 때 빌딩 블록처럼 사용할 수 있는 수많은 내부 서비스들을 보유하고 있다. 수용량 계획의 마지막 단계([Hix15a] 참고)에서는 확인목록에 정의된 의존성 목록을 사용해서 모든 의존성들이 올바르게 준비되어 있는지를 확인한다.

확인목록 질문의 예

- 사용자의 요청은 프런트엔드를 거쳐 백엔드까지 어떻게 전달되는가?
- 요청의 종류별로 지연응답에 대한 요구사항이 서로 다른가?

실행항목의 예

- 사용자와 관련된 요청을 관련이 없는 요청과 따로 분리한다.
- 요청의 규모에 대한 예측을 검증한다. 한 페이지에서 더 많은 수의 요청을 생성할 수 있다.

통합

많은 기업의 서비스들은 머신의 셋업 과정, 새 서비스의 설정, 모니터링 셋업, 로드밸런싱 통합, DNS 주소 셋업 등에 대한 가이드라인을 포함하는 내부 생태계에서 운영된다. 이런 내부 생태계는 시간이 지나면서 점점 늘어나는 경향이 있으며, 각자 독특한 특성과 문제점들을 가지고 있다. 그래서 확인목록의 이 부분은 기업마다 그 차이점이 극명하다.

실행항목의 예

- 서비스를 위한 새 DNS 이름 셋업
- 서비스와의 통신을 위한 로드밸런서 셋업
- 새 서비스에 대한 모니터링 셋업

수용량 계획

새로운 기능을 출시하면 일시적으로 사용량이 늘어나다가 며칠이 지나면 가라앉는다. 출시 직후에 늘어나는 부하나 트래픽은 평소의 상황과 비교하면 사뭇 다르며 부하 테스트 결과마저 쓸모없게 만들기도 한다. 대중의 관심은 예측이 어렵기로 악명이 높은데다 구글의 일부 제품은 출시 시점에 당초 예상보다 무려 15배나 높은 트래픽을 보이기도 한다. 이런 경우 어느 한 지역이나 국가에서만 제품을 출시하는 방법을 선택하면 더 많은 지역에 제품을 출시할 때 조금 더 자신감을 가질 수 있다.

수용량은 이중화와 가용성을 위한 것이다. 예를 들어 서비스가 가장 바쁜 시점에 100%의 트래픽을 모두 감당하기 위해 세 개의 복제 서버를 배포해야 한다면 총 네 번이나 다섯 번의 배포를 수행해야 한다. 그중 한두 번은 이중화를 위한 것으로 유지보수나 예상하지 못한 오동작으로부터 사용자를 보호하기 위한 것이다. 데이터센터와 네트워크 자원은 준비 시간이 오래 걸리는 경우가 자주 있으며, 회사가 필요한 만큼의 자원을 확보하려면 사전에 충분히 요청을 해야 한다.

확인목록 질문의 예

- 제품의 출시가 언론이나 광고, 블로그 포스트 혹은 기타 다른 형태로 홍보되었는가?
- 출시 도중 및 출시 후 트래픽과 증가율은 어느 정도로 예상하는가?
- 전체 트래픽을 지원하기 위한 충분한 컴퓨트 자원이 확보되었는가?

장애 모드

새로운 서비스에서 가능한 장애 모드를 시스템적으로 고려하면 서비스의 높은 신뢰성을 처음부터 확보할 수 있다. 이를 위한 확인목록은 각 컴포넌트와 의존성들을 살펴보고 이들의 장애 상황에서 시스템이 받을 영향을 확인하는 것과 관련이 있다. 개별 머신, 데이터센터 혹은 네트워크에서 장애가 발생했을 때 서비스가 이에 적절히 대처할 수 있는가? 잘못된 입력 데이터는 어떻게 처리할 것인가? 서비스 거부 공격(Denial-of-Service, DoS)의 가능성에 대해서는 준비가 되어 있는가? 서비스가 의존하는 다른 서비스에 장애가 발생했을 때 적절한 퇴보 모드를 통해 계속해서 서비스가 가능한가? 서비스가 시작하는 시점에, 혹은 런타임 시점에 의존하는 서비스가 사용 불가능한 상황은 어떻게 대처하는가?

확인목록 질문의 예

- 서비스의 디자인에 있어 단일 실패점이 존재하는가?
- 의존하는 서비스의 장애의 영향을 어떻게 최소화하고 있는가?

실행항목의 예

- 요청이 너무 오래 실행되면서 자원을 소모하는 것을 방지하기 위해 요청 실행에 대한 마감기한을 설정한다.
- 과부하 발생 시 새로운 요청을 미리 거부하도록 부하의 정량을 구현한다.

클라이언트 동작

전통적인 웹사이트에서는 합법적인 사용자가 불법적인 행위를 하는 경우가 극히 드물다. 모든 요청이 링크의 클릭 같은 사용자의 행위에 의해 발생하는 것이라면 요청률은 사용자가 클릭을 수행하는 속도에 따라 제한되기 마련이다. 부하가 두 배가 되려면 사용자의 수 역시 두 배가 되어야 한다.

이런 이치는 사용자의 입력 없이 어떤 행위를 유발하는 클라이언트가 있다면 더 이상 적용되지 않는다. 데이터를 정기적으로 클라우드에 동기화하는 모바일 앱이나 정기적으로 새로 고침을 수행하는 웹사이트 등이 좋은 예다. 어떤 경우든 비정상적인 동작은 서비스의 안정성에 위협이 되기 쉽다(스크래퍼와 서비스 거부 공격 같은 불법적인 트래픽으로부터의 서비스 보호에 대한 주제는 잠시 후에 다루기로 하자. 이는 퍼스트파티 클라이언트의 안전한 동작을 디자인하는 것과는 완전히 다른 주제다).

확인목록 질문의 예

- 자동 저장/자동 완성/건강 상태 검사 기능 등을 구현하고 있는가?

- 장애 발생 시 클라이언트가 즉각 동작을 중단하도록 한다.
- 자동으로 발생하는 요청을 충분히 고려한다.

절차와 자동화

구글은 엔지니어들이 공통 절차를 자동화하기 위한 표준화된 도구를 사용하도록 권장한다. 그러나 자동화는 결코 완벽할 수 없으며, 모든 서비스는 새로운 릴리즈의 생성, 다른 데이터센터로의 서비스 이전, 백업으로부터의 데이터 복구 등 반드시 사람이 수행해야 하는 절차를 갖기 마련이다. 하지만, 우리는 신뢰성을 위해 사람을 포함한 단일 실패점을 최소화하기 위해 고군분투하고 있다.

이런 절차들은 엔지니어의 머릿속에만 남아있지 않도록 제품을 출시하기 전에 반드시 문서화해서 긴급 상황이 발생했을 때 활용할 수 있어야 한다. 필요한 절차를 문서화해두면 긴급 상황 시 팀의 누구든지 해당 절차를 실행할 수 있다.

확인목록 질문의 예

- 서비스가 지속적으로 실행되기 위한 필요한 수동 절차가 있는가?

실행항목의 예

- 모든 수동 절차는 문서화한다.
- 서비스를 새로운 데이터센터로 이전하기 위한 절차를 문서화한다.
- 새 버전의 빌드 및 배포 절차를 자동화한다.

배포 절차

구글은 버전 관리를 폭넓게 활용하며 모든 개발 절차는 버전 관리 시스템과 깊이 통합되어 있다. 우리가 보유한 다양한 사례들은 버전 관리 시스템의 효율적인 사용과 관련이 깊다. 예를 들어 우리는 대부분의 개발 작업을 주 브랜치에서 진행하지만 릴리즈는 각 릴리즈별로 별개의 브랜치에서 빌드된다. 이렇게 함으로써 주 브랜치에서 관련이 없는 변경 사항을 가져오는 일 없이 특정 릴리즈의 버그만 손쉽게 수정할 수 있다.

또한 구글은 버전 관리 시스템을 다른 목적으로도 사용한다. 즉, 설정 파일도 여기에 저장한다. 버전 관리 시스템이 가진 다양한 장점들(기록 추적, 개별적인 변경의 관리 및 코드 리뷰)은 설정 파일에도 그대로 적용할 수 있다. 어떤 경우에는 개발자들은 그저 변경 사항을 제출하기만 하면 버전 관리 시스템에서 변경 사항을 실제 서비스에 자동으로 배포되도록 하기도 한다.

실행항목의 예

- 모든 코드와 설정 파일을 버전 관리 시스템에 제출한다.
- 각 릴리즈는 매번 새로운 릴리즈 브랜치에 관리한다.

외부 의존성

때로는 제품의 출시가 회사가 제어할 수 없는 요소의 영향을 받기도 한다. 이런 요소들을 미리 확인하면 예측 불가능한 요소들을 사전에 차단할 수 있다. 예를 들어 서드파티가 관리하는 코드 라이브러리 혹은 다른 기업이 제공하는 서비스나 데이터에 대한 의존성들을 미리 확인해야 한다. 벤더의 장애나 버그, 시스템 오류, 보안 이슈 혹은 예상치 못한 확장성의 제한이 실제로 발생했을 때 이에 대한 조치를 미리 계획해두었다면 사용자의 피해를 최소화하거나 회피할 수 있다. 우리는 지금까지 구글의 제품을 출시하면서 프록시의 필터링 및 재작성, 데이터 변환 파이프라인 및 캐시를 이용해 이런 위협들을 최소화해 왔다.

확인목록 질문의 예

- 제품의 출시에 어떤 서드파티 코드, 데이터, 서비스 혹은 이벤트에 대한 의존성이 영향을 미치는가?
- 우리 서비스에 의존하는 파트너가 있는가? 그렇다면 제품의 출시를 그들에게 알려야 하는가?
- 우리 또는 외부 벤더가 제품 출시 기일을 지킬 수 없을 때 어떤 일이 발생하는가?

발표 계획

대형 분산 시스템에서는 몇 가지 이벤트가 동시에 즉석에서 일어난다. 신뢰성의 측면에서 이벤트가 이렇게 빨리 일어나는 것은 사실 이상적이라 할 수는 없다. 제품 출시가 복잡한 경우에는 여러 다른 서브시스템이 개별적인 기능들을 활성화해야 하기도 하는데, 이런 설정들을 변경하는 것은 몇 시간이 지나야 완료될 수도 있다. 테스트 환경에서 실제 환경을 위한 설정을 테스트했다고 해서 동일한 설정을 실제 환경에 그대로 내보낼 수 있는 것은 아니다. 때로는 모든 컴포넌트의 출시가 깔끔하고 올바른 순서로 이루어지게 하기 위해서 복잡한 과정이나 특별한 기능이 필요할 수도 있다.

마케팅이나 홍보 같은 팀 외부로부터의 요구사항 역시 복잡도를 증가시키는 요인이다. 예를 들어 팀은 특정 기능을 컨퍼런스의 키노트 시간에 맞추어 활성화해야 하지만 키노트가 시작되기 전까지는 해당 기능을 보이지 않도록 숨겨야 하기도 한다.

발표 계획에서 고려해야 할 또 다른 요소는 우발적으로 발생하는 일이다. 키노트 시간에 필요한 기능을 활성화하지 못했다면 어떻게 될까? 경우에 따라서는 "이 기능을 출시했습니다" 대신 "이 기능을 며칠 내로 출시할 예정입니다"라고 발표하는 백업 슬라이드를 준비하는 것으로 간단하게 해결할 수도 있다.

실행항목의 예

- 서비스를 출시하기 위해 필요한 실행 요소들을 정의한 출시 계획을 수립한다. 그리고 각 요소들을 누가 책임질 것인지도 결정한다.
- 개별 출시 단계마다 위험 요소들을 정의하고 우발적 상황에 대처할 수 있는 방안을 수립한다.

안정적인 출시를 위한 기법들

이 책의 다른 부분에서 이미 설명했듯이 구글은 시스템들을 안정적으로 운영하기 위해 수년에 걸쳐 여러 가지 기법들을 개발해왔다. 이런 기법들 중 일부는 제품을 안전하게 출시하기에 특히 적합하다. 또한 서비스의 일반적인 운영에서도 장점을 발휘하기도 하지만, 출시 시점에서 이 기법들을 올바르게 활용하는 것이 무엇보다 중요하다.

점진적이고 단계적인 출시

시스템 관리 분야의 격언 중 하나는 "운영 중인 시스템은 절대 바꾸지 마라"다. 모든 변경은 위험을 의미하며 위험은 시스템의 안정성을 확보하기 위해서는 최소화해야 할 요소다. 모든 소규모 시스템에서 철칙으로 받아들여지는 것들은 구글이 운영하는 것 같이 고도로 복제되고 전 세계적으로 분산된 시스템에서는 두 배로 중요한 철칙이 된다.

구글에서는 전 세계에 새로운 제품을 특정 시간에 '버튼 하나만 눌러서' 출시하는 경우란 극히 드물다. 오랜 시간에 걸쳐 구글은 제품과 기능을 점진적으로 출시하면서 위험을 최소화하는 여러 가지 패턴들을 개발했다. 자세한 내용은 부록 B를 참고하기 바란다.

구글 서비스의 거의 모든 업데이트는 미리 규정된 절차에 따라 점진적으로 이루어지며, 각 단계별로 적절한 검증 과정을 거치게 된다. 새로운 서버는 우선 한 데이터센터의 몇 개 머신에만 설치된 뒤 정해진 시간 동안 관찰하게 된다. 서버가 이상 없이 동작하면 데이터센터의 모든 머신에 설치한 후 다시 관찰한 다음 마지막으로 전 세계 머신들에 설치한다. 출시의 첫 번째 단계는 보통 '카나리(canary)'라고 부르는 단계다. 어원은 석탄 광산에서 위험한 가스의 유출 여부를 확인하기 위해 광부들이 데리고 다니던 새의 이름에서 따온 것이다. 우리의 카나리 서버는 실제 사용자 트래픽하에서 새로운 소프트웨어의 동작을 통해 발생할 수 있는 위협적인 영향을 감지한다.

카나리 테스트 개념은 자동화된 변경을 유발하는 구글의 수많은 내부 도구는 물론 설정 파일을 변경하는 시스템들에는 모두 내장되어 있다. 새로운 소프트웨어의 설치를 관리하는 도구는 대부분 새로 시작한 서버를 한동안 관찰하면서 이 서버에 어떤 이상이 없는지를 확인한다. 만일 어떤 변경 이후 일정 기간 동안의 검사를 통과하지 못하면 자동으로 롤백된다.

점진적 출시의 개념은 구글의 서버에서 실행되지 않는 소프트웨어도 적용된다. 새로운 버전의 안드로이드 앱 역시 점진적으로 출시할 수 있다. 즉, 업데이트된 버전의 설치를 특정 그룹에만 허용하는 것이다. 업그레이드된 인스턴스의 비율은 100%가 될 때까지 시간을 두고 점진적으로 이루어진다. 이런 류의 출시는 새 버전의 출시로 인해 구글 데이터센터의 백엔드 서버의 트래픽이 증가하는 경우에 특히 도움이 된다. 이렇게 하면 새 버전을 점진적으로 출시하는 동안 서버에 미치는 영향을 관찰하고 문제를 더 일찍 발견할 수 있다.

초청(invite) 시스템은 점진적 출시의 또 다른 형태다. 사용자가 서비스에 마음대로 가입할 수 있게 하는 대신 하루에 제한된 수의 사용자에게만 가입을 허용하는 것이다. 가입자의 비율 제한은 초청 시스템과 짝을 이루는 경우가 종종 있다. 즉, 사용자가 일정한 수의 친구들에 초대장을 발송해서 가입을 유도하는 것이다.

기능 플래그 프레임워크

구글은 장애의 위험을 낮추기 위해 사전 출시 테스트 전략을 채택하기도 한다. 변경 사항을 천천히 출시하는 메커니즘을 통해 실제 부하가 발생하는 상황에서 전체 시스템이 어떻게 동작하는지 관찰할 수 있으며, 실제로 안정성, 엔지니어링 속도 및 시장 출시 시점 등에 대한 엔지니어링 투자에 집중할 수 있다. 이 메커니즘은 현재 테스트 환경이 그다지 실용적이지 않거나 제품 출시의 영향을 예측할 수 없는 경우에 특히 유용하다.

게다가 모든 변경이 똑같지는 않다. 때로는 사용자 인터페이스의 약간의 변경이 실제 사용자 경험을 향상시킬 수 있는지를 확인하고 싶은 경우도 있을 것이다. 이런 작은 변경은 수천 줄의 코드 변경이나 복잡한 출시 과정을 거칠 필요가 없다. 그래서 수백 가지 변경 사항을 동시에 테스트할 수도 있다.

마지막으로 적은 수의 사용자들이 구현이 어려운 새 기능의 프로토타입을 미리 사용해보고 싶어하는지 여부를 알고 싶을 수도 있다. 수개월의 엔지니어링을 거쳐 새로운 기능을 만들어 수백만의 사용자들에게 제공했는데 결국 이 기능이 무용지물이 되는 상황은 보고 싶지 않을 것이다.

지금까지 나열한 시나리오들을 적용하기 위해 구글의 여러 제품들은 기능 플래그(feature flag) 프레임워크를 고안했다. 이런 프레임워크들의 일부는 새로운 기능을 0%부터 100%의 사용자들에게 점진적으로 출시하기 위해 디자인된 것이다. 제품이 이런 류의 프레임워크를 도입할 때마다 LCE가 애플리케이션에 개입할 필요가 없도록 프레임워크 자체를 최대한 견고하게 만들었다. 이런 프레임워크는 다음과 같은 요구사항을 만족한다.

- 많은 변경 사항들을 출시할 때 각 변경 사항을 일부 서버, 사용자, 엔티티 혹은 데이터 센터에 병렬로 출시한다.
- 변경의 출시를 점진적으로 늘리되, 보통 1~10% 사이의 제한된 사용자들에게만 적용한다.
- 사용자, 세션, 객체 및 지역에 따라 다른 서버를 통해 트래픽을 직접 전달한다.
- 사용자에 대한 영향 없이 새 코드의 실행 중 발생하는 장애를 자동으로 처리한다.
- 심각한 버그나 부작용이 발생하면 즉시 변경 사항을 독립적으로 이전 상태로 되돌린다.
- 각 변경 사항이 사용자 경험을 어떻게 향상시키는지 측정한다.

구글의 기능 플래그 프레임워크는 크게 두 가지로 구분할 수 있다.

- 사용자 인터페이스의 수월한 향상을 최우선으로 하는 프레임워크
- 다양한 서버 측 비즈니스 로직의 변경을 지원하는 프레임워크

상태가 없는 서비스의 사용자 인터페이스의 변경을 지원하기 위한 가장 간단한 기능 플래그

프레임워크는 프런트엔드 애플리케이션 서버의 HTTP 페이로드 재작성기다. 이 프레임워크는 쿠키의 일부나 혹은 비슷한 HTTP 요청/응답의 속성을 재작성하는 용도로만 사용된다. 이 프레임워크의 설정 메커니즘은 새 코드 경로와 관련된 식별자 및 변경의 범위(예를 들면 쿠키 해시를 범위로 나눈 값), 화이트리스트 및 블랙리스트 등을 명시한다.

상태가 있는 서비스는 기능 플래그를 로그인한 사용자의 일부 혹은 문서, 스프레드시트 혹은 저장소 객체의 ID 같은 제품의 실제 엔티티의 일부로 제한하는 경향이 있다. 이런 서비스들은 HTTP 페이로드를 재작성하는 대신 변경의 종류나 프록시를 사용하거나 요청을 다른 서버로 보내서 향상된 비즈니스 로직과 더 복잡한 새 기능을 테스트할 수 있는 능력을 제공한다.

클라이언트 동작의 오용에 대처하기

클라이언트의 동작을 오용하는 가장 간단한 예는 업데이트 비율을 잘못 판단하는 것이다. 매 60초마다 동기화를 수행하는 새 클라이언트는 600초마다 동기화를 수행하는 클라이언트에 비해 10배나 많은 부하를 발생시킨다. 재시도 역시 사용자가 발생시키는 요청뿐만 아니라 클라이언트가 발생시키는 요청에 위험 요소로 작용한다. 어떤 서비스에 과부하가 발생해서 일부 요청의 처리가 실패하는 경우를 생각해보자. 만일 클라이언트가 실패한 요청을 다시 시도한다면 이미 과부하가 발생한 서비스에 더 많은 부하를 유발하게 되고 그래서 재시도 요청은 물론 일반 요청의 수가 증가하게 된다. 따라 클라이언트는 재시도 요청 사이의 지연 시간을 지속적으로 높여서 재시도의 빈도를 낮추고 재시도를 수행할 에러의 종류에 대해 신중히 고려해야 한다. 예를 들어 네트워크 에러에 대해서는 재시도를 수행하지만(클라이언트 측의 에러를 의미하는), 4xx HTTP 에러에 대해서는 재시도를 수행할 필요가 없다.

천둥 소리(제24장과 제25장 참고) 현상이 발생한 상황에서 자동화된 요청의 의도적인, 혹은 부주의로 인한 동기화는 클라이언트의 동작을 오용하는 또 다른 사례다. 모바일 앱 개발자라면 대부분의 사용자들이 잠들어 있어 다운로드로 인한 불편을 겪지 않는 새벽 2시쯤이 업데이트를 다운로드하기에 적합한 시간이라고 판단할 것이다. 하지만 이 결정으로 인해 매일 새벽 2시에 다운로드 서버로 요청들이 일제히 쏟아지기 시작하고 그 외의 시간에는 아무런 요청이 유입되지 않는 결과를 낳게 된다. 그래서 모든 클라이언트는 이런 종류의 요청을 수행할 시간을 임의로 선택해야 한다.

이러한 임의성은 정기적으로 실행하는 프로세스에도 적용해야 한다. 앞서 언급했던 재시도의 예를 다시 생각해보자. 클라이언트의 요청이 처리 도중 실패해서 첫 번째 재시도를 1초 후에 수행한 후 다시 2초 후, 그 다음은 4초 후에 재시도를 수행한다고 생각해보자. 임의성을 고려하지 않는다면 재시도 요청이 1초, 2초, 4초 후에 각각 발생하면서 그 시간대의 에러율이 증가하게 된다. 이런 동기화 이벤트를 균등하게 배분하려면 각 재시도 요청 사이의 지연 시간은 임의의 값으로 설정되어야 한다.

클라이언트의 동작을 서버 측에서 제어하는 기능은 중요한 도구라는 것은 이미 예전에 증명되었다. 디바이스에서 실행되는 앱의 경우라면 이런 기능을 활용하기 위해서는 정기적으로 서버에 접속해서 설정 파일을 다운로드할 수 있어야 한다. 그리고 이 파일에는 특정 기능이나 클라이언트의 동기화나 재시도 빈도를 조정할 수 있는 매개변수를 활성화하거나 비활성화하는 설정이 포함되게 된다.

클라이언트 설정에는 새로운 사용자 기능을 완전히 활성화하는 설정이 포함되어 있을 수도 있다. 해당 기능을 활성화하기 전에 클라이언트 애플리케이션에 새로운 기능을 지원하는 코드를 미리 포함시켜두면 출시와 관련된 위험을 상당히 제거할 수 있다. 새 기능이 포함된 버전과 포함되지 않은 버전을 병렬로 관리할 필요가 없다면 새 버전의 릴리즈는 훨씬 수월해진다. 특히 단 하나의 새 기능이 아니라 독립된 기능 여러 가지를 각기 다른 일정으로 릴리즈해야 해서 각기 다른 버전의 여러 조합을 관리해야 할 필요가 있는 경우에는 더 큰 도움이 된다.

이렇게 기능을 미리 숨겨두면 출시하는 도중 부작용이 발생했을 때 출시를 취소하기도 쉬워진다. 즉, 간단하게 해당 기능을 비활성화하고 이를 수정한 후 업데이트된 버전의 앱을 다시 릴리즈하면 된다. 클라이언트가 이런 설정을 지원하지 않는다면 해당 기능을 포함하지 않은 새 버전의 앱을 제공한 후 모든 사용자의 기기의 앱을 업데이트해야 한다.

과부하 시의 동작과 부하 테스트

과부하 상황은 특히 더 복잡한 장애 상황이며 그래서 더 많은 주의가 필요하다. 새로 출시한 서비스가 대성공을 거두어 과부하가 발생하는 것은 환영할 만한 일이지만 로드밸런싱 장애, 머신 장애, 클라이언트의 동기화 동작 및 외부로부터의 공격 등 과부하를 유발하는 원인은 셀 수 없이 많다.

쉽게 생각한다면 머신의 CPU 사용량을 통해 특정 서비스의 부하(예를 들면 요청의 수나 처리된 데이터의 양)가 선형적으로 증가하고, 사용 가능한 CPU 자원이 없으면 처리가 느려지게 될 것이다. 안타깝게도 서비스가 이렇게 이상적으로 동작하는 경우는 실세계에서는 드물다. 많은 서비스들이 부하가 높지 않은 상황에서도 CPU 캐시, JIT 캐시 및 해당 서비스만의 데이터 캐시 등 다양한 캐시의 영향으로 인해 갑자기 느려진다. 부하가 증가하면 CPU 사용량 및 서비스의 부하가 선형적으로 증가하지만 응답 시간이 일정하게 유지되는 구간이 있다.

하지만, 부하가 어느 지점을 넘어서 증가하면 많은 서비스에서 비선형적인 지표들이 나타나게 된다. 가장 대표적인 현상은 응답 시간이 증가하기 시작하고 따라서 사용자 경험이 하락하지만 장애를 유발하지는 않는다(하지만, 의존하고 있는 서비스가 느려지면 RPC 마감 기한의 초과로 인해 사용자에게 노출될 수 있는 에러가 발생할 수 있다). 이보다 더 심한 경우에는 과부하로 인해 서비스가 완전히 멈춰버리게 된다.

과부하 시의 동작에 대한 특정한 예를 생각해보자. 어떤 서비스가 백엔드의 에러에 대해 디버깅 정보를 로그에 기록한다고 가정하자. 그런데 평상시에는 디버깅 정보를 기록하는 작업이 백엔드 응답을 처리하는 작업보다 더 오래 걸린다는 것이 밝혀졌다. 그래서 서비스의 과부하로 인해 RPC 스택 내에서 백엔드 응답에 타임아웃이 발생하면 서비스가 로그를 기록하기 위해 더 많은 CPU 시간을 사용하게 되고 그동안 더 많은 요청에서 타임아웃이 발생해서 결국 서비스가 완전히 뻗게 된다. 자바 가상 머신(Java Virtual Machine, JVM) 상에서 운영되는 서비스들은 'GC(Garbage Collection, 쓰레기 수집) 처리' 때문에 유사한 현상이 발생하기도 한다. 이 경우 가상 머신의 내부 메모리 관리가 실행되어 사용하지 않는 메모리를 해제하고 이로 인해 대부분의 CPU 시간이 메모리 관리에 사용된다.

공교롭게도, 서비스가 과부하 시에 어떻게 반응하는지를 처음부터 예측하는 것은 매우 어렵다. 그렇기 때문에 제품의 안정성은 물론 수용량 계획에 있어 부하 테스트는 가치 있는 도구인 동시에 대부분의 제품 출시에 부하 테스트가 필요하다.

LCE의 개발 역량

구글의 초창기 시절에는 수년에 걸쳐 매년마다 엔지니어링팀의 규모가 두 배 이상 증가했고 다양한 실험 제품과 기능을 구현하는 여러 개의 작은 팀으로 엔지니어링 조직이 분리되었다. 이런 분위기에서는 초보 엔지니어들이 자신들의 선배들이 했던 실수를 반복할 수 있는 위험이 있다. 특히 실수가 있었던 새 기능과 제품의 출시가 성공적이었다면 더더욱 같은 실수를 범할 확률이 높다.

과거의 제품 출시 과정에서 있었던 일들을 그대로 답습하면서 실수를 반복하는 것을 방지하기 위해 '출시 엔지니어(Launch Engineer)'라고 부르는 경험이 있는 엔지니어들이 일종의 컨설팅팀으로 합류한다. 출시 엔지니어는 새 제품의 출시에 대한 확인목록을 개발한다. 이 목록은 다음과 같은 주제들을 포함한다.

- 법률팀과 협의해야 할 시점
- 도메인 이름의 선택 방법
- DNS 설정 실수 없이 새 도메인을 등록하는 방법
- 일반적인 엔지니어링 디자인 및 제품 배포 시 고려할 위험 요소들

출시 엔지니어의 컨설팅 세션을 '출시 리뷰(Launch Review)'라고 부르며, 이제는 새 제품의 출시로부터 며칠 혹은 몇 주 전에 수행하는 일반적인 관행이 되었다.

최근 2년 동안 출시 확인목록 내의 제품 배포에 대한 요구사항은 점점 더 길어지고 복잡해졌다. 구글의 배포 환경의 복잡도가 증가함에 따라 제품 엔지니어가 안전하게 변경 사항을 만들 수 있는 방법을 최신의 정보로 유지하기가 더욱 어려워졌다. 동시에 SRE 조직의 규모도 매우 빠르게 커지면서 경험이 충분하지 않은 SRE들이 너무 예민해져서 변경 사항을 적용하는 것에 부정적인 반응을 보이기도 했다. 구글은 두 조직 간의 협상으로 인해 제품과 기능의 출시 속도가 저하될 위험 요소를 내포하게 되었다.

이런 상황을 개발자의 관점에서 방지하기 위해 2004년부터 SRE는 규모는 작지만 상시 근무를 수행하는 LCE들로 구성된 팀으로 재편되었다. 이들은 새 제품과 기능의 출시 속도를 앞당기는 역할을 하는 동시에 SRE의 전문성을 활용해 구글이 높은 가용성과 낮은 지연응답을 보장하는 안정적인 제품을 출시할 수 있도록 협력하고 있다.

LCE는 서비스의 장애 없이 신속하게 출시하는 역할을 담당하며 출시 도중 장애가 발생하더라도 다른 제품이 영향을 받지 않도록 조치한다. 또한 제품의 시장 출시 시간을 단축하기 위해 이런 장애가 발생할 때마다 이해관계자들에게 적절히 통보하는 역할도 담당한다.

LCE 확인목록의 진화

구글의 환경이 계속 복잡해지면서 출시 조율 엔지니어링 확인목록(부록 E 참고)과 출시의 규모도 덩달아 복잡해졌다. 지난 3년 반 동안 한 명의 LCE가 LCE 확인목록을 통해 350번의 제품 출시를 수행했다. 이 기간 동안 팀의 평균 엔지니어 수는 5명이었으므로 이를 환산하면 지난 3년 반 동안 1,500번 이상의 제품 출시를 수행한 셈이다.

LCE 확인목록의 각 질문들은 간단하지만 이 질문의 의미와 그에 대한 답변의 의미는 훨씬 복잡하다. 이 복잡성을 완전히 이해하기 위해 새로 고용된 LCE들은 약 6개월의 훈련 기간을 거친다.

출시의 규모가 커지고 구글의 엔지니어링팀 규모가 매년 두 배씩 성장하는 동안 LCE는 자신들의 리뷰를 능률적으로 처리할 방법을 물색했다. LCE는 사건사고가 현저히 적어 위험도가 낮았던 출시를 구분하는 항목들을 정의했다. 예를 들어 어떤 기능을 출시하면서 서버에 새로운 실행 파일을 배포할 필요가 없었고 트래픽의 증가도 10% 이하인 경우는 위험도가 낮은 것으로 분류했다. 이런 출시에는 매우 간단한 확인목록을 적용하고 위험도가 높은 출시의 경우에는 전방위적인 확인과 균형을 적용했다. 2008년에는 전체 리뷰 대상 출시 중 30% 정도가 위험도가 낮은 것으로 판명되었다.

그와 동시에 구글의 환경은 계속 확장되어 제품 출시와 관련된 다양한 제약 사항들을 제거해 나갔다. 예를 들어 유튜브를 인수하면서 구글은 네트워크와 대역폭을 더욱 효과적으로 활용해야 했다. 즉, 더 많은 작은 제품들이 '빈 틈을 메꾸어' 복잡한 네트워크 수용량 계획과 준비 절차를 최소화하고, 그럼으로써 출시를 더욱 가속화할 수 있게 되었다. 또한 구글은 초대형 데이터센터를 건축해서 한 곳에서 여러 의존 서비스들을 호스팅하는 능력도 갖추었다. 이를 통해 새로 출시하는 제품이 의존하는, 이미 존재하는 여러 서비스들이 대규모 수용량을 필요로 하는 상황에서도 비교적 쉽게 제품을 출시할 수 있게 되었다.

LCE가 해결하지 못한 문제들

LCE들이 리뷰를 최소화하기 위한 노력을 계속했음에도 불구하고 그 노력은 그다지 효과를 보지 못했다. 2009년에 있었던 소규모 새 서비스의 출시는 그 난이도면에서 구글 내에서 전설이 되었다. 대용량 서비스로 발전한 서비스들은 출시 조율을 통해서 해결하지 못했던 문제들과 마주했다.

확장성의 변화

제품이 당초 예상보다 훨씬 성공적이어서 그 사용량의 규모가 두 배 이상 커지면 부하 증가의 속도를 따라가기 위해서 디자인의 변경이 필요할 수도 있다. 현재 진행 중인 기능의 추가와 더불어 이런 확장성의 변화는 제품을 더 복잡하고 불안정하며 운영하기 어렵게 만든다. 그러다 보면 어느 시점에 원래 제품의 아키텍처를 더 이상 관리할 수 없어 완전히 새로운 아키텍처가 필요하게 된다. 제품의 아키텍처를 변경하고 모든 사용자들을 새로운 아키텍처로 이전하려면 엄청난 시간과 개발자 및 SRE 자원이 필요하고 그 기간 동안 새 기능의 개발 속도가 떨어지게 된다.

증가하는 운영 부담

출시 이후 서비스를 운영하다 보면 운영 부담, 즉 시스템이 지속적으로 동작하도록 하기 위해 엔지니어들이 수작업으로 반복해야 하는 업무의 양은, 이를 조절하려는 노력이 없다면 시간이 지나면서 늘어나는 경향이 있다. 시시때때로 울리는 자동화된 알림, 배포 절차의 복잡함 그리고 수작업으로 진행되는 운영 업무의 오버헤드는 시간이 지나면서 계속 늘어나고 서비스 소유자의 시간을 계속해서 빼앗아 결국 팀이 기능 개발에 투자할 시간이 더 적어지게 된다. 제5장에서 확인했듯이 SRE는 내부적으로 최대 50%까지 운영 업무를 수행할 수 있다. 운영 업무를 최대치 이하로 유지하려면 운영 업무의 원인을 지속적으로 추적하고 이를 제거하기 위한 꾸준한 노력이 필요하다.

인프라스트럭처의 변화

만일 인프라스트럭처팀의 적극적인 개발 의지로 인해 기반 인프라스트럭처(클러스터 관리, 저장소, 모니터링, 로드밸런싱 및 데이터 이전 등의 시스템)가 변경되면 해당 인프라스트럭처 상에서 운영 중인 서비스의 소유자들은 인프라스트럭처의 변경을 지속적으로 반영하기 위해 반드시 어느 정도의 시간을 할애할 수밖에 없다. 서비스가 의존하는 인프라스트럭처의 기능에 대한 지원이 종료되고 새로운 기능으로 대체되면 서비스 소유자는 반드시 자신들의 설정을 변경하고 실행 파일을 다시 빌드하는 등 '이전과 똑같이 동작하기 위해 더 빠르게 움직여야' 한다. 이에 대한 해결책은 특정 종류의 변경을 절감하기 위한 정책을 도입해서 인프라스트럭처 엔지니어들이 기존의 클라이언트들이 새로운 기능으로의 이전을 자동화할 때까지 하위호환성을 보장하지 않는 기능을 릴리즈하지 못하도록 하는 것이다. 새 기능과 더불어 자동화된 이전 도구를 개발하면 서비스 소유자들이 인프라스트럭처의 변경을 반영하기 위해 수행해야 하는 업무의 양을 최소화할 수 있다.

이런 문제를 해결하려면 LCE의 범위를 넘어 전사적 노력이 필요하다. 즉, 더 나은 플랫폼 API와 프레임워크(제32장 참고)의 조합, 지속적 빌드 및 테스트 자동화, 그리고 더 나은 표준화와 자동화를 구글의 전체 서비스에 적용해야 한다.

결론

빠르게 성장하며 제품과 서비스의 변화율이 높은 기업은 출시 조율 엔지니어링 역할을 도입하는 것이 도움이 될 것이다. 이런 팀은 기업이 매 1~2년 동안 제품 개발자들을 두 배 이상 더 채용할 계획이 있거나 서비스가 수백만 명의 사용자들로 확장되어야 하거나 높은 변화율에도 불구하고 안정성이 사용자에게 더 중요한 경우에 특히 더 유용하다

LCE팀은 변화를 안전하게 수용하기 위한 문제들에 대한 구글의 해결책이다. 이 장에서는 지난 10년간 이런 상황들을 경험하면서 축적한 LCE팀의 역할에 대해 소개했다. 우리의 경험과 방법을 통해 유사한 과제에 직면한 많은 이들이 영감을 얻을 수 있기를 바란다.

PART

IV

관리

이 책에서 다룰 마지막 내용은 팀 내에서 함께 일하기, 그리고 팀으로써 일하기라는 주제다. SRE는 고립되어 있지 않으며, 여러 가지 독특한 방법으로 업무를 수행한다.

SRE 조직을 효율적으로 운영하고 싶어하는 조직이라면 이들을 훈련시키는 것에 대해 심각하게 고려해야 한다. 복잡하고 빠르게 변화하는 환경 속에서 SRE들이 생각하는 방법을 가르치기 위한 적절한 훈련 프로그램을 마련한다면 새로 고용된 SRE들에게 처음 몇 주 혹은 몇 달에 걸쳐 올바른 모범 사례의 개념을 심어줄 수 있지만, 이런 훈련 프로그램이 없다면 몇 달 혹은 몇 년이 걸릴 수도 있다. 제28장 "비상 대기를 넘어 SRE의 성장을 촉진하기"에서는 바로 이런 전략에 대해 소개한다.

운영 업무를 담당하는 사람이라면 누구나 알고 있듯이, 중요한 서비스에 대한 책임의 수행 과정에는 많은 방해물이 존재한다. 운영 환경에 문제가 발생할 수도 있고 사람들이 자신이 선호하는 바이너리에 대한 업데이트를 요구할 수도 있으며, 많은 부서에서 컨설팅을 요청하고 기다리고 있을 수도 있다. 정신 없이 바쁜 와중에 이런 방해 요소들을 관리한다는 것은 기술이 필요하다. 이런 기술에 대해서는 제29장 "방해 요소에 대한 대처"에서 살펴보고자 한다.

너무 오랫동안 바쁜 일정이 계속된다면 SRE팀이 운영 업무의 부담을 줄여주어야 한다. 제30장 "SRE를 이용해 운영 업무의 부담에서 벗어나기"에서 좀 더 자세한 내용을 알아보도록 하자.

제31장 "SRE의 의사소통과 협업"에서는 SRE 내의 각기 다른 역할에 대해 설명한다. 즉, 팀 간, 지역 간, 대륙 간 의사소통, 운영 환경과 관련된 회의 진행, 그리고 SRE들이 협업하는 방법에 대한 사례 등을 소개한다.

마지막으로 제32장 "SRE 참여 모델의 개선"에서는 SRE 조직의 운영에 대한 초석이라 할 수 있는 운영 환경 준비 검토(Production Readiness Review, PRR)와 새로운 서비스의 안정적 출발을 위한 중요한 단계에 대해 소개한다. PRR을 수행하는 방법과 성공적이면서도 한편으로는 제한이 있는 이 모델을 어떻게 확장해나갈 것인지 함께 살펴보기로 하자.

구글 SRE가 추천하는 더 많은 읽을거리

신뢰성 있는 시스템을 구축하려면 소프트웨어 개발부터 잘 알려져 있지 않은 시스템 분석 기법 및 엔지니어링 규율 등을 주의 깊게 혼합한 여러 기술들이 필요하다. 마지막에 언급한 엔지니어링 규율에 대해서는 "사이트 신뢰성 엔지니어링의 시스템 엔지니어적 측면"[Hix15b]에서 소개한다.

"사이트 신뢰성 엔지니어 채용하기"[Jon15]에서 설명하듯이 SRE의 채용은 고도로 안정화된 조직을 마련하기 위해서는 필수적인 요소다. 구글의 채용 사례는 〈구글의 아침은 자유가 시작된다〉[Boc15] 같은 책[1]에서 자세히 설명하지만 SRE의 채용 과정은 사실 굉장히 독특하다. 구글은 전반적인 표준 절차를 마련하기는 했지만, SRE 지원자는 찾기도 어려울 뿐 아니라 효과적으로 면접을 진행하기는 더욱 어렵다.

---

1 구글의 인력 운영 담당 부사장 라스즐로 벅(Laszlo Bock)이 쓴 책(역주 국내에 출간된 번역서의 제목이며 원제는〈Work Rules!〉다.)

28

비상 대기를 넘어 SRE의 성장을 촉진하기

어떻게 하면 선임 SRE의 업무 수행 능력을 유지하면서
초보자들의 성장을 도모할 수 있을까?

앤드류 위도우슨(Andrew Widdowson) 지음

쉬라야 뉴카라(Shylaya Nukala) 편집

새 SRE를 고용했다. 이제 뭘 해야 하지?

여러분의 조직에서 SRE로 일할 새로운 직원들을 채용했다. 이제 이들의 업무에 대해 훈련을
시켜야 한다. 신입 SRE들에 대한 교육과 기술적 방향에 미리 투자를 한다면 이들을 더 나은
엔지니어로 성장시킬 수 있다. 이런 훈련은 이들의 성장을 촉진하여 그들의 기술을 더욱 견고
하고 균형 있게 다듬으면서도 빠르게 주어진 업무에 숙달되도록 도울 수 있다.

성공적인 SRE팀은 신뢰를 바탕으로 구성된다. 서비스를 일관적이면서도 전역적으로 관리하기
위해 자신들의 시스템이 어떻게 동작하는지를 알고,[1] 비정상적인 시스템의 동작을 진단할 수
있으며, 필요하다면 도움을 요청하고, 긴급한 상황을 해결할 수 있는 비상 대기 요원들을 신
뢰해야 한다. SRE의 교육에 대해 생각할 때 "신입 직원이 비상 대기 업무를 수행하려면 어떤
것을 배워야 하는가?"를 생각하는 것은 매우 기본적이기는 하지만 그것으로 충분하지는 않
다. 기본적으로 신뢰를 바탕으로 하는 만큼, 다음과 같은 질문들을 고려해야 할 것이다.

---

[1] 그리고 어떻게 하면 제대로 동작하지 않는지도 알고 있다.

- 기존의 비상 대기 엔지니어들은 신입 엔지니어의 비상 대기 업무 수행을 돕기 위해 무엇을 준비해야 하는가?
- 신입 엔지니어의 열정과 호기심을 기존 SRE들에게 어떤 이점으로 되돌려줄 것인가?
- 우리 팀의 모든 구성원의 교육에 도움이 되며, 모든 구성원들이 마음에 들어할 만한 활동에는 어떤 것들이 있는가?

학생들의 학업 선호도는 매우 다양하다. 이처럼 다양한 선호도를 가진 사람들을 고용하게 되면 어느 한 가지 방법만을 고집해서는 다른 이들을 만족시킬 수 없다. 그래서 신입 SRE를 훈련시키기 위한 최선의 교육 방식이란 존재하지 않는다. 또한 모든 SRE팀과 협업할 수 있는 마법 같은 한 가지 방법 따위도 존재하지 않는다. 표 28-1은 구글에서 SRE들에게 잘 알려진 훈련 기법(및 그에 상응하는 안티 패턴)을 나열한 것이다. 이 기법들은 신입 및 기존 SRE 인력들을 적절히 교육할 수 있는 다양한 옵션들을 제공한다.

표 28-1 SRE 교육 기법

권장하는 패턴	안티 패턴
학생들이 따라할 수 있는 구체적이고 연속적인 학습 경험을 디자인한다.	일상적인 작업(경고나 티켓 분류 등)으로 훈련을 진행한다(급한 일이 생겼을 때 비로소 훈련을 시키는 것).
리버스 엔지니어링, 통계적 분석, 기본적인 원리에 의한 업무 수행 등을 권장한다.	운영 절차 및 매뉴얼에 따라 엄하게 훈련한다.
학생들이 읽을 수 있는 포스트모텀을 제안함으로써 실패에 대해 분석할 기회를 제공한다.	비난을 피하기 위해 장애를 숨겨야 할 비밀로 취급한다.
경미하지만 실제로 발생할 수 있는 장애를 만들어 학생들이 실제 모니터링 및 도구를 이용해 이를 해결하게 한다.	학생들이 이미 비상 대기 업무를 수행하는 과정에서 발생한 이슈를 처음으로 수정해볼 기회를 제공한다.
그룹을 구성해 장애에 대한 역할 분담을 수행하고 팀의 문제 해결 방법을 공유한다.	기술과 지식이 특출난 전문가를 팀에 배정한다.
학생들이 비상 대기 업무의 순환에 보조로 참여하면서 기존의 비상 대기 엔지니어들과 의견을 공유하도록 한다.	학생들이 서비스에 대해 충분히 이해하기 전에 우선 비상 대기 업무를 수행하도록 한다.
비상 대기 훈련 계획의 특정 섹션을 개선할 수 있도록 전문 SRE와 학생들을 짝지어 준다.	비상 대기 훈련 계획을 전문가가 아닌 이상에는 절대 손댈 수 없는 정적인 것으로 인식하도록 한다.
중요한 프로젝트 업무를 학생들이 수행하게 하고 전체 스택의 일부에 대한 오너십을 가질 수 있도록 한다.	모든 새로운 프로젝트는 대부분 선임 SRE들이 수행하도록 하고 학생들은 나머지 잔업이나 하게 한다.

이 장의 나머지 부분에서는 SRE 조직이 비상 대기 업무를 넘어 더 발전할 수 있도록 촉진하기 위한 효과적인 방법들에 대해 소개한다. 이 개념들을 SRE들이 스스로 업무를 수행할 준비를 하기 위한 청사진으로써 시각화할 수 있다(그림 28-1 참조).

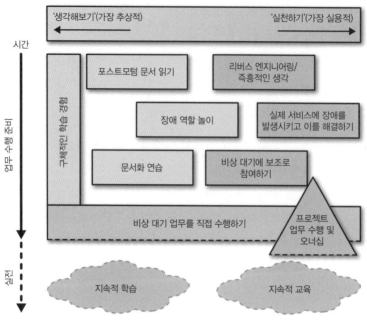

그림 28-1 SRE의 성장을 촉진하기 위한 청사진

그림 28-1은 SRE팀이 기존 선임들의 역량에 계속해서 새로운 자극을 주면서도 새로운 구성원을 도울 수 있는 준비를 하기 위한 모범 사례들을 제시한다. 독자들은 여기에 나열된 많은 도구들 중에서 각자의 팀에 가장 적합한 활동들을 선택하면 된다.

이 그림은 크게 두 개의 축으로 구성되어 있다.

- x축은 추상적인 것부터 실질적인 것까지 '각기 다른 종류의 업무 범위'를 표현한다.
- y축은 '시간'을 표현한다. 위에서부터 아래로 읽어보면, 신입 SRE가 자신이 책임져야 할 시스템과 서비스에 대해 아주 제한된 지식만을 가지고 있는 시점이므로 과거에 이 시스템들에 어떤 장애가 있었는지를 상세히 설명한 포스트모템을 읽어보는 것이 좋은 시작점이 될 수 있다. 또한 신입 SRE는 완전히 새로 시작하므로 시스템의 기본적인 부분부터 리버스 엔지니어링을 시도해볼 수 있다. 일단 시스템에 대한 이해가 갖춰지고 어느 정도의 실무를 경험해본 후에는 비상 대기 업무에 보조로 참여하고, 아직 완성이 되지 않았거나 혹은 너무 오래된 문서를 수정할 수 있다.

이 그림을 이해하기 위한 몇 가지 팁을 공개하면 다음과 같다.

- 비상 대기 업무를 직접 수행하기는 학습 내용이 더 불분명하고 막연하며 스스로 주도할 수 있게 되는 시점 이후의 마일스톤이다. 그래서 SRE가 비상 대기 업무를 본격적으로 시작하는, 혹은 그 이후 시점의 활동들은 점선으로 테두리가 그려져 있다.
- 삼각형으로 그려진 **프로젝트 업무 수행 및 오너십** 항목은 프로젝트 업무를 작게 시작해서 계속해서 빌드해가면서 점점 더 복잡해지고 비상 대기 업무 수행 이후에도 계속해서 진행하게 된다는 것을 의미한다.
- 일부 활동 및 실습은 매우 추상적이고 수동적인 반면, 다른 것들은 구체적이고 능동적이다. 어떤 활동들은 이 두 가지 특성이 적당히 섞여 있다. 각기 다른 학습 방식에 따라 다양한 양식을 준비하는 것이 좋다.
- 교육의 효과를 극대화하기 위해 훈련 활동과 실습은 적절한 속도로 진행되어야 한다. 어떤 것들은 곧바로 투입하기에 적합한 반면, 다른 것들은 SRE가 공식적으로 비상 대기 업무에 투입되기 직전에 수행되어야 하며, 그 외 다른 것들은 심지어 노련한 SRE들도 지속적으로 수행해야 하는 것들이다. **구체적인 학습 경험**은 SRE가 비상 대기 업무를 수행하게 될 때까지 계속해서 제공되어야 한다.

최초의 학습 경험: 혼란을 방지하기 위한 구조의 사례

이 책의 다른 부분에서 이미 논의했지만, SRE팀의 업무는 본질적으로 사전적(proactive)[2] 업무와 사후적(reactive)[3] 업무가 혼합되어 있다. 모든 SRE팀의 가장 중요한 목표는 충분한 사전 준비를 통해 사후 업무를 줄이는 것이며, 신입 직원들의 적응 교육을 수행함에 있어 예외는 없어야 한다. 지금부터 살펴볼 사례는 아주 보편적이지만 안타깝게도 최적화되어 있지는 않은 적응 교육 과정이다.

> 존은 푸서버(FooServer)의 SRE팀에서 가장 최근에 입사한 신입 구성원이다. 이 팀의 선임 SRE들은 티켓에 대한 응대, 각종 경고 처리, 그리고 지루한 바이너리 배포 수행 등 그저 그런 업무들에 얽매여 있다. 첫 출근하는 날, 새로 들어온 모든 티켓이 존에게 할당되었다. 그리고 티켓의 내용을 이해하는 데 필요한 배경 지식은 SRE팀의 누구에게든지 물어봐도 된다는 말을 들었다. "그럼요.

---

2 SRE의 사전적 업무에는 소프트웨어 자동화, 디자인 컨설팅 및 출시 조율 등이 해당된다.

3 SRE의 사후적 업무에는 디버깅, 장애 조치 및 확대 조치된 비상 대기 업무의 수행 등이 해당된다.

지금부터 해야 할 일들을 배울 수 있는 자료는 차고 넘쳐요"라고 존의 매니저가 말했다. "하지만 곧 이 티켓들을 빠르게 처리할 수 있게 될 거예요. 언젠가는 티켓을 클릭하기만 하면 우리가 사용하는 모든 도구들, 우리가 따르는 절차, 그리고 유지보수할 시스템에 대해서 전부 알게 될 걸요." 하지만 선임 구성원 중의 한 명의 말은 사뭇 달랐다. "이제 흙탕물에서 구르게 되는 거예요."

새로운 직원을 '긴급 상황에서 연습삼아 일을 해보게 하는' 방법은 현재 팀의 상황에서 비롯되는 경우가 대부분이다. 운영 업무가 대부분인 사후 업무를 주로 수행하는 SRE팀에 있어 새로운 팀원을 '교육'하게 되면 결국 그 신입 사원도 사후 업무를 하게 될 뿐이고 이것이 반복될 뿐이다. 운이 좋아서 그 엔지니어가 모호성을 탐색하는 데 이미 익숙하다면 함정을 쉽게 벗어날 수 있을지도 모른다. 하지만, 이 방법은 역량 있는 엔지니어들이 소외될 여지가 다분하다. 어쩌면 훌륭한 운영 엔지니어를 키워낼 수 있을지는 모르겠지만 그 결과가 목적에 부합하는 것이 아니라는 점은 분명하다. 게다가 이 방법은 팀이 대부분 이유와 명분 없이 그냥 일을 하도록 가르치는 결과를 낳을 뿐이다. 어떤 엔지니어가 당면한 일련의 업무가 해당 작업에 대한 적절한 교육을 제공한다면 이는 더 이상 SRE의 업무가 아니다.

신입 SRE들은 다음과 같은 질문을 할 수 있어야 한다.

- 내가 지금 하는 일은 무엇인가?
- 내 업무에 대해 어느 정도의 진척을 이루었는가?
- 지금 수행하는 업무에 대한 경험을 쌓는다면 비상 대기 업무를 충분히 수행할 수 있는가?

이전에 몸담았던 회사나 대학에서 (전통적인 소프트웨어 엔지니어나 시스템 관리자 역할을 수행하다가) 업무 역할을 변경하게 되면 다소 막연하기만 한 **사이트 신뢰성 엔지니어**라는 역할 때문에 해당 학생이 수차례 좌절을 겪을 수도 있다. (특히 앞서 질문 2와 3과 관련해서) 내성적인 성격의 학생들이라면 막연한, 혹은 분명하지 않은 답변으로 인한 모호성은 개발 속도를 느리게 하거나 현재 속도를 유지하는 데 문제가 된다. 그런 이유로 이후의 절에서 살펴볼 방법들을 채택해야 한다. 앞으로 제안할 내용들은 그 어떤 티켓이나 경고만큼이나 구체적이지만 순차적이며 그래서 더 가치가 있다.

순차적으로 누적되는 학습 경로

새로운 SRE들이 자신들의 앞에 놓인 길을 볼 수 있도록 시스템에 대해 학습하는 순서를 설정해두어야 한다. 어떤 형태로든 교육을 진행하는 것이 임의로 티켓을 할당하거나 여러 가지 요소에 의해 방해를 받는 것보다는 훨씬 낫지만 이론과 실제를 적절히 섞는 노력을 투입해야 한다. 신입 직원의 여정에 여러 번 반복해서 나타나는 추상적인 개념들은 교육에 앞서 정립해주어야 하며, 가능한 구체적인 실습의 기회 역시 제공해주어야 한다.

기술 스택과 서브시스템에 대한 학습은 기본적으로 어딘가 시작할 곳이 있어야 한다. 유사한 목적을 가진 교육 대상자들을 모아 한꺼번에 교육을 하는 것이 더 나을지, 아니면 그냥 일반적인 교육 방법이 더 나을지를 고려해보아야 한다. 예를 들어 팀이 실시간성을 띠며 사용자에게 직접 서비스를 제공하는 스택을 책임지고 있다면 다음과 같은 순서로 커리큘럼을 구성하는 것을 고려해보기 바란다.

1) 질의가 시스템에 유입되는 방식

네트워킹과 데이터센터에 대한 기초, 프런트엔드 로드밸런싱, 프록시 등

2) 프런트엔드 서비스

애플리케이션 프런트엔드, 질의 로깅, 사용자 경험 SLO 등

3) 중간 계층 서비스

캐시, 백엔드 로드밸런싱

4) 인프라스트럭처

백엔드, 인프라스트럭처 및 컴퓨트 자원들

5) 최종 학습

디버깅 기법, 상승 전파(escalation) 절차 및 긴급 상황 시나리오

학습의 기회(화이트보드 앞에서의 짧은 비공식 대화, 공식적인 강의 혹은 실습 등)를 제공하는 방법은 여러분이 직접 결정하는 것이며, SRE는 구조, 디자인 및 배달(delivery)과 관련된 학습에 도움을 주게 된다. 구글 검색 SRE팀은 이러한 학습을 '비상 대기 학습 확인목록'이라는 문서를 통해 해결한다. 다음은 비교적 간소화한 비상 대기 학습 확인목록이다.

표 28-2 비상 대기 학습 확인목록

결과 결합 서버("Mixer")	
프런트엔드 서비스 제공자: 프런트엔드 서버 **백엔드 호출자:** 결과 조회 서버, 지역 서버, 개인화 데이터베이스 **담당 SRE:** 샐리 W, 데이브 K, 젠 P **담당 개발자:** 짐 T, @결과물 팀	**더 알아야 할 것들:** • 믹서가 배포되는 클러스터 • 믹서 릴리즈의 롤백 방법 • 믹서 백엔드 중 '중요한' 부분과 그 이유
참고할 문서: • 결과 결합 개요: "질의 실행" 절 • 결과 결합 개요: "운영 환경" 절 • 매뉴얼: 새 결과 결합 서버를 배포하는 방법 • 믹서의 성능 분석	**포괄적인 질문:** • Q: 정상적인 릴리즈 빌드 날이 공휴일인 경우 릴리즈 일정은 어떻게 변경되는가? • Q: 지역 데이터셋이 잘못 배포된 경우는 어떻게 수정하는가?

중요한 것은 앞서 살펴본 내용이 직접적으로 절차나 분석 과정 혹은 매뉴얼을 인용하고 있지는 않다는 것이다. 대신 담당자 연락처, 가장 유용한 문서 자료에 대한 정보, 반드시 알아야 할 기본적인 지식의 확립, 그리고 그런 지식이 확립되었을 때 즉각적으로 대답할 수 있을 질문 등 상대적으로 미래지향적으로 작성함을 알 수 있다. 또한 명확한 결론을 제시함으로써 학생들이 학습 확인목록의 이 섹션을 읽은 후에 어떤 지식과 기술을 확보하게 될 것인지를 충분히 알 수 있도록 돕고 있다.

교육 담당자가 어느 정도의 정보를 제공해야 하는지에 대한 의견을 가능한 많은 이들로부터 수렴하는 것도 좋은 생각이다. 이런 피드백 메커니즘은 퀴즈처럼 형식적일 필요는 없으며, 담당하는 서비스가 어떻게 동작하는지를 묻는 일종의 숙제 같은 형식이면 더 좋다. 학생들의 멘토로부터 전해들은 올바른 답변은 학습이 다음 과정으로 착실하게 진행되고 있음을 알 수 있는 답변들이다. 서비스의 내부 동작에 대한 질문의 예시는 다음과 같다.

- 서버의 백엔드 중 '중요한' 백엔드는 무엇이며, 그 백엔드가 중요한 이유는 무엇인가?
- 이 서버에서 간소화하거나 자동화할 수 있는 부분은 어떤 부분인가?
- 현재 아키텍처 내에서 첫 번째로 꼽을 수 있는 병목지점은 어디인가? 그 지점에서 병목 현상이 발생하면 이를 완화하기 위해서는 어떻게 대처해야 하는가?

서비스에 대한 접근 권한이 어떻게 구성되어 있는지에 따라 계층화된 접근 모델을 구성하는 것을 고려해볼 수 있다. 첫 번째 계층은 학생들이 컴포넌트의 내부 동작을 읽기 전용으로 확인할 수 있도록 하는 것이며, 그 다음의 계층은 운영 환경의 상태를 변경해볼 수 있는 권한까지 부여하는 것이다. 비상 대기 학습 확인목록을 만족할 만한 수준으로 이수한 후에는 시스팀에 대한 좀 더 깊은 접근까지 가능한 권한을 부여하면 된다. 검색 SRE팀은 이 수준을 비상대기로 가는 '파워업'[4] 단계라고 부른다. 교육 담당자는 시스템 접근에 대한 가장 높은 수준의 권한을 보유하고 있다.

지루한 업무가 아니라 목표가 분명한 프로젝트 업무

SRE는 문제를 해결하는 엔지니어들이다. 그러니까 해결할 문제들을 던져주자! 시작하는 시점에는 팀이 담당하는 서비스에 대해 조금이라도 주인의식을 갖는다면 학습에 큰 효과를 발휘할 수 있다. 반면, 이런 주인의식은 선임 동료들 사이의 신뢰를 확보하는 데 큰 영향을 미칠 수 있다. 왜냐하면 새로운 컴포넌트나 절차를 학습하기 위해 주니어 동료들에게 다가갈 것이기 때문이다. 구글에서는 일반적으로 주인의식에 대해 일찍 기회를 준다. 모든 엔지니어는 이른 시점에 작지만 유용한 기여를 할 수 있을 정도로 인프라스트럭처에 대한 충분한 개요를 제공하는 새내기 프로젝트에 참여하게 된다. 신입 SRE가 학습과 프로젝트 업무에 절반씩 시간을 쪼개어 쓰게 하면 학습만 하거나 혹은 프로젝트 업무만 하게 될 때는 달성할 수 없는 목표와 생산성을 이룰 수 있다. 구글에서는 다음과 같은 새내기 프로젝트 패턴들을 제공한다.

- 사소하지만 사용자에게 직접 노출되는 기능을 수정하게 하고 이후에도 해당 기능이 운영 환경에 릴리즈될 때까지 계속해서 감시하게 한다. 개발 도구와 바이너리 릴리즈 절차를 이해하는 것은 개발자들에 대한 공감대를 형성한다.
- 서비스에서 현재 모니터링이 되지 않고 있는 부분에 모니터링을 추가하게 한다. 신입 직원들은 시스템이 어떻게 실제로 (오)동작하는지를 이해하는 과정을 통해 모니터링 로직이 필요한 이유를 이해하게 된다.
- 이미 자동화가 되어 있어서 아주 힘들지는 않은 업무를 자동화하도록 하면 새로운 SRE들은 일상 업무에 드는 수고를 절감하는 과정에서 SRE의 가치를 이해하게 된다.

스타 리버스 엔지니어와 즉흥적 사상가로 키워내기

SRE를 교육하기 위한 가이드라인을 제시할 수도 있지만, 그들을 어떻게 교육해야 할까? 교육 자료는 해당 직무에 사용되는 기술에 기반을 둔 것이어야 하지만 가장 중요한 질문은 바로 이

---

[4] 작년에 했던 비디오 게임에 대해 이제서야 이해했다.

것이다. 우리는 어떤 엔지니어를 키워내고 싶어하는가? SRE가 담당하는 확장성과 복잡도를 고려하면 그들은 단지 운영에만 초점을 맞추는 전통적인 시스템 엔지니어로 성장해서는 안 된다. SRE라면 대용량 환경에 기반을 둔 엔지니어링 능력뿐만이 아니라 다음과 같은 성격을 보여야 한다.

- 업무를 수행하면서 이전까지는 한 번도 본 적이 없는 시스템을 다루게 될 수도 있으므로 상당한 리버스 엔지니어링 능력이 필요하다.
- 대용량 환경에서는 예측할 수 없는 예외들이 발생하기 마련이다. 따라서 문제를 해결하기 위해 절차적이 아닌 **통계적으로** 생각할 수 있는 능력이 필요하다.
- 표준 운영 절차에 문제가 생겼을 때 즉흥적으로 대처할 수 있는 능력이 필요하다.

어떻게 하면 우리 SRE들이 이런 능력을 보유할 수 있게 할 수 있는지를 이해하기 위해 지금부터 이 성격들을 하나씩 자세히 살펴보기로 하자.

동작의 원리를 이해하는 리버스 엔지니어

엔지니어들은 지금까지 본 적이 없는 시스템을 만나면, 혹은 그들이 알고 있는 현재 버전의 시스템들이 어떻게 동작하는지에 대한 호기심을 갖는다. 회사 내의 시스템들의 동작에 대한 기본적인 이해와 더불어 디버깅 도구, RPC 경계, 그리고 기이하게 흘러가는 바이너리의 로그 등을 더 깊이 분석할 의지를 갖는다면 SRE는 예상치 못한 시스템 아키텍처로 인해 발생하는 예기치 못한 문제에 맞닥뜨리더라도 충분히 효과적으로 대응할 수 있다. SRE들에게 애플리케이션의 진단 및 디버깅을 교육하고 드러난 정보를 바탕으로 추론을 정립하는 연습을 거듭하게 한다면 미래에 있을 장애에 대처할 때 그 빛을 발하게 될 것이다.

부담을 느끼는 상황에서도 통계와 비교를 바탕으로 과학적으로 접근하는 사상가

대용량 시스템 환경에서 SRE가 장애에 대처하는 방법은 마치 그들 앞에 놓인 엄청난 수의 의사 결정 경로를 모조리 펼쳐놓고 하나씩 짚어나가는 것이나 다름없다. 장애에 대처해야 하는 제한된 시간 내에서 SRE는 장애를 완화하기 위해 취할 수 있는 수백 가지 행동 중에서 장단기적으로 몇 가지를 취사 선택해야 한다. 대부분의 경우 시간이 가장 중요하기 때문에 SRE는 효율적이고 효과적으로 자신이 택할 수 있는 행동을 선택해야 한다. 이런 능력은 경험을 통해서도 일부 취득할 수 있지만, 그런 경험을 얻기 위해서는 시간과 운영 환경에 노출될 기회가 있어야 한다. 이런 경험은 신중하게 정립한 가설이 뒷받침되어야 한다. 이 가설은 증명이 되든 그렇지 않든, 의사 결정의 범위를 좁혀준다. 바꿔 말하면, 시스템 장애를 추적해가는 것은 "다음 중 나머지와 다른 한 가지는?" 같은 게임을 하는 것이나 마찬가지다. 여기서 '다음 중'에 해당하는 것들은 커널 버전일 수도 있고, CPU 아키텍처, 서비스 스택 내의 바이너리 버전, 지역 간 트래픽 혼합 혹은 기타 수백 가지 요소들을 의미한다. 아키텍처적으로 이런 모든 요소들을 제어하고 개별적으로 분석하고 비교하는 것은 팀의 책임이다. 그러나 SRE들이 업무를 시작한 이후로 최대한 빠른 시점에 제대로 된 분석 및 비교를 할 수 있는 엔지니어로 키워내는 것은 우리의 책임이다.

예상치 못한 일이 발생했을 때 즉흥적으로 대처할 수 있는 예술가

장애가 발생해서 조치를 취했지만 문제가 해결되지 않았다. 설상가상으로 시스템의 담당 개발자들은 어디로 사라졌는지 코빼기도 보이지 않는다. 이제 뭘 할 수 있을까? 이런 상황을 즉흥적으로 처리할 수 있어야 한다! 문제의 일부분을 해결할 수 있는 여러 가지 도구들을 통해 문제 해결 과정에서 실질적인 도움을 얻을 수 있다. 장애 상황에서 너무 절차적으로 행동하다가 분석 능력을 상실하게 되면 문제의 근본 원인을 제대로 찾지 못하고 그저 문제 해결에 걸림돌이 될 뿐이다. SRE가 의사를 결정하는 데 있어 테스트한 적이 없는 가정(assumptions)에 너무 많이 의지하면 문제 해결이 훨씬 더디게 진척된다. 문제를 분석하다 보면 다양한 함정에 빠질 수 있으며, 그런 경우에는 한 걸음 뒤로 물러나 다른 방법을 모색하는 것이 나을 수도 있다는 점을 보여주는 것은 SRE들에게 좋은 교육이 될 수 있다.

지금까지 뛰어난 SRE의 세 가지 특성을 살펴보았다. 그러면 신입 SRE들을 올바른 방향으로 인도하기 위해서는 어떤 교육과 연습이 필요할까? 이 세 가지 특성을 모두 포함할 뿐만 아니라 여러분이 몸담고 있는 SRE 조직의 문화에 적응하기 위해 필요한 특성들까지 포함하는 자신만의 교육 콘텐츠를 만들어야 한다. 지금까지 언급한 모든 내용들을 모두 포용하기 위해 만들어진 수업 내용을 살펴보도록 하자.

종합하기: 운영 서비스에 대한 리버스 엔지니어링

"구글 지도 스택에 대해 교육을 하는데, 어느 한 신입 SRE가 묻더라고. 누군가 서비스에 대해 설명하는 것을 수동적으로 학습하는 것보다 자신이 스스로 리버스 엔지니어링 시간에 배웠던 기법을 이용해 서비스를 파악해보고 강사들은 나중에 틀린 부분이나 놓친 부분을 수정해주는 것은 어떻겠냐고. 결과? 글쎄, 아마도 내가 설명해주는 게 더 올바르고 유용한 방법이었을 것 같아. 그 이후로 5년 동안 비상 대기를 해야 했거든!"

— 폴 코완(Paul Cowan), 구글의 사이트 신뢰성 엔지니어

구글이 진행하는 유명한 수업 중 하나는 '(서비스 소유자의 도움 없이) 운영 서비스를 리버스 엔지니어링하기'다. 처음에는 쉬운 과제처럼 보였다. 전체 구글 뉴스팀(SRE, 소프트웨어 엔지니어, 제품 관리 등)이 모두 버뮤다 삼각지대로 크루즈 여행을 떠났다. 앞으로 30일 동안 해당 팀과 연락이 되지 않을 것이므로 우리 학생들이 새로운 구글 뉴스 SRE팀의 역할을 수행하게 된다. 그래서 학생들은 서비스를 제대로 파악하고 계속 운영하기 위해 해당 서비스 스택이 어떻게 동작하는지를 처음부터 끝까지 이해해야만 한다.

이 시나리오를 받은 뒤, 학생들은 자신들이 브라우저에 입력한 질의가 구글의 인프라스트럭처에 어떻게 유입되는지를 추적하는 대화식의 목적 지향적 학습 과정을 진행한다. 우리는 요청을 처리하는 각 단계마다 운영 환경 서버 간의 연결성을 확인하고 연결이 끊어지지 않도록 하는 여러 가지 방법을 배우는 것이 중요하다는 점을 강조한다. 수업을 진행하는 도중, 우리는 현재 유입되는 트래픽을 처리할 또 다른 종단점을 찾으라는 과제를 부여하면서, 우리의 최초의 예상이 현재에 비해 훨씬 편협했음을 보여준다. 그런 다음에는 학생들에게 스택 내에서 다른 방법을 찾아보라는 과제를 부여한다. 우리는 RPC 연결의 문제를 스스로 보고할 수 있는 운영 환경 바이너리의 특성과 사용 가능한 화이트박스 및 블랙박스 모니터링을 모두 활용해서 사용자들의 질의가 흐르는 경로를 탐색한다.[5] 그러면서 시스템 다이어그램을 구성하고 향후에 학생들이 다시 보게 될 공유 인프라스트럭처의 컴포넌트들에 대해서 논의한다.

수업의 마지막에는 학생들에게 해야 할 일을 할당해준다. 학생들은 각자의 팀으로 돌아가 선임 SRE들에게 자신들이 비상 대기 업무를 수행해야 할 스택을 선택하기 위한 도움을 받게 된다. 그런 후 학생들은 수업에서 배웠던 기술들을 토대로 자신들의 스택에 대한 다이어그램을 그리고 알아낸 사항들을 선임 SRE들과 공유한다. 당연히 학생들은 한두 가지는 놓치기 마련이기 때문에 이 과정은 큰 효과를 발휘한다. 또한 선임 SRE들조차도 이 과정에서 새로운 것을 배우게 되는 경우도 자주 있다. 시스템이 계속해서 변화하면서 기존에 이해했던 내용들과 조금씩 달라지기 때문이다. 운영 환경은 빠르게 변화하므로 팀은 가장 오래 근무한 팀원이 아

---

5 'RPC의 흐름을 쫓는' 방법은 일괄 처리/파이프라인 시스템에도 적용할 수 있다. 즉, 시스템의 동작이 시작되는 지점부터 추적해나가면 된다. 일괄 처리 시스템의 경우에는 처리할 데이터의 유입, 검증해야 할 트랜잭션의 발생 및 기타 다른 이벤트가 발생하는 시점이 될 수 있다.

니라 가장 최근에 입사한 팀원을 통해 새로운 것을 배우고 자신들의 기술을 재정비할 수 있는 기회를 가져야 한다.

포부가 큰 비상 대기 엔지니어를 위한 다섯 가지 원칙

SRE에게 있어 중요한 업무는 비상 대기 업무뿐만은 아니지만 운영 환경에 대한 엔지니어링은 종종 긴급한 알림(notification)에 대한 대응을 필요로 한다. 비상 대기 업무에 대한 책임을 담당하는 사람은 담당하는 시스템의 동작을 충분히 이해하고 있는 사람이다. 따라서 앞으로 "비상 대기 업무를 수행할 수 있다"는 의미는 "충분한 지식을 확보하고 나머지를 조율할 수 있다"는 의미로 해석하면 되겠다.

실패에 대한 열망: 포스트모텀을 읽고 공유하라

> "과거의 실수를 기억하지 못하는 사람은 그 실수를 반복한다."
>
> — 조지 산타야나(George Santayana), 철학자이자 수필가

포스트모텀(제15장 참고)은 지속적인 향상을 위한 가장 중요한 부분이다. 누군가를 특정지어 비난하지 않고 심각한 혹은 가시적인 장애의 다양한 근본 원인들을 기록한 문서라고 보면 된다. 포스트모텀을 작성할 때 가장 중요하게 생각해야 할 점은 이 문서를 읽을 대상은 아직 회사가 고용하지 않은 다른 엔지니어라는 점이다. 잘 작성된 포스트모텀 문서는 근본적인 수정 없이 약간의 수정만으로도 다른 사람을 '가르칠 수 있는' 포스트모텀 문서가 될 수 있는 정도다.

하지만, 아주 잘 작성된 포스트모텀 문서라 하더라도 시간이 지나면 그 유용함의 빛이 바래지게 된다. 그러면 팀은 유용한 포스트모텀 문서를 보아 이를 잘 개편해서 나중에 합류할 신입 엔지니어들을 위한 교육 자료로 활용할 수 있다. 일부 포스트모텀 문서는 단순한 암기용이지만 '교육용 포스트모텀'은 대용량 시스템의 구조적 혹은 신기한 장애들에 대한 통찰을 제공하므로 새 학생들에게는 마치 보석과도 같은 존재가 된다.

포스트모텀의 소유권은 단순히 작성자에게만 있는 것이 아니다. 많은 팀들에게 있어 포스트모텀의 의미는 그동안 경험했던 가장 큰 장애로부터 살아남았다는 자부심을 가지고 이를 문서화하는 것이다. 가장 잘 작성된 포스트모텀 문서를 모아 신입 엔지니어들이(또한 팀과 관련이 있거나 통합 작업을 수행하는 다른 엔지니어들도) 읽을 수 있도록 해주어야 한다. 다른 팀들에게도

그 팀의 포스트모텀 문서에 접근할 수 있도록 발행해줄 것을 요구하자.

구글의 일부 SRE팀은 '포스트모텀 읽기 모임'을 운영한다. 유용하고 통찰력 있는 포스트모텀 문서를 모아 개편하고 미리 읽어보며 그에 대한 토론도 진행한다. 이 모임은 포스트모텀의 원래 작성자도 게스트로 초대한다. 다른 팀들은 '실패 돌아보기' 시간을 통해 포스트모텀 작성자들과 함께 장애를 다시 돌아보고 효율적인 토론을 진행한다.

장애의 발생 원인과 대처 단계 등을 포함한 장애의 내용들을 정기적으로 읽고 발표하면 새로운 SRE들이 앞으로 참고할 자신만의 방법을 정립하고 운영 및 비상 대기 업무에 대응하는 방법을 이해하는 데 큰 도움이 된다. 게다가 포스트모텀은 향후에 있을 장애에 대처하기 위한 훌륭한 발판이 된다.

장애 상황을 가정한 역할 수행

"우리는 일주일에 한 번씩 회의를 한다. 이 회의에서는 한 명을 정해서 그동안 구글에서 발생했던 실제 장애들 중 하나를 골라주고 이를 해결하는 과정을 지켜본다. 내 생각에 이 사람은 게임쇼의 경연자와 같은 역할이어서, 문제를 이해하거나 해결하기 위해 무엇을 할지 혹은 어떤 질의를 실행할 것인지를 말하고 쇼의 호스트는 경연자의 행동이나 관찰에 따라 어떤 일이 발생했는지를 설명해준다. 이것은 마치 SRE 조크(Zork)[6]와 같다. 마치 구불구불한 모니터링 콘솔의 미로에 빠져 허우적대는 것이나 마찬가지다. 아무 잘못 없는 사용자들이 과도한 질의 지연응답의 늪에 빠지지 않도록 구출하고 데이터센터가 녹아내리는 것을 막아, 문제가 있을 때 보여지는 구글 로고가 절대 보이는 일이 없도록 해야 한다.

— 로버트 케네디(Robert Kennedy), 전 구글 검색과 healthcare.gov[7]의 사이트 신뢰성 엔지니어

다양한 수준의 경험을 겸비한 SRE 조직을 운영하고 있다면 이들이 함께 일하며 서로를 통해 더 성장하게 하기 위해 우리가 해야 할 일은 무엇일까? 새로운 팀원이 입사했을 때 SRE의 문화와 문제를 해결하는 팀의 본질에 대한 인상을 심어주면서도 경험이 풍부한 노장들이 새로운 변화와 기능을 계속해서 주도할 수 있게 할 수 있을까? 구글 SRE팀은 이런 도전 과제를 해결하기 위해 규칙적으로 장애에 대처하는 역할 연기를 진행하는 전통을 가지고 있다. 다른 여

---

6 **역주** 고전 PC 게임 중 하나

7 자세한 내용은 "heathcare.gov의 최전선의 생활" 절을 참고하기 바란다(https://www.thedotpost.com/2014/05/robert-kennedy-life-in-the-trenches-of-healthcare-gov).

러 가지 훈련 중에서도 이 방법은 특히 '불운의 제비뽑기' 혹은 '외나무다리 걷기'로 알려져 있다. 다소 익살맞은 이 이름들 덕분에 새로 고용된 SRE들도 별다른 불안감 없이 훈련에 참여할 수 있다.

이 훈련이 잘 나갈 때는 모든 구성원들이 새로운 뭔가를 배울 수 있는 주간 의식처럼 행해졌다. 방법은 매우 직관적이었으며, 일종의 탁상용 RPG(Role Playing Game)와 유사하게 진행되었다. 게임 마스터(Game Master, GM)는 두 명의 팀원을 우선 비상 대기 및 보조 비상 대기 엔지니어로 선택한다. 이 두 SRE는 GM과 함께 회의실 전면에 선다. 장애 알림이 들어오면 비상 대기팀은 해당 장애를 완화하고 분석하기 위해 필요한 작업을 수행한다.

GM은 장애 시나리오를 매우 신중하게 준비해서 내놓는다. 이 시나리오는 신입 팀원이 없을 때 발생했거나 팀에서 가장 오래된 팀원마저도 잊어버렸을 정도로 오래 전에 발생했던 실제 장애를 바탕으로 구성된다. 혹은 서비스 스택에 새로 추가한, 또는 곧 새로 추가될 기능에서 발생할 수 있는 장애를 가상으로 꾸며서 회의실의 그 누구도 미리 예상하지 못한 상황을 만든다. 더 좋은 점은 동료들이 운영 환경에서의 새로운 결함을 발견할 수도 있다는 것과 오늘 준비한 시나리오로 새로운 기능에서 발생할 새로운 위협에 대응할 수 있다는 점이다.

최우선 및 보조 비상 대기 엔지니어는 30분에서 한 시간 정도의 시간 내에 문제의 근본 원인을 찾는다. GM은 문제가 드러날 때마다 비상 대기 엔지니어(및 회의 참석자들)에게 장애 시간 동안 모니터링 대시보드가 어떻게 변화하는지 등의 추가적인 정보를 제공한다. 만일 장애를 다른 팀으로 확대 전파해야 하는 상황이 되면 GM이 다른 팀의 팀원 역할을 수행해준다. 가상의 시나리오가 완벽할 수는 없으므로 상황에 따라 GM은 비상 대기 엔지니어들이 엉뚱한 곳에 주의를 쏟지 않도록 조율하고 다른 자극제[8]를 투입해 긴급함과 명료함을 제공하거나 혹은 적절한 질문[9]을 던지기도 한다.

장애 대처 역할 연기가 성공적으로 끝나면 이에 참여했던 모든 이들이 뭔가를 배우게 된다. 새 도구나 기법, 문제를 해결하는 다른 시각, 혹은 (특히 새 팀원들이 더 만족해하지만) 내가 걸렸어도 이번 주의 문제를 해결할 수 있었을 것이라는 확신 등을 얻게 된다. 운이 좋으면 이 훈련은 다음 주를 기대하는 팀원들에게 더 많은 영감을 주거나 혹은 스스로 게임 마스터가 될 기회를 제공하기도 한다.

---

8 예를 들면 "다른 팀에서 도움이 될만한 정보를 보내왔어요. 그 내용은..." 같은 조율이다.

9 예를 들면 "지금 매출이 줄어들고 있어요! 이걸 단기적으로 어떻게 멈출 수 있을까요?" 같은 질문이다.

실제 서비스에 문제를 유발하고 이를 해결하라

신입 팀원은 문서와 포스트모템을 읽고 훈련을 받음으로써 SRE의 업무에 대해 더 많은 것들을 배워나간다. 장애 역할 연기 또한 신입 팀원들이 경험을 쌓는 데 도움이 된다. 그러나 이보다 더 나은 방법은 실질적인 장애를 경험하고 실제 운영 시스템의 문제를 해결해보는 것이다. 물론 신입 팀원이 비상 대기 업무를 수행하게 되면 이러한 장애를 경험하게 되지만 신입 SRE들이 그 수준에 도달하기 전에 미리 경험해볼 수 있는 기회를 제공해야 한다. 그래서 이런 기회를 미리 제공할 수 있다면, 신입 팀원들이 회사가 사용하는 각종 도구들과 발생 중인 장애를 모니터링하는 방법 등을 통해 장애에 상응하는 대응 방법을 개발할 수 있도록 유도하기가 훨씬 수월하다.

이런 교류에 있어 가장 중요한 것은 현실성이다. 시스템 스택이 여러 머신에 의해 서비스되며 실제 트래픽의 경로를 전환해볼 수 있는 최소한 하나 이상의 인스턴스가 있고 학습을 목적으로 이 인스턴스를 잠깐 임대할 수 있다면 최적의 환경이라 할 수 있다. 또 다른 대안은 작지만 모든 기능을 다 갖추고 있는 스테이지(stage)[10] 혹은 QA용 인스턴스가 있어서 이를 잠시 빌려 사용할 수 있어도 무방하다. 가능하다면 소비할 자원 외에 실제 사용자 또는 클라이언트의 트래픽에 해당하는 가상의 부하를 스택에 부여할 수 있다면 금상첨화다.

실제 운영 시스템에 가상의 부하를 일으켜 학습을 수행하는 기회는 엄청나게 많다. 선임 SRE들은 잘못된 설정, 메모리 누수, 성능 저하, 질의 실행의 실패, 저장소의 병목 현상 등 모든 종류의 문제들에 대해 이미 경험을 갖추고 있을 것이다. 실제와 유사하지만 위험도는 훨씬 낮은 환경이 주어진다면 신입 SRE들이 다른 점을 발견하고 장애를 유발하는 요소들을 결정하며, 궁극적으로는 시스템을 수정하여 적절한 동작을 수행하도록 복원하는 데 이용할 수 있다.

신입 SRE들이 반드시 수정해야 할 특정 형태의 장애를 발생시키도록 선임 SRE들에게 부탁하는 오버헤드를 감당하기가 꺼려진다면, 반대로 전체 팀의 참여도를 높일 수 있는 훈련을 진행해도 무방하다. 즉, 잘 구성된 설정을 변경해서 서비스 스택에 의도된 병목 현상을 유발하고 모니터링을 통해 서비스의 업스트림(upstream)[11]과 다운스트림(downstream)[12]에 어떤 조치들이 취해지는지를 관찰하는 것이다. 이 훈련의 가치는 구글 검색 SRE팀이 발견했다. 그들은 "검색 클러스터를 주저 앉히기"라는 제목으로 이 훈련을 시행했다. 훈련이 진행된 과정은 다음과 같다.

---

10 역주 실제 운영 환경과 동일하지만 테스트 용도로 사용하는 환경

11 역주 서비스로 유입되는 데이터와 트래픽의 흐름

12 역주 서비스에서 출력되는 데이터와 트래픽의 흐름

1. 그룹 전체가 스택에 장애를 유발함으로써 어떤 성능 지표에 변화가 발생하는지를 관찰할 것인지를 논의한다.

2. 예정된 장애를 유발하기에 앞서, 시스템의 예상되는 반응과 그 이유를 모든 참가자들이 예측해본다.

3. 논의한 예상들을 검증하고 실제 서비스 동작이 발생한 이유를 규명한다.

분기 단위로 시행하는 이 훈련은 우리가 열심히 수정할 버그를 덜어준다. 왜냐하면 시스템이 항상 우리가 기대했던 대로 퇴보하지 않기 때문이다.

수습 기간 동안 문서화를 진행하게 하라

많은 SRE팀들은 '비상 대기 학습 확인목록'을 관리한다. 이 목록은 여러 가지 읽을거리와 더불어 자신들이 관리하는 시스템과 관련된 전반적인 기술의 목록과 개념들을 포함하고 있다. 이 목록은 신입 SRE들이 비상 대기 업무에 보조로 참여하기 전에 직접 내재화해야 한다. 표 28-1의 비상 대기 학습 확인목록의 예를 다시 살펴보자. 학습 확인목록은 그 대상에 따라 각기 다른 목적을 가진다.

- **신입 SRE들에게:**
    - 이 문서는 팀이 지원하는 시스템의 경계를 인지하는 데 도움이 된다.
    - 신입 SRE들은 이 목록을 학습함으로써 가장 중요한 시스템과 그 이유에 대해 이해하게 된다. 목록이 제공하는 정보를 이해한 후에는 시간이 요구되는 더 상세한 내용을 학습하기보다는 다른 주제에 대해 더 학습하면 된다.
- **멘토 및 관리자에게:** 신입 SRE들이 학습 확인목록을 확인해 나가는 과정을 관찰한다. 이 확인목록을 통해 다음과 같은 내용을 확인할 수 있다.
    - 신입 SRE들이 오늘 살펴본 섹션은 무엇인가?
    - 신입 SRE들이 가장 혼란스러워하는 섹션은 무엇인가?
- **모든 팀 구성원에게:** 이 문서는 숙달된 신입 SRE들이 비상 대기 업무 등급에 참여하는 사회적 계약으로써의 역할을 담당한다. 학습 확인목록은 모든 팀원들이 집중하고 받들어야 할 표준을 설정한다.

변화의 속도가 빠른 환경에서는 문서 역시 빠른 속도로 노후화된다. 노후화된 문서는 이미 숙달된 선임 SRE들에게는 큰 문제가 아니다. 왜냐하면 이들의 머릿속에 이미 모든 것들이 들어 있기 때문이다. 반면, 신입 SRE들은 최신 상태를 반영한 문서가 필요하지만 그 문서를 변경하기에는 충분한 권한이나 지식이 없을 수 있다. 적절한 양의 내용을 포함하는 비상 대기 문서를 작성하는 일은 신입 SRE들의 열정과 선임 SRE들의 지식을 통해 모두가 자극을 받을 수 있도록 유지하기 위한 작업이 된다.

검색 SRE 조직은 새로운 팀원을 기대하며 비상 대기 학습 확인목록을 리뷰하고 각 섹션들이 갱신된 순서대로 정렬한다. 새로운 팀원이 합류하면 개략적인 학습 확인목록을 제공하는 동시에 가장 낙후된 섹션 한두 개를 개정하기 위한 업무도 함께 전달한다. 표 28-1에서 보듯이, 우리는 각 기술마다 담당 선임 SRE와 개발자의 연락처를 함께 적어놓는다. 이를 통해 신입 SRE들이 일찌감치 필요한 전문가와 연락해서 해당 기술의 내부 동작을 직접 전수받을 수 있도록 한다. 신입 SRE들은 학습 확인목록의 범위와 성향에 익숙해지면 이 목록의 개정에 기여하게 된다. 이때 전문가로 선정된 한 명 이상의 선임 SRE가 반드시 함께 검수를 하게 된다.

보조 비상 대기조 업무에 일찍, 자주 참여하게 하라

궁극적으로 아무리 가상 장애 훈련이나 기타 다른 훈련 메커니즘을 도입한다고 해도 SRE가 비상 대기 업무를 수행할 준비를 완벽하게 끝낼 수는 없다. 결국에는 학습을 시작하는 시점부터 가상의 훈련보다는 실제 장애를 경험해보는 것이 훨씬 이점이 많다. 하지만 그렇다고 해서 신입 SRE로 하여금 필요한 것을 배우고 지식을 유지하기 위해 장애 통보를 받을 때까지 기다리게 하는 것은 말이 되지 않는다.

신입 SRE들이 모든 시스템에 대한 기본적인 지식을 섭렵(예를 들면 비상 대기 학습 확인목록을 완료해서)하고 나면 알림 시스템의 알림이 업무 시간에만 신입 SRE들에게도 통지되도록 설정하는 것을 고려하자. 그래서 그들이 호기심에 의해 스스로 길을 찾도록 하자. 이처럼 비상 대기 '보조' 업무를 수행하도록 하면 멘토들이 신입 SRE의 진척 정도를 확인하기에도 좋으며, 신입 SRE들은 비상 대기 업무 수행의 책임이 무엇인지를 깨닫게 된다. 신입 SRE들이 여러 팀원들을 보조하게 하면 팀 전체가 이 신입 SRE도 비상 대기 업무 순환에 참여할 수 있다는 사실에 점차 익숙해질 것이다. 이렇게 천천히 자신감을 심어주는 것은 신뢰를 확보하는 효과적인 방법이며, 더 많은 선임 팀원들을 비상 대기 업무에서 벗어나게 할 수 있어 팀의 피로도도 낮출 수 있다.

장애 알림이 전파될 때, 신입 SRE는 비상 대기 요원으로 지정되지 않았으므로 큰 부담을 갖지 않게 된다. 다만 이들은 이슈가 해결된 후가 아니라 장애가 발생 중인 시점에 이를 마주하게 된다. 즉, 우선 비상 대기 요원과 신입 SRE가 하나의 터미널 세션을 공유하거나 혹은 가까이 앉아서 각자의 노트를 신속하게 비교하게 된다. 장애가 처리된 후 각자가 편한 시간이 되면 비상 대기 요원은 신입 SRE의 교육을 위해 장애의 원인과 대처 과정을 리뷰한다. 이를 통해 보조 비상 대기 요원은 실제로 발생했던 장애를 더 오래 기억하게 된다.

 장애가 발생했을 때 포스트모텀을 작성하는 것이 도움이 되므로 비상 대기 요원은 보조 요원과 함께 포스트모텀을 작성해야 한다. 이때 신입 SRE에게 혼자 문서를 작성하게 하면 포스트모텀을 주니어들에게 던져주는 허드렛일로 생각할 수 있으므로 절대로 그렇게 해서는 안 된다. 이런 인상을 심어주는 것도 일종의 실수다.

일부 팀은 마지막 단계를 거친다. 즉, 경험이 풍부한 비상 대기 요원이 신입 SRE의 보조 요원이 되어주는 것이다. 신입 SRE가 우선 비상 대기 요원이 되고 상향 전파된 모든 장애를 처리하지만 경험이 풍부한 요원은 이를 옆에서 지켜보며 아무런 개입 없이 독자적으로 상황을 분석한다. 필요하다면 적극적으로 지원이나 도움을 주고, 검증을 하고, 힌트를 제공할 수도 있다.

비상 대기를 넘어서: 통과 의례와 지속적 학습의 관례

신입 SRE들이 점차 업무에 익숙해지면서 대부분의 서비스 스택의 장애 원인을 손쉽게 규명할 수 있고 나머지 서비스들도 즉흥적으로 대처할 수 있는 능력이 배양된다. 이 시점이 되면 이들도 자신이 담당하는 서비스의 비상 대기 업무를 수행해야 한다. 일부 팀은 신입 SRE들에게 비상 대기 요원으로써의 역할과 책임을 맡기기 이전에 일종의 최종 시험을 치른다. 다른 신입 SRE들은 스스로 비상 대기 학습 확인목록을 제출하는 것으로 자신이 준비가 됐다는 깃을 증명하기도 한다. 사실 언제 어떤 방법으로 신입 SRE들에게 비상 대기 업무를 맡기든, 비상 대기 요원이 된다는 것은 하나의 통과 의례이자, 팀으로써 축하해줄 일이다.

신입 SRE가 비상 대기 요원으로서의 자격을 갖추면 더 이상의 학습은 필요가 없을까? 당연히 그렇지 않다. SRE로서 방심하지 않기 위해서, 팀은 항상 적극적이어야 하며, 발생하는 모든 변화를 꿰뚫고 있어야 한다. 다른 곳에 신경을 쓰는 동안에도, 담당하는 서비스 스택의 아키텍처는 계속해서 재정립되고 확장되므로 팀의 운영 지식이 노후화될 수 있다.

따라서 팀 전체를 위해 정기적으로 학습 기회를 제공해야 한다. 변경 사항을 추적하는 SRE가 앞으로 적용될 변경 사항에 대해 발표하게 하고 필요하다면 개발자들이 함께 발표하도록 하

자. 가능하다면 발표 내용을 녹화해서 앞으로 합류할 신입 SRE들을 위한 훈련 자료로 활용하도록 하자.

어느 정도 연습이 되면 팀 내의 SRE 및 함께 작업하는 개발자들로부터 적절한 시기에 필요한 정보를 수집해서 모든 팀원들이 향후에 발생할 변경 사항에 대해 준비할 수 있도록 대처할 수 있다. 교육에 참석하게 만드는 다른 방법도 존재한다. 즉, SRE가 상대 개발자를 대상으로 발표를 진행하도록 하는 것을 고려해볼 수 있다. 업무를 함께 하는 개발자가 여러분의 업무와 도전 과제들에 대해 더 잘 이해할수록 향후 프로젝트를 진행하면서 더 많은 정보를 고려한 결정을 할 수 있게 될 것이다.

마무리하며

SRE의 훈련에 대한 사전적 투자는 분명히 가치가 있다. 신입 SRE들은 자신들의 운영 환경을 이해할 수 있고, 팀은 비상 대기 요원으로써의 임무를 수행할 자원을 얻게 된다. 이 장에서 소개한 여러 가지 훈련 내용들을 통해 SRE들을 더 빠른 시일 내에 키워낼 수 있고 팀의 기술을 계속해서 갈고 닦을 수 있다. 이 훈련들을 어떻게 적용해나갈 것인지에 대한 판단은 여러분의 몫이지만 그 가치는 분명하다. SRE로서 여러분은 머신을 확장하는 것보다 사람을 더 빠르게 확장해야 한다. 독자 여러분과 여러분이 속한 팀이 서로 배우고 가르치는 문화를 잘 정립할 수 있기를 기원한다.

29

방해 요소에 대한 대처

데이브 오코너(Dave O'Connor) 지음
다이앤 베이츠(Diane Bates) 편집

복잡한 시스템에서 운영 업무의 부하란 시스템이 제대로 기능하는 상태를 유지하기 위해 반드시 해야만 하는 일들을 의미한다. 예를 들어 자동차를 소유하고 있다면, 이 자동차가 제대로 기능을 수행하기 위해서는 본인이 직접(혹은 누군가에게 비용을 지불해서) 정기적으로 검사를 받아야 하고, 연료를 주유해야 하거나 혹은 기타 정기적인 유지 보수를 해야하는 것과 마찬가지다.

복잡한 시스템을 만든 사람이 완벽하지 못한 만큼, 시스템 자체도 완벽할 수 없다. 이런 시스템에서 발생하는 운영 업무들을 관리하고 있다면, 그 시스템을 만든 사람 역시 완벽하지 않다는 점을 항상 기억하자.

복잡한 시스템을 관리하는 데 있어 '운영 업무 부하'란 여러 가지 형태로 나타난다. 그중 일부는 다른 것에 비해 상당히 명료한 경우도 있다. 용어라는 게 변하기 마련이지만, 운영 부하는 통상 긴급 호출, 티켓 그리고 진행 중인 운영 업무 등의 세 가지로 분류할 수 있다.

긴급 호출(pages)은 운영 환경에서 발생하는 경고나 장애에 대처하기 위한 것으로, 긴급한 상황이 발생했을 때 생겨난다. 이들은 대부분 단조롭고, 반복적으로 발생하며, 약간은 생각을 해야 한다. 경우에 따라서는 전략적인 고민을 필요로 하기도 한다. 긴급 호출은 그에 상응하는 기대 응답 시간(SLO)이 정해져 있으며, 대부분 분단위로 측정한다.

티켓(tickets)은 고객의 요청에 따라 수행해야 할 업무를 정의한다. 긴급 호출과 마찬가지로 티켓 역시 간단하고 지루한 것들도 있고, 제대로 고민을 해야 하는 것들도 있다. 심지어 복잡한 티켓 중에는 특별한, 혹은 예상하지 못한 디자인이나 수용량 계획의 도움을 필요로 하는 것들도 있을 수 있다. 티켓 역시 SLO을 가지고 있지만 그 응답 시간은 주로 시간, 일 혹은 주 단위로 측정한다.

진행 중인 운영 업무(ongoing operational responsibilities, 또는 '깡통 차내기'와 '삽질'이라고도 알려져 있다. 제5장 참고)에는 팀이 보유한 코드 혹은 플래그의 배포, 갑작스러운 업무에 대한 대응, 빠른 처리를 위한 고객의 요구 사항 등의 활동이 포함되어 있다. 특별한 SLO를 정의하고 있지는 않더라도, 이런 작업은 분명히 방해 요소로 작용한다.

운영 업무 부하는 손쉽게 예측이나 계획을 세울 수 있지만 대부분의 부하는 계획되지 않았거나 혹은 이 이슈를 조금 늦게 처리해도 되는지를 누군가는 결정해야 하므로 그 누군가에게는 불시에 들이닥치는 방해 요소가 된다.

운영 업무 부하 관리하기

구글은 각 팀들이 다양한 종류의 운영 업무 부하를 관리할 수 있는 여러 가지 방법을 정의하고 있다.

긴급 호출은 통상 비상 대기 요원들이 전담 관리한다. 즉, 한 사람이 긴급 호출에 응답하고 해당 장애를 관리한다. 우선 비상 대기 엔지니어는 고객 지원 응대, 제품 개발자로의 상향 전파 등의 업무를 수행하기도 한다. 구글은 긴급 호출로 인해 팀이 방해를 받는 경우를 최소화하고 장애를 그냥 방관만 하는 상황이 발생하지 않도록 엔지니어들이 돌아가며 한 명씩 비상 대기 업무를 수행하도록 규정하고 있다. 긴급 호출이 발생했을 때 비상 대기 엔지니어가 해당 문제에 대해 제대로 이해를 하지 못하고 있는 상황이라면 다른 팀원에게 상향 전파할 수도 있다.

반면, 보조 비상 대기조 엔지니어는 최우선 요원의 백업 요원으로 활동한다. 이 보조 엔지니어의 임무는 상황에 따라 다르다. 어떤 경우에는 긴급 호출이 보조 엔지니어에게 넘어오면 우선 요원에게 연락을 취하는 것이 유일한 임무인 경우도 있다. 이런 경우는 대부분 보조 요원이 다른 팀 소속인 경우다. 보조 엔지니어는 자신이 담당하는 임무에 따라 **방해를 받을 수도 있고 방해를 받지 않을 수도 있다.**

티켓을 관리하는 방법은 SRE팀에 따라 몇 가지로 나뉜다. 비상 대기 업무 중에 우선 비상 대기 요원이 티켓을 처리할 수도 있고 보조 비상 대기 요원이 티켓을 처리할 수도 있다. 혹은 비상 대기 업무를 수행하지 않는 엔지니어가 티켓을 전담해서 처리하는 팀도 있다. 티켓은 임의의 팀원에게 자동으로 할당되기도 하고, 팀원들이 알아서 티켓이 등록되는 즉시 처리하기도 한다.

진행 중인 운영 업무 역시 다양한 방법으로 관리된다. 때로는 비상 대기 엔지니어가 해당 업무(코드 배포나 플래그의 전환 등)를 수행하기도 하고 어떤 경우는 팀원들에게 필요한 시점에 각 역할을 맡기기도 하며, 비상 대기 엔지니어가 비상 대기 수행 기간이 끝난 후에도 계속해서 해당 업무에 대한 책임을 유지하기도 한다(여러 주에 걸친 배포나 티켓의 경우).

방해 요소의 관리 방법을 결정하기 위한 요소들

운영 업무를 관리하는 메커니즘에서 한 발짝 물러나 이 방해 요소들을 처리하는 방법을 결정하는 지표들을 살펴보자. 구글의 일부 SRE팀은 방해 요소의 관리 방법을 결정하는 데 있어 다음의 지표들을 활용할 수 있다는 점을 발견했다.

- 방해 요소의 SLO 혹은 기대 응답 시간
- 대부분 나중으로 미뤄놓는 방해 요소의 수
- 방해 요소의 심각도 수준
- 방해 요소의 빈도
- 특정 방해 요소를 처리하기 위해 필요한 사람의 수(어떤 팀은 비상 대기 업무에 투입되기 전까지 일정량의 티켓 업무를 반드시 처리해야 할 경우도 있다.)

어쩌면 이 지표들은 추가 인력 투입을 위한 비용을 감수하지 않고도 가장 낮은 응답 시간을 만족할 수 있는 지표들이라는 점을 눈치챘을 것이다. 인력과 생산성 비용을 산출하는 것은 쉽지 않은 일이다.

불완전한 머신

사람은 불완전한 머신(imperfect machines)이다. 때로는 지루해하고 제대로 동작하지 않는 프로세서(는 물론 심지어 UI 역시)를 가지고 있으며, 아주 효율적이지도 않다. 인력적인 요소들은 '의도대로 동작하는' 머신으로 인지하고 이를 우회하거나 개선하려는 시도는 여기서 소개할 내용보다 훨씬 많은 내용을 필요로 한다. 그러므로 우선은 방해 요소들을 어떻게 처리할 것인지 결정하는 데 도움이 될 만한 몇 가지 기본적인 아이디어들을 살펴보기로 하자.

인지적 몰입 상태

몰입 상태(flow state)[1]의 개념은 소프트웨어 엔지니어링, 시스템 관리자, SRE 혹은 일정 기간 집중을 요하는 업무를 수행하는 대부분의 사람들이 경험적으로 획득하고 수렴하고 있는 개념이다. 이 '영역(zone)'에 들어가면 생산성은 물론 예술적, 과학적 창의성이 향상된다. 이 상태에 도달하면 사람들은 실질적으로 자신들이 참여하고 있는 작업이나 프로젝트에 정통하게 되고 향상시킬 수 있게 된다. 하지만 어떤 요소가 충분히 방해가 된다면 바로 이 상태에서 빠져나오게 된다. 따라서 이 상태에 머무르는 시간을 극대화하는 것이 관건이다.

인지적 몰입은 그다지 높은 수준의 기술을 요구하지 않아 비교적 낮은 수준의 창의성으로도 충분하지만 여전히 이런 몰입을 위한 기본적인 요소들이 요구되는 상황(명확한 목표, 즉각적 피드백, 감각적인 제어 및 그와 관련된 시간의 왜곡)에도 충분히 작용한다. 집안일이나 운전 등이 이에 해당하는 좋은 예다.

계속 반복되는 비디오 게임 같이 필요한 기술 수준이 낮고 난이도도 낮은 일을 하다보면 이런 영역에 들어갈 수 있다. 하지만 엔지니어들이 당면하는 것과 같이 난이도도 높고 요구되는 기술 수준이 높은 일을 해도 마찬가지로 이 영역에 들어갈 수 있다. 인지적 몰입 상태에 들어가는 방법은 여러 가지가 있지만 그 결과는 기본적으로 동일하다.

인지적 몰입 상태: 창의력과 몰두

어떤 일에 몰입하면 들어가게 되는 영역의 예를 들어보자. 어떤 문제의 해결에 몰두하고 있는 사람이 문제가 가진 변수들을 알고 있고 이미 익숙하다면 스스로 문제를 해결할 수 있을 것이라고 느끼게 된다. 이 사람이 문제의 해결에 집중하게 되면, 시간이 흘러가는 것도 잊은 채 다

---

[1] 자세한 내용은 위키피디아의 몰입(심리학)(https://ko.wikipedia.org/wiki/몰입) 문서를 참고하기 바란다.

른 방해 요소들을 가능한 모두 무시하려고 한다. 물론 사람이 이 상태를 최대한 유지할 수 있다면 좋을 것이다. 아마도 창의적인 결과를 만들어내고 그만큼 더 일을 잘 해낼 것이다. 그리고 자신이 하고 있는 일에 만족할 것이다.

아쉽게도 SRE 같은 역할을 수행하는 많은 사람들이 이 상태에 들어가기 위해 도전하고 실패하면서 많은 시간을 허비하고 있고 이 상태에 도달하지 못하거나 아예 시도도 못하게 되면 좌절하고, 결국 계속해서 방해를 받는 상태가 지속되면서 지쳐간다.

인지적 몰입 상태: 화난 새

사람은 자신이 할 줄 아는 일을 하는 것을 좋아한다. 사실 이런 일을 한다는 것은 인지적 몰입 상태로 들어가기 위한 가장 분명한 방법이다. 일부 SRE들은 인지적 몰입 상태에 들어간 상태에서 비상 대기 업무에 투입된다. 문제의 원인을 찾고, 다른 사람들과 함께 일하며 시스템의 전체적인 안정성을 효과적으로 향상시키는 것은 충분히 만족스러운 과정이다. 반대로, 비상 대기 엔지니어에게 있어 가장 스트레스가 되는 부분은 쏟아지는 긴급 호출, 혹은 비상 대기 자체를 방해 요소로 인식하는 경우다. 이런 엔지니어들은 계속해서 방해를 받는 상황에 노출된다. 물론 이런 업무 환경은 무척이나 스트레스가 된다.

한편, 지속적으로 방해 요소에 노출되는 사람은 방해 요소에 의해 방해를 받는다. 가장 기본적인 것으로는 시스템을 점진적으로 향상시키는 작업, 티켓을 처리하는 작업, 문제와 장애를 해결하는 것이 가장 명확한 목표, 경계, 그리고 명료한 피드백이 된다. 예를 들면 X개의 버그를 처리하라거나 긴급 호출이 발생한 문제를 해결하라는 등의 업무 요청이 이에 해당한다. 결국 남는 것은 산만함뿐이다. 방해 요소를 제거하는 작업을 진행하다 보면 프로젝트가 산만해진다. 이런 방해 요소들이 단기적으로는 시간을 허비하는 것처럼 보일지는 몰라도, 프로젝트와 비상 대기가 공존하는 환경에서는, 이 두 가지 업무 사이의 균형을 맞춰주면 조금 더 만족스럽게 업무를 수행할 수 있다. 물론 이상적이라고 할 수 있는 균형은 엔지니어마다 다르다. 중요한 것은 어떤 엔지니어들은 가장 적절한 수준의 균형이 어떤 것인지 확실하게 모를 수도 있다는 점이다(어쩌면 그들 스스로는 알고 있더라도 독자 여러분이 거기에 동의하지 않을 수도 있다).

한 가지 일을 잘 해내기

아마 독자들은 지금까지 읽은 내용을 실용적인 측면에서 요약해주기를 원할 것이다.

앞으로 필자가 제시할 내용은 필자가 구글에서 관리자, 혹은 리더로서 관리해왔던 여러 SRE

팀에 적용해서 좋은 결과를 얻었던 내용들을 바탕으로 한 것이다. 개인적인 성향이 반영되어 있을 수 있으므로 자신이 관리자라면 이 내용이 자신에게 잘 맞는지 충분한 시간을 두고 검토해보기 바란다. 이번 절에서 주로 설명하는 내용들은 팀의 구조나 기능으로 인해 장애가 유발되지 않도록 팀 스스로가 방해 요소를 관리할 수 있는 구조를 마련하는 방법을 소개한다.

산만한 주변 환경

엔지니어들은 산만한 주변 환경으로 인해 여러 가지 방식으로 인지적 몰입 상태를 이루지 못한다. 예를 들기 위해 프레드(Fred)라는 가상의 SRE가 있다고 가정하자. 프레드는 월요일 아침에 출근을 했다. 그날은 비상 대기나 기타 다른 방해 요소가 전혀 없는 날이었으므로 하루 종일 프로젝트에 집중할 수 있을 것 같았다. 그래서 커피를 한 잔 집어들고 "방해하지 마시오" 사인을 내걸은 후, 헤드폰을 끼고 책상 앞에 앉았다. 그 영역에 들어가기 딱 좋은 환경이었다.

다만, 언제든 아래와 같은 일이 일어나지 않는다면 말이다.

- 프레드의 팀은 임의의 팀원에게 자동으로 티켓을 할당하는 자동화된 티켓 시스템을 사용한다. 이 시스템이 오늘까지 처리해야 할 티켓을 프레드에게 할당한다.
- 프레드의 동료가 비상 대기 업무를 수행 중인데, 마침 프레드가 제일 잘 알고 있는 컴포넌트와 관련된 긴급 호출이 울려서 프레드에게 도움을 요청한다.
- 프레드가 담당하는 서비스의 사용자 중 한 명이 지난 주 비상 대기 때 할당되었던 티켓의 우선순위를 상향 조정한다.
- 3~4주에 걸쳐 배포 중이던 기능 플래그에서 프레드의 실수가 발견되어 어쩔 수 없이 하던 일을 모두 멈추고 배포 도중 발생한 문제를 확인하고 변경을 롤백하는 등의 업무를 하게 된다.
- 프레드의 서비스 사용자 중 한 명이 프레드가 친절하게 응대했던 것을 기억하고는 다른 질문을 하기 위해 연락을 취해 온다.
- 그 외 기타 여러 가지 방해 요소가 발생한다.

일정표는 하루 종일 비어 있을지는 몰라도, 결국 프레드는 극도로 산만해진 상황에 노출되고 만다. 이렇게 주의가 분산되는 상황 중에는 메일을 닫는다거나, IM(Instant Message, 인스턴트 메시지)을 끈다거나 혹은 기타 다른 방법을 통해 프레드가 스스로 제어할 수 있는 부분도 존재한다. 반면, 정책이나 방해 요소에 대한 예측 및 자신이 맡고 있는 책임 때문에 주의가 분신되는 경우도 있다.

일부 독자들은 어느 정도 주의가 분산되는 일은 불가피하며 필요한 부분이라고 주장할지도 모르겠다. 그 가정이 틀린 것은 아니다. 사람들은 자신이 최우선 담당자로 정해진 기능에 버그가 발견되면 거기에 매달리기도 하고, 그 외에 다른 책임이나 의무를 맡기도 하기 때문이다. 하지만, 팀이 방해 요소를 스스로 관리함으로써 (평균적으로) 더 많은 사람들이 아침에 출근해서 방해받지 않고 일할 수 있는 환경을 만드는 방법도 여러 가지가 존재한다.

시간을 나누어 쓰기

주의가 분산되는 상황을 최소화하기 위해서는 컨텍스트 전환(context switching)[2]을 최소화해야 한다. 일부 방해 요소는 불가피하다. 하지만 엔지니어를 언제든 컨텍스트를 전환할 수 있고, 그래서 언제든지 방해할 수 있는 하나의 작업 단위로 바라보는 것은, 사람들이 즐겁고 생산적으로 일하기를 원한다면 적합하지 않은 시각이다. 프로젝트에 집중하는 엔지니어를 20분 간 방해하면 두 번의 컨텍스트 전환이 일어난다. 하지만 이 방해로 인한 실제 결과는 제대로 생산성을 발휘하는 상황 대비 몇 시간의 손실이 발생하게 된다. 생산성의 지속적 손실을 예방하려면 업무의 종류별로 시간을 나누고 각 업무별로 최대한 오랜 시간 집중하도록 노력해야 한다. 이 시간이 일주일 정도라면 이상적이겠지만 하루 혹은 반나절뿐이더라도 효과는 있다. 이 전략은 부족한 시간을 만회하기 위한 보충의 개념에도 잘 들어맞는다[Gra09].

시간을 나누어 쓴다는 것은 각자가 매일 하루의 업무를 프로젝트 업무만 진행할 것인지 아니면 방해 요소를 처리하는 일만 할 것인지를 스스로 알고 있어야 한다는 것을 의미한다. 시간을 이처럼 나누어 쓴다는 것은 지금 하고 있는 일에 더 오래 집중할 수 있다는 뜻이다. 그럼으로써 하던 일을 도중에 멈추고 다른 업무로 전환하면서 따라오는 스트레스로부터 해방될 수 있다.

그러니까 내가 할 일이 뭐냐고요

이 장에서 소개한 일반화된 모델을 받아들이기가 어려운 독자들을 위해 지금부터 조금 더 구체적인 내용들을 제시하고자 한다.

일반적인 제안

어떤 방해 요소가 발생하든. 한 사람이 감당하기엔 너무 큰 일이라면 다른 사람이 도와주도

2　**역주** 자신이 집중하던 업무를 다른 업무로 전환하는 상황

록 하자. 이 방법을 티켓을 처리할 때 적용하는 것이 가장 확실하지만 긴급 호출에 대해서도 적용할 수 있다. 비상 대기 엔지니어는 하던 일을 잠시 미루거나 혹은 긴급 호출을 티켓으로 하향 조정할 수 있다.

비상 대기

우선 비상 대기 엔지니어는 비상 대기 업무에 홀로 집중해야 한다. 서비스에서 아무런 긴급 호출이 발생하지 않는다면 신속하게 처리할 수 있는 티켓이나 다른 방해 요소들도 비상 대기 업무에 포함할 수 있다. 어떤 엔지니어가 일주일 간 비상 대기 업무를 수행한다면 그 주는 프로젝트 업무 일정에서 제외되어야 한다. 그 사람을 일주일이나 제외하기에는 프로젝트가 너무 중요하다면 그 사람은 비상 대기 업무를 수행해서는 안 된다. 그러므로 비상 대기 요원을 다른 사람으로 대체해야 한다. 비상 대기를 수행해서는 안 되는 사람은 프로젝트에(혹은 컨텍스트 전환 비용이 높은 그 어떤 작업이든) 어느 정도의 진척을 반드시 이뤄내야 한다.

보조 업무의 수행은 그 업무들이 얼마나 성가신 것인가에 따라 다르게 처리하게 된다. 만일 보조 업무를 수행하는 엔지니어가 우선 업무를 수행하는 엔지니어에게 문제가 생겼을 때 이를 보완하기 위한 것이라면 이런 보조 업무도 프로젝트 관련 업무로 규정할 수 있다. 보조 업무를 수행하지 않는 다른 누군가에게 티켓이 할당된다면 역할을 병합하는 것도 고려할 수 있다. 보조 업무 엔지니어가 긴급 호출이 너무 많이 발생하는 상황에서 우선 업무 엔지니어를 도와줘야 한다면 그들 역시 어느 정도의 업무 방해를 감수해야 한다.

(첨언: 뭔가를 정리하는 업무로부터 벗어날 일은 없다. 처리할 티켓이 남아있지 않은 상황이 될 수는 있지만 수정해야 할 문서, 정리해야 할 설정 등은 항상 존재하기 마련이다. 이런 업무를 수행해두면 향후에 비상 대기 업무를 수행할 사람은 매우 고마워할 것이며, 소중한 시간을 방해받는 일도 줄어들 것이다)

티켓

현재 팀원들에게 임의로 티켓을 할당하고 있다면 당장 그만두기 바란다. 팀의 시간을 전혀 고려하지 않는 방법일 뿐 아니라 최대한 지금 하는 일에 대해 방해를 받지 않아야 한다는 원리에 완전히 위배되는 행위이기 때문이다.

티켓의 처리는 한 사람이 시간을 관리하며 수행해야 하는 전담 업무로 인식되어야 한다. 우선 비상 대기 요원과 보조 비상 대기 요원이 함께 해야 겨우 처리할 수 있을 분량의 티켓 때문에 일이 즐겁지 않은 상황이라면, 두 명이 돌아가며 티켓을 처리하는 구조로 개선해야 한다. 업무의 부하를 팀 전체로 확대해서는 안 된다. 사람은 기계가 아니며, 몰입 시간에 영향을 주는 컨텍스트 전환을 유발할 뿐이다.

진행 중인 업무

팀원 중 누구라도 책임을 맡을 수 있는 역할을 가능한 많이 만들자. 배포나 플래그 전환을 수행하고 검증하기 위한 절차가 잘 마련되어 있다면 비상 대기 업무가 종료된 이후나 방해 요소가 처리된 이후라 하더라도 누군가 이 변경을 끝까지 관찰하도록 하지 않을 이유가 없다. 비상 대기 업무 중이나 방해 요소를 처리하는 중이라도 배포 업무를 담당하는 배포 관리자 역할을 정의하자. 또한 업무 이관 절차 역시 표준화하자. 비상 대기 업무를 수행하지 않는 사람들이 방해받지 않는 시간을 조금만 할애하면 가능한 일이다.

방해 요소를 처리할 것인가 말 것인가

때로는 팀원이 다른 요소에 의해 방해를 받지 않더라도 그 사람만이 할 수 있는 일 때문에 팀이 방해를 받을 수 있다. 물론 이상적인 경우라면 이런 일이 일어나서는 안 되겠지만 안타깝게도 실제로 그렇지는 않다. 물론 이런 일이 가능한 한 일어나지 않도록 관리할 필요는 있다.

간혹 사람들은 자신이 바쁘게 일하는 것처럼 보이기 위해 누구에게도 할당되지 않은 티켓을 처리하는 경우도 있다. 이런 행동은 전혀 도움이 되지 않는다. 오히려 그 사람이 효율적이지 못하다는 것을 보여주는 행동일 뿐이다. 게다가 이런 행동은 티켓 처리에 대한 부담을 관리하기 위한 지표를 망쳐놓는다. 만일 어느 한 사람이 티켓에 할당되었는데 두세 명이 더 대기 중인 티켓을 처리하고 있다면 알지 못하는 사이에 대기 중인 티켓을 제대로 관리하지 못하고 있다는 뜻이다.

방해 요소 줄이기

어느 시점에 너무 많은 팀원들이 동시에 방해 요소를 처리하는 작업을 진행 중이라면 방해 요소로 인해 발생하는 팀의 업무 부하를 관리한다는 것이 사실상 불가능할 수도 있다. 이런 경우 티켓으로 인해 발생하는 부담을 전체적으로 줄이기 위한 몇 가지 기법을 소개한다.

티켓을 실제로 분석하자

티켓 회전(rotation)[3]이나 비상 대기 회전은 마치 형벌과도 같다. 인원이 많은 팀에서의 업무 회

---

3 **역주** 특정 업무를 팀원들이 돌아가며 수행하는 방식

전은 특히 더 그러하다. 만일 몇 달에 한 번 정도 업무에 방해를 받는다면 아마도 큰 형벌을 받고,[4] 안도의 한숨을 내쉰 후 다시 일상적인 업무로 돌아오는 느낌을 받게 될 것이다. 후임자 역시 같은 느낌을 받을 것이고 티켓의 근본 원인에 대한 조사는 결코 일어나지 않을 것이다. 그러면 업무는 진행되지 않고 해당 업무를 물려받는 팀원들이 똑같은 이슈 때문에 짜증만 늘어나는 상황이 발생하게 된다.

그래서 티켓은 물론 비상 대기 업무도 이관이 가능해야 한다. 이 이관 절차는 책임을 이관하는 과정에서 티켓의 상태를 공유하도록 하기 위한 것이다. 경우에 따라서는 방해 요소의 근본 원인에 대한 아주 기본적인 반성이 방해 요소의 전체적인 비율을 낮출 수 있는 좋은 해결책을 제시해주기도 한다. 많은 팀들이 비상 대기 업무 및 긴급 호출 리뷰 업무를 이관하고 있다. 반면, 티켓의 이관은 아주 적은 수의 팀만이 시행하고 있다.

독자들의 팀은 티켓과 긴급 호출을 규칙적으로 처리하면서 근본 원인을 규명하기 위해 방해 요소의 종류를 검사해야 한다. 만일 적절한 시간 내에 근본 원인을 수정할 수 있다고 생각한다면 그 방해 요소는 근본 원인을 해결할 때까지는 무시해 버리자. 그렇게 하면 그 방해 요소를 처리하는 사람의 부담을 완화하는 동시에 근본 원인을 수정할 수 있는 마감 기한을 자연스럽게 정할 수 있게 된다.

자신은 물론 고객을 존중하자

이 격언은 자동화된 시스템에 의한 방해보다는 사용자에 의한 방해 요소에 더 잘 어울리지만 어쨌든 두 가지 경우에 모두 해당하는 말이다. 정말 짜증나거나 해결하기 어려운 티켓이라 하더라도 그 부담을 덜어줄 수 있는 수단들을 효과적으로 활용하면 된다. 다음 사항들을 기억하자.

- 서비스가 제공하는 서비스의 수준은 여러분의 팀이 결정한다.
- 고객을 위해 어느 정도의 노력을 투자하는 것도 괜찮다.

팀이 티켓이나 고객에 의한 방해 요소를 처리해야 할 책임이 있다면 업무의 부담을 관리하기 위한 정책들을 활용하자. 상황에 따라 이 정책들은 일시적으로 혹은 영구적으로 수정해도 무방하다. 다만 정책을 수정함으로써 고객에 대한 존중과 자신에 대한 존중 사이의 균형이 잘 맞아야 한다. 그렇게만 할 수 있다면 정책도 코드만큼이나 강력한 도구가 된다.

---

[4] 자세한 내용은 위키피디아의 문서(https://en.wikipedia.org/wiki/Running_the_gauntlet)를 참고하기 바란다.

예를 들어, 독자 여러분이 뭔가 색다른 도구를 지원하고 있는데 개발자 자원도 많지 않고 이 도구를 필요로 하는 고객도 많지 않다면 뭔가 다른 옵션은 없는지 생각해보자. 이 시스템에서 발생하는 방해 요소 때문에 허비하는 시간의 가치와 그 시간을 현명하게 사용하고 있는지에 대해 잘 생각해보기 바란다. 방해 요소를 유발하는 문제의 근본 원인을 해결하기 위해 필요한 시간을 확보하지 못한다면 여러분이 지원하는 그 컴포넌트는 그다지 중요한 것이 아닐 수도 있다. 긴급 호출이 오더라도 그냥 흘려버리거나 컴포넌트의 지원을 중단하거나 혹은 다른 것으로 교체하거나 아니면 다른 전략을 찾아보도록 하자.

만일 방해 요소를 처리하기 위한 단계들이 시간을 너무 많이 소모한다거나 까다로운 반면 이를 처리해도 크게 만족을 느끼지 못한다면 해당 작업을 요청한 사람에게 작업을 되돌려주는 정책을 사용하는 것을 고려하자. 예를 들어, 사람들이 자신들의 컴퓨트 자원을 기증해야 하고, 코드나 설정의 변경 혹은 그와 비슷한 어떤 과정을 거쳐 고객이 이 과정을 실행하도록 교육한 다음에 그 결과를 다시 돌려보내줘야 문제를 해결할 수 있는 상황이라면 차라리 이 업무의 처리를 거부하는 것이 나을 수도 있다. 만일 고객이 어떤 작업을 해주기를 원한다면 그들 또한 자신이 원하는 결과를 얻기 위해 어느 정도의 노력을 할애해야 한다는 점을 기억하자.

이 방법을 사용하는 데 있어 주의할 점은 고객은 물론 자신을 존중하는 데 있어 균형을 찾아야 한다는 점이다. 고객의 요청을 처리하기 위한 전략을 수립하는 데 준수해야 하는 원칙은 그 요청이 의미가 있어야 하고, 합리적이며 요청을 처리하기 위해 필요한 모든 정보와 수집활동을 제공해줄 수 있어야 한다는 것이다. 그에 따라 여러분 또한 적절한 시간 내에 유용한 응답을 제시해야 한다.

30

SRE를 이용해 운영 업무의 부담에서 벗어나기

랜달 보세티(Randall Bosetti) 지음
다이앤 베이츠(Diane Bates) 편집

구글 SRE팀에게 있어 프로젝트와 운영 업무에 시간을 균등하게 할애하는 것은 표준화된 정책이다. 하지만 현실적으로는 매일 처리해야 할 티켓의 양이 늘어남에 따라 몇 달 동안 이 정책을 준수하지 못하는 경우도 있다. 운영 업무의 양이 감당하기 어려울 정도로 늘어나는 것은 특히 SRE에게는 힘든 일이다. 왜냐하면 SRE팀이 지치거나 프로젝트 업무의 진척을 이뤄내기가 어려워지기 때문이다. 팀이 티켓을 처리하는 데 더 많은 시간을 할애한다면 결국은 서비스 개선을 위한 시간이 그 비용이 되며, 확장성, 안정성의 확보에 어려움을 겪게 된다.

이런 부담을 완화할 수 있는 방법 중 하나는 업무 부담이 높은 팀에 SRE를 일시적으로 지원하는 것이다. SRE는 일단 어느 팀에 소속되면 단순히 대기 중인 티켓을 비우는 것보다는 팀의 업무를 개선하는 데 초점을 맞춘다. SRE는 팀의 일상적인 업무를 관찰하고 이를 개선하기 위한 조언을 제공한다. 이를 통해 팀원들이 미처 깨닫지 못했던 일상 업무에 대한 새로운 관점을 제시할 수 있다.

이 방법을 사용할 때는 두 명 이상의 엔지니어를 지원할 필요는 없다. SRE 두 명을 지원한다고 해서 특별히 더 나은 결과를 기대할 수 있는 것도 아닐뿐더러 대상 팀이 방어적으로 행동

한다면 오히려 문제가 발생할 수 있다.

만일 첫 SRE팀을 시작한다면 이 장에서 제시하는 내용을 통해 운영 팀이 오로지 티켓 회전에만 관심을 두는 상황을 피할 수 있다. 만일 독자 자신이나 혹은 독자의 팀원 중 한 명을 어느 팀에 지원해야 한다면 제6장에서 언급했던, 벤 트레이노 슬로스가 작성한 소개와 문서들을 통해 SRE의 실전과 철학에 대해 리뷰해보는 시간을 갖기를 바란다.

이후의 절들은 다른 팀에 지원을 나가게 될 SRE들을 위한 가이드를 제공한다.

1단계: 서비스에 대해 배우고 컨텍스트를 이해하기

일단 어느 팀에 소속되면 SRE의 업무는 서비스의 확장성에 대해 팀의 어떤 절차와 관습이 기여를 하고 어떤 것들이 기여를 못하고 있는지를 구분하는 것이다. 그리고 티켓이 늘어난다고 해서 더 많은 SRE를 지원받을 필요는 없다는 점을 상기시켜야 한다. SRE 모델의 목적은 시스템이 복잡해질수록 더 많은 사람들을 소개하는 것뿐이다. 대신 올바른 업무 습관을 통해 티켓에 할애하는 시간을 어떻게 줄일 수 있는지에 주의를 기울이도록 유도해야 한다. 이는 자동화나 서비스의 간소화를 통해 해결할 수 있는 기회를 놓치고 있는 부분을 지적해주는 것만큼이나 중요하다.

> **운영 모드와 비선형 확장**
>
> **운영 모드(Ops mode)**는 서비스가 지속적으로 동작하도록 하기 위한 방법을 의미한다. 따라서 서비스의 크기에 따라 처리해야 할 업무도 늘어난다. 예를 들어, 서비스의 규모가 늘어나면 가상 머신의 수를 늘릴 수 있는 방법이 필요하다. 이를 위해 운영 모드의 팀은 그 가상 머신들을 관리하는 업무를 수행하게 된다. 반면, SRE는 소프트웨어를 작성하거나 확장성 문제를 처리해서 서비스의 기능이 늘어나더라도 운영에 더 많은 사람이 투입하지 않도록 하는 데 중점을 둔다.

운영 모드로 들어가는 팀은 어쩌면 확장에 대해 크게 고민을 안하고 있을지도 모른다("우리 서비스는 작으니까"). 하지만 SRE에게는 확장성과 관련된 요소들이 큰 영향을 미치므로 이 점이 사실인지를 파악하기 위해 비상 대기 업무에 보조로 참여해 보는 것이 좋다.

만일 주요 서비스가 비즈니스 관점에서 중요하지만 규모가 작다면(매우 적은 자원만을 사용하거나 복잡도가 높지 않다면) 팀이 서비스의 안정성을 향상시키는 데 방해가 되는 팀의 업무 방식들에 좀 더 집중하자. SRE로써 여러분의 역할은 서비스가 동작하게 만드는 것이지 개발팀이 긴급 알림을 받는 것을 막아주는 것이 아니다.

한편 서비스가 이제 막 시작되는 단계라면 팀이 서비스의 폭발적 성장에 대응할 수 있도록 준비하는 데 중점을 두자. 어느 날 갑자기 초당 100개의 요청을 받던 서비스가 초당 1만 개의 요청을 받는 서비스로 성장할지도 모를 일이다.

스트레스의 주범 규정하기

SRE팀은 간혹 긴급 상황의 수를 줄이는 것보다 긴급 상황에 빠르게 대처하기 위해 운영 모드에 들어갈 수 있다. 기본적으로 운영 모드는 실제로 발생하는 혹은 예상하는 압박이 심한 경우에 들어가게 된다. 서비스의 디자인과 배포에 대한 어려운 질문들을 할 수 있을 만큼 서비스에 대해 충분히 배웠다면 서비스에서 발생하는 장애들에 대해 팀의 스트레스 수준에 주는 영향도에 따라 우선순위를 구분하자. 주의할 점은, 팀의 관점과 지금까지 일해온 관습 때문에 아주 작은 문제나 장애도 극단적인 스트레스로 이어질 수 있다는 점이다.

문제를 유발할 수 있는 부분을 규정하기

팀의 가장 큰 문제점을 규정했다면 앞으로 발생할지도 모를 긴급 상황에 대비하자. 간혹 긴급한 상황이 자가 관리가 되지 않는 새 서브시스템에서 발생할 수도 있다. 그 밖에 긴급 상황이 발생할 수 있는 부분은 다음과 같다.

지식의 차이

대규모 팀에서는 사람들은 지나치게 전문화될 수 있다. 어느 한 사람이 전문화되면 스스로 비상 대기 지원을 수행하는 데 필요한 광범위한 지식이 없거나 혹은 그 한 사람 때문에 팀원들이 시스템의 중요한 부분에 무관심해질 위험이 있다.

SRE가 개발한 서비스의 중요도가 알지 못하는 새에 증가한다

이런 서비스들은 팀이 출시하는 새 기능만큼 팀원들의 주목을 받지 못한다. 그 이유는 SRE가 개발한 서비스는 상대적으로 작으며 한두 명의 SRE들만이 관심을 갖기 때문이다.

'다음에 출시할 큰 기능'에 대한 지나친 의존도

팀원들은 지금 당장 임시로 수정한 내용이 필요 없는 새로운 솔루션이 개발될 것이라고 믿으면 몇 달이 지나도 문제를 해결하지 않으려고 한다.

개발팀과 SRE가 충분히 조사하지 않은 일반적인 알림

이런 알림들은 즉각적으로 처리는 하지만 팀원들이 실제 문제를 해결하는 데 방해가 된다. 이런 알림들은 완전히 분석을 하거나 혹은 알림 규칙을 수정해야 한다.

고객이 불만을 가지고 있거나 SLI/SLO/SLA를 제대로 규정하고 있지 않은 모든 서비스

SLI, SLO 및 SLA에 대한 자세한 내용은 제4장을 참고하기 바란다.

수용량 계획의 수준이 '간밤에 서버에서 메모리 문제가 발생했으므로 더 많은 서버를 투입할 것' 정도인 모든 서비스

수용량 계획은 충분히 앞으로 내다보고 수립해야 한다. 시스템 모델이 2GB 용량의 서버를 필요로 할 것이라 예상한다면 단기간의 부하 테스트를 통과한다고 해서 (마지막 테스트에서 1.99GB의 메모리를 소비하더라도) 시스템의 수용량이 적절한 수준이라고 할 수 없다.

포스트모템의 실행 항목이 장애가 발생한 특정 변경 사항에 대한 롤백만 언급하는 경우

예를 들어 '홍보 비디오의 처음 1MB를 다운로드하는 데 왜 60초가 걸리는지 확인할 것'이 아니라 '스트리밍 타임아웃을 60초로 되돌릴 것'이라고 써 있으면 안 된다.

현재의 SRE가 "그건 개발자들이 전담하는 일이라 나는 모릅니다"라고 대답하게 하는 서비스의 모든 컴포넌트들

컴포넌트에 적절한 수준의 비상 대기 업무를 수행하려면 해당 컴포넌트에 문제가 생겼을 때 어떤 결과가 나타나며 그 문제를 얼마나 신속하게 해결해야 하는지를 알고 있어야 한다.

2단계: 컨텍스트의 공유

팀의 업무에서 유동적이고 노력이 많이 필요한 부분이 밝혀졌다면 이제는 포스트모템 같은 모범 사례와 팀원들이 불필요한 노력을 소모하게 되는 원인 및 그에 대한 최선의 해결책을 통해 전체적인 상황을 개선할 기반을 마련해야 한다.

팀을 위한 좋은 포스트모텀 문서 작성하기

포스트모텀은 팀의 집단적 추리에 큰 도움이 된다. 올바르게 기능하지 못하는 팀이 작성한 포스트모텀은 그다지 효과가 없다. 일부 팀원들은 포스트모텀이 너무 과한 업무라거나 심지어는 쓸모 없는 업무라고 생각할 수도 있다. 지금까지 작성된 포스트모텀을 리뷰하다 보면 개선을 위해 댓글을 남기고 싶을 수도 있겠지만 그렇게 한다고 해서 팀에는 전혀 도움이 되지 않는다. 오히려 팀이 더욱 방어적이 될 뿐이다.

이전에 있었던 실수를 바로잡으려는 것보다는 그 다음에 작성할 포스트모텀을 주도하는 편이 낫다. SRE로써 팀에 합류해 있는 동안 분명 장애는 발생할 것이다. 만일 본인이 비상 대기 업무를 수행하는 중이 아니라면 비상 대기 중인 SRE와 협력해서 그 누구도 비난하지 않는 훌륭한 포스트모텀 문서를 작성하자. 이 문서는 버그를 더 지속적으로 수정함으로써 SRE 모델로의 전환이 팀에 어떻게 도움이 될 것인지를 보여준다. 지속적인 버그의 수정은 팀원의 시간을 앗아가는 장애의 영향을 줄여준다.

앞서 설명했듯이 "왜 하필 나에요?"라는 반응을 보게 될 때가 있다. 이 반응은 포스트모텀을 작성하는 것이 보복성을 가지고 있다고 믿는 경우에 특히 더 그런 반응을 보인다. 이런 태도는 썩은 사과 이론(Bad Apple Theory)을 떠올리게 한다. 시스템이 잘 동작한다면 지금까지 발견한 모든 썩은 사과와 그들의 실수들을 제거하더라도 시스템은 여전히 잘 동작할 것이다. 하지만 썩은 사과 이론은 항공사 안전 등을 비롯한 여러 분야의 증거[Dek14]에 따르면 명백한 거짓이다. 여러분은 이 모순을 정확히 인지해야 한다. 포스트모텀을 위한 가장 효과적인 어법은 "여러 가지 동작을 하는 시스템을 관리하는 데 있어 실수는 불가피한 것입니다. 그 때 당신이 비상 대기 중이었으니 당신이 정확한 정보를 기반으로 올바른 판단을 했을 것이라 믿습니다. 나는 그저 당신이 각 시점마다 어떤 생각을 했는지 적어보고 이를 바탕으로 어떤 이유로 시스템이 잘못된 판단을 하게 했는지, 그리고 어느 부분에서 너무 생각을 깊이했는지를 찾아내고자 합니다."

종류별로 긴급 상황을 구분하기

간단히 구분하면, 긴급 상황은 크게 두 가지로 나눌 수 있다.

- 어떤 상황은 절대 발생해서는 안 된다. 이런 상황들은 운영 업무 혹은 삽질(제5장 참고)이라고 부르는 일을 하게끔 만든다.

- 다른 종류의 긴급 상황은 스트레스를 유발하거나 사람이 열받아서 코딩하게 만든다. 어떤 경우든 팀은 이런 일에 대처하기 위한 도구를 만들어야 한다.

팀에 발생하는 긴급 상황을 삽질과 삽질이 아닌 것으로 구분하자. 일단 구분이 완료되면 팀에 그 목록을 제공하고 각 업무들을 왜 자동화하거나 혹은 서비스를 운영하는 데 필요한 오버헤드로 분류해야 하는지를 명확하게 설명하자.

3단계: 변화를 주도하기

팀을 건강하게 만드는 것은 절차다. 그렇기 때문에 여러분이 엄청난 노력을 투자한다고 해서 해결할 수 있는 문제가 아니다. 팀이 스스로를 통제할 수 있도록 하기 위해서는 이상적인 SRE와의 협업을 위한 건강한 정신적 모델을 구축해야 한다.

 사람은 현상 유지를 잘 하는 편이다. 따라서 *기본적인 상황을 올바르게 만드는 데(혹은 복구하는 데) 중점을 두고 올바른 선택을 하기 위한 몇 가지 원리를 가르쳐야 한다.*

기본부터 시작하기

SRE 모델과 전통적인 운영 모델 사이의 차이점을 이해하지 못하는 팀은 대부분 왜 팀의 특정 코드, 절차 혹은 문화 때문에 고생을 해야 하는지를 정확히 인지하지 못한다. 그 대신 제1장과 제6장에서 제시했던 원리들을 지켜나가려고 문제들을 하나씩 하나씩 해결하는 데 급급하다.

SRE로써 독자들이 팀을 위해 할 수 있는 첫 번째 목표는 서비스 수준 목표(SLO)가 아직 정해지지 않았다면 이를 기록하는 것이다. SLO가 중요한 이유는 장애의 영향을 정량적으로 평가할 수 있을 뿐 아니라 절차의 변경이 얼마나 중요한지를 보여주기 때문이다. SLO는 장기적인 SRE의 관점에서 볼 때 팀이 단순히 운영 업무에만 대응하는 것으로부터 벗어나게 해주는 가장 중요한 지렛대다. 이런 합의가 없다면 이번 장에서 제시하는 그 어떤 조언도 무용지물일 뿐이다. 만일 SLO가 없는 팀에 합류하게 된다면 우선 제4장을 읽은 다음, 기술 리더들과 관리자들을 회의실로 모아 SLO를 정의하자.

장애 원인 제거를 도와주기

아마도 원인을 파악한 이슈를 빠르게 수정하고 싶은 욕구가 강하게 들 것이다. 제발 스스로 이슈를 해결하고 싶은 욕구를 억누르기 바란다. 그렇게 하면 '뭔가를 변경하는 것은 남을 위한 것'이라는 생각이 들게 될 것이다. 대신 다음의 단계를 따라보자.

1. 한 명의 팀원이 수행할 수 있는 유용한 업무를 찾는다.
2. 포스트모텀을 통해 해당 업무가 어떤 이슈를 어떻게 완전히 해결할 수 있는지 명확하게 설명한다.
3. 코드 변경과 문서의 수정에 대한 리뷰를 도와준다.
4. 이런 식으로 두세 가지 이슈를 더 해결한다.

추가적인 이슈를 발견하면 이슈를 버그 보고에 등록하거나 팀과 논의할 문서에 추가해둔다. 그렇게 하면 정보의 전파와 더불어 팀원들로 하여금 (마감일에 대한 압박에 의해 가장 먼저 희생당하는) 문서의 작성을 독려하는 두 가지 토끼를 한 번에 잡을 수 있다. 항상 이유를 설명하고 좋은 문서를 통해 약간만 컨텍스트가 달라져도 팀이 같은 실수를 반복하는 상황을 피할 수 있다는 점을 강조하자.

이유를 설명하기

팀이 타성과 고집으로부터 복구가 되면 될수록 여러분이 제안했던 변화의 기본이 운영 업무의 부담으로 이어졌던 평범한 결정에 방해물이 될 수 있다. 이 도전에 직면할 준비를 하자. 운이 좋다면 이 도전은 주간 운영 회의 도중 "지금 당장 이유를 설명하세요"라는 말을 들을 것이다.

하지만 운이 없다면 아무도 설명을 기대하지 않을 것이다. 누군가 설명을 요구하든 말든 일단 본인의 결정에 대해 간단히 설명한 후 이 문제에서 완전히 빠지자. 그리고 기본적으로 자신이 제안한 내용을 강조하자. 이는 팀의 정신적 모델을 구축하는 데 도움이 된다. 여러분이 팀에 대한 지원을 종료한 후에는 이 팀은 여러분이 디자인이나 변경 목록에 대해 어떤 조언을 할 것인지를 예측할 수 있어야 한다. 이유를 설명해주지 않거나 설명을 제대로 해주지 않는다면 팀은 그저 게으른 행동을 하는 것처럼 보이지 않으려고만 할 것이다. 따라서 명확해야 한다.

자신이 결정한 내용에 대한 올바른 설명의 예를 살펴보자.

- "저는 이번 릴리즈를 롤백하지 않을 것입니다. 왜냐하면 테스트가 잘못되었기 때문이

죠. 저는 이번 릴리즈를 롤백할 것입니다. 왜냐하면 우리가 설정했던 에러 예산을 이미 초과했기 때문입니다."

- "우리가 설정한 SLO가 굉장히 까다롭기 때문에 릴리즈는 롤백을 안정적으로 실행할 수 있어야 합니다. SLO 요구사항을 만족하려면 복구 시간은 짧아야 하고 그래서 롤백을 실제로 실행하기 전에 제대로 진단을 해야 합니다."

반면, 결정에 대한 불충분한 설명의 예는 다음과 같다.

- "제 생각엔 모든 서버들이 라우트 규칙을 만드는 것은 안전하지 않은 것 같아요. 왜냐하면 우리가 확인할 수가 없잖아요."

이 결정 자체는 잘못되지 않을 수 있지만 그 이유가 불충분하다(혹은 충분히 설명되지 않았다). 팀은 여러분이 무슨 생각으로 이런 결정을 하는지 이해할 수 없기 때문에 그 이유에 대해 충분히 고려해본 것처럼 반응할 것이다. 그러지 말고 "[...]은 안전하지 않습니다. 왜냐하면 코드의 버그 때문에 서비스 전체에 관련된 장애가 발생하게 되고 그러면 그 코드를 고치기 위해 추가한 또 다른 코드가 결국 롤백을 제시간에 수행하지 못하게 할 것이기 때문입니다."와 같이 설명해보기 바란다.

- "배포 도중 충돌이 발생하면 자동 배포를 중단해야 합니다."

앞서 들었던 예와 마찬가지로 이 설명 역시 틀리진 않을 수 있지만 충분하지는 않다. 이보다는 "[...] 왜냐하면 모든 변경이 자동화를 통과할 거라고 너무 쉽게 믿었지만 분명 뭔가 규칙을 어겼기 때문입니다. 만일 이런 상황이 자주 반복된다면 그 이유를 반드시 규명해서 제대로 정리되지 않은 변경이 발생하는 원인을 제거해야 합니다."처럼 설명하기 바란다.

주도하는 질문을 하기

주도하는 질문이란 부담을 주는 질문이 아니다. SRE팀과 대화를 나눌 때는 사람들이 기본적인 원리에 대해 생각해볼 수 있는 질문을 해야 한다. 이는 특히 여러분이 이 행동을 모델화하는 데 도움이 된다. 왜냐하면 운영 모드로 기능하는 팀은, 그 정의에 따르면 자신들이 스스로 이런 종류의 이유를 거부할 것이기 때문이다. 일단 다양한 정책적 질문에 대한 이유를 충분히 설명했다면 이는 팀이 SRE의 철학을 이해하는 데 큰 도움이 될 것이다.

주도하는 질문의 예를 들어보자.

- "작업 실패 알림이 너무 자주 발생하는데 비상 대기 엔지니어가 대부분 아무것도 하지 않더군요. 이 알림이 SLO에 영향을 주지는 않나요?"
- "이 시작 프로시저는 너무 복잡해 보입니다. 서비스의 새 인스턴스를 만들 때 왜 이렇게 많은 설정 파일을 수정해야 하는지 혹시 아시나요?"

반면, 이런 질문은 주도하는 질문이라고 할 수 없다.

- "대체 이 오래된 릴리즈들은 뭐죠?"
- "대체 저건 왜 이렇게 많은 작업을 하는 거죠?"

결론

이 장에서 설명한 원리들을 잘 따른다면 SRE팀은 다음과 같은 사항들을 제공할 수 있다.

- 변화가 필요한 부분을 기술적이며, 정량적으로 평가할 수 있도록 설명할 수 있다.
- 어떻게 변화하게 될 것인지에 대한 구체적인 예를 제공한다.
- SRE들 사이에서는 '민간 신앙'처럼 여겨지는 논리적 설명
- 확장성을 고려한 새로운 상황을 처리하는 데 필요한 핵심 원리

여러분이 해야 할 마지막 작업은 실행 완료 보고서를 작성하는 것이다. 이 보고서는 여러분의 시각, 예시, 그리고 설명을 그대로 옮겨야 한다. 또한 여러분이 가르쳐준 내용들을 팀이 다시 연습할 수 있는 실행 항목도 제공해야 한다. 이 보고서는 포스트비탐[1](postvitam)으로써 성공을 이끌어낸 각 단계별 주요 의사 결정을 설명해야 한다.

이제 협업이 완료되었다. 일단 다른 팀에 대한 지원이 완료되면 계속해서 디자인과 코드 리뷰 담당자로 머물 수 있어야 한다. 업무가 완료된 이후 몇 달 정도 팀을 계속 주시하면서 그 팀이 수용량 계획, 긴급 상황에 대한 대응 및 배포 절차 등에서 천천히나마 개선을 이루고 있는지 확인해야 한다.

---

1 포스트모템과는 반대되는 개념이다.

31

SRE의 의사소통과 협업

니얼 머피(Niall Murphy), 알렉스 로드리게즈(Alex Rodriguez),
칼 크로우스(Carl Crous), 다리오 프레니(Dario Freni), 딜런 컬리(Dylan Curley),
로렌조 블랑코(Lorenzo Blanco), 토드 언더우드(Todd Underwood) 지음
벳시 베이어(Betsy Beyer) 편집

구글 SRE의 조직 내의 위치는 매우 흥미롭다. 그리고 우리의 의사소통과 협업에 영향을 미친다.

먼저, SRE가 수행하는 업무와 그 업무를 수행하는 방법들은 엄청나게 다양하다. 우리는 인프라스트럭처와 관련된 팀, 서비스와 관련된 팀, 그리고 전체 제품에 관련된 팀을 보유하고 있다. 우리보다 몇 배는 더 규모가 큰 팀부터 비슷비슷한 규모의 팀까지, 다양한 규모의 제품 개발팀과의 관계를 유지하는 것은 물론 때로는 우리가 제품 개발팀이 되는 상황도 발생한다. SRE팀은 시스템 엔지니어링 혹은 아키텍처적 기술([Hix15b] 참고), 소프트웨어 엔지니어링 기술, 프로젝트 관리 기술, 리더십 본능, 모든 종류의 산업과 관련된 배경 지식(제33장 참조) 등 다양한 분야의 사람들로 구성된다. 우리는 단 한 가지 모델을 따르지 않으며, 다양한 모델들을 구성해야 제대로 기능할 수 있다는 사실도 알아냈다. 이런 유연함은 우리가 추구하는 궁극적 실용주의와도 잘 맞아떨어진다.

또한 SRE는 명령하고 제어하는 조직이 아니다. 통상 우리는 두 주인을 섬긴다. 서비스 혹은 인프라스트럭처 SRE팀의 경우는 그 서비스나 인프라스트럭처를 개발하는 제품 개발팀과 밀접하게 일하며 당연히 통상적인 SRE의 컨텍스트 내에서 업무를 지원한다. 우리는 이런 시스템들의 성능을 책임지기 때문에 서비스와의 유대는 매우 강하지만, 그와는 별개로 우리의 보고선은 SRE 전체가 대상이다. 최근 우리는 제품 전반이 아닌 특정 서비스를 지원하는 방향으로 일하고 있지만 우리의 문화와 우리가 공유하는 가치는 문제에 대해 최대한 동일한 접근법을 취하는 것이다. 본질적으로 그렇게 만들어졌다.[1]

SRE 조직을 방향성을 견인하는 두 가지 선행 조건은 우리 팀들을 운영하는 두 가지 중요한 측면, 즉 의사소통과 협업에 대한 것들이다. 의사소통은 데이터의 흐름에 비유할 수 있다. 데이터가 반드시 운영 환경에서 흐르는 것처럼 SRE팀 주변에서도 흐르고 있어야 한다. 프로젝트에 대한 데이터, 서비스 및 운영 환경의 상태, 그리고 개인의 상태 등이 전달되어야 한다. 팀의 효율성을 극대화하기 위해 이런 데이터는 어느 한 그룹에서 다른 그룹으로 안정적으로 흘러야 한다. 이런 흐름을 떠올릴 수 있는 방법 중 하나는 마치 API처럼 SRE팀이 다른 팀에 반드시 제공하는 인터페이스 같은 것을 떠올려보면 된다. API와 마찬가지로 좋은 디자인은 효율적인 운영 측면에서 매우 중요하며 만일 API가 잘못되면 나중에 이를 수정하기란 상당히 어려울 수 있다.

API를 계약에 비유하는 것은 SRE팀간의 협업은 물론 SRE팀과 제품 개발팀 간의 협업과 관련이 있다. 협업을 통해 끊임없이 변화하는 환경에서 진척을 이뤄내야 한다. 그런만큼, 우리의 협업은 빠르게 움직이는 여타의 다른 기업들의 협업과 매우 유사하다. 다른 점이 있다면 소프트웨어 엔지니어링 기술, 시스템 엔지니어링에 대한 전문성 그리고 SRE가 협업을 통해 가져다주는 운영 환경에서의 경험으로부터 얻은 지식들이 조합을 이룬다는 점이다. 최선의 디자인과 구현은 서로를 존중하는 분위기 속에서 운영 환경 및 제품의 공통적인 관심을 고려할 때 비로서 도출된다. 이것이 SRE의 약속이다. 제품 개발팀과 동일한 기술을 사용하며 신뢰성을 책임지는 조직은 어떤 것이든 측정 가능한 방법으로 향상시킬 수 있다. 경험상 신뢰성을 책임지지만 기술이 불완전한 사람의 도움을 받는 것은 충분하지 않다.

---

1 그리고 우리 모두 알고 있듯이, 항상 문화가 전략을 이겨왔다: [Mer11].

의사소통: 운영 환경 회의

회의를 효율적으로 진행하는 방법은 여러 가지가 있지만[Kra08], 회의라는 것이 항상 유용하고 효율적일 수는 없다. SRE에게도 마찬가지다.

그러나 대부분의 회의보다 더 유용한 회의가 한 종류 있다. 바로 **운영 환경 회의**(production meeting)이다. 운영 환경 회의는 SRE팀이 자신에게(그리고 회의에 초대된 사람들에게) 팀이 운영을 책임지고 있는 서비스의 상태에 대해 꼼꼼하게 설명함으로써 서비스에 관심이 있는 모든 사람들의 일반적인 의식 수준을 향상시키고 서비스의 운영을 개선하기 위한 회의이다. 통상 이런 회의들은 서비스 지향적이다. 즉, 개개인에게 현재 상황을 업데이트해주기 위한 회의가 아니다. 이 회의의 목적은 회의에 참석했던 모든 사람들이 현재 어떤 일이 벌어지고 있는지를 똑같이 이해하게 만드는 것이다. 운영 환경 회의의 또다른 목적은 서비스와 관련된 운영 환경에서 얻은 지혜를 바탕으로 서비스를 개선하는 데 있다. 즉, 서비스의 운영 성능에 대해 상세한 이야기를 나누며, 이 운영 성능을 디자인, 설정 혹은 구현과 관련지어 문제를 해결하기 위한 적절한 방식을 도출한다. 보통의 회의에서도 서비스의 성능을 디자인 의사 결정에 활용하는 것은 굉장히 강력한 피드백 루프이다.

우리의 운영 환경 회의는 대부분 매주마다 열린다. 아무런 소득이 없는 회의를 싫어하는 SRE라면 이 정도 간격으로 회의를 주재하는 것이 옳다. 이 정도면 회의를 의미 있게 진행하기 위해 관련된 자료들을 정확하게 작성할 수 있는 충분한 시간인 동시에 사람들이 회의에 참석하지 않으려 핑계를 댈 정도로 자주 진행하지는 않는 시간이다. 이 회의들은 주로 30분에서 60분 정도 진행된다. 회의 시간이 이보다 짧다면, 뭔가를 너무 짧게 다루고 있거나 아니면 서비스 포트폴리오를 늘려야 한다. 그리고 회의 시간이 이보다 길다면, 뭔가 상세한 정보가 부족해서 애를 먹고 있는 것이거나 아니면 회의에서 다뤄야 할 주제가 너무 많아 팀이나 서비스 단위로 회의를 나눌 필요가 있다는 뜻이다.

여타의 다른 회의와 마찬가지로, 운영 환경 회의 역시 주재자가 있어야 한다. 대다수의 SRE팀은 여러 팀원들이 돌아가며 회의를 주재하게 함으로서 모든 사람들이 서비스에 참여하고 있으며 이슈들에 대해 어느 정도의 소유권을 가지고 있다고 느끼도록 유도하고 있다. 물론 사람들의 회의를 주재하는 능력은 저마다 다르지만 전체가 소유권을 공유하는 것의 가치는 간혹 최적화되지 않은 회의로 인해 잃는 것의 가치에 비하면 훨씬 크다. 게다가 회의를 주재하는 능력을 키울 수 있는 좋은 기회이고 이런 능력은 SRE가 주로 마주하는 장애 조율 상황에서는 특히 유용한 능력이라고 할 수 있다.

두 SRE팀이 화상 회의를 진행하고 있으며, 어느 한 팀의 규모가 다른 팀보다 훨씬 큰 경우에는 상당히 흥미로운 방법이 필요하다. 우리는 기본적으로 규모가 작은 팀에 주재자를 둘 것을 권한다. 규모가 큰 팀은 주로 조용히 앉아만 있는 경향이 있으며 팀 규모의 불균형으로 인한 악영향(화상 회의 특유의 지연현상과 맞물려)이 늘어난다.[2] 이 기법에 어떤 과학적 가설이 통하는지는 모르겠지만 어쨌든 회의가 훨씬 나아진다.

회의 의제(agenda)

운영 환경 회의를 진행하는 방법은 SRE들이 관리하는 서비스와 그 방법의 다양성만큼이나 여러 가지다. 그런 면에서 이 회의의 진행 방식을 규정화하는 것은 적절하지 않다. 그러나 기본적인 의제(부록 F 참고)는 주로 다음과 같다.

곧 릴리즈할 운영 환경의 변화

변화를 추적하는 회의는 업계 전반에 이미 널리 알려져 있는데, 실제로 모든 회의가 변화를 중단시키는데 전념했다. 그러나 우리의 운영 환경 회의는 기본적으로 변화를 가능하게 하는 것이며, 이를 위해 시작 시간, 지속 시간, 예상되는 효과 등 그 변화의 유용한 속성들을 추적한다. 이 방법은 짧은 시간 내에 효과를 볼 수 있다.

지표

우리가 서비스 주도적으로 의사 결정을 하는 가장 중요한 방법 중 하나는 현재 논의 대상인 시스템의 핵심 지표들에 대해 논의하는 것이다. 자세한 내용은 제4장을 참고하자. 비록 그 주에 해당 시스템에서 극적인 장애가 발생하지는 않았더라도, 대부분은 1년 동안 시스템의 부하가 지속적으로 (혹은 급격하게!) 증가하는 현상을 보게 된다. 지연응답, CPU 활용률 등이 어떻게 변화하는지 계속해서 추적하는 것은 시스템의 성능에 대한 감각을 키우는 아주 중요한 방법이다.

어떤 팀은 자원 사용률과 효율성 역시 추적하는데, 그 역시 더 나중에 나타나며 쉽게 발견할 수 없는 시스템의 변화를 감지할 수 있는 유용한 지표이다.

장애

이는 포스트모텀에서 다룰 법한 수준의 문제들을 처리하며 새로운 것을 학습하기 위한 없어서는 안 될 기회다. 제15장에서 소개한 것과 같이 적절한 포스트모텀 분석은 언제나 새

---

[2] 규모가 큰 팀은 규모가 작은 팀보다 잡답을 많이 하는 경향이 있으며 산만해진 대화를 제어하기가 더 어렵다는 등의 문제가 있다.

로운 것을 배우게 한다.

긴급 알림

긴급 알림이란 모니터링 시스템이 발송하는 호출이며 포스트모텀으로 정리해 둘만한 가치가 있을수는 있지만 대부분은 그렇지 않다. 어떤 문제가 발생하든, 포스트모텀의 장애 섹션에서는 해당 장애를 전체적인 시각에서 다루지만, 이 책에서는 보다 전술적인 시각에서 바라보고자 한다. 즉, 발송된 긴급 알림의 목록, 긴급 알림을 발송한 사람, 실제로 발생한 문제점 등을 살펴본다. 이번 섹션에는 두 가지 질문이 내포되어 있다. 그 긴급 알림이 정말로 발송될 필요가 있었는지, 그리고 전원에게 발송되었어야 하는지 등이다. 만일 이 두번째 질문에 대한 답변이 아니요라면 대응이 불가능한 긴급 알림은 미련없이 제거하자.

알림이 발송되지 않은 현상들

이 현상에는 다음의 세 가지가 해당된다.

* 긴급 알림이 발송되었어야 하는데 발송되지 않은 이슈. 이런 경우에는 모니터링 시스템을 수정해서 해당 문제가 발생하면 알림이 발송되도록 해야 한다. 다른 것을 수정하다가 이슈를 발견하게 되거나 혹은 추적 중이던 지료와 관련된 이슈인데 알림을 받지 못하는 경우가 대부분이다.
* 긴급 알림은 발송되지 않았지만 누군가는 주목해야 하는 이슈. 영향도가 낮은 데이터의 변조 혹은 시스템에서 사용자가 직접 사용하지 않는 부분의 속도 저하 등이 이에 해당된다. 이때는 그에 대응하기 위한 운영 업무를 추적하는 것도 적절하다.
* 긴급 알림을 발송할 필요도 없고 굳이 누군가 주목하지 않아도 되는 이슈. 이런 알림들은 제거해서 엔지니어들 주의를 불필요하게 돌리는 소음을 제거해 주어야 한다.

우선 실행 항목

지금까지 설명한 내용들은 종종 SRE들이 취해야 할 실행 항목을 도출해 내기도 한다. 이런 이슈들을 수정하고 모니터링한 후 다른 작업들을 처리할 서브시스템을 개발하자. 그리고 이런 개선 사항들은 다른 회의를 통해 추적하자. 즉, 실행 항목을 사람들에게 할당하고 그 과정을 추적하자. 특별한 의제가 없다면 포괄적인 주제들을 다루는 명시적인 의제들을 정하는 것도 좋은 생각이다. 지속적인 배포 역시 확실한 신뢰성이자 신뢰를 구축하는 방법이다. 배포가 어떻게 진행되었는지는 중요하지 않고 단지 배포가 되었는지가 중요하다.

회의 참석

회의의 참석은 관련 SRE팀의 팀원이라면 필수적이다. 특히 여러분의 팀이 여러 국가 및 시간대(timezone)에 걸쳐 업무를 진행한다면 더더욱 그렇다. 왜냐하면 한 그룹으로써 타 부서와 협업할 수 있는 아주 큰 기회이기 때문이다.

또한 주요 의사 결정자도 이 회의에 참석해야 한다. 함께 작업하는 개발팀 역시 참석해야 할 대상이다. 일부 SRE팀은 회의를 나누어 진행하면서 SRE들에게만 관련된 내용을 우선 진행하기도 한다. 이 방법은 앞서 나열한 모든 이들이 현재 진행 중인 일에 대해 모두 동일하게 이해할수만 있다면 전혀 문제될 것이 없다. 때때로 규모가 크며 여러 팀이 모여 논의해야할 이슈가 있다면 다른 SRE팀이 참여하기도 하지만 대부분의 경우 대상 SRE팀 및 주요 협업 팀들이 참석한다. 만일 어떤 관계 때문에 협업 대상이 되는 개발팀을 회의에 초대하지 못한다면 이 관계를 수정해야 한다. 아마도 첫 단계는 그 팀의 대표자를 초대하거나 혹은 믿을 수 있는 중개인을 초대해 의사소통을 조율하게 하거나 아니면 더 나은 상호 관계를 수립해야 한다. 팀이 단독으로 일하지 말아야 하며, 문제 해결에 대한 방법을 문서화하는 것이 가치있는 이유는 수도 없이 많다. 이 정보는 SRE팀에도 적용되지만 운영 업무에 대한 피드백 루프를 얻는 것이 최종 목적이어야 하며, 그렇지 못한다면 SRE팀을 보유하는 가장 큰 가치를 잃는 것이나 다름없다.

때로는 너무 많은 팀이 참여하거나 혹은 중요한 일로 바쁜 사람이 회의에 참석하는 일이 생길 수도 있다. 이런 상황에 적용할 만한 기법들을 살펴보자.

- 활성화가 덜 된 서비스라면 제품 개발팀에서 한 명이 대표로 참석하거나 혹은 제품 개발팀이 회의 의제를 읽고 필요한 경우 의견을 첨부하도록 한다.
- 제품 개발팀의 규모가 너무 크면 대표로 몇 명만 참석하게 한다.
- 중요한 일로 바쁜 참석자는 피드백을 제공하거나 혹은 미리 다른 사람에게 대신 참석을 부탁하거나 또는 미리 작성된 회의 의제(잠시 후에 자세히 살펴본다) 기법을 사용하면 된다.

지금까지 설명한 회의 기법은 서비스 주도적인 분위기에서는 일반적인 통념이다. 회의를 더 효율적이고 독창적으로 만드는 방법 중 하나는 구글 문서의 실시간 협업 기능을 활용하는 것이다. 많은 SRE팀들이 그런 문서를 작성하며 엔지니어링 조직의 누구라도 접근할 수 있는 잘 알려진 주소를 통해 제공하고 있다. 이런 문서를 작성하는 것은 두 가지 측면에서 매우 실용적이다.

- '구성원으로부터의(bottom up)' 생각이나 의견, 정보 등을 포함하는 회의 의제를 미리 추출한다.
- 회의 의제를 병렬로, 그리고 미리 준비하는 것은 매우 효율적이다.

제품이 제공하는 다자간 협업 기능을 최대한 완벽하게 활용하자. 회의 의장이 문장을 입력하고 다른 이가 입력이 완료된 문장 옆의 괄호 안에 관련 자료의 링크를 추가하고, 또 다른 사람이 원래 문장의 문법과 철자를 수정하는 것을 직접 볼 수 있다. 이런 협업을 통해 일을 더 빠르게 처리할 수 있으며 더 많은 사람들이 팀의 업무의 일부를 자신이 직접 처리하고 있음을 느끼게 될 것이다.

SRE와의 협업

확실히 구글은 다국적 기업이다. 우리의 역할은 비상 대기 응대와 긴급 호출 회전으로 구성되어 있기 때문에 최소 몇 개의 시간대에 조직을 분산해야 하는 이유가 비즈니스적으로 명확하다. 이처럼 분산된 조직의 실용적인 효과는 예를 들면 평균적인 제품 개발팀과 비교할 때 '팀'의 개념이 매우 유동적이다. 우리는 로컬 팀, 특정 지역 내의 팀, 대륙간 팀, 다양한 규모와 결합력을 가진 가상의 팀, 그리고 그들 사이의 모든 것들을 보유하고 있다. 이 덕분에 책임과 기술, 그리고 기회가 기분좋게 뒤섞인다. 충분히 규모가 큰 회사라면 (특히 기술에 대한 열망이 큰 회사라 하더라도) 이와 동일하게 동적인 팀을 구성할 수 있다. 대부분 로컬 협업 과정에서는 특별히 문제가 없다는 점을 감안한다면 흥미로운 공동 작업은 팀 간, 지역 간, 가상 팀 간의 작업 등이 있다.

이와 같은 분산 패턴은 SRE팀들이 어떻게 구성되는지를 보여준다. 우리의 존재 이유는 기술적 완성도를 통해 가치를 제공하는 것인데, 기술적 완성도는 일반적으로 성취하기 어렵기 때문에, 우리는 주로 관련된 시스템이나 인프라스트럭처의 일부에 대한 완성도를 높이는 방법을 찾음으로써 인지적인 부하를 낮추는 데 주력한다. 전문성을 확보하는 것도 이런 목표를 달성하기 위한 노력 중 하나다. 즉, X팀이 Y제품만을 관리하는 것이다. 전문성을 갖추는 것은 기술적 완성도를 높이기에는 좋지만 실로이제이션(siloization)[3]과 더 큰 시야의 확보를 방해한다

---

3 역주 같은 데이터를 여러 군데 보관하는 방법으로, 데이터의 변경의 비효율성과 데이터 일관성의 유지가 어려운 단점이 있다. 여기서는 같은 일을 여러 팀이 중복되어 수행하게 되는 문제점을 의미한다.

는 단점이 있다. 우리는 팀의 권리를 잘게 나누어 팀이 무엇을 할지, 그리고 그보다 중요한 무엇을 지원하지 않을지를 정하려고 노력하지만 이 방법이 항상 성공적인 것은 아니다.

팀의 구성

SRE팀에는 시스템 엔지니어링부터 소프트웨어 엔지니어링, 그리고 조직 및 관리에 이르는 광범위한 종류의 기술들을 갖추고 있다. 우리가 협업에 대해 말할 수 있는 한 가지는 성공적인 협업의 기회는 — 그리고 다른 것들 역시 — 팀이 다양성을 확보함으로써 개선될 수 있다는 점이다. 다양성을 확보한 팀이 더 나은 팀이라는 증거는 다양하다[Nel14]. 다양성을 확보한 팀을 운영한다는 것은 의사소통과, 인지적 편향, 등에 특별히 더 관심을 쏟는다는 것이며, 이 책에서 자세히 다루기에는 다소 무리가 있다.

일반적으로 SRE팀은 '기술 리더(Tech Lead, TL)', '관리자(SRM)' 및 '프로젝트 관리자(PM, TPM, PgM 등으로 알려져 있다)' 등의 역할을 수행한다. 일부 사람들은 이런 역할들의 책임이 잘 정의되어 있을 때 최상의 성과를 낸다. 가장 중요한 장점은 매우 한정된 범위의 의사 결정을 빠르고 안전하게 내릴 수 있다는 점이다. 다른 사람들은 능동적인 협상을 통해 책임을 바꿀 수 있는, 조금 더 유연한 환경에서 최상의 성과를 낸다. 일반적으로 더 유연한 팀이란 개인의 역량에 의해 더 많이 개발되며, 팀은 새로운 상황에 적응할 수 있는 반면 배경지식이 더 적을 것이기 때문에 더 빈번한 의사소통을 해야 하는 비용을 감수해야 한다.

이런 역할들이 얼마나 잘 정의되어 있는지와는 무관하게, 기본적으로 기술 리드는 팀의 기술적 방향에 대한 책임을 담당하며, 다양한 방향(모두의 코드에 주의 깊게 첨언을 남기고, 방향 제시를 위한 분기별 발표를 진행하는 등)으로 팀의 합의를 이끌어간다. 구글에서 기술 리드는 관리자의 업무를 거의 모두 수행한다. 왜냐하면 우리의 관리자들은 기술적으로 매우 높은 수준에 있지만, 성능 관리와 다른 누군가 처리할 수 없는 모든 것들에 대한 포괄적인 지원 등, 기술 리드가 갖지 않은 두 가지 특별한 책임을 가지고 있기 때문이다. 훌륭한 기술 리드, 관리자 및 프로젝트 관리자는 완벽한 기술을 갖추고 있으며 프로젝트를 구성하는 데 기꺼이 힘을 보태고 디자인 문서에 의견을 첨부하며 필요하다면 코드도 작성한다.

효율적으로 일하기 위한 기술

SRE 조직에서 효율적으로 엔지니어링을 하기 위한 방법은 여러 가지가 있다.

대체로 특별히 재능 있는 사람이 진행하는게 아니라거나, 발생한 문제가 직관적이지 않다면 단독으로 진행하는 프로젝트는 실패한다. 중요한 업무를 달성하기 위해서는 여러 명이 필요하다. 그래서 우리는 훌륭한 협업 기술 또한 필요하다. 다시 말하지만, 이 주제로 쓰여진 매체는 부지기수이고 이들 중 상당 부분은 SRE에도 적용할 수 있다.

일반적으로 SRE가 업무를 잘 하려면 로컬 팀의 영역 외의 일을 할 때 훌륭한 의사소통 기술이 필요하다. 내가 지금 일하는 건물 바깥에서의 협업의 경우, 여러 시간대에 걸쳐 효율적으로 일을 한다는 것은 문서 작성을 통한 의사소통 기술 혹은 조금 미룰 수는 있지만 궁극적으로 더 높은 수준의 관계를 맺기 위해 출장을 통한 면대면 협업을 수행한다는 것을 모두 의미한다. 비록 독자들이 뛰어난 문서 작성 기술을 가지고 있다 하더라도 시간이 지나면 결국은 이메일이 아니라 직접 얼굴을 맞대야 할 것이다.

SRE의 협업에 대한 사례 연구: Viceroy

SRE팀 간의 성공적인 협업의 예로 Viceroy(바이스로이)라는 프로젝트를 들 수 있다. 이 프로젝트는 모니터링 대시보드 및 서비스이다. SRE의 현재 조직 구조는 여러 팀이 거의 차이가 없는 동일한 작업을 중복 수행하는 구조이다. 모니터링 대시보드 프레임워크는 여러 가지 이유로 중복된 작업에 대한 단비같은 프로젝트[4]였다.

제대로 활용되지 못하고 결국은 버려진 모니터링 프레임워크들의 문제를 유발한 원인은 단순하다. 각 팀이 각자의 솔루션을 추구하면 보상이 따랐기 때문에 팀의 영역 외에서 일하는 것이 어려웠고 SRE 전체에 제공되었어야 할 인프라스트럭처가 제품이 아닌 도구에 가까웠기 때문이다. 이런 환경 때문에 엔지니어 개인이 다른 사람과 함께 문제를 해결할 수 있었던 부분이 도구를 사용함으로써 또 다른 문제점을 만들어냈다(그래서 프레임워크를 도입한 효과가 나타나기까지 더 오랜 시간이 걸렸다).

Viceroy의 등장

Viceroy는 뭔가 달랐다. 이 프로젝트는 2012년 구글의 모니터링 시스템이었던 Monarch(모나크)의 이전 계획을 수립하면서 시작되었다. 그 당시 SRE는 모니터링 시스템에 대해 매우 보수적이었

---

4 이 프로젝트에서 정말 힘들었던 것은 자바스크립트였다.

기 때문에 Monarch는 아이러니하게도 비SRE팀에게 주목을 받게 된 기간보다 SRE팀의 주목을 받는 데 더 오랜 시간이 걸렸었다. 그럼에도 불구하고 레거시 모니터링 시스템이었던 보그몬(제10장 참조)은 더 이상 개선할 여지가 없다는 데에 이견은 없었다. 예를 들어 그 시스템을 위해 특별히 정의한 사용자 정의 HTML 템플릿 시스템을 사용하는 불편한 콘솔, 기상천외한 엣지케이스(edge case)[5]들 및 테스트의 어려움 등 많은 문제점이 있었다. 그 당시, Monarch는 레거시 시스템의 대안으로써 필요한 요소들을 포용할 수 있을 정도로 충분히 성장한 상태였으며, 그래서 구글의 더 많은 팀들이 이를 사용하게 되었지만, 그 콘솔은 여전히 문제였다.

시스템에 Monarch를 적용해본 우리는 콘솔의 문제점으로 다음의 두 가지를 발견했다.

- 콘솔은 작은 규모의 서비스에는 쉽게 설치할 수 있지만 콘솔이 복잡해지면 쉽게 확장할 수 없었다.
- 콘솔이 레거시 모니터링 시스템을 지원하지 못했기 때문에 Monarch로의 이전이 매우 어려웠다.

Monarch를 배포하는 것에 대한 특별한 대안이 당시에는 존재하지 않았기 때문에, 특정 팀만을 위한 프로젝트들이 시작됐다. 게다가 당시에는 개발 솔루션의 조율이나 그룹 간 변경의 추적 등이 충분히 이뤄지지 않았기 때문에(이 문제는 그 이후로 수정되었다) 우리는 결국 같은 노력을 여러 번 되풀이했었다. 스패너(Spanner), 구글 광고 프런트엔드를 비롯한 다른 여러 서비스들이 12~18개월 가량(그 중 한 가지는 콘솔++(Consoles++)라는 프로젝트도 있었다) 각자의 노력을 투입했고 결국에는 이 모든 팀의 엔지니어들이 다른 팀에서도 비슷한 일들을 진행하고 있다는 사실을 깨닫게 되면서 이런 현상이 줄어들게 되었다. 그들은 조금 더 현명하게 일을 처리하고 모든 SRE들을 위한 보편적인 솔루션을 해결하기 위해 힘을 합쳤다. 그래서 Viceroy 프로젝트가 2012년 중반에 시작된 것이다.

2013년 초, Viceroy는 아직 레거시 시스템으로부터 이전하지는 않았지만 다른 시스템을 물색 중인 팀들 중 이 시스템에 관심이 있는 팀을 모집했다. 물론 이미 대형 모니터링 프로젝트를 보유한 팀의 입장에서는 새로운 팀으로 옮기는데 별다른 이점이 없다. 이런 팀에게 기본적으로 잘 동작하며 유지보수 비용도 낮은 기존 시스템에 대해 뭔가 새롭고 아직 검증되지 않았으며 제대로 동작하기 위해서는 많은 일들을 해야 하는 다른 시스템을 권한다는 것은 쉬운 일이 아니었다. 게다가 모든 모니터링 콘솔 프로젝트에는 기본적으로 두 가지 주요 요구사항이

---

5 **역주** 시스템이 극도의 부하 상태에서 나타나는 생소한 현상들

있지만, 그 팀들의 새 시스템에 대한 저항 외에도 완전히 다른 요구사항들이 추가되기 시작했다. 이 두 가지 주요 요구사항이란 다음과 같다.

- 복잡하게 꾸며진 대시보드에 대한 지원
- Monarch와 레거시 모니터링 시스템 모두에 대한 지원

게다가 각 프로젝트들은 작성자의 선호도나 경험에 따라 나름의 기술적 요구사항들을 가지고 있었다. 이를테면 다음과 같은 것들이다.

- 핵심 모니터링 시스템과 분리된 다중 데이터 원본
- 설정을 이용한 콘솔의 정의 vs. 명시적 HTML 레이아웃을 이용하는 콘솔의 정의
- 자바스크립트 지원 불필요 vs. AJAX를 포함한 자바스크립트의 지원
- 콘솔을 브라우저에 캐시하기 위해 정적 컨텐츠 사용의 유일화

이런 요구사항 중 일부는 다른 것들에 비해 들어줄만 했지만 전체적으로 모두 포용하기에는 어려움이 있었다. 비록 Consoles++팀은 자신들의 프로젝트를 Viceroy와 견주어 보면서 흥미를 보이기는 했지만, 2013년 상반기에 그들이 진행한 조사에 따르면 두 시스템이 기본적으로 너무 달라서 통합을 하기에는 무리가 있다는 결론을 내렸다. 가장 큰 어려움은 Viceroy가 기본적으로 자바스크립트를 많이 활용하지 않는 방향으로 디자인 되어 있는 반면, Consoles++는 대부분 자바스크립트로 작성되었다는 점이었다. 그나마 일말의 희망은 두 시스템 간에 다음과 같은 공통점을 확인할 수 있었다는 점이다.

- HTML 템플릿 렌더링에 유사한 문법을 사용하고 있다.
- 아직 두 팀 모두 시작하지 않았지만 두 시스템 모두 장기적으로 동일한 목표를 가지고 있다. 예를 들어 두 시스템은 모니터링 데이터를 캐시하고 콘솔이 사용할 데이터를 오프라인 파이프라인을 통해 정기적으로 생성하지만 그 수요를 감당하기 위한 연산 작업이 너무 무겁다.

우리는 한 동안 통합 콘솔에 대해 논의했다. 하지만 2013년 말 경, Consoles++와 Viceroy 모두 어느 정도 개발이 완료된 상황이었다. 하지만 Viceroy 역시 모니터링 그래프를 렌더링할 때 자바스크립트를 이용하고 있었기 때문에 두 시스템 간의 기술적인 차이가 그다지 크지 않았다. 두 팀은 두 시스템 간의 통합이 훨씬 쉬울 것이라고 보고 Consoles++ 시스템의 데이터를 Viceroy 서버를 통해 제공하는 형태로 통합을 추진했다. 두 시스템이 통합된 첫 프로토타입은 2014년 초에 완료되었으며, 두 시스템을 통합할 수 있다는 가능성을 확인하기에 충분했다. 그

당시 두 팀은 시스템 통합에 공통의 노력을 쏟아넣기로 합의했고 Viceroy가 이미 공통 모니터링 솔루션으로서 입지를 굳혀가고 있었기 때문에 통합 프로젝트도 그 이름을 그대로 따르기로 결정했다. 통합 시스템이 완전히 개발되기까지는 그 이후로 몇 분기가 걸렸지만 2014년 말, 결국 통합 시스템이 완성되었다.

두 팀의 협업을 통해 얻을 수 있었던 장점은 다음과 같다.

- Viceroy는 데이터 원본을 호스팅하며 자바스크립트 클라이언트가 그 데이터에 접근한다.
- 선택적으로 포함할 수 있는 개별 모듈을 지원하기 위해 자바스크립트 컴파일 과정을 다시 작성했다. 이를 바탕으로 어떤 팀이든 자신만의 자바스크립트 코드를 이용해 시스템을 확장할 수 있었다.
- 캐시의 추가 및 백그라운드 데이터 파이프라인 등 여러 가지 개선 사항들을 통해 Consoles++ 역시 월등히 개선되었다.
- 전체적으로 하나의 솔루션을 개발하는 속도가 중복 프로젝트를 수행하는 데 소요된 전체 개발 속도의 합을 넘어섰다.

궁극적으로 공통의 비전이 두 프로젝트를 통합하게 된 핵심 요소였다. 두 팀이 각자의 개발 역량을 확장하고 서로에게 기여하면서 그 가치를 발견했던 것이다. 그리하여 2014년 말, Viceroy가 공식적으로 모든 SRE의 표준 모니터링 솔루션으로 자리잡게 되었다. 아마도 구글의 특성이겠지만, 이 결정은 모든 팀이 Viceroy를 도입해야 한다는 것을 의미하지는 않았다. 하지만, 다른 모니터링 콘솔을 개발하는 것보다는 Viceroy를 사용하는 것을 권장하게 된 것이다.

도전 과제

결과적으로 성공을 거두기는 했지만 Viceroy를 개발하는 과정에 전혀 어려움이 없었던 것은 아니다. 또한 그런 어려움들 중 대부분은 여러 지역에 걸쳐 활용이 가능해야 했던 프로젝트의 특성에 기인한 것이었다.

두 팀이 합쳐 Viceroy를 개발하게 되었을 때, 원격으로 합류하는 팀원들 간의 조율이 가장 어려운 점이었다. 팀원들이 처음 만났을 때, 작성물이나 대화에 많은 오해가 있었다. 그 이유는 서로 의사소통하는 방식이 사람마다 달랐기 때문이다. 프로젝트 초기에는 마운틴 뷰(Mountain View)[6]에서 근무하지 않는 팀원들은 회의 시작 전, 혹은 이후에 휴게실에서 즉흥적

---

6 **역주** 구글 본사가 위치한 미국 캘리포니아 주 내의 지역 이름

으로 진행됐던 대화에서는 배제될 수밖에 없었다(물론 그 이후에 이를 고려해서 의사소통이 개선되기는 했다).

주요 Viceroy팀은 상당히 안정적이었지만 이 팀에 기여하는 다른 팀은 상당히 유동적이었다. 시간이 지나면서 기여자들의 업무가 바뀌어 갔으며, 그래서 많은 기여자들이 한달에서 세달 가량 다른 프로젝트에 합류하기도 했다. 결국 주요 Viceroy 팀보다 훨씬 컸던 개발자 기여자 풀은 매우 유동적인 성격을 띠게 되었다.

프로젝트에 새로운 인력을 투입하려면 시스템의 전체적인 디자인과 구조에 대한 교육을 진행할 시간이 필요했다. 반면, SRE가 Viceroy의 핵심 기능에 기여한 후 나중에 원래 팀으로 복귀할 때는 그 시스템의 전문가가 되어 돌아갈 수 있었다. 이처럼 예상치 못한 Viceroy 전문가의 보급은 시스템의 활용도와 적용률이 높아지는 계기가 되었다.

새로운 사람들이 팀에 합류하고 떠나는 일이 반복되면서 우리는 이와 같은 기여가 유용하지만 반면 비용도 높다는 점을 확인할 수 있었다. 높은 비용의 가장 큰 원인은 주인의식의 결여였다. 일단 어떤 기능이 릴리즈되고 그 담당자가 팀을 떠나면 얼마 지나지 않아 그 기능은 더 이상 지원이 안 되는 상태가 되고 결국 제거되곤 했다.

게다가 Viceroy 프로젝트의 범위가 시간이 지나면서 점점 커졌다. 출시 직전에는 프로젝트의 목표가 모호했지만 기본적인 범위는 상당히 제한적이었다. 하지만 범위가 점점 커지면서 핵심 기능을 제시간에 출시하기가 어렵게 되었고 프로젝트 관리의 개선 및 프로젝트를 올바르게 이끌어가기 위한 명확한 방향의 제시가 필요하게 되었다.

마침내 Viceroy팀은 상당 부분을 지리적으로 분산된 기여자들로부터 지원을 받던 컴포넌트를 완전히 수용하는 것이 어렵다는 점을 깨달았다. 비록 강한 의지로 임했다 하더라도, 사람들은 대부분 다른 사람들의 저항이 가장 적은 방법을 택했고 이슈에 대한 논의나 의사 결정을 원격지에 있는 소유자를 배제하고 진행함으로써 프로젝트를 이끌어 가는 데 있어 많은 충돌을 만들어냈다.

권장 사항

프로젝트를 개발할 때는 반드시 필요한 경우에만 여러 지역에 걸친 팀을 운영해야 하지만, 그렇게 해야 할 이유는 많다. 다만 여러 지역에 팀을 분산하면 업무 진행이 지연될 가능성이 더 높고 의사소통에도 더 많은 비용이 든다. 하지만, (제대로 운영만 된다면) 더 많은 업무 처리가 가능하다는 장점도 있다. 어느 한 지역에서만 프로젝트를 진행하게 되면 외부의 사람들은 해당 프로젝트에 대해 전혀 알 수 없기 때문에 결국 두 방법 모두 비용이 들게 마련이다.

적극적인 기여자는 충분한 가치가 있지만 모든 기여자들이 동일한 가치를 지니고 있는 것은 아니다. 프로젝트 기여자들이 능동적으로 참여할 수 있게 하고 막연히 자신의 능력을 보여주려는(괜찮은 프로젝트에 참여했었다는 이력을 갖거나, 프로젝트를 유지보수할 생각은 없이 단지 흥미로운 프로젝트에서 코딩을 해보고 싶다는 생각 등) 목적으로 참여하는 일이 없도록 해야 한다. 올바른 목적을 가진 기여자들은 대부분 더 적극적이며 자신들이 기여한 부분에 대한 유지보수의 의지도 강하다.

프로젝트가 진행되고 성장하는 과정에서 지역 팀이 프로젝트에 기여할 수 있는 행운을 항상 누릴 수는 없다. 그래서 프로젝트의 구조에 대해 진지하게 생각해봐야 한다. 프로젝트 리더는 프로젝트에 대한 장기적인 비전을 제시하며 이를 바탕으로 관련된 작업들을 조율하고 올바른 우선순위를 할당하기 때문에 특히 중요한 역할이다. 또한 모두가 동의하는 방식으로 의사 결정을 진행해야 하며, 그래서 충분한 동의와 신뢰를 얻는다면 지역 내에서 더 많은 결정을 내릴 수 있도록 최적화해야 한다.

'나누어 정복하는' 전략은 여러 지역에 분산된 프로젝트에도 통용된다. 프로젝트를 최대한 많은 컴포넌트로 나누어서 의소소통 비용을 줄이고, 각 컴포넌트가 한 지역의 작은 그룹에 할당될 수 있도록 해야 한다. 프로젝트 내의 서브 팀에 컴포넌트를 나누어주면 명확한 릴리즈 및 마감일을 수립할 수 있다(콘웨이의 법칙으로 인해 소프트웨어의 본질적인 형태가 너무 왜곡되지 않도록 조심하자).[7]

프로젝트 팀의 목표는 어떤 기능을 제공하거나 어떤 문제를 해결하려고 할 때 가장 명확하게 동작한다. 이 방법은 컴포넌트를 개발하는 개개인이 정확히 무엇을 해야 하는지, 그리고 자신들의 업무는 컴포넌트가 주 프로젝트에 완전히 통합되어 사용하게 되었을 때 완료된다는 점을 확실히 이해할 수 있도록 도와준다.

당연한 말이겠지만, 통상적인 엔지니어링 권장 사례는 여러 사람이 협업하는 프로젝트에도 그대로 적용할 수 있다. 각 컴포넌트는 반드시 디자인 문서를 보유하고 있어야 하며 팀 내에서 리뷰되어야 한다. 이렇게 하면 팀 내의 모든 인원들이 변경 사항을 살펴볼 수 있는 기회를 가질

---

[7] 콘웨이의 법칙이란 소프트웨어의 구조는 그 소프트웨어를 생산하는 조직의 의사소통 구조를 닮아간다는 이론이다. 더 자세한 내용은 https://en.wikipedia.org/wiki/Conway%27s_law를 참고하기 바란다.

수 있으며, 전체 디자인에 대해 생각하고 개선할 수 있는 기회도 갖게 된다. 문서화는 물리적/논리적인 거리를 상쇄할 수 있는 주요 기술 중 하나이므로 반드시 제대로 활용하도록 하자.

표준을 따르는 것 역시 중요하다. 코딩 스타일 가이드부터 정리하는 것이 좋겠지만 대부분 너무 전략적인 것이어서 팀 표준을 수립하는 초기 단계에 해당한다. 이슈에 대한 선택을 논의할 기회가 생기면 반드시 모든 팀이 논의에 참여하게 하되, 제한 시간을 엄격히 준수하도록 하자. 그리고 해결책을 선택한 후, 문서로 남기고 다음 이슈를 처리하면 된다. 만일 결정 사항에 동의할 수 없다면 모두가 인정하는 중재자를 선택해서 의사 결정을 계속하면 된다. 그렇게 얻어진 권장 사례들은 향후 새로운 인력이 프로젝트에 투입될 때 훨씬 빠른 속도로 적응할 수 있게 도울 수 있는 유용한 도구가 될 것이다.

화상 회의와 잘 작성된 문서를 통해 사람들이 직접 대면하는 상황을 줄일 수는 있지만, 궁극적으로 사람 간의 소통을 대체할 수 있는 것은 없다. 가능하다면 프로젝트의 리더가 나머지 팀원들을 면담할 수 있도록 하자. 시간과 예산이 허락한다면 팀 회담(summit)을 통해 사람들이 서로를 만날 기회를 제공하도록 하자. 이 회담은 디자인과 목표를 공유할 수 있는 좋은 기회이기도 하다. 중립성이 중요한 상황에서는 팀 회담을 중립적인 지역에서 개최함으로써 누군가가 '홈 그라운드의 이점'을 누리는 일이 없도록 하자.

마지막으로 프로젝트의 현재 상태에 맞는 관리 방법을 채택하자. 프로젝트의 목표가 불명확하더라도 작게 시작하면 그만큼 오버헤드를 줄일 수 있다. 그리고 프로젝트가 성장함에 따라 프로젝트를 관리하는 방법을 바꾸어 나가면 된다. 프로젝트가 어느 정도 성장하면 완전한 프로젝트 관리 기법이 필요하게 될 것이다.

SRE 외 조직과의 협업

앞서 설명했듯이, 그리고 제32장에서 살펴보겠지만, 제품 개발 조직과 SRE간의 협업은 디자인 단계에서부터 일찍 시작하는 편이 좋으며, 이상적으로는 코드를 작성하기 전에 시작하는 것이 좋다. SRE는(아주 불가능하지 않다면)나중에는 변경하기 어려운 아키텍처와 소프트웨어의 동작에 대한 권장 사항들을 제시할 수 있어야 한다. 새로운 시스템을 디자인하는 과정에서 이런 조언을 얻게 되면 프로젝트에 참여하는 모든 이들에게 도움이 된다. 대체로 우리는 목표 및 핵심 결과(Objectives & Key Results, OKR) 방법[Kla12]을 이용해 이런 작업들을 추적한다. 일부 서비스 팀에게 있어 이런 협업은 팀이 하는 업무들의 주춧돌이 된다. SRE들은 새로운 디자인을 추적하고, 권고안을 만들며, 그 구현을 도와주고 제품 전반에 걸쳐 이런 규칙들이 잘 적용되도록 돕는다.

사례 연구: DFP의 F1으로의 이전

구글에서는 이미 존재하는 서비스의 대형 이전 프로젝트의 진행이 일반적이다. 서비스의 컴포넌트를 새로운 기술로 포팅하거나 혹은 새로운 데이터 형식을 지원하도록 컴포넌트를 수정하는 등이 좋은 예라고 할 수 있다. 글로벌 수준으로 확장할 수 있는 스패너[Cor12] F1[Shu13]과 같은 데이터베이스 기술의 등장으로 인해, 구글은 데이터베이스 개선을 위한 대용량 마이그레이션 프로젝트를 여러 차례 진행해왔다. 이런 프로젝트 중 하나는 DoubleClick for Publishers(DFP)[8]의 주 데이터베이스를 MySQL에서 F1으로 이전한 것이었다. 특히 이번 장의 저자 중 몇 명이 이 시스템(그림 31-1 참조)에 참여해서 데이터베이스로부터 데이터를 추출한 후, 전 세계에 제공하기 위한 인덱스 파일들을 생성하는 작업을 완료했다. 이 시스템은 여러 데이터센터에 분산되어 있으며 1,000개의 CPU와 8TB의 메모리를 이용해 100TB의 데이터에 대한 인덱싱을 매일 수행하고 있다.

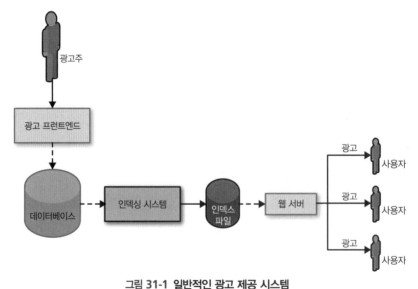

그림 31-1 일반적인 광고 제공 시스템

---

[8] DoubleClick for Publishers는 발행자들이 자신들의 웹사이트와 앱에 표시될 광고를 관리하기 위한 도구다.

이전 작업은 쉽지 않았다. 새로운 기술로의 이전에 더해 데이터베이스 스키마 역시 상당히 재작성되었으며 F1이 인덱스에 사용한 프로토콜 버퍼 데이터를 테이블 컬럼에 저장할 수 있었기 때문에 상당히 간소화할 수 있었다. 목표는 이전한 처리 시스템이 기존 시스템과 완전히 동일한 결과물을 만들어내는 것이었다. 그래서 기존의 시스템을 실행 중인 상태로 계속 유지하면서 사용자 관점에서 볼 때 매끄럽게 이전을 완료해야 했다. 즉 이 제품은 서비스를 사용하는 사용자에게 아무런 방해 없이 실행 중인 상태에서 완전히 이전되어야만 했다. 이를 위해 제품 개발팀과 SRE팀은 처음부터 서로 긴밀하게 협업하면서 새로운 인덱싱 서비스를 개발했다.

제품 개발팀은 주요 개발 담당으로써 소프트웨어의 비즈니스 로직을 더 잘 이해하고 있었으며 제품 관리자와 더 긴밀하게 연락하고 있었고 제품의 컴포넌트에 대한 '비즈니스 요구사항'을 더 잘 이해하고 있었다. 반면, SRE팀은 소프트웨어의 인프라스트럭처 컴포넌트(분산 저장소 시스템이나 데이터베이스를 활용하기 위한 라이브러리 등)에 대해 더 잘 알고 있었다. 왜냐하면 SRE는 동일한 빌딩 블록들을 재사용해 여러 서비스들을 지원하기 때문에 소프트웨어를 확장 가능하며 안정적으로 운영하기 위한 여러 가지 방법들을 충분히 학습하고 있었기 때문이다.

이전 프로젝트의 시작부터 제품 개발 및 SRE팀은 각자 서로 더 긴밀한 협업이 필요하다는 점을 인지하고 프로젝트의 진행 정도를 공유하기 위해 주간 회의를 진행했다. 특히 이 프로젝트는 비즈니스 로직의 변경이 인프라스트럭처의 변경과 부분적으로 관련이 있었다. 그런 이유로 프로젝트는 새 인프라스트럭처의 디자인부터 시작됐다. 대용량 환경에서 데이터의 추출 및 가공에 경험이 많은 SRE이 인프라스트럭처의 새로운 디자인을 이끌었다. 즉, F1의 다양한 테이블로부터 데이터의 추출, 필터 및 데이터의 조인, (전체 데이터베이스가 아닌) 변경된 데이터만의 추출, 일부 머신의 손실로 인한 서비스의 영향 최소화, 추출한 데이터의 증가에도 자원 사용률은 선형적으로 증가할 수 있는 방안의 마련, 수용량 계획 등 여러 가지 문제들을 고민하고 해결했다. 새로운 인프라스트럭처는 이미 F1에서 데이터를 추출하고 가공하는 다른 서비스들과 유사하게 만들어졌다. 그래서 솔루션의 타당성에 대한 확신이 있었으며 모니터링 및 도구의 재사용 역시 가능했다.

이 인프라스트럭처의 개발을 시작하기에 앞서, 두 명의 SRE가 상세한 디자인 문서를 작성했다. 그런 후, 제품 개발팀과 SRE팀이 그 문서를 포괄적으로 리뷰하고 몇 가지 예외 상황을 처리할 수 있도록 보완한 후, 결과적으로 디자인 계획에 동의했다. 이 계획은 새로운 인프라스트럭처가 비즈니스 로직에 어떤 변경을 가져올 것인지를 명확하게 보여주었다. 예를 들어 우리는 전체 데이터베이스를 반복적으로 추출하는 것이 아니라 변경된 데이터만을 추출하도록 새 인프라스트럭처를 디자인했다. 따라서 비즈니스 로직 역시 이 새로운 방법을 포용해야 했다. 초기에는 인프라스트럭처와 비즈니스 로직 사이의 새로운 인터페이스를 정의했다. 이를 통해 제품 개발팀은 비즈니스 로직을 독립적으로 수정할 수 있게 되었다. 마찬가지로 제품 개발팀은 비즈니스 로직의 변경을 지속적으로 SRE에게 공유했다. 이 두 가지가 상호 운영되면서(즉, 비즈니스 로직의 변경이 인프라스트럭처에 의존하게 되면서), 둘 사이의 조율을 위한 구조를 통해 어떤 변경이 일어났는지, 그리고 이를 어떻게 처리할 것인지를 신속하고 정확하게 알 수 있게 되었다.

프로젝트가 막바지에 이르자, SRE는 새 서비스를 실제 운영 환경과 유사하게 구성된 테스트 환경에 배포했다. 이 단계는 비즈니스 로직의 구현이 진행 중인 상황에서 서비스가 (특히 성능과 자원 활용 측면에서) 원하는 대로 동작하는지를 확인하기 위한 기본적인 단계이다. 제품 개발팀은 이 테스트 환경을 통해 새 서비스의 검증을 수행했다. (테스트 환경에서 운영 중인)새 서비스가 생산하는 광고 인덱스는 (운영 환경에서 운영 중인) 기존 서비스가 생산한 것과 완전히 동일해야 했다. 이 검증 과정에서 기존 서비스와 새 서비스의 결과물이 (새 데이터 형식의 예외 사항 때문에)서로 일치하지 않는 것이 파악되었고 제품 개발팀은 이 문제를 지속적으로 해결해 나갔다. 데이터의 불일치가 발견된 광고들을 디버깅하고 비즈니스 로직을 수정해서 잘못된 결과물을 바로 잡아갔다. 그동안 SRE팀은 필요한 자원을 각기 다른 데이터센터에 준비하고 처리 및 모니터링 규칙을 확정하고 서비스의 비상 대기 업무를 수행할 엔지니어에 대한 교육도 진행하는 등 운영 환경을 준비했다. 또한 서비스에 대한 검증을 포함한 기본적인 릴리즈 과정을 준비했다. 이 과정은 보통 제품 개발팀이나 릴리즈 엔지니어가 준비하지만 이 경우에는 이전을 신속하게 완료하기 위해 SRE가 직접 준비했다.

서비스가 준비되자, SRE는 제품 개발팀과 함께 출시 계획을 준비하고 새로운 서비스를 출시했다. 이 출시는 매우 성공적이었고 사용자에 대한 부작용 없이 부드럽게 진행되었다.

결론

글로벌하게 분산되어 있는 SRE팀의 특성 상, 효과적인 의사소통은 항상 최우선 과제였다. 이 장에서는 SRE팀이 여러 팀 간의 효율적인 관계 유지를 위해 사용하는 도구와 기법들에 대해 알아보았다.

SRE팀 간의 협업은 약간의 어려움은 있지만 결과적으로 문제 해결을 위한 공통적인 접근 방법을 포함한 여러 가지 징점을 이끌어냈으며, 이를 바탕으로 더 어려운 문제의 해결에 집중할 수 있었다.

CHAPTER

32

SRE 참여 모델의 개선

아카시오 크루즈(Acacio Cruz), 애쉬쉬 밤바니(Ashish Bhambhani) 지음
벳시 베이어(Betsy Beyer), 팀 하비(Tim Harvey) 편집

SRE의 도입: 의미와 방법, 그리고 이유

지금까지 이 책에서는 대부분 SRE가 이미 서비스에 참여하고 있을 때 일어나는 일들에 대해 소개했다. 일부 서비스는 시작부터 SRE의 지원을 받기 때문에 서비스를 평가하고, SRE 지원을 제대로 받으며, SRE의 지원이 부족한 부분을 개선해서 실제 SRE의 지원을 마련하기 위한 절차가 필요하다. 우리는 이 절차를 온보딩(onboarding)이라고 부른다. 여러 가지 서비스들을 동시에 운영하는 환경이라면 SRE팀은 가장 높은 가치의 목표를 선정하기 전까지는 우선순위에 따라 온보딩을 진행하게 된다.

비록 매우 보편적이고 이미 존재하는 환경을 관리하는 아주 합리적인 방법이기는 하지만, 기존의 혹은 새로운 서비스의 운영 환경에 SRE의 지원을 보태기 위한 더 나은 방법이 최소 두 가지는 존재한다.

우선 (버그를 일찍 발견할수록 수정하기도 쉬운) 소프트웨어 엔지니어링과 마찬가지로 SRE팀이 일찍 협력할수록 그 장점을 더 빠르게 서비스에 적용할 수 있어 결과적으로 더 나은 서비스를

만들 수 있다. SRE를 디자인 단계에서부터 일찍 도입하면 온보딩을 위한 시간이 줄어들며, 이미 '출시되는 시점부터' 서비스의 신뢰성을 확보할 수 있다. 그 이유는 대부분 디자인이나 구현이 올바르지 않은 경우 이를 되돌릴 시간이 충분하지 않기 때문이다.

아마도 최선의 방법이라고 할 수 있는 두 번째 방법은, 다양한 형태로 변형된 특별한 시스템을 통해 단기적인 과정을 '도입'하는 것이다. 즉, SRE가 검증한 인프라스트럭처를 제품 개발에 투입하여 이를 토대로 자신들의 시스템을 구축하게 하는 방법이다. 이 플랫폼은 신뢰성과 확장성 측면에서 모두 장점이 있다. 이를 통해 인지적 부하 문제를 완전히 해결할 수 있으며 공통의 인트프라스트럭처를 바탕으로 제품 개발팀이 애플리케이션의 개선에 집중하도록 도와줄 수 있다.

이후의 절에서는 '클래식' 모델인 PRR 주도 모델부터 시작해서 각 모델들을 하나씩 살펴보는 시간을 갖도록 하자.

PRR 모델

SRE를 도입하는 가장 기본적인 단계는 운영 환경 준비 검토(Production Readiness Review, PRR) 모델이다. 이 절차는 서비스의 상세 정보를 바탕으로 필요한 신뢰성의 수준을 확인하는 방법이다. PRR 모델에서, SRE는 운영 환경에서 운영 중인 서비스의 신뢰성을 확보하기 위해 그동안 배우고 경험한 것들을 적용하는 것을 추구한다. PRR은 SRE가 서비스의 운영 환경을 관리하기 위한 책임을 감수하기 위한 사전 준비 단계라고 할 수 있다.

그림 32-1은 전형적인 서비스의 생명주기를 보여주고 있다. 운영 환경 준비 검토는 서비스의 생명주기 중 어느 곳에서 시작되어도 무방하지만 SRE가 투입되는 시점은 시간이 지나면서 계속 확대되어 왔다. 이 장에서는 간단한 PRR 모델을 소개하고 더 확장된 도입 모델을 위해 어떻게 수정할 수 있는지, 그리고 SRE 도입 절차를 확장하기 위한 프레임워크와 SRE 플랫폼 구조 및 그 영향에 대해 설명하고자 한다.

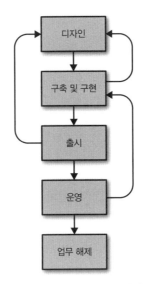

그림 32-1 전형적인 서비스의 생명주기

SRE 도입 모델

SRE는 신뢰성에 대한 구체적인 기여를 할 수 있는 중요한 서비스의 운영 환경에 대한 책임을 갖기를 기대한다. SRE는 서비스의 운영 환경에 대한 다양한 부분들에 대해 고민한다. 예를 들면 다음과 같은 부분들이다.

- 시스템 아키텍처와 서비스 간 의존성
- 운영 절차, 지표, 그리고 모니터링
- 긴급 대응
- 수용량 계획
- 변경 관리
- 성능: 가용성, 지연응답 및 효율성

SRE는 서비스에 참여하면 이 모든 부분들을 개선함으로써 서비스의 운영 환경을 좀 더 쉽게 관리하는 데 집중한다.

대체 지원

구글의 서비스라고 해서 SRE가 모두 참여하는 것은 아니다. 여기에는 몇 가지 요소가 작용한다.

- 많은 서비스들이 높은 수준의 신뢰성과 가용성을 필요로 하지는 않기 때문에 다른 의미의 지원을 받을 수 있다.
- 기본적으로 SRE의 지원을 필요로 하는 개발팀의 수는 SRE팀의 가용 범위를 넘어선다(제1장 참조).

그래서 SRE가 완전한 지원을 제공할 수 없으면 문서나 컨설팅 등 운영 환경을 개선할 수 있는 다른 옵션들을 제공하게 된다.

문서

폭넓게 사용되는 내부 기술 및 클라이언트에게는 개발 가이드 문서가 제공된다. 구글의 운영 가이드 문서는 각 서비스의 운영 환경에 대한 권장 사례들을 문서화해둔 것이며 경험이 풍부한 SRE와 개발팀이 공동으로 작성한 것이다. 개발자들은 서비스의 개선을 위해 이 문서가 권장하는 해결책들을 구현할 수 있다.

컨설팅

개발자들은 SRE로부터 특정 서비스나 문제 영역에 대한 도움을 얻고자 할 수도 있다. 출시 조율 엔지니어링(Launch Coordination Engineering, LCE)팀(제27장 참고)은 대부분의 시간을 개발팀을 대상으로 컨설팅을 하며 보낸다. 출시 관련 컨설팅을 전담하지 않는 SRE팀이라 하더라도 역시 개발팀 대상의 컨설팅에 참여한다.

새로운 서비스나 기능이 구현되면 개발자들은 대부분 출시 단계를 준비하기 위해 SRE들로부터 조언을 얻는다. 출시 컨설팅을 위해 주로 한두 명의 SRE들이 몇 시간에 걸쳐 디자인과 구현에 대해 먼저 연구한다. 그런 후 개발팀을 만나 경계해야 할 위험에 대한 조언을 제공하고, 운영 환경에 서비스를 릴리즈했을 때 활용할 수 있는 잘 알려진 패턴이나 해결책 등에 대해 함께 논의한다. 이런 조언 중 일부는 앞서 설명했던 운영 환경 가이드에서 발췌하기도 한다.

이 컨설팅은 조금 넓은 범위에서 진행될 필요가 있다. 왜냐하면 제한된 시간 내에 주어진 시스템에 대해 깊은 수준의 이해를 갖추기는 다소 무리가 있기 때문이다. 하지만 이런 컨설팅은 다음과 같은 조건을 가진 개발팀에게는 적절하지 않다.

- 출시 시점에 이미 상당한 규모를 갖춘 서비스라면, 문서와 컨설팅만으로 서비스에 대한 충분한 이해를 갖출 수 없기 때문에 더 많은 시간이 필요하다.
- 해당 서비스에 의존하는 다른 서비스들이 많다면 서로 다른 클라이언트로부터 너무 많은 트래픽을 호스트하게 된다.

이런 종류의 서비스들은 이미 운영 환경에서 심각한 어려움을 겪기 시작하는 동시에 사용자들에게 이미 중요한 부분으로 자리 잡았을 수 있다. 이런 경우라면 서비스의 성장에 따라 운영 환경을 적절하게 관리하기 위한 SRE의 장기적 개입이 필요하다.

운영 환경 준비 검토: 간단한 PRR 모델

개발팀으로부터 SRE팀이 서비스의 운영 관리 업무를 넘겨받아야 하면, SRE는 서비스의 중요도와 SRE팀의 가용성을 서로 비교한다. SRE가 서비스를 지원할 가치가 있고, SRE팀과 개발 조직이 이 지원을 위한 충분한 인적 자원이 있다면 SRE는 개발팀과 함께 운영 환경 준비 검토를 시작한다.

운영 환경 준비 검토의 목적은 다음과 같다.

- 서비스가 표준 운영 환경 셋업 및 운영 준비를 받아들일 수 있는지 확인하고 서비스 소유자가 SRE의 지원을 받아 이를 준비할 수 있도록 한다.
- 운영 환경에서의 서비스의 신뢰성을 향상시키고 예상되는 장애의 수와 위험도를 최소화한다. PRR은 SRE가 주목하는 모든 관점들을 그 대상으로 한다.

충분한 개선이 이루어지고 서비스가 SRE의 지원을 받을 충분한 준비가 되었다고 판단되면 SRE팀은 운영 환경에 대한 책임을 맡게 된다.

이 시점에서 SRE는 다시 운영 환경 준비 검토를 수행해야 한다. 이 검토에는 서로 다르지만 연관성이 있는 세 가지 참여 모델(간단한 PRR 모델, 조기 참여 모델, 그리고 프레임워크 및 SRE 플랫폼 모델)이 있으며, 앞으로 차례대로 살펴볼 것이다.

가장 먼저, 이미 출시된 서비스들을 SRE팀이 넘겨받을 때 활용하는 간단한 PRR 모델부터 살펴보자. 개발 주기가 독립적으로 병렬 실행이 가능한 여러 단계로 구성되는 것과 마찬가지로 PRR 역시 몇 가지 단계로 구성된다. 다만 PRR 단계들은 순차적으로 진행되어야 한다.

참여(engagement)

SRE 리더들은 먼저 어떤 SRE팀이 서비스를 넘겨받을 것인지를 결정한다. 대부분 한 팀에서 세 팀 정도가 선택되거나 혹은 자체적으로 PRR 절차의 수행을 자원한다. 그런 후 이 그룹은 개발팀과의 협의를 시작한다. 이 협의에서는 다음과 같은 사항들에 대해 논의한다.

- 서비스 수준 목표 및 서비스 수준 협약 목표 수립
- 신뢰성 향상을 위해 필요하지만, 그에 따라 잠재적으로 변경하게 될 디자인에 대한 계획
- 계획 및 훈련 일정

목적은 SRE팀이 개발팀과 그 서비스에 참여하는 데 필요한 절차, 최종 목표, 그리고 결과물에 대한 공통의 합의를 이끌어내는 것이다.

분석

분석(analysis)은 이 모델에서 큰 비중을 차지하는 첫 번째 업무이다. 이 과정에서 SRE 리뷰어는 서비스에 대해 학습하고 서비스를 위한 운영 환경을 분석한다. 이를 위해 SRE가 주목하는 여러 가지 요소들을 통해 서비스의 성숙도를 측정한다. 또한 서비스의 디자인과 구현을 살펴보고 이들이 운영 환경을 위한 권장 사항들을 잘 따르고 있는지를 확인한다. 대체로 SRE팀은 분석 과정 동안 PRR 확인 목록을 명확하게 수립하고 관리한다. 이 확인 목록은 서비스의 특성에 맞추어 작성되며, 통상 도메인에 대한 전문성, 관련된 혹은 유사한 시스템으로부터 얻은 경험, 그리고 운영 환경 가이드의 권장 사항들을 토대로 작성한다. SRE팀은 특정 컴포넌트나 서비스가 의존하는 다른 서비스에 대한 경험이 있는 다른 팀으로부터 컨설팅을 받기도 한다.

이 확인목록의 예시는 다음과 같다.

- 서비스에 대한 업데이트가 한 번에 너무 과도한 영향을 시스템에 미치지는 않는가?
- 서비스가 적절한 의존 서비스에 연결하고 있는가? 예를 들어, 최종 사용자의 요청이 일괄 작업을 처리하는 시스템에 의존해서는 안 된다.
- 서비스의 요청이 주요 원격 서비스와 통신할 때 너무 과도한 네트워크 트래픽을 유발하지는 않는가?
- 서비스가 중앙 로깅 시스템에 분석을 위한 에러 로그를 보고하는가? 이 에러 보고는 최종 사용자에게 적절하게 퇴보된 응답 혹은 실패를 리턴하는 모든 예외적인 상황을 보고하고 있는가?

- 사용자에게 노출되는 모든 요청의 실패는 적절하게 처리되고 모니터링 되고 있으며, 그에 따른 알림이 설정되어 있는가?

이 확인목록은 특정 SRE팀이 수행해야 할 운영에 대한 표준 절차 및 권장 사례들도 포함하고 있다. 예를 들어, 서비스의 설정이 완벽하게 동작한다고 해도 이 설정이 SRE팀의 '완전한 표준'을 따르지 않는다면 설정을 확장성 있게 관리하기 위한 SRE 도구들을 더 잘 사용하기 위해 리팩토링이 필요할 수도 있다. SRE는 서비스에서 최근에 발생했던 장애와 그에 대한 포스트모팀 문서를 확인하고 장애에 대한 후속 조치를 수행한다. 이러한 평가는 제대로 된 운영 제어를 위한 서비스의 긴급 대응 및 가용성에 대한 수요를 파악한다.

개선과 리팩토링

분석 과정에서는 서비스의 개선을 위해 권장할 내용들을 이끌어 낸다면, 그 다음 과정에서는 다음과 같은 절차들이 진행된다.

1. 서비스의 신뢰성에 대한 중요도를 기반으로 개선 사항의 우선순위를 결정한다.
2. 개발팀과 함께 우선순위를 논의하고 조정하며, 그 동의 여부에 따라 실행 계획을 수립한다.
3. SRE와 제품 개발팀이 참여해서 서로를 도와가며 서비스를 리팩토링하거나 추가 기능을 구현한다.

이 과정에 소요되는 시간은 투입해야 할 업무의 양과 기간에 따라 달라진다. 즉, 이 과정에 투입해야 할 시간과 노력의 양은 리팩토링을 위해 투입할 수 있는 엔지니어링 시간, 리뷰를 시작하는 시점의 서비스의 성숙도와 복잡도, 그리고 기타 여러 가지 요소들에 의해 결정된다.

훈련

운영 환경에서 서비스를 관리하는 책임은 대부분 전체 SRE팀에 있다. 팀이 그에 대한 준비를 할 수 있도록 PRR을 주도하는 SRE 리뷰어는 서비스의 지원에 필요한 문서화 등을 포함해 팀을 훈련시킬 의무가 있다. 개발팀의 도움과 참여를 통해 엔지니어들은 훈련 및 실습 절차를 마련한다. 이 절차에는 다음과 같은 사항들이 포함된다.

- 디자인 개요
- 시스템 내의 다양한 요청의 흐름에 대한 상세한 조사

- 운영 환경 셋업에 대한 설명
- 시스템 운영에 관한 다양한 관점의 실습

훈련이 종료되면 SRE팀은 서비스를 관리할 준비를 해야 한다.

업무 적응 기간

SRE팀은 훈련 과정을 통해 서비스의 운영에 적응해 나가게 된다. 이는 운영의 일부, 변경 관리 절차, 접근 권한 등 서비스의 운영에 필요한 다양한 부분의 소유권과 책임을 점진적으로 이관하는 것이다. SRE팀은 방금 언급했던 운영 업무에 대해 지속적으로 관심을 갖는다. 이관을 마무리하기 위해서 개발팀은 SRE팀이 서비스의 운영 환경 관리에 적응할 수 있도록 일정 기간에 걸쳐 백업 및 조언을 제공해야 한다. 이 관계는 두 팀이 협업하기 위한 아주 기본적인 관계이다.

지속적 개선

활성화된 서비스는 새로운 기능에 대한 사용자 요청, 의존하는 시스템의 개선 사항, 기술적 업그레이드 등 새로운 수요와 조건에 따라 계속해서 변화한다. SRE팀은 지속적인 개선을 주도함으로써 이런 변화를 감당하기 위한 서비스의 표준 신뢰성 수준을 반드시 유지해야 한다. 그 책임을 가지는 SRE팀은 본질적으로 서비스의 운영, 변경에 대한 리뷰, 장애 대처, 그리고 특히 포스트모텀 및 근본 원인 분석을 수행하면서 서비스에 대해 더 많은 부분들을 학습하게 된다. 이렇게 축적된 전문 지식은 새 기능, 컴포넌트 및 의존성이 추가될 때마다 서비스에서 변경사항이 발생하기 때문에 그 때마다 개발팀과 공유하게 된다. 서비스를 관리하면서 얻게되는 지식들은 운영 환경 가이드를 비롯한 여러 문서에도 기록된다.

셰익스피어 서비스에 대한 참여

초기에는 긴급 호출에 대한 대응을 비롯해 제품에 대한 책임은 셰익스피어 서비스의 개발자들이 가지고 있었다. 그러나 서비스의 활용도가 높아지고 서비스의 수익이 높아지면서 SRE의 지원이 필요하게 되었다. 제품이 이미 출시가 되었기 때문에, SRE는 운영 환경 준비 검토를 수행했다. 이를 통해 SRE가 발견한 내용 중 하나는 대시보드가 SLO에 정의된 지표 중 일부를 완전히 제공하지 못하며 이를 수정해야 한다는 점이었다. 이렇게 발견된 모든 이슈들을 해결한 후, SRE는 비상 대기 회전에 참여할 두 명의 개발 남낭자와 함께 서비스에 대한 긴급 호출을 이관받았다. 개발자들은 주간 비상 대기 회의에 참여하고 지난 주에 발생했던 문제에 대해 논의한 후 이후에 발생하게 될 대용량 환경에서의 유지 보수 및 클러스터 다운 현상을 처리하기 위한 방법들을 논의했다. 또한 서비스의 새로운 버전을 문제없이 출시할 수 있도록 하기 위해 향후 계획을 SRE들과 함께 공유했다(물론 머피의 법칙에 따르면 이러한 계획이 제대로 진행되지 않을 기회는 얼마든지 존재한다).

간단한 PRR 모델의 발전: 조기 참여

지금가지는 이미 출시 단계에 접어든 서비스에 제한적으로 적용하는 간단한 운영 환경 준비 검토 절차에 대해 설명했다. 하지만 이 모델에는 몇 가지 제약 및 관련된 비용이 존재한다. 예를 들면 다음과 같다.

- 팀 간의 추가적인 의사소통으로 인해 개발팀의 일부 절차에 대한 오버헤드 및 SRE 리뷰어들의 부담이 증가할 수 있다.
- 적절한 SRE 리뷰어가 반드시 필요하며 참여 기간 동안 자신들의 시간과 우선순위를 관리할 수 있는 역량이 필요하다.
- SRE가 수행한 업무는 반드시 가시적이어야 하며 효과적인 지식의 공유를 위해 개발팀이 충분히 리뷰해야 한다. SRE는 기본적으로 개발팀의 외부 인력이 아닌 일부로서 업무를 수행해야 한다.

그러나 PRR 모델의 가장 큰 제약은 서비스가 이미 출시되어 운영 중이며, SRE가 개발 주기의 후반부에 참여하게 되었다는 점이다. PRR이 서비스 주기의 조금 더 이른 시점에 이루어졌다면 서비스 내에서 현저하게 증가하게 될 잠재적인 이슈들을 사전에 차단할 기회가 될 것이다. 그럼으로서 SRE의 참여와 서비스 자체의 성공 가능성이 훨씬 높아지게 될 것이다. 그러나 이런 기회를 가지 못했다는 단점은 SRE의 참여와 서비스의 성공 가능성에 중대한 도전 과제로 나타나게 된다.

조기 참여의 후보들

조기 참여 모델은 프로젝트에 충분한 추가적인 장점을 부여하기 위해 개발 주기의 초기에 SRE를 투입하는 모델이다. 조기 참여 모델을 적용하려면 개발 주기의 초기에 서비스의 중요도 및 비즈니스 가치를 정의해야 하며 그 서비스가 SRE의 전문성을 활용한 장점을 얻을 수 있을만큼 충분한 확장성이나 복잡도가 필요한지를 결정해야 한다. 이 모델을 적용하기 위해서는 대상 서비스는 다음과 같은 특성을 갖추고 있어야 한다.

- 서비스가 충분히 새로운 기능을 구현하며, 이 기능이 이미 SRE가 관리하고 있는 시스템의 일부가 되는 경우
- 서비스의 상당 부분이 재작성되었거나 혹은 동일한 목적일 가진 기존 시스템을 대체하는 경우
- 개발팀이 출시 시점에 서비스의 관리 권한을 SRE에 위임하기 위해 SRE의 조언이나 방법론을 전수받고자 하는 경우

조기 참여 모델은 기본적으로 SRE를 개발 과정에 투입하는 것이다. 이 SRE는 여전히 동일한 목적을 수행하지만 더 나은 운영 서비스를 추구한다는 점이 다르다. SRE는 디자인 및 그 이후의 과정에 참여하며, 결과적으로 구축 과정 혹은 그 이후의 시점 언제라도 서비스를 인계받는다. 이 모델은 개발팀과 SRE팀 간의 적극적인 협업을 기반으로 한다.

조기 참여의 장점

조기 참여 모델 역시 앞서 설명한 어느 정도의 위험과 도전을 수반하기는 하지만, 프로젝트의 전체 주기에 추가적인 SRE의 전문 지식과 협업을 투입함으로써 상대적으로 서비스 주기에 늦게 투입되는 것에 비해 훨씬 많은 장점을 얻게 된다.

디자인 단계

디자인 단계에서의 SRE와의 협업은 나중에 운영 환경에서 발생할 수 있는 문제나 장애를 사전에 제거하는 데 도움이 된다. 경우에 따라서는 디자인과 관련된 의사 결정이 뒤바뀌거나 개발 주기의 후반부에서 조정되는 경우도 있겠지만, 이런 변경은 노력과 복잡도 측면에서 높은 비용으로 수반된다. 가장 좋은 것은 운영 환경에서 장애가 전혀 발생하지 않는 것이다!

간혹 매우 어려운 결정에 의해 차선의 디자인을 선택하게 될 수도 있다. 디자인 단계에서 SRE가 참여한다는 것은 SRE가 이런 어려운 결정을 사전에 인지하고 차선책을 선택하기 위한 의사 결정에 참여할 수 있다는 것을 의미한다. SRE의 조기 투입은 서비스가 운영 환경에 투입된 이후에 디자인을 변경하게 될 상황이 발생하는 경우를 최소화하기 위한 것이다.

구축 및 구현

구축 단계에서는 절차 및 지표, 운영 및 긴급 대응, 자원 활용 및 효율성 등 운영 환경 전반

에 걸친 부분들을 다룬다. 이 단계에서 SRE는 이미 존재하는 특정 라이브러리와 컴포넌트를 추천하거나 혹은 시스템에 필요한 제어 기능을 구축하는 것을 도움으로써 제품의 구현과 개선에 영향력을 행사한다. 따라서 향후 더욱 손쉽게 서비스를 운영할 수 있으며 제품의 출시 전에 SRE가 미리 서비스 운영에 대한 경험을 쌓을 수 있다.

출시

또한 SRE는 광범위하게 활용되는 출시 패턴 및 제어를 구현하는 데 도움을 줄 수 있다. 예를 들어, SRE는 사용자의 트래픽이 현재 운영 중인 서비스에 전달되는 동시에 새로운 서비스에도 보내지도록 하는 '은밀한 출시(dark launch)'를 구현하는 데 도움을 준다. 이때, 새 서비스의 응답은 사용자들에게는 실제로 전달되지 않기 때문에 '은밀하다'고 표현한다. 이런 은밀한 출시는 팀이 운영에 대한 통찰을 얻고, 실제 사용자에 대한 영향 없이 문제를 해결하며, 출시 이후에 이슈가 발생하는 위험을 경감시킬 수 있다. 원활한 출시는 운영 부담을 낮게 유지하고 출시 이후에도 개발에 대한 의지를 유지하는 데 큰 도움이 된다. 출시 과정에서 발생하는 이슈들은 결국 소스 코드와 운영 환경에 대한 긴급 변경으로 이어지는 경우가 많으며, 개발팀이 작업 중인 향후의 기능에도 영향을 미친다.

출시 사후 처리

출시 시점부터 시스템이 안정적이라면 나중에 서비스의 안정성 향상을 위한 업무와 새 기능 추가를 위한 업무의 우선순위를 결정하는 데 있어 발생하는 충돌을 줄일 수 있다. 서비스의 이후 단계에서는 이전 단계에서 학습한 내용들을 토대로 더 나은 리팩토링이나 새로운 디자인 방식을 제안할 수 있다.

SRE팀이 이른 시점에 참여할수록 간단한 PRR 모델에 비해 서비스를 더 빠른 시점에 이관받을 수 있다. SRE와 개발팀이 더 오래, 그리고 더 긴밀하게 참여하면 오래 지속될 수 있는 협력적인 관계를 이어갈수도 있다. 팀간의 긍정적인 관계는 상호간의 연대감을 확보하고 SRE들이 운영 환경의 책임에 대한 소유권을 확립하는 데 도움이 된다.

서비스로부터 철수

경우에 따라 서비스가 SRE팀의 충분한 관리를 필요로 하지 않는 경우도 있다. 이는 출시 이후에 결정이 되거나 혹은 SRE가 서비스에는 계속 참여하지만 공식적으로 이를 이관받지 않는다. 그렇지만 서비스가 이미 충분한 신뢰성을 갖추고 유지보수 비용이 적으며 그래서 개발팀이 계속 유지해도 될 수준이므로 그 역시 긍정적인 결과라고 할 수 있다.

또한 SRE는 예상되는 사용 수준을 충족시키지 못하는 서비스에도 조기에 참여 할 수 있다. 이런 경우, SRE는 새로운 프로젝트에 드러날 수 있는 전체적인 위험을 처리하고 프로젝트가 상대적으로 낮은 비용으로 기대하는 수준의 확장성을 갖출 수 있도록 하는 데 중점을 둔다. 이 과정에서 다른 SRE팀이 재배정될 수도 있으며, 앞서 참여했던 팀의 경험을 이후의 참여 과 정에서도 수용할 수 있다.

서비스 개발의 개선: 프레임워크와 SRE 플랫폼

조기 참여 모델은 서비스가 이미 출시된 이후에만 적용할 수 있는 간단한 PRR 모델에 비해 SRE의 참여도가 훨씬 높다. 그러나 신뢰성을 고려한 디자인을 통해 SRE의 참여 수준을 한단 계 더 이끌어 올릴 수 있는 몇 가지 절차가 있다.

교훈(lessons learned)

시간이 흐르면서 지금까지 설명한 SRE 참여 모델은 몇 개의 패턴들을 만들어냈다.

- 각 서비스에 대한 온보딩은 두 명 혹은 세 명의 SRE들을 필요로 하며 대부분 두세 분기 에 걸쳐 이루어진다. PRR에 필요한 시간은 상대적으로 높다 (몇 분기가 필요하다). 필요한 노력의 양은 리뷰를 수행 중인 서비스의 수에 비례하며, PRR을 수행할 SRE의 수가 충 분하지 않으면 더 많은 노력이 필요하다. 이로 인해 서비스의 이관이 연속적으로 이루어 지며 서비스의 우선순위 책정에 더 많은 주의가 필요하다.

- 각 서비스마다 소프트웨어 기법이 다르기 때문에, 각 운영 환경의 기능 역시 각기 다르 게 구현된다. PRR이 주도하는 표준을 만족하기 위해서는 각 서비스 별, 혹은 조금 더 나은 상황이라면 코드를 공유하는 서비스의 각 서브셋들을 재구현해야 할 필요가 있었 다. 하지만 이렇게 코드를 재구현하다보면 엔지니어링 노력이 낭비되기도 한다. 일례로 서비스들이 동일한 코딩 구조를 갖추고 있지 않았기 때문에 동일한 언어로 유사한 로깅 프레임워크를 반복해서 구현해야 하는 경우도 있었다.

- 공통적인 서비스 이슈와 장애를 리뷰하다보면 일종의 패턴이 드러나지만, 이를 해결하 기 위한 방법을 서비스 간에 손쉽게 공유할 수 있는 방법은 없었다. 서비스 과부하와 데

이터 핫스팟이 대표적인 예시다.

- 소프트웨어 엔지니어링에 대한 SRE의 기여는 대부분 서비스에 한정된다. 그래서 재사용이 가능한 범용 솔루션을 구축하기가 어렵다. 그 결과 개별 SRE팀이 겪은 교훈과 권장 사례들을 이미 온보딩이 완료된 다른 서비스에 적용하기가 쉽지 않았다.

SRE에게 영향을 미치는 외부 요인들

전통적으로 외부 요인들은 SRE 조직 및 지원에 다양한 형태로 부담으로 작용해왔다.

구글은 마이크로서비스[1]로 대변되는 업계의 트렌드를 지속적으로 따라왔다. 그 결과 SRE 지원에 대한 요청과 지원을 해야 하는 서비스의 수가 지속적으로 증가했다. 각 서비스는 기본적으로 고정된 운영 비용이 할당되어 있기 때문에, 간단한 서비스도 더 많은 인력을 필요로 했다. 또한 마이크로서비스는 더 빠른 시간 내에 배포가 가능해야 하지만 (배포에 수 개월이 필요한)기존의 PRR 모델로써는 제대로 지원할 수가 없었다.

경험이 충분한 보증된 SRE를 고용하는 것은 어려울 뿐 아니라 비용도 많이 든다. 채용 부서의 엄청난 노력에도 불구하고, 모든 서비스를 지원할 충분한 수의 SRE를 확보할 수는 없다. 일단 SRE를 고용하면 그를 훈련시키기 위한 시간 역시 일반 개발 엔지니어의 훈련에 비해 더 오랜 시간이 걸린다.

마지막으로 SRE 조직은 대규모이고 지속적으로 증가하며 직접적인 SRE 지원의 혜택을 아직 받아보지 못한 개발팀의 요구사항을 모두 지원해야 할 책임이 있다. 이로 인해 SRE 지원 모델의 원래 개념과 참여 모델을 뛰어넘는 확장된 SRE 지원 모델에 대한 요구가 높아지고 있다.

구조적인 해결책을 향해: 프레임워크

이런 상황을 맞아 다음과 같은 원리들을 따르는 새로운 모델을 개발할 필요가 있었다.

권장 사례의 코드화

운영 환경에서 잘 동작하던 사례들을 코드에 녹여넣고 이를 활용할 수 있게 함으로써, 서비스가 기본적으로 '운영 환경에 대한 준비'를 갖출 수 있도록 한다.

---

[1] 마이크로서비스에 대한 좀 더 자세한 내용은 https://en.wikipedia.org/wiki/Microservices를 참고하기 바란다.

재사용 가능한 솔루션

사용 중인 기술에 대한 공통의 재사용 가능한 구현체를 통해 확장성과 신뢰성 이슈를 완화한다.

공통 제어 영역을 제공하는 공통 운영 환경 플랫폼

운영 환경 시설에 대한 통합된 인터페이스, 운영 환경 제어를 위한 통합된 기능, 모든 서비스를 위한 통합된 모니터링, 로깅 및 설정 등이 필요하다.

손쉬운 자동화와 더 영리한 시스템

이전에는 달성할 수 없었던 수준의 자동화 및 더 영리한 시스템을 위한 공통의 제어 기능이 필요하다. 예를 들어 SRE는 여러 다른 원본의 원시 데이터(로깅, 모니터링 데이터 등)를 직접 수집하고 분석하는 것이 아니라 장애와 관련된 정보를 한 곳에서 손쉽게 확인할 수 있어야 한다.

이런 원칙을 기반으로 우리가 지원하는 각각의 환경(자바, C++, Go)을 위해 SRE가 지원하는 플랫폼과 서비스 프레임워크가 만들어졌다. 이 프레임워크들을 사용해서 만들어진 서비스들은 SRE가 지원하는 플랫폼을 위해 디자인된 구현체를 공유하며 SRE및 개발팀이 공동으로 관리한다. 이 프레임워크로 옮겨옴으로써 제품 개발팀은 SRE가 구축한 프레임워크 솔루션을 이용하여 애플리케이션을 디자인할 수 있게 되었다. 이는 어떤 현상이 발생한 후에야 SRE가 규정한 형태로 애플리케이션을 다시 재구성하거나 혹은 다른 구글 서비스들과 현저히 다른 서비스를 지원하기 위해 더 많은 SRE들을 투입하는 것과는 상반되는 방법이다.

애플리케이션은 주로 일부 비즈니스 로직을 수행하며 이 과정에서 다양한 인프라스트럭처 컴포넌트를 활용한다. 운영 환경에 대해 SRE가 가지고 있는 고민은 대부분 서비스에서 인프라스트럭처와 관련된 부분이다. 그러나 인프라스트럭처 코드를 일종의 표준처럼 구현해 놓은 서비스 프레임워크는 운영 환경에 대한 다양한 고민거리를 해결해준다. 각 고민거리들은 하나 혹은 그 이상의 프레임워크 모듈에 캡슐화되어 있으며, 각 모듈들은 특정 영역의 문제나 인프라스트럭처 의존성에 대한 포괄적인 해결책을 제공해준다. 프레임워크 모듈은 SRE가 고민하는 다음과 같은 문제들을 처리한다.

- 절차 및 지표
- 요청 로깅
- 트래픽과 부하 관리에 사용되는 제어 시스템

SRE는 운영 환경에서 고민하고 있는 다양한 분야의 문제들을 위한 안정적인 해결책을 프레임워크 모듈로 구현한다. 그 결과 프레임워크가 인프라스트럭처의 올바른 사용을 이미 보장하기 때문에 개발팀은 오로지 비즈니스 로직에만 집중할 수 있다.

프레임워크는 기본적으로 소프트웨어 컴포넌트를 사용하는 규정화된 구현인 동시에 이런 컴포넌트들을 조합하는 규범화된 방법이다. 프레임워크는 포괄적인 방법으로 여러 컴포넌트를 조정하기 위한 기능들을 제공하기도 한다. 예를 들어, 어떤 프레임워크는 다음과 같은 기능들을 제공한다.

- 잘 정의된 컴포넌트를 표준화된 절차에 따라 참조해서 비즈니스 로직을 구성하는 방법
- 모니터링 절차에 따른 표준화된 지표들
- 요청의 디버깅을 위한 표준 형식의 로그
- 부하 분산을 위한 표준 형식의 설정
- 다양한 제어 시스템의 피드백을 의미적으로 일관되게 측정할 수 있는 한 서버의 수용량 및 '과부하'에 대한 정의

프레임워크는 일관성과 효율성에 대해 미리 정의된 여러 가지 정보를 수집한다. 따라서 개발자들이 이들을 조합하고 개별 컴포넌트를 서비스에 맞추기 위해 호환성을 살짝 비켜가도록 설정해서 SRE가 수동으로 리뷰해야 하는 업무들을 수행할 필요가 없다. 프레임워크는 운영 환경에 대한 고민들을 해결하기 위한 하나의 재사용 가능한 해결책을 제시하고 이를 여러 서비스에 걸쳐 적용할 수 있도록 지원함으로써 프레임워크의 사용자는 공통의 구현체를 공유하고 최소한의 설정만을 변경해서 서비스에 적용할 수 있게 된다.

구글은 애플리케이션 개발에 몇 개의 언어를 지원하며 프레임워크는 이 모든 언어들을 지원할 수 있도록 구현되어 있다. 비록 서로 다른 프레임워크 구현체(C++용과 자바용)는 코드를 공유할 수는 없지만 공통의 API, 동작, 설정 및 동일한 기능을 위한 제어 기능 등을 노출한다는 목표는 동일하다. 그래서 개발팀은 자신들의 필요와 경험에 맞는 언어 플랫폼을 선택할 수 있으며, 그럼에도 불구하고 SRE는 해당 서비스를 관리하기 위한 표준화된 도구의 사용과 운영 환경에서의 동작을 기대할 수 있게 된다.

새로운 서비스와 관리에 대한 장점

서비스 프레임워크를 이용한 구조화된 접근법과 공통의 운영 환경 플랫폼 및 제어 기능은 다음과 같은 장점을 가져다준다.

현저히 낮은 운영 오버헤드

프레임워크를 기반으로 강력한 규칙에 의해 구현된 운영 환경 플랫폼은 다음과 같은 이유로 운영 오버헤드를 현저히 낮춰준다.

- 코드 구조, 의존성, 테스트, 코딩 스타일 가이드 등에 대한 강력한 기준을 제시한다. 이 기능은 사용자 데이터 보호, 테스트 및 보안 수칙의 개선으로 이어진다.
- 모든 서비스에 대해 내장된 서비스 배포, 모니터링 및 자동화를 지원한다.
- 많은 수의 서비스도 손쉽게 관리할 수 있으며 특히 그 수가 증가하고 있는 마이크로서비스 환경에 더 적합하다.
- 더 빠른 배포가 가능하다. 단 며칠만에 SRE 수준의 운영 품질을 가진 제품을 배포할 수 있다.

기본적인 통합 지원

구글이 운영하는 서비스의 수가 지속적으로 증가한다는 것은 이들 서비스의 대부분에 SRE가 참여하지 않으며 SRE가 관리하지도 않는다는 것을 의미한다. 하지만 그와 무관하게, 서비스는 완전한 SRE의 지원을 받지 않더라도 SRE가 개발하고 관리하는 운영 환경의 기능들을 활용하도록 구현할 수 있다. 이를 통해 SRE의 참여 장벽을 효과적으로 낮출 수 있다. SRE가 지원하는 운영 표준과 도구를 모든 팀에게 제공함으로써 구글의 전체적인 서비스의 품질이 향상되었다. 게다가 프레임워크를 기반으로 구현된 서비스들은 자동적으로 프레임워크 모듈들이 오랜 시간에 걸쳐 이루어 낸 개선된 기능들의 장점을 모두 활용하게 된다.

더 빠르고 오버헤드가 낮은 참여

프레임워크를 사용하는 방법을 채택함으로써 더 신속하게 PRR을 실행할 수 있었다. 그 이유는 다음과 같은 장점들을 얻을 수 있기 때문이다.

- 프레임워크 구현의 일부로 제공되는 내장 서비스 기능들
- 더 빠른 서비스 온보딩(그 전에는 한 명의 SRE가 한 분기를 투자해야 했던 업무)
- 프레임워를 이용해 구축된 서비스의 관리에 대한 SRE팀의 부담 완화

이를 바탕으로 SRE팀은 서비스 온보딩에 들이는 수고를 조금 덜어낼 수 있으면서도 서비스의 운영 환경 품질을 높은 수준으로 유지할 수 있다.

공동 책임에 기반한 새로운 참여 모델

원래 SRE 참여 모델은 크게 SRE가 완전히 지원하는 방식과 SRE가 거의 참여하지 않는[2] 두 가지 방식만이 존재했었다.

공통의 서비스 구조, 규칙 및 소프트웨어 인프라스트럭처 덕분에 개발팀이 기능적 이슈에 대한 비상 대기 지원, 즉 애플리케이션 버그에 대한 지원을 담당하는 동안 SRE팀은 '플랫폼' 인프라스트럭처에 대한 지원을 담당할 수 있게 되었다. 이 모델 하에서는 SRE는 서비스 소프트웨어 인프라스트럭처의 상당 부분, 특히 부하 분산, 과부하, 자동화, 트래픽 관리, 로깅 및 모니터링 등의 제어 시스템의 관리 및 개발에 대한 책임을 진다.

이 모델은 원래 서비스 관리의 두 가지 방식으로 알려져 있던 방법들과는 사뭇 다른 방식이다. 이 모델은 SRE와 개발팀 간의 협업에 대한 새로운 관계 모델과, SRE가 서비스 관리를 위해 인력을 지원하는 새로운 모델[3]을 제시한다.

결론

SRE의 참여를 통해, 조직적인 리뷰와 더불어 운영 환경에 대한 여러 가지 측면을 개선함으로써 서비스의 신뢰성이 향상될 수 있다. 구글 SRE들의 이같은 조직적인 참여 방식인 간단한 운영 환경 준비 검토는 SRE 참여 모델의 표준화를 이끌어냈지만 이미 출시 단계에 접어든 서비스에만 적용할 수 있었다.

시간이 지나면서 SRE는 이 모델을 확장하고 개선했다. 조기 참여 모델은 '신뢰성을 바탕으로 한 디자인'을 갖추기 위해 SRE가 개발 주기의 더 이른 시점에 참여하는 모델이다. SRE의 전문

---

2 가끔 SRE팀은 온보딩을 수행하지 않은 일부 서비스에 대해서도 컨설팅 목적으로 참여하기는 했지만, 이 컨설팅이 최선의 노력이자, 그 수와 범위가 상당히 제한적이었다.

3 서비스 관리의 새로운 모델은 두 가지 이유로 SRE의 인력 지원 모델의 변화에 영향을 미쳤다. 첫 번째 이유는 많은 서비스들이 공통 기술을 활용하게 되면서, 서비스당 필요한 SRE의 수가 줄어들었기 때문이며, 두 번째 이유는 SRE가 지원하는 (SRE가 구현한) 운영 플랫폼과 개발팀이 담당하는 서비스에 특정한 비즈니스 로직에 대한 지원 간에 관심사의 분리(separation of concerns)가 가능하게 되었기 때문이다. 이 플랫폼팀은 서비스의 수가 아니라 유지해야 하는 플랫폼의 수요에 따라 인력이 구성되며, 여러 제품 개발팀이 공유할 수 있다.

성에 대한 수요가 지속적으로 증가하면서 더 확장된 참여 모델에 대한 수요 역시 증가하게 되었다. 운영 환경 서비스에 대한 프레임워크는 이러한 수요를 만족시키기 위해 개발되었다. 운영 환경에서의 권장 사례들에 기반한 코드의 패턴들을 프레임워크에 표준화하여 캡슐화함으로써 프레임워크의 사용이 권장되며, 일관적이고 상대적으로 간단한 방법으로 운영 환경을 충분히 고려한 서비스들을 구축할 수 있게 되었다.

이 세 가지 참여 모델은 여전히 구글 내에서 활용 중이다. 하지만 프레임워크의 도입은 구글에서 운영 환경을 위한 서비스를 구현하는 데 중대한 영향을 미쳤으며, SRE의 기여도를 훨씬 확장했을 뿐 아니라 서비스 관리의 오버헤드를 줄이고 전 조직에 걸쳐 서비스의 기본 품질을 향상시키는 계기가 되었다.

마무리하며

지금까지 구글에서 SRE가 어떻게 일하는지, 그리고 우리가 개발한 원리와 원칙들을 같은 분야의 다른 조직에 어떻게 적용할 수 있는지에 대해 알아보았다. 이제는 제33장 "다른 업계로부터의 교훈"을 통해 마찬가지로 신뢰성을 가장 중요하게 여기는 다른 업계와 SRE와 관련된 원칙들을 비교해보는 시간을 가져보려고 한다.

마지막으로 구글의 사이트 신뢰성 엔지니어링 본부장인 벤자민 럿치(Benjamin Lutch)가 그의 경험을 토대로 작성한 SRE의 혁신에 관한 글을 통해 항공 분야의 시각으로 SRE를 살펴보도록 한다.

33

다른 업계로부터의 교훈

제니퍼 펫오프(Jennifer Petoff) 지음

벳시 베이어(Betsy Beyer) 편집

구글의 SRE 문화와 원칙에 대해 자세히 알아보다 보면 자연적으로 다른 업계는 자신들의 비즈니스가 요구하는 신뢰성을 어떻게 관리하는지가 궁금해진다. 구글의 SRE에 관련된 이 책을 집필하는 동안 고가용성을 필요로 하는 다양한 분야에서 일했던 여러 구글 엔지니어들과 이야기해볼 기회를 통해 다음과 같은 질문들의 해답을 얻고자 노력했다.

- 사이트 신뢰성 엔지니어링에 적용했던 원칙들은 구글 외의 다른 조직에서도 중요하게 여겨지는지, 아니면 다른 업계는 높은 신뢰성에 대한 요구사항을 다른 방법으로 해결하는지?
- 만일 다른 업계에서 SRE 원칙들을 수용한다면 이 원칙들을 어떻게 적용할 수 있을까?
- 이런 원칙들을 다른 업계에서 구현한다면, 유사점은 무엇이고 차이점은 무엇인가?
- 이런 구현의 유사점과 차이점을 결정짓는 요소들은 무엇인가?
- 이런 비교를 통해 구글과 기술 업계가 배울 수 있는 것들은 무엇인가?

이 장에서는 구글에서의 사이트 신뢰성 엔지니어링에 기본이 되는 여러 원칙들을 살펴본다. 그리고 이런 원칙들을 다른 업계의 권장 사례들과 조금 더 손쉽게 비교하기 위해, 우리의 원칙들을 다음의 네 가지 개념으로 구분하고자 한다.

- 준비와 재난 테스트
- 포스트모텀 문화
- 자동화 및 운영 오버헤드의 절감
- 구조화되고 합리적인 의사 결정

이 장에서는 우리가 비교해본 업계 및 인터뷰를 진행했던 해당 업계 전문가들을 소개한다. 우리는 SRE의 핵심 주제를 선정하고, 구글이 이 주제들을 구현한 방법을 소개하며, 그리고 이런 원칙들이 다른 업계에서는 어떻게 발현되는지를 비교할 수 있는 예시를 제공한다. 그런 후몇 가지 통찰과 우리가 발견한 패턴 및 안티 패턴에 대한 설명으로 마무리하고자 한다.

업계 전문가에 대한 소개

피터 달(Peter Dahl)은 구글의 수석 엔지니어다. 구글에 합류하기 전에는 항공 및 운송 기기의 GPS 및 관성 항법 시스템(inertial guidance systems)을 포함해, 높은 신뢰성을 요구하는 다양한 시스템의 방어 전문가로 활동했다. 이런 시스템의 신뢰성 저하는 교통 수단의 오작동이나 손실, 그리고 그로 인한 경제적 손실을 유발한다.

마이크 도허티(Mike Doherty)는 구글의 사이트 신뢰성 엔지니어다. 그는 캐나다에서 10년간 인명 구조원이자 인명 구조원 교관으로 일했다. 이 분야에서는 매일 생명을 구조하므로 당연히 신뢰성이 기본이다.

에릭 그로스(Erik Gross)는 현재 구글의 소프트웨어 엔지니어다. 구글에 합류하기 전에는 7년간 레이저 및 굴절 안구 수술(예를 들면 라식(LASIK) 수술)에 사용되는 시스템을 위한 알고리즘의 디자인 및 코딩 업무를 담당했다. 이 분야 역시 정부의 규제와 인적 위험에 직면해 안정성과 관련된 많은 경험을 쌓을 수 있는 분야이며, 관련 기술이 FDA의 승인을 받고 점진적으로 개선되어 결국 IoT화 되는 등, 위험 부담도 크고 요구되는 신뢰성의 수준도 높은 분야다.

거스 하트맨(Gus Hartmann)과 **케빈 그리어(Kevin Greer)**는 E911 긴급 응답 시스템[1]의 유지보수를

---

1 E911(Enhanced 911): 미국 내에서 제공되는 위치 데이터에 기반을 둔 긴급 응답 회선.

비롯해 원격 통신 분야에서 일했던 경험을 보유하고 있다. 케빈은 현재 구글 크롬(Chrome) 팀의 엔지니어며, 거스는 구글의 기업 엔지니어링팀의 시스템 엔지니어다. 원격 통신 분야에서는 사용자들이 기대하는 신뢰성 수준이 매우 높다. E911 시스템 같은 경우는 시스템의 장애로 인해 작동이 중단되는 경우 사용자가 불편해지는 것은 물론 사망에 이를 수도 있다.

론 헤이비(Ron Heiby)는 구글의 사이트 신뢰성 엔지니어링 조직을 위한 기술 프로그램 관리자다. 론은 휴대폰, 의학 장비 및 자동차 업계에서 다양한 개발 경험을 쌓아왔다. 경우에 따라서는 이 업계들에서 인터페이스 컴포넌트(예를 들면 구급차에서 디지털 무선 전화 네트워크를 통해 EKG 측정[2]을 위한 장치 등)를 개발하기도 했다. 이런 업계에서의 신뢰성 이슈의 영향은 장비의 리콜[3]로 인한 비즈니스의 타격부터 고객들의 생활과 건강에 대한 간접적인 영향(예를 들어, EKG 측정기가 병원에 연락을 하지 못하면 사람들이 적절한 의학적 치료를 받을 수 없다)까지 다양하다.

아드리안 힐튼(Adrian Hilton)은 구글의 출시 조율 엔지니어다. 그 전에는 영국과 미국의 군사 항공, 해상 항공 전자공학 및 항공기 저장 관리 시스템, 그리고 영국의 철도 신호 시스템 등을 담당했다. 이 분야에서는 장애로 인한 피해 범위가 수백만 달러의 장비 손실부터 부상 및 사망에 이르기 때문에 신뢰성이 무엇보다 중요하다.

에디 케네디(Eddie Kennedy)는 구글의 글로벌 고객 경험팀의 프로젝트 관리자이자 숙달된 기계공학도다. 에디는 모조 다이아몬드를 만드는 공장의 식스 시그마 블랙 벨트(Six Sigma Black Belt) 공정 엔지니어로서 6년간 일했다. 이 분야는 공정에 필요한 온도와 압력 때문에 작업자들이 매일 높은 위험에 노출되는 만큼 안정성을 엄격하게 따진다는 것이 그 특징이다.

존 리(John Li)는 현재 구글의 사이트 신뢰성 엔지니어다. 구글에 합류하기 전에는 금융 업계에서 주식 거래 기업의 시스템 관리자이자 소프트웨어 개발자로 근무한 이력이 있다. 금융 업계에서의 신뢰성 이슈는 연쇄적인 금융 사고로 이어질 수 있기 때문에 매우 중요하게 취급되고 있다.

댄 쉐리든(Dan Sheridan)은 구글의 사이트 신뢰성 엔지니어다. 구글에 합류하기 전에는 영국의 도시 원자력 산업 분야에서 안전 컨설턴트로 근무했다. 원자력 분야에서의 장애는 하루에도 수백만의 매출 하락과 더불어 작업자들의 위험에 대한 노출, 그리고 장애 대응을 위한 이중화가 불가능하다는 점에서 사회에 큰 혼란을 야기할 수 있기 때문에 신뢰성이 중요한 이슈다.

---

2 심전도 측정: 자세한 내용은 https://en.wikipedia.org/wiki/Electrocardiography를 참고하기 바란다.

3 역주 생산된 제품 중 문제가 발견된 제품들을 거둬들여 무상으로 수리해주는 정책

그래서 원자력 인프라스트럭처는 장애가 문제가 될 수준에 도달하기 전에 운영이 중단되지 않도록 하기 위한 다양한 안전 장치를 마련하고 있다.

제프 스티븐슨(Jeff Stevenson)은 현재 구글의 하드웨어 운영 관리자로 일하고 있다. 그 전에는 미국 해군에서 잠수함의 원자력 엔지니어로 근무했다. 해군 원자력 분야는 장애 발생 시 장비의 손실부터 장기적인 환경 오염 문제, 그리고 생명의 손실로까지 이어질 수 있기 때문에 신뢰성을 최우선으로 고려한다.

매튜 토이아(Mattew Toia)는 저장소 시스템을 주로 담당하는 사이트 신뢰성 엔지니어다. 구글에 입사하기 전에는 항공 트래픽 관제 소프트웨어 시스템의 배포 및 소프트웨어 개발을 담당했다. 이 분야에서는 장애가 발생하면 승객과 항공기 운항에 대한 불편(예를 들면 항공 운행 지연, 항공기의 항로 변경 등)부터 추락으로 인한 생명의 손실까지 이어질 수 있다. 그래서 이 분야에서는 참혹한 결과를 만드는 장애를 피하기 위해 여러 단계의 방어 장치를 마련하고 운영하는 것이 핵심 전략이다.

지금까지 구글에서 일하는 전문가들에 대한 소개와 더불어 그들이 그 전에 몸담았던 분야에서 신뢰성이 왜 중요하게 여겨졌는지에 대해 대략적으로 살펴보았다. 지금부터 신뢰성의 네 가지 주요 주제를 조금 더 자세히 살펴보기로 하자.

준비와 재난 테스트

"희망은 전략이 아니다." 구글 SRE팀의 이 슬로건은 준비와 재난 테스트에 대한 우리의 시각을 한마디로 요약하고 있다. SRE 문화는 절대 방심하지 않으며 계속해서 질문을 던지는 문화다. 어느 부분이 잘못될 수 있는가? 장애나 데이터의 손실이 발생하기 전에 이런 이슈들을 처리하기 위해 어떤 조치를 취할 수 있는가? 우리가 연중 행사로 진행하는 재난 및 복구 테스트(Disaster and Recovery Testing, DiRT)는 이러한 질문에 실용적으로 대처하기 위한 방법을 모색하기 위한 것이다. DiRT를 통해 SRE는 운영 환경에 제약을 가하고 실제 장애를 유발해본다. 그 이유는 다음과 같다.

- 우리가 생각하는 대로 시스템이 반응하는지 확인하기 위해
- 예상치 못했던 약점을 파악하기 위해

- 조치할 수 없는 장애가 발생하는 상황을 방지하기 위해 시스템을 더욱 견고하게 만들 수 있는 방법을 찾기 위해

다른 업계에서 채택한 재난에 대한 대책 및 확실한 준비를 위한 몇 가지 전략은 앞으로 살펴볼 전문가들과의 대화를 통해 살펴볼 수 있다. 앞으로 살펴볼 전략들은 다음과 같다.

- 안전에 대한 조직 전체의 엄격한 집중
- 상세 내용에 대한 집중
- 유연한 수용량
- 가상 및 실제 훈련
- 연습과 인증
- 상세한 요구사항 수집 및 디자인에 대한 극단적인 집중
- 심층 방어

안전에 대한 조직 전체의 엄격한 집중

이 원칙은 산업 전반의 엔지니어링에서 특히 중요하다. 에디 케네디에 따르면, 작업자들이 안전 문제에 직접 노출되는 제조 공정에서는 "모든 관리자 회의를 안전성에 대한 논의로부터 시작한다". 제조업은 모든 조직이 반드시 따라야 하는 고도로 설계된 절차를 통해 예상치 못한 상황에 대비한다. 모든 피고용자가 안전을 최우선으로 고려하며, 작업자들은 적절하지 않은 것이라면 그 무엇이든 말할 수 있는 권리를 보장받고 있다고 느낄 수 있도록 지원하는 것이 무엇보다 중요하다. 원자력 발전, 군사 항공기 그리고 철로 신호 분야에서는 소프트웨어의 안정성 표준이 제대로 마련되어 있으며(예를 들면 영국 국방부 표준 00-56, IEC 61508, IEC513, US DO-178B/C 및 DO-254 등), 이런 시스템에 요구되는 신뢰성 수준은 제품 출시와 관련하여 수용할 수 있는 방법들에 대한 명세가 명확하게 정해져 있다(예를 들면 안정성 무결성 수준(Safety Integrity Level, SIL) 1-4).[4]

---

4   자세한 내용은 https://en.wikipedia.org/wiki/Safety_integrity_level을 참고하기 바란다.

상세 내용에 대한 집중

제프 스티븐슨은 미국 해군에서 근무하던 시절, (윤활유 관리 같은) 사소한 작업을 태만히 하는 것이 잠수함의 심각한 장애로 이어질 수 있다는 점을 분명하게 알고 있었다는 점을 상기했다. 아주 작은 간과나 실수가 훨씬 큰 영향을 끼친다는 것이다. 시스템은 고도로 연결되어 있어서 한 부분의 장애가 관련된 다수의 컴포넌트에 영향을 끼칠 수 있었다. 원자력 해군은 이런 작은 이슈들이 눈덩이처럼 커지지 않도록 정기적인 유지보수에 집중하고 있다.

유연한 수용량

통신 분야에서 시스템의 활용률은 예측이 불가능하다. 그래서 절대적인 수용량은 예측이 불가능한 자연 재해 같은 상황은 물론 예측 가능한 상황이라 하더라도 많은 사람들이 즐기는 올림픽 같은 일이 벌어지면 순식간에 그 한계에 도달할 수 있다. 거스 하트맨에 따르면 이런 종류의 장애에 대응하기 위해 SOW(Switch on Wheels), 모바일 통신 사무실 등의 형태로 수용량을 유연하게 조정할 수 있는 방법을 채택하고 있다. 이런 초과 수용량은 긴급 상황, 혹은 시스템에 과부하를 줄 수 있는 예정된 이벤트가 벌어지는 경우에 적용한다. 수용량 이슈는 절대적 수용량과는 전혀 관련이 없는 부분에서도 예상치 못하게 드러난다. 예를 들어 2005년 한 연예인의 개인 전화번호가 노출된 적이 있었는데, 당시 수천 명의 팬이 그녀와 통화를 시도하면서 통신 회사는 DDoS 혹은 대용량 라우팅 에러와 유사한 현상을 경험했다.

가상 및 실제 훈련

구글의 장애 복구 테스트는 우리가 검토했던 여러 산업의 주요 관심거리 중 하나인 가상 및 실제 훈련과 상당 부분 공통점이 있다. 가상 혹은 실제 훈련 중 어느 것이 적합한지는 시스템의 장애에 따른 잠재적 영향에 의해 결정된다. 예를 들어, 매튜 토이아는 항공 산업의 경우 장비와 승객이 위험에 처할 수 있으므로 '운영 환경'에서의 실제 테스트는 수행할 수 없다는 점을 지적했다. 대신 실제 데이터 피드에 기반을 둔 거의 실사에 가까운 조정석과 장비를 구현한 가상 장비를 이용해 위험 부담 없이 실제에 가까운 경험을 제공하고 있다. 거스 하트맨은 통신 업계는 주로 허리케인을 비롯한 각종 날씨 관련 재난에 집중한 실제 훈련에 집중한다고 밝혔다. 이런 모델링을 통해 태풍에 견딜 수 있는 건물 내에 날씨에 영향을 받지 않는 설비를 구축하게 되었다.

미국 원자력 해군은 여러 가지 '가정'을 혼합한 연습과 실제 훈련을 도입하고 있다. 제프 스티븐슨에 따르면 실제 훈련은 "제어 가능한 요소들을 활용해 실제 장비에 장애를 일으킨다. 실제 훈련은 진지하게 행해지며 매주 주당 2~3일에 걸쳐 실행된다." 원자력 해군은 이 훈련이 매우 유용하지만 실제 장애에 대처하기에는 충분하지 않다고 생각한다. 또한 장애 대처에 대한 반복 훈련을 통해 이를 잊지 않도록 노력하고 있다.

마이크 도허티는 인명 구조원은 '수수께끼'에 가까운 재난 대처 훈련을 수행한다고 전한다. 대부분 설비 관리자는 모형 익사자를 이용해 어린이나 익명의 인명 구조원과 함께 훈련한다. 이 시나리오는 인명 구조원이 실제 상황을 마주했을 때 차이점을 느끼지 않도록 최대한 실제와 가깝게 실행된다.

연습과 인증

인터뷰를 통해 특히 생명이 걸린 상황에 대해서는 연습과 그에 대한 인증(certification)이 필요하다는 점을 깨달았다. 예를 들어 마이크 도허티는 인명 구조원이 매우 엄격한 훈련 과정을 거쳐 인증을 받게 되며, 정기적으로 재인증 절차를 수행해야 한다고 전했다. 이 과정에는 체력 단련(인명 구조원은 자신보다 무거운 사람도 어깨에 들쳐업고 물 밖으로 나올 수 있어야 한다), 응급 처치 및 CPR 같은 기술적 요소, 운영 조건(인명 구조원이 물에 들어갔을 때 다른 팀원들의 대처 방안) 등이 포함되어 있다. 또한 각각의 설비에도 그에 맞는 훈련 프로그램이 마련되어 있다. 인명 구조원이 수영장에서 벌이는 구조 활동은 호수나 바다와는 전혀 다를 수 있기 때문이다.

상세한 요구사항 수집 및 디자인에 대한 극단적인 집중

우리가 인터뷰한 엔지니어 중 일부는 상세한 요구사항 수집과 디자인 문서가 무엇보다 중요한 것으로 꼽았다. 이 연습이 특히 중요한 경우는 의료 기구를 다룰 때다. 대부분의 경우 장비의 실제 사용 및 유지보수는 장비의 디자이너가 예상한 것과 일치하지 않을 수 있기 때문이다. 그래서 사용성과 유지보수에 대한 요구사항은 반드시 다른 출처를 통해 수집되어야 한다.

예를 들어, 에릭 그로스의 조언에 따르면, 레이저 안구 수술 장비는 최대한 손쉽게 다룰 수 있도록 디자인되어 있다. 그래서 이 장비를 실제로 다룰 의사들과 장비들을 관리하는 기술자들의 의견이 무엇보다 중요하다. 다른 예를 들면, 전 방어 전략가였던 피터 달은 1년에 걸친 디자인을 3주만에 코딩해서 구현해야 하는 새로운 방어 시스템을 구축할 때 최대한 상세히 디자인하는 문화에 대해 설명해주었다. 이 두 가지 예시는 모두 계산된 위험을 바탕으로 최대한 빠르게 변화를 구현하기 위한 구글의 출시 및 반복 문화와는 사뭇 달랐다. 다른 업계(예를 들면,

앞서 설명한 의료 업계나 군사 분야)는 상당히 다른 종류의 압박, 위험 부담, 그리고 요구사항을 가지고 있으며, 그들의 절차는 이런 상황들에 크게 영향을 받고 있었다.

심층 방어와 그 범위

원자력 발전 산업의 경우, 심층 방어(defence in depth)가 장애 대책의 핵심이다[IAEA12]. 원자로는 문제가 발생할 때를 대비해 주 시스템을 보조하는 대비 시스템을 반드시 갖추는 디자인 방법을 채택하고 있다. 이 시스템은 방사성 유출에 대한 최종적인 물리적 방어벽을 비롯해 여러 계층으로 구성된 보호 장치를 채택하고 있다. 심층 방어는 장애 및 사고에 대한 무방비를 허용하지 않는 업계의 특성상 매우 중요한 부분이다.

포스트모텀 문화

교정 및 예방 활동(Corrective And Preventative Action, CAPA)[5]은 이미 알려진 이슈나 위험의 재발을 방지하기 위해 이슈의 근본 원인에 대한 시스템적인 투자에 집중함으로써 신뢰성을 향상시키는 잘 알려진 개념이다. 이 원리는 비난 없는 포스트모텀이라는 SRE의 강력한 문화로 인해 생겨났다. 뭔가 잘못됐을 때(그리고 구글의 규모와 복잡성, 빠르게 변화하는 환경 등을 고려할 때 뭔가 잘못되는 일은 필연적으로 생겨날 수밖에 없다), 다음의 항목들을 평가해보는 것이 중요하다.

- 어떤 일이 벌어졌는가?
- 그에 대한 대응은 적절했는가?
- 다음에 또 같은 일이 발생한다면 어떤 관점에서 더 잘 대처할 수 있는가?
- 같은 일이 반복되지 않도록 하려면 어떻게 해야 하는가?

이 훈련은 그 누구도 비난하는 일이 없이 진행되어야 한다. 비난할 누군가를 찾는 것보다 훨씬 더 중요한 것은 하나의 조직으로써 어디가 잘못되었는지, 어떻게 잘못되었는지를 찾아, 같은 문제가 다시 발생하지 않도록 하는 것이다. 장애를 일으킨 장본인을 찾는 것은 생산적이지 못하다. 포스트모텀은 장애가 발생한 후에 진행되며, 여러 SRE팀에 그 내용이 공유되기 때문에 모든 사람들이 그 혜택을 누릴 수 있다.

---

[5] 자세한 내용은 https://en.wikipedia.org/wiki/Corrective_and_preventative_action을 참고하기 바란다.

우리가 진행했던 인터뷰에서는 다른 업계들이 수행하는 다양한 방식의 포스트모텀(많은 업계가 나름의 이유로 이 이름을 그대로 사용하지는 않지만)을 모두 밝히지는 않는다. 이 훈련을 하게 된 동기는 각 업계들이 사용하는 서로 다른 방식의 차별적 요소를 알아보기 위함이다.

많은 업계들은 문제 발생 시 엄격한 규제를 받으며 정부의 특정 기관에 그에 대한 해명을 해야 한다. 이런 규제는 특히 장애의 영향이 높은 경우(예를 들면, 생명의 위협을 받는 경우) 더 엄격해진다. 관련된 정부 기관으로는 FCC(통신), FAA(항공), OSHA(제조 및 화학 산업), FDA(의료 장치) 등 정부와 관련된 기관 및 EU의 다양한 국가 소관 관청[6] 등이 있다. 원자력 발전과 운송 산업 역시 규제가 엄격하다.

안전에 대한 고려는 포스트모텀의 또 다른 동기 요소다. 제조 및 화학 분야에서는 본질적으로 최종 제품을 생산하기 위한 환경상의 문제(고온, 고압, 유독성 및 부식 등)로 부상이나 상해에 대한 위험이 항상 도사리고 있다. 예를 들어 Alcoa[7]의 안전에 대한 문화는 눈여겨볼 만하다. 전 CEO인 폴 오넬(Paul O'Neill)은 발생한 어떤 부상도 24시간 내에 자신에게 알리도록 했다. 게다가 공장에서 근무하는 노동자들에게 자신의 집 전화번호를 알려주고 누구든 안전에 대한 우려가 있으면 개인적으로 연락할 수 있도록 했다.[8]

제조 및 화학 분야의 규제는 상당히 강력하기 때문에 니어 미스(near miss) — 실제 그런 결과가 나타나지는 않았지만 해당 사건이 발생할 경우 심각한 위험을 초래하지만 실제로 그런 결과가 나타나지는 않은 — 사건에 대해서도 정밀하게 조사한다. 이런 시나리오는 일종의 사전 포스트모텀 같은 역할을 하게 된다. VM 브라세어(Brasseur)가 2015년 YAPC NA에서 발표한 내용에 따르면 "거의 모든 재난과 비즈니스 위협에는 니어 미스가 존재하며 대부분 이런 현상은 발생한 시점에는 대부분의 사람들이 이를 무시한다. 잠재적인 오류와 이 오류를 유발하는 상황이 더해지면 결국 원치 않는 동작이 발생하게 된다"[Bra15]. 니어 미스는 발생할 때를 기다리는 실질적인 재난이다. 예를 들어, 작업자가 표준 운영 절차를 지키지 않거나, 직원들이 물벼락을 맞지 않기 위해 마지막 순간에 밖으로 뛰쳐나가거나, 계단에 엎질러진 물을 치우지 않는 등의 모든 것들이 니어 미스에 해당하며, 이를 통해 뭔가를 배우고 개선할 수 있는 기회기도 하다. 하지만 다음에 같은 일이 생겼을 때는 직원들과 회사들이 별탈 없이 지나갈 수 있는 행운을 누리지 못할지도 모를 일이다. 영국의 CHIRP(Confidential Reporting Programme for Aviation and Maritime)는

---

6 자세한 내용은 https://en.wikipedia.org/wiki/Competent_authority를 참고하기 바란다.

7 역주 Aluminum Company of America의 약자로 미국 뉴욕에 있으며, 알루미늄을 생산하는 기업이다

8 자세한 내용은 http://www.ehstoday.com/safety를 참고하기 바란다.

업계 전반에서 벌어질 수 있는 이런 장애들에 대한 저변 인식의 확대를 위해 항공 및 해상 분야에서 일하는 사람이라면 누구라도 마음 놓고 니어 미스들을 보고할 수 있는 중앙 집중식 보고 시스템을 구축하고 있다. 또한 이런 니어 미스에 대한 보고 및 분석 내용들은 정기적인 뉴스레터를 통해 배포하고 있다.

인명 구조원에게는 장애에 대한 사후 분석과 대응 계획을 수립하는 문화가 깊게 자리잡고 있다. 마이크 도허티는 "일단 인명 구조원의 발이 물에 닿으면 반드시 문서를 작성해야 한다"고 전한다. 심각한 위험의 경우에는 팀 전체가 사건의 처음부터 끝까지 관찰하고 어느 부분을 잘했고 잘못했는지를 논의한다. 그런 후 발견된 내용들을 토대로 운영 방식을 변경하고 향후 유사한 상황이 발생했을 때 자신감을 가지고 사건을 해결할 수 있도록 하기 위한 훈련을 진행한다. 특히 충격이 크거나 트라우마를 유발할 수 있는 사건의 경우에는 상담사를 대동해 스태프들이 정신적 후유증을 겪지 않도록 돕고 있다. 인명 구조원은 실제로 발생한 상황에 대해서는 준비가 잘 되어 있는 반면, 적절한 업무를 수행하지 못했다고 느낄 때도 있다. 구글과 마찬가지로, 인명 구조 활동 역시 비난 없는 사건 분석의 문화를 수용하고 있다. 이 분야에서는 어느 한 사람을 비난하는 상황은 전혀 도움이 되지 않는다.

반복적인 업무와 운영 오버헤드를 자동화된 방식으로 제거하기

구글 SRE의 핵심은 반복되는 대응 업무를 제거하기 위한 소프트웨어 엔지니어들이 핵심이다. 서비스에 아무런 가치를 제공하지 않는 반복적인 운영 업무를 줄이는 것은 우리 문화에 깊숙이 자리하고 있다. 어떤 업무를 자동화할 수 있다면, 구태여 그 가치가 낮은 반복적 업무를 통해 서비스를 운영할 필요가 있을까? 자동화는 운영 오버헤드를 낮추며, 엔지니어들은 자신들이 지원하는 서비스들을 미리 파악하고 개선할 수 있는 시간을 확보할 수 있다.

우리가 조사한 업계에서는 자동화를 한다면, 어떻게 그리고 왜 해야 하는가에 대한 이유들이 뒤섞여 있었다. 어떤 업계는 기계보다 사람을 신뢰한다. 업계 전문가들이 해당 업계에 종사하는 동안, 미국 원자력 해군은 자동화 대신 여러 가지 연동 장치와 관리 절차를 채택해왔다. 예를 들어, 제프 스티븐슨에 따르면, 밸브를 운영하려면 운영자, 관리감독자, 그리고 엔지니어링 감독관을 대동한 승무원이 전화를 붙들고 서서 필요한 작업을 수행하는 것을 모니터링해야 했다. 이 업무는 사람이 인지할 수 있는 문제를 자동화된 시스템이 탐지할 수 없을 지도 모른다는 우려 때문에 항상 수동으로 진행해왔다. 잠수함의 운영 역시 개인이 아니라 신뢰할 수 있는 일련의 사람들이 수행한다. 원자력 해군 역시 자동화와 컴퓨터는 너무 빨리 움직이기 때문에 복구가 불가능한 큰 실수를 저지를 가능성이 너무 크다는 우려를 하고 있었다. 원자로를 다룰 때는 일을 빨리 처리하는 것보다는 천천히 안정적인 방법으로 처리하는 것이 더 중요하다.

존 리에 따르면, 자산 거래 업계는 최근 자동화의 적용에 대해 매우 신중해졌다. 잘못 설정된 자동화로 인해 중대한 손실이 발생했고 짧은 시간에 비해 큰 경제적 손실을 입은 경험 때문이다. 예를 들어, 2012년 Knight Capital Group은 '소프트웨어 문제'로 인해 단 몇 시간만에 440만 달러의 손실을 입은 적이 있다.[9] 마찬가지로 2010년 미국 주식 시장은 시장을 자동화 방식으로 조작하려고 했던 주식 사기단으로 인해 주식 폭락을 경험했다. 시장은 신속하게 복구되기는 했지만, 주가 폭락으로 인해 30분만에 수십억 달러의 손실을 입었다.[10] 컴퓨터는 작업을 너무 빨리 실행하며, 이런 작업이 잘못 실행되면 그 속도가 오히려 단점이 된다.

반면, 어떤 기업들은 컴퓨터가 사람보다 훨씬 빠르기 때문에 자동화를 신속하게 받아들였다. 에디 케네디에 따르면, 효율성과 비용의 절감은 제조 업계에서는 중요한 부분이며, 자동화를 통해 더 높은 효율성과 비용 대비 효과를 거둘 수 있기 때문이다. 게다가 자동화는 보통 사람이 수행하는 업무보다 더 신뢰할 수 있고 반복적이므로 평균적으로 더 높은 품질의 제품을 생산할 수 있으며 내구성도 뛰어나다. 댄 쉐리든은 영국 원자력 산업에 배포했던 자동화에 대해 언급했다. 그곳에서는 공장이 어떤 상황에서 30분 안에 대응을 해야 한다면 그 대응은 반드시 자동화되어야 한다.

매튜 토이아의 경험에 의하면, 항공 분야는 선택적으로 자동화를 적용한다. 예를 들어, 대체 운영은 자동으로 수행되지만 다른 업무에 대해서는 사람이 검증한 자동화만을 신뢰했다. 이 업계는 자동화된 모니터링은 제대로 적용하고 있지만, 실제 항공 트래픽 제어 시스템은 반드시 사람이 직접 점검해야 한다.

에릭 그로스는 레이저 안구 수술 시에는 자동화를 통해 사람의 실수를 효과적으로 줄일 수 있었다고 전한다. 라식 수술을 시작하기 전에 의사는 환자의 안구 굴절 검사를 먼저 수행한다. 원래는 의사가 숫자를 입력하고 버튼을 누르면 레이저가 환자의 시력을 보정하는 작업을

---

9 [Sec13]의 "FACTS, Section B"에서 Knight와 Power Peg 소프트웨어의 토론을 살펴보기 바란다.

10 "조사자들은 주식 폭락의 원인으로 컴퓨터 알고리즘을 지적했다." Comptuerworld, http://www.computerworld.com/article/2516076/financial-it/regulators-blame-computer-algorithm-for-stock-market-flash-crash.html.

했었다. 그러나 데이터 입력 오류가 큰 이슈가 되었다. 게다가 환자의 데이터가 뒤바뀌거나 왼쪽과 오른쪽 눈의 값을 반대로 입력하기도 했다.

자동화 덕분에 이제 실수로 누군가의 시력에 문제를 일으킬 가능성은 훨씬 줄어들었다. 처음으로 적용된 자동화는 사람이 입력한 데이터를 컴퓨터가 검증하는 것이었다. 만일 사람이 허용된 범위를 벗어나는 값을 입력하면 자동화된 시스템이 즉각 이를 일반적이지 않은 값이라고 표시해주었다. 그 후로 자동화된 부분은 사전 굴절 안구 조사 때 홍채의 사진을 미리 찍어두는 것이다. 그리고 수술이 시작되면 환자의 홍채를 찍어둔 사진과 비교해서 환자의 데이터가 뒤섞일 가능성이 제거되었다. 이 자동화 솔루션이 개발된 후에는 모든 의학적 오류가 사라졌다.

구조화되고 합리적인 의사 결정

일반적으로 구글에서는, 그리고 특히 SRE 조직에서는 데이터가 중요하다. 그래서 구조화되고 합리적인 의사 결정을 위해 팀은 다음과 같은 사항들을 고려한다.

- 의사 결정은 기본적으로 사후가 아닌 사전에 이루어진다.
- 의사 결정을 위한 자료는 명확해야 한다.
- 모든 가정은 명확하게 언급한다.
- 느낌이나 예감 혹은 가장 오래된 직원의 의견이 아니라 데이터에 기반을 둔 의사 결정을 수행한다.

또한 구글 SRE는 팀 내의 모든 구성원에 대해 다음과 같은 가정을 한다.

- 모든 팀원은 서비스의 사용자들을 가장 중요하게 생각한다.
- 모든 팀원은 주어진 데이터를 토대로 처리 과정을 생각해낼 수 있다.

의사 결정은 관행으로 자리 잡는 것이 아니라 잘 전달되어야 하며, 개인의 의견차 없이 이루어져야 한다. 심지어 연봉이 '가장 높은 사람의 의견(Highest-Paid Person's Opinion)'을 뜻하는 'HiPPO'[Sch14]에 속하는 에릭 슈미츠(Eric Schmidt)와 조나단 로젠버그(Jonathan Rosenberg)에게도 마찬가지 규칙이 적용된다.

업계마다 의사 결정 방식은 극명한 차이가 있다. 우리는 몇몇 업계에서는 고장 나지 않으면 절대 ~을 하지 말라는 방식을 채택하고 있다는 점을 알 수 있었다. 많은 고민과 노력을 수반하는 시스템을 그 특징으로 하는 업계는 대부분 기반 기술을 바꾸기를 꺼려한다는 특징이 있다. 예를 들어 통신 업계는 아직도 1980년에 개발된 장거리 스위치를 사용하고 있다. 그들은 왜 몇 십 년 전에 개발한 기술에 아직도 의존하고 있을까? 거스 하트만에 따르면, 이 스위치들은 '견고하며 이중화가 잘 되어 있기 때문'이다. 댄 쉐리든은 원자력 산업 역시 변화에 둔감하다고 전했다. 모든 의사 결정은 잘 동작한다면 바꾸지 말라는 생각에 기반을 두고 있다.

많은 업계들이 자유로운 문제 해결 방식보다는 절차와 각본에 의존하고 있다. 즉, 사람이 생각할 수 있는 모든 것을 확인 목록이나 '바인더'에 챙겨넣는 방식이다. 그리고 문제가 발생하면 바로 이 목록을 토대로 대응책을 마련한다. 이런 사후식 접근 방식은 상대적으로 진화와 개발의 속도가 느린 산업에서는 잘 동작한다. 왜냐하면 시스템의 업데이트나 변경으로 인해 뭔가 지속적으로 문제가 생기지는 않기 때문이다. 이 방법은 작업자의 기술 수준이 제한되어 있는 산업에도 공통적으로 적용되며, 긴급 상황에 사람들이 적절하게 대응하도록 하기 위해 간단하면서도 명확한 절차를 제공해준다.

다른 업계 역시 명확하고 데이터에 기반을 둔 방식으로 의사 결정을 한다. 에디 케네디의 경험에 의하면, 연구 및 제조 환경은 공식과 테스트 가설을 바탕으로 한 엄격한 실험 문화가 그 특징이다. 이 업계는 어떤 변화가 통계적으로 충분한 수준의 결과를 내놓는지를 확인하기 위해 절제된 실험을 정기적으로 수행한다. 이런 변화는 실험 결과 데이터가 충분한 경우에만 의사 결정의 지원을 받을 수 있다.

마지막으로 자산 운용 같은 어떤 업계는 의사 결정과 더 나은 위험 관리를 구분한다. 존 리에 의하면, 이 업계는 이익 달성을 위해 과도한 위험을 감수하지 않도록 거래팀과는 별개의 집행팀을 운영한다. 집행팀은 일어나는 일들을 모니터링하다가 어떤 사건이 걷잡을 수 없이 커지면 거래를 중단한다. 만일 시스템이 비정상적으로 동작하면 집행팀의 가장 첫 번째 대응은 시스템을 종료하는 것이다. 존 리에 따르면 "거래를 하지 않으면 돈을 잃지 않을 것이다. 하지만 돈을 벌지 않아도, 최소한 돈을 잃지는 않는다"라는 생각이 자리잡고 있다고 한다. 거래팀이 잠재적으로 이익이 될 기회를 놓치게 되어서 다급한 입장이 된다 하더라도 시스템을 다시 원래대로 되돌릴 수 있는 것 역시 집행팀뿐이다.

결론

구글의 사이트 신뢰성 엔지니어링의 핵심이 되는 원리들은 여러 업계에 광범위하게 적용되고 있는 것들이다. 이미 잘 확립된 업계가 이미 경험했던 내용들은 오늘날 구글의 일부 원리에도 영향을 미쳤다.

업계 전반에 걸친 소프트웨어 분야에 대한 설문조사로 인해 알게 된 것 중 하나는 구글이 다른 업계의 기업들에 비해 속도에 대한 욕심이 더 많다는 점이다. 빠르게 변화할 수 있는 능력은 장애의 영향에 따라 다르게 책정되어야 한다. 예를 들어 원자력, 항공 혹은 의학 산업의 경우, 장애로 인해 사람이 다치거나 심지어 죽을 수도 있다. 위험이 높을수록 더 높은 신뢰성을 얻기 위해서는 더 보수적인 방법을 선택하게 된다.

구글에서는 높은 신뢰성에 대한 사용자의 기대치와 신속한 변화 및 혁신 사이의 줄타기가 계속되고 있다. 비록 구글은 신뢰성에 특히 더 민감하지만, 우리가 원하는 비율의 변화를 위한 방법을 적용해야 한다. 이 장의 앞부분에서 설명했듯이 검색 같은 우리의 소프트웨어 비즈니스는 '충분히 신뢰할 수 있는' 신뢰 수준이 어느 정도인지를 알고 있기 때문에 이를 항상 인지하면서 의사 결정을 수행한다.

우리가 제공하는 대부분의 제품과 서비스들은 장애가 발생한다고 해서 생명이 직접 위협을 받는 것은 아니기 때문에 이런 유연함을 갖추고 있다. 그래서 에러 예산(40쪽의 "에러 예산 활용해보기" 절 참고) 같은 도구를 이용해 혁신과 예상된 위험을 수용하는 문화를 꾸려나갈 수 있었다. 기본적으로 구글은 다른 업계에서 각자 필요로 하는 독특한 신뢰성 문화를 창조하기 위해 개발하고 연마한 여러 원리들을 채택해 규모의 균형, 복잡도, 그리고 높은 신뢰성을 유지하면서도 빠르게 변화하기 위한 속도 등을 계산하는 복잡한 방정식을 다루고 있다.

34

마치며

벤자민 럿치(Benjamin Lutch)[1] 지음
벳시 베이어(Betsy Beyer) 편집

이 책을 읽으면서 너무나도 자랑스러웠다. 필자의 경력은 90년대 초반, '소프트웨어 운영직'을 담당하던 네안데르탈인들로 구성된 SRE 조직인 Excite에서 빌딩 시스템들의 프로세스를 헤매며 시작됐다. 기술 분야에서 수년 동안 경험을 쌓으면서 SRE라는 개념이 구글에 뿌리내리고 이처럼 빠르게 발전하는 것을 보는 것은 커다란 즐거움이었다. 2006년 처음 구글에 입사했을 때 겨우 수백 명의 엔지니어로 구성되어 있던 SRE 조직은 이제는 수십 개의 도시에 1,000명이 넘는 사람들이 일하는 집단이 되어, 지구상에서 가장 흥미로운 컴퓨팅 인프라스트럭처라고 생각하는 시스템을 운영하고 있다.

구글의 SRE 조직이 이처럼 거대한 인프라스트럭처를 지난 십년 간 지능적이고, 효율적이며, 확장 가능한 방법으로 지속적으로 개선할 수 있었던 이유는 무엇일까? 필자의 생각으로는 SRE의 뛰어난 성공은 그 조직을 운영하는 원리의 본질이 그 핵심이다.

여러 개의 SRE팀이 구성되면서 우리의 엔지니어들은 자신들의 시간을 두 가지 중요한 업무에

---

1 구글 사이트 신뢰성 엔지니어링 부사장

나누어 쓸 수 있게 되었다. SRE들은 시스템을 직접 손으로 관리하고, 시스템의 어디에서 어떻게 문제가 생기는지 관찰하며, 이들을 확장하기 위한 최선의 방법을 찾는 과제를 이해해야 하는 비상 대기 순환 업무를 담당한다. 하지만, 이런 시스템을 더 쉽게 관리하기 위해 무엇을 구축해야 하는지를 연구하고 결정하는 데도 시간을 투자한다. 기본적으로 우리는 파일럿과 엔지니어 혹은 디자이너 두 가지 역할을 수행해야 한다는 압박감 속에서 지내고 있다. 이 거대한 컴퓨팅 인프라스트럭처를 운영하면서 쌓은 우리의 경험은 실제 코드로 성문화되고, 개별 제품에 함께 패키징된다.

그런 후, 이 솔루션은 다른 SRE팀은 물론 궁극적으로 우리가 쌓아온 경험과 우리가 구축한 시스템들을 활용하고 개선하고 싶은 구글의 모든 이들(심지어 구글 외부의 사람들과도 가능하다. 구글 클라우드를 생각해보라!)이 공유할 수 있다.

팀을 구성하거나 시스템을 구축할 때는, 이상적인 경우라면 그 기반은 그 즉시 활용할 수 있도록 충분히 범용적이지만 나중을 대비해 생각하더라도 충분히 관련성이 있는 규칙이나 원칙을 바탕으로 해야 한다. 이 책의 도입부에서 벤 트레이노 슬로스(Ben Treynor Sloss)가 설명한 것의 대부분이 바로 이 점이다. 즉, 유연하며, 10년이 지나도 여전히 유효한 의무로 남을 수 있는 미래적 경쟁력을 갖춰야 한다. 그 기간 동안 구글의 인프라스트럭처와 SRE팀이 어느 정도나 변화하고 성장하든지 말이다.

SRE 조직이 성장하면서 우리는 몇 가지 동적인 요소들을 발견했다. 첫 번째 요소는 시간이 지나도 SRE의 최우선 책임과 이해 관계는 변하지 않는다는 점이다. 우리의 시스템은 1,000배 이상 커지거나 빨라졌지만, 그럼에도 불구하고 여전히 안정적이고, 유연하며, 긴급 상황이 발생해도 대처가 용이하고, 적절히 모니터링되고 있으며, 수용량도 계획적으로 할당하고 있다. 동시에 SRE가 주로 수행하는 업무는 구글의 서비스들의 요구와 SRE의 성숙한 역량에 의해 발전했다. 예를 들어, 한 때 '20개의 머신을 모니터링하기 위한 대시보드의 구축'을 목표로 했다면 이제는 '자동 복구, 대시보드 구축 및 수십만 개의 머신에 대한 알림 시스템을 구축'하는 것이 목표가 되었다.

지난 10년간 SRE가 전쟁을 치뤘던 영역에 대한 경험이 없다면, SRE가 생각하는 복잡한 시스템과 항공 산업이 비행기를 띄우기까지의 과정 사이의 공통점을 생각해보자. SRE가 지금까지 어떻게 개선되고 성장했는지를 개념적으로 이해하는 데 도움이 될 것이다. 물론 두 업계에서 장애가 의미하는 바는 상당히 다르지만, 그 핵심에는 여전히 공통된 부분들이 존재한다.

여러분이 수백 년 전의 사람이고 두 도시 사이를 날아서 이동하고 싶어한다고 상상해보자. 여러분의 비행기는 아마도 달랑 하나의(운이 좋으면 두 개의) 엔진으로 동작되며 가방 몇 개를 실을 수 있는 짐칸에 조종사가 딸려있을 것이다. 이 조종사는 미케닉(mechanic, 정비사)의 역할도 할 수 있으며, 짐칸에 짐을 내리거나 싣는 일을 할지도 모른다. 조종석은 조종사를 위한 공간이지만, 운이 좋다면 부조종사나 항로 안내사가 동승할지도 모른다. 이 작은 비행기는 날씨가 좋으면 활주로에서 몇 번을 튀어오르다가, 모든 게 정상적으로 동작하면 서서히 하늘로 올라가고 결국은 수백 마일 떨어진 다른 도시에 안착하게 될 것이다. 비행기의 시스템 중 어느 하나라도 고장 나면 그대로 참사가 일어나며, 비행 도중 조종사가 조종석 바깥으로 기어나가 비행기를 수리하는 것은 놀랄 일도 아니다! 조종석의 시스템은 너무나도 단촐하고 꼭 필요한 것들만 있으며, 고장 나기도 쉬울뿐더러 대체 장비 또한 드물다.

수백 년의 시간이 흘러 아스팔트 활주로에 정지해 있는 거대한 보잉 747을 살펴보자. 수백 명의 승객들이 두 개 층에 나누어 탑승하고, 그 아래에는 수톤의 화물이 동시에 적재된다. 이 항공기는 신뢰할 수 있고, 대체 시스템이 갖춰진 장비들로 가득 차 있다. 그야말로 안전과 신뢰성의 대명사인 것이다. 사실, 항공기는 지상을 달리는 자동차보다도 안전하다. 이 항공기는 어느 대륙의 점선이 그려진 아스팔트에서 이륙해서 6천 마일 떨어진 다른 공항의 활주로에 정확히 예정된 시간, 심지어 예정 시간보다 몇 분 일찍 착륙한다. 하지만 조종석을 들여다보면 어떤가? 여전히 두 조종사가 앉아있을 뿐이다!

여전히 조종사는 두 명뿐인데 비행과 관련된 다른 요소들(안전, 수용량, 속도, 그리고 신뢰성 등)은 어떻게 이처럼 아름답게 진보할 수 있었을까? 그 해답은 SRE가 운영하는 이 거대하고 상상 이상으로 복잡한 시스템을 구글이 구축해온 방법과 상당 부분 일치한다. 항공기의 운영 시스템 인터페이스는 심사숙고 끝에 디자인되었으며, 정상적인 상황에서 항공기를 조종하는 법을 배우는 것은 그다지 어렵지 않다. 게다가 이 인터페이스는 충분한 유연성을 제공할 뿐만 아니라, 이 시스템을 운영하는 사람들은 충분히 훈련되어 있어서 위기 상황에서의 대응 역시 견고하면서도 신속하다. 조종석은 복잡한 시스템에 대한 이해도가 높으며, 그런 복잡함을 다른 사람들에게 쉽게 설명하는 방법을 잘 알고 있는 사람들이 디자인했다. 조종석의 기반 시스템은 이 책에서 논의한 모든 속성들을 갖추고 있다. 즉, 가용성, 성능 최적화, 변경 관리, 모니터링 및 알림, 수용량 계획 및 긴급 대처 등을 모두 고려하고 있다는 뜻이다.

궁극적으로 SRE의 목표는 이와 유사한 과정을 따르는 것이다. SRE팀은 최대한 간소해야 하며 높은 수준으로 추상화된 환경에서 운영되고, 장애 시의 안전을 위해 수많은 백업 시스템에 의존하며, 시스템 간의 원활한 소통을 위해 잘 디자인된 API들을 그 기반으로 한다. 동시에 SRE팀은 매일같이 운영하는 시스템에 대한 포괄적인 지식(시스템의 운영 방법, 장애가 발생하는 요인, 그리고 장애에 대처하는 방법 등)을 갖춰야 한다.

APPENDIX

A

가용성 표

가용성은 보통 서비스가 특정 기간 내에 얼마나 오래 사용 불가능한 상태로 존재하는지를 바탕으로 계산된다. 표 A-1은 미리 예상한 다운타임이 없다는 가정하에 각 가용성 수준별로 어느 정도의 다운타임을 허용할 수 있는지를 보여준다.

표 A-1 가용성 표

가용성 수준	허용할 수 있는 서비스 불가 기간					
	매년	매분기	매월	매주	매일	매시간
90%	36.5일	9일	3일	16.8시간	2.4시간	6분
95%	18.25일	4.5일	1.5일	8.4시간	1.2시간	3분
99%	3.65일	21.6시간	7.2시간	1.68시간	14.4분	36초
99.5%	1.83일	10.8시간	3.6시간	50.4분	7.20분	18초
99.9%	8.76시간	2.16시간	43.2분	10.1분	1.44분	3.6초
99.95%	4.38시간	1.08시간	21.6분	5.04분	43.2초	1.8초
99.99%	52.6분	12.96분	4.32분	60.5초	8.64초	0.36초
99.999%	5.26분	1.30분	25.9초	6.05초	0.87초	0.04초

여러 개의 복제본이 있거나 서비스의 일부만이 사용 불가능한 상태가 되어서 부분적으로 사용할 수 있는 서비스 및 부하가 일정하지 않고 매일 혹은 매주 변화하는 서비스의 경우에는 서비스에 대한 중단 시간에 초점을 맞추는 것보다는 집계된 사용 불가능 지표(예를 들면 '전체 운영 시간의 $X\%$에 해당하는 장애')를 사용하는 것이 더 유용하다.

제3장에서 계산에 사용했던 식 (3-1)과 (3-2)를 다시 한번 살펴보도록 하자.

B

운영 서비스를 위한 권장 사례 모음

벤 트레이노 슬로스(Ben Treynor Sloss) 지음
벳시 베이어(Betsy Beyer) 편집

분별 있게 실패하기

설정 입력값에 대해서는 확인 및 검증을 반드시 수행하고 의심쩍은 입력에 대해서는 이전의 상태를 계속 유지하는 동시에 잘못된 입력에 대한 알림을 수행하자. 잘못된 입력은 대체로 다음과 같이 분류될 수 있다.

부정확한 데이터

가능한 문법과 의미를 모두 검증하자. 빈 데이터, 일부만 제공되는 데이터 혹은 잘려진 데이터도 확인해야 한다(예를 들어 설정 값이 이전 버전보다 $N\%$ 이상 작은 경우 등).

지연된 데이터

이런 데이터는 타임아웃으로 인해 현재 데이터를 무효화시킬 수 있다. 이 데이터가 현재 데이터를 덮어쓰기 전에 제대로 알림을 발송하자.

지나치게 관용적이거나 혹은 지나치게 단순화하더라도 이전 기능을 유지하는 방향으로 실패해야 한다. 새로운 데이터가 잘못된 것을 발견했을 때는 이 데이터를 사용하기 전에 사람의 승인을 기다리는 동안 이전 설정 값으로 시스템이 계속 동작하도록 하는 것이 더 안전하다.

예시

2005년, 구글의 로드밸런싱 및 지연응답 밸런싱 시스템이 파일의 권한 문제로 인해 빈 DNS 설정 파일을 수신한 적이 있다. 시스템은 이 빈 파일을 받아들이고 전체 구글 자산에 대해 약 6분간 NXDOMAIN을 서비스했다. 그에 대한 대처 방안으로, 이제 시스템은 새 설정 값에 google.com의 가상 IP가 존재하는지 확인하는 절차 등을 포함한 몇 가지 검증 절차를 수행하고, 입력 검사를 통과하는 새 파일을 수신하기 전까지는 계속해서 이전의 DNS 항목들을 서비스하도록 변경되었다.

2009년, (유효하지만) 잘못된 데이터로 인해 구글은 전체 웹에 악성 코드가 포함된 것으로 판단한 적이 있다[May09]. 악성 코드를 포함하고 있는 것으로 의심되는 URL의 목록을 가지고 있는 설정 파일이 모든 URL과 매치되는 슬래시 문자(/)로 교체된 것이다. 이 사건 이후, 파일의 크기가 너무 과도하게 달라졌는지, 그리고 설정이 악성 코드를 포함하고 있지 않은지를 확인한 사이트들과 매칭되는지 여부를 통해 이런 현상이 운영 환경에서 발생하지 않도록 조치했다.

점진적 배포

급하지 않은 배포는 반드시 단계적으로 진행해야 한다. 설정 및 바이너리의 변경은 모두 위험을 수반하며, 이 위험을 완화하기 위해서는 아주 적은 트래픽과 용량에 대해서만 이 변경을 적용해야 한다. 서비스나 배포의 규모는 물론 위험 분석을 통해 배포에 영향을 받을 운영 환경의 수용량의 비율을 확인할 수 있을 뿐만 아니라 각 단계 사이의 적절한 시간을 배분할 수 있다. 매일의 트래픽 주기와 지리적 트래픽이 혼합되었을 때의 차이점과 관련된 문제를 확인하기 위해 각 단계를 지리적으로 다른 위치에서 진행하는 것도 좋은 생각이다.

배포는 반드시 관리 감독하에 이루어져야 한다. 배포를 수행하는 동안 예상치 못한 상황이 발생하지 않도록 하기 위해, 배포를 수행하는 엔지니어 및 (이쪽을 더 선호하지만) 신뢰할 수 있는 모니터링 시스템이 모두 모니터링해야 한다. 만일 예상치 못한 동작이 발견되면, MTTR(Mean Time to Recovery)을 최소화하기 위해 우선 롤백을 수행한 후, 그 다음에 분석을 수행하자.

사용자 입장에서 SLO를 정의하기

항항 최종 사용자의 입장에서 가용성과 성능을 측정하자. 좀 더 자세한 내용은 제4장을 참고하기 바란다.

> **예시**
>
> 에러율과 지연응답의 측정을 서버가 아닌 지메일 클라이언트에서 측정하면서, 지메일의 가용성을 위한 자산이 현실적으로 줄어들었고, 지메일 클라이언트는 물론 서버 코드가 즉시 변경되었다. 그 결과 99.0%의 가용성을 제공하던 지메일은 몇 년 후 99.9%의 가용성을 확보하게 되었다.

에러 예산

에러 예산(40쪽의 "에러 예산 활용해보기"를 참고하기 바란다)을 이용해 신뢰성과 혁신의 속도 사이의 균형을 맞추도록 하자. 이를 통해 일정 기간 동안 허용 가능한 서비스의 장애 수준을 정의할 수 있다. 우리는 주로 월 단위로 이를 정의한다. 이 예산은 간단히 1에서 서비스의 SLO를 빼면 구할 수 있다. 즉, 서비스가 99.99%의 신뢰성을 목표로 하는 경우에는, 서비스가 사용 불가능 상태로 남아있을 수 있는 '예산'이 0.01%인 것이다. 한 달 동안 서비스의 에러율에 다운타임을 더한 값이 이 에러 예산을 초과하지 않는다면 개발팀은 (합당한 이유를 바탕으로) 얼마든지 새로운 기능, 업데이트 등을 배포할 수 있다.

만일 에러 예산이 소진되면 서비스가 추가 예산을 마련하거나 아니면 한 달이 지나 에러 예산이 복구되기 전까지는 어떠한 변경도 추가할 수 없다(다만, 에러율을 높일 수 있는 긴급한 보안 및 버그의 수정은 여기에 해당되지 않는다). SLO 목표가 99.99% 이상인 성숙한 서비스의 경우에는 허용 가능한 다운타임이 훨씬 적으므로 월별 예산보다는 분기별 예산 관리가 더 적절하다.

에러 예산은 배포의 위험을 평가하기 위한 데이터 중심의 메커니즘을 제공함으로써 SRE와 제품 개발팀 사이에 발생할 수 있는 구조적 긴장을 완화한다. 게다가 SRE와 제품 개발팀 모두에게 더 빠른 혁신과 '예산을 하루 아침에 날려버리는' 일 없이 제품을 배포할 수 있는 선례와 기술을 개발하는 공통의 목표를 제시한다.

모니터링

모니터링은 다음의 세 가지 출력 결과만을 갖는다.

호출

반드시 지금 누군가가 개입해야 하는 경우

티켓

누군가 며칠 내로 대처를 해야 하는 경우

로깅(logging)

이 결과를 지금 당장 누군가 살펴야 하는 것은 아니지만 나중에 분석을 위해 필요한 경우

반드시 사람이 개입해야 하는 일이라면 즉각적인 대응(호출)을 요구하거나 아니면 버그로 간주하고 이를 버그 추적 시스템에 등록해야 한다. 이메일을 통해 알림을 보내고 누군가 읽어주고 중요한 일이라고 판단해주기를 기대하는 것은 그저 알림 내용을 /dev/null에 던져버리는 것이나 마찬가지다. 결국 아무도 읽지 않을 것이기 때문이다. 지금까지 이 전략은 매력적인 골칫거리였다. 왜냐하면 어느 기간까지는 제대로 먹혀드는 것 같지만 결국 사람이 계속해서 지켜봐야 하고, 그 덕분에 예상치 못한 장애의 영향은 더 커질 수밖에 없기 때문이다.

포스트모텀

포스트모텀(제15장 참고)은 누군가를 비난하기 위한 것이 아니며, 사람이 아닌 절차와 기술에 집중하는 것이다. 장애 대응에 참여했던 사람들이 매우 똑똑하고, 악의가 없었으며 당시 상황에서 주어진 정보를 토대로 최선의 선택을 했다고 가정하자. 그런들 사람을 '고칠' 수는 없다. 하지만 그들의 환경을 고칠 수는 있다. 예를 들어 같은 류의 문제가 다시는 발생하지 않도록 시스템 디자인을 개선한다거나, 적절한 정보를 더 쉽게 접할 수 있도록 하고, 운영상의 의사 결정에 대한 검증을 자동화해서 시스템을 위험한 상태에 놓이게 할 가능성을 줄이면 된다.

수용량 계획

사용자에게 피해가 가지 않으면서도 계획한 장애와 계획하지 않은 장애를 동시에 처리할 수

있도록 준비하자. 그러려면 'N+2' 전략을 통해 트래픽이 최고치일 때, 최대 2개의 인스턴스가 사용 불가능한 상태가 되더라도 N개의 인스턴스가 (적절한 퇴보 모드로 동작할 수도 있다) 이를 감당하도록 할 수 있다.

- 이전의 수요 예측이 지속적으로 꾸준히 일치할 때까지 계속해서 검증하자. 이 예측이 실제와 다르다는 것은 예측이 불안정했고, 준비가 미흡했기에 수용량이 부족해질 위험이 있다는 뜻이다.
- 리소스당 수용량 비율로 어림짐작하지 말고 부하 테스트를 수행하자. X개의 머신으로 구성된 클러스터는 3개월 전까지는 초당 Y개의 질의를 실행할 수 있었을지는 모른다. 하지만, 시스템이 어느 정도 변경된 지금까지도 예상한 만큼의 질의를 처리할 수 있을까?
- 서비스 개시 첫날의 부하가 앞으로도 지속될 것이라고 착각하는 우를 범하지 말자. 제품을 새로 출시하는 시점은 더 많은 트래픽이 몰려드는 시기이기도 하지만, 제품에 가장 최선을 다하는 시기이기도 하다. 좀 더 자세한 내용은 제27장과 부록 E를 참고하기 바란다.

과부하와 장애

서비스는 과부하 상황에서는 최상의 결과는 아닐지라도 어느 정도 의미 있는 결과를 생산해야 한다. 예를 들어 구글 검색은 평소보다 작은 범위의 인덱스를 검색하고 즉시(instant) 검색 같은 기능을 중지함으로써 과부하 상황에서도 좋은 품질의 검색 결과를 제공한다. 검색 SRE들은 웹 검색 클러스터가 계획된 수용량을 넘어서는 상황에 대한 테스트를 진행해서 트래픽이 과도한 상황에서도 적절한 검색을 수행하는지를 확인한다.

부하가 그보다 더 심각해서 모든 종류의 질의 수행이 어려운 상황이 되면, 잘 동작하는 큐와 동적 타임아웃을 이용해 자연스럽게 부하를 분산한다. 자세한 내용은 제21장을 참고하기 바란다. 그 밖에도 어느 정도의 지연 후에 요청에 응답하는 방법('tarpitting')과 일정한 범위의 클라이언트에게는 무조건 에러를 리턴하는 방식 등의 기법을 통해 최대한 사용자 경험을 보호한다.

재시도는 낮은 에러율을 높은 트래픽으로 증폭시켜서 결과적으로 연속 장애가 발생할 수 있다(제22장 참고). 연속 장애에 대처하기 위해서는 부하가 총 수용량을 넘어서는 시점부터 (재시도를 포함한) 서비스로 유입되는 트래픽 중 일정 부분을 처리하지 않는다.

RPC 요청을 생산하는 모든 클라이언트는 에러의 확산을 방지하기 위해 재시도 요청을 보낼 때 반드시 매 재시도 요청 전에 두 배의 시간을 기다리는 기능을 구현해야 한다. 특히 모바일 클라이언트는 수백만 대에 이르며, 동작을 수정하기 위한 업데이트에 상당한 시간(어쩌면 몇 주)이 필요한데다가 사용자가 직접 업데이트를 설치해야 한다.

SRE팀

SRE팀은 운영 업무에 50%를 초과하는 시간을 할애할 수 없다(제5장 참고). 이를 초과하는 운영 업무는 제품 개발팀이 함께 부담해야 한다. 많은 서비스들이 초과 운영 업무가 없는 상황에서도 제품 개발자들이 비상 대기 순환 업무와 티켓의 처리에 참여하도록 하고 있다. 이를 통해 제품 개발자들이 서비스의 운영적 측면을 이해할 수 있도록 할 수 있을 뿐만 아니라 잡다한 운영 업무를 최소화할 수 있는 방향으로 시스템을 디자인할 수 있다. SRE와 개발팀 간의 정기적인 제품 회의(제31장 참고) 역시 상당히 유용하다.

우리는 피로를 최소화하고 지속적으로 필요한 인력을 확보하고 동시에 인력의 이동률을 낮추기 위해서는 최소 8명이 비상 대기팀에 합류해야 한다는 점을 깨달았다. 특히 비상 대기팀을 지리적으로 잘 분할하여 배치(예를 들면 캘리포니아와 아일랜드)하면 한밤 중에 호출을 받을 일이 없어 팀원들의 삶의 질을 높일 수 있다. 이런 경우라면 각 지역에 최소한 6명의 인력을 배치하는 것이 효율적이다.

각 팀원은 비상 대기 순환(예를 들면 매 12시간)마다 최대 두 가지 업무만을 수행하는 것이 이상적이다. 장애를 수정하고 포스트모템을 시작하고 발견한 버그를 축적하는 업무만으로도 이미 상당한 시간이 소요되기 때문이다. 이보다 더 자주 대처 상황이 발생한다면 장애 대응의 품질이 떨어질 뿐만 아니라 시스템의 디자인, 모니터링 주기 및 포스트모템 버그에 대한 대응 등이 (최소한 하나 이상은) 잘못되었다는 의미다.

아이러니하게도, 이 책에서 소개한 권장 사례들을 모두 적용하면 장애의 빈도가 낮아져 SRE팀이 연습을 충분히 할 수 없게 되어 결국 짧은 시간 내에 대처할 수 있는 장애를 더 오랜 시간이 지나도 처리하지 못할 수도 있다. 가상의 장애를 처리하는 연습을 정기적으로 수행하고(468페이지의 "장애 상황을 가정한 역할 수행") 이를 수행하는 동안 상애 처리 문서 역시 개선할 수 있도록 하자.

장애 상태 문서의 예

셰익스피어 Sonnet++ 과부하: 2015-10-21

장애 관리 정보: http://incident-management-cheat-sheet

(의사소통이 지속됨에 따라 요약 내용을 계속 변경할 것)

요약: 최근에 발견된 소네트(sonnet)[1]가 인덱스에 등록되어 있지 않아 셰익스피어 검색 서비스에서 연속적 장애가 발생했음

현재 상태: 정상, 장애 #465

보고 체계(전체 보고자)

- 현재 장애 감독자: 제니퍼(Jeniffer)
  — 운영 리드(lead): 독브라운(Docbrown)
  — 계획 리드: 제니퍼
  — 의사소통 리드: 제니퍼
- 다음 장애 감독자: 미정

---

1 **역주** 10개의 음절로 구성되는 시행 14개가 일정한 운율로 이어지는 14행시

(매 4시간 및 감독자 역할 변경 시 변경할 것)

상세한 상태(마지막 수정: 2015-10-21 15:28 UTC에 제니퍼가 수정)

종료 조건

- 새로운 소네트를 셰익스피어 검색 자료에 추가하기 **해야 할 일**
- 30분 이상 SLO 목표 가용성(99.99%)과 지연응답(99% < 100밀리초)을 만족할 것 **해야 할 일**

해야 할 일과 발견된 버그

- 셰익스피어 자료의 인덱스 재생성을 위해 맵리듀스 작업을 시작하기 **완료**
- 추가 수용량 확보를 위해 긴급 자원을 임대하기 **완료**
- 유동 축전지(flux capacitor)²를 이용해 클러스터 간의 부하 균형 맞추기 **해야 할 일**

시간대별 대처(가장 최근순으로 나열. UTC 기준)

- 2015-10-21 15:28 UTC 제니퍼

  서비스 제공량이 전 세계적으로 2배로 증가됨.

- 2015-10-21 15:21 UTC 제니퍼

  — 연속적 장애로부터 복구될 수 있도록 문제가 발생한 클러스터들이 더 많은 태스크를 스핀업(spin up)하는 동안 해당 클러스터에 유입되는 모든 트래픽을 USA-2 클러스터로 전달함

  — 맵리듀스 인덱스 작업 완료. 빅테이블이 모든 클러스터로 복제될 때까지 대기 중

- 2015-10-21 15:10 UTC 마팀(Martym)

  — 셰익스피어 자료집에 새로운 소네트를 추가하고 맵리듀스 인덱스 작업 시작

- 2015-10-21 15:04 UTC 마팀

  — shakespeare-discuss@ 메일링 리스트에서 새로 발견된 소네트의 전체 분량을 확보

- 2015-10-21 10:01 UTC 독브라운

  — 연속적 장애로 인한 장애 발생 선포

- 2015-10-21 14:55 UTC 독브라운

  — 긴급 호출이 쓰나미처럼 번짐. 모든 클러스터에서 ManyHttp500s 알림 발생

---

2 **역주** 영화 〈백 투더 퓨처〉에서 시간 여행을 하기 위해 자동차를 빠르게 움직이도록 하는 장치

포스트모텀의 예

셰익스피어 Sonnet++ 포스트모텀(장애 #465)

날짜: 2015-10-21

작성자: 제니퍼, 마틴, agoogler

상태: 완료, 추가 활동 사항 진행 중

요약: 최근에 발견된 셰익스피어의 새로운 소네트에 대한 높은 관심으로 인해 66분간 셰익스피어 검색이 다운됨

영향:[1] 약 1.21B 질의 손실, 수익 손실 없음

근본 원인:[2] 예외적으로 높은 부하와 셰익스피어 자료집에 검색어가 존재하지 않아 검색이 실패했을 때의 자원 누수로 인해 연속적 장애가 발생했음. 새로 발견된 소네트가 지금까지 발견된 어떤 셰익스피어 작품에도 등장하지 않는 단어들을 사용하고 있었음. 정상적인 경우, 자원 누수로 인한 작업의 실패율은 인지하기 어려울 정도로 낮은 수준임

---

1 장애가 사용자, 수익 등에 미친 영향

2 해당 장애가 발생하게 된 상황에 대한 설명. 장애의 원인이 된 요소들을 이해하기 위해 5 Whys[Ohn88] 같은 방법을 사용하면 도움이 된다.

발생 원인: 잠재적인 버그가 갑작스럽게 증가한 트래픽 때문에 장애를 유발함

해결책: 유입 트래픽을 하나의 클러스터로 몰아 해당 클러스터에서만 장애가 발생하도록 하고 10배의 수용량을 추가 투입하여 연속적 장애를 완화함. 수정된 인덱스 배포 후 잠재적 버그를 수정했음. 새로운 소네트에 대한 대중의 관심이 사그러들 때까지 추가 수용량을 유지함. 자원 누수의 원인을 규명하고 수정된 코드를 배포함

장애 탐지: 보그몬이 높은 HTTP 500 에러 발생률을 탐지하고 긴급 호출을 전송함

추가 조치[3]

추가 조치	종류	담당자	버그
연속적 장애에 대한 조치 과정을 관련 문서에 추가	장애 완화	제니퍼	없음 **완료**
유동 축전지를 이용해서 클러스터 간의 부하 균형 맞추기	장애 방지	마팀	버그 5554823 **해야 할 일**
다음 DiRT에 연속적 장애 테스트를 수행하도록 예약	절차	독브라운	없음 **해야 할 일**
인덱스 생성 맵리듀스 작업을 지속적으로 실행하기 위한 방안 검토	장애 방지	제니퍼	버그 5554824 **해야 할 일**
검색 순위 서브시스템에 파일 서술자 누수 방지 기능 추가	장애 방지	agoogler	버그 5554825 **완료**
셰익스피어 검색에 부하 분산 기능 구현	장애 방지	agoogler	버그 5554826 **해야 할 일**
질의 실패 시 서버의 응답을 확인하는 회귀 테스트 구축	장애 방지	clarac	버그5554826 **해야 할 일**
수정된 검색 순위 서브시스템을 운영 환경에 배포	장애 방지	제니퍼	없음 **완료**
에러 예산 초과로 2015-11-20까지 운영 환경 배포 중단, 혹은 평소와 다른 상황으로 인해 발생한 예외가 있는지 확인	기타	독브라운	없음 **해야 할 일**

교훈

잘 진행된 부분

- 모니터링 시스템이 높은 빈도의 HTTP 500 에러(거의 100%에 도달)를 신속하게 탐지하고 알림을 발송했음

- 모든 클러스터에 셰익스피어 자료집을 신속하게 배포했음

---

3 '절차를 자동으로 수행하는' 인공지능을 개발하는 것은 너무 어렵거나 비용이 많이 들며, 상황 판단에서도 더 많은 부분을 고려해야 할 필요가 있을 수 있다. 특정 이슈에 대해 과도하게 최적화를 수행하거나, 개발 초기 단계에서 문제를 발견할 수 있는 단위 테스트 같은 안정적인 메커니즘이 존재하는 경우 특정한 모니터링/알림을 추가하는 것은 위험하다.

미흡했던 부분

- 연속적 장애에 적절히 대처하기 위한 훈련이 부족했음
- 예상치 못한 트래픽의 폭주로 (여러 가지 규모의) 장애가 발생하면서 가용한 에러 예산을 초과했음

운이 좋았던 부분[4]

- 메일링 리스트의 셰익스피어 열혈 팬이 새 소네트의 복사본을 가지고 있었던 점
- 서버 로그의 스택 추적 정보를 통해 충돌을 유발한 파일 서술자의 문제점을 찾을 수 있었던 점
- 대중적인 검색어를 가진 새 인덱스를 배포함으로써 장애를 유발한 질의를 해결할 수 있었던 점

시간대별 조치 사항[5]

2015-10-21(UTC 기준)

- 14:51 들로리안(Delorean)[6]의 앞좌석 사물함에서 셰익스피어의 새로운 소네트가 발견된 사실이 뉴스에 보도됨
- 14:53 새 소네트가 발견되면서 /r/shakespeare/가 셰익스피어 검색 엔진을 언급한 포스트를 작성한 후 검색 트래픽이 88배로 증가함
- 14:54 **서비스 중단 시작** — 검색 백엔드가 과부하로 정지하기 시작함
- 14:55 독브라운이 모든 클러스터에서 ManyHttp500s 알림을 수신함
- 14:57 셰익스피어 검색의 모든 트래픽이 실패함: http://monitor.shakespeare?end_time=20151021T145700 참고
- 14:58 독브라운이 문제 원인을 추적하기 시작. 백엔드의 충돌 비율이 높아진 것을 확인
- 15:01 **장애 시작** 독브라운이 연속적 장애로 인해 유발된 장애 #465를 선포. 의사소통 채널은 #shakespeare, 장애 감독자로 제니퍼를 선정

---

4 이 부분은 사실 니어 미스(near miss)에 가깝다. 굳이 예를 들면, "염소를 운반할 수 있는 사람은 위급 상황에서는 자격증 없이 다른 동물을 운반해도 됩니다" 정도랄까.

5 장애 대응의 과정을 기술한다. 장애 관리 문서로부터 장애 대응 절차를 인용해 포스트모텀의 조치 과정을 기록한 후, 나머지 관련된 내용을 추가로 작성한다.

6 역주 GM에서 생산한 자동차 이름으로 생각된다.

- 15:02 누군가 우연히 shakespear-discuss@ re sonnet discovery로 보낸 메일이 마팀의 받은 편지함 상단에 나타남
- 15:03 제니퍼가 shakespeare-indidents@ 리스트의 장애를 인지함
- 15:04 마팀이 새 소네트의 전체 텍스트를 추적하고 자료집 수정을 위한 문서를 확인
- 15:06 독브라운이 모든 클러스트의 모든 태스크에서 동일하게 발생하는 충돌의 원인을 발견하고 애플리케이션 로그를 통해 원인 분석을 시작함
- 15:07 마팀이 문서를 확인하고 자료집 수정을 위한 작업을 시작함
- 15:10 마팀이 새로운 소네트를 추가하고 인덱스 작업을 시작함
- 15:12 독브라운이 (셰익스피어 개발팀의) clarac과 agoogler에게 연락해서 문제를 유발한 것으로 추정되는 코드를 살펴볼 것을 부탁함
- 15:18 clarac이 로그에서 파일 서술자 문제를 발견하고 자료집에 검색어가 존재하지 않을 경우 해당 자원이 누수될 수 있다고 확인함
- 15:20 마팀이 실행한 인덱스 맵리듀스 작업이 완료됨
- 15:21 제니퍼와 독브라운이 인스턴스가 죽고 살아나기를 반복하기 전에 적절한 작업을 실행할 수 있도록 인스턴스의 부하를 줄이기 위해 인스턴스의 수를 늘리기로 합의함
- 15:23 독브라운이 다른 클러스터가 문제 없이 인스턴스의 수를 늘릴 수 있도록 모든 트래픽을 USA-2 클러스터로 유도함
- 15:25 마틴이 새 인덱스를 모든 클러스터에 복제하기 시작
- 15:28 독브라운이 인스턴스의 수를 두 배로 늘림
- 15:32 제니퍼가 로드밸런서를 수정해서 다른 클러스터로 트래픽을 유도하기 시작
- 15:33 다른 클러스터들의 테스트가 시작하던 도중 실패함. 이전과 같은 증상을 보임
- 15:34 대략적으로 계산했던 인스턴스의 수가 충분하지 않다는 것을 발견
- 15:36 제니퍼가 로드밸런서를 롤백해서 트래픽을 다시 USA-2 클러스터로 유도하고 5배의 인스턴스를 더 투입하기로 결정(기본 수용량 대비 총 10배)
- **15:36 서비스 중단 현상이 완화됨** 수정된 인덱스가 모든 클러스터에 복제됨
- 15:39 독브라운이 인스턴스의 추가 투입을 결정해서 초기 수용량 대비 총 10배의 수용량을 마련함
- 15:41 제니퍼가 나머지 클러스터에 총 트래픽의 1%만 전달하도록 로드밸런서를 재조정함

- 15:43 나머지 클러스터의 HTTP 500 에러율이 정상 비율로 복구됨. 태스크 실패율도 정상 범위로 돌아옴
- 15:45 제니퍼가 전체 트래픽의 10%를 나머지 클러스터로 유도하도록 로드밸런서를 재조정함
- 15:47 나머지 클러스터의 HTTP 500 에러율이 SLO 범위 내에 유지됨. 테스트 실패는 관찰되지 않음
- 15:50 30%의 트래픽을 나머지 클러스터로 유도함
- 15:55 50%의 트래픽을 나머지 클러스터로 유도함
- 16:00 **서비스 정상화** 모든 트래픽이 전체 클러스터로 균등하게 분산됨
- 16:00 **장애 대응 완료** 30분 이상 정상 성능을 보여야 하는 장애 대응 완료 조건에 도달함

추가 정보[7]

- 모니터링 대시보드: http://monitor/shakespeare?end_time=20151021T160000&duration=7200

---

7 유용한 정보, 링크, 로그, 스크린샷, 그래프, IRC 채팅 로그, IM 로그 등을 나열한다.

E

출시 조율 확인목록

지금부터 살펴볼 내용은 구글의 원래 출시 조율 확인목록이다. 예제의 간소화를 위해 다소 생략된 내용이 있음을 이해해주기 바란다.

아키텍처

- 아키텍처 스케치, 서버의 종류, 클라이언트가 보내는 요청의 종류
- 프로그래밍적으로 전송되는 클라이언트 요청의 존재 유무

머신 및 데이터센터

- 머신 및 대역폭, 데이터센터, $N+2$ 이중화, 네트워크 QoS
- 새 도메인 이름, DNS 로드밸런싱

용량 예측, 수용량 및 성능

- HTTP 트래픽 및 대역폭 예측, 출시 직후 '최고' 트래픽이 6개월 지속될 경우를 가정
- 부하 테스트, 종단간 테스트, 최악의 지연응답 상황 시 데이터센터별 수용량
- 다른 서비스에 대한 영향
- 저장소 용량

시스템 신뢰성 및 장애 대응

- 아래 상황에서 발생할 수 있는 일
  - 머신의 중단, 랙 장애 혹은 클러스터 오프라인
  - 두 데이터센터 간 네트워크 장애
- 다른 서버(관련 백엔드 포함)와 통신하는 서버의 종류
  - 백엔드 중단을 탐지할 방법, 그리고 대처 방안
  - 클라이언트 및 사용자의 영향을 최소화하면서 작업을 종료하거나 재시작하는 방법
  - 로드밸런싱, 비율 제한, 타임아웃, 재시도 및 에러 처리 동작
- 데이터 백업/복구, 재난 시 복구 대책

모니터링 및 서버 관리

- 내부 상태의 모니터링, 종단간 동작의 모니터링, 알림 관리
- 모니터링 서비스에 대한 모니터링
- 재정적으로 중요한 알림과 로그
- 클러스터 환경에서 서버를 운영하기 위한 팁
- 서버 코드에서 알림을 메일로 직접 발송하면서 메일 서버의 충돌을 유발하지 말 것

보안

- 보안 디자인 리뷰, 보안 코드 감사, 스팸 위험도 검사, 인증, SSL
- 사전 출시 감시/접근 제어, 다양한 형태의 블랙리스트

자동 및 수동 작업

- 서버, 데이터 및 설정의 수정을 위한 방법 및 변경 제어
- 릴리즈 절차, 반복적 빌드, 실제 트래픽하에서의 카나리 테스트, 단계적 배포

증가 이슈

- 여분의 수용량, 10배 증가, 증가 알림
- 확장성 병목, 선형적 확장, 하드웨어 확장, 이를 위해 필요한 변경 사항
- 캐싱, 데이터 샤딩/재샤딩

외부 의존성

- 써드파티 시스템, 모니터링, 네트워킹, 트래픽 용량, 출시 직후 최고 트래픽
- 적절한 퇴보 모드, 의도치 않게 써드파티 서비스를 과도하게 사용하는 상황을 회피하는 방안
- 연합 파트너, 메일 시스템, 구글 내의 다른 서비스들과의 원활한 협업

일정 및 배포 계획

- 반드시 준수해야 할 마감일, 외부 이벤트, 월요일 혹은 금요일
- 해당 서비스 및 다른 서비스들의 표준 운영 절차

제품 회의의 예

날짜: 2015-10-23

참석자: agoogler, clarac, 독브라운, 제니퍼, 마팀

공지 사항:

- 주요 장애(#465), 에러 예산의 초과

사전 추가 조치 리뷰

- 염소 운반자로 소를 몰기(버그 1011101)
  - — 질량 가속도의 비선형성을 예측할 수 있게 되었으므로 며칠 내로 정확하게 목표치를 산정할 수 있음

장애 리뷰

- 새 소네트 발견(장애 465)
  - — 잠재적 버그(검색 결과가 없을 때 파일 서술자의 누수) + 자료집에 새 소네트 부재 + 예상하지 못했던 트래픽 용량 등의 조합으로 인해 연속적 장애가 발생하여 1.21B의 질의가 손실됨
  - — 파일 서술자 누수 버그 수정(버그 5554825) 및 운영 환경으로의 배포

— 로드밸런싱에 유동 축전지를 이용하는 방안 검토(버그 5554823) 및 동일 현상 방지를 위한 로드 분산(버그 5554826) 적용

— 가용 에러 예산 초과; 독브라운이 해당 장애를 예측할 수 없었던 예외 상황으로 인정받지 못할 경우 운영 환경 변경을 1개월 간 동결할 예정(하지만 예외 상황으로 볼 수 없다는 의견이 지배적)

긴급 호출

- AnnotationConsistencyTooEventual: 금주에만 5번 긴급 호출이 울림. 빅테이블 간의 지역 간 복제 지연일 가능성이 높음

   — 현재 원인 파악 중. 버그 4821600

   — 당분간 수정이 어려울 전망. 대처 불가능한 알림의 발송을 줄이기 위해 적절한 수준의 기준치를 설정할 예정

긴급 호출 누락

- 발생하지 않음

모니터링 변경 및 두절

- AnnotationConsistencyTooEventual 알림에 대해 허용 가능한 지연 기준치를 60초에서 180초로 상향 조정. 버그 4821600; 해야 할 일(담당자: 마틴)

예정된 운영 환경의 변경 사항

- USA-1 클러스터가 2015년 10월 29일부터 2015년 11월 2일까지 유지보수 목적으로 오프라인이 될 예정

   — 별도의 대응 없음. 트래픽은 해당 지역의 다른 클러스터로 자동 유도될 예정

자원

- sonnet++ 장애 대처를 위해 자원을 임대했음. 추가 서버 인스턴스를 곧 종료하고 다음 주에 반환할 예정
- CPU 사용률 60%, 메모리 사용률 75%, 디스크 사용률 44%(지난 주 40%, 70%, 40%에서 각각 소폭 상승함)

주요 서비스 지표

- **좋음** 99% 지연응답: 88밀리초 < SLO 목표치 100밀리초(30일간 추적 결과)

- **좋지 않음** 가용성 86.95% < SLO 목표치 99.99%(30일간 추적 결과)

논의 사항/제품 업데이트

- 프로젝트 몰리에르(Molière)가 2주 내에 출시될 예정

신규 추가 조치 사항

- 해야 할 일(마팀): AnnotationConsistencyTooEventual 알림에 대한 기준치 상향 조정

- 해야 할 일(독브라운): 인스턴스의 수를 원래대로 되돌린 후 자원 반납

[Ada15] Bram Adams, Stephany Bellomo, Christian Bird, Tamara Marshall-Keim, Foutse Khomh, and Kim Moir, "The Practice and Future of Release Engineering: A Roundtable with Three Release Engineers", *IEEE Software*, vol. 32, no. 2 (March/April 2015), pp. 42–49.

[Agu10] M. K. Aguilera, "Stumbling over Consensus Research: Misunderstandings and Issues", in *Replication*, Lecture Notes in Computer Science 5959, 2010.

[All10] J. Allspaw and J. Robbins, *Web Operations: Keeping the Data on Time*: O'Reilly, 2010.

[All12] J. Allspaw, "Blameless PostMortems and a Just Culture", blog post, 2012.

[All15] J. Allspaw, "Trade-Offs Under Pressure: Heuristics and Observations of Teams Resolving Internet Service Outages", MSc thesis, Lund University, 2015.

[Ana07] S. Anantharaju, "Automating web application security testing", blog post, July 2007.

[Ana13] R. Ananatharayan et al., "Photon: Fault-tolerant and Scalable Joining of Continuous Data Streams", in *SIGMOD '13*, 2013.

[And05] A. Andrieux, K. Czajkowski, A. Dan, et al., "Web Services Agreement Specification (WS-Agreement)", September 2005.

[Bai13] P. Bailis and A. Ghodsi, "Eventual Consistency Today: Limitations, Extensions, and Beyond", in *ACM Queue*, vol. 11, no. 3, 2013.

[Bai83] L. Bainbridge, "Ironies of Automation", in *Automatica*, vol. 19, no. 6, November 1983.

[Bak11] J. Baker et al., "Megastore: Providing Scalable, Highly Available Storage for Interactive Services", in *Proceedings of the Conference on Innovative Data System Research*, 2011.

[Bar11] L. A. Barroso, "Warehouse-Scale Computing: Entering the Teenage Decade", talk at 38th Annual Symposium on Computer Architecture, video available online, 2011.

[Bar13] L. A. Barroso, J. Clidaras, and U. Holzle, *The Datacenter as a Computer: An Introduction to the Design of Warehouse-Scale Machines, Second Edition*, Morgan & Claypool, 2013.

[Ben12] C. Bennett and A. Tseitlin, "Chaos Monkey Released Into The Wild", blog post, July 2012.

[Bla14] M. Bland, "Goto Fail, Heartbleed, and Unit Testing Culture", blog post, June 2014.

[Boc15] L. Bock, *Work Rules!*, Twelve Books, 2015.

[Bol11] W. J. Bolosky, D. Bradshaw, R. B. Haagens, N. P. Kusters, and P. Li, "Paxos Replicated State Machines as the Basis of a High-Performance Data Store", in *Proc. NSDI 2011*, 2011.

[Boy13] P. G. Boysen, "Just Culture: A Foundation for Balanced Accountability and Patient Safety", in *The Ochsner Journal*, Fall 2013.

[Bra15] VM Brasseur, "Failure: Why it happens & How to benefit from it", YAPC 2015.

[Bre01] E. Brewer, "Lessons From Giant-Scale Services", in *IEEE Internet Computing*, vol. 5, no. 4, July / August 2001.

[Bre12] E. Brewer, "CAP Twelve Years Later: How the "Rules" Have Changed", in *Computer*, vol. 45, no. 2, February 2012.

[Bro15] M. Brooker, "Exponential Backoff and Jitter", on *AWS Architecture Blog*, March 2015.

[Bro95] F. P. Brooks Jr., "No Silver Bullet—Essence and Accidents of Software Engineering", in *The Mythical Man-Month*, Boston: Addison-Wesley, 1995, pp. 180–186.

[Bru09] J. Brutlag, "Speed Matters", on *Google Research Blog*, June 2009.

[Bul80] G. M. Bull, *The Dartmouth Time-sharing System: Ellis Horwood*, 1980.

[Bur99] M. Burgess, *Principles of Network and System Administration*: Wiley, 1999.

[Bur06] M. Burrows, "The Chubby Lock Service for Loosely-Coupled Distributed Systems", in *OSDI '06: Seventh Symposium on Operating System Design and Implementation*, November 2006.

[Bur16] B. Burns, B. Grant, D. Oppenheimer, E. Brewer, and J. Wilkes, "Borg, Omega, and Kubernetes" in *ACM Queue*, vol. 14, no. 1, 2016.

[Cas99] M. Castro and B. Liskov, "Practical Byzantine Fault Tolerance", in *Proc.* OSDI 1999, 1999.

[Cha10] C. Chambers, A. Raniwala, F. Perry, S. Adams, R. Henry, R. Bradshaw, and N. Weizenbaum, "FlumeJava: Easy, Efficient Data-Parallel Pipelines", in *ACM SIGPLAN Conference on Programming Language Design and Implementation*, 2010.

[Cha96] T. D. Chandra and S. Toueg, "Unreliable Failure Detectors for Reliable Distributed Systems", in *J. ACM*, 1996.

[Cha07] T. Chandra, R. Griesemer, and J. Redstone, "Paxos Made Live—An Engineering Perspective", in *PODC '07: 26th ACM Symposium on Principles of Distributed Computing*, 2007.

[Cha06] F. Chang et al., "Bigtable: A Distributed Storage System for Structured Data", in *OSDI '06: Seventh Symposium on Operating System Design and Implementation*, November 2006.

[Chr09] G. P. Chrousous, "Stress and Disorders of the Stress System", in *Nature Reviews Endocrinology*, vol 5., no. 7, 2009.

[Clos53] C. Clos, "A Study of Non-Blocking Switching Networks", in *Bell System Technical Journal*, vol. 32, no. 2, 1953.

[Con15] C. Contavalli, W. van der Gaast, D. Lawrence, and W. Kumari, "Client Subnet in DNS Queries", *IETF Internet-Draft*, 2015.

[Con63] M. E. Conway, "Design of a Separable Transition-Diagram Compiler", *in Commun.* ACM 6, 7 (July 1963), 396–408.

[Con96] P. Conway, "Preservation in the Digital World", report published by the Council on Library and Information Resources, 1996.

[Coo00] R. I. Cook, "How Complex Systems Fail", in *Web Operations*: O'Reilly, 2010.

[Cor12] J. C. Corbett et al., "Spanner: Google's Globally-Distributed Database", in *OSDI '12: Tenth Symposium on Operating System Design and Implementation*, October 2012.

[Cra10] J. Cranmer, "Visualizing code coverage", blog post, March 2010.

[Dea13] J. Dean and L. A. Barroso, "The Tail at Scale", in *Communications of the ACM*, vol. 56, 2013.

[Dea04] J. Dean and S. Ghemawat, "MapReduce: Simplified Data Processing on Large Clusters", in *OSDI'04: Sixth Symposium on Operating System Design and Implementation*, December 2004.

[Dea07] J. Dean, "Software Engineering Advice from Building Large-Scale Distributed Systems", Stanford CS297 class lecture, Spring 2007.

[Dek02] S. Dekker, "Reconstructing human contributions to accidents: the new view on error and performance", in *Journal of Safety Research*, vol. 33, no. 3, 2002.

[Dek14] S. Dekker, The Field Guide to Understanding *"Human Error"*, 3rd edition: Ashgate, 2014.

[Dic14] C. Dickson, "How Embracing Continuous Release Reduced Change Complexity", presentation at USENIX Release Engineering Summit West 2014, video available online.

[Dur05] J. Durmer and D. Dinges, "Neurocognitive Consequences of Sleep Deprivation", in *Seminars in Neurology*, vol. 25, no. 1, 2005.

[Eis16] D. E. Eisenbud et al., "Maglev: A Fast and Reliable Software Network Load Balancer", in NSDI '16: 13th USENIX Symposium on Networked Systems Design and Implementation, March 2016.

[Ere03] J. R. Erenkrantz, "Release Management Within Open Source Projects", in *Proceedings of the 3rd Workshop on Open Source Software Engineering*, Portland, Oregon, May 2003.

[Fis85] M. J. Fischer, N. A. Lynch, and M. S. Paterson, "Impossibility of Distributed Consensus with One Faulty Process", *J. ACM*, 1985.

[Fit12] B. W. Fitzpatrick and B. Collins-Sussman, *Team Geek: A Software Developer's Guide to Working Well with Others*: O'Reilly, 2012.

[Flo94] S. Floyd and V. Jacobson, "The Synchronization of Periodic Routing Messages", in IEEE/ACM Transactions on Networking, vol. 2, issue 2, April 1994, pp. 122–136.

[For10] D. Ford et al, "Availability in Globally Distributed Storage Systems", in *Proceedings of the 9th USENIX Symposium on Operating Systems Design and Implementation*, 2010.

[Fox99] A. Fox and E. A. Brewer, "Harvest, Yield, and Scalable Tolerant Systems", in *Proceedings of the 7th Workshop on Hot Topics in Operating Systems, Rio Rico, Arizona*, March 1999.

[Fow08] M. Fowler, "GUI Architectures", blog post, 2006.

[Gal78] *J. Gall, SYSTEMANTICS: How Systems Really Work and How They Fail*, 1st ed., Pocket, 1977.

[Gal03] J. Gall, *The Systems Bible: The Beginner's Guide to Systems Large and Small*, 3rd ed., General Systemantics Press/Liberty, 2003.

[Gaw09] A. Gawande, *The Checklist Manifesto: How to Get Things Right:* Henry Holt and Company, 2009.

[Ghe03] S. Ghemawat, H. Gobioff, and S-T. Leung, "The Google File System", in *19th ACM Symposium on Operating Systems Principles*, October 2003.

[Gil02] S. Gilbert and N. Lynch, "Brewer's Conjecture and the Feasibility of Consistent, Available, Partition-Tolerant Web Services", in *ACM SIGACT News*, vol. 33, no. 2, 2002.

[Gla02] R. Glass, *Facts and Fallacies of Software Engineering*, Addison-Wesley Professional, 2002.

[Gol14] W. Golab et al., "Eventually Consistent: Not What You Were Expecting?", in *ACM Queue*, vol. 12, no. 1, 2014.

[Gra09] P. Graham, "Maker's Schedule, Manager's Schedule", blog post, July 2009.

[Gup15] A. Gupta and J. Shute, "High-Availability at Massive Scale: Building Google's Data Infrastructure for Ads", in *Workshop on Business Intelligence for the Real Time Enterprise*, 2015.

[Ham07] J. Hamilton, "On Designing and Deploying Internet-Scale Services", in *Proceedings of the 21st Large Installation System Administration Conference*, November 2007.

[Han94] S. Hanks, T. Li, D. Farinacci, and P. Traina, "Generic Routing Encapsulation over IPv4 networks", *IETF Informational RFC*, 1994.

[Hic11] M. Hickins, "Tape Rescues Google in Lost Email Scare", in *Digits, Wall Street Journal*, 1 March 2011.

[Hix15a] D. Hixson, "Capacity Planning", in *;login:*, vol. 40, no. 1, February 2015.

[Hix15b] D. Hixson, "The Systems Engineering Side of Site Reliability Engineering", in *;login:* vol. 40, no. 3, June 2015.

[Hod13] J. Hodges, "Notes on Distributed Systems for Young Bloods", blog post, 14 January 2013.

[Hol14] L. Holmwood, "Applying Cardiac Alarm Management Techniques to Your On-Call", blog post, 26 August 2014.

[Hum06] J. Humble, C. Read, D. North, "The Deployment Production Line", in *Proceedings of the IEEE Agile Conference*, July 2006.

[Hum10] J. Humble and D. Farley, *Continuous Delivery: Reliable Software Releases through Build, Test, and Deployment Automatio*n: Addison-Wesley, 2010.

[Hun10] P. Hunt, M. Konar, F. P. Junqueira, and B. Reed, "ZooKeeper: Wait-free coordination for Internet-scale systems", in *USENIX ATC*, 2010.

[IAEA12] International Atomic Energy Agency, "Safety of Nuclear Power Plants: Design, SSR-2/1", 2012.

[Jai13] S. Jain et al., "B4: Experience with a Globally-Deployed Software Defined WAN", in *SIGCOMM* '13.

[Jon15] C. Jones, T. Underwood, and S. Nukala, "Hiring Site Reliability Engineers", in *;login:*, vol. 40, no. 3, June 2015.

[Jun07] F. Junqueira, Y. Mao, and K. Marzullo, "Classic Paxos vs. Fast Paxos: Caveat Emptor", in *Proc. HotDep '07*, 2007.

[Jun11] F. P. Junqueira, B. C. Reid, and M. Serafini, "Zab: High-performance broadcast for primary-backup systems.", in Dependable Systems & Networks (DSN), 2011 *IEEE/IFIP 41st International Conference* on 27 Jun 2011: 245–256.

[Kah11] D. Kahneman, *Thinking, Fast and Slow*: Farrar, Straus and Giroux, 2011.

[Kar97] D. Karger et al., "Consistent hashing and random trees: distributed caching protocols for relieving hot spots on the World Wide Web", in *Proc. STOC '97*, 29th annual ACM symposium on theory of computing, 1997.

[Kem11] C. Kemper, "Build in the Cloud: How the Build System Works", *Google Engineering* Tools blog post, August 2011.

[Ken12] S. Kendrick, "What Takes Us Down?", in *;login:*, vol. 37, no. 5, October 2012.

[Kinc09] Kincaid, Jason. "T-Mobile Sidekick Disaster: Danger's Servers Crashed, And They Don't Have A Backup." Techcrunch. n.p., 10 Oct. 2009. Web. 20 Jan. 2015, *http://techcrunch.com/2009/10/10/t-mobile-sidekick-disaster-microsofts-serverscrashed-and-they-dont-have-a-backup*.

[Kin15] K. Kingsbury, "The trouble with timestamps", blog post, 2013.

[Kir08] J. Kirsch and Y. Amir, "Paxos for System Builders: An Overview", in *Proc. LADIS '08*, 2008.

[Kla12] R. Klau, "How Google Sets Goals: OKRs", blog post, October 2012.

[Kle06] D. V. Klein, "A Forensic Analysis of a Distributed Two-Stage Web-Based Spam Attack", in *Proceedings of the 20th Large Installation System Administration Conference*, December 2006.

[Kle14] D. V. Klein, D. M. Betser, and M. G. Monroe, "Making Push On Green a Reality", in *;login:*, vol. 39, no. 5, October 2014.

[Kra08] T. Krattenmaker, "Make Every Meeting Matter", in *Harvard Business Review*, February 27, 2008.

[Kre12] J. Kreps, "Getting Real About Distributed System Reliability", blog post, 19 March 2012.

[Kri12] K. Krishan, "Weathering The Unexpected", in *Communications of the ACM*, vol. 55, no. 11, November 2012.

[Kum15] A. Kumar et al., "BwE: Flexible, Hierarchical Bandwidth Allocation for WAN Distributed Computing", in *SIGCOMM '15*.

[Lam98] L. Lamport, "The Part-Time Parliament", in *ACM Transactions on Computer Systems 16*, 2, May 1998.

[Lam01] L. Lamport, "Paxos Made Simple", in *ACM SIGACT News 121*, December 2001.

[Lam06] L. Lamport, "Fast Paxos", in *Distributed Computing 19.2*, October 2006.

[Lim14] T. A. Limoncelli, S. R. Chalup, and C. J. Hogan, *The Practice of Cloud System Administration: Designing and Operating Large Distributed Systems*, Volume 2: Addison-Wesley, 2014.

[Loo10] J. Loomis, "How to Make Failure Beautiful: The Art and Science of Postmortems", in *Web Operations*: O'Reilly, 2010.

[Lu15] H. Lu et al, "Existential Consistency: Measuring and Understanding Consistency at Facebook", in *SOSP '15*, 2015.

[Mao08] Y. Mao, F. P. Junqueira, and K. Marzullo, "Mencius: Building Efficient Replicated State Machines for WANs", in *OSDI '08*, 2008.

[Mas43] A. H. Maslow, "A Theory of Human Motivation", in *Psychological Review 50(4)*, 1943.

[Mau15] B. Maurer, "Fail at Scale", in *ACM Queue*, vol. 13, no. 12, 2015.

[May09] M. Mayer, "This site may harm your computer on every search result?!?!", blog post, January 2009.

[McI86] M. D. McIlroy, "A Research Unix Reader: Annotated Excerpts from the Programmer's Manual, 1971–1986".

[McN13] D. McNutt, "Maintaining Consistency in a Massively Parallel Environment", presentation at USENIX Configuration Management Summit 2013, video available online.

[McN14a] D. McNutt, "Accelerating the Path from Dev to DevOps", in *;login:*, vol. 39, no. 2, April 2014.

[McN14b] D. McNutt, "The 10 Commandments of Release Engineering", presentation at 2nd International Workshop on Release Engineering 2014, April 2014.

[McN14c] D. McNutt, "Distributing Software in a Massively Parallel Environment", presentation at USENIX LISA 2014, video available online.

[Mic03] Microsoft TechNet, "What is SNMP?", last modified March 28, 2003, *https://technet.microsoft.com/en-us/library/cc776379%28v=ws.10%29.aspx*.

[Mea08] D. Meadows, *Thinking in Systems*: Chelsea Green, 2008.

[Men07] P. Menage, "Adding Generic Process Containers to the Linux Kernel", in *Proc. of Ottawa Linux Symposium*, 2007.

[Mer11] N. Merchant, "Culture Trumps Strategy, Every Time", in *Harvard Business Review*, March 22, 2011.

[Moc87] P. Mockapetris, "Domain Names – Implementation and Specification", *IETF Internet Standard*, 1987.

[Mol86] C. Moler, "Matrix Computation on Distributed Memory Multiprocessors", in *Hypercube Multiprocessors 1986*, 1987.

[Mor12a] I. Moraru, D. G. Andersen, and M. Kaminsky, "Egalitarian Paxos", *Carnegie Mellon University Parallel Data Lab Technical Report CMU-PDL-12-108*, 2012.

[Mor14] I. Moraru, D. G. Andersen, and M. Kaminsky, "Paxos Quorum Leases: Fast Reads Without Sacrificing Writes", in Proc. SOCC '14, 2014.

[Mor12b] J. D. Morgenthaler, M. Gridnev, R. Sauciuc, and S. Bhansali, "Searching for Build Debt: Experiences Managing Technical Debt at Google", in *Proceedings of the 3rd Int'l Workshop on* Managing *Technical Debt*, 2012.

[Nar12] C. Narla and D. Salas, "Hermetic Servers", blog post, 2012.

[Nel14] B. Nelson, "The Data on Diversity", in *Communications of the ACM*, vol. 57, 2014.

[Nic12] K. Nichols and V. Jacobson, "Controlling Queue Delay", in *ACM Queue*, vol. 10, no. 5, 2012.

[Oco12] P. O'Connor and A. Kleyner, *Practical Reliability Engineering*, 5th edition: Wiley, 2012.

[Ohn88] T. Ohno, *Toyota Production System: Beyond Large-Scale Production*: Productivity Press, 1988.

[Ong14] D. Ongaro and J. Ousterhout, "In Search of an Understandable Consensus Algorithm (Extended Version)".

[Pen10] D. Peng and F. Dabek, "Large-scale Incremental Processing Using Distributed Transactions and Notifications", in *Proc. of the 9th USENIX Symposium on Operating System Design and Implementation*, November 2010.

[Per99] C. Perrow, *Normal Accidents: Living with High-Risk Technologies*, Princeton University Press, 1999.

[Per07] A. R. Perry, "Engineering Reliability into Web Sites: Google SRE", in *Proc. of LinuxWorld 2007*, 2007.

[Pik05] R. Pike, S. Dorward, R. Griesemer, S. Quinlan, "Interpreting the Data: Parallel Analysis with Sawzall", in *Scientific Programming Journal* vol. 13, no. 4, 2005.

[Pot16] R. Potvin and J. Levenberg, "The Motivation for a Monolithic Codebase: Why Google stores billions of lines of code in a single repository", in Communications of the ACM, forthcoming July 2016. Video available on YouTube.

[Roo04] J. J. Rooney and L. N. Vanden Heuvel, "Root Cause Analysis for Beginners", in Quality Progress, July 2004.

[Sai39] A. de Saint Exupéry, *Terre des Hommes* (Paris: Le Livre de Poche, 1939, in translation by Lewis Galantiere as Wind, Sand and Stars.

[Sam14] R. R. Sambasivan, R. Fonseca, I. Shafer, and G. R. Ganger, "So, You Want To Trace

Your Distributed System? Key Design Insights from Years of Practical Experience", Carnegie Mellon University Parallel Data Lab Technical Report CMUPDL-14-102, 2014.

[San11] N. Santos and A. Schiper, "Tuning Paxos for High-Throughput with Batching and Pipelining", in *13th Int'l Conf. on Distributed Computing and Networking*, 2012.

[Sar97] N. B. Sarter, D. D. Woods, and C. E. Billings, "Automation Surprises", in *Handbook of Human Factors & Ergonomics*, 2nd edition, G. Salvendy (ed.), Wiley, 1997.

[Sch14] E. Schmidt, J. Rosenberg, and A. Eagle, How Google Works: Grand Central Publishing, 2014.

[Sch15] B. Schwartz, "The Factors That Impact Availability, Visualized", blog post, 21 December 2015.

[Sch90] F. B. Schneider, "Implementing Fault-Tolerant Services Using the State Machine Approach: A Tutorial", in *ACM Computing Surveys*, vol. 22, no. 4, 1990.

[Sec13] Securities and Exchange Commission, "Order In the Matter of Knight Capital Americas LLC", file 3-15570, 2013.

[Sha00] G. Shao, F. Berman, and R. Wolski, "Master/Slave Computing on the Grid", in *Heterogeneous Computing Workshop*, 2000.

[Shu13] J. Shute et al., "F1: A Distributed SQL Database That Scales", in *Proc. VLDB 2013*, 2013.

[Sig10] B. H. Sigelman et al., "Dapper, a Large-Scale Distributed Systems Tracing Infrastructure", Google Technical Report, 2010.

[Sin15] A. Singh et al., "Jupiter Rising: A Decade of Clos Topologies and Centralized Control in Google's Datacenter Network", in *SIGCOMM '15*.

[Skel13] M. Skelton, "Operability can Improve if Developers Write a Draft Run Book", blog post, 16 October 2013.

[Slo11] B. Treynor Sloss, "Gmail back soon for everyone", blog post, 28 February 2011.

[Tat99] S. Tatham, "How to Report Bugs Effectively", 1999.

[Ver15] A. Verma, L. Pedrosa, M. R. Korupolu, D. Oppenheimer, E. Tune, and J. Wilkes, "Large-scale cluster management at Google with Borg", in *Proceedings of the European Conference on Computer Systems*, 2015.

[Wal89] D. R. Wallace and R. U. Fujii, "Software Verification and Validation: An Overview", *IEEE Software*, vol. 6, no. 3 (May 1989), pp. 10, 17.

[War14] R. Ward and B. Beyer, "BeyondCorp: A New Approach to Enterprise Security", in *;login:*, vol. 39, no. 6, December 2014.

[Whi12] J. A. Whittaker, J. Arbon, and J. Carollo, *How Google Tests Software: Addison-Wesley*, 2012.

[Woo96] A. Wood, "Predicting Software Reliability", in *Computer*, vol. 29, no. 11, 1996.

[Wri12a] H. K. Wright, "Release Engineering Processes, Their Faults and Failures", (section 7.2.2.2) PhD Thesis, University of Texas at Austin, 2012.

[Wri12b] H. K. Wright and D. E. Perry, "Release Engineering Practices and Pitfalls", in *Proceedings of the 34th International Conference on Software Engineering (ICSE '12). (IEEE, 2012)*, pp. 1281–1284.

[Wri13] H. K. Wright, D. Jasper, M. Klimek, C. Carruth, Z. Wan, "Large-Scale Automated Refactoring Using ClangMR", in *Proceedings of the 29th International Conference on Software Maintenance (ICSM '13), (IEEE, 2013)*, pp. 548–551.

[Zoo14] ZooKeeper Project (Apache Foundation), "ZooKeeper Recipes and Solutions", in ZooKeeper 3.4 documentation, 2014.